U0863168

麦读
MyRead

走向上的路　追求正义与智慧

中国民法典评注

始于 2016 年

中国民法典评注

编辑委员会

总编·朱庆育　高圣平

中国民法典评注

条文选注

本册主编·朱庆育
本册副主编·姚明斌　吴香香　辛正郁

第1册

中国民主法制出版社
全国百佳图书出版单位

本册主编

朱庆育

南京大学法学院教授、博士生导师、南京大学法典评注研究中心主任。中国政法大学法学学士、法学硕士、法学博士，德国马普外国私法与国际私法研究所访问学者。曾任教于中国政法大学、浙江大学光华法学院。研究领域为民法学、法学方法论、德国近现代民法史与法律哲学。

本册副主编

姚明斌

华东政法大学副教授。中国政法大学法学学士、法学硕士，德国明斯特大学联合培养博士生，清华大学法学博士，华东政法大学法学博士后。上海市“曙光学者”。主要研究领域为法律行为论、合同救济论、物权变动论、民法方法论。

吴香香

中国政法大学副教授。中国政法大学法学学士、法学硕士、法学博士，德国哥廷根大学联合培养博士生。主要研究领域为民法学与私法方法论，尤其关注物权理论、占有理论、法典评注与请求权基础。

辛正郁

北京市天同律师事务所主任、管委会主任。中国政法大学法学学士，日本九州大学法学硕士。曾供职最高人民法院逾二十年，现为京、沪、深五家国内主要仲裁机构仲裁员。主笔/主持天同诉讼圈“民商辛说”专栏，搭建民商法理论实务交流平台。

作者及分工（以姓氏拼音为序）

贺　剑　第151条
北京大学法学博士、德国曼海姆大学法学博士，北京大学法学院助理教授

纪海龙　第171条
德国哥廷根大学法学博士，北京大学法学院副教授

吴香香　第462条
中国政法大学法学博士，中国政法大学副教授

杨　芳　第172条
中国政法大学法学博士，海南大学法学院副教授

杨　巍　第192条、第193条、第194条、第195条
武汉大学法学博士，武汉大学法学院副教授

叶名怡　第186条
中国社会科学院研究生院法学博士，上海财经大学法学院教授

翟远见　第158条、第159条、第160条
意大利罗马第二大学法学博士，中国政法大学副教授

朱庆育　第153条第1款、法律评注是什么？（代序）、《中国民法典评注》写作指南
中国政法大学法学博士，南京大学法学院教授

本书受

南京大学文科中长期专项研究资金
北京市天同律师事务所

资　助

法律评注是什么？
（代序）

朱庆育

一

当一名法官被要求依据给定的制定法对个案作出裁判时，专业范畴内，他需要思考的核心问题是，如何正确将抽象的法律规范适用于具体的案件事实，并且保证裁判合乎正义。技术上，这一核心问题可分解为三个小问题：如何准确理解法律规范、如何恰当提取案件事实以及如何为案件事实适配法律规范。此亦法律适用的三步骤，几乎覆盖法律人的全部常规工作。

三项工作各有其困境。

理解与解释法律规范是法律适用者（如法官）与研究者（如法学者）的基本职业内容。不同的是，适用者之理解法律规范，着眼于个案，故难免以管窥豹；研究者致力于得出一般性结论，却又可能忽略具体情境而沦为纸上谈兵。学者之间形成共识本就不易，如果适用者与学者又各行其是，理解法律规范固然举步维艰，裁判之合乎正义亦大概率仅为随机事件，至于以知识共同体为基础的职业共同体，则更是难容乐观。

法律规范以适用为目的，但并非所有法律规范均具相同的可适用性。何种类型的诉讼应以何等性质的法律规范作为裁判依据，须作仔细考量。尤其是，如何依循请求权基础思维甄辨主要规范、辅助规范与防御规范并恰当运用于法律适用各步骤，更是检验法教义学功力的试剂。如果无法通过检验，裁判具有何种程度的科学性，即殊为可疑。

民事诉讼中,呈现案件事实的作业主要由当事人完成。通过原被告的诉辩,法官获得对案件事实的认知。作为事实,须接受证据制度的真伪检验;为了涵摄于规范之下以便得出裁判结论,法官还须对案件事实作适于规范适用的提取。这意味着,唯有对实体规范与程序性证据制度尽皆了然,法官方可游刃于抽象规范与具体案件之间而实现裁判正义。在高度割裂实体法与程序法的我国当下教育体制中,此洵非易事。

问题在于,是否存在某种文献形式可回应上述困境?更确切地说,可一并回应上述困境?

二

无论何种学科,最基本且最重要的文献形式都是教科书。法学兼具科学与技艺双重特点,教科书亦因此区分原理教科书和案例教科书两类。理想状态下,前者旨在阐述学术原理,构筑学科体系,以彰示其追寻科学的青云之志;后者则以工匠精神展示抽象规范适用于具体案件的技术细节。原理教科书提供得到准确界定的概念及以此为基础的规范解释,但不以个案适用为直接目标,即使出现案例,目的亦非在案例适用本身,而在辅助阐述基本原理。案例教科书同样服务于教学,主要功用在于,以代表性案例为示范,帮助学习者理解基本原理与法律适用过程。显然,受制于学术性与教学性定位,无论原理教科书还是案例教科书,意义均在奠立知识基础,对于理解法律规范及其适用固然有其不可替代的作用,但对于真实的个案法律适用,针对性有所不足。

教科书讲求体系,特定问题的研究难免不便深入,弥补这一缺陷的,是专论与案例研究作品。该文献形式的研究性质高于教学性质,亦不必对基本原理作体系化阐述,有专深之优长,但此亦意味着,专论与专案研究失之于窄,难以应对纷繁多样的各种法律适用状况。

除了较为常规的教科书、专题研究与案例研究,我国尚有一类特别的文献形式,即法条释义。此类文献的最大写法特征在于逐条释义,因而可全面覆盖制定法规范。这一写法决定,法条释义书不以理论框架而以制定法的法条编排为线索展开,此根本区别于原理教科书;同时,释义书注重阐释法条词句的含义,对案例的使用极为有限,故与案例研究亦相去甚远。我国释义书之特别不仅在于写法,更在于所面对的需求。释义书之繁荣与新法颁行密切相关，出版高峰集中于新法颁布之初，随即快速回落，峰谷曲线几乎是直上直下。这表示，释义书基本用来满足新法的第一时间了解之需，其写作出版亦相应以迅捷为第一要义。如今，释义书市场大致形成三类作品，分别由学者、立法机关工作人员与法官尤其是最高人民法院法官撰就。释义书结构内容无定法，唯可依作者身份之不同依稀辨识不同风格。相对而言，学者稍偏于理论，立法机关较多使用立法资料，法官则更关注司法实践中呈现的问题。但整体上，无论理论阐述、立法资料抑或司法实践，均是点到即止，此或与出版的速度要求有关。不过，逐条释义便于查阅，点到即止则风格通俗，释义书因此较之其他文献形式更具普及性，乃至无妨以非职业法律人为目标读者。

由是观之，既有各种文献形式均有其存在的合理性，但亦均对法律适用无法作出全面或针对性的回应。评注试图弥补这一缺憾。

三

在高圣平教授的提议与支持下，《法学家》自 2016 年第 3 期起开设“评注”专栏。汉语法学开始以论文的形式引入评注新文体。论文形式的意义在于，既有足够的篇幅从容探索评注的各项细节，亦可借助发表机制实现文章质控。2019 年，经辛正郁律师促成，北京市天同律师事务所捐资南京大学设立法典评注基金，并选派律师参与评注撰写，同年，受基金资助的南京大学天同法典评注工作坊投入运行。此后，每篇评注初稿均须进入闭门工作坊接受严苛的批评，文章质控实现常规化与规范化。2020 年，周亦杨副编审慨允在《南京大学学报（哲学·人文科学·社会科学）》增设“民法典评注研究”专栏，为评注探索进一步拓展平台。

所探索的评注文体，以德国大型评注为借镜，兼参意日成例，并以逐条注释的形式展开。之所以逐条注释，一是确保覆盖所有制定法的适用问题，二可回应司法裁判须以具体法条为依据的需求。同样是为了回应司法裁判的需求，评注依构成要件与法律效果的结构展开。近年来，请求权基础思维在我国法学教育与司法实践中迅速铺开，为此，评注写作在传统“构成要件—法律效果”框架之下，进而关注请求权基础视野中的规范定性，以便精准定位所涉法条在法律适用网络中所处坐标。

以适用为中心不仅体现于写作结构,更在具体写法。所有构成要件与法律效果的解析,均在法律解释方法论的指引下,形上诉诸基本原理,形下与司法案例相互参照。评注因此兼具教科书、专题研究与案例研究的特点。只不过,评注对于全面性的追求,超过任何一种文献形式。教科书虽亦全面,但重在理论体系之周延,实证规范的解释则不必靡细无遗;评注之全面,系追求法条及其适用情形的全覆盖。在逐条评注中,学者见解尚可取其通说或若干代表性学说,司法案例则力求穷尽一切类型。原则上,法条适用中遇到或可能遇到的所有问题,评注均须给出回应。更进一步,所回应的适用问题并不局限于实体规范涵摄法律事实的三段论演算,程序性的举证分配亦在其列。此意味着,评注既探究规范解释,亦追问规范如何适用于个案,更将法律事实的发现程序纳入观察,也许是唯一有能力全面回应前述法律适用三步骤的文献形式。

但这并不表示,评注可以取代教科书、专题研究或案例研究。

评注以规范的解释与适用为关注点,法律人的教义学技能亦在于此,加之评注全面覆盖规范体系,故可兼具教学功用。今日德国评注高度发达的现状,在一定程度上确实对其教科书的产出有所抑制,甚至有学者断言评注将取代教科书。唯评注较之教科书更在乎反映或促成通说,亦因此更为保守。更重要的是,实务导向下,评注缺乏甚至排斥探究基础理论、建构理论体系的意向,而基础理论系法学生命之源。源头若无活水持续供给,生命终将枯竭。就此而言,评注取代教科书之日,也许即是作为科学的法学宣告死亡之时,此非法学之幸。

专题研究的方向之一是法律适用的精细化,此亦评注尤其是大型评注的追求。不过,专题研究的真正价值在于理论的深化,为教科书建构理论体系提供支持,而评注对此力有不逮。再者,专题研究以或者说应以学术命题为轴心,所有论证皆回归指向命题之证立;评注则以法条为中心,呈发散状铺陈法律适用中的各项问题,并不集中处理某个论题。二者取径正好相反。

至于案例研究,在以个案的规范适用为关注对象方面,与评注旨趣颇为相似。但评注以抽象法条为思考起点,从大前提出发全方位搜索射程内的小前提,系“以法找案”;案例研究则是“以案找法”,从小前提切入寻找适配的大前提。各自起式有所不同。另外,评注的优势在于全面,但缺陷亦在于此。由于全面,评注难以对特定个案专作深入研究,案例研究则恰好致力于此,两种文献因而各擅胜场,互补长短。

如果存在某种可为评注取代的文献形式，也许是法条释义。法条释义与评注有着相同的逐条注释外观，功能则基本为后者所覆盖。实际上，德国早期评注即与我国原生的法条释义颇为相似。在此意义上，评注可称法条释义的升级再造版。但即便如此，我国现实条件下，无论何种类型的释义书，评注均难以取代。基本上，只要第一时间了解新法的市场需求依然旺盛，释义书就有继续存在的广阔空间，且不论全国人大常委会法工委与最高人民法院以官方名义出版新法释义如今已成标准动作，纵是学者，为之投入者亦必大有人在。不过，《民法典》虽然因其巨大影响而令释义书出版的峰谷曲线大幅变缓，但回落趋势毕竟明显。释义书消退之处，也许正是评注登场之时。

四

大型评注非一蹴可就。鉴于立法、司法与学术现状以及撰写经验与能力，本评注项目拟作长期规划。撰写分工上，将《民法典》全部 1260 个条文依规范意义脉络划分为 90 个规范群，以规范群为单元由作者认领。写作进程与发表出版则分四个阶段：第一阶段，经工作坊讨论修改后的评注作品，适于发表者，先行发表于期刊；第二阶段，发表于期刊的评注作品以《中国民法典评注 · 条文选注》之名结集出版，以“册”计序；第三阶段，规范群评注完成后，符合单独出版条件的，以《中国民法典评注 · 规范集注》之名出版，以“辑”计序；评注撰写的最终成果呈现于第四阶段，届时，所有条文评注回归法典条序，出版以“卷”计序的《中国民法典评注 · 体系评注》。虽称四阶段，时间上却未必严格区分，各阶段无妨视其完成程度交替展开。此外，另行出版《中国民法典评注 · 评注研究》系列丛书，以呼应评注撰写实践。

作此长期规划的基本考虑在于，评注之“完成”固然重要，但“高质”也许更重要——尽管注定只是囿于现实条件的勉力高质，否则无非在众多文献中增加一类名为“评注”的法条释义而已，意义有限，何况评注系汉语法学新文体，如果起势太低，恐将影响评注的功能发挥及其前景。以四阶段推进，既确保作者以最大投入撰写每一篇评注作品，亦在各阶段的发表与出版中，根据立法、司法与学术的变迁以及作者经验能力的增进再作修改，俾使评注在作者能力范围内最大限度趋向高质并与时俱进。

本次首度以“中国民法典评注”之名出版两部条文选注,内容涉及《民法典》总则、物权与合同三编条文。第一册收录评注作品11篇,集中于总则与物权编;第二册收录评注作品19篇,集中于合同编。其中,部分作品此前已结集出版《合同法评注选》(北京大学出版社2019年版)。无论首次结集还是再度制版,作者均结合《民法典》施行以来的新情况作有幅度不等的修订。

感谢北京麦读文化有限公司总编辑曾健先生对评注出版的大力支持与悉心策划,亦感谢中国民主法制出版社法律分社陈曦副社长、谢瑾勋编辑及麦读文化孙振宇编辑、李云琦编辑的精心制作。华东政法大学硕士生蔡绿茵(2020级)、刘亦婷(2021级),中国政法大学硕士生万桃源(2019级)、谭姗姗(2020级)和北京大学国际法学院硕士生袁野(2018级)、陈靓(2019级)、成崙端(2019级)、程欣怡(2019级)、吕梦晗(2019级)、苏诺(2019级)、王宸宇(2019级)等诸位同学分别参与第一册与第二册的文稿初编,在此一并致谢。

2021年10月19日

目　录

总则编

物权编

附　录

引注建议示例

朱庆育主编:《中国民法典评注·条文选注(第1册)》,第171条(无权代理规则),纪海龙,中国民主法制出版社2021年版,第131页,边码6。

第151条

显失公平行为*

第151条　一方利用对方处于危困状态、缺乏判断能力等情形，致使民事法律行为成立时显失公平的，受损害方有权请求人民法院或者仲裁机构予以撤销。

简　目

---

* 本文系基于《〈合同法〉第54条第1款第2项(显失公平制度)评注》(载《法学家》2017年第1期,第155—174页)一文修订而成。特别感谢凌骏达、尹旭炜两位同学的出色协助。本文的边码原则上与此前论文的边码存在对应关系,但因法条本身变动较大,为便于修订,原文边码12—58并无此种对应关系;原文边码66—75径行删除,不再保留。

一、规范目的与立法历史

(一)规范目的

1 本条规定在学理上通常称为显失公平制度(显失公平行为)。通过赋予一方当事人事后撤销民事法律行为的权利,民事法律行为的约束力(《民法典》第 136 条第 2 款),尤其是合同的约束力(《民法典》第 119 条)在此被例外突破。

2 在显失公平制度背后,立法者是基于何种规范目的或法律原则而否定民事法律行为的拘束力?潜在选项主要包括公平原则、意思自治原则、诚信原则和公序良俗原则。

2a 首先,显失公平制度无法单纯视为公平原则之体现。因为后者无法解释显失公平之主观要件(边码 24)的存在。在我国法律史上,虽曾不乏此等见解,但其预设前提为:显失公平制度仅以客观要件为必要。《合同法》第 54 条第 1 款第 2 项的起草者释义即属此类。〔1〕同样的质疑亦适用于与公平原则类似的等价有偿原则。《民通意见》第 72 条曾将两者并举。不过,鉴于等价有偿原则实为公平原则的应有之义,《合同法》之后的民事立法未再对其予以规定。〔2〕在《合同法》时代,最高人民法院在判断显失公平时,亦只提及公平原则而不再提及等价有偿原则。〔3〕

同理,显失公平制度也无法单纯视为意思自治原则或诚信原则之体现,后两者固然有可能解释显失公平之主观要件,却无法证成其客观要件。

2b 实践中的主流见解是,显失公平制度可视为意思自治原则与公平原则共同作用之产物。〔4〕后两者在形式上可以分别对应于显失公平之主观和客观要件。本条立法者强调"尊重权益受损方意思自治",〔5〕也可以作此解。在构成要件方面,

---

〔1〕 胡康生主编:《中华人民共和国合同法释义》(第 2 版),法律出版社 2009 年版,第 98 页。

〔2〕 立法起草机关也将"公平原则"与"等价公平原则"混用。参见胡康生主编:《中华人民共和国合同法释义》(第 2 版),法律出版社 2009 年版,第 98 页。

〔3〕 参见《最高人民法院关于稷山县关公洗煤厂与垣曲县晋海实业总公司、张喜全货款纠纷一案的复函》(〔1999〕民他字第 33 号):"……扣罚洗煤厂 18 万元煤款的协议,明显违背公平原则,可认定为显失公平";家园公司诉森得瑞公司合同纠纷案,载《最高人民法院公报》2007 年第 2 期(二审法院尽管引用了《民通意见》第 72 条,但裁判理由以及裁判摘要中都只认可公平原则)。

〔4〕 理论上的类似见解,参见王磊:《论显失公平规则的内在体系》,载《法律科学》2018 年第 2 期,第 92—94 页。此外还有观点认为,显失公平制度(在观念或价值上)同时体现公平原则、意思自治原则与诚信原则三者,参见蔡睿:《显失公平制度的解释论定位》,载《法学》2021 年第 4 期,第 79 页。

〔5〕 参见黄薇主编:《中华人民共和国民法典总则编释义》,法律出版社 2020 年版,第 402 页(仅在显失公平制度的法律后果为可撤销的语境下提及意思自治)。

法院强调“合同撤销权中的显失公平，是指一方当事人不是出于自己的真实意愿签约，对方当事人因此获得不正当利益而导致的利益失衡，而不是仅指价格与价值之差”，[6]以及强调当事人一方利用对方处于危困状态等必须“使对方在违背真实意思的情况下订立合同”，[7]或必须存在“违背其真实意思表示的行为”，[8]也都与前述理解一致。[9]

前述见解面临的潜在质疑为，其无力解释意思自治原则与公平原则是如何共同塑造了作为具体规则的显失公平制度。换言之，在意思自治原则尚不足以单独干预显失公平行为效力的背景下，为何公平原则就可以弥补该短板，以及在何种程度上能够弥补该短板？尤其是一旦涉及显失公平制度的边界，如主客观要件在何种程度上可以互动、替代（边码 47 以下），前述合力说就缺乏足够的解释力。不过，这更多是理论尚未成熟之过，相比于下文的其他选项，此种见解或许是最优的“次优方案”。

显失公平制度也可能被视为诚信原则和公平原则之共同体现。[10] 但该组合明显逊色于意思自治原则和公平原则之组合。除了类似潜在缺陷，在解释显失公平制度的主观要件方面，意思自治原则关注意思表示行为人之不自由，诚信原则侧重于评价意思表示相对人之行为，两者看似是一个硬币的两面，但仍有高下之分。倘若显失公平的主观要件仅涉及意思表示之不自由，则诚信原则应无用武之地，其道理与欺诈、胁迫等意思表示瑕疵规则也涉及相对人之不诚信行为，但通常仍被视为意思自治原则之体现相通。但是，倘若前述主观要件无关乎意思表示之不自由，则以诚信原则为据，形式上仍可成立。不过，此等解释仍与诚信原则的教义学定位不符。在我国法上，诚信原则通常旨在对当事人“行使权利、履行义务”（《合同法》第 6 条）加以调整，从未调整合同的效力（《民法典》第 142 条、第 466 条、第 500 条、第 509 条、第 558 条），后者系公序良俗原则的规制对象。[11] 现行法上并无法律行为违反诚信原则而无效或有其他效力瑕疵之规定，亦可资佐证。[12] 2c

---

〔6〕 参见最高人民法院（2019）最高法民终 760 号民事判决书。

〔7〕 参见最高人民法院（2019）最高法民终 760 号民事判决书。

〔8〕 参见新疆维吾尔自治区高级人民法院（2020）新民终 253 号民事判决书。

〔9〕 此种认知可能源自《民通意见》第 70 条，即乘人之危的行为必须“迫使对方作出不真实的意思表示”。

〔10〕 有此种倾向者，参见王利明：《合同法研究（第一卷）》（第 3 版），中国人民大学出版社 2015 年版，第 701、710 页。

〔11〕 参见于飞：《公序良俗原则与诚实信用原则的区分》，载《中国社会科学》2015 年第 11 期，第 146—162 页。

〔12〕 当然，若不顾诚信原则与公序良俗原则的教义学分工，而回归《民法典》关于所有民法基本原则的宽泛、划一的适用范围（“民事主体从事民事活动”），则显失公平或可视为诚信原则与公平原则之共同体现。

3 理论上的另一种选择是将公序良俗原则(《合同法》第 7 条)作为显失公平制度的价值基础。[13] 这显然是受《德国民法典》第 138 条第 2 款(将暴利行为作为法律行为违背公序良俗的特例)的影响。[14] 我国法上,早期也曾有规定从"单方获取暴利"的角度定义显失公平制度。[15]

4 此等定位首先在概念上是自洽的。凡是满足主客观要件的显失公平的合同或合同条款,其内容都可以被认为有悖于公序良俗(善良风俗)。其次,它也契合公序良俗原则在法律行为效力评价上所扮演的一般角色。此外,在比较法上,将显失公平与公序良俗挂钩也不乏有力支持,除德国法外,美国法以及《国际商事合同通则》也都持此观点。它们所谓显失公平制度(unconscionability),文义上就是"有违良心",要件上,也要求权利义务显著失衡以至于"震撼一个理性人的良知",且这种失衡还应当是"没有正当理由的"(unjustifiably)。[16]

但该定位的缺陷在于,显失公平制度的法律后果是可撤销甚至可变更(边码 63 以下、边码 76b),而违反公序良俗的后果是无效。对此曾有初步解释认为,显失公平制度有意在法律效果上作特别规定,旨在通过设置除斥期间,尽可能维护合同效力。[17] 但这有循环论证之嫌:显失公平制度之除斥期间,并未得到解释。相反,若从意思表示瑕疵的角度入手,诉诸意思自治原则,该除斥期间的存在就水到渠成。当然,在当事人一方利用对方的"结构劣势"而系统性压榨、剥削的场合,诚然有违背公序良俗之可能性,但悖俗无效规则于此可以竞合适用,无须以公序良俗原则吸收显失公平制度或作为其兜底。

---

〔13〕 从意思表示自愿与真实等角度作"排除法",最终得出相同结论者,参见朱广新:《合同法总则》,中国人民大学出版社 2012 年版,第 235 页。

〔14〕 参见梁慧星:《民法总论》(第 4 版),法律出版社 2011 年版,第 202 页;巴晶焱:《股权转让协议中欺诈和显失公平的认定》,载《人民司法·案例》2011 年第 14 期,第 81 页。也有学者将德国法上的暴利制度视为公平原则(给付均衡法理)的体现。参见韩世远:《合同法总论》(第 4 版),法律出版社 2018 年版,第 52 页。

〔15〕《国家工商行政管理局经济合同司关于如何处理申请变更或者撤销内容有重大误解或显失公平的合同案件的复文》(〔1989〕同字第 3 号)第 2 条第 2 款规定,"显失公平的合同,是指……单方获取暴利"。

〔16〕 UNIDROIT, Principles of International Commercial Contracts, Art. 3. 2. 7, Comment 1: "[…] the disequilibrium is in the circumstances so great to shock the conscience of a reasonable person".《国际商事合同通则》自 1994 年发布以来即要求显失公平需包含双重要件。研究者指出,这契合了许多国内法兼顾实质公平和程序公平的趋势。Michael Joachim Bonell, "Unidroit Principles of International Commercial Contracts", 69 *Tulane Law Review* 1121, 1140 (1994 – 1995).

〔17〕 参见贺剑:《〈合同法〉第 54 条第 1 款第 2 项(显失公平制度)评注》,载《法学家》2017 年第 1 期,第 166 页。

（二）立法历史

5 在我国法上，显失公平制度早期规定于《民法通则》第59条。[18] 之后相关规定还有1987年《最高人民法院关于适用〈涉外经济合同法〉若干问题的解答》[法（经）发〔1987〕27号]第4条第1款第2项、1988年《民通意见》第72条、1989年《技术合同法实施条例》第29条第2项。1999年《合同法》第54条将显失公平与重大误解、欺诈、胁迫并列，作为可撤销合同之一种。2017年《民法总则》第151条专设显失公平民事法律行为之一般规定。其后，该规定原封不动，成为《民法典》第151条。

5a 在显失公平制度的立法演进中，《合同法》第54条首次明确，显失公平之情事须发生于"订立合同时"，排除了合同履行时等潜在解释疑义。在此基础上，《民法总则》第151条则有更为广泛深远的变革。其一，解决了《合同法》以来显失公平制度双重要件说、单一要件说之争论，承继《民通意见》第72条，明确显失公平以主、客观双重要件为必要；其二，明确了仅受损害方享有撤销权；其三，废除了乘人之危，将其并入显失公平；其四，将显失公平的法律后果限定于可撤销，删除了此前"可变更"之选项。前三点修正体现了《民法通则》颁行30多年来实务与学说之发展成果，[19] 深值肯定；第四点改变则不无争议，且并非显失公平行为所独有，而涉及所有可撤销行为，在学界引发了诸多讨论（边码63以下）。

（三）适用范围

1. 概述

5b 显失公平制度应仅适用于负担行为，而不适用于处分行为。只有前者才可能涉及给付与对待给付之交换，或类似交换关系，才有可能客观上显失公平。同理，显失公平制度不适用于单方法律行为（如遗嘱）。

2. 合同场景之适用

（1）适用于合同条款

6 显失公平的可能是整个合同，也可能是合同价格、竞业禁止或风险分配等合同条款。从维护合同效力、尊重意思自治的角度讲，显失公平制度可以仅适用于

---

〔18〕 中华人民共和国成立后，最早有关显失公平的规定似乎是1951年《最高人民法院华东分院关于解答房屋纠纷及诉讼程序等问题的批复》（东法编字第01689号）第4条。该条规定："承典人未得出典人同意，将出典物变卖，应先审究典权契约内容是否公平合理，……如果典权契约内容，显失公平……，自许原出典人依法诉追回赎。"这相当于赋予了原出典人撤销或变更典权契约（以及对抗第三人）的权利。

〔19〕 一个梳理，参见贺剑：《〈合同法〉第54条第1款第2项（显失公平制度）评注》，载《法学家》2017年第1期，第158—169页。

部分合同条款。[20] 其实益在于，在撤销时，仅相应条款被撤销，其他条款仍然有效。原则上，一切合同条款（包括关于附随义务[21]的条款）都可能显失公平。

7 某合同条款是否显失公平，应结合其他相关条款综合考察。比如，在建设工程合同实务中，让承包方预先放弃价款优先受偿权的条款原则上显失公平；[22]但如果合同中还有其他条款足以保障承包方的债权（如发包方提供其他有效担保），则仍不构成显失公平。

（2）不限于双务合同

8 显失公平制度适用于有偿合同，但并不限于双务合同。[23] 显失公平制度着眼于经由合同所为之"交换"（对价关系）是否不公，这与合同之双务、单务无必然关联。[24] 因此，少数单务合同，如自然人之间的有偿借款合同，由于也有"交换"，仍可能适用显失公平制度。[25] 少数无名合同，主要是和解合同，如一方免除部分旧债务、另一方为剩余债务提供担保（单务合同，因为债务免除是处分行为），或一方免除部分旧债务、另一方承诺尽快履行剩余债务［双方在此均未负担新的债务，如工伤赔偿协议（边码 49a 以下）］，因为这些合同中也存在新旧义务之间或处分行为与旧义务的履行之间的对价关系，[26]因而也可适用显失公平制度。相反，常见的无偿合同如赠与[27]、保证等，因缺乏"交换"，故无显失公平之余地。对于混合合同，如"半卖半送"的合同，是否显失公平应仅就买卖部分作判断。

（3）不限于民事合同

9 我国采民商合一体制，《民法典》总则编的显失公平制度也适用于诸多商事合

[20] 参见最高人民法院（2012）民二终字第 43 号民事判决书。比较法上的例证，如美国《统一商法典》第 2—302 条、《合同法重述》（第 2 版）第 208 条所规定的都是"显失公平的合同或合同条款"（unconscionable contract or term/clause）。

[21] 不同观点，参见家园公司诉森得瑞公司合同纠纷案，载《最高人民法院公报》2007 年第 2 期（涉及保守商业秘密的义务）。

[22] 弃权条款的经典论述，参见叶名怡：《论事前弃权的效力》，载《中外法学》2018 年第 2 期，第 327—346 页。

[23] 试比较，参见王利明：《合同法研究（第一卷）》（第 3 版），中国人民大学出版社 2015 年版，第 708 页（"显失公平主要适用于有偿合同，特别是双务合同"）。

[24] 不同意见，如邵建东：《论可撤销之法律行为》，载《法律科学》1994 年第 5 期，第 53 页。

[25] 类似观点，参见曾大鹏：《论显失公平的构成要件与体系定位》，载《法学》2011 年第 3 期，第 137 页。

[26] 参见贺剑：《诉讼外和解的实体法基础》，载《法学》2013 年第 3 期，第 144—147 页。比较法上，和解合同尽管要求"互相让步"，但未必是（债法上的）双务合同，参见庄加园：《和解合同的实体法效力》，载《华东政法大学学报》2015 年第 5 期，第 133 页。

[27] 参见北京市第一中级人民法院（2015）一中民终字第 2168 号民事判决书（一审见解，二审予以维持）。

同。不过在商事交易中，合同双方通常势均力敌，因而合同显失公平的几率较低。[28] 具体而言，若合同双方均为商事主体，显失公平制度的主观要件，尤其是“缺乏判断能力”（边码 29 以下）通常即不成就；同时，不少商事交易有高风险、高收益并存的特性，其权利义务之对等性在表现形式上与普通民事交易也有所不同。

例如，有论者指出，对于不良金融债权处置等交易，要借助显失公平制度防止“一案暴富”及国有资产流失。[29] 这就忽视了商事主体的成熟（主观要件）和不良资产交易的高风险特性（客观要件）。[30] 10

又如，俗称的“对赌协议”（也称为“估值调整机制”）原则上也无关乎显失公平。在主观要件方面，投资方和目标公司（及股东）均为商事主体，各方均应知悉商业风险或行业惯例。[31] 在客观要件方面，无论是股权回购还是现金补偿，对赌协议通常是目标公司估值以及未来经营业绩具有高度不确定性背景下的内容公平合理之安排。[32]

《最高人民法院关于审理联营合同纠纷案件若干问题的解答》[法（经）发〔1990〕27 号]第 4 条第 1 款曾以“共负盈亏、共担风险”原则为由，确认联营合同中的保底条款（指联营一方虽向联营体投资，并参与共同经营和分享联营的盈利，但不承担联营的亏损责任，在联营体亏损时，仍要收回其出资和收取固定利润的条款）为无效。有观点认为，更妥当的做法是将保底条款认定为显失公平，从而将法律效果由无效缓和为可撤销。[33] 对此难以赞同。上述保底条款的无效，宜从当时保护内资的法律政策中去理解。就显失公平而言，联营合同的各方主体都是成熟的商人，上述盈利和风险分担模式也是各方谈判的结果，主客观要件方面（边码 17 以下）都难以成立。 11

---

〔28〕 参见曾大鹏：《论显失公平的构成要件与体系定位》，载《法学》2011 年第 3 期，第 140 页。

〔29〕 参见王伟伟：《以显失公平原则规制“一案暴富”》，载《检察日报》2013 年 9 月 25 日，第 3 版。

〔30〕 参见《天津市高级人民法院关于为我市小型微型企业健康发展提供法律服务的指导意见》（津高法〔2012〕118 号）第 10 条（针对小微企业商事合同案件），“不能片面追求交易结果的所谓完全平等性”，轻易以显失公平为由撤销或变更合同；“更不能……片面以避免国有资产损失或防止私有财产所有权遭受侵害为由”，通过撤销、无效等方式否认合同效力。

〔31〕 仅强调股东知悉商业风险者，参见最高人民法院（2019）最高法民申 3411 号民事裁定书；北京市高级人民法院（2020）京民终 536 号民事判决书。较完备的论述，参见浙江省高级人民法院（2015）浙商终字第 84 号民事判决书。

〔32〕 关于现金补偿、股权回购两类条款的权利义务构造及合理性，分别参见贺剑：《对赌协议中的违约金调整与利息管制》，载《人民司法·应用》2020 年第 16 期，第 70、72 页。实务中虽未如此精确，但大都能指出股东或目标公司因投资方的溢价出资而受益，参见浙江省高级人民法院（2015）浙商终字第 84 号民事判决书（参与对赌的股东虽“不能直接从增资中获取利益”，但公司“获取大量增资与其有实际利益关联”）；新疆维吾尔自治区高级人民法院（2015）新民二终字第 280 号民事判决书（“投资方高价入股后，融资企业原股东都提前享有股份增值的收益”）。

〔33〕 参见孔祥俊：《合同法教程》，中国人民公安大学出版社 1999 年版，第 273—275 页。

3. 是否适用于身份行为?

12 显失公平不适用于单纯的身份行为。后者本质上都是身份关系的“处分”行为,旨在引起身份关系之得丧变更,如协议结婚、协议离婚、收养行为等。此类行为虽有合意,却不旨在“交换”;甚至即使被认为存在身份上权利义务之“交换”,亦由于其法律效果之法定(如结婚的法律后果之法定),不存在身份行为双方当事人权利义务失衡之余地。显失公平制度的客观要件于此无从成立。

13 显失公平制度或可适用于离婚财产分割协议(边码 70)等与身份行为有关,但并不直接引发身份关系之得丧变更,而主要涉及配套财产问题的合同或协议。原因在于,此类合同涉及财产层面之交换关系,因而可能客观上显失公平;同时,亦不排除当事人一方利用对方处于危困状态、缺乏判断能力等的可能性。须注意的是,此类合同还可能与结婚行为等单纯身份行为构成一个复杂的整体交易,在判定此类合同的权利义务之对等性时,除了考虑财产层面的权利义务,还应一并考虑身份层面的让步或妥协(边码 70)。

4. 是否适用于决议、合伙等共同行为?

14 目前就此罕有讨论。初步来看,决议行为并无显失公平制度之适用空间。其一,决议行为无论是作为特定组织之“单独”意思表示,抑或该组织相应成员之“共同”意思表示,均不涉及权利义务之交换。其二,就参与作成决议之成员的意思表示而言,其意思表示瑕疵也只可能涉及非交换场景的欺诈、胁迫,而不涉及交换场景的显失公平。此外,客观上对特定成员极为不公平的决议行为,在《公司法》等组织法上也有旨在维护特定群体利益的特殊强制性规定(如防止大股东滥用权利、保护小股东的规定)。

15 作为另一种共同行为,合伙协议可能包含利润分配、风险分担、事务管理等交换关系,无法完全排除显失公平制度之适用空间。不过,鉴于合伙人通常为商事主体,显失公平的主观要件通常即难以成就;同时,合伙协议的内容也可能部分受到法律管制(如《合伙企业法》对有限合伙人、普通合伙人的权限和责任规定),在经受合法性检验之后,其内容在客观上通常也难谓显失公平。

二、构成要件

(一)判断时点

16 显失公平的判断时点是“民事法律行为成立时”,主要即合同订立时。此后因市场行情等因素导致的权利义务显著失衡,不适用显失公平制度,而可能适用情势变更制度(《民法典》第 533 条)。

(二)客观要件

17 在客观方面,显失公平是指“双方当事人在民事法律行为中的权利义务明显失衡、显著不相称”,[34] 即“给付与对待给付之间严重失衡或利益严重不平衡”。[35] 客观上是否显失公平,须考虑“市场风险、交易行情、通常做法等”具体情形。[36] 此外还须考虑以下因素:

18 第一,相对比例。以合同价格为例,依《合同法解释二》[37] 第 19 条,如果低于当地指导价或者市场交易价的 70%,一般可以视为“明显不合理”的低价;如果高于前述价格的 30%,则视为“明显不合理”的高价。有地方高院也有类似规定:在民间借贷的以房抵债约定中,若“合同约定的房屋转让价格达不到当时交易地的市场交易价百分之七十的,一般可以视为价格明显过低”。[38]

19 第二,绝对金额。[39] 当绝对数额较大时,即便相对比例未超过 30%,比如二手房买卖纠纷中,房屋市价 270 万元,合同价格为 200 万元,也可能构成客观上显失公平。[40]

20 第三,合同性质和目的。有时,合同权利义务严重不对等也未必表明合同内容显失公平。这还需考察合同的性质和目的。[41]

21 在半卖半送的混合合同中,合同价格明显低于市场价未必显失公平,此时应将赠与部分考虑进来,换言之,应仅考察买卖部分是否显失公平(边码 8)。例如,父母子女之间的股权转让可能部分包含赠与,“并非纯粹的市场行为”,客观上未必显失公平。[42]

在投资或者投机交易中,判断权利与义务是否对等须考虑交易的高风险、高

---

〔34〕 参见黄薇主编:《中华人民共和国民法典总则编释义》,法律出版社 2020 年版,第 402 页。

〔35〕 参见最高人民法院(2019)最高法民终 760 号民事判决书。

〔36〕 参见黄薇主编:《中华人民共和国民法典总则编释义》,法律出版社 2020 年版,第 402 页。

〔37〕《合同法》两个专门解释以及《民通意见》虽已失效,但在《民法典》施行过渡时期,若无其他明确规定,仍有参照适用余地。参见《民法典纪要》第 12 条。

〔38〕 参见《北京市高级人民法院关于审理房屋买卖合同纠纷案件若干疑难问题的会议纪要》(京高法发〔2014〕489 号)第 24 条第 2 款。

〔39〕 类似观点,参见隋彭生:《合同法要义》(第 4 版),中国人民大学出版社 2015 年版,第 128 页。

〔40〕 参见北京市第一中级人民法院(2014)一中民终字第 8042 号民事判决书。该案因欠缺主观要件而不构成显失公平。

〔41〕 这一表述的灵感源自《国际商事合同通则》(2016 年版)第 3.2.7 条(the nature and purpose of the contract)。

〔42〕 参见北京市高级人民法院(2020)京民终 526 号民事判决书。

收益特点。[43] 在海难救助合同中，判断对价是否公平除了应考虑救助方的实际支出外，还应考虑救助方或者救助设备所冒的风险等诸多因素(《海商法》第 180 条)。[44] 一定期限的竞业禁止条款或保守商业秘密条款可能“看似对一方明显不利”，但在某些行业(如房地产中介行业)却仍然可能是公平的。[45]

22 需注意，判断合同内容客观上显失公平时，也可能需考察当事人订立合同时的意思等主观因素，即上文所说的合同性质和目的。这不同于显失公平制度的主观要件。[46]

23 第四，与其他交易的关联。有些合同单个来看可能权利义务严重不对等，但如果与其他相关交易一并来看(二者有时可能是一个更大交易的组成部分)，却可能是合理、公允的，此时不宜只见树木而不见森林。

(三) 主观要件

1. 规范目的

24 对显失公平制度而言，主观要件之必要性与双重要件之正当性，实为一个硬币的两面。以合同为例，在客观要件之外，主观要件之有无主要代表两种截然不同的合同正义观：坚持主观要件，意味着合同是否公正，当事人是最好的判断者。只要有真正的合同自由在，合同正义就在。因此，只有在合同一方利用对方处于危困状态、缺乏判断能力等情形下，相对方的合同自由堪忧，并因此导致合同客观上显失公平，才应基于合同正义而对合同自由予以限制。

25 相反，放弃主观要件则意味着，存在一个一般化的、客观的合同正义标准，一旦当事人触碰客观上显失公平的红线，合同自由(在此即合同的约束力)就应当被否定。显然，单一要件说容易导致诸多“误伤”。其一，它使得事前自愿达成、对合同双方也都有利的合同(如售价奇高，但买受人仍可以更高价格转售的买卖合同)，事后仍可能被一方当事人任意推翻。其二，若事后因证据原因无法查明当事

---

〔43〕 例如，最高人民法院民一庭：《如何认定合同的显失公平》，载最高人民法院民事审判第一庭编：《民事审判指导与参考》(总第 35 集)，法律出版社 2009 年版，第 141 页(葛文执笔)。有学者将投机交易放在主观要件下讨论，似有不妥。参见隋彭生：《合同法要义》(第 4 版)，中国人民大学出版社 2015 年版，第 124 页。

〔44〕 参见胡正良主编：《海事法》，北京大学出版社 2009 年版，第 123 页。

〔45〕 参见家园公司诉森得瑞公司合同纠纷案，载《最高人民法院公报》2007 年第 2 期(裁判摘要)。

〔46〕 正确指出此点者，参见王利明：《合同法研究(第一卷)》(第 3 版)，中国人民大学出版社 2015 年版，第 709 页。相反，《国际商事合同通则》第 3.2.7 条的评注者认为，即便合同一方没有利用其谈判地位优势损害合同另一方，客观上的显失公平也仍然可能是“不正当的”，因而可以适用显失公平制度。例如：合同中约定了非常短的货物或服务存在瑕疵时的通知期间，对于货物或服务提供者来说，这可能是过分有利的，也可能不是。至少就该举例而言，它只涉及客观上是否显失公平，而不涉及显失公平是否正当的问题。See UNIDROIT, Principles of International Commercial Contracts, Art. 3.2.7, Comment 2. b.

人真意,导致合同性质和目的无法判断,在单一要件说之下,合同仍有可能因为“客观上”显失公平而被不当推翻;而在双重要件说之下,则还有主观要件作为第二重保险。以上“误伤”,将纵容机会主义的毁约行为,不当破坏合同的稳定性,损害交易安全。〔47〕 此外需注意,单一要件说之下,由于显失公平制度的适用和证明都较为简便,少数判决还有“向显失公平制度逃避”的倾向,在本该适用其他制度的情形下错误(额外)适用显失公平制度。〔48〕 对于其他类型的民事法律行为,以上分析大体亦适用。

2. **处于危困状态**

“处于危困状态”的表述源自《民法总则》施行前的乘人之危制度(《民通意 26
见》第 70 条的对应表述为“处于危难之机”)。〔49〕 危困状态“一般指因陷入某种暂时性的急迫困境而对于金钱、物的需求极为迫切”,如家人患病而急需医疗费用等。〔50〕

在实务中,危困状态往往与身陷囹圄有关,但仍须结合个案情况具体分析。 27
例如,对自然人而言,刑事犯罪嫌疑人一方主动与受害者达成谅解赔偿协议,以换取从轻从宽处罚,通常不涉及“公权力不当介入民事赔偿”,不满足主观要件(尤其是“危困状态”)的要求。〔51〕 又如,股权转让一方作为犯罪嫌疑人被羁押,为避免潜在刑罚,急需资金支付被控拖欠的劳工工资,此种“人身受限、急需用钱”,未必构成危困状态,即使构成,也未必满足合同另一方利用此种危困状态之完整主观要件。〔52〕 相反,对企业而言,倘若其法定代表人、财务人员等高级管理人员均被逮捕,企业即可能“处于危难之中”。〔53〕

若企业存在经济困难,并面临法院强制拍卖其资产,因而与他人就有关资产 28
订立转让协议,是否属于处于危困状态?最高人民法院在一个再审裁定中认为,

---

〔47〕 类似观点,参见曾大鹏:《论显失公平的构成要件与体系定位》,载《法学》2011 年第 3 期,第 135 页;王利明:《合同法研究(第一卷)》(第 3 版),中国人民大学出版社 2015 年版,第 702、707 页。其他批评,参见隋彭生:《合同法要义》(第 4 版),中国人民大学出版社 2015 年版,第 124—125 页。

〔48〕 如甘肃省高级人民法院(2013)甘民二终字第 202 号民事判决书。在该案中,承揽人误以为定作物的质量瑕疵系自己造成,故与定作人达成协议,承诺如数退还货款并承担违约金责任。但其实,前述瑕疵至少部分由定作人的过错所造成。法院最终竟然以重大误解和显失公平为依据,允许承揽人变更合同,免除了违约金责任。

〔49〕 参见黄薇主编:《中华人民共和国民法典总则编释义》,法律出版社 2020 年版,第 402—403 页。

〔50〕 参见黄薇主编:《中华人民共和国民法典总则编释义》,法律出版社 2020 年版,第 402 页。

〔51〕 参见最高人民法院(2020)最高法民申 4999 号民事裁定书。

〔52〕 参见四川省高级人民法院(2013)川民终字第 466 号民事判决书。

〔53〕 参见最高人民法院(2019)最高法民申 2898 号民事裁定书。

“法院强制执行是为了确保生效判决确定的债务得以履行”,该情形不属于危困状态。[54] 笔者认为,危困状态的产生原因多种多样,包括市场因素、合法行为、侵权甚至犯罪行为等。强制执行的合法性与危困状态之认定尚无直接关联。

3. **缺乏判断能力**

29 “缺乏判断能力”的表述同样可以追溯到《民通意见》第 72 条的“利用优势或者利用对方没有经验”。如此前评注所言,利用(己方)优势与利用对方没有经验或其他劣势实为一体两面,且比较法多采利用对方劣势的表述,[55]《民法总则》第 151 条及本条改弦更张,剔除冗余表述,并将“没有经验”替换为“缺乏判断能力”,应予肯定。

30 笼统而言,“缺乏判断能力”是指“缺少基于理性考虑而实施民事法律行为或对民事法律行为的后果予以评估的能力”。[56] 该能力首先不同于民事法律行为能力。其次,其也不应仅限于从事日常生活交易的能力,而应当因交易类型、所属行业而异,即指在特定行业、领域普通交易主体所应具备的基本能力(“底线要求”)。换言之,自然人之间二手房买卖所需的判断能力,与自然人和企业之间的一手房买卖、企业之间的股权交易等所需的判断能力,就很可能有不同标准。这与此前对《民通意见》第 72 条的“没有经验”的解读有类似之处。[57]

31 缺乏判断能力在民事交易、消费者保护等场合不难判定,但在商事交易场景则不无疑义。

第一,对于特定交易而言,倘若投资者对标的公司自行或委托专业机构做了充分的背景调查和资料分析,进而达成交易,即并非缺乏判断能力。[58]

第二,即使投资者在特定交易中是否从事相应调查并不明确,但只要其“具有从事相关经济活动的经验”,亦难谓缺乏判断能力。[59]

32 第三,真正艰难的问题是,倘若投资者是一个“新手”,甚至是一个“不合格”的交易主体,其因为自身或工作人员疏忽、能力不足等原因,并未做相应调查获取必要交易信息,是否有可能属于“缺乏判断能力”? 笔者初步认为,此类情形纵属

---

〔54〕 参见最高人民法院(2020)最高法民申 5516 号民事裁定书(该案不涉及显失公平的结论仍可资赞同,因为客观要件亦不成就)。

〔55〕 参见贺剑:《〈合同法〉第 54 条第 1 款第 2 项(显失公平制度)评注》,载《法学家》2017 年第 1 期,第 160 页。

〔56〕 参见黄薇主编:《中华人民共和国民法典总则编释义》,法律出版社 2020 年版,第 402 页。

〔57〕 参见贺剑:《〈合同法〉第 54 条第 1 款第 2 项(显失公平制度)评注》,载《法学家》2017 年第 1 期,第 162 页。

〔58〕 参见最高人民法院(2020)最高法民申 4426 号民事裁定书。

〔59〕 参见最高人民法院(2020)最高法民申 3272 号民事裁定书(未明确提及显失公平,而仅以此为由,笼统排除合同可撤销之余地)。

于缺乏判断能力，亦不满足显失公平制度的主观要件。在商事交易中，即便是交易新手，也被法律要求具有基本的信息获取能力和判断能力，其事实上能力欠缺，应归咎于交易主体自身。“理性投资经营者……应当对标的公司及相应行业进行充分的了解，并且作出理性的选择。”〔60〕

4. **利用对方劣势的其他情形**

本条有意采取了“处于危困状态、缺乏判断能力等情形”的表述，此处“等情形”三字，为其他显失公平的情形预留了解释空间，意义重大。就一般标准而言，与此前《民通意见》第72条的利用（己方）优势类似，〔61〕一切利用对方劣势的情形都有可能满足显失公平的主观要件。实践中有法院同时提及“危困或弱势”，〔62〕亦可资佐证。 33

（1）绝对劣势、相对劣势

利用劣势可能涉及绝对劣势、相对劣势两种不同理解。绝对劣势是相对于特定行业、领域的底线标准而言，上文对处于危困状态、缺乏判断能力的解释即属此类；相对劣势则不问底线标准，而仅看合同双方的能力或地位对比。鉴于显失公平制度旨在避免当事人一方利用对方劣势而不当干预后者意思表示之形成（边码2b），不论是对方之绝对劣势，还是利用对方之相对劣势，均应属于主观要件的题中之意。 34

据此，利用对方劣势的其他情景至少包括：（1）利用谈判地位之不对等，包括“利用依赖关系”等，〔63〕此为利用对方相对劣势的经典场景。（2）利用对方的轻率。〔64〕所谓轻率，即“订约时的马虎或不细心”，如对合同的价格不作审查判断而匆忙订约等。〔65〕 35

（2）结构劣势、个体劣势

当事人一方所可能利用的相对方之劣势大体可以分为两类。〔66〕 36

---

〔60〕 参见最高人民法院（2020）最高法民申4426号民事裁定书。

〔61〕 一般讨论，参见贺剑：《〈合同法〉第54条第1款第2项（显失公平制度）评注》，载《法学家》2017年第1期，第160—162页。

〔62〕 参见新疆维吾尔自治区高级人民法院（2020）新民终253号民事判决书。

〔63〕 参见武腾：《显失公平规定的解释论构造》，载《法学》2018年第1期，第138页。

〔64〕 参见黑龙江省高级人民法院（2013）黑高商终字第8号民事判决书；山东省高级人民法院（2013）鲁商终字第249号民事判决书；孔祥俊：《合同法教程》，中国人民公安大学出版社1999年版，第275页；王利明：《合同法研究（第一卷）》（第3版），中国人民大学出版社2015年版，第711页；武腾：《显失公平规定的解释论构造》，载《法学》2018年第1期，第137页。

〔65〕 参见王利明：《合同法研究（第一卷）》（第3版），中国人民大学出版社2015年版，第711页。

〔66〕 此前也分别称为结构优势、个体优势。参见贺剑：《〈合同法〉第54条第1款第2项（显失公平制度）评注》，载《法学家》2017年第1期，第161页。类似见解，参见王磊：《论显失公平规则的内在体系》，载《法律科学》2018年第2期，第95页。

第一类是“结构劣势”，即双方当事人分属于不同群体，而一个群体的成员相对于另一群体的成员通常都享有信息、知识技能、经济地位以及其他可能影响双方判断能力或谈判地位的优势，换言之，后者相对于前者通常存在相应劣势。其典型如劳动者相对于用人单位的劣势，消费者相对于生产者、经营者的劣势，患者相对于医院、医生的劣势，监管对象相对于监管机构的劣势等。[67]

37 不管是利用优势还是劣势，都须与民事法律行为内容的显失公平相关（“致使”）。比如，用人单位与劳动者签订低于最低工资标准的劳动合同时，固然可能利用后者的结构劣势（“活少人多”）。但如果是双方解除劳动合同关系，签署经济补偿协议，则通常不存在谈判地位以及判断能力之结构劣势，显失公平之主观要件通常即不成就。[68] 作为例外，在海外劳工、远洋劳工等特殊场合，即使是解除劳动合同，亦可能存在前述谈判地位之结构劣势，主观要件仍可经由事实推定而成就。[69] 另外，如果涉及劳动者发生工伤且已辞工，用人单位也可能利用劳动者急需医疗费用之危困状态（边码 66 以下）。[70]

38 第二类是“个体劣势”，即在个案中，合同一方处于危困状态，或者其虽然相对于另一方存在判断能力、谈判地位等劣势，但是双方属于同一群体，或虽属于不同群体却无结构性强弱之别。

39 区分结构劣势、个体劣势的主要意义在于证明。在当事人一方相对于另一方存在结构劣势时，“利用劣势”之现象普遍存在，故作为一项“日常生活经验法则”，可以适用事实推定（表见证明）。[71] 亦即，受损害方只要证明或者法官基于日常生活事实即可认定，对于特定类型的民事法律行为，受损害方相对于非受损害方存在结构劣势，且合同客观上显失公平，即可推定非受损害方利用上述结构劣势导致合同客观上显失公平，主观要件成就。相反，在仅有个体劣势的场合，利用劣势的现象只是个案，不能适用前述事实推定。

---

〔67〕 参见《国家工商行政管理局经济合同司关于如何处理申请变更或者撤销内容有重大误解或显失公平的合同案件的复文》（〔1989〕同字第 3 号）第 2 条第 2 款（“显失公平的合同，是指一方当事人以权谋私……”）。

〔68〕 参见重庆市高级人民法院（2019）渝民申 2993 号民事裁定书。

〔69〕 参见辽宁省高级人民法院（2020）辽民终 366 号民事判决书。

〔70〕 参见新疆维吾尔自治区高级人民法院伊犁哈萨克自治州分院（2014）伊州民二终字第 401 号民事判决书。该案涉及工伤赔偿协议纠纷，一审法院从用人单位在经济地位、社会影响和人际关系上的优势出发认定显失公平；二审法院对此委婉地予以纠正，指出该案合同显失公平系用人单位利用劳动者经济条件困难所致。

〔71〕 参见《民事诉讼证据规定》（2019 年修正）第 10 条第 1 款第 4 项。学理上的论争，参见周翠：《从事实推定走向表见证明》，载《现代法学》2014 年第 6 期。该项主张在显失公平领域也渐有支持者。请比较贺剑：《〈合同法〉第 54 条第 1 款第 2 项（显失公平制度）评注》，载《法学家》2017 年第 1 期，第 161—162 页；武腾：《显失公平规定的解释论构造》，载《法学》2018 年第 1 期，第 129—130 页。

结构劣势和个体劣势之间也有灰色地带。如在民间借贷场合，很难一概而论。有地方高院规定，对于民间借贷合同中的以房抵债约定，如果“约定的房屋转让价格明显过低，显失公平的”，可以适用显失公平制度予以撤销。[72] 这其实是一概预设了借款人对出借人的结构劣势（谈判地位之劣势），进而不分地域、情境地推定主观要件的存在，难谓妥当。正确的做法如，企业向银行借款，即使收取较高罚息，但只要符合法定利率要求，仍无法据此推定主观要件成就。[73] 其背后道理，即在于难以认定在借贷交易中，企业相对于银行的结构劣势。 40

基于事实推定判定主观要件时，需因人、事不同而有所区别。比如在消费者与经营者之间，从合同客观上显失公平即可推定主观要件存在（但允许推翻推定[74]）；若是企业之间，则应推定主观要件不存在；若介于二者之间，还需进一步甄别。若合同极为不公平，比如约定赔偿金额与法定赔偿金额之间相差上百倍，则也可以推定主观要件存在。 41

5. **“利用”之判断**

一般认为，一方当事人须“主观上意识到对方当事人处于不利情境，且有利用这一不利情境之故意”。[75] 对此有几点说明： 42

第一，重大过失应等同于故意。从设置主观要件的目的来看，不管其背后的指导原则是意思自治原则、诚信原则抑或其他原则（边码 2 以下），故意利用与因重大过失而利用都可能构成悖俗或背信行为。相反，由于与悖俗或背信无关，基于一般过失的利用则不构成“利用”。[76]

第二，若显失公平的合同内容是一方当事人自己缺乏判断能力所致，而非另一方当事人利用其缺乏判断能力所致，则不适用显失公平制度；[77] 而且也不能类推适用。因为从规范目的（边码 2 以下）来看，此种情形与意思自治原则、诚信原则、公序良俗原则等均无关联。 43

第三，若一方当事人不仅有利用优势的故意，还有加损害于相对人的故意，则 44

---

〔72〕 参见《北京市高级人民法院关于审理房屋买卖合同纠纷案件若干疑难问题的会议纪要》（京高法发〔2014〕489 号）第 24 条第 2 款。

〔73〕 参见最高人民法院（2019）最高法民终 1386 号民事判决书。

〔74〕 在利益衡量层面，这比一律采单一要件说更周全。

〔75〕 参见黄薇主编：《中华人民共和国民法典总则编释义》，法律出版社 2020 年版，第 401 页。《民法总则》之前的学说、实务梳理，参见贺剑：《〈合同法〉第 54 条第 1 款第 2 项（显失公平制度）评注》，载《法学家》2017 年第 1 期，第 160 页。

〔76〕 不同观点（可能是无心提及），参见王利明：《合同法研究（第一卷）》（第 3 版），中国人民大学出版社 2015 年版，第 711 页（“知道或者可以合理期待其知道对方处于弱势地位”）。瑞士法上的类似见解，参见蔡睿：《显失公平制度的解释论定位》，载《法学》2021 年第 4 期，第 82 页。

〔77〕 参见浙江省绍兴市中级人民法院（2013）浙绍民终字第 1432 号民事判决书（一审见解）；王利明：《合同法研究（第一卷）》（第 3 版），中国人民大学出版社 2015 年版，第 710 页。

在显失公平制度之外，还可能构成侵权。这在诉讼时效方面尤有意义。

45 第四，也是最为重要者，在判断是否构成利用对方劣势时，有时需结合交易类型和性质等作出不同的价值判断。比如在通常的货物贸易中，精明的商人利用其信息和渠道优势低买高卖，乃是市场经济的要义，优胜劣汰，促进竞争，其固然有“优势”，亦不属于“利用优势”。[78] 但是如果交易行为是偶发性的，其目的也并非促进财货流通，而只是在当事人之间重新分配财富，那么则有可能构成“利用优势”。

46 实践中常出现的是在拆迁补偿纠纷中，一方当事人利用提前知晓拆迁补偿价格的信息优势，与被拆迁人或者其他利益相关者签订明显低于拆迁补偿价格的合同。[79] 此类纠纷中，系争合同于促进竞争、促进财货流通毫无实益，其首要或唯一作用就在于重新分配拆迁补偿款，甚至可以说，是“巧取”受害一方原本可获得的拆迁补偿款，自然宜严加控制。

（四）主客观要件的综合考察

47 关于显失公平制度的主客观要件之间有无（类似于动态系统论意义上的）互动关系，2017 年以来学界渐有探讨。[80] 这牵涉两种情形：一种是“以有余而补不足”，如客观上权利义务严重失衡，而主观上合同一方仅轻微利用了对方劣势（因而单独来看不能满足主观要件），此时，二者之间能否“互补”，从而构成显失公平？另一种是“以有余而补缺失”，如客观上权利义务极度失衡，而主观要件根本不存在，此时是否构成显失公平？

48 在第一种情形下，一个要件有余而另一要件不足，此时是否构成显失公平颇可探讨。显失公平制度固然不要求两个要件都达到相同程度，但这是否意味着放弃了对二者的最低限度的要求？比如，客观上稍失公平或者主观上轻微利用对方劣势，是否一律不构成显失公平？换言之，一方当事人轻微利用对方劣势导致权利义务极度失衡，或者一方当事人极其恶劣地利用对方劣势导致权利义务稍微失衡，[81] 它们与通常的显失公平是否应作相同对待，抑或应有所区别？

48a 以上疑问只能回到显失公平制度背后的规范目的予以判断。在以意思自治原则和公平原则共同作为价值基础的背景下（边码 2 以下），立法论上诚然有其他形

---

〔78〕 类似担忧，参见隋彭生：《合同法要义》（第 4 版），中国人民大学出版社 2015 年版，第 126 页。

〔79〕 参见吉林省高级人民法院（2014）吉民二终字第 89 号民事判决书。

〔80〕 参见贺剑：《〈合同法〉第 54 条第 1 款第 2 项（显失公平制度）评注》，载《法学家》2017 年第 1 期，第 162—163 页；王磊：《论显失公平规则的内在体系》，载《法律科学》2018 年第 2 期，第 96—98 页；武腾：《显失公平规定的解释论构造》，载《法学》2018 年第 1 期，第 126—131 页；蔡睿：《显失公平制度的解释论定位》，载《法学》2021 年第 4 期，第 83、87 页。

〔81〕 这可能构成（但并不必然）欺诈、胁迫。参见武腾：《显失公平规定的解释论构造》，载《法学》2018 年第 1 期，第 130 页。

态的主客观要件排列组合之可能性，但是，鉴于立法者已经将公平原则的体现明确为客观上“显失公平”，至少客观要件不容“打折”或替换。

相反，鉴于主观要件采取了“利用对方处于危困状态、缺乏判断能力等情形”的开放式表述，故存在根据客观上显失公平之程度作弹性解释的余地。但是，这仍与所谓动态系统论无关，而是立法者预留的“等情形”之弹性表述的应有之义。

学说曾有基于动态系统论而将“利用”之主观状态从故意放宽至重大过失甚 48b
或过失者。〔82〕但如上文所述，这或许从“利用”要件直接解释即可，无诉诸动态系统论之必要。

在第二种情形下，一个要件完全缺位，很难类推适用。与之需区别的是，如果 49
只是无法直接证明主观要件存在，但客观上权利义务极度失衡（比如约定了天价违约金），仍有可能通过事实推定等途径证明主观要件的存在（边码 39 以下），从而适用通常的显失公平制度。

一则关于工伤赔偿协议的公报案例可资说明。〔83〕法院在“裁判理由”部分指 49a
出，“所谓显失公平，是指双方当事人的权利义务明显不对等，使一方遭受重大不利。其构成要件为：双方当事人的权利义务明显不对等；该不对等违反公平原则，超过了法律允许的限度；不属于因欺诈、胁迫、乘人之危、恶意串通损害他人利益等原因导致的显失公平”。〔84〕鉴于本案协议所约定的赔偿费用显著低于受害人可得的工伤保险待遇，以及该协议“涉及劳动者的生存权益”，法院最终认定，本案协议显失公平。

对于上述案例的一种解读是，在涉及一方当事人生存权益的场合，显失公平 49b
制度可例外采单一要件说。在此，生存权益的保护替代或“补正”了主观要件的缺位。但该解读未必成立。参考相关规定可知，公报案例具有示范意义的并非裁判理由，而是裁判摘要。〔85〕而该案裁判摘要为：“用人单位与劳动者就工伤事故达成赔偿协议，但约定的赔偿金额明显低于劳动者应当享受的工伤保险待遇的，应当认定为显失公平。劳动者请求撤销该赔偿协议的，人民法院应予支持。”这并未

---

〔82〕 参见王磊：《论显失公平规则的内在体系》，载《法律科学》2018 年第 2 期，第 98 页。

〔83〕 参见黄仲华诉刘三明债权人撤销权纠纷案，载《最高人民法院公报》2013 年第 1 期。学者持双重要件说，但在论述客观要件时却又援引该案例，似有不妥。参见王利明：《合同法研究（第一卷）》（第 3 版），中国人民大学出版社 2015 年版，第 710 页。结论类似但缺乏说理的，如顾建兵、龙汉青：《协议显失公平 法院判决撤销》，载《人民法院报》2013 年 8 月 27 日，第 3 版；杨学友：《和解协议显失公平 患方可反悔》，载《中国社区医师》2012 年第 24 期，第 25 页。

〔84〕 该段文字是对学者论述（不加注释）的援引。参见崔建远主编：《合同法》（第 5 版），法律出版社 2010 年版，第 113 页；崔建远：《合同法总论》（第 2 版），中国人民大学出版社 2011 年版，第 353 页。

〔85〕 参见《〈最高人民法院关于案例指导工作的规定〉实施细则》（法〔2015〕130 号）第 9 条（“应当参照相关指导性案例的裁判要点”）。

明示，显失公平制度可例外采单一要件说，即以客观要件之有余而补主观要件之缺失。而且，前述裁判理由未能成为裁判摘要，也很可能是因为，在案例编辑者看来，这明显与《民通意见》第72条相冲突，因而只是基于实用主义的立场先确立规则，至于主观要件之有无，则被有意淡化处理。

49c 在双重要件说的框架下，上述案例其实可以得到很好的解释。它涉及的是（底层）劳动者和用人单位之间的工伤赔偿协议，在此，受伤的劳动者往往经济窘迫，如果赔偿协议客观上显失公平，通常是用人单位利用其优势所致。换言之，本案属于用人单位利用其危困状态（经济劣势）致使合同客观上显失公平的案型。故可以基于事实推定，推定用人单位利用优势这一主观要件存在，进而依双重要件说认定协议显失公平。

（五）与相关制度的关系

1. 违约金调整规则

50 违约金调整规则（《合同法》第114条第2款、《民法典》第585条第2款）有时也被认为隶属于显失公平制度。〔86〕该规定包含两种情形：一是违约金低于实际损失时，人民法院或者仲裁机构可以根据当事人的请求予以增加；二是违约金过分高于实际损失时，前述机构可以根据当事人的请求予以减少。严格说来，只有后一情形才可能关乎显失公平；〔87〕前一情形（此时的违约金约定可以看成免除部分损害赔偿的免责条款）仅涉及稍失公平，而非显失公平。

51 与显失公平制度不同，基本法律层面的违约金调整规则不问主观要件，只要违约金客观上过分高于实际损失（类似于客观上显失公平）即允许适当减少（类似于变更）。这是单纯后果考量的产物。它仅体现了公平原则，〔88〕而与显失公平制度不同。因为只有单纯从公平原则出发，才可以对违约金调整制度的两种类型作一贯解释：当违约金过分高于实际损失时，基于公平考量（损害填补和惩罚违约方），应适当减少违约金；当它低于实际损失时，同样基于公平考量（损害填补），应将违约金增加至实际损失数额。〔89〕

52 在司法实践中，法院在决定是否调整过高违约金（而非决定调整幅度）时，除

〔86〕《上海市高级人民法院关于审理劳动争议案件若干问题的讨论纪要》（沪高法〔1993〕148号）第31条规定：“如果劳动合同中违约金数额显失公平的，人民法院可予变更。”类似规定，1989年《技术合同法实施条例》第22条第3款。

〔87〕参见曾大鹏：《论显失公平的构成要件与体系定位》，载《法学》2011年第3期，第138页。

〔88〕参见最高人民法院研究室编著：《最高人民法院关于合同法司法解释（二）理解与适用》，人民法院出版社2009年版，第212页。

〔89〕后一种公平考量在立法论上是否妥当，属于另一问题。相关批评，参见韩世远：《合同法总论》（第4版），法律出版社2018年版，第830—832页。

了违约金与实际损失之差额，往往还考虑其他因素，包括当事人的过错程度〔90〕或恶意程度〔91〕，甚至当事人缔约地位的强弱、违约金是否适用格式条款等。〔92〕这无异于为此类违约金调整制度（即酌减制度）增加了额外的主观要件。《合同法解释二》第 29 条、《九民纪要》第 50 条等在决定是否酌减违约金时，亦是公平原则、诚信原则并重，〔93〕而诚信原则似乎正可以成为前述主观要件的依据。此种兼有主客观要件的违约金酌减制度，几乎就可以视为显失公平制度的子类型。

前述解释路径或不足取。这不仅割裂了酌加、酌减两类违约金调整制度的统一性，使其分别立于不同价值基础，还使得违约金酌减制度沦为显失公平制度之附属，不具有独立存在意义。此外，在法律技术上，前述规定都是将当事人过错、谈判地位强弱等因素作为认定违约金是否过高的考量因素，但后者文义上仅能承载客观要件，如违约金与实际损失之差额比较，而无法承载谈判地位强弱等主观要件。 53

一种替代解释方案是，当事人的过错作为诚信原则之体现，仅能在一定场合排除违约金酌减规则之适用。其体现了诚信原则对公平原则之限制。例如，在某些违约方故意违约之类的场合，基于违约金的性质和目的，即使违约金过高，亦例外排除酌减规则之适用。这体现的是对合同履行的规制，与显失公平场合的主观要件（合同订立环节的规制）风马牛不相及。进一步，前述实践中的其他考量因素，尤其是谈判地位的强弱，则是与显失公平制度之不当混淆所致，应在违约金酌减规则中予以剔除，交由显失公平规则处理即可。 54

2. 格式条款

格式条款无效制度（《民法典》第 497 条第 2 项、第 3 项）可谓显失公平制度的近亲。〔94〕具体而言，免除己方责任、加重对方责任、限制或排除对方主要权利均属于客观上显失公平；主观上，在格式条款客观上显失公平的情形下，提供格式条款一方往往事实上利用了对方劣势——尽管第 497 条第 2 项、第 3 项并未明确规定主观要件。 55

这一法无明定可以有两种解释：一种是，立法者为了特别保护接受格式条款的一方而一律推定主观要件存在，这是不可推翻的推定，因此即便可以证明主观 56

---

〔90〕 参见《合同法解释二》第 29 条、《九民纪要》第 50 条。

〔91〕 参见《上海市高级人民法院关于商事审判中规范违约金调整问题的意见》（沪高法民二〔2009〕13 号）第 9 条。

〔92〕 参见《上海市高级人民法院关于商事审判中规范违约金调整问题的意见》（沪高法民二〔2009〕13 号）第 8 条。

〔93〕 赞同者，参见姚明斌：《违约金论》，中国法制出版社 2018 年版，第 328—339 页。

〔94〕 类似的是在美国法上，关于格式条款并无专门规则，而是直接由显失公平制度予以调整。

要件不存在,也不影响第 497 条第 2 项、第 3 项的适用。另一种是,《民法典》第 497 条第 2 项、第 3 项是显失公平制度的体现,二者在构成要件上并无不同;立法者是因疏漏而未明确规定主观要件。故若可以证明主观要件不存在,仍应排除该条的适用。后一解释更值赞同。其实益在于,在商事合同等场合,第 497 条第 2 项、第 3 项的适用就应当(基于主观要件的要求)有所限制。

在法律效果上,第 497 条第 2 项、第 3 项的法律后果为无效,显失公平的法律后果为可撤销。这可以从格式条款无效制度兼有消费者保护等公共利益考量的角度予以证成。

3. **利息管制**

57 从最早的超过四倍利率无效,到之后的"两线三区",再到如今回归四倍利率无效规则,〔95〕借贷合同中的利息管制规则从来都不要求主观要件。它并非显失公平制度的子类型,而是违反公序良俗原则的子类型。〔96〕

4. **违约方起诉解除**

58 在继续性合同的场景,倘若合同双方形成"合同僵局"(《九民纪要》第 48 条等规定),违约方在满足下列条件后可以请求起诉解除合同,包括:(1)违约方不存在恶意违约的情形;(2)违约方继续履行合同,对其显失公平;(3)守约方拒绝解除合同,违反诚实信用原则。三项条件均与公平原则和诚信原则相关,大体亦可以归类为客观上显失公平和一定之主观要件。不过,因其均指向合同履行阶段的客观和主观要件,与显失公平制度并无任何关联。

三、法律效果

(一)概述

59 对于显失公平的民事法律行为,仅受损害方享有撤销权。其道理在于,若合同另一方也享有撤销权,恐与受损害方决定不撤销之自由冲突,甚至使其落空,有违制度设计初衷。〔97〕

60 受损害方请求人民法院或者仲裁机构予以撤销,性质上为形成之诉。撤销的

---

〔95〕 分别参见 1991 年《最高人民法院关于人民法院审理借贷案件的若干意见》[法(民)发〔1991〕21 号]第 6 条以下,2015 年《民间借贷规定》第 26 条以下,《民间借贷规定》(2020 年第二次修正)第 25 条以下。

〔96〕 这一点与德国法将高利贷规制规则作为"暴利行为"(《德国民法典》第 138 条第 2 款)的子类型有所不同,但仍然殊途同归。因为暴利行为也是违反公序良俗原则的子类型。详尽讨论,参见许德风:《论利息的法律管制》,载《北大法律评论》(第 11 卷・第 1 辑),北京大学出版社 2010 年版,第 176—209 页。

〔97〕 参见朱庆育:《民法总论》(第 2 版),北京大学出版社 2016 年版,第 318 页。

主张只能以诉或反诉的方式，而不能以抗辩方式提出。[98] 当事人以非诉方式所为的撤销之意思表示，不能产生撤销效力。在判定除斥期间经过时，应以当事人提起形成之诉的时点作为计算终点。

在合同一方相对于另一方存在(持续性)结构劣势的场合(边码 36 以下)，通常很难期待相对方在此期间即提起撤销之诉。这在劳动合同中颇为明显。如果劳动合同中有关竞业禁止的条款显失公平，劳动者几乎不大会在劳动合同存续期间就主张权利。参照胁迫情形下除斥期间的起算规则(《民法典》第 152 条第 1 款第 2 项)，宜将结构劣势消失的时点(如劳动合同终止时)作为除斥期间的计算起点；劳动者在此后 1 年内未提起形成之诉的，除斥期间才算经过。 61

(二)撤销

在合同场合，撤销对象有合同和合同条款之别。在撤销前，合同或者合同条款为有效，经撤销后为无效，即“自始没有法律约束力”(《民法典》第 155 条)。在部分条款显失公平，而剩余条款仍然有效时，从维护合同效力、尊重意思自治出发，撤销对象应为相应合同条款，而非整个合同。当事人不能一方面以显失公平为由主张撤销整个合同，另一方面又要求适用被撤销合同中的违约金条款。[99] 在部分条款被撤销时，其他条款仍然有效，因被撤销而缺位的合同条款可依《民法典》第 510 条、第 511 条作相应补充。 62

(三)变更？

自《民法总则》以来，我国法一改以往可撤销民事法律行为既可撤销、亦可变更之规定，仅允许其为可撤销(《民法总则》及《民法典》第 147 条以下)。具体而言，显失公平行为的法律后果为可撤销，似乎旨在“尊重权益受损方意思自治”。[100] 63

在实践中，对于适用《民法总则》等法律规定的合同，法院也已不再支持变更合同的诉求。[101] 但在正当性层面，以尊重受损方意思自治为由，一律否定显失公 64

---

[98] 参见《江苏省高级人民法院关于适用〈中华人民共和国合同法〉若干问题的讨论纪要(一)》(苏高法审委〔2005〕16 号)第 4 条(涉及撤销)。

[99] 参见《江苏省高级人民法院关于适用〈中华人民共和国合同法〉若干问题的讨论纪要(一)》(苏高法审委〔2005〕16 号)第 5 条。

[100] 参见黄薇主编：《中华人民共和国民法典总则编释义》，法律出版社 2020 年版，第 402 页(但立法者并未针对“可变更”之删除作正面解释)。

[101] 参见江西省高级人民法院(2019)赣民终 735 号民事判决书。主张诉诸公平原则、诚信原则等而经由“造法”承认显失公平行为可变更者，参见聂卫锋：《〈民法总则〉变更权之殇》，载《法学家》2018 年第 6 期，第 133 页；蔡睿：《民法典恢复“可变更合同”规则之必要性》，载《北方法学》2020 年第 1 期，第 160 页。

平行为可变更之余地,未尽妥当。

65 对于重大误解、欺诈及胁迫而言,可变更之法律后果原则上诚不可取。[102] 首先,这些制度不以客观上显失公平为必要,有时根本无从变更。其次,即便相应行为客观上显失公平,有可变更之适用余地,额外承认可变更亦无实益。主要原因有二:其一,在重大误解、欺诈及胁迫之下,一方当事人意思表示不真实或不自由的程度远甚于显失公平场合。这使得即使尊重双方当事人缔约时的真意,该真意也很可能是,若无前述意思表示瑕疵则“无合同”,而非另行订立一份新合同。其二,更关键者,部分条款之撤销与变更的结果通常并无不同,即适用相应的任意性规范。在双方当事人的谈判力量并无结构性、系统性差异的场合,任意性规范就是对当事人潜在真意的最佳模拟。但是,在当事人一方相对于另一方存在“结构劣势”的场合(仅显失公平才涉及此种情形),可变更所应秉持的模拟当事人之真意方案,就会产生与可撤销之下适用任意性规范不同的结果。这正是可变更制度的实益所在。[103] 另外,在比较法上,《国际商事合同通则》第五章第二节虽然将错误、欺诈、胁迫和显失公平都作为“宣告合同无效的根据”,但前三种情形的法律后果均为宣告合同无效(类似于撤销),而唯独显失公平的法律后果为宣告无效和变更,亦可资参考。[104]

四、常见案例类型

(一)司法实务

1. 人身损害赔偿协议

66 在人身损害赔偿纠纷中,当事人可能私下或经由调解达成赔偿协议。如果协议中的赔偿金额显著低于法定标准,显失公平制度也有适用余地。[105]

67 就主观要件而言,在当事人一方相对于另一方有“结构劣势”的场合,可以经由事实推定而认定主观要件。这常发生于用人单位与劳动者、医院与患者之间(边

---

〔102〕 尽管论者都赞同显失公平之可变更效果应予保留,但就其他意思表示瑕疵之可变更则不无争议。反对欺诈、胁迫行为之可变更,认可重大误解行为之部分可变更者,参见朱广新:《论可撤销法律行为的变更问题》,载《法学》2017年第2期,第76—78页;认可欺诈、胁迫行为之可变更,反对重大误解之可变更者,参见聂卫锋:《〈民法总则〉变更权之殇》,载《法学家》2018年第6期,第128—130页。

〔103〕 参见贺剑:《〈合同法〉第54条第1款第2项(显失公平制度)评注》,载《法学家》2017年第1期,第169—171页。

〔104〕 分别参见《国际商事合同通则》第3.2.2条、第3.2.5条、第3.2.6条和第3.2.7条。

〔105〕 参见《最高人民法院关于审理涉及人民调解协议的民事案件的若干规定》(法释〔2002〕29号)第6条第1款第2项。主张基于重大误解而撤销和解协议者,参见肖俊:《和解合同的私法传统与规范适用》,载《现代法学》2016年第5期,第72—74页。

码36以下)。具体而言,在事故发生后,用人单位往往会利用劳动者的经济窘境、缺乏判断能力[106]乃至举证困难(如没有签订书面劳动合同)[107];而医院也可能利用患者在损害后果方面的认知劣势,如对"自身的伤残程度及损害后果缺乏正确的判断"[108]。在此,基于合同客观上显失公平以及前述结构劣势,即可推定主观要件存在。

实践中关于缺乏判断能力的认定,往往与受损害方是否知悉伤残信息挂钩。若受损害的劳动者在与其用人单位等达成各类赔偿协议(和解、调解协议等)时,尚未完成伤残等级鉴定,则结合协议客观上显失公平之事实,"利用对方缺乏判断能力"之主观要件亦一并可得成就。[109] 相反,若受损害方在达成赔偿协议之前已经咨询过保险公司,[110]或赔偿协议已经正确考虑了伤残等级的因素,[111]则无缺乏判断能力之说。

在其他场合,主观要件仍需由主张合同显失公平的一方当事人举证证明。比 68
如在机动车事故赔偿纠纷中,双方当事人通常并无差别,故很难直接从赔偿数额客观上显失公平即推定主观要件的成就。例如,赔偿权人已大体知晓赔偿数额为40多万元,但仍然与侵权人达成了16万余元的赔偿协议,由于无法证明主观要件的存在,该案赔偿协议不构成显失公平。[112] 又如,受损害方的病历上记载有"二次手术可能",其在第一次手术后与交通事故责任人及保险公司达成调解协议,即使事后接受第二次手术,费用高于调解金额,亦不属于缺乏判断能力的情形。[113] 有地方高院曾规定:对于当事人自行达成的和解协议尤其是在交警主持下达成的调解协议,即便赔偿数额与法定标准有一定出入,法院也不宜轻易撤销;但"赔偿数额显失公平"时可例外撤销。[114] 基于上文分析,这里的"显失公平"也应以主观要件为必要。

至于客观要件,在被侵害人死亡的场合,如果侵权人的实际赔偿数额高于法 69
定数额,由于"生命是不能用金钱来衡量的",所以客观上不构成显失公平。[115]

---

[106] 参见陈璐、龚箭:《显失公平原则在工伤赔付协议中的适用》,载《人民法院报》2012年9月20日,第7版。

[107] 参见广东省江门市中级人民法院(2013)江中法劳终字第706号民事判决书。

[108] 参见湖北省高级人民法院(2020)鄂民申2004号民事裁定书。

[109] 参见重庆市高级人民法院(2020)渝民申967号民事裁定书。

[110] 参见吉林省高级人民法院(2020)吉民申1724号民事裁定书。

[111] 参见辽宁省高级人民法院(2020)辽民终104号民事判决书。

[112] 参见广东省高级人民法院(2013)粤高法审监民提字第147号民事判决书。

[113] 参见江苏省高级人民法院(2019)苏民申7639号民事裁定书。

[114] 参见《上海市高级人民法院民事审判第一庭道路交通事故纠纷案件疑难问题研讨会会议纪要》第6条第1款。

[115] 参见浙江省杭州市中级人民法院(2014)浙杭民终字第153号民事判决书。

2. 离婚财产分割协议

70 当事人协议离婚时,财产分割协议(或离婚协议中的财产分割条款)也可能适用显失公平制度。《民法典婚姻家庭编解释一》第 70 条第 2 款规定,离婚财产分割协议可以因存在"欺诈、胁迫等情形"而被撤销,大致延续了此前《婚姻法解释二》第 9 条第 2 款之规定。

从文义来看,显失公平也属于上述"等情形"之列。但是,最高人民法院毕竟没有明确列举显失公平,从相关资料来看,这表明其审慎的态度:离婚财产分割协议中的财产安排往往兼有经济和感情考虑,判断其是否公平,不能以经济上的权利义务之对等作为唯一标准。[116] 部分地方高院亦曾明确规定,不能轻易将协议中一方放弃主要或大部分财产的约定认定为显失公平。[117] 背后道理在于,离婚财产分割协议除了体现夫妻共同财产的分割,还可能包含夫妻双方对子女抚养权的妥协、对是否配合协议离婚的妥协、一方对另一方的(法定离婚损害赔偿之外的)约定损害赔偿、单纯的赠与等诸多因素。在证明方面,事实推定在此很难适用:经济上权利义务极度失衡(如"净身出户"条款),尚不足以表明主观要件的存在。

3. 竞业限制条款

71 劳动合同中有时会约定竞业限制条款,其中的限制期限、补偿费约定[118] 以及违约金条款[119] 等都可能显失公平。在具体认定时,应从竞业限制的必要性和合理性两方面综合考虑。

72 比如,补偿费过低且限制期限过长,或者补偿和期限单独来看虽不苛刻,但欠缺竞业限制的必要性(如只是为了防止员工跳槽),都可能构成显失公平。各地的一些量化标准可资参考,如在没有明确约定时,补偿金通常应按劳动者离职前正常工资的 20%—50%(20%—60%)计算;竞业限制期限最长不得超过 2 年等。[120]

---

〔116〕 参见最高人民法院民事审判第一庭编著:《最高人民法院婚姻法司法解释(二)的理解与适用》,人民法院出版社 2004 年版,第 82 页;最高人民法院民一庭:《不宜以显失公平为由支持一方请求撤销登记离婚时的财产分割协议的主张》,载最高人民法院民事审判第一庭编:《民事审判指导与参考》(总第 34 集),法律出版社 2008 年版,第 64 页(吴晓芳执笔)。

〔117〕 参见《上海市高级人民法院关于适用最高人民法院婚姻法司法解释(二)若干问题的解答(二)》(沪高法民一〔2004〕26 号)第 7 条。

〔118〕 参见《北京市高级人民法院关于审理知识产权纠纷案件若干问题的解答》(京高法发〔2002〕365 号)第 15 条。

〔119〕 参见《上海市高级人民法院关于审理劳动争议案件若干问题的讨论纪要》(沪高法〔1993〕148 号)第 31 条。

〔120〕 参见《上海市高级人民法院关于适用〈劳动合同法〉若干问题的意见》(沪高法〔2009〕73 号)第 13 条;《北京市高级人民法院、北京市劳动争议仲裁委员会关于劳动争议案件法律适用问题研讨会会议纪要》第 38 条。

4. 单方仲裁选择权条款

如果仲裁协议约定,仅一方当事人享有选择仲裁机构的权利,此类约定至少客观上显失公平。因为它"直接剥夺了一方当事人寻求解决纠纷途径的权利",〔121〕导致其既无权提起仲裁,又无法进行诉讼。〔122〕 实践中曾有地方高院规定,上述协议因(客观上)显失公平而无效。〔123〕 最高人民法院民事审判第四庭编写的《涉外商事海事审判实务问题解答(一)》(2008年)第80条也有类似规定:"当事人在涉外合同中约定提请仲裁的权利不平等,违背了公平、合理的法律原则,应认定该仲裁协议无效。"对此有两点说明:第一,合同显失公平的法律后果应为可撤销(以及在当时还包括可变更),而非无效。第二,前述抛弃主观要件的做法似乎忽视了,仲裁协议的双方当事人通常都是平等的商事主体,有能力通过自由约定来维护自己的利益。〔124〕 73

5. 建设工程合同

在我国的建筑行业中,发包方与承包方(以及分包方)的谈判地位往往不对等,颇有显失公平制度的用武之地。 74

实践中,发包方与承包方在签订建设工程承包合同时,可能会要求后者预先放弃其依《民法典》第807条(对应于《合同法》第286条)享有的建设工程合同价款优先受偿权。这一预先放弃条款剥夺了承包方的法定担保权利,使其价款债权近乎无法实现(因为在建工程上通常还有银行的抵押权),客观上往往显失公平。鉴于发包方的系统性优势地位,其通常都可以凭借谈判地位令承包方接受前述不公平条款,〔125〕故亦可推定主观要件的存在。《建设工程施工合同解释一》(法释〔2020〕25号)第42条规定,"发包人与承包人约定放弃或者限制建设工程价款优先受偿权,损害建筑工人利益,发包人根据该约定主张承包人不享有建设工程价款优先受偿权的,人民法院不予支持",亦应如是理解。作为例外,如果承包方系事后放弃价款优先受偿权,由于此时合同已经订立或者履行,发包方利用自己谈判地位优势的可能性大为降低,则不应再有前述推定。

---

〔121〕 参见《北京市高级人民法院关于审理请求裁定仲裁协议效力、申请撤销仲裁裁决案件的若干问题的意见》第5条第3项。

〔122〕 参见林少兵:《国内仲裁协议效力之认定》,载《人民司法》2002年第6期,第53页。有文献曾提及,最高人民法院在一个个案批复中也持类似见解,但其来源未必可靠。参见赵健:《国际商事仲裁的司法监督》,法律出版社2000年版,第65、67页。

〔123〕 参见《北京市高级人民法院关于审理请求裁定仲裁协议效力、申请撤销仲裁裁决案件的若干问题的意见》第5条第3项。

〔124〕 类似观点,参见王生长:《仲裁协议及其效力确定(2)》,载《中国对外贸易》2002年第4期,第25—26页。

〔125〕 参见陈广华、王逸萍:《建设工程价款优先受偿权预先放弃之效力研究》,载《西部法学评论》2015年第4期,第51页。该文主张,此类预先放弃应为无效。

75 建设工程合同的工程造价约定也可能适用显失公平制度。[126] 在一个案件中，一审法院认为，发包方利用自身优势和承包方急于承接工程的心理，以泄露其他投标单位投标报价等方式使承包方接受了低于实际成本（约 1500 万元）的工程造价条款（1250 万元），因此基于显失公平制度，将合同价款调整为实际成本价。但二审法院持相反观点。理由在于，上述差价的根源是承包方“签订合同时应当预见而没有预见的经营风险”，换言之，不是合同内容本身不公平，而是合同订立后的经营风险导致了合同履行不公平。因此，本案不适用显失公平制度。[127] 对此需指出，二审法院在没有任何新证据的情况下即作出了与一审法院不同的事实认定，并据此否定显失公平制度的适用，说理上颇为无力。[128]

75a 除了利用结构性的谈判地位之不对等，发包方也可能利用基于个案情事所产生的相对方之劣势。例如，施工方已经开始施工，但发包方仍未与其签订分包合同，且在施工过程中出现了其他不能控制的情况。此时若施工方同意放弃已施工部分的工程款，并接受发包方可以不与之签订分包合同，即属此类。[129]

6. 事先弃权特约

75b 当事人以事前特约放弃将来本可取得的某种权利，可能受制于法律的特别规制，如流质流押约款的无效或不生效等。此类限制的价值基础或许包含公平原则，但一般认为，其并非显失公平制度之子类型。[130] 在操作层面，应先判断事先弃权特约所可能违反的法律规范之属性，进而判定该特约是否因违反该规范而有效力之虞；只有当该特约仍无效力之虞，显失公平制度才有适用空间。

75c 以事先放弃违约金酌减请求权的约定为例。尽管《民法典》第 585 条第 2 款关于违约金调整的措辞是“可以”而非“应当”，但这并不必然表明该规范为任意性规范。[131] 实务中，认为违约金酌减规范为任意性规范者，会强调特约既没有违

---

〔126〕 参见《江苏省高级人民法院 2001 年全省民事审判工作座谈会纪要》（苏高法〔2001〕319 号）第六点第 4 条第 6 款。

〔127〕 参见舒文：《中铁四局集团建筑工程有限公司诉兴田健康产业（合肥）有限公司建设工程施工合同纠纷案——关于显失公平原则的适用问题》，载最高人民法院民事审判第一庭编：《民事审判指导与参考》（总第 16 集），法律出版社 2004 年版，第 378 页。

〔128〕 当然，本案客观上是否存在显失公平，以及一审法院所述的利用优势在招标的大背景下是否成立，亦有讨论余地。参见朱宏亮、谢娜：《显失公平规则在中国大陆建设工程领域的适用性探析》，载《月旦民商法杂志》2008 年第 20 期，第 112 页。

〔129〕 参见江西省高级人民法院（2018）赣民申 1032 号民事裁定书。

〔130〕 参见叶名怡：《论事前弃权的效力》，载《中外法学》2018 年第 2 期，第 336、346 页。

〔131〕 相关争议，参见王长军等：《事前放弃违约金调整请求权之合同条款的效力——民法典第五百八十五条第二款之适用》，载《人民司法·应用》2021 年第 13 期，第 103 页以下；姚明斌：《〈民法典〉违约金规范的体系性发展》，载《比较法研究》2021 年第 1 期，第 101—103 页；叶名怡：《论事前弃权的效力》，载《中外法学》2018 年第 2 期，第 343—344 页。

反公平原则,又没有利用优势或者对方的轻率、无经验的情况;[132] 认为违约金酌减规范为强制性规范者,则会强调当事人的约定须以公平原则为限,而此等特约可能导致不公平的后果。[133] 可见,正反双方的论证均围绕前述特约是否公平而展开,但其一,该公平判断指向特定类型的交易,而非特定个案,是系统性、结构性的公平与否之判断;其二,该公平判断将影响违约金调整规范的性质,进而直接决定前述特约之有效与无效。倘若认可违约金规范属于强制性规范,则其为显失公平制度的特别规定,事先放弃违约金酌减请求权的约定因违反该规定无效,而非可撤销。

(二)特别法规定

劳动合同法、海商法等特别法上亦有显失公平规则的适用,以下分述。 76

1. 劳动合同法

劳动合同法在多大程度上能适用合同法的规则,在劳动法学界素有争论。 76a
2006年3月20日的《劳动合同法(草案)》第19条第1款曾规定,“显失公平的劳动合同”可以撤销,但最终并未见于正式立法。后来相关司法解释规定:劳动者与用人单位就“解除或者终止劳动合同办理相关手续、支付工资报酬、加班费、经济补偿或者赔偿金等”达成的协议,如果显失公平,当事人可以撤销。[134] 从立法历史来看,其亦被视为显失公平制度的一种类型。[135]

2. 海商法

《海商法》第176条认可在两种情形下,当事人可以请求变更(但不能撤销[136]) 76b
海难救助合同:一是合同在不正当的或者危险情况的影响下订立,合同条款显失公平;二是根据合同支付的救助款项明显过高或者过低于实际提供的救助服务。第一种情形类似于“利用对方处于危困状态”或乘人之危;第二种情形则通常被认

---

〔132〕 参见江西省高级人民法院(2018)赣民终579号民事判决书。

〔133〕 参见最高人民法院(2015)民一终字第340号民事判决书;上海市浦东新区人民法院(2016)沪0115民初23156号民事判决书(直接使用了“显失公平”的表述)。

〔134〕 参见《最高人民法院关于审理劳动争议案件适用法律若干问题的解释(三)》(法释〔2010〕12号)第10条。

〔135〕 参见最高人民法院民事审判第一庭编著:《最高人民法院劳动争议司法解释(三)的理解与适用》,人民法院出版社2015年版,第166页。在黄仲华诉刘三明债权人撤销权纠纷案(载《最高人民法院公报》2013年第1期,参见边码49a)中,二审法院虽援引了前述司法解释,但该案系争赔偿协议并非劳动合同,所以该案观点对于劳动合同纠纷并无直接参考意义。

〔136〕 这主要是因为立法者当时不想让仲裁庭享有撤销合同的权利。参见司玉琢主编:《海商法》,中国人民大学出版社2008年版,第271页;胡正良主编:《海事法》,北京大学出版社2009年版,第123页。

为是(单一要件说意义上的)显失公平,不以主观要件为必要。[137] 鉴于海难救助合同往往是在危急情况下订立,故第二种情形虽不以主观要件为必要,[138] 但毋宁说是立法者一律拟制了主观要件的存在。

基于上述理解,第二种情形或可以为第一种情形所涵盖,实益无多。此种“鸡肋”局面可能源自《海商法》起草时的“一字之差”。《海商法》第 176 条的原型是 1989 年《国际救助公约》第 7 条。后者规定了两种情形,其中第二种情形与《海商法》的规定相同,不同的是第一种情形——“合同在不正当影响下(undue influence)或者危险情况的影响下订立,合同条款有失公平的(inequitable)”。可见,《国际救助公约》第 7 条规定的两种情形彼此不同:第二种情形是通常的显失公平(尽管未明确主观要件);第一种情形则可谓显失公平在海难救助领域的特别体现,即鉴于主观要件的严重性,客观要件的门槛从“显”失公平被降低到“有”失公平(边码 48a)。《海商法》第 176 条将这里的“有失公平”改为“显失公平”,一字之差,不但上述区分消失殆尽,条文内部的逻辑关系也成问题。

五、证明责任

77　本条构成要件诸要素的证明责任,包括客观要件、主观要件,皆由行使撤销权的受损害方承担。当然,这并不妨碍法院基于事实推定,基于合同一方相对于另一方的结构劣势,推定相应的主观要件成立(边码 36 以下)。

六、新旧法衔接

78　《民法典》自 2021 年 1 月 1 日起施行,《民法总则》自 2017 年 10 月 1 日起施行。鉴于本条与《民法总则》第 151 条内容相同,故在《民法典》施行后,本条通常不会面临新旧法冲突的问题。另外,显失公平情形下撤销权的常规除斥期间为 1 年,自当事人知道或者应当知道撤销事由之日起算;最长为 5 年,自民事法律行为

〔137〕 参见司玉琢主编:《海商法》,中国人民大学出版社 2008 年版,第 272 页。至于不正当影响情形下的显失公平,则被认为属于重大误解乃至欺诈。参见邢海宝:《海商法教程》,中国人民大学出版社 2008 年版,第 390 页。

〔138〕 实务中,当事人在主张适用第二种情形时也会提出前述主观要件,而法院也会隐含地加以考虑。参见宁波市镇海满洋船务有限公司与金运船舶香港有限公司、台州大创金属有限公司海难救助合同纠纷案,载最高人民法院中国应用法学研究所编:《人民法院案例选(分类重排本)·商事卷(7)》,人民法院出版社 2017 年版,第 4703 页(李锋执笔)。该案法院认为:受损害方是“……在情况危急的情况下不得已确认显失公平的报价。法院考虑到金运公司确认报价时,救助尚未进行或正在进行中,为防止显失公平”,对协议约定价格做了评估;最终认定存在正文中的第二种情形,并对价格条款予以变更。

发生之日起算(《民法典》第 152 条、《民法总则》第 152 条)。故本条与《合同法》第 54 条第 1 款第 2 项“新旧并存”的可能性也不大。即使出现此类情形,鉴于双重要件说是《合同法》时代的通行见解,[139] 无论适用新法还是旧法,构成要件上都不会有差别;[140] 基于维护合同效力以及法不溯及既往的原则,若显失公平之事由发生于《民法总则》施行前且对应除斥期间尚未经过,则应适用旧法,撤销权人仍有选择撤销或变更的自由。

附:案例索引

1. 北京市第一中级人民法院(2014)一中民终字第 8042 号民事判决书:刘某媛与韩某卿房屋买卖合同纠纷案【边码 19】

2. 北京市第一中级人民法院(2015)一中民终字第 2168 号民事判决书:贾某琴与李某业等合同纠纷案【边码 8】

3. 北京市高级人民法院(2020)京民终 526 号民事判决书:胡某茂与陈某英等股权转让纠纷案【边码 21】

4. 北京市高级人民法院(2020)京民终 536 号民事判决书:北京新盈大管理咨询有限公司等与邵某等合同纠纷案【边码 10】

5. 重庆市高级人民法院(2019)渝民申 2993 号民事裁定书:易某娜与重庆嘉海纸制品有限公司劳动争议案【边码 37、78】

6. 重庆市高级人民法院(2020)渝民申 967 号民事裁定书:吴某华与刘某奎撤销权纠纷案【边码 67】

7. 甘肃省高级人民法院(2013)甘民二终字第 202 号民事判决书:四川瑞能硅材料有限公司与兰州四方容器设备有限责任公司加工承揽合同纠纷案【边码 25】

8. 广东省高级人民法院(2013)粤高法审监民提字第 147 号民事判决书:何某创等与薛某妹等道路交通事故人身损害赔偿纠纷案【边码 68】

9. 广东省江门市中级人民法院(2013)江中法劳终字第 706 号民事判决书:张某与台山市某制衣有限公司劳动争议纠纷案【边码 67】

10. 黑龙江省高级人民法院(2013)黑高商终字第 8 号民事判决书:王某信与黑龙江省八五二农场租赁合同纠纷案【边码 35】

11. 湖北省高级人民法院(2020)鄂民申 2004 号民事裁定书:荆州市第五人民医院与刘某英公共场所管理人责任纠纷案【边码 67】

12. 黄仲华诉刘三明债权人撤销权纠纷案,载《最高人民法院公报》2013 年第 1 期【边码 49a、76a】

13. 吉林省高级人民法院(2014)吉民二终字第 89 号民事判决书:朴某浩等与钟某岩委

---

[139] 参见家园公司诉森得瑞公司合同纠纷案,载《最高人民法院公报》2007 年第 2 期。详细梳理,参见贺剑:《〈合同法〉第 54 条第 1 款第 2 项(显失公平制度)评注》,载《法学家》2017 年第 1 期,第 159 页。

[140] 《民法总则》施行后的类似见解,参见重庆市高级人民法院(2019)渝民申 2993 号民事裁定书。

托合同纠纷案【边码 46】

14. 吉林省高级人民法院(2020)吉民申 1724 号民事裁定书:李某等与安图县盛达粮食收储有限公司等合同纠纷案【边码 67】

15. 家园公司诉森得瑞公司合同纠纷案,载《最高人民法院公报》2007 年第 2 期【边码 2a、6、21、78】

16. 江苏省高级人民法院(2019)苏民申 7639 号民事裁定书:孙某龙与张某银等机动车交通事故责任纠纷案【边码 68】

17. 江西省高级人民法院(2018)赣民申 1032 号民事裁定书:婺源县中燃天然气有限公司与欧阳某平建设工程施工合同纠纷案【边码 75a】

18. 江西省高级人民法院(2018)赣民终 579 号民事判决书:洪客隆百货投资(景德镇)有限公司与乐平华润置业有限公司租赁合同纠纷案【边码 75c】

19. 江西省高级人民法院(2019)赣民终 735 号民事判决书:景德镇万景置业有限公司与景德镇市自然资源和规划局等合同纠纷案【边码 64】

20. 辽宁省高级人民法院(2020)辽民终 104 号民事判决书:李某福与王某义海上人身损害责任纠纷案【边码 67】

21. 辽宁省高级人民法院(2020)辽民终 366 号民事判决书:青岛凯航水产有限公司与梁某追索劳动报酬纠纷案【边码 37】

22. 宁波海事法院(2009)甬海法商初字第 423 号民事判决书:宁波市镇海满洋船务有限公司与金运船舶香港有限公司等海难救助合同纠纷案【边码 76b】

23. 山东省高级人民法院(2013)鲁商终字第 249 号民事判决书:王某森等与位某荣等股权转让纠纷案【边码 35】

24. 上海市浦东新区人民法院(2016)沪 0115 民初 23156 号民事判决书:张某海与徐某萍等房屋买卖合同纠纷案【边码 75c】

25. 四川省高级人民法院(2013)川民终字第 466 号民事判决书:高某伸与黄某平股权转让纠纷案【边码 27】

26. 新疆维吾尔自治区高级人民法院(2015)新民二终字第 280 号民事判决书:新疆西龙土工新材料股份有限公司与北京银海通投资中心(有限合伙)等股权转让纠纷案【边码 10】

27. 新疆维吾尔自治区高级人民法院(2020)新民终 253 号民事判决书:周某彬与钧泰国际投资(集团)有限公司等确认合同效力纠纷案【边码 2b、33】

28. 新疆维吾尔自治区高级人民法院伊犁哈萨克自治州分院(2014)伊州民二终字第 401 号民事判决书:伊宁边境经济合作区亚泰砖厂与田某华债权人撤销权纠纷案【边码 37】

29. 浙江省高级人民法院(2015)浙商终字第 84 号民事判决书:黎某健与浙江卓景创业投资有限公司等增资纠纷案【边码 10】

30. 浙江省杭州市中级人民法院(2014)浙杭民终字第 153 号民事判决书:范某娟等与张某坤等合同纠纷案【边码 69】

31. 浙江省绍兴市中级人民法院(2013)浙绍民终字第 1432 号民事判决书:浙江浣美门窗工业有限公司与浙江诸暨一百物流有限公司建设用地使用权转让合同纠纷案【边码 43】

32. 最高人民法院(2012)民二终字第43号民事判决书:湖南地源精细化工有限公司与兰州理工大学合同纠纷案【边码6】

33. 最高人民法院(2015)民一终字第340号民事判决书:大同市天力房地产开发有限责任公司与山西同至人商业管理有限公司等房屋租赁合同纠纷案【边码75c】

34. 最高人民法院(2019)最高法民申2898号民事裁定书:辽宁立泰实业有限公司等与浙江太平洋房产开发有限公司借款合同纠纷案【边码27】

35. 最高人民法院(2019)最高法民申3411号民事裁定书:王某英与上海京再瑞投资合伙企业等股权转让纠纷案【边码10】

36. 最高人民法院(2019)最高法民终1386号民事判决书:天津宝迪农业科技股份有限公司与广发银行股份有限公司天津分行等金融借款合同纠纷案【边码40】

37. 最高人民法院(2019)最高法民终760号民事判决书:西藏中太恒源实业有限公司与拉萨市柳梧新区城市投资建设发展集团有限公司合同纠纷案【边码2b、17】

38. 最高人民法院(2020)最高法民申3272号民事裁定书:冯某卉与董某裕等股权转让合同纠纷案【边码31】

39. 最高人民法院(2020)最高法民申4426号民事裁定书:祝某民等与上海源恺(集团)有限公司等股权转让纠纷案【边码31、32】

40. 最高人民法院(2020)最高法民申4999号民事裁定书:李某与张某合同纠纷案【边码27】

41. 最高人民法院(2020)最高法民申5516号民事裁定书:广西仙河电气有限公司与海南钧达汽车饰件股份有限公司合同纠纷案【边码28】

第153条第1款

违法法律行为*

第153条第1款　违反法律、行政法规的强制性规定的民事法律行为无效。但是，该强制性规定不导致该民事法律行为无效的除外。

简　目

---

* 本文系基于《〈合同法〉第52条第5项评注》(载《法学家》2016年第3期，第153—174页)一文修订而成。发表至今，其间发生数次规范变迁，亦产生若干值得关注的新判例。为反映最新情况，本文根据现行法，改以《民法典》第153条第1款为评注对象，但考虑规范变迁的连续性，案例资料仍体现当时法律状况。同样为体现连续性，本文亦将《最高人民法院民二庭第7次法官会议纪要》及《九民纪要》等过渡时期规范性文件的相关内容纳入分析。鉴于修订幅度较大，本文边码重新编制。

本文案例源自：(1)刊载于《最高人民法院公报》《人民司法·案例》《人民法院报》上的案例；(2)北大法宝网司法案例库中终审审级为高级人民法院与最高人民法院的案例；(3)经笔者筛选的北大法宝网司法案例库中其他审级具有说明意义的案例；(4)写作时尚未进入北大法宝网因而直接从最高人民法院网站下载的最高人民法院终审最新案例。

一、规范功能与规范变迁

（一）规范功能

1 维续社会共同体以尊重必要的强制秩序为前提，该强制秩序不得为任何个别意志所改变，处于自治领域之外。法律行为如果与强制秩序相抵触，可能无效。《民法典》第 153 条第 1 款即是旨在规范此等行为。

2 《民法典》第 153 条第 1 款仅显示无效的法律效果，在构成要件方面却空洞概括，不得单独援引为裁判依据。[1] 在此意义上，该项规定只是一项不完全的具体规范，难以担负一般条款（Generalklausel）之功能。[2]

3 不仅如此，《民法典》第 153 条第 1 款作为不完全规范，其功能主要不在于与其他补足构成要件的私法规范结合成完全规范，而在于通过参引构成要件，将其他法律，尤其是公法与刑法中的禁止规范引入私法。[3] 鉴此，苏永钦教授特别指出，此项规范并非单纯一般意义上的引致规定（Verweisungsnorm，参引性规范），而是具有调和管制与自治功能、将公法规范转介至私法的转介条款。[4]

（二）规范变迁

1. 制定法与司法解释变迁

4 《民法典》第 153 条第 1 款源于《民法通则》第 58 条第 1 款第 5 项之前一情形，经《合同法》第 52 条第 5 项与《民法总则》第 153 条第 1 款演变而来。

5 《合同法》将《民法通则》的“违反法律”之表述更作“违反法律、行政法规的强制性规定”，有两点实质变化：一是法源位阶（“法律、行政法规”），二是规范性质（“强制性规定”）。《民法总则》确认了这两点实质变化，唯又与《合同法》有所不同。《民法总则》草案从第一次审议稿至第三次审议稿的表述均是：“违反法律、行

〔1〕 然亦有部分司法裁判仅以此规范为据判定合同无效，如引起广泛关注的画家村案［北京市通州区人民法院（2007）通民初字第 1031 号民事判决书，北京市第二中级人民法院（2007）二中民终字第 13692 号民事判决书维持］。案件审理情况，可参见李馨：《城镇居民购买农村私有房屋的合同无效》，载《人民司法·案例》2008 年第 10 期，第 25—28 页。

〔2〕 MünchKomm/Armbrüster (2012), § 138 Rn. 4. 亦有学者主张应具“一般条款”品格。参见姚明斌：《“效力性”强制规范裁判之考察与检讨》，载《中外法学》2016 年第 5 期，第 1287 页。

〔3〕 参见最高人民法院研究室编著：《最高人民法院关于合同法司法解释（二）理解与适用》，人民法院出版社 2009 年版，第 107 页。

〔4〕 参见苏永钦：《以公法规范控制私法契约》，载中国人民大学法学院《人大法律评论》编辑委员会组编：《人大法律评论》（2010 年卷），法律出版社 2010 年版，第 20—21 页。

政法规的效力性强制性规定……的民事法律行为无效。"[5]在没有任何征兆的情况下，提交十二届全国人大五次会议最后审议以便颁布的第四次审议稿突然将这一规定整条删除。[6] 四天后，供表决的修改稿将其恢复，但表述发生变化："违反法律、行政法规的强制性规定的民事法律行为无效，但是该强制性规定不导致该民事法律行为无效的除外。"[7]变化亦是两点：一是删除"效力性"表述，二是增加但书。这一规定最终作为定案通过。《民法典》第153条的实质内容与《民法总则》一致，差别仅在将第一句的逗号改为句号，"但是"之后增加一个逗号。

6 关于违法法律行为，除制定法作有规定外，具准制定法地位的司法解释及准司法解释地位的司法政策文件亦多次涉及。较为直接的，包括《合同法解释一》（第4条）、《合同法解释二》（第14条）、《裁判文书引用规定》（第4条、第6条）三个司法解释，以及《民商事合同指导意见》（第15条、第16条）、《最高人民法院民二庭第7次法官会议纪要》、《九民纪要》（第17条、第30条）等司法政策文件。随着《民法典》生效与《合同法》相应废止，前两个司法解释被最高人民法院法释〔2020〕16号文（《最高人民法院关于废止部分司法解释及相关规范性文件的决定》）所废止。然而，上述司法政策文件因其不属于司法解释，反倒未受影响。这意味着，后《民法典》时期，关于违法法律行为的司法裁判，将继续沿着司法政策的方向前行。[8] 不仅如此，考虑到司法政策系司法解释精神的体现，可以断言，在可预见的未来，被废止的《合同法》司法解释势将虽死犹生，继续左右违法法律行为的司法裁判。

---

〔5〕 何勤华、李秀清、陈颐编：《新中国民法典草案总览（下卷）》（增订本），北京大学出版社2017年版，第1562、1590、1614页。

〔6〕 资料显示，之所以删除，是因为："有意见认为，在《民法总则》第143条已经从正面规定了法律行为生效要件的情况下，没有必要再从反面规定违反法律、行政法规强制性规定以及违反公序良俗的合同无效了，认为这构成重复规定。"参见最高人民法院民法典贯彻实施工作领导小组主编：《中华人民共和国民法典总则编理解与适用（下）》，人民法院出版社2020年版，第755页。

〔7〕 何勤华、李秀清、陈颐编：《新中国民法典草案总览（下卷）》（增订本），北京大学出版社2017年版，第1663页。全国人大法律委员会于2017年3月12日所作"关于《中华人民共和国民法总则（草案）》审议结果的报告"大致描述了这一恢复过程："有些代表提出，违反法律、行政法规强制性规定或者违背公序良俗的民事法律行为无效的规定，是防止民事主体滥用权利，维护社会公共利益的重要手段，也是司法机关判断民事法律行为是否无效的主要裁判依据，建议恢复草案第三次审议稿的相关规定。法律委员会经研究，建议在草案第一百五十六条后增加一条规定：违反法律、行政法规的强制性规定的民事法律行为无效，但是该强制性规定不导致该民事法律行为无效的除外。违背公序良俗的民事法律行为无效。（草案修改稿第一百五十三条）"何勤华、李秀清、陈颐编：《新中国民法典草案总览（下卷）》（增订本），北京大学出版社2017年版，第1671页。

〔8〕 "最高人民法院在制定该纪要时，对《民法总则》第153条第1款规定的'法律、行政法规的强制性规定'如何理解进行了充分研究。鉴于《民法典》完全吸收了《民法总则》该条规定的内容，因此，纪要第30条的精神在《民法典》施行后应当继续适用。"最高人民法院民法典贯彻实施工作领导小组主编：《中华人民共和国民法典总则编理解与适用（下）》，人民法院出版社2020年版，第774页。

有鉴于此，本文关于司法立场的分析，将维持从前《民法典》时代到后《民法典》时代的连续性，力图呈现其间微妙的司法变迁。

2. **规范适用概况**

7 2017 年《民法总则》生效后，《合同法》与《民法通则》继续施行，由此形成三法并行的局面。2021 年 1 月 1 日《民法典》生效，三法随之尽废。《民法通则》《合同法》《民法总则》与《民法典》均对违法法律行为（合同）作出规制，法律适用状况因而较为独特。

8 《合同法》生效后，在法律行为违法的法律适用上，几乎完全取代了《民法通则》的相应规定。《合同法》以合同为规制对象，曾与其并行的《民法通则》与《民法总则》则均在更上位的法律行为概念层次作出规制。但即使在仅仅《合同法》与《民法通则》二法并行之时，亦不宜认为，合同违法适用新法兼特别法《合同法》，单方行为则仍适用《民法通则》，因为，关于违法问题，《合同法》之于《民法通则》，不单纯是适用对象的不同，而是在整体法律行为上对规范意旨作出改变，适用于合同违法的规范意旨，同样适用于单方行为。所以，单方行为违法应类推适用《合同法》的规定。换言之，在单方行为违法问题上，《合同法》于《民法通则》亦构成新法。

9 《民法总则》第 153 条第 1 款在《合同法》第 52 条第 5 项的基础上增加但书，但这一变化似乎未对司法裁判的思路产生实质影响。《民法总则》生效后，司法裁判依然习惯于援引《合同法》第 52 条第 5 项及其对应的司法解释，或者将其与《民法总则》第 153 条第 1 款一并援引。事实上，《民法总则》施行未满 4 年（2017 年 10 月 1 日—2021 年 1 月 1 日）即遭废止，原本就没有太多援引为裁判依据的机会。

10 被废止的《民法总则》，其第 153 条第 1 款成为《民法典》第 153 条第 1 款。截至 2021 年 5 月 15 日，经查询北大法宝网，仅发现 1 例[9]以《民法典》第 153 条第 1 款为裁判依据的司法判例。据笔者揣测，原因在于，《合同法》直到 2021 年 1 月 1 日《民法典》生效之日才被废止，而以《民法典》为依据的纠纷之发生尚需时日。即便是仅有的这一例，亦是应景式援引，因为该案事实与纠纷均发生于《民法典》生效之前，根据最高人民法院《民法典时间效力规定》第 1 条第 2 款，原本应适用《合同法》第 52 条第 5 项。

11 至此为止的法律适用状况表明，自《合同法》以来，关于法律行为违法无效的司法裁判，一直在《合同法》第 52 条第 5 项及其相应司法解释与司法政策的框架之下展开，这一局面，即使在《民法典》生效后，仍未改变。

---

〔9〕 参见河南省新郑市人民法院（2021）豫 0184 民初 1487 号民事判决书。

二、裁判法源

（一）法源位阶

12 《民法通则》第58条第1款第5项称“违反法律”，似乎表明，一切“法律”之违反，均导致法律行为无效。此文义显然过于宽泛，因为，并非所有“法律”均是强制规范，不得“违反”。以拘束力为标准，法律规范可作任意规范（ius dispositivum，nachgiebiges Recht）与强制规范（ius cogens，zwingendes Recht）之区分。任意规范可为当事人改变或排除，不存在“违反”的问题；代表强制秩序者，唯强制规范而已。强制规范又分为强行规范（Gebot，gebietende Vorschriften，指令）与禁止规范（Verbot，verbietende Vorschriften，禁令），前者指令当事人为积极行为，后者禁止当事人为某种行为。基于私法的自治属性，私法强制规范基本上都是禁止规范。〔10〕职是之故，法律行为之违反强制秩序，以违反禁止规范（禁令）的形式表现。

13 《合同法》第52条第5项对《民法通则》有所限缩。据其规定，合同仅在“违反法律、行政法规的强制性规定”时无效。限缩表现在两个方面：其一，任意规范被排除；其二，能够作为合同无效依据的“强制性规定”，仅限于全国人大及其常委会制定的法律（《立法法》第2章）及国务院制定的行政法规（《立法法》第3章），而不包括地方性法规与行政规章（《立法法》第4章）等广义“法律”（《合同法解释一》第4条）。〔11〕

14 除此之外，最高人民法院发布的司法解释总能成为裁判依据。在《裁判文书引用规定》中，司法解释与“法律”及“法律解释”并列，同属“应当引用”的规范，行政法规反倒被降格，与地方性法规、自治条例及单行条例一道，被规定为“可以直接引用”的规范（第4条）；至于行政规章、地方规章等其他规范性文件，则须经法院“审查认为合法有效”，方可“作为裁判说理的依据”（第6条）。

15 不过，《合同法》施行后，仍有部分判决以行政规章〔12〕或地方规章〔13〕直接作

---

〔10〕 参见朱庆育：《私法自治与民法规范》，载《中外法学》2012年第3期，第466页以下。

〔11〕 代表性司法判例，可参见崂山国土局与南太置业公司国有土地使用权出让合同纠纷案，最高人民法院（2004）民一终字第106号民事判决书，载《最高人民法院公报》2007年第3期；西安市商业银行与健桥证券股份有限公司、西部信用担保有限公司借款担保合同纠纷案，最高人民法院（2005）民二终字第150号民事判决书，载《最高人民法院公报》2006年第9期；海南康力元药业有限公司、海南通用康力制药有限公司与海口奇力制药股份有限公司技术转让合同纠纷案，最高人民法院（2011）民提字第307号民事判决书，载《最高人民法院公报》2013年第2期；等等。

〔12〕 如河南省南召县人民法院（2008）南召民商初字第84号民事判决书；山西省高级人民法院（2014）晋民终字第62号民事判决书。

〔13〕 如福建省厦门市中级人民法院（2004）厦民终字第696号民事判决书。

为合同无效的裁判依据。另外，曾有判决认为，“违反章程应属违反法律”，从而援引《民法通则》第58条第1款第5项判定合同无效，[14]但裁判理由旋被二审改变。[15]

16 显然，无论是《合同法》第52条第5项、《合同法解释一》第4条，还是《裁判文书引用规定》，皆意在提高无效依据之规范等级。在此问题上，《民法典》第153条第1款与之一脉相承。此不同于《德国民法典》第134条所称“法律”。后者原则上包含一切形式意义上的法律，无论处于联邦层级抑或各州层级，[16]甚至不以成文为要，习惯法亦在其列。[17] 提高规范等级之举，意在防范行政恣意、避免过度的行政管制令合同无效现象泛滥。[18] 为限制行政管制而在法源位阶上做文章，原因之一在于，我国不存在司法审查制度，法院无权宣告规范性文件的不法。[19]不过，借助《裁判文书引用规定》第4条，地方性法规、自治条例与单行条例因其与行政法规并列而获得地位抬升，《民法典》第153条第1款的法源范围被一种迂回的方式扩大了，再与《裁判文书引用规定》第6条相结合，法院同时通过自我授权，悄然行使着对于规章等规范性文件的司法审查权力。

17 行政管制的无端扩张当然值得忧虑，但针对性的措施，理应首先直面行政权的行使，强调依法行政，将行政权的行使切实纳入程序与实质的法定轨道，而非一方面对行政恣意表示无奈，放任其溢出轨道，另一方面却又寄希望于轨道外的制约。管见以为，以提高规范等级的方式应对行政管制泛滥，也许是在用一个错误矫正另外一个错误。错误叠加无法导出正确，更大的可能是，与正确渐行渐远以至于积重难返。

18 再者，刑法、公法与私法（民法）的一个重大差别在于，前者法源封闭而后者开放。刑法由于罪刑法定（《刑法》第3条），狭义法律（《立法法》第2章）之外基本没有其他规范法源；宪政理念下，公权行为的正当性以法律明文授权为基础，此“法律”虽不必限于狭义法律，但行政行为欲具合法性，至少须由“法律、法规、规章授权的组织作出”（《行政诉讼法》第2条第2款）。民法不同。一旦出现民事纠纷，法官既不得以法无明文规定为由，作有利于被告的判决，亦不得以法无明文授权为由，否认当事人私法行为的正当性。这意味着，为了解决民事纠纷，在制定法之外，尚需其

---

[14] 参见江苏省苏州市金阊区人民法院（2002）金民二初字第097号民事判决书。

[15] 参见江苏省苏州市中级人民法院（2002）苏中民二终字第348号民事判决书。

[16] MünchKomm/Armbrüster（2012），§ 134 Rn. 30.

[17] MünchKomm/Armbrüster（2012），§ 134 Rn. 32.

[18] 参见王利明：《论无效合同的判断标准》，载《法律适用》2012年第7期，第2页；李宇：《民法总则要义：规范释论与判解集注》，法律出版社2017年版，第641—643页。

[19] 参见黄凤龙：《论〈合同法〉中的强制性规定》，载《烟台大学学报（哲学社会科学版）》2011年第1期，第45页。

他规范法源作为补充,其中最为重要的,当属习惯法,[20] 必要时候,学者见解亦无妨成为裁判依据。[21] 习惯法与学者见解非制定法,自无法纳入以公权力等级为划分基础的"规范等级"。至于当事人意志本身成为制约合同有效性的因素时(如意定让与禁止、意定代理禁止等),与前述"规范等级"更是了无关联。[22]

提高无效依据之规范等级,无异于以另外一种方式强调,民法有如刑法与公法,法源封闭于公权力者的制定法。此与民法法源的开放性质显然背道而驰。以之为限制行政权力的选择,得失如何,能不三思?

19 进而言之,倘若司法独立与权力制衡能够得到制度建构,行政权力乃至立法权力均受司法审查的监督,权力无端扩张及滥用的问题即可在制度框架内寻得矫正之道,既不必以提高规范等级的方式掩耳盗铃,更无须迫使法院自我授权而诱发新的权力滥用。须知,法院虽可勇敢将行政规章、地方规章等规范性文件纳入其"合法性审查"(《裁判文书引用规定》第 6 条),但此等审查,纯属法院内部非正式操作,规章一旦不被认为"合法有效",颁布此规章的行政机关如何寻求制度性救济?若此法院认定"合法有效",彼法院则否,面对规章,民众将如何适从?行政权力固然易生恣意,司法权力又何尝不是如此?有何理由认为,司法政策乃至司法解释之公布,比之地方性法规与行政规章的制定更为规范?毕竟后者至少还受制于《立法法》,而前者则几乎完全依赖法院的自我约束。如果被公布的地方性法规与行政规章不值得信赖的比例如此之高,以至于被一般性推定为不足以担当裁判依据,反思改进的方向,就应该是地方性法规或行政规章通过并公布的制度原因,阻止不应该具有法律效力的地方性法规或行政规章得以通过并公布,而不应该一方面将其当成无法改变的既定事实,另一方面又指望借助另一不受制约的权力予以矫正。

20 或以为,提高规范等级系受制于现实环境的变通之举,虽属无奈,却不失为有效应对。但实际上,若无制度性的权力制衡,提高《民法典》第 153 条第 1 款的规范等级根本无济于事。当司法不足以抵御行政干预或者本就无意予以抵御时,低于行政法规的规范性文件即便不能直接成为法律行为无效的裁判依据,亦可轻而易举假道《民法典》第 153 条第 2 款之"公序良俗"(对应于《合同法》第 52 条第 4 项之"社会公共利益"),令法律行为归于无效(边码 101—108)。[23]

21 也许可稍寄希望的是,关于行政权力的司法审查问题,2014 年修正重颁的《行

---

〔20〕 参见朱庆育:《民法总论》(第 2 版),北京大学出版社 2016 年版,第 38—40 页。

〔21〕 F. Röhl/C. Röhl, Allgemeine Rechtslehre, 3. Aufl., 2008, S. 520.

〔22〕 关于法律行为法源地位的一般性论述,可参见朱庆育:《民法总论》(第 2 版),北京大学出版社 2016 年版,第 65—71 页。

〔23〕 参见最高人民法院研究室编著:《最高人民法院关于合同法司法解释(二)理解与适用》,人民法院出版社 2009 年版,第 108 页。

政诉讼法》出现重大转向。

新法将所有条文的"具体行政行为"模糊化为"行政行为",淡化之前一直被奉为圭臬的"抽象行政行为"与"具体行政行为"二分格局以及与之相应的"抽象行政行为不可诉"立场,尽管继续将"行政法规、规章或者行政机关制定、发布的具有普遍约束力的决定、命令"排除在受案范围之外(《行政诉讼法》第13条第2项),但新增第53条第1款规定:"公民、法人或者其他组织认为行政行为所依据的国务院部门和地方人民政府及其部门制定的规范性文件不合法,在对行政行为提起诉讼时,可以一并请求对该规范性文件进行审查。"该规定仅将低于规章的政府规范性文件(《行政诉讼法》第53条第2款)纳入司法审查,依然"踟蹰"保守,[24]但毕竟为司法审查制度之确立着上第一道墨,意义不可谓不重大。

低于规章的政府规范性文件既已受控于司法审查,行政权滥用问题便已开通 22
制度管控渠道,此时,再断然否认此类规范性文件之裁判依据地位,更无必要。

较为遗憾的是,对于《行政诉讼法》第53条第1款所称规范性文件,法院审查 23
后,不得径判该规范性文件不合法,只是"不作为认定行政行为合法的依据"而已,至于该规范性文件的具体处置,则是法院"应当向规范性文件的制定机关提出处理建议,并可以抄送制定机关的同级人民政府、上一级行政机关"(《行政诉讼法解释》第149条)。如此,司法审查之合法性认定,依旧不具有统一性(随机取决于受理具体行政诉讼之法院)与终局性(不得作出不合法之判决),从而缺乏制度性。

(二)法源性质

《合同法》第52条第5项虽对法源位阶(法律与行政法规)与法源性质(强制 24
性规定)作有初步界定,但其概念使用仍嫌宽泛。在法律规范的性质方面,并非所有"强制性规定"之违反,均带来合同无效。例如,《公司法》第148条第1款规定,公司董事或高管禁止实施违反忠实义务之行为,但根据第2款,若第1款行为被实施,合同并非无效,仅是令公司取得归入权。

《合同法》第52条第5项的功能可比附于《德国民法典》第134条及台湾地区 25
"民法"第71条。所不同者,后两者皆含但书规定,或称"法律另有意旨者,不在此限"(德国),或称"但其规定并不以之为无效者,不在此限"(台湾地区)。由于但书的存在,《德国民法典》第134条与台湾地区"民法"第71条均兼具解释规则(Auslegungsregel)性质,[25]《合同法》第52条第5项则因但书之阙如而失去解释

---

〔24〕 参见湛中乐:《〈行政诉讼法〉的"变革"与"踟蹰"》,载《法学杂志》2015年第3期,第31—32页。

〔25〕 MünchKomm/Armbrüster (2012), § 134 Rn. 103;史尚宽:《民法总论》,中国政法大学出版社2000年版,第330—331页;苏永钦:《以公法规范控制私法契约》,载中国人民大学法学院《人大法律评论》编辑委员会组编:《人大法律评论》(2010年卷),法律出版社2010年版,第5—7页。

空间。[26] 为济其穷,《合同法解释二》第 14 条进行目的性限缩:《合同法》第 52 条第 5 项所称"强制性规定",是指"效力性强制性规定"。

26 《民法典》第 153 条第 1 款增置但书,使得该规定与德国及台湾地区更趋近。然而,法条解释方式似乎并未因此受到影响。在立法机关看来,但书"实际上涉及对具体强制性规定的性质判断问题"[27]。虽然对其所称"性质"应如何理解语焉不详,但以对强制规范定性的方式判断是否影响法律行为的有效性,该思路与《合同法解释二》第 14 条高度相似。与之相较,最高人民法院的态度更为明确:"从《民法总则》第 153 条第 1 款的表述来看,有两个'强制性规定',其中前一个强制性规定指的就是效力性强制性规定,后一个强制性规定是管理性强制性规定。可见,《民法总则》第 153 条第 1 款尽管在表述上与《合同法》有所不同,但其精神内核并没有变,区分效力性强制性规定与管理性强制性规定仍然有其积极意义。"[28]

三、效力性与管理性强制性规定

(一)概念界定

27 先需要明确的是,《合同法解释二》第 14 条之引入"效力性强制性规定"概念,旨在适用《合同法》第 52 条第 5 项。这意味着,有必要判断是否属于效力性强制性规定的,只是被《合同法》第 52 条第 5 项参引因而须与之结合适用的强制规范。换言之,若无《合同法》第 52 条第 5 项之适用,则无讨论"效力性强制性规定"概念的必要。据此,当规范自身含有明确的法律效果规定时(如《合同法》第 53 条暨《民法典》第 506 条),直接适用该规范即可,不必引入"效力性强制性规定"作为讨论手段。[29] 对此,最高人民法院曾有相反见解,[30] 经过司法实践检验,如今已改变态度,认为:"其与效力待定、未生效、可撤销以及其他合同无效规定之间属于并列而非包含关系。因此,本条第 1 款所谓的'强制性规定'并不包含《合同法》有

---

〔26〕 参见苏永钦:《以公法规范控制私法契约》,载中国人民大学法学院《人大法律评论》编辑委员会组编:《人大法律评论》(2010 年卷),法律出版社 2010 年版,第 7 页。

〔27〕 黄薇主编:《中华人民共和国民法典释义(上)》,法律出版社 2020 年版,第 305 页。

〔28〕 最高人民法院民法典贯彻实施工作领导小组主编:《中华人民共和国民法典总则编理解与适用(下)》,人民法院出版社 2020 年版,第 755 页。

〔29〕 参见苏永钦:《以公法规范控制私法契约》,载中国人民大学法学院《人大法律评论》编辑委员会组编:《人大法律评论》(2010 年卷),法律出版社 2010 年版,第 20—21 页。

〔30〕 参见最高人民法院研究室编著:《最高人民法院关于合同法司法解释(二)理解与适用》,人民法院出版社 2009 年版,第 106 页。

关效力控制的其他规定。”[31]

28 汉语文献中,效力性强制性规定概念,更早可见之于史尚宽先生从日本引入的效力规定与取缔规定分类。[32] 史先生称:“强行法得为效力规定与取缔规定,前者着重违反行为之法律行为价值,以否认其法律效力为目的;后者着重违反行为之事实行为价值,以禁止其行为为目的。”[33]“法律行为价值”与“事实行为价值”之说不易理解,揆诸用法,前者应指是否允许行为人依其意志实现法律效果,若否,则法律行为无效,后者则指作为一项事实的行为本身——而不是作为一项“事实行为”——是否被允许发生,若否,则该法律行为应被“取缔”,即,“对于违反者加以制裁,以防止其行为,非以之为无效”[34]。显然,效力规定与取缔规定之间在逻辑上呈全异关系:法律行为因违反而无效者,系效力规定;不因违反而无效者,系取缔规定。

29 《合同法解释二》第14条系受史尚宽先生影响的结果,其“效力性强制性规定”即用以指称史先生之“效力规定”。[35] 乍看之下,“效力性强制性规定”之表述甚是严谨,但其实却是同义反复。[36] 其所表达的是:如果某项强制规定将导致有所违反的合同无效,那么,违反该强制规定的合同无效。问题在于,什么样的法律规范是“效力性强制性规定”? 此同义反复的概念不能提供太多信息,为作进一步理解,须稍作迂回,观察其对立概念。

30 与“效力性强制性规定”逻辑对立的概念本是“非效力性强制性规定”,但这一否定性概念未包含积极信息。《民商事合同指导意见》第15条选择“管理性强制性规定”作为对立概念。据此应可认为,在最高人民法院的用法中,“管理性强制性规定”系“非效力性强制性规定”的同义概念。如此,在命名逻辑上,“管理性强制性规定”概念可传达两项信息:其一,违反管理性强制性规定的合同不因此无效;其二,不因此无效的原因在于,此类强制规定意在“管理”——“行政管理或纪律管理”,而非否认合同内容本身。[37]

---

〔31〕 最高人民法院民法典贯彻实施工作领导小组主编:《中华人民共和国民法典总则编理解与适用(下)》,人民法院出版社2020年版,第756页。

〔32〕 苏永钦:《以公法规范控制私法契约》,载中国人民大学法学院《人大法律评论》编辑委员会组编:《人大法律评论》(2010年卷),法律出版社2010年版,第6页。

〔33〕 史尚宽:《民法总论》,中国政法大学出版社2000年版,第330页。

〔34〕 史尚宽:《民法总论》,中国政法大学出版社2000年版,第330页。

〔35〕 参见曹守晔:《〈关于适用合同法若干问题的解释(二)〉的理解与适用》,载《人民司法·应用》2009年第13期,第43页。

〔36〕 参见苏永钦:《违反强制或禁止规定的法律行为》,载苏永钦:《私法自治中的经济理性》,中国人民大学出版社2004年版,第43页。

〔37〕 参见最高人民法院审判监督庭编:《审判监督指导》(总第38辑),人民法院出版社2012年版,第268页。

31 司法解释与个案裁判可为上述理解提供佐证。《合同法解释二》第 14 条仅以效力性强制性规定为无效依据，显然是认为，此类规范与管理性强制性规定的区别在于，是否导致合同无效。〔38〕 个案裁判如：刊载于《最高人民法院公报》的广东梅州中院（2009）梅中法民二终字第 75 号判决的“裁判摘要”被总结为：“仅是针对特定主体的对内管理行为、不涉及公共利益的规定，不属于效力性强制性规定，违反该规定不能导致合同无效。”〔39〕最高人民法院（2012）民提字第 156 号判决书称：“（《公司法》第 16 条第 2 款）实质是内部控制程序，不能以此约束交易相对人。故此上述规定宜理解为管理性强制性规范。对违反该规范的，原则上不宜认定合同无效。”最高人民法院（2015）民申字第 1684 号裁定书亦称：“修订后的《中华人民共和国公司法》规定，董事、高级管理人员不得违反公司章程的规定，未经股东会、股东大会或者董事会同意以公司财产为他人提供担保。该条规定旨在规范公司的内部管理，并未规定公司违反此条规定的对外担保效力。”

32 问题并不如此简单。最高人民法院的语用逻辑并非一贯。最高人民法院（2012）民提字第 156 号判决（边码 31）所称“原则上（不宜认定合同无效）”已现游移，更见游移的是，《合同法解释二》起草者一方面将“管理性强制性规定”用作史尚宽先生“取缔规定”的同义概念，另一方面却又表示：“违反管理性强制性规定的，合同未必无效。”〔40〕既然“未必无效”，自是存在无效可能。《民商事合同指导意见》第 15 条是这一游移用法的官方表达：“违反效力性强制性规定的，人民法院应当认定合同无效；违反管理性强制性规定的，人民法院应当根据具体情形认定其效力。”“根据具体情形认定其效力”即表明，管理性强制性规定之违反亦可导致合同无效。2007 年，最高人民法院一位副院长斩钉截铁地指示——“只有违反了效力性的强制规范的，才应当认定合同无效”〔41〕——言犹在耳，短短不过两年，即悄然演变成为“根据具体情形认定其效力”。

33 效力性强制性规定固然是无效依据，管理性强制性规定之违反亦可能导致合同无效，然则《合同法解释二》第 14 条特别指明“是指效力性强制性规定”的意义

〔38〕 参见曹守晔：《〈关于适用合同法若干问题的解释（二）〉的理解与适用》，载《人民司法·应用》2009 年第 13 期，第 43 页；最高人民法院审判监督庭编：《审判监督指导》（总第 38 辑），人民法院出版社 2012 年版，第 268 页。

〔39〕 梅州市梅江区农村信用合作联社江南信用社诉罗苑玲储蓄合同纠纷案，广东省梅州市中级人民法院（2009）梅中法民二终字第 75 号民事判决书，载《最高人民法院公报》2011 年第 1 期。

〔40〕 参见《妥善审理合同纠纷案件 维护市场正常交易秩序——最高人民法院民二庭负责人就〈关于当前形势下审理民商事合同纠纷案件若干问题的指导意见〉答记者问》，载《人民法院报》2009 年 7 月 14 日，第 3 版；曹守晔：《〈关于适用合同法若干问题的解释（二）〉的理解与适用》，载《人民司法·应用》2009 年第 13 期，第 43 页。

〔41〕 参见《充分发挥民商事审判职能作用 为构建社会主义和谐社会提供司法保障》，载最高人民法院民事审判第二庭编：《民商事审判指导》（总第 11 辑），人民法院出版社 2007 年版，第 55 页。

何在？将强制性规定作“效力性强制性规定”与“管理性强制性规定”二分的逻辑依据又何在？

（二）判别标准

34 强制规定之二分，一者同义反复，二者含混游移。错乱的逻辑无助于概念认知，亦无助于法律适用。为作进一步探求，可诉诸判别标准。

35 《民商事合同指导意见》第16条试图给出效力性与管理性强制性规定的判别标准：“如果强制性规范规制的是合同行为本身即只要该合同行为发生即绝对地损害国家利益或者社会公共利益的，人民法院应当认定合同无效。如果强制性规定规制的是当事人的‘市场准入’资格而非某种类型的合同行为，或者规制的是某种合同的履行行为而非某类合同行为，人民法院对于此类合同效力的认定，应当慎重把握，必要时应当征求相关立法部门的意见或者请示上级人民法院。”很遗憾，即使忽略“征求相关立法部门的意见或者请示上级人民法院”此等深具中国司法特色的政策言辞，上述标准仍模糊含混，甚至似是而非：

36 首先，关于“合同行为本身”与“合同的履行行为”。

《民商事合同指导意见》第16条所称“合同行为本身”，因其与“合同的履行行为”相对应，显然是指称债务合同。债务合同仅在特定当事人之间确立义务，原则上并无涉他效力。若无履行行为，单纯通过债务合同之订立“绝对损害国家利益或者社会公共利益”的情形似乎不太容易想象。例如，毒品交易中，真正足以“绝对损害国家利益或者社会公共利益”的，是毒品流通即毒品买卖合同的履行行为，而非为出卖人设立移转毒品义务的买卖合同本身。然而，在最高人民法院看来，“合同行为本身”对于“损害国家利益或者社会公共利益”的严重程度显然远高于“合同的履行行为”，以至于前者被直接认定无效，后者却“应当慎重把握”。为何有此认识，令人费解。

37 其次，关于“国家利益或者社会公共利益”。

《民商事合同指导意见》第16条显然欲以此为判别效力性强制性规定的基本标准。其思路可大致概括为：强制规定若旨在维护“国家利益或者社会公共利益”，即属效力性强制性规定，违反者无效。〔42〕登载于《人民法院报》因而具有示范意义的江苏徐州中院（2013）徐民终字第293号判决评析即是这一思路的典型：“若某强制性规定立法目的是保护国家利益与社会公共利益，违反该规定将损害国家利益或社会公共利益，则该规定属于效力性规定。若某强制性规定虽然也有

〔42〕 参见最高人民法院研究室编著：《最高人民法院关于合同法司法解释（二）理解与适用》，人民法院出版社2009年版，第106页。

保护国家利益与社会公共利益的目的,但违反该规定并不必然损害国家或社会公共利益,而只是损害当事人的利益,则该规定就属于管理性规定。”[43]这份涉及《村民委员会组织法》第28条的判决,要旨亦因此被归结为:“村民委员会组织法关于村民小组的经营管理等事项的办理需召开村民小组会议的规定,约束的是农村集体组织的内部管理行为,在不损害国家及社会公共利益的情况下,村委会不能以未经三分之二村民同意抗辩合同无效。”[44]

38 然而,这一思路颇为可疑。无论如何界定概念,“国家利益”与“社会公共利益”既然有别于“个人利益”,即意味着处于私人自治之外。假如认为,强制规定本身即代表某种抽象的秩序利益,排除私人自治(边码1),那么,一切强制规定,均旨在维护“国家利益或者社会公共利益”,岂独效力性强制性规定为然?以此区分效力性与管理性强制性规定,何济于事?

同样涉及《村民委员会组织法》有关村民会议议决事项的强制性规定,北京二中院(2011)二中民终字第02520号判决认定:“(上诉人)与南关村村委会签订的租赁合同,未经村内民主议定程序,违反了法律、法规的相关规定,北京市怀柔区农村承包合同仲裁委员会以该租赁合同未经村民会议或村民代表会议民主议定为由,确认双方签订的租赁合同无效,是正确的。”并称:“原村委会干部越权出租,租金明显过低,损害了村集体的利益。……原审法院驳回其诉讼请求,并无不当,本院予以维持。”显然,《村民委员会组织法》的强制规定被用作无效依据,村集体利益亦被归入“国家利益或者社会公共利益”之列,所持立场,与前述(2013)徐民终字第293号判决(边码37)截然相反。

39 不仅如此,《合同法》第52条所列五项无效事由,在适用时应呈并列故而相互排斥的关系。第1项、第2项与第4项均明确与“国家利益”或“社会公共利益”相关,第3项之“目的”既称“非法”,自然有违“国家利益或者社会公共利益”,若违反强制规定的合同损害“国家利益或者社会公共利益”,符合此四项之构成,直接视情形分别适用第1至4项即为已足,何须假借第5项转介参引?以寻找《合同法》第52条第5项的适用场合为出发点,依循给定的判别标准得到肯定答案后,结论却是排斥其适用。这一局面,大概非指导意见制定者始料所及。

40 最后,关于“市场准入”资格。

史尚宽先生将“市场准入”资格原则上当作取缔规定列举,[45]《民商事合同指

---

[43] 李晓东:《江苏徐州中院判决张兆民诉沛县双楼村委会民间借贷纠纷案——村委会内部管理行为的规定不能对抗合同第三人》,载《人民法院报》2014年5月8日,第6版。

[44] 李晓东:《江苏徐州中院判决张兆民诉沛县双楼村委会民间借贷纠纷案——村委会内部管理行为的规定不能对抗合同第三人》,载《人民法院报》2014年5月8日,第6版。

[45] 参见史尚宽:《民法总论》,中国政法大学出版社2000年版,第331—332页。

导意见》第 16 条亦以此为管理性强制性规定之典型。

然而，如果“国家利益或者社会公共利益”系效力性强制性规定的基本判准，当负有维护社会公共利益之责的政府为市场准入制造门槛时，难道不是以社会公共利益为权力行使依据？市场主体僭越门槛为何不会损害社会公共利益？此时如何区分效力性与管理性强制性规定？《易制毒化学品管理条例》第 9 条、第 14 条系关于经营与购买易制毒化学品之“市场准入”的资格管制，当属管理性强制性规定无疑；同时，如果不判定有违资格管制的买卖合同及其履行行为无效，势必无法遏制易制毒化学品的不法流通，是否又可据此视之为效力性强制性规定？ 41

实际上，最高人民法院在涉及“市场准入”资格的司法解释中，将其纳入《合同法》第 52 条第 5 项的规制范围似乎未有太多犹豫，如《建设工程施工合同解释一》[46] 第 1 条第 1 款第 1 项。能够体现“宽大”的表现无非在，“市场准入”资格在工程竣工前（如《建设工程施工合同解释一》第 4 条）或起诉前[如《商品房买卖合同解释》（2020 年修正）[47] 第 2 条]得到批准者，法院不支持当事人以此为由的无效主张。同时，《合同法解释一》第 10 条前句虽规定“当事人超越经营范围订立合同，人民法院不因此认定合同无效”，但紧接着又表明“但违反国家限制经营、特许经营以及法律、行政法规禁止经营规定的除外”。由于但书的限缩，前句仅适用于可为当事人自由择定的营业范围被超越之情形（边码 100）。凡此种种，均在传达同一个信息：在法院看来，“市场准入”资格此等具有典型管理功能的强制规定，系合同有效性的影响因素。 42

此亦可在司法案例中得到印证。在一起码头租赁纠纷案中，上海一中院（2008）沪一中民二（民）终字第 1062 号二审判决虽改变松江法院（2007）松民三（民）初字第 1566 号判决援引《港口法》第 22 条的无效认定，但并非因为“市场的准入资格”之缺乏于合同的有效性无所妨碍，而是认为，涉案港口系《港口法》施行前的老码头，主管机关未及颁发许可证，“一概以老码头不具有许可证而认定租赁合同无效不符合港口法第二十二条的立法意图”[48]。有关典当特许经营的案例中，上海一中院（2011）沪一中民六（商）终字第 115 号判决更是明确指出：“联合典当行出借资金供艾明路投资股票的行为实为变相融资融券，超出了典当行的特 43

〔46〕 这一司法解释系在废止 2004 年同名司法解释后再以其内容为基础修订，于 2020 年 12 月 29 日重颁，本文所涉条文内容未作修改。

〔47〕 这一司法解释系在 2003 年同名司法解释基础上修正并于 2020 年 12 月 23 日重颁，本文所涉条文内容未作修改。

〔48〕 参见陈旭：《以强制性规定类型识别为导向的合同效力认定》，载《人民司法 · 案例》2010 年第 14 期，第 81—85 页（直接引文见第 85 页）。

许经营范围,应为无效。”〔49〕辽宁高院(2013)辽审一民抗字第9号判决则以违反《水法》第48条与《取水许可和水资源费征收管理条例》第22条第2款未获得取水许可为由,支持二审以《合同法》第52条第5项为据的合同无效判决。

44 更具代表性的当然是最高人民法院。最高人民法院(2011)民提字第81号判决称:“关于采矿经营权的取得和转让,《中华人民共和国矿产资源法》及其实施细则,国务院《探矿权采矿权转让管理办法》、国土资源部《矿业权出让转让管理暂行规定》等法律法规的相关内容,均明确规定采矿经营权是特许经营权,其批准应严格履行审批程序。涉案租赁协议没有履行法定强制性规定的审批手续,符合合同法第五十二条第(五)项的规定,应为无效。”相应地,该案“裁判摘要”被概括为:“采矿业属于特许行业,根据有关法律、行政法规的规定,取得涉案金矿的采矿权和租赁权都要经过辽宁省国土资源厅审批,其中任何一项权利未经批准,其采矿行为不受法律保护。”〔50〕随后,最高人民法院(2011)民提字第104号判决亦称:“违反了建筑法以及相关行政法规关于建筑施工企业应当取得相应等级资质证书后,在其资质等级许可的范围内从事建筑活动的强制性规定。依照《中华人民共和国合同法》第五十二条第(五)项、最高人民法院《关于审理建设工程施工合同纠纷案件适用法律问题的解释》第一条之规定,应当认定环盾公司假冒中国第九冶金建设公司第五工程公司的企业名称和施工资质与永君公司签订的建设工程施工合同无效。”〔51〕

45 《民商事合同指导意见》第16条以“合同行为”为中轴,前后延展“市场准入”资格与“合同的履行行为”两端,再以“国家利益或者社会公共利益”为判别依据,试图为效力性与管理性强制性规定划出一道相对清晰的分界线。此举用心良苦,效果却如上文所示,将本就逻辑错乱的概念进一步推入泥淖。

(三)司法案型

1. 概览

46 《合同法》时代,司法解释欲以效力性与管理性强制性规定之二分格局,为《合同法》第52条第5项提供无效依据,至此应可看到,此举并不值得称道。不过,上文偏重概念分析,为了避免纸上谈兵,尚需观察具体的司法适用。

---

〔49〕张冬梅、张文婷:《超出特许经营范围的违法典当行为无效》,载《人民司法·案例》2013年第8期,第98页。

〔50〕陈允斗与宽甸满族自治县虎山镇老边墙村民委员会采矿权转让合同纠纷案,最高人民法院(2011)民提字第81号民事判决书,载《最高人民法院公报》2012年第3期。

〔51〕齐河环盾钢结构有限公司与济南永君物资有限责任公司建设工程施工合同纠纷案,最高人民法院(2011)民提字第104号民事判决书,载《最高人民法院公报》2012年第9期。

2009年《合同法解释二》及《民商事合同指导意见》后，越来越多司法裁判有意识使用效力性与管理性强制性规定概念进行司法推理。剔除大部分单纯概念装饰以及难以把握论证逻辑的裁判，较具实质意义的概念推理主要集中于五类案型，笔者暂且将之命名为：市场准入型、私法权限型、生效管制型、纯粹秩序型与刑民交叉型。五类案型中，如上文所述，市场准入型（边码40—44）所涉强制规定其实往往是合同的无效依据，效力性与管理性二分格局无法在此得到维持，其他四类亦不断暴露二分格局对于司法适用的误导。 47

2. **私法权限型**

此案型所涉，乃私法中所谓"内部管理规定"遭违反的情形，最高人民法院（2012）民提字第156号判决（边码31）系其典范。判决书以"内部控制程序，不能以此约束交易相对人"为由，将《公司法》第16条第2款归为管理性强制性规定。而此前广东高院（2012）粤高法民二终字第19号判决则认为："信达深圳分公司关于《中华人民共和国公司法》第十六条的规定属于公司内部治理规范，不应用于调整公司对外关系，及该规定不属效力性强制性规定（的主张），缺乏依据。"与（2012）民提字第156号一致的判决如湖南高院（2014）湘高法民一终字第4号（《公司法》第16条）、湖南高院（2015）湘高法民一终字第269号（《公司法》第16条第2款）及浙江高院（2015）浙商外终字第12号（《公司法》第16条、第148条）等。 48

（2012）粤高法民二终字第19号判决径以《公司法》第16条之违反作为无效依据固然值得商榷，但并不因此意味着，将其定性为管理性强制性规定的立场值得赞许。问题的关键其实不在于何种定性更为准确，而在于，在效力性与管理性强制性规定二分格局下的讨论，根本就是错置找法路径。《公司法》第16条之违反，属于私法上的权限逾越，构成无权代理。[52] 所涉合同固然可能无效，但非因违反《合同法》第52条第5项之效力性强制性规定所致，而是因为未得到公司追认；即便未得到公司追认，仍存在有效可能，但不意味着此系管理性强制性规定，而是基于表见代理的信赖保护。换言之，无论合同有效与否，法律效果之得出，皆与《合同法》第52条第5项无关。[53] 49

稍令人宽慰的是，最高人民法院（2012）民提字第156号判决最终通过论证相对人善意构成"表见代表"，从而适用《合同法》第50条支持合同有效，算是勉强从二分格局泥淖中挣扎出来。与之相比，两项湖南高院的判决，找法路径则完全被二分格局所牵引，似乎丝毫未考虑过无权代理的逻辑：（2014）湘高法民一终字第 50

---

〔52〕 以公司名义订立合同，在称谓上区分"代理"或"代表"并无意义。相关分析，可参见朱庆育：《民法总论》（第2版），北京大学出版社2016年版，第460页（注释2）。

〔53〕 关于公司法定代表人越权担保的效力判断进路，较具代表性的讨论参见高圣平：《担保物权司法解释起草中的重大争议问题》，载《中国法学》2016年第1期，第229—231页。

4 号判决在查知相对人不属善意的情况下，仍笔锋一转以《合同法》第 52 条第 2 项为无效依据；(2015)湘高法民一终字第 269 号判决更以管理性强制性规定为由径判合同有效，而不顾相对人善意与否。

51 实际上，关于《公司法》第 16 条的适用问题，在《合同法解释二》颁行之初，北京高院(2009)高民终字第 1730 号判决有过思路清晰的分析：判决书否认《公司法》第 16 条系《合同法解释二》第 14 条所称效力性强制规范，同时并不因此将其归为管理性强制性规定，而是认为，此"越权代表"应在无权代表(无权代理)规则框架下寻求解决之道。[54] 遗憾的是，这一案例虽刊载于《最高人民法院公报》(2011 年第 2 期)，但最高人民法院(2012)民提字第 156 号判决所代表的非此即彼的逻辑——"不是效力性强制性规定，即是管理性强制性规定"——显然更具影响力，以至于之后的裁判皆在此逻辑下展开。

52 效力性与管理性强制性规定之二分，即便撇开在概念上能否成立的讨论(边码 27—45)，亦应该清楚，其功能仅在为《合同法》第 52 条第 5 项的适用提供参引坐标，而需要参引转介的，又多属私法之外的公法或刑法规范(边码 3)。换言之，二分格局仅在《合同法》第 52 条第 5 项所称强制规范框架下有其意义(边码 27)，框架内的强制规范远未涵括所有强制规范。果欲追随史尚宽先生，即应该了解，史先生作出二分时，已将另有其他效力规定的规范排除于二分格局之外。[55] 私法上的越权交易——无论逾越代理权抑或处分权——即属此类"另有其他效力规定"的规范，《合同法》第 52 条第 5 项对此无能为力。

53 另外，将私法上的越权交易纳入二分格局的讨论，势必制造新的概念混乱。当司法裁判将管理性强制性规定概念从强调行政管理扩及至"公司内部管理"时，已将公法与私法性质的"管理"混为一谈，在此逻辑下，小而言之，所有事关代理权限(以及其他一切私法权限)者势必皆被归入管理性强制性规定，大而言之，公权私权的界限或将因此消融。

54 公权私权规范逻辑之不同，可从《村民委员会组织法》的司法适用中看到。村民委员会采公法人的设立方式(《村民委员会组织法》第 3 条第 2 款)，具有部分公法人职能(《村民委员会组织法》第 2 章)，但属于村民"群众性自治组织"(《村民委员会组织法》第 2 条第 1 款)，议决制度仿照公司(《村民委员会组织法》第 4 章)。对于《村民委员会组织法》第 24 条所列议决事项，将因定性不同而呈现不同的找法路径。若以之为公法权限，村委会越权行为自然无效，《合同法》第 52 条第

〔54〕 何波：《公司法定代表人越权对外签署的担保合同的效力》，载《人民司法·案例》2011 年 12 期，第 13—17 页。

〔55〕 参见史尚宽：《民法总论》，中国政法大学出版社 2000 年版，第 330 页。

5项可为之架设转介桥梁(边码38);[56]若将其比附为公司决议,则与《合同法》第52条第5项无关,准用无权代理规则,未获追认时无效。[57] 无论如何,以管理性强制性规定约束"内部管理行为"为由,不管相对人善意与否,径行认定"不能对抗第三人"(边码37),[58]此举至少在逻辑上即无法自洽。

3. **生效管制型**

如上文所见,私法中的权限规定之违反,无论在构成要件抑或法律效果上,均与《合同法》第52条第5项无关,在效力性与管理性规定二分格局下讨论,必然错置找法路径。当然,这不表示,如果是公法性质的管制规定,即在该条转介射程之内。 55

政府对于市场行为的管制,除一般性设置市场准入门槛外(边码40—44),尚可为具体合同打造生效阀门,此即"生效管制"。所谓生效管制,系指公法管制规范被设置为私法合同的积极生效要件。既然是积极生效要件,在未得到满足之前,合同不能生效,因而亦未进入《合同法》第52条的规制范围。然而,大量司法裁判却将其置于二分格局中讨论。

生效管制案型大多涉及国有土地使用权让与问题,所涉条文集中于《城市房地产管理法》第38条、第39条(2007年修正新条文序号)[最高人民法院(2004)民一终字第46号判决[59]、最高人民法院(2006)民一终字第26号判决、江苏南京中院(2008)宁民四终字第2617号判决[60]、河南高院(2011)豫法民申字第01613号裁定、河南高院(2012)豫法立二民申字第01699号裁定、河南高院(2013)豫法立二民申字第00525号裁定、河南高院(2013)豫法立二民申字第00535号裁定、河南高院(2013)豫法立二民申字第00691号裁定、江苏高院(2014)苏商终字第00532号判决、重庆高院(2014)渝高法民申字第00266号裁定],第40条、第61条[61]及与此关联的《城镇国有土地使用权出让和转让暂行条例》第45条(2020年修订条文序号及内容未变)[河南郑州中院(2010)郑民三终字第912号判决[62]、吉林 56

〔56〕 参见北京市第二中级人民法院(2011)二中民终字第02520号民事判决书。

〔57〕 参见吉林省高级人民法院(2014)吉民申字第851号民事裁定书(唯其"无权处分"之定性值得商榷)。

〔58〕 参见江苏省徐州市中级人民法院(2013)徐民终字第293号民事判决书。

〔59〕 参见桂馨源公司诉全威公司等土地使用权转让合同纠纷案,最高人民法院(2004)民一终字第46号民事判决书,载《最高人民法院公报》2005年第7期。

〔60〕 参见钱锋、唐明:《房屋未领取产权证不影响协议转让》,载《人民司法·案例》2009年第8期,第28—32页。

〔61〕 参见吴环:《划拨土地上私有房屋转让合同具有法律效力》,载《人民司法·案例》2014年第18期,第100页。

〔62〕 参见张海燕:《国有划拨土地使用权转让协议的效力》,载《人民司法·案例》2011年第22期,第34页。

高院(2015)吉民申字第571号裁定]。上述案例,除个别判决[河南郑州中院(2010)郑民三终字第912号判决]认定无效外,其余均维持“转让合同(转让协议)”的有效性,后《合同法解释二》时期,有效理由更无不诉诸二分格局。

57 最高人民法院(2004)民一终字第46号判决对效力性与管理性强制性规定二分格局显然尚不熟悉,将《城市房地产管理法》第39条第1款之违反认定为“属转让标的瑕疵,不影响转让合同的效力”;最高人民法院(2006)民一终字第26号判决则迈进一步,明确指出《城市房地产管理法》第38条、第39条“是行政管理部门对不符合规定条件的土地在办理土地使用权权属变更登记问题上所作出的行政管理性质的规定,而非针对转让合同效力的强制性规定”。二分格局已是呼之欲出。值得注意的是,前《合同法解释二》时期的两项最高人民法院判决皆意识到,《城市房地产管理法》的管制针对土地使用权的变动本身,而非设立变动义务的“转让合同”。

58 2009年《合同法解释二》与《民商事合同指导意见》确立效力性与管理性强制性规定二分格局后,司法裁判迅速套用,论证模式亦发生微妙却意义深远的转变。

新的论证模式高度一致,其标准表述可见刊载于《人民司法·案例》的江苏南京中院(2008)宁民四终字第2617号判决:“城市房地产管理法第三十八条第(六)项规定是管理性规范,不是效力性规范,违反该条款并不必然导致合同无效。双方签订关于土地及附属用房转让协议涉及的房屋虽然未办理产权证,但并不影响双方间协议的效力。”[63] 该论证模式有三项要点:其一,《城市房地产管理法》第38条等规范为管理性强制性规定;其二,以转让房屋或土地使用权为内容的“转让合同”(买卖合同)并不因为违反该管理性强制性规定而无效;其三,在满足《城市房地产管理法》第38条等规范所要求的条件之前,房屋所有权或土地使用权不发生变动。

59 此类裁判往往依托于物权行为理论。[64] 区分义务设定与权利移转行为,的确有助于避免因法律关系混淆而招致不当裁判[如河南郑州中院(2010)郑民三终字第912号判决],但这丝毫不意味着,上述论证模式因此即精当准确。

60 首先,《城市房地产管理法》第38条等规范皆以权利变动为规制对象,纵然以之为管理性强制性规定,在物权行为分离原则下,所“管理”者,亦仅为权利变动行为。设定变动义务的“转让合同”既不在规制范围内,如何能够违反此类规范?当司法裁判声称“转让合同不因违反管理性强制性规定而无效时”,一方面区分义务设定与权利移转行为,另一方面却仍以义务设定行为为该“管理性强制性规定”的规制对象。法律关系如此上下窜动,理解程度较之前《合同法解释二》时期的最高

[63] 钱锋、唐明:《房屋未领取产权证不影响协议转让》,载《人民司法·案例》2009年第8期,第29页。

[64] 参见钱锋、唐明:《房屋未领取产权证不影响协议转让》,载《人民司法·案例》2009年第8期,第29页。

人民法院判决(边码57)尚有不如。

其次,《城市房地产管理法》第38条各项规定恰恰几乎均是意在影响行为的有效性,只不过所影响的不是设定义务的"转让合同",而是直接移转权利之行为。除第38条第1项及其参引的第39条容有解释空间外,第38条第2项至第6项均属私法处分权限的规定,或者构成让与禁止(第2项、第5项)对应相对无效[65](边码111),或者构成无权处分(第3项、第4项、第6项),根本不宜归入管理性强制性规定之列。 61

最后,《城市房地产管理法》第40条与第61条及《城镇国有土地使用权出让和转让暂行条例》第45条所规定的审批程序,固具管理职能,在此意义上无妨以管理性强制性规定相称,却也同时属于《合同法》第44条第2款之积极生效要件。房屋所有权或土地使用权之让与若未具备该要件,让与行为"不生效",而非《合同法》第52条所称"无效"。 62

生效管制案型中,所涉法条或者虽被公法性质的管理法所规定其实却事关私法权限因而非属管理性强制性规定,或者虽具管理职能却同时也是积极生效要件因而与《合同法》第52条无关。与作为结果的定性错误相比,司法裁判的思维过程也许更值得关注。原本仅需借助物权行为分离原则,即可排除《城市房地产管理法》第38条等规范对于"转让合同"有效性的影响,大量裁判却在意识到分离原则的情况下,仍然固守效力性与管理性强制性规定的二分格局,以至于不惜跳窜法律关系,将"转让合同"的有效归因为"管理性强制性规定"之违反。二分格局对于法官思维误导之深,由此可见一斑。更有甚者,河南高院(2014)豫法立二民申字第00612号裁定分明注意到《土地管理法实施条例》第6条明确规定"土地所有权、使用权的变更,自变更登记之日起生效",却坚称"该规定为管理性强制性规定"。 63

4. 纯粹秩序型

公法管制未必均意在影响合同的有效性,若其规制对象只是诸如时间、地点、种类、方式之类的合同外部秩序,违反此"管理性强制性规定"者,有效性不受影响。此即所谓纯粹秩序型(边码98—100)。 64

纯粹秩序案型以吉林高院(2014)吉民二终字第65号判决为典型。判决指出,《环境保护法》第26条第1款"系环保行政主管部门监管各类建设项目符合国家环境保护标准的法律依据,……只是禁止建设项目法人单位的违法生产行为,并未禁止建设项目的法人单位以该建设项目为标的与他人设定民事权利义务关系的行为。故此,该条法律规范为管理性强制性规定,而非为《最高人民法院关于适用〈中华人民共和国合同法〉若干问题的解释(二)》第十四条所指的认定合同 65

〔65〕 参见朱庆育:《民法总论》(第2版),北京大学出版社2016年版,第312—315页。

效力的效力性强制性规定”。除此之外,《种子法》第 17 条第 1 款[66]及《商业特许经营管理条例》第 7 条[67]等规范亦被认定为仅具外部秩序意义的管理性强制性规定。

66 较有疑问的是,江苏高院(2015)苏审二民申字第 00020 号裁定将《餐饮服务许可管理办法》第 31 条第 1 款(餐饮服务许可证转让之禁止)及《个体工商户条例》第 23 条(营业执照转让之禁止)认定为管理性强制性规定,以此否认其对饭店转让协议有效性的影响。餐饮服务许可证、卫生许可证及营业执照等无妨认为构成饭店经营的外部秩序,但此类规范之所以不对饭店转让协议的有效性构成影响,并非因其仅具“管理性”,而是因为饭店转让本身非其规制对象,无从“违反”。

67 实际上,行政许可不得转让系《行政许可法》第 9 条的一般性规定,虽为行政管理而设,属于“管理性强制性规定”,但违反此等规定的转让行为理应无效,否则,市场主体可绕过强制规定通过私法交易获得行政许可,行政机关势将失去行政许可设定之绝对控制。绝对控制的正当性,则源于行政许可与社会公共利益密切相关(《行政许可法》第 12 条)。在此意义上,行政许可转让禁令当属效力性强制性规定无疑。此亦市场准入资格之规定多为效力性强制性规定的道理所在(边码 41—43)。

5. 刑民交叉型

68 除公法规范外,《合同法》第 52 条第 5 项的功能还在于转介刑法规范。由此产生所谓刑民交叉案型。例如,杀人的委托合同之所以无效,是因为杀人为刑法所禁止。

69 司法实务中,因刑民交叉而检视《合同法》第 52 条第 5 项的案例多见于民间借贷问题。对此,《民间借贷规定》(2020 年第二次修正)第 12 条第 1 款专作规定:“借款人或者出借人的借贷行为涉嫌犯罪,或者已经生效的判决认定构成犯罪,当事人提起民事诉讼的,民间借贷合同并不当然无效。人民法院应当依据民法典第一百四十四条、第一百四十六条、第一百五十三条、第一百五十四条以及本规定第十三条之规定,认定民间借贷合同的效力。”[68]“并不当然无效”的表述有欠确定。司法裁判倾向于尽量维持有效,其中,刊载于《人民司法·案例》(2010

---

〔66〕 参见湖北省荆州市中级人民法院(2015)鄂荆州中民三终字第 00114 号民事判决书。

〔67〕 参见最高人民法院〔2010〕民三他字第 18 号《关于不具备“拥有至少 2 个直营店并且经营时间超过 1 年”的特许人所签订的特许经营合同是否有效的复函》;广东省高级人民法院(2010)粤高法民三终字第 258 号民事判决书;重庆市高级人民法院(2011)渝高法民终字第 60 号民事判决书;广西壮族自治区高级人民法院(2012)桂民三终字第 10 号民事判决书;湖北省高级人民法院(2015)鄂民三终字第 00180 号民事判决书。

〔68〕 这一司法解释系在 2015 年同名司法解释基础上修正并于 2020 年 12 月 23 日重颁,本文所涉条文内容仅根据《民法典》条文作出调整,未作实质修改。

年第22期)与《最高人民法院公报》(2011年第11期)的浙江湖州中院(2009)浙湖商终字第276号判决具有示范意义。

判决书认为,第一被告构成非法吸收公众存款罪的事实,“并不必然导致借款合同无效。因为借款合同的订立没有违反法律、行政法规效力性的强制性规定”。对此,一审承审法官的解释是:“本案中,单个的借款行为仅仅是引起民间借贷这一民事法律关系的民事法律事实,并不构成非法吸收公众存款的刑事法律事实,因为非法吸收公众存款的刑事法律事实是数个向不特定人借款行为的总和,从而从量变到质变。”〔69〕判决书未因刑事犯罪而不分青红皂白否认所涉私法行为的有效性,“效力上采取从宽认定”并“在最大程度上尊重当事人的意思自治”,态度值得赞赏。不过,既然单次借款行为未触犯刑法构成犯罪,该案其实并非真正意义上的“刑民交叉”,《刑法》第176条亦因此无从进入《合同法》第52条第5项的转介视域。然则《合同法》第52条第5项是否与此类案例有关? 70

关于上述判决,可能遭受的追问是,如果单次借款行为并无不法之处,何以累加之后却足以构成犯罪?每次借款均是针对特定人,照此逻辑,构成非法吸收公众存款罪的所有借款行为无非是诸多特定人而已,如何能够满足“不特定人”的要件?何况,依《最高人民法院关于审理非法集资刑事案件具体应用法律若干问题的解释》(法释〔2010〕18号)第3条之规定,存款人数与次数未必是犯罪构成要素。 71

当涉案借款行为被认定为非法吸收公众存款罪的组成行为时,至少可说明,每一具体借款行为均在不同程度上分享其不法性。因而,问题的症结也许不在于存款人“特定”与否及次数多寡,而在于借款行为的不法性是否累积到刑法的地步。换言之,在构成犯罪之前,所涉借款行为即已违法,刑法不过是被穿透的第二道违法之门而已。第一道门,由《非法金融取缔办法》第4条设置;相应地,为《合同法》第52条第5项所转介的,应是此项行政法规。如果借款合同不因违反《非法金融取缔办法》第4条而无效,只能说明,该条被解释为纯粹秩序型“管理性强制性规定”(边码64)。非经中国人民银行批准不得吸收存款(《非法金融取缔办法》第4条),这看似属于市场准入管制,但究其规范意旨,该条其实并不禁止借款行为本身——此与前述“市场准入型”管制(边码40—44)存在根本不同,只是禁止以金融机构的方式借款,故属针对行为方式的纯粹秩序型管制(边码98—100),若有违反,取缔该行为方式即为已足,不必触及借款行为的有效性。

此外,涉及代理的刑民交叉问题值得特别关注。无权代理未经被代理人追认时“对被代理人不发生效力”(《合同法》第48条第1款暨《民法典》第171条第 72

〔69〕 沈芳君:《构成非法吸收公众存款罪的民间借贷及其担保合同效力》,载《人民司法·案例》2010年第22期,第81页。

1 款),但若构成表见代理则有效(《合同法》第 49 条、第 50 条暨《民法典》第 172 条、第 504 条)。西藏高院(2015)藏法民申字第 31 号裁定认为,当代理人构成伪造公司印章罪时,伪造公司印章签订的合同因违反《刑法》第 280 条这一效力性强制性规定而无效。公司拒绝追认,足令合同"对被代理人不发生效力",因此,强调合同无效由伪造公司印章罪所致,意义仅在确认,《刑法》第 280 条排除表见代理。然而,伪造公司印章订立合同,本就因为缺乏被代理人的与因行为而无法成立表见代理,[70] 无关乎构成犯罪与否。这意味着,借助《合同法》第 52 条第 5 项转介《刑法》第 280 条判定合同无效,实属多此一举。

73 顺便指出,称伪造公司印章而订立的合同"无效",此效力判定需要限定与斟酌:第一,若公司予以追认,依《合同法》第 48 条第 1 款(暨《民法典》第 171 条第 1 款)反面解释,"对被代理人发生效力"。伪造人承担刑事责任与公司承受合同效果并不冲突,故无《合同法》第 52 条第 5 项转介余地。第二,即便公司拒绝追认,亦未必意味着合同"无效"。《合同法》第 48 条第 1 款(暨《民法典》第 171 条第 1 款)所称"对被代理人不发生效力"不必然得出合同"无效"的结论,结合"由行为人承担责任"之规定,行为人可能承担合同有效的履行责任(恶意无权代理),也可能承担无效的信赖利益损害赔偿责任(善意无权代理)。[71]

6. 小结

74 司法解释确立的效力性与管理性强制性规定二分格局得到广泛运用。很遗憾,检索结果表明,个案裁判的情况并不比司法解释本身更令人满意。除少量确属纯粹秩序型管理性强制性规定的适用外(边码 65),其余大多数司法裁判均在二分格局的引导下误入找法歧途。裁判失当的比例如此之高,恐怕不能简单归咎于承审法官的专业素养。

75 虽然《民商事合同指导意见》强调,违反管理性强制性规定的合同是"未必"无效而非有效,但二分格局一旦形成,司法裁判的两项认知倾向便几乎是无可避免:其一,不能为《合同法》第 52 条第 5 项转介因而非属效力性强制性规定者,皆为管理性强制性规定;其二,合同所违反的若是管理性强制性规定,即可据此判定合同有效。如果二分格局逻辑周延,此等认知顺理成章。问题是,效力性与管理性强制性规定固然不能涵盖所有强制规范,具管理职能的强制规范亦往往同时影响合同的有效性。二分格局在概念与逻辑上根本无法维持。实际上,当司法解释制定者一方面引入史尚宽先生效力规定与取缔规定之二分,另一方面既忽略其二分论域又擅以"管理性强制性规定"替代"取缔规定"概念时,误导裁判的隐患即

---

〔70〕 参见朱庆育:《民法总论》(第 2 版),北京大学出版社 2016 年版,第 370 页。
〔71〕 参见朱庆育:《民法总论》(第 2 版),北京大学出版社 2016 年版,第 361—362 页。

已埋下。

（四）思维进路

《民商事合同指导意见》以“管理性强制性规定”指称史尚宽先生的“取缔规定”，试图借此显示此类规范无损合同效力的原因——规范功能在于“管理”（边码30）。能够提供更多信息的表述当然更值得追求，但如果所提供的信息不仅无助于概念理解，反倒令概念用法陷入混乱，重新命名之举便值得反思。 76

在功能上，没有任何理由认为，具有管理职能的强制规范不能兼为效力规定。当强制规范为市场设置准入门槛、为合同打造生效阀门时，恰恰意味着，其“管理”意旨必须通过影响合同的有效性始克实现。为了给效力性强制性规定寻找对立概念，司法解释聚焦于“管理”，此举也许有其警怵行政权力的深意，但药不对症的治疗，于事无补甚至雪上加霜。后果是，行政权力未必得到制约，司法裁判却因此治丝益棼。 77

再者，史尚宽先生的效力规定与取缔规定均是探求“立法目的”之后的解释结果，基本思路是：若不致合同无效即无法达成立法目的，则为效力规定，否则是取缔规定。[72] 这意味着，在思维过程上，须先就强制规范的违反后果得出解释结论，方可据此判断规范性质属于效力规定抑或取缔规定。 78

当司法解释将《合同法》第52条第5项的“强制规定”限定为“效力性强制性规定”，进而以“管理性强制性规定”取代“取缔规定”为其对立概念时，所传达的信息是：只要法官能够认定强制规范具有管理职能，即可将其归入管理性强制性规定之列，同时据此否认其系效力性强制性规定。此可理解，二分格局下，为何几乎所有司法裁判的推理公式都是“某规定系管理性强制性规定，不属于效力性强制性规定，所以合同不因违反而无效”。[73] 很明显，公式的思维过程是：先就规范性质作出是否属于管理性强制性规定的判断，然后据此推出违反后果。解释结果摇身变成推理前提。

在逻辑上，一旦用以取代“取缔规定”的“管理性强制性规定”成为推理前提，其对立概念“效力性强制性规定”必作相应转化。《民商事合同指导意见》第15条“违反效力性强制性规定的，人民法院应当认定合同无效”之表述所展现的，正是这一倒果为因的法律思维：合同之所以无效，是因为违反了效力性强制性规定。但实际上，唯有致令合同无效的强制规范，才称得上是“效力性强制性规定”，因 79

---

〔72〕 参见史尚宽：《民法总论》，中国政法大学出版社2000年版，第300页。

〔73〕 四川省高级人民法院（2014）川民申字第1658号民事裁定书在注意到《商业特许经营管理条例》第23条第3款的内容系授予法定解除权的情况下，仍坚持以其属于“管理性强制性规定”为由判定“解除合同的理由不能成立”，可说是这一公式的“超值”发挥。

此,并不是合同因为违反效力性强制性规定而无效,而是某强制规定令违反者无效故称效力性强制性规定。或者更明确说,为了适用《合同法》第 52 条第 5 项,需要回答的问题是,违反何种强制规范以及基于何种理由将导致合同无效?而不是,在寻得导致合同无效的强制规范后,如何给出概念上的称谓?效力性与管理性强制性规定之分类本应是后一问题的回答,系法律解释的结果,自然无法成为法律适用时的推理前提。

（五）思维转型

80 作为学说与司法解释的成果,“效力性强制性规定”概念曾被引入《民法总则》草案条文。直到草案最后一次也即第三次审议稿,第 155 条的表述依然是:“违反法律、行政法规的效力性强制性规定或者违背公序良俗的民事法律行为无效。”但 2017 年 3 月 15 日通过的正式条文中,这一概念被删除,第 153 条亦被调整为两款,第 1 款为:“违反法律、行政法规的强制性规定的民事法律行为无效,但是该强制性规定不导致该民事法律行为无效的除外。”（边码 5）删除理由是,“审议过程中有意见认为,‘效力性强制性规定’的概念比较模糊,建议换一种更加明确的方式”。〔74〕 新规定的表述,其意义未必在于更清晰,也许更在于至少在客观上为解释路径留出开放空间。

81 二分格局经过数年司法检验与学术批评,最高人民法院对此困局终于有所认识,态度逐渐发生转变。《民法总则》生效 2 个月后,2017 年 12 月 2 日,最高人民法院民二庭举行第 7 次法官会议,讨论主题“公司对外担保合同的效力认定和效果归属”。会议形成的意见是:“公司的法定代表人、其他人员等行为人未按《公司法》第 16 条的规定以公司名义为他人提供担保,但符合《合同法》第 50 条、第 49 条的规定或者公司事后予以追认的,应认定该担保行为有效;依法不构成表见代表、表见代理或者公司不予追认的,应认定该担保合同对公司不发生效力。”〔75〕并称:“内部限制说将管理性规范和效力性规范的区分绝对化,同时,又自觉不自觉地以结果为导向暗中给原因贴标签。其实,将法律规范区分为管理性规范和效力性规范,只是部分学者的观点,即便有《合同法司法解释（二）》的认同,但在公司担保领域没有可操作性的判断标准。实践中,往往是希望认定合同条款有效时就反过来主张相关法律规范是管理性规范,希望认定为无效时则主张是效力性规范,法律逻辑不够严谨。而且,也并不是全部法律规范都能够进行这样的两分,尤

〔74〕 最高人民法院民法典贯彻实施工作领导小组主编:《中华人民共和国民法典总则编理解与适用（下）》,人民法院出版社 2020 年版,第 755 页。

〔75〕 贺小荣主编:《最高人民法院民事审判第二庭法官会议纪要——追寻裁判背后的法理》,人民法院出版社 2018 年版,第 189 页以下（引文见第 193 页）。

其是有关程序性的规定，并不能适用这样的区分标准。”[76] 将效力性与管理性强制性规定引入司法适用，分别是《合同法解释二》第 14 条与《民商事合同指导意见》第 15 条之功，称其“只是部分学者的观点”，有卸责之嫌，不过，能意识到不足，总归是进步。此系最高人民法院首次以官方姿态，通过《公司法》第 16 条适用的讨论，对效力性与管理性强制性规定二分格局作出反思。

2019 年 11 月 8 日，最高人民法院发布《九民纪要》，其中第 17 条内容为：“为 82
防止法定代表人随意代表公司为他人提供担保给公司造成损失，损害中小股东利益，《公司法》第 16 条对法定代表人的代表权进行了限制。根据该条规定，担保行为不是法定代表人所能单独决定的事项，而必须以公司股东（大）会、董事会等公司机关的决议作为授权的基础和来源。法定代表人未经授权擅自为他人提供担保的，构成越权代表，人民法院应当根据《合同法》第 50 条关于法定代表人越权代表的规定，区分订立合同时债权人是否善意分别认定合同效力：债权人善意的，合同有效；反之，合同无效。”显然，此系之前最高人民法院民二庭第 7 次法官会议立场的延续，应可理解为最高人民法院新的解释趋势。

至于违法法律行为问题，《九民纪要》第 30 条先是指出：“有的人民法院认为 83
凡是行政管理性质的强制性规定都属于‘管理性强制性规定’，不影响合同效力。这种望文生义的认定方法，应予纠正。”继而要求：“人民法院在审理合同纠纷案件时，要依据《民法总则》第 153 条第 1 款和合同法司法解释（二）第 14 条的规定慎重判断‘强制性规定’的性质，特别是要在考量强制性规定所保护的法益类型、违法行为的法律后果以及交易安全保护等因素的基础上认定其性质，并在裁判文书中充分说明理由。下列强制性规定，应当认定为‘效力性强制性规定’：强制性规定涉及金融安全、市场秩序、国家宏观政策等公序良俗的；交易标的禁止买卖的，如禁止人体器官、毒品、枪支等买卖；违反特许经营规定的，如场外配资合同；交易方式严重违法的，如违反招投标等竞争性缔约方式订立的合同；交易场所违法的，如在批准的交易场所之外进行期货交易。关于经营范围、交易时间、交易数量等行政管理性质的强制性规定，一般应当认定为‘管理性强制性规定’。”

很难说有多少法院会“认为凡是行政管理性质的强制性规定都属于‘管理性 84
强制性规定’”从而判定所涉合同有效，更常见的其实是《最高人民法院民二庭第 7 次法官会议纪要》所描述的景象——“往往是希望认定合同条款有效时就反过来主张相关法律规范是管理性规范，希望认定为无效时则主张是效力性规范”。当然，意识到“管理性强制性规定”概念易引起误解，已可称进步，虽然最高人民法

---

〔76〕 贺小荣主编：《最高人民法院民事审判第二庭法官会议纪要——追寻裁判背后的法理》，人民法院出版社 2018 年版，第 197 页。

院最终不是选择放弃这一概念,[77]而是重新作出更加名不副实的界定。新的界定传达的信息是:即使具有行政管理功能的强制性规定,亦未必属于管理性强制性规定。然则,坚持将此类规范命名为“管理性强制性规定”的意义何在?

85 不过,透过最高人民法院对其所创概念的恋旧迷雾,还是可以依稀看到《九民纪要》稍令人宽慰的思维转型。最高人民法院不再执念于“合同之所以无效,是因为违反了效力性强制性规定”这一倒果为因的思维(边码 78—79),而是稍微调整方向,通过诉诸规范意旨并作类型化的方式,认定哪些强制性规定之违反将导致法律行为无效因而属于效力性强制性规定,哪些则属于不影响合同有效性的管理性强制性规定。

四、法律禁令规范意旨之探寻

(一)导言

86 上文表明,效力性与管理性强制性规定二分格局无论在概念、逻辑还是思维进路上,均难以成立,受制于这一格局的司法裁判自然亦乏善可陈。不过,《民商事合同指导意见》第 16 条以及《九民纪要》第 30 条并非毫无意义。二者均触及判断规范性质最重要的依据——“法律法规的意旨”,即,规范性质须以规范意旨为判准。具体而言,若某项法律禁令未直接给出违反后果,在判断该规范对于合同有效性的影响时,需要回答的问题是:违反禁令的合同,若为有效,是否势将导致规范意旨落空?如果答案肯定,合同即应归于无效;否则,无妨听其有效。

87 至于二分格局本身,其实对于法官不具有任何规范上的拘束力。只要法官能够意识到,二分格局本是法律解释的结果,不能作为推理前提,司法裁判时,即可面对规范本身,通过探寻规范意旨作出解释。若解释结论是应令法律行为无效,则直接借助第 153 条第 1 款转介该强制规范作出裁判。这意味着,无论法官是否知悉“效力性强制性规定”或“管理性强制性规定”之概念,对于司法裁判的作出皆无影响。即便法官认为需要显示对于司法解释的忠诚,将其裁判纳入《合同法解释二》第 14 条的框架,得出解释结论后将此规范定性为效力性强制规范亦为已足。于是,问题的关键在于,如何探寻规范意旨?

(二)形式判别

88 法律规范必借助语词得以表述,规范意旨亦可能隐含其中。用词考究的话,

---

〔77〕 在《九民纪要》征求意见稿(第 28 条)中,效力性与管理性强制性规定概念原本未再出现,而直接诉诸规范意旨通过类型化的方式确定强制性规定对于法律行为有效性的影响。正式发布的定稿则重回二分格局,也许是因为,最高人民法院对于自己创造且行之有年的这一规范分类实在难以割舍。

语词的使用能够传达禁令性质之信息。[78] 例如最高人民法院释义书认为："凡带有'必须''禁止'这样的规范，均为强制性规定。带有'应当''不得'字样的规范通常为强制性规定，但要排除属于裁判规范、倡导性规范或半强制规范的情形。"[79]

形式的语词判别，优点在于清晰明了。但局限性亦甚明显： 89

首先，对于立法者的学术素养与立法语言的精确度要求过高，在我国不具有现实性。[80]

其次，过于强调禁令的语词标志，可能机械僵硬甚至舍本逐末，因为规范功能毕竟是通过实质的规范意旨而非外在形式体现。[81]

再次，并非所有禁止规范均包含"不得"之类的否定语词。行为是否被禁止，往往体现于法律后果。例如，《刑法》第232条第1分句规定，"故意杀人的，处死刑、无期徒刑或者十年以上有期徒刑"，虽无否定语词，但显然包含"不得杀人"之禁止规范。

最后，相同的语词在不同语境下可能对应不同的法律效果。例如，同是"应当"一词，在《民法典》中至少有七种用法：其一，为当事人确立抽象的一般性义务，违反者将面临何种后果须俟具体规范而定，如第5条、第6条、第7条、第9条、第509条；其二，为当事人确立具体明确的义务，而义务类型各有不同，违反义务的后果亦有不同，如第577条、第591条、第598条；其三，为合同（意思表示）构建成立要件，未能满足者，合同（意思表示）不能成立，如第472条；其四，为合同（意思表示）构建生效要件（Wirksamkeitsvoraussetzung），未能满足者，合同（意思表示）不能发生效力，如第481条，第502条第2款、第3款；其五，为合同构建有效条件，未能满足者，合同将因此效力障碍事由（Wirksamkeitshindernis）而处于效力瑕疵状态，如第135条；其六，为

---

〔78〕 德国法上，法律禁令主要有"不应"（soll nicht）、"不许"（darf nicht）与"不能"（kann nicht）三种表述，分别是强行规范、许可规范及授权规范之反面。违反时，法律效果各有不同。其中，违反"不应"禁令，法律行为并不因之无效；违反"不许"禁令，法律行为是否无效，取决于具体的规范意旨；违反"不能"禁令，法律行为无效。Schwab/Löhnig, Einführung in das Zivilrecht, 18. Aufl., 2010, Rn. 662. 亦见梅仲协：《民法要义》，中国政法大学出版社1998年版，第118页。

〔79〕 最高人民法院民法典贯彻实施工作领导小组主编：《中华人民共和国民法典总则编理解与适用（下）》，人民法院出版社2020年版，第772—773页。

〔80〕 最高人民法院对此亦有所承认。参见《妥善审理合同纠纷案件 维护市场正常交易秩序——最高人民法院民二庭负责人就〈关于当前形势下审理民商事合同纠纷案件若干问题的指导意见〉答记者问》，载《人民法院报》2009年7月14日，第3版。

〔81〕 即使在号称用词考究的《德国民法典》，亦存在这一问题。例如，《德国民法典》第181条称，代理人"不能"（kann…nicht）实施自我行为，若依语词，自我行为系授权规范之违反，所涉法律行为应绝对无效，但德国通说认为，如此判定有违规范意旨，解释时应作缓和。Reinhard Bork, Allgemeiner Teil des Bürgerlichen Gesetzbuchs, 4. Aufl., 2016, Rn. 1600; Brox/Walker, Allgemeiner Teil des BGB, 42. Aufl., 2018, § 26 Rn. 12; Rüthers/Stadler, Allgemeiner Teil des BGB, 18. Aufl., 2014, § 30 Rn. 56; Staudinger/Schilken (2009), § 181 Rn. 45.

当事人确立须承担的具体义务,如第 500 条、第 501 条;其七,针对裁判者作出的建议,当事人不存在违反的问题,如第 142 条。

(三)实质判别

1. 概说

90 形式判别充其量可提供初步判断,更可靠的判别准据是实质的规范意旨,即,法律禁令欲通过行为之禁止达到何种目的。[82] 需要说明的是,没有任何一种思路能够为规范意旨的探寻提供一劳永逸的操作技术,法律解释永远都是在具体的规范脉络下展开,因此,所谓判别准据,无非是法律解释中可资考虑的因素而已。

91 不同规范所要实现的具体规范意旨各有不同,无法一一列举,泛泛而称规范意旨又过于抽象,折中之下,需要借助类型化手段,以引导探寻规范意旨的方向。法律禁令,或者针对行为内容,或者针对行为本身,或者针对行为的外部环境,据此可作内容禁令(Inhaltsverbote)、实施禁令(Vornahmeverbote)与纯粹秩序规定(bloße Ordnungsvorschriften)三分。[83]

2. 内容禁令

92 内容禁令系绝对禁令(absolute Verbote)[84],禁止当事人的合意内容或所追求的法律效果之实现。[85] 例如,双方订立杀人的委任合同即属违反内容禁令之行为。违反内容禁令的法律行为无效,否则将陷于自相矛盾:一方面宣称合意内容被禁止,另一方面合意所约定的义务却应当得到履行。《九民纪要》第 30 条所列

---

〔82〕 Larenz/Wolf, Allgemeiner Teil des Bürgerlichen Rechts, 9. Aufl. , 2004, § 40 Rn. 10.

〔83〕 李宇教授批评此分析进路意在取代二分格局,“仍不过是另一种形式的以问答问而已”。参见李宇:《民法总则要义:规范释论与判解集注》,法律出版社 2017 年版,第 640 页。对此批评,笔者不敢苟同。效力性强制性规定概念试图为法律行为无效提供作为出发点的裁判依据,如此才会陷入倒果为因同义反复的循环问答:“为何法律行为无效? 是因为违反效力性强制性规定;何为效力性强制性规定? 违反致无效者即属效力性强制性规定。”三分法功能在于为探求规范意旨提供考量因素,问答方式是:“为何法律行为无效? 是因为违反内容禁令(实施禁令);为何违反内容禁令(实施禁令)的法律行为无效? 是因为法律禁止该内容实现(行为实施);为何法律禁止该内容实现(行为实施)? 是因为如果该内容实现(行为实施),将出现某某不当后果,从而导致规范意旨落空。”此问答引向具体规范意旨之探寻,与效力性强制性规定不同。实际上,只要效力性强制性规定的提问方式能指向规范意旨的探寻(如“为何法律行为无效? 是因为违反效力性强制性规定;为何违反效力性强制性规定的法律行为无效? 是因为违反此类规范如果有效,将导致规范意旨落空”),在法律规范的分类上保留这一概念亦无大碍,只不过“效力性”之称谓,因其本身显示的是行为法律效果而非行为事实构成,在探寻规范意旨方面难以提供有实质帮助的信息而已。换言之,效力性强制性规定之不可取,非在概念(分类)本身,而在概念(分类)的功能设定。

〔84〕 Rüthers/Stadler, Allgemeiner Teil des BGB, 18. Aufl. , 2014, § 26 Rn. 7 ff.

〔85〕 Reinhard Bork, Allgemeiner Teil des Bürgerlichen Gesetzbuchs, 4. Aufl. , 2016, Rn. 1093.

举的妨害金融安全、市场秩序、国家宏观政策情形及交易标的禁止买卖的情形，即属内容禁令。

内容禁令一般针对债权合同。关于物权合同，我国学说迄未达成一致意见。 93
但在内容禁令方面，采物权行为抽象原则较能实现案件的合理解决。

如果奉行抽象原则，一般情况下，内容禁令仅致负担行为无效，作为履行行为的处分行为则因目的无涉，有效性不受影响，唯利益给与人可享有不当得利法上的返还请求权。例如，以行贿为目的的赠与合同因违反《刑法》第385条以下之规定而无效，但为履行赠与合同而移转所有权的行为可有效。若行贿人本身并无过错，得请求返还；若行贿人被索贿，在构成胁迫时更可基于胁迫撤销所有权让与行为，从而以所有权人身份主张返还。当受贿人因受贿罪遭受《刑法》第383条罚金或没收财产之刑罚时，无过错的行贿人或者享有优先于没收财产刑罚的不当得利返还请求权(《刑事涉财产执行规定》第13条第1款)，或者依胁迫法撤销后主张所有物返还请求权，将这部分财产别除于受贿人财产之外，不受罚没(《刑事涉财产执行规定》第9条第1款)。唯在行贿人自身亦有过错时，其返还请求权才被排除，受贿财产可被没收。如此，主动行贿与被动遭索之区别对待，不仅体现在《刑法》第389条，亦借助物权行为的抽象原则呼应于民法领域，堪称允当。

反之，若是处分行为有因甚至否认处分行为之独立存在，则行贿的赠与合同无效使得所有权不发生变动，行贿人依然是所有权人。当受贿人被判处没收财产时，这部分财产不属于受贿人，一并没收于法无据，但如果主动行贿人有权主张返还，显然又享有不适当的法律优待。

当然，如果内容禁令不仅禁止负担行为之内容，并且拒绝由此带来的利益移 94
转，则负担行为与处分行为同归无效。此时，所有权未发生移转，处分人得以所有权人身份要求返还。例如，《易制毒化学品管理条例》第16条第2款规定，个人不得购买条例所列第1类、第2类易制毒化学品。依其规范意旨，这一规定既禁止与个人订立此类化学品的买卖合同，亦禁止个人取得所有权，因而，所涉负担行为与处分行为皆无效。

3. 实施禁令

法律禁令不针对行为内容，而是旨在禁止所实施的行为本身，谓之实施禁 95
令。[86] 史尚宽先生所谓取缔规定，在界定上与此类似：取缔规定“着重违反行为之事实行为价值，以禁止其行为为目的”。[87] 但在法律效果方面则相去甚远。史

〔86〕 Reinhard Bork, Allgemeiner Teil des Bürgerlichen Gesetzbuchs, 4. Aufl., 2016, Rn. 1094.

〔87〕 参见史尚宽：《民法总论》，中国政法大学出版社2000年版，第330页。

先生之取缔规定仅在防止其行为,而非以之无效;[88] 德国法上之实施禁令,则一般导致法律行为无效。[89] 《九民纪要》所列举的违反特许经营规定(如场外配资合同)、交易方式严重违法(如违反招投标等竞争性缔约方式订立的合同)、交易场所违法(如在批准的交易场所之外进行期货交易)可归入此列。

96 基于对法律行为效力影响的相似性,许多德国学者主张将实施禁令亦归入内容禁令,不对二者作出区分。[90] 不过,依博尔克(Reinhard Bork)之见,实施禁令与内容禁令有所不同。[91] 违反实施禁令之法律行为无效,并非因为行为内容有何不妥,而是因为此类行为将带来非正义后果。例如,销赃行为(《刑法》第 312 条)之被禁止,原因不在于双方当事人所达成的标的物移转或价金支付合意有违正义,而在于标的物系盗窃所得。再者,违反内容禁令之法律行为无效,几乎没有例外,违反实施禁令者,则存在无效的例外。[92]

97 实施禁令无效的例外,包括单方禁令与双方禁令之单方违反两种情形。[93] 其一,属于单方实施禁令者如《公司法》第 148 条第 1 款,该禁令仅以公司董事或高管为规范对象。相对人与之实施相关行为,并不因为董事或高管违反对公司的忠实义务而无效,根据该条第 2 款,唯公司对于董事或高管之所得有权归入而已。与之不同,单方内容禁令之违反如同双方内容禁令,一无例外导致合同无效,如《民法典》第 497 条第 2 项、第 3 项与《消费者权益保护法》第 26 条第 2 款、第 3 款。其二,双方实施禁令虽同时规制双方当事人,但若只是一方违反,为诚实守信之相对人利益计,合同或者有效,或者其有效性交由诚实守信之相对人决定,如善意购买人与销赃人订立的买卖合同。与之不同,内容禁令无论一方违反抑或双方违反,均令合同无效。

4. 纯粹秩序规定

98 纯粹秩序规定的规制对象是诸如时间、地点、种类、方式之类的法律行为外部环境。[94] 因其并不直接针对法律行为本身,故可称相对禁令(relative Verbote)。[95]

---

〔88〕 参见史尚宽:《民法总论》,中国政法大学出版社 2000 年版,第 330 页。

〔89〕 Reinhard Bork, Allgemeiner Teil des Bürgerlichen Gesetzbuchs, 4. Aufl., 2016, Rn. 1115.

〔90〕 Brox/Walker, Allgemeiner Teil des BGB, 42. Aufl., 2018, § 14 Rn. 6 f.; Rüthers/Stadler, Allgemeiner Teil des BGB, 18. Aufl., 2014, § 26 Rn. 7 ff.

〔91〕 Reinhard Bork, Allgemeiner Teil des Bürgerlichen Gesetzbuchs, 4. Aufl., 2016, Rn. 1094.

〔92〕 Reinhard Bork, Allgemeiner Teil des Bürgerlichen Gesetzbuchs, 4. Aufl., 2016, Rn. 1113, 1115.

〔93〕 Reinhard Bork, Allgemeiner Teil des Bürgerlichen Gesetzbuchs, 4. Aufl., 2016, Rn. 1116 ff.

〔94〕 Reinhard Bork, Allgemeiner Teil des Bürgerlichen Gesetzbuchs, 4. Aufl., 2016, Rn. 1095; Larenz/Wolf, Allgemeiner Teil des Bürgerlichen Rechts, 9. Aufl., 2004, § 40 Rn. 17; Rüthers/Stadler, Allgemeiner Teil des BGB, 18. Aufl., 2014, § 26 Rn. 4.

〔95〕 Rüthers/Stadler, Allgemeiner Teil des BGB, 18. Aufl., 2014, § 26 Rn. 4.

纯粹秩序规定只是为合同创造公平正义的秩序环境，违反者将招致行政乃至刑事处罚，合同效力却不受影响。在此法律效果的意义上，纯粹秩序规定与史尚宽先生所称“取缔规定”较为接近。例如，《娱乐场所管理条例》第28条（“每日凌晨2时至上午8时，娱乐场所不得营业”）系有关营业时间的管制规定，如有违反，娱乐场所将面临行政处罚（《娱乐场所管理条例》第48条），但在此时间段所订立的合同，有效性却不受影响。 99

司法裁判中，纯粹秩序型中的“管理性强制性规定”（边码64—65）可归入纯粹秩序规定之列。而《九民纪要》第30条所称“经营范围”，虽有《民法典》第505条“不得仅以超越经营范围确认合同无效”之规定，但不宜将其定性为纯粹秩序规定或管理性强制性规定，因为，经营范围问题并非法律行为的外部环境。如果经营范围为当事人自主择定，则超营行为的有效性准用代理规则，并不产生《民法典》第153条第1款意义上违反强制性规定的问题；若经营范围须经法定批准，则经营范围之管制属于实施禁令，未经批准的超营行为理应无效，否则管制经营范围的规范意旨将落空（边码42）。 100

五、与第153条第2款的体系关联

《民法典》第153条第2款与第1款之间的关系，一属原则适用一属规则适用。原则于规则而言具有兜底作用。这种兜底，在违反规章等规范性文件的法律适用问题上颇具特色，须专作观察。 101

自《合同法》以来，法律行为因违法而无效之“法”，即被限定于“法律”与“行政法规”，《合同法解释一》第4条更明确规定：“合同法实施以后，人民法院确认合同无效，应当以全国人大及其常委会制定的法律和国务院制定的行政法规为依据，不得以地方性法规、行政规章为依据。”由此引发法律行为违反地方性法规、行政规章等规范性文件的有效性问题。通常认识是，既然地方性法规、行政规章并非合同无效的认定依据，即意味着，违反此类规范性文件的合同，有效性不受影响。[96] 102

最高人民法院（2004）民一终字第106号判决为上述理解提供了一个典型例证。判决书称：“只有违反法律和行政法规强制性规定的合同才能被确认为无效，地方性法规和行政规章不能作为确认合同无效的依据。因此，崂山区国土局提出双方签订的《国有土地使用权出让合同》违反山东省人大常委会制定的地方性法 103

〔96〕 参见最高人民法院民法典贯彻实施工作领导小组主编：《中华人民共和国民法典总则编理解与适用（下）》，人民法院出版社2020年版，第764页；李宇：《民法总则要义：规范释论与判解集注》，法律出版社2017年版，第641—643页。

规和国土资源部制定的部门规章,应认定为无效的请求,于法无据,不予支持。"

但这不是判决书的全部。如果合同不因违反地方性法规或行政规章而无效,判决理应支持履行请求方,判令违约方履行。然而,最高人民法院(2004)民一终字第106号判决勇敢地驳回违约方的无效主张后,笔锋一转,又称:"崂山区国土局未严格执行国家有关政策通过招标拍卖挂牌方式出让本案讼争土地使用权,是造成双方签订的《国有土地使用权出让合同》无法继续履行的原因。这一政策方面的程序要求虽不导致本案所涉《国有土地使用权出让合同》无效,但却影响该合同在客观上无法继续履行,故南太公司要求判令崂山区国土局继续履行《国有土地使用权出让合同》的诉讼请求,难以支持。本案所涉《国有土地使用权出让合同》是否应当依法予以解除及其法律后果承担问题,当事人可依法另行解决。由于双方纠纷成讼以及南太公司关于继续履行合同的诉讼请求不能得到支持的根本原因,是崂山区国土局的行为造成的,崂山区国土局应当为诉讼成本付出代价,即承担本案的全部诉讼费用。"法院明知不能继续履行的原因存在于违约的崂山区国土局一方,却不责令违约方消除该违约状态,反而以此为由驳回守约方的履行请求,然后以判令崂山区承担诉讼费用的方式"罚酒三杯"。

一方面宣称仅仅违反地方性法规、行政规章的合同不因此无效,另一方面却又拒绝支持该"有效合同"的履行请求。笔者无法理解其中逻辑,更看不到最高人民法院如何通过提升无效规范等级的方式制约行政权力的恣意。最高人民法院面对地方性法规、行政规章之时尚且如此,如何能够期望其他各级法院有更好的表现?

104　实际上,早在《合同法》时代,最高人民法院(2008)民提字第61号判决曾明确表示:"在法律、行政法规没有规定,而相关行政主管部门制定的行政规章涉及社会公共利益保护的情形下,可以参照适用其规定,若违反其效力性禁止性规定,可以以违反《中华人民共和国合同法》第五十二条第(四)项的规定,以损害社会公共利益为由确认合同无效。"通过诉诸公共利益条款迂回实现无效判决,这一裁判逻辑在《民法总则》乃至《民法典》时代得到越来越顺畅的贯彻。

105　最高人民法院(2017)最高法民终529号裁定称:信托持股协议违反保监会《保险公司股权管理办法》有关禁止代持保险公司股权规定的行为,在一定程度上具有与直接违反《保险法》等法律、行政法规一样的法律后果,同时还将出现破坏国家金融管理秩序、损害包括众多保险法律关系主体在内的社会公共利益的危害后果,故依照《合同法》第52条第4项等规定,《信托持股协议》应认定为无效。相似的,最高人民法院(2017)最高法民申2454号裁定亦称:隐名代持股权违反公司上市监管规定,有些虽属部门规章,但经法律授权且不与法律冲突,属证券业监管基本要求与业内共识,对非特定投资人利益构成重要保障,亦为社会公共利益必要保障,故依《合同法》第52条第4项等规定,诉争协议应认定为无效。

这一司法立场延续至今。最高人民法院(2020)最高法民再328号判决表述得颇为细致且正义凛然:"徐某在当时已有两套住房的情况下仍借曾某之名另行买房,目的在于规避国务院和北京市的限购政策,通过投机性购房获取额外不当利益。司法对于此种行为如不加限制而任其泛滥,则无异于纵容不合理住房需求和投机性购房快速增长,鼓励不诚信的当事人通过规避国家政策红线获取不当利益,不但与司法维护社会诚信和公平正义的职责不符,而且势必导致国家房地产宏观调控政策落空,阻碍国家宏观经济政策落实,影响经济社会协调发展,损害社会公共利益和社会秩序。故徐某与曾某为规避国家限购政策签订的《房产代持协议》因违背公序良俗而应认定无效……" 106

与个案相比,《九民纪要》可称最高人民法院的一般性立场。《九民纪要》第31条规定:"违反规章一般情况下不影响合同效力,但该规章的内容涉及金融安全、市场秩序、国家宏观政策等公序良俗的,应当认定合同无效。人民法院在认定规章是否涉及公序良俗时,要在考察规范对象基础上,兼顾监管强度、交易安全保护以及社会影响等方面进行慎重考量,并在裁判文书中进行充分说理。"看起来,法院依然维持违反规章不影响合同有效性的原则性立场,同时,如果合同被认定无效,"不是因为违反了规章,而是因为违背了公序良俗"。[97] 但实际上这不过是修辞策略而已。所有地方性法规或行政规章乃至等级更低的规范性文件,只要能够获颁,管制目的均在维护金融安全、市场秩序、国家宏观政策等公共秩序。这意味着,上述个案的裁判理由,其实适用于任何一个规范性文件的违反。换言之,只要法官愿意,所有违反低于行政法规的法律行为,均可通过公序良俗条款认定无效。 107

此亦印证,提高合同无效依据的法源位阶,如前文所述,既非问题的有效解决之道,亦非正确的解决路径(边码17—20)。想象中的制约行政权力固然无法实现,更增加司法权力的制约问题。在法律适用的逻辑上,还至少引发两个疑问:第一,如此借道公序良俗条款,是否存在向一般条款逃避之嫌?第二,当《民法典》第153条第1款传达法律行为有效性不受低于行政法规的规范性文件影响时,再以第2款认定无效,是否存在评价矛盾?是否为市场交易制造暗礁? 108

六、法律效果

《民法典》第153条第1款所称无效,系第155条之"自始没有法律约束力"。 109

---

〔97〕 参见最高人民法院民法典贯彻实施工作领导小组主编:《中华人民共和国民法典总则编理解与适用(下)》,人民法院出版社2020年版,第764页。

一方面,违反法律禁令的法律行为自实施之初即无效;另一方面,“自始没有法律约束力”也意味着,此无效系确定无效,非悬而未决的无效(效力待定)。同时,该无效在当事人自治领域之外(边码1),法官可依职权判定,无待当事人主张,属于当然无效。

此亦表明,若所涉法律行为并非当然确定无效,而是其他效力瑕疵如可撤销、效力待定,则无第153条第1款之适用余地,所涉强制规范亦无讨论是否属于“效力性强制性规定”之必要(边码27)。

110 合同亦可能仅部分违反法律禁令,此时,依《民法典》第156条规定,“不影响其他部分效力的,其他部分仍然有效”。部分无效而不影响法律行为整体有效的情形大致有两种:

其一,无效部分不重要。如果无效部分对于行为整体不重要,则不应影响其他部分的有效性。例如,双方当事人订立房屋租赁合同,同时为承租人设定具有绝对效力(物权效力)的先买权。物权效力的先买权因违反《民法典》第116条物权法定主义而无效,但先买权设立与否对租赁合同之成立不重要——除非承租人以拥有物权效力的先买权为承租前提,此无效并不影响租赁合同本身的有效性。

其二,无效部分具有独立性。若无效部分具有独立性,无论是否重要,均不影响合同其余部分的效力。无效部分的独立性往往是推断当事人意思的结果。例如,《民法典》第507条规定,合同无效不影响独立存在之争议解决条款的有效性,反之,争议解决条款若无效,亦不影响合同整体之有效性。争议解决条款无关乎合同实质内容,认可其独立性较符合一般理性人之交易观念。再如,《民法典》第705条第1款规定,超过20年的租赁合同,超过部分无效。之所以仅仅是“超过部分无效”,原因在于,一般理性人订立期限如此之长的租赁合同,不至于采“全租或不租”之极端立场。

111 原则上,违反法律禁令之合同于任何人而言均属无效(绝对无效)。如果某一法律禁令仅为保护特定人而设,则违反该禁令之合同对该特定人无效即为已足(相对无效),而不必令其绝对无效。例如,《民法典》第221条第1款后句规定:“预告登记后,未经预告登记的权利人同意,处分该不动产的,不发生物权效力。”此“不发生物权效力”,应解释为对预告登记的权利人不发生物权效力,即相对无效。

112 债务合同无效,未履行的合同不必履行,已履行的合同负返还义务或赔偿义务(《民法典》第157条);物权合同无效,让与人得以物权人身份请求返还(《民法典》第235条)。

七、举证责任

由主张法律行为因违反法律禁令而无效者负责举证。法官发现此无效事由时，亦可依职权认定合同无效。 113

在部分无效情形，证明合同因违反法律禁令而无效之后，举证责任归于主张法律行为"其他部分仍然有效"之人，证明内容则是无效部分"不影响其他部分的效力"。 114

附：案例索引

1. 安徽省福利彩票发行中心与北京德法利科技发展有限责任公司营销协议纠纷案，最高人民法院(2008)民提字第61号民事判决书，载《最高人民法院公报》2009年第9期【边码104】

2. 北京市第二中级人民法院(2007)二中民终字第13692号民事判决书：李某兰与马某涛买卖合同纠纷案【边码2】

3. 北京市第二中级人民法院(2011)二中民终字第02520号民事判决书：于某明等与北京市怀柔区怀柔镇南关村村委会土地租赁合同纠纷案【边码38、54】

4. 北京市通州区人民法院(2007)通民初字第1031号民事判决书：马某涛与李某兰买卖合同纠纷案【边码2】

5. 陈允斗与宽甸满族自治县虎山镇老边墙村民委员会采矿权转让合同纠纷案，最高人民法院(2011)民提字第81号民事判决书，载《最高人民法院公报》2012年第3期【边码44】

6. 重庆市高级人民法院(2011)渝高法民终字第60号民事判决书：贾某斌与重庆刘一手餐饮管理有限公司等特许经营合同纠纷案【边码65】

7. 重庆市高级人民法院(2014)渝高法民申字第00266号民事裁定书：王某五等与傅某贤等房屋买卖合同纠纷案【边码56】

8. 福建省厦门市中级人民法院(2004)厦民终字第696号民事判决书：厦门升汇国际贸易控股有限公司与厦门奔马实业总公司企业出售合同纠纷案【边码15】

9. 广东省高级人民法院(2010)粤高法民三终字第258号民事判决书：江门市蓬江区凤鸣餐饮管理有限公司与邓某浩特许经营合同纠纷案【边码65】

10. 广东省高级人民法院(2012)粤高法民二终字第19号民事判决书：中国信达资产管理股份有限公司深圳市分公司与江西省翠林山庄有限公司等借款合同纠纷案【边码48、49】

11. 广西壮族自治区高级人民法院(2012)桂民三终字第10号民事判决书：伍某贤与柳州地下铁饮食管理有限公司特许经营合同纠纷案【边码65】

12. 桂馨源公司诉全威公司等土地使用权转让合同纠纷案，最高人民法院(2004)民一终字第46号民事判决书，载《最高人民法院公报》2005年第7期【边码56、57、60】

13. 海南康力元药业有限公司、海南通用康力制药有限公司与海口奇力制药股份有限公司技术转让合同纠纷案，最高人民法院（2011）民提字第 307 号民事判决书，载《最高人民法院公报》2013 年第 2 期【边码 13】

14. 河南省高级人民法院（2011）豫法民申字第 01613 号民事裁定书：陈某峰与朱某峰房屋买卖合同纠纷案【边码 56】

15. 河南省高级人民法院（2012）豫法立二民申字第 01699 号民事裁定书：桑某平与李某林等房屋买卖合同纠纷案【边码 56】

16. 河南省高级人民法院（2013）豫法立二民申字第 00525 号民事裁定书：许某金与郑某等物权保护纠纷案【边码 56】

17. 河南省高级人民法院（2013）豫法立二民申字第 00535 号民事裁定书：曹某辉与顾某超等房屋买卖合同纠纷案【边码 56】

18. 河南省高级人民法院（2013）豫法立二民申字第 00691 号民事裁定书：灵宝市金宝典当有限责任公司与徐某生等所有权确认纠纷案【边码 56】

19. 河南省高级人民法院（2014）豫法立二民申字第 00612 号民事裁定书：马某道与洛阳市瀍河回族区瀍河回族乡人民政府等确认合同无效纠纷案【边码 63】

20. 河南省南召县人民法院（2008）南召民商初字第 84 号民事判决书：李某永与南阳市地方海事局房屋买卖合同纠纷案【边码 15】

21. 河南省新郑市人民法院（2021）豫 0184 民初 1487 号民事判决书：郑某业与河南锦源建设有限公司等劳务合同纠纷案【边码 10】

22. 河南省郑州市中级人民法院（2010）郑民三终字第 912 号民事判决书：郑州市中原区人民政府与郑州市威仁实业有限公司合同纠纷案【边码 56、59】

23. 湖北省高级人民法院（2015）鄂民三终字第 00180 号民事判决书：苏某与武汉中醇化汽车新能源有限公司特许经营合同纠纷案【边码 65】

24. 湖北省荆州市中级人民法院（2015）鄂荆州中民三终字第 00114 号民事判决书：松滋市宜食水稻种植专业合作社与松滋市金穗种子有限公司买卖合同纠纷案【边码 65】

25. 湖南省高级人民法院（2014）湘高法民一终字第 4 号民事判决书：株洲政成电子科技有限公司与吴某华等民间借贷纠纷案【边码 48、50】

26. 湖南省高级人民法院（2015）湘高法民一终字第 269 号民事判决书：张某与湖南定王投资股份有限公司等民间借贷纠纷案【边码 48、50】

27. 吉林省高级人民法院（2014）吉民二终字第 65 号民事判决书：本溪市亚泰海绵铁炉料有限责任公司与吉林省杉松岗矿业集团靖宇天宇海绵铁有限公司租赁合同纠纷案【边码 65】

28. 吉林省高级人民法院（2014）吉民申字第 851 号民事裁定书：张某石与洮南市瓦房镇林海村伞某吉等农业承包合同纠纷案【边码 54】

29. 吉林省高级人民法院（2015）吉民申字第 571 号民事裁定书：赵某平与四平市五鑫储运有限公司租赁合同纠纷案【边码 56】

30. 江苏省高级人民法院（2014）苏商终字第 00532 号民事判决书：淮安市华海房地产开发有限公司与淮安市大成建筑有限公司土地使用权转让合同纠纷案【边码 56】

31. 江苏省高级人民法院（2015）苏审二民申字第 00020 号民事裁定书：何某平与丁某银

确认合同无效纠纷案【边码 66】

32. 江苏省南京市中级人民法院(2008)宁民四终字第 2617 号民事判决书:福溢工艺(南京)有限公司与南京赛特欧运输设备制造有限公司房屋买卖合同纠纷案【边码 56、58】

33. 江苏省苏州市金阊区人民法院(2002)金民二初字第 097 号民事判决书:苏州市金三角家具商场与苏州工业园区清源环保运营工程有限公司等股权转让纠纷案【边码 15】

34. 江苏省苏州市中级人民法院(2002)苏中民二终字第 348 号民事判决书:张某弟与苏州市金三角家具商场等股权转让纠纷案【边码 15】

35. 江苏省徐州市中级人民中院(2013)徐民终字第 293 号民事判决书:张某民与原沛县安国乡张双楼村民委员会民间借贷纠纷案【边码 37、38、54】

36. 崂山国土局与南太置业公司国有土地使用权出让合同纠纷案,最高人民法院(2004)民一终字第 106 号民事判决书,载《最高人民法院公报》2007 年第 3 期【边码 13、103】

37. 辽宁省高级人民法院(2013)辽审一民抗字第 9 号民事判决书:锦州健尔山泉饮用水厂等与康某秋确认合同效力纠纷案【边码 43】

38. 梅州市梅江区农村信用合作联社江南信用社诉罗苑玲储蓄合同纠纷案,广东省梅州市中级人民法院(2009)梅中法民二终字第 75 号民事判决书,载《最高人民法院公报》2011 年第 1 期【边码 31】

39. 齐河环盾钢结构有限公司与济南永君物资有限责任公司建设工程施工合同纠纷案,最高人民法院(2011)民提字第 104 号民事判决书,载《最高人民法院公报》2012 年第 9 期【边码 44】

40. 山西省高级人民法院(2014)晋民终字第 62 号民事判决书:山西汾西新峪煤业有限责任公司与中泽建工集团有限责任公司建设工程合同纠纷案【边码 15】

41. 上海市第一中级人民法院(2008)沪一中民二(民)终字第 1062 号民事判决书:上海赛强铸造材料有限公司与上海桥仙装潢材料有限公司租赁合同纠纷案【边码 43】

42. 上海市第一中级人民法院(2011)沪一中民六(商)终字第 115 号民事判决书:上海联合典当行有限公司与艾某路典当纠纷案【边码 43】

43. 上海市松江区人民法院(2007)松民三(民)初字第 1566 号民事判决书:上海赛强铸造材料有限公司与上海桥仙装潢材料有限公司租赁合同纠纷案【边码 43】

44. 四川省高级人民法院(2014)川民申字第 1658 号民事裁定书:黄某晚与成都艾玛企业管理有限公司等特许经营合同纠纷案【边码 78】

45. 吴国军诉陈晓富、王克祥及德清县中建房地产开发有限公司民间借贷、担保合同纠纷案,浙江省湖州市中级人民法院(2009)浙湖商终字第 276 号民事判决书,载《最高人民法院公报》2011 年第 11 期【边码 69】

46. 西安市商业银行与健桥证券股份有限公司、西部信用担保有限公司借款担保合同纠纷案,最高人民法院(2005)民二终字第 150 号民事判决书,载《最高人民法院公报》2006 年第 9 期【边码 13】

47. 西藏自治区高级人民法院(2015)藏法民申字第 31 号民事裁定书:邹某权与四川竞拓矿业投资有限公司等确认合同无效纠纷案【边码 72】

48. 招商银行股份有限公司大连东港支行与大连振邦氟涂料股份有限公司、大连振邦集团有限公司借款合同纠纷案,最高人民法院(2012)民提字第156号民事判决书,载《最高人民法院公报》2015年第2期【边码31、32、48、50、51】

49. 浙江省高级人民法院(2015)浙商外终字第12号民事判决书:温州市玖玖旅馆管理有限公司与温州市大富林精品酒店有限公司等债权转让合同纠纷案【边码48】

50. 中建材集团进出口公司诉北京大地恒通经贸有限公司、北京天元盛唐投资有限公司、天宝盛世科技发展(北京)有限公司、江苏银大科技有限公司、四川宜宾俄欧工程发展有限公司进出口代理合同纠纷案,北京市高级人民法院(2009)高民终字第1730号民事判决书,载《最高人民法院公报》2011年第2期【边码51】

51. 最高人民法院(2006)民一终字第26号民事判决书:河南花园置业有限公司与河南鑫苑置业有限公司土地使用权转让合同纠纷案【边码56、57、60】

52. 最高人民法院(2015)民申字第1684号民事裁定书:六安市创新小额贷款股份有限公司与许某群等民间借贷合同纠纷案【边码31】

53. 最高人民法院(2017)最高法民申2454号民事裁定书:杨某国与林某坤等股权转让纠纷案【边码105】

54. 最高人民法院(2017)最高法民终529号民事裁定书:福建伟杰投资有限公司与福州天策实业有限公司等营业信托纠纷案【边码105】

55. 最高人民法院(2020)最高法民再328号民事判决书:辽宁中集哈深冷气体液化设备有限公司与徐某欣等案外人执行异议之诉案【边码106】

第158条、第159条

附条件法律行为*

第158条　民事法律行为可以附条件，但是根据其性质不得附条件的除外。附生效条件的民事法律行为，自条件成就时生效。附解除条件的民事法律行为，自条件成就时失效。

第159条　附条件的民事法律行为，当事人为自己的利益不正当地阻止条件成就的，视为条件已经成就；不正当地促成条件成就的，视为条件不成就。

简　目

* 本文系基于《〈合同法〉第45条(附条件合同)评注》(载《法学家》2018年第5期，第170—191页)一文修订而成。

一、规范意旨

1 私法自治为民法之灵魂，而法律行为又为实现私法自治的一般工具。[1] 基于私法自治理念，当事人对于依其意志作出的法律行为何时发生私法上的效果，原则上可以自主掌控。条件，与期限一道，是民事主体控制法律行为效力发生或者消灭的任意手段。民事主体在实施法律行为时，享有将法律行为的生效或者失效系诸将来不确定的事实的自由。《民法典》第 158 条即旨在肯认民事主体的这一自由。[2]

2 在未决期间，当事人应当遵循诚实信用原则，相互尊重条件成就或者不成就的不确定状态，负有不借实施不正当行为使条件偏离自然前行轨道的义务。[3]《民法典》第 159 条规定的条件成就与否的拟制规则，即意在规范此类背信行为。

3 需要指出的是，与期限一样，作为附款的条件，乃当事人意思表示的一部分，属法律行为的内容，而非民事主体在法律行为之外另行实施的行为。

二、条件的属性

4 除章节标题外，“条件”一词在《民法典》的条文中共出现 49 次，除第 158 条、第 159 条外，还分别出现在第 32、47、58、88、90、92、143、243、277、305、306、472、473、491、533、568、627、642、724、726、734、791、794、805、815、847、859、860、882、885、906、1035、1098、1130 条。

5 这些条文规定的“条件”，有的表达的是法律关系的内容的含义，有的表达的是要件的含义，有的表达是状态的含义。此等所谓的“条件”，与法律行为的生效或者失效无直接关系。[4] 作为合同等法律行为附款的条件，诚如最高人民法院（2015）民再字第 1 号民事判决书所称，“是指决定民事法律关系的效力产生和消灭的不确定的事实。双方当事人在合同中约定的一方应履行的合同义务，不能成

---

〔1〕 关于私法自治与民法规范及法律行为的关系，参见朱庆育：《私法自治与民法规范》，载《中外法学》2012 年第 3 期，第 476 页以下。

〔2〕 在合同领域，王利明教授正确地指出：“合同中附条件的主要作用在于，可以把当事人的动机反映到合同中，使其具有法律的意义。”参见王利明、房绍坤、王轶：《合同法》（第 3 版），中国人民大学出版社 2009 年版，第 118 页（王利明执笔）。类似观点，参见董安生：《民事法律行为》，中国人民大学出版社 2002 年版，第 160 页。关于条件功能的讨论，还可参见袁治杰：《法律行为的条件理论》，载陈小君主编：《私法研究》（第 8 卷），法律出版社 2010 年版，第 42—43 页。

〔3〕 关于诚实信用原则在私法中的地位，近期的讨论可参见徐化耿：《论私法中的信任机制》，载《法学家》2017 年第 4 期，第 30—43 页。

〔4〕 若合同当事人在合同中将“签字盖章”表述为合同的“生效”条件，则该条款实质上是对合同成立的约定。参见上海市高级人民法院（2004）沪高民二（商）终字第 146 号民事判决书。

为法律上的条件”。

6 按照《合同法》第 93 条的规定，当事人可以约定解除合同的“条件”。但是，此类“条件”成就的法律效果乃一方当事人取得解除权。解除权是一种形成权，必须通过以需受领的意思表示为要素的单方法律行为行使。[5] 这与作为附款的“解除条件”成就后，法律行为自动失效大异其趣，不可不辨。此种观点亦得到了相关裁判的贯彻。例如，浙江省安吉县人民法院(2015)湖安商初字第 367 号民事判决书谓：“附解除条件的合同所附的‘条件’应是指将来发生与否不确定的事实，当解除条件成就时，无须任何一方主张解除权，该合同即自动且当然地失效；而约定解除权的合同中所约定的解除条件是否成就，只关乎当事人的解除权是否发生，而合同是否解除取决于解除权人是否行使该权利。”[6]《民法典》第 562 条规定，当事人可以约定一方解除合同的“事由”，而不再像《合同法》第 93 条那样也使用“条件”，以免造成混淆，可以说是立法语言上的一个不小进步。

7 在《民法典》使用“条件”一词的诸条文中，只有第 158 条、第 159 条和第 568 条规定的“条件”，与期限一道，扮演着法律行为效力自治工具的重要角色。

8 作为附款的条件，具有意定性、未来性、或然性和合法性的特征。对于这些特征，兹述如下：

(一)条件的意定性

9 《民法典》第 158 条规定的条件乃私法主体自由意志的表达，故真正的条件仅限意定条件(*condicio facti*)，而不包括法定条件(*condicio iuris*)。[7]

10 在附条件法律行为中，条件作为法律行为内容的一部分，亦须通过当事人意思表示而附加。例如，在合同领域，倘若合同双方当事人未就条件之附加达成合意，则不存在意定条件。[8]

11 至于法律行为所附的法定条件，是法律直接为某些已经成立的法律行为设置的特别生效要件。它们不是当事人自由决定的结果，而是法律为了追求特定目

---

〔5〕 参见王洪亮：《债法总论》，北京大学出版社 2016 年版，第 355 页；韩世远：《合同法总论》，法律出版社 2011 年版，第 521 页；崔建远、吴光荣：《我国合同法上解除权的行使规则》，载《法律适用》2009 年第 11 期，第 14—18 页。

〔6〕 该案二审浙江省湖州市中级人民法院(2015)浙湖商终字第 393 号民事判决书亦谓：“协议书约定了如中昌集团公司、倪席平违反合同有关条款，则该协议自动失效，双方也没有约定合同失效后，合同第一、二、三条已经履行后的处理方式，故从合同条款的文义解释来看应属《合同法》第四十五条规定的合同解除条件条款，对于合同失效后，也即有关法律行为失去效力后，一般是指对将来要发生行为失去效力，并不影响此前相关行为的效力，已经履行的合同仍应确认合法有效。”

〔7〕 参见谢怀栻：《民法总则讲要》，北京大学出版社 2007 年版，第 145 页以下。

〔8〕 参见最高人民法院(2015)民申字第 3109 号民事裁定书。

的，对法律行为生效的直接控制。例如，依《民法典》第502条的规定，某些合同如果法律、行政法规规定须办理批准等手续方可生效，则此时公权力部门的批准等行政手段，即为法定条件。再如，倘若认同物权行为的概念及规则，[9]根据《民法典》第209条第1款的规定，登记就是不动产物权行为生效的法定条件。质言之，通过物权行为变动不动产物权的，当事人没有办理登记，原则上便不发生不动产物权变动的效力。此等效力与当事人是否对登记作了约定无关：无约定，亦产生不登记即不发生物权变动的效力；有约定，也不过是对该法定条件的重述而已。例如，最高人民法院（2004）民一终字第106号民事判决书的"裁判摘要"之（一）称："根据《中华人民共和国合同法》第四十五条规定，当事人对合同的效力约定所附条件，是指在合同中特别约定一定的条件，以条件成就与否作为合同效力发生的根据。该条件必须是将来发生的、不确定的、约定的、合法的事实。政府机关对有关事项或者合同审批或者批准的权限和职责，源于法律和行政法规的规定，不属于当事人约定的范畴。当事人将上述权限和职责约定为合同所附条件，不符合法律规定。"因此，该判决书称："根据合同法规定精神，当事人在订立合同时，将法定的审批权或者批准权作为合同生效条件的，视为没有附条件。将法律未规定为政府机关职责范围的审批权或者批准权作为包括合同在内的民事法律行为生效条件的，同样视为没有附条件，所附的'条件'不产生限制合同效力的法律效果。"[10]

12 当然，如果当事人为了一方的利益，通过明示或者默示的形式，将法定条件在某一期限之内成就或者不成就约定为条件，则该法定条件便成为了意定条件中的事实；相应地，此种情况下，《民法典》第158条的规则就应当得以全面适用。

13 关于法定条件与意定条件的关系，存在"统一说"与"区别说"两种观点。前者认为，无论是法定条件还是意定条件，都是对法律行为效力的外部控制，故而"条件"是它们的共同上位概念。[11] 后者认为，它们名虽相似，其实各异。[12] 第

---

〔9〕 田士永教授认为《物权法》既体现了分离原则，又体现了抽象原则。因此，在他看来，物权行为是为我国实证法认可的法律概念。参见田士永：《〈物权法〉中物权行为理论之辨析》，载《法学》2008年第12期，第98页。

〔10〕 有学者指出，该判决说理存在瑕疵，因为将不属于法定职责的审批或者批准约定为条件，并非合法与否的问题，而是因该条件在法律上不可能成就，故属于不能条件，应与未附条件同，不影响合同的效力。参见李宇：《民法总则要义：规范释论与判解集注》，法律出版社2017年版，第752—753页。

〔11〕 A. Falzea, *La condizione e gli elementi dell'atto giuridico*, Giuffrè editore, Milano, 1941, pp. 94 ss.

〔12〕 德国学者一般严格区分法定条件和意定条件两个概念。如拉伦茨认为，法定条件是法律行为的生效要件，取决于法律的直接规定，而不是当事人的自主决定；法定条件与意定条件在成否尚不确定时，当事人之间的法律关系具有相似性。参见［德］卡尔·拉伦茨：《德国民法通论（下册）》，王晓晔等译，法律出版社2003年版，第688页。意大利法上的讨论，参见 P. Rescigno, *Condizione* (*diritto vigente*), in *Enciclopedia del diritto*, VIII, Giuffrè editore, Milano, 1961, p. 768. Barbero 教授认为，就不同的法定条件建立一套统一的理论尚且不能，况论在意定条件和法定条件之上构建一般的条件概念。D. Barbero, *Contributo alla teoria della condizione*, Giuffrè editore, Milano, 1937, p. 67.

二种学说，无论在我国[13]还是在外国，[14]均取得了绝对通说的地位。

14 尽管法定条件不是真正的条件，但是它也与意定条件一样，构成了法律行为生效或者失效的外部控制。[15] 例如，合同成立后，无论是法定条件还是意定条件的生效条件，在条件成就前，合同虽然均未生效，但都产生了对当事人的拘束力。因此，在法律没有对具体的法定条件作出规定时，便有类推适用意定条件规则的可能。即，在不与具体的法定条件规范意旨相冲突的前提下，若具备类推适用所要求的实质相似性，则裁判者应实施此项作业。[16] 当然，由于法定条件毕竟不是真正的条件，故不可能全面类推适用后者的规范，否则将彻底消弭二者之间的界线。

15 在法定条件成就与否尚不确定的未决期间，类比合同附有意定生效条件的情形，当事人也要受到合同的约束，不得任意解除已经订立的合同。[17] 此外，任何一方均须依诚实信用原则行事，尊重对方当事人享有的期待权，[18]以防止将来完整权利的享有者遭受不当侵害。

16 合同一方当事人为了自己的利益不正当阻止法定条件成就时，能否类推适用《民法典》第 159 条的规则，我国大陆学者少有论及。意大利有学者认为，由于法定条件的设置一般旨在维护公共利益，故不得准用意定条件拟制成就的规则。但

〔13〕 参见王利明、崔建远：《合同法新论 · 总则》（修订版），中国政法大学出版社 2000 年版，第 253—254 页（王利明执笔）；魏振瀛主编：《民法》，北京大学出版社、高等教育出版社 2000 年版，第 155—156 页（李仁玉执笔）；张俊浩主编：《民法学原理》（第 3 版），中国政法大学出版社 2000 年版，第 265 页（张俊浩执笔）；马俊驹、余延满：《民法原论》（第 4 版），法律出版社 2010 年版，第 199 页（马俊驹执笔）；李锡鹤：《民法原理论稿》（第 2 版），法律出版社 2012 年版，第 810 页。

〔14〕 参见［德］迪特尔 · 梅迪库斯：《德国民法总论》，邵建东译，法律出版社 2001 年版，第 628—629 页；［德］维尔纳 · 弗卢梅：《法律行为论》，迟颖译，法律出版社 2013 年版，第 812—813 页；C. M. Bianca, *Diritto civile*, vol. 3, *il contratto*, seconda edizione, Giuffrè editore, Milano, 2000, pp. 561-562; E. Betti, *Teoria generale del negozio giuridico*, Edizioni Sciendifiche Italiane, Napoli, 2002, p. 508.

〔15〕 R. Sacco 和 G. De Nova 两位教授认为，法定条件这一概念的产生原因主要有三：其一，它可以为法律行为完成后，而法律规定的特定事实发生或者不发生前当事人所负的义务，提供正当性说明；其二，它亦可以为某些情况下，将法律行为的效力溯及至法律规定的特定事实发生前的某一时刻，提供正当性说明；其三，它使得法律行为的概念更为纯净，仅仅用来指称私法主体在意志支配下的行为，即以意思表示为要素的行为，而将其与法律直接规定的事实区分开来，尽管在二者均存在时，意思表示只是法律行为生效的两大要件之一。R. Sacco e G. De Nova, *Obbligazioni e contratti*, tomo secondo, in *Trattato di diritto civile*, diretto da P. Rescigno, vol. 10, UTET, Torino, 2002, p. 428.

〔16〕 S. Maiorca, *Condizione*, in *Digesto delle discipline privatistiche*, sezione civile, III, UTET, Torino, 1988, p. 333.

〔17〕 C. M. Bianca, *Diritto civile*, vol. 3, *il contratto*, seconda edizione, Giuffrè editore, Milano, 2000, p. 563.

〔18〕 意大利学者的相关讨论，参见 D. Carusi, *Condizione e termini*, in *Trattato del contratto*, diretto da V. Roppo, III, *effetti*, a cura di M. Costanza, Giuffrè editore, Milano, 2006, p. 288.

也有认为,如果法定条件成就对己不利的一方,不当阻止条件的成就,则合同同样生效,只是法定条件的不成就将导致可归责于不当行为一方的履行不能,进而另一方可以行使法定解除权,并有权要求赔偿损失。[19] 管见以为,应以前说为是。然而,当事人如有故意或者过失之义务违反,依诚实信用原则,应负损害赔偿之责。[20]

(二)条件的未来性

17 《民法典》第 158 条规定的条件,其发生与否存于未来。中国法的这一规则有其罗马法渊源。罗马法已有现在或者过去的事实不能作为真正条件的清晰规则。例如,在《学说汇纂》D. 12,1,37 中,帕比尼安有言:"一旦约定以现在的事情为条件,则要式口约的效力不延缓;如果作为条件的这个事情是真实的,那么,要式口约产生债的效力,尽管契约当事人不知道该条件已经成就;比如这样的例子:'如果波斯人的王活着,你答应给我 100 币吗?'应该说,若约定以过去的事情为条件,也适用同样的规则。"[21]

18 现实中,当事人可能将发生与否业已确定的事实设定为条件,但当事人对此确定性毫不知情或者尚不确信。此类条件乃不真正条件的一种,学理上称之为既成条件(*condicio praesens*)。[22] 这种条件虽然在客观上不具有不确定性,但是由于当事人对其成就与否并不知情,所以不妨认为在主观意义上具有不确定性。然而,无论如何,应当认为此种条件对应的事实存在于过去,而非指向未来。[23]

19 对于既成条件,要关注的不是未来是否成就,而是未来对业已确定的成就与否的事后查实。[24] 正是基于该原因,有学者反对将有关条件的规定类推适用于既成条件。[25] 然而这种观点未免走得太远,因为不论当事人选择设定的是真正

---

〔19〕 C. M. Bianca, *Diritto civile*, vol. 3, *il contratto*, seconda edizione, Giuffrè editore, Milano, 2000, p. 563.

〔20〕 参见史尚宽:《民法总论》,中国政法大学出版社 2000 年版,第 490 页。

〔21〕 参见[古罗马]优士丁尼:《学说汇纂》(第 12 卷),翟远见译,中国政法大学出版社 2012 年版,第 37 页。类似表述还见于优士丁尼《法学阶梯》中的片段 I. 3,15,6。

〔22〕 参见朱庆育:《民法总论》(第 2 版),北京大学出版社 2016 年版,第 127 页。我国也有学者称既成条件为"表见条件"。参见陈甦主编:《民法总则评注(下册)》,法律出版社 2017 年版,第 1110 页(郝丽燕执笔)。

〔23〕 E. Navarretta e A. Orestano (a cura di), *Dei contratti in generale*, *artt.* 1350 – 1386, in *Commentario del codice civile*, diretto da E. Gabrielli, UTET, Torino, 2011, p. 226.

〔24〕 G. Mirabelli, *Dei contratti in generale*, UTET, Torino, 1967, p. 228.

〔25〕 R. Sacco e G. De Nova, *Obbligazioni e contratti*, tomo secondo, in *Trattato di diritto civile*, diretto da P. Rescigno, vol. 10, UTET, Torino, 2002, pp. 286 ss.

的条件,还是既成条件,其目的都是将它们作为法律行为生效或者失效的控制工具。

20 以试用买卖为例,当事人当然也可以对标的物的质量或者特征进行约定。例如,某人出售马鞍,对买受人曰:“马鞍尽可拿去,若与汝马体型相符,请付价金;不符,退还可也。”对方欣然同意。此种情况下,马鞍大小是否合适,客观上早已确定,只是买卖合同双方当事人在最初交易时尚不知晓,其后需要就此查实而已。故不妨认为该交易是一个附既成条件的试用买卖,类推适用生效条件的规定。对于这一问题,1942 年《意大利民法典》第 1521 条第 1 款的规定可资借鉴:“试用买卖推定附有如下生效条件,即标的物具有约定的品质或者适于指定的用途。”〔26〕意大利民法学界通说认为,该条文中的“推定”,真正要表达的其实是“类推适用”的含义。〔27〕而按照我国《民法典》第 638 条的字面规定,试用买卖的买受人对标的物的认可完全取决于自己的自愿,而不受任何其他限制。如果当事人以明示或者默示的形式约定了与标的物品质相关的“既成条件”,仍机械地适用第 638 条的规定,对于出卖人而言,难谓公平。

21 因此,虽然传统民法将既成条件作为一种不真正条件,但由于它也是实现私法自治的合法手段,在当事人心目中也具有不确定性,与真正的条件在功能上相差无几,故可类推适用真正条件的规定,殆无疑义。〔28〕具体而言,以既定事实为生效条件的,若条件于法律行为成立时已经确定成就,则视为没有附加条件;若条件于法律行为成立时已经确定不成就,则法律行为自始无效。以既定事实为解除条件的,若条件已经确定成就,则法律行为自始无效;若条件已经确定不成就,则

〔26〕 本文所引《意大利民法典》条文,均系笔者据意大利语原文自译。

〔27〕 对于该条的讨论,参见 C. M. Bianca, *La vendita e la permuta*, in *Trattato di diritto civile*, a cura di Vassalli, UTET, Torino, 1993, p. 294 s.; D. Rubino, *La compravendita*, in *Trattato di diritto civile e commerciale*, diretto da A. Cicu e F. Messineo, Giuffrè editore, Milano, 1962, p. 416.

〔28〕 但日本民法“通说”认为,《日本民法典》第 131 条第 3 款规定的既成条件“在当事人不知道条件成就或不成就的期间,准用第 128 条及第 129 条的规定”,即准用期待权的侵害和附条件权利的处分,“是没有意义的空文”。其理由为,“既成条件的规定只能在法律行为无效与无条件之间二选一。从无效法律行为不会产生权利,不可能是‘侵害期待权’或者‘处分’等。无条件发生了权利的情形,该侵害便是权利侵害本身,并非‘期待权侵害’,其‘处分’也不可能是确定权利的处分之外的处分”。参见民法改正研究会、[日]加藤雅信:《日本民法典修正案 I 第一编 总则》,朱晔、张挺译,北京大学出版社 2017 年版,第 429 页。

视为没有附加条件。[29]

（三）条件的或然性

22 条件与期限的关键区别在于，条件的成就与否不确定，而期限终将届至或届满。北京市第三中级人民法院（2016）京 03 民初 27 号民事判决书称："前者为不确定发生之事实，后者为确定发生之事实。"[30] 倘若所谓的"条件"不具有或然性，即必定成就，如"地球照样转动"，或者必定不成就，如"地球不再转动"，则均不为《民法典》第 158 条意义上的条件。若不存在或然性，也就没有理由适用当事人因对法律行为在将来生效或者失效尚不确定，而预先自主设置的利益安排规则。[31] 此外，是否具有或然性的判断时点乃当事人作成法律行为之时；若某一条件只是后来变得定会成就或再无成就之可能，则应将之归于条件成就或者不成就的一般情形，自无须赘言。

23 以客观确定不能成就或者确定成就的事实作为所谓的条件的，应当探究当事人是否具有法效意思或者控制法律行为生效失效的意思，通过对意思表示的解释而得出法律行为之效力具体为何。

24 以客观确定不能成就的事实作为内容的条件，学理上称之为不能条件。如果当事人以不能条件作为生效条件，例如，"地球停止转动，你我房屋买卖合同生

---

〔29〕《日本民法典》第 131 条规定："（第 1 款）条件于法律行为当时既已成就时，如果其条件为停止条件，其法律行为为无条件；如果其条件为解除条件，其法律行为为无效。（第 2 款）条件不成就在法律行为当时既已得到确定时，如果其条件为停止条件，其法律行为无效；如果其条件为解除条件，其法律行为为无条件。（第 3 款）对于前两项的规定，在当事人不知道条件成就或不成就的期间，准用第 128 条及第 129 条的规定。"参见渠涛编译：《最新日本民法》，法律出版社 2006 年版，第 32—33 页。另参见史尚宽：《民法总论》，中国政法大学出版社 2000 年版，第 482—483 页；王泽鉴：《民法总则》，北京大学出版社 2009 年版，第 337 页。姚瑞光先生对此持有不同观点。姚先生认为，既成条件与条件的本质相背，不是台湾地区"民法"第 99 条所谓的条件，以之为停止条件或解除条件的，由于没有实质的条件存在，因此所为法律行为的效力与所附的"条件"无关。姚先生的结论是，以既定事实为停止条件的，仍以不考虑附加条件的一般情形确定法律行为的效力，而以既定事实为解除条件的，法律行为亦不因附有该"条件"而失却其效力。参见姚瑞光：《民法总则论》，中国政法大学出版社 2011 年版，第 268 页。管见以为，此种观点显然是过于看重条件的未来性，并将条件完全限定在"客观上"不确定的事实的结果。它切断了既成条件对真正条件的类推适用通道，忽视了当事人的意思自治，恐有不妥。梁慧星教授一概认为，附既成条件的法律行为，"与未附条件同"。参见梁慧星：《民法总论》（第 5 版），法律出版社 2017 年版，第 191 页。梁教授未区分在事实确定发生或者确定不发生的情况下，附生效条件或者解除条件的法律行为的不同效力，故其得出的结论似有商榷余地。

〔30〕 该判决书认为，系争《股权转让协议》的有关约款为我国现行法规定的附期限。对此，崔建远教授则认为，协议中的有关约定属于合同条款附条件，与期限为确定发生之事实"格格不入"。详细讨论，参见崔建远：《合同条款附条件绝非合同附期限》，载《中州学刊》2017 年第 7 期，第 44—51 页。

〔31〕 C. M. Bianca, *Diritto civile*, vol. 3, *il contratto*, seconda edizione, Giuffrè editore, Milano, 2000, p. 543.

效”,说明当事人缺乏使法律行为发生效力的真意,故整个法律行为无效。如果当事人以不能条件作为解除条件,例如,“地球停止转动,你我保管合同失效”,说明当事人无通过约定附款使法律行为失效之意思,故解除条件本身无效,法律行为发生未附加条件之效力(*vitiatur sed non vitiat*)。[32]

《民通意见》第75条曾规定,附加的条件不可能发生的,法律行为无效。按照上述分析可知,此处的“条件”当作限缩解释,仅指生效条件,而不包括解除条件。 25

以客观确定成就的事实作为内容的条件,学理上称之为必成条件。如果当事人以必成条件作为生效条件,例如,“明天地球照样转动,你我房屋买卖合同生效”,或者“北京下次下雪时,你我雨伞买卖合同生效”,意味着当事人虽积极追求法律行为的私法效果,但不欲使之在某一确定时点(如“明天”)或不确定时点(如“北京下次下雪时”)之前发生效力;又该时点(“明天”或者“北京下次下雪时”)终将到来,故此种情形下,当事人的真意应是为法律行为附加一个始期。如果当事人以必成条件作为解除条件,例如,“明天地球照样转动,你我房屋租赁合同失效”,或者“北京下次下雪时,你我雨伞借用合同失效”,意味着当事人有控制法律行为失效时点的真意;同样,该时点(“明天”或者“北京下次下雪时”)也终将到来,故此种情形下,当事人的真意应是为法律行为附加一个终期。一言以蔽之,当事人以未来必然成就的事实作为法律行为的“条件”的,应当通过意思表示的解释,适用“期限”的规则。[33] 26

由是观之,或然性乃条件区别于期限的关键所在。在法律行为的附款中,可能存在四种情形:其一,事实是否发生以及何时发生,均不确定(*incertus an* e *incertus quando*),例如,罗马法中经常举的例子“船只从亚洲驶达”;其二,事实是否发生不确定,但发生与否有具体的确定时间(*incertus an* e *certus quando*),例如,某人在某日的比赛中获胜;其三,事实确定发生,但何时发生不确定(*certus an* e *incertus quando*),例如,某人的死亡;其四,事实确定发生,且发生时间确定(*certus an* e *certus quando*),例如,明日天亮。只有前两种情形,事实的发生具有或然性,可归入条件之列;而后两种情形,事实虽因不具有或然性而不构成条件,但如果当事人有通过确定发生的事 27

---

〔32〕 参见朱庆育:《民法总论》(第2版),北京大学出版社2016年版,第132页;王泽鉴:《民法总则》,北京大学出版社2009年版,第337—338页。《意大利民法典》第1354条第2款规定:“不可能成就的条件是生效条件的,所附条件的合同无效;不可能成就的条件是解除条件的,合同视为未附条件。”详细讨论参见R. Sacco e G. De Nova, *Obbligazioni e contratti*, tomo secondo, in *Trattato di diritto civile*, diretto da P. Rescigno, vol. 10, UTET, Torino, 2002, p. 433.

〔33〕 C. M. Bianca, *Diritto civile*, vol. 3, *il contratto*, seconda edizione, Giuffrè editore, Milano, 2000, p. 543; 朱庆育:《民法总论》(第2版),北京大学出版社2016年版,第128页。

实以控制法律行为效力的意思,不妨构成法律行为的附期限。[34]

(四)条件的合法性

28 《民法通则》和《合同法》就条件的合法性均未置一词,但《民通意见》第 75 条曾规定,所附条件“违背法律规定”的,法律行为无效。根据《民法典》第 153 条的规定,不论是生效条件,还是解除条件,“违反法律、行政法规的强制性规定”或者“违背公序良俗”者,均属不法条件(*condicio turpis*)。[35] 对此,《意大利民法典》第 1354 条第 1 款的规定可作参考,即“合同附加的生效条件或者解除条件,违反强制规定、公共秩序或者善良风俗的,合同无效”。[36]

29 法律行为所附条件的“不法”,当指在作为条件的事实和法律行为的法律效果之间,存在与法律的强制性规定或者公序良俗相悖的关系。[37]

30 不法可能存在于作为条件的事实本身,例如,“你若杀死张某,房屋便出租于你”,或者,“你若使法官枉法裁判,合同自动终止”。但是,需要指出的是,仅当不法事实的发生是有利于不法行为人的法律效果产生之前提时,该事实方称得上不法条件。相反,若法律行为的不生效或者失效,是对完成不法行为人的“惩罚”,则该不法事实应当被认为是合法条件。[38]

31 还存在的一种可能是,作为条件的事实本身是合法的,但是一方希望通过条件

---

〔34〕 F. Gazzoni, *Manuale di diritto privato*, Edizioni Sciendifiche Italiane, Napoli, 2007, p. 936;王泽鉴:《民法总则》,北京大学出版社 2009 年版,第 332 页。

〔35〕 参见朱庆育:《民法总论》(第 2 版),北京大学出版社 2016 年版,第 132 页。谢怀栻先生对条件合法的理解是,所附条件“不违反法律、社会公共利益和社会主义道德”。谢老此处所谓“社会公共利益和社会主义道德”当与《民法总则》规定的“公序良俗”同义。参见谢怀栻:《民法总则讲要》,北京大学出版社 2007 年版,第 146 页。

〔36〕 我国学者李宇亦言道:“违背公序良俗的条件,学术概念上仍被归入不法条件,此种条件当然无效。”参见李宇:《民法总则要义:规范释论与判解集注》,法律出版社 2017 年版,第 753 页。

〔37〕 M. Costanza, *La condizione e gli altri elementi accidentali*, in *Trattato Rescigno – Gabrielli*, I, *I contratti in generale*, a cura di E. Gabrielli, 2, UTET, Torino, 1999, p. 833; E. Navarretta e A. Orestano (a cura di), *Dei contratti in generale*, artt. 1350 – 1386, in *Commentario del codice civile*, diretto da E. Gabrielli, UTET, Torino, 2011, p. 289.

〔38〕 C. M. Bianca, *Diritto civile*, vol. 3, *il contratto*, seconda edizione, Giuffrè editore, Milano, 2000, p. 547. 郑玉波先生认为,以不为不法行为为条件者,“此种条件表面上似属奖励守法,但实际上不为不法行为乃吾人在法律上当然应有之义务,以之为条件反足助长不法,故亦为不法条件”。参见郑玉波:《民法总则》,中国政法大学出版社 2003 年版,第 381 页。对此观点,朱庆育教授不以为然,并提出了合理质疑与有力反驳。参见朱庆育:《民法总论》(第 2 版),北京大学出版社 2016 年版,第 132 页。类似观点,参见史尚宽:《民法总论》,中国政法大学出版社 2000 年版,第 485 页;朱庆育:《私法自治与民法规范》,载《中外法学》2012 年第 3 期,第 476 页以下。严格而言,不法是对条件约款而非条件事实的性质判断。换言之,完全可能作为条件的事实不法,而条件约款合法;或者,如下文所言,条件约款不法,而作为条件的事实合法。只有倘若附加,便会导致法律行为具有反社会性甚至违法性的条件,方为不法条件。

的约定,对相对人施加不当心理压力,诱使其作出特定行为。此种情况下,一方的强制意图导致了条件约款的不法。例如,合同当事人完全可以约定,“你若开律所,我就把房子赠与给你,以作办公使用”,因为一方所追求的对另一方的此种心理影响完全是合法的。但是,当事人将一方不结婚、出家、加入某个政党等约定为合同生效或者失效条件的,此类条件当属不法,因为它们已经沦为一方控制另一方的工具,构成对一方当事人行为自由和人格利益的不当限制,有违公序良俗。〔39〕

至于附不法条件的法律效果,多数学者曾认为,乃毫无例外地导致整个法律行为的无效。〔40〕 但是新近的学说主张,对此仍应通过意思表示的解释具体判断,即假使该不法条件不存在,当事人依旧希冀法律行为发生效力,则法律行为视为未附条件。〔41〕 依余所信,条件与所附法律行为是不可分割的整体,条件因法律、行政法规的强制性规定而无效的,〔42〕除非法律为保护相对人的利益辟出例外,法律行为原则上整体无效,并无《民法典》第156条适用之余地。〔43〕 但是,倘若不法 32

〔39〕 S. Maiorca, *Condizione*, in *Digesto delle discipline privatistiche*, sezione civile, III, UTET, Torino, 1988, p. 296.

〔40〕 例如,江平主编:《民法学》(第3版),中国政法大学出版社2011年版,第142页(李永军执笔);郑玉波:《民法总则》,中国政法大学出版社2003年版,第381页;施启扬:《民法总则》(修订第8版),中国法制出版社2010年版,第263页;黄阳寿:《民法总则》(修订3版),台湾地区新学林出版股份有限公司2013年版,第314页。D. Barbero, *Condizione* (*diritto civile*), in *Novissimo digesto italiano*, III, UTET, Torino, 1959, p. 1102; P. Rescigno, *Condizione* (*diritto vigente*), in *Enciclopedia del diritto*, VIII, Giuffrè editore, Milano, 1961, p. 791.

〔41〕 梁慧星教授的观点为:“如附不法条件之条款并非法律行为之本质部分,则在除去该条件后,法律行为其余部分仍为有效。”但如何判断条件是否构成法律行为的“本质部分”,梁教授并未给出妙药良方。参见梁慧星:《民法总论》(第5版),法律出版社2017年版,第191页。意大利学者对该问题的讨论参见M. Costanza, *Condizione nel contratto*, in *Commentario Scialoja – Branca*, sub artt. 1353 – 1361 cc., 2, Zanichelli, Bologna – Roma, 1997, p. 43; G. Tatarano, *Incertezza, autonomia privata e modello condizionale*, Casa editrice Jovene, Napoli, 1976, 43 ss.

〔42〕 对如何准确适用《合同法》第52条第5项的讨论,参见朱庆育:《〈合同法〉第52条第5项评注》,载《法学家》2016年第3期,第153—174页。

〔43〕 对于整个法律行为的效力,李宇教授认为,“仍应依照法律行为部分无效规则”来认定,“纵然条件因违反效力性强制规定而无效,如其无效不影响其他部分的效力,其他部分仍然有效,而非法律行为全部无效”。参见李宇:《民法总则要义:规范释论与判解集注》,法律出版社2017年版,第753页。对此笔者并不赞同。冉克平教授认为,附不法条件的法律行为一般无效。但在特殊情况下,若单独宣告条件无效,而法律行为不具有违法性,为了保护相对人的利益,该法律行为仍有效。例如,雇主与雇员签订的以雇员怀孕为解除条件的劳动合同,即条件无效,而劳动合同有效。此观点或更为可采。参见王利明主编:《中华人民共和国民法总则详解(下册)》,中国法制出版社2017年版,第695—696页(冉克平执笔)。台湾地区姚瑞光先生之观点为:违反强制、禁止规定之违法行为,并非一概无效;条件内容,虽因不法而无效,但法律行为,未必均随同无效。参见姚瑞光:《民法总则论》,中国政法大学出版社2011年版,第269页。德国联邦劳工法院BAG 4,274号判决认为,雇佣人与女劳工签署的以违宪之单身条款为解除条件的雇佣契约,视为未附条件。转引自黄立:《民法总则》,中国政法大学出版社2002年版,第369页。

条件只是附加在法律行为部分内容之上，且通过意思表示的解释可知，该部分内容无效，不影响其他部分的效力的，则应适用《民法典》第 156 条的规定，[44] 即该部分的无效，而合同的其他部分仍然发生相应的效力。

三、条件的类型

33 意定条件尚有不同类型。现述其分类标准及区分实益如下：

（一）生效条件与解除条件

34 《合同法》第 45 条规定，当事人可以通过约定附加条件，控制合同的生效或者失效。这一规定，部分弥补了《民法通则》第 62 条只规定生效条件而未规定解除条件之弊端。[45] 至《民法总则》第 158 条明确规定法律行为的生效条件（*condicio suspensiva*，condizione sospensiva）和解除条件（*condicio resolutiva*，condizione risolutiva），可以说，我国实证法上条件制度的完整图景方得初现。《民法典》第 158 条完全承袭了《民法总则》第 158 条对条件的基本分类。

35 不论是生效条件，还是解除条件，它们都是当事人意思自治的表达，目的都是通过条件的约定，控制法律行为在时间上的效力。

36 附生效条件的法律行为，条件成就，法律行为生效。在条件成就之前，法律行为的效力处于停止状态，故生效条件又称停止条件。当事人可以对法律行为附加此类条件，以达到延缓法律行为生效时间之目的，故生效条件亦称延缓条件。

37 通过约定生效条件，当事人可以降低甚至消除在追求特定法律效果时可能遭遇的风险。例如，在买卖合同中，买受人可能由于种种原因未履行支付价款或者其他主要义务，相应地，出卖人便面临不能取得标的物价款的风险。如果双方约定，买受人履行支付价款或者其他义务，乃标的物所有权移转行为的生效条件，便可有效消除出卖人因买受人不履行主要义务而导致自己的债权得不到满足，所有

---

〔44〕《民法通则》第 60 条亦有相应的规定。

〔45〕《民通意见》中也没有对解除条件的相应规定。

权却已经发生移转的风险。[46]《民法典》第 641 条第 1 款的规定，虽稍显简陋，[47]但亦不失为一项方向正确的任意规范。

生效条件成就之前，法律行为不生效，即不产生当事人直接追求的法律效果。 38
债权合同所附生效条件成就前，当事人尚不享有完整的债权，尚不必马上履行债务。但是，这种不生效的状态只是暂时的。不生效并不意味着不具有约束力：双方当事人均已置身于合同法律关系之中，任何一方均不得任意摆脱“法锁”的束缚。[48]

既然在生效条件的未决期间，基于合同而产生的债权是否必须得到满足尚处 39
于不确定状态，所以，债权请求权的诉讼时效不开始起算。此外，在未决期间，合同当事人虽然没有取得完整的权利，但具有将来取得并实现此种权利的合理期待。对于这种产生于生效条件的期待权（aspettativa），法律当予以保护。

附解除条件的法律行为，条件成就，法律行为失效。附解除条件的法律行为， 40
在条件成就前，法律行为的法律效果已经发生。但是，该法律效果仅处于临时状态，可能会因条件的成就而消失。条件确定不成就，法律行为一直生效，如同自始未曾附加条件。条件成就，法律行为失效，当事人之间的法律关系回复至法律行为实施之前的状态。[49]

另外，如前文所述，《民法典》第 158 条规定的解除条件与第 562 条规定的约 41
定解除合同的事由不同。当约定解除合同的事由发生时，享有解除权的当事人尚须通过单方意思表示解除合同；而解除条件成就时，合同自动失效，无须当事人为

---

〔46〕 在所有权保留买卖中，买受人履行支付价款或者其他义务，是所有权移转的条件。但是，此生效条件，并不是附加在作为债权契约的买卖合同之上，而是附加在旨在移转所有权的物权合同之上。参见朱庆育：《民法总论》（第 2 版），北京大学出版社 2016 年版，第 171 页。梁慧星教授认为，中国物权法不采物权行为独立性及无因性理论，买卖合同是“负担行为与处分行为合为一体”的一类债权行为，因此，在他看来，“‘附条件买卖’所附的‘条件’仅决定标的物所有权的移转，而不决定法律行为（买卖）效力之发生与消灭”，“与此所谓附条件法律行为不同”。参见梁慧星：《民法总论》（第 5 版），法律出版社 2017 年版，第 170、189 页。分离原则和抽象原则是否得到了我国实证法的一般认可，殊难回答，不同学者莫衷一是。然采肯定说，更有利于交易安全之维护、民事纠纷之解决、法院裁判之说理，故笔者认为，在所有权保留买卖中，买受人履行支付价款或者其他合同义务为物权合同的生效条件。关于所有权保留的讨论，还可参见王轶：《论所有权保留的法律构成》，载《当代法学》2010 年第 2 期，第 21—26 页。

〔47〕 全国人大常务委员会法制工作委员会似乎已经意识到该问题：“本条的规定应当说只是确立了一个原则……有关具体问题没有涉及。但在今后合同法的实际应用中则可能遇到各种复杂的情况，仍然需要针对实际情况，并借鉴国外有益的规定确定我们的处理原则。”参见胡康生主编：《中华人民共和国合同法释义》（第 3 版），法律出版社 2013 年版，第 238 页。

〔48〕 C. M. Bianca, *Diritto civile*, vol. 3, *il contratto*, seconda edizione, Giuffrè editore, Milano, 2000, p. 542.

〔49〕 S. Maiorca, *Condizione*, in *Digesto delle discipline privatistiche*, sezione civile, III, UTET, Torino, 1988, pp. 292 – 293.

任何积极行为,法律关系即发生改变。[50]

42 我国有判决即混淆了约定解除权与解除条件之差别。比如,浙江省杭州市中级人民法院(2010)浙杭民终字第 2757 号民事判决书称:“本案的补充合同是对赠与合同变更,该补充合同有关‘原房产人童甲有权收回杭州市下城区大营盘 6 幢 1 单元 503 室的产权’的表述系对违反合同行使解除权的约定,具有法律效力,原审法院结合补充协议的内容充分阐明了本案赠与合同系附解除条件的赠与合同,该论述符合双方签订合同的真实意思表示。”

43 当然,正确区分附解除条件的合同与约定解除权的合同的判决不乏其例。除前述浙江省安吉县人民法院(2015)湖安商初字第 367 号民事判决书外,又如江西省赣州地区(市)中级人民法院(2014)赣中民再终字第 11 号民事判决书,其中谓:“原一、二审判决中未很好地区分这两个概念,导致法律适用欠妥。附解除条件的合同当条件成就时合同当然且自动地消灭,无须当事人再作出意思表示;在约定解除权的合同的情况下仅仅具有解除的条件还不能使合同消灭,必须有解除行为才能使合同实际解除。”

44 某些情况下,当事人约定的是生效条件抑或是解除条件,可能存在疑问。例如,甲经营服饰店,向乙批发时装,约定每月月底结算货款,未出售者退还。有学者认为,存在疑问时,应当认定为生效条件,因为不让包括合同在内的法律行为立即生效显得更为谨慎。[51] 相反,也有学者基于尽量维持法律行为效力的原则认为,存在疑问时,应当认定为解除条件。[52] 但是,有异于前两种观点的第三种观点似乎更为可采,即除非法律有明确规定,应当综合考虑法律行为的所有内容,以及在未决期间当事人的行为,通过对意思表示的解释得出答案。[53] 在上举服装批发之例,解释上应认为对时装买卖合同附有生效条件,“甲出售所批发的时装时,买卖契约始因条件成就而生效力,甲负有支付价款的义务”。[54]

---

〔50〕 参见王泽鉴:《民法总则》,北京大学出版社 2009 年版,第 335 页。

〔51〕 P. Rescigno, *Condizione* (*diritto vigente*), in *Enciclopedia del diritto*, VIII, Giuffrè editore, Milano, 1961, p. 783. Bianca 教授从语言学的角度认为,普通民众多是在生效条件的意义上使用“条件”一词。C. M. Bianca, *Diritto civile*, vol. 3, *il contratto*, seconda edizione, Giuffrè editore, Milano, 2000, p. 542.

〔52〕 D. Carusi, *Condizione e termini*, in *Trattato del contratto*, diretto da V. Roppo, III, *effetti*, a cura di M. Costanza, Giuffrè editore, Milano, 2006, p. 283; U. Natoli, *Della condizione in contratto*, in *Commentario D'Amelio – Finzi*, CEDAM, Firenze, 1948, p. 445. 弗卢梅教授虽然也倾向于维护法律行为的效力,但他的观点是,鉴于法律行为在附解除条件的情况下先行生效,所以有疑义时,应当认为法律关系未形成,所附的条件为生效条件。参见[德]维尔纳·弗卢梅:《法律行为论》,迟颖译,法律出版社 2013 年版,第 815 页。

〔53〕 参见陈甦主编:《民法总则评注(下册)》,法律出版社 2017 年版,第 1114—1115 页(郝丽燕执笔);E. Betti, *Teoria generale del negozio giuridico*, Edizioni Sciendifiche Italiane, Napoli, 2002, pp. 518 – 519.

〔54〕 参见王泽鉴:《民法总则》,北京大学出版社 2009 年版,第 335 页。

(二)偶成条件与随意条件

45 我国法律没有明文规定偶成条件(condizione casuale)与随意条件(condizione potestativa)这一分类。该分类的标准为条件的成就与否是否取决于当事人的意志。若条件的成就与否与当事人的意志无关,则该条件为偶成条件。此类条件可能是自然事件,也可能是第三人的行为,例如,“若明年发生地震,则租赁合同自动解除”,或者,“若吾子从美国归来,则承租你的房屋”。若条件的成就与否取决于当事人的意志,则该条件为随意条件,例如,“若我赴外地工作,则房子出租与你”。

46 此外,尚存在一种可能,即条件的成就与否既受制于当事人的意志,又受制于其他客观事实,例如,“若你赢得一级方程式世界锦标赛,则赠你赛车一部”。这类条件学理称之为混合条件(condizione mista)。

47 对于将条件区分为偶成条件、随意条件和混合条件的意义,朱庆育教授认为十分寥寥,“似乎仅仅在于训练概念辨析之能力”。[55] 回答这一问题,余以为关键在于如何认识随意条件的功能,进而得出随意条件与偶成条件是否适用不同规则的结论。

48 将一方当事人意志支配下的行为作为条件,意味着该当事人在法律上可以自由决定是否实施该行为。也就是说,随意条件保护的是一方当事人自由实施一定行为,并以之控制法律行为效力的利益。[56]

49 由于一方当事人可以自由选择是否实施一定行为,以使条件成就或者不成就,相对于对方当事人而言,这本身就是一种值得法律保护的利益。因此,随意条件成就与否,悉由当事人自由意志决定,一般不存在条件成就前对诚信义务的违反问题。例如,在房屋租赁合同中,出租人曰:“若我赴外地工作,则房子出租与你。”承租人欣然同意。其后,不论出租人基于任何理由奔赴外地工作或者未去外地工作,均不构成对诚信义务的违反,相应地,也就无条件成否拟制规则的适用余地。

50 申言之,《民法典》第 159 条规定的条件成否的拟制规则,其适用范围当作目的限缩解释,即若随意条件或者混合条件“随意部分”中的行为人阻止或者促成条件成就,不适用该规则。[57]

---

〔55〕 参见朱庆育:《民法总论》(第 2 版),北京大学出版社 2016 年版,第 131 页。

〔56〕 C. M. Bianca, *Diritto civile*, vol. 3, *il contratto*, seconda edizione, Giuffrè editore, Milano, 2000, p. 548.

〔57〕 Rescigno 教授认为,条件成就与否的拟制规则不适用于随意条件之原则只在一种情形下存在例外,即,随意条件中的行为具有持续性,且实施与否完全取决于债务人的意志,如果债务人已经开始实施该行为,但没有正当理由半途中断,那么,条件成就与否的拟制规则可以适用。P. Rescigno, *Condizione* (*diritto vigente*), in *Enciclopedia del diritto*, VIII, Giuffrè editore, Milano, 1961, pp. 796 – 797.

51 若以上论述为真,则保留偶成条件、随意条件和混合条件这一分类,其意义似乎不仅在于“训练概念辨析之能力”,而且对于准确适用法律亦有裨益。

52 经常与随意条件一起讨论的尚有所谓的意愿条件(condizione meramente potestativa)。[58] 意愿条件的成就与否纯粹取决于当事人的意志,亦即附加意愿条件的法律行为,其生效或者失效完全取决于当事人的意思表示,例如,“我若愿意,就购买你的房屋”,或者,“我若不满意,租赁合同即自行解除”。

53 意愿条件直接以法律行为是否生效或者失效为内容,其与随意条件中当事人的作为或者不作为与所附法律行为的内容无关不同。因此,随意条件中的作为或者不作为,对行为人没有行为能力的要求,而意愿条件的成就与否须直接通过意思表示实现,对行为人有相应的行为能力要求。

54 若对债权合同附加生效意愿条件,例如,“我若愿意,就购买你的房屋”,则合同并未成立。其法理基础至为清楚:一项合同的生效与否完全取决于一方当事人的意愿时,证明当事人缺乏受义务约束的内心意思(*animus obligandi*)。而此种意思是合同最终成立不可或缺的要素,故合同不成立,不产生任何拘束力。与之相反,在附随意条件的合同中,虽然条件的成就与否也取决于当事人的行为,但就该行为的实施与否,当事人一般要谨慎考虑,而不会不假思索、任性为之。换言之,附意愿条件的合同与附随意条件的合同之本质不同,在于当事人是否具备负担义务的意思。[59]

55 若对债权合同附加解除意愿条件,例如,“我若不满意,租赁合同即自行解除”,则当事人约定的其实也不是“条件”,而是解除权。[60] 此时,当适用《民法典》第562条而非第158条的规定。

56 若对物权合同附加生效意愿条件,例如,“我若高兴,房屋的所有权便移转给

---

〔58〕 龙卫球教授将意愿条件作为随意条件的同义词使用。窃以为,此种做法或不可取。参见龙卫球:《民法总论》(第2版),中国法制出版社2002年版,第534页。王泽鉴先生将随意条件分为纯粹随意条件和非纯粹随意条件。王先生所说的纯粹随意条件即意愿条件,而非纯粹随意条件即狭义的随意条件。参见王泽鉴:《民法总则》,北京大学出版社2009年版,第336页。

〔59〕 F. Santoro – Passarelli, *Dottrine generali del diritto civile*, Casa editrice Jovene, Napoli, 2002, p. 199; F. Gazzoni, *Manuale di diritto privato*, Edizioni Sciendifiche Italiane, Napoli, 2007, p. 937.

〔60〕 C. M. Bianca, *Diritto civile*, vol. 3, *il contratto*, seconda edizione, Giuffrè editore, Milano, 2000, pp. 549 – 550; F. Gazzoni, *Manuale di diritto privato*, Edizioni Sciendifiche Italiane, Napoli, 2007, p. 937. Rescigno 教授对此种观点不以为然。他认为,首先,《意大利民法典》第1372条规定的合意解除合同必须发生在合同订立之后,不能与合同订立同步进行。其次,第1373条规定的解除权,其行使存在限制,即一方当事人的解除权,在一时性合同中,必须在契约履行之前行使,在持续性合同中,履行开始后也可以行使,但对已经履行或者正在履行的给付不产生效力。只有在持续性合同,才有可能将解除意愿条件解释为对解除权的约定,否则将造成对解除权行使的上述限制的实质突破。此外,在他看来,解除意愿条件的无效,不会导致所附法律行为的无效。P. Rescigno, *Condizione* (*diritto vigente*), in *Enciclopedia del diritto*, VIII, Giuffrè editore, Milano, 1961, p. 796.

你”,说明权利人并无处分权利的意思,因此物权合同无效。若对物权合同附加解除意愿条件,例如,“房屋的所有权移转给你,但我随时可以取回该所有权”,此种约定与物权合同的绝对效力相悖,因此该条件不生效力。

(三)积极条件与消极条件

以事物之状态相对于现在是否发生改变为标准,理论上尚可将条件分为积极 57
条件(*condicio affirmativa*)与消极条件(*condicio negativa*)。若状态发生改变,为积极条件。例如,今日降雨,云“若明天雨停,则雨伞还你”,明天雨停,该条件成就;否则,条件不成就。若状态不发生改变,为消极条件。例如,“若明天继续下雨,则雨伞还给你”,明天继续下雨,条件成就;否则,条件不成就。[61]

对于消极条件,如果没有约定成就的时间,则直至状态不可能再发生改变之 58
时,条件方成就。在意大利法学家贝蒂教授看来,这也解释了为何死因行为(*mortis causa*)所附的规定了继承人或者受遗赠人一定行为的消极生效条件,例如,“继承人不重拾抽烟旧习”,法律将之视为积极解除条件:此种“转化”,其目的在于使死因行为(至少部分和暂时地)提前发生效力。[62]

四、不容许附条件的法律行为

民法以意思自治为灵魂,因此,除法律有明文禁止,或者依法律行为的性质不 59
得附条件的以外,一般的法律行为均可以附条件。[63]

对于不能附条件的法律行为(*actus legitimi*),私人自治只能决定是否使它们 60

---

〔61〕 我国学者多认为积极条件与消极条件的区分标准是作为条件的事实之发生或不发生。例如,梁慧星:《民法总论》(第5版),法律出版社2017年版,第189页;李永军:《民法总则》,中国法制出版社2018年版,第641页。本文以为,以状态之改变或不改变作为标准比以事实之发生或不发生作为标准更为科学。

〔62〕 《意大利民法典》第638条规定:“遗嘱人以继承人或者受遗赠人在不确定的期间内不为某事或者不给某物为遗嘱生效条件的,该遗嘱视为附加解除条件的遗嘱,但遗嘱表明遗嘱人有相反意思的除外。”对于意大利民法的讨论, E. Betti, *Teoria generale del negozio giuridico*, Edizioni Sciendifiche Italiane, Napoli, 2002, pp. 492 – 499, p. 519.

〔63〕 参见梁慧星:《民法总论》(第5版),法律出版社2017年版,第193页。2017年3月15日通过的《民法总则》第158条第1句仅规定了按照法律行为的性质不得附条件的不得附条件,而未规定法律明文禁止附条件的情形。但依解释,在后一种情形,不得附条件乃当然之理,故第158条对之只字不提,亦难谓立法漏洞。意大利相关民法学说的讨论,参见 E. Betti, *Teoria generale del negozio giuridico*, Edizioni Sciendifiche Italiane, Napoli, 2002, p. 511; P. Rescigno, *Condizione* (*diritto vigente*), in *Enciclopedia del diritto*, VIII, Giuffrè editore, Milano, 1961, p. 793; S. Maiorca, *Condizione*, in *Digesto delle discipline privatistiche*, sezione civile, III, UTET, Torino, 1988, pp. 278 – 279.

直接产生相应的法律效果，但是无法将它们的法律效果系诸未来的不确定事实。[64]

61 需要提请注意的是，不容许附条件与不法条件不同。对于前者，法律或者依法律宗旨禁止的是“附加”行为，而非“条件”本身。

（一）条件敌对行为的类型

62 法律行为不许附加条件者，或基于公益或基于私益之考量。其典型种类如下：

63 第一，为维护公序良俗，亲属法上非财产性的法律行为不得附条件。[65] 在家庭法领域，法律关系的稳定性和确定性所表征的伦理价值，要高于若允许私人通过附条件法律行为设立或者消灭亲属关系所表征的自由利益。以婚姻为例，如果允许对婚姻附生效条件，则当事人的身份将处于与婚姻本质不相符的不确定状态中；如果允许对婚姻附解除条件，则会排除有关离婚的强制性规定。[66] 比如，《意大利民法典》第 108 条第 2 款明文规定：“约婚双方在声明中附加了期限或者条件的，民政官不得为他们举行结婚仪式。已经举行结婚仪式的，期限和条件视为未附加。”依该法典第 257 条的规定，对非婚生子女的认领，任何旨在直接限制其效力的条款，均为无效，因此，认领行为亦不得附加条件。同理，如合意离婚、收养、终止收养等其他亲属法上的行为，也不得附条件。[67]

64 第二，票据行为一般不得附条件。票据作为一种有价证券，其流转要求方便而安全，若允许票据行为附条件，则有碍交易的效率与秩序。[68] 例如，我国《票据法》第 33 条第 1 款规定：“背书不得附有条件。背书时附有条件的，所附条件不具有汇票上的效力。”该条规定的“不发生票据法上的效力”与“视为无记载”稍有不同，前者仅指不发生“票据法”上的效力，民法上效力还是可以发生的。《统一汇票本票公约》第 12 条的规定则为：“背书须为无条件。任何对背书附条件的，条件视为无记载。部分背书视为无记载。‘付给来人’的背书与空白背书同。”这里的条

---

〔64〕 F. Santoro - Passarelli, *Dottrine generali del diritto civile*, Casa editrice Jovene, Napoli, 2002, p. 195.

〔65〕 婚姻、收养、监护等有关身份关系的协议属双方法律行为的范畴，对于它们本文亦一并讨论。

〔66〕 参见[德]迪特尔·梅迪库斯：《德国民法总论》，邵建东译，法律出版社 2001 年版，第 639 页。

〔67〕 参见谢怀栻：《民法总则讲要》，北京大学出版社 2007 年版，第 146 页；梁慧星：《民法总论》（第 5 版），法律出版社 2017 年版，第 193 页；朱庆育：《民法总论》（第 2 版），北京大学出版社 2016 年版，第 125 页；马俊驹、余延满：《民法原论》（第 4 版），法律出版社 2010 年版，第 199 页（马俊驹执笔）；李锡鹤：《民法原理论稿》（第 2 版），法律出版社 2012 年版，第 811 页。

〔68〕 参见李宇：《民法总则要义：规范释论与判解集注》，法律出版社 2017 年版，第 754 页。

件记载无效,仅指该项记载本身无效,票据仍然有效,该项票据行为本身仍然有效。[69] 此外,我国《票据法》第43条规定:“付款人承兑汇票,不得附有条件;承兑附有条件的,视为拒绝承兑。”该法第48条规定:“保证不得附有条件;附有条件的,不影响对汇票的保证责任。”

第三,若法律行为对其他众多民事主体具有较大影响,为避免法律效力处于悬而未决的状态,禁止对此类行为附加条件。例如,接受或者放弃继承、遗赠不得附条件。[70] 这是因为,接受或者放弃继承、遗赠,对于被继承人的债权人债务人、后位继承人、受遗赠人甚至国家,在法律上均产生重大影响。[71] 同理,是否接受遗嘱执行人的决定亦不得附条件。[72] 65

第四,以登记为生效要件的不动产让与合意不得附条件。之所以有如此限制,目的在于确保不动产登记簿上记载的权利清晰明了。如果允许对此类不动产让与合意附加条件,则查询登记簿之人还要再去调查条件到底是否成就,登记簿的公信力将大打折扣。例如,《德国民法典》第925条第2款规定,对土地所有权移转附条件或者附期限的,合意不生效力。[73] 我国对此虽无明确规定,但学说认为应作相同解释,因为不能将一种权利的不确定状态记载于登记簿,否则登记的权利公示作用难以发挥。[74] 66

第五,形成权的行使原则上不得附条件。形成权乃主体可以通过单方的意思表示,改变另一主体的法律地位的私法上“权力”(potere, Macht),如果允许对此类单方法律行为附加条件,则一般而言,形成权行使的相对方将处于更加不确定 67

---

〔69〕 参见谢怀栻:《票据法概论》,法律出版社2006年版,第61—62页。

〔70〕 参见梁慧星:《民法总论》(第5版),法律出版社2017年版,第193页;李永军:《民法总则》,中国法制出版社2018年版,第643页;陈甦主编:《民法总则评注(下册)》,法律出版社2017年版,第1111页(郝丽燕执笔)。

〔71〕 有学者认为,单方法律行为中的遗嘱不得附条件。参见李宇:《民法总则要义:规范释论与判解集注》,法律出版社2017年版,第754页。本文以为,此种限制,或不必要。若遗嘱附有生效条件,其条件于遗嘱人死亡前成就时,遗嘱自死亡时生效;于死亡后成就时,自条件成就时生效;于死亡前确定不成就时,遗嘱不生效;遗嘱人死亡后,条件成否未定之间,条件受益人享有期待权。若遗嘱附有解除条件,其条件于遗嘱人死亡前成就时,遗嘱不生效;于死亡后成就时,遗嘱自死亡时发生效力,条件成就时失其效力;于死亡前条件确定不成就时,遗嘱为无条件。参见江平主编:《民法学》(第3版),中国政法大学出版社2011年版,第769—770页(朱庆育执笔)。持遗嘱可附条件之观点者,尚有马俊驹、余延满:《民法原论》(第4版),法律出版社2010年版,第939页。

〔72〕 参见朱庆育:《民法总论》(第2版),北京大学出版社2016年版,第125—126页;李永军:《民法总则》,中国法制出版社2018年版,第643页。

〔73〕 参见杜景林、卢谌:《德国民法典——全条文注释(下册)》,中国政法大学出版社2015年版,第732页。

〔74〕 参见李永军:《民法总则》,中国法制出版社2018年版,第642—643页。

的状态。因此,《民法典》第 568 条第 2 款明文规定抵销不得附条件。对于撤销权、解除权、追认权等其他形成权的行使,我国法律虽未明文规定禁止附加条件,但基于上述法理,似应作相同解释。[75]

68 然而,相对人可以任意摆脱不确定状态的,不在此限。例如,在对方迟延履行的情况下,告之曰"若一月之内不履行债务,则解除契约"。再者,本不可附条件的形成权行使行为,如附条件经相对人同意,仍可附条件。唯此时,单方法律行为已演变为双方法律行为。[76]

69 当然,如果相对人的利益并无保护之必要,即使是形成权行使行为,也可以附加条件,比如法定代理人的事先同意、本人对于处分行为或者代理行为的授权等。[77]

(二)条件敌对行为的效力

70 不容许附条件的法律行为,如果附加了条件,其效力如何,学说上颇有争议。有观点认为,所附条件是生效条件的,整个法律行为无效;所附条件是解除条件的,法律行为可能部分无效。[78] 另有观点认为,此类法律行为附有条件的,原则上应全部归于无效。[79] 依本文所信,应以后说为是。这是因为,如果仅以条件无效,则产生的法律效果与当事人作出未附条件的意思表示相同,明显不符合私法自治的一般原则。

71 另外,如果法律对于不容许附条件的法律行为竟附加条件时的效力另有明文规定,自应依其规定。例如,《票据法》第 48 条规定,汇票保证附有条件的,不影响对汇票的保证责任。

五、条件的未决期间

72 附条件法律行为的未决期间,指自法律行为实施完成时至条件最终成就或

---

〔75〕 参见朱庆育:《民法总论》(第 2 版),北京大学出版社 2016 年版,第 131 页。对于德国法相关制度的讨论,可参见[德]迪特尔·梅迪库斯:《德国民法总论》,邵建东译,法律出版社 2001 年版,第 639—640 页;[德]卡尔·拉伦茨:《德国民法通论(下册)》,王晓晔等译,法律出版社 2003 年版,第 689—691 页。

〔76〕 参见[德]维尔纳·弗卢梅:《法律行为论》,迟颖译,法律出版社 2013 年版,第 833 页。

〔77〕 参见朱庆育:《民法总论》(第 2 版),北京大学出版社 2016 年版,第 126 页。

〔78〕 Vgl. Muenchener Kommentar/BGB, § 158 Rn. 37,转引自陈甦主编:《民法总则评注(下册)》,法律出版社 2017 年版,第 1112 页(郝丽燕执笔)。

〔79〕 参见梁慧星:《民法总论》(第 5 版),法律出版社 2017 年版,第 193 页。

者不成就之间的时段。在此期间，法律行为产生何种法律效果，尚处于悬而未决的状态。所以，表面上是条件成就与否的未决，而实质上是法律关系的悬置。[80]

在未决期间，法律行为的最终效力受制于条件的命运。但是，附条件的法律行为已经产生法律直接规定的“先效力”（Vorwirkung）。[81] 具体而言，附生效条件的权利取得者或者附解除条件的权利让与者取得法律保护的“期待权”（aspettativa）。[82] 附生效条件的法律行为实施后，立即产生临时的效力，且当事人的法律地位随着时间的推移发生改变，直至要么产生最终的效力，要么回归至法律行为实施前的状态。附解除条件的法律行为立即发生效力，但是这些效力亦具有临时性，是否继续发生取决于条件的成就与否。 73

（一）期待权及其保护

为避免附条件法律行为的当事人在条件的未决期间遭受不利，大陆法系的民法典多为期待权的保护配置了制度性措施。 74

在条件的未决期间，附生效条件的义务人或者权利让与人，附解除条件的权利取得人，均应依诚实信用原则行事，以维护相对人的利益。与此项一般义务对应，相对人可采取法律允许的保护手段，以确保在条件成就时，自己的期待不致落空。 75

法律行为附生效条件的，权利取得人为保护其期待权，当可根据《民事诉讼法》第100条的规定，向人民法院提出申请，请求裁定采取保全措施。权利取得人 76

---

〔80〕 参见张俊浩主编：《民法学原理》（第3版），中国政法大学出版社2000年版，第268页（张俊浩执笔）；王利明、崔建远：《合同法新论·总则》（修订版），中国政法大学出版社2000年版，第256页（王利明执笔）；梁慧星：《民法总论》（第5版），法律出版社2017年版，第192页；A. Belfiore, *Pendenza*, in *Enciclopedia del diritto*, XXXII, Giuffrè editore, Milano, 1982, p. 886.

〔81〕 拉伦茨认为，即使在附生效条件的法律行为中，“预先效力”这种说法也不太准确，“因为在这种情况下，法律行为是已经实施了的，只不过法律行为所要达到的主要效果出现延缓了”。他认为比较正确的说法是“即时效力”（Sofortwirkung）。参见［德］卡尔·拉伦茨：《德国民法通论（下册）》，王晓晔等译，法律出版社2003年版，第694页。

〔82〕 F. Santoro – Passarelli, *Dottrine generali del diritto civile*, Casa editrice Jovene, Napoli, 2002, p. 201.

还可以根据《民法典》第 535 条至第 542 条的规定，行使代位权[83]和撤销权[84]保全债权以防止债务人责任财产的不当减少。[85] 附生效条件的合同债权人，还可以要求对附条件的债权提供适当的担保，如提供保证、设立抵押权或者质权等。当事人协议提前移转对合同标的物的占有的，权利取得人在物被侵占、占有遭受妨害或者有妨害之虞时，还可以根据《民法典》第 462 条的规定，分别行使原物返还请求权、排除妨害请求权或者消除危险请求权。

77 法律行为附解除条件的，只要不逾越诚实信用原则的界限，权利取得人可以行使各项权能。但是，在标的物占有移转的合同中，由于在解除条件成就时，权利取得人须返还财产，所以，在未决期间，权利取得人负有不改变财产的经济性状之义务。此等义务产生于双方缔结合同时达成的合意，不履行即构成违约。[86]

78 此外，我国《破产法》第 47 条规定，附条件的债权，债权人可以进行申报。第 117 条还明确规定："对于附生效条件或者解除条件的债权，管理人应当将其分配额提存。管理人依照前款规定提存的分配额，在最后分配公告日，生效条件未成就或者解除条件成就的，应当分配给其他债权人；在最后分配公告日，生效条件成就或者解除条件未成就的，应当交付给债权人。"[87]

79 债权合同附条件时，若作为物权人的一方当事人故意或者过失毁损合同标的

---

〔83〕 意大利法学家 Rosario Nicolò 曾主张只有在生效条件很可能成就时，债权人方可提起代位之诉，参见 R. Nicolò, *Surrogatoria – Revocatoria*, *in Commentario del codice civile*, a cura di Scialoja e Branca, Bologna – Roma, 1953, p. 77. 但"很可能成就"这一标准显然过于模糊，不但如何把握不具有可操作性，而且会给法官恣意裁判提供借口，因此更多的学者认为，只要债务人怠于行使其债权可能导致其责任财产的不当减少，债权人一般均可提起代位之诉，参见 L. Bigliazzi – Geri, *Dei mezzi di conservazione di garanzia patrimoniale*, in *Foro italiano*, 1972, I, p. 3561; S. Patti, *L' azione surrogatoria*, in *Trattato di diritto privato*, diretto da P. Rescigno, XX, UTET, Torino, 1998, p. 139; M. Costanza, *La condizione e gli altri elementi accidentali*, in *Trattato Rescigno – Gabrielli*, I, *I contratti in generale*, a cura di E. Gabrielli, 2, UTET, Torino, 1999, p. 969. 甚至在以物权移转为内容的合同中，如果作为让与人的物权人对于妨害物权圆满状态的行为无动于衷，享有期待权的受让人也可以代位行使物权请求权。P. D' onofrio, *Commentario al codice di procedura civile*, III, UTET, Torino, 1957, p. 137. 我国不少人认为，"债务履行期限届满，债务人陷于履行迟延，债权人方可行使代位权"。参见胡康生主编：《中华人民共和国合同法释义》（第 3 版），法律出版社 2013 年版，第 137 页。若施以此等时间上的限制，附生效条件合同的债权人将无由提起代位之诉，如此，在条件成就时或不利于其债权的满足，故余不敢苟同。

〔84〕《意大利民法典》第 2901 条明确规定，附条件或者附期限的债权之权利人，为保全自己的债权亦享有撤销权。相关讨论，参见 F. Carresi, *Il contratto*, in *Trattato di diritto civile e commerciale*, diretto da A. Cicu e F. Messineo, Giuffrè editore, Milano, 1987, p. 609.

〔85〕 史尚宽先生的观点与之相左。他认为，附条件债权不适于行使债权人代位权和债权撤销权，这两种权利的行使，必俟条件成就，债权的效力确定发生时始得为之。参见史尚宽：《民法总论》，中国政法大学出版社 2000 年版，第 496 页。

〔86〕 M. Costanza, *La condizione e gli altri elementi accidentali*, in *Trattato Rescigno – Gabrielli*, I, *I contratti in generale*, a cura di E. Gabrielli, 2, UTET, Torino, 1999, pp. 970 – 971.

〔87〕 相关讨论，参见赵旭东主编：《商法》（第 3 版），高等教育出版社 2015 年版，第 496 页。

物，致使期待权人（相对人）在条件成就时本应得到的利益受有损害的，物权人应当承担损害赔偿的责任。若第三人过失毁损标的物，不是物权人的期待权人在条件成就时，不得根据《民法典》侵权责任编的规定向第三人主张损害赔偿。第三人故意毁损标的物，不是物权人的期待权人在条件成就时，只有在满足第三人侵害债权的构成要件的情况下，方得根据《民法典》侵权责任编的规定向第三人主张损害赔偿。若物权人已向第三人处分物权，则期待权人（相对人）于条件成就时，可向原物权人主张因违约而生的损害赔偿，但是由于期待权人（相对人）只是债权人，故不能根据《民法典》第 235 条的规定请求返还原物。

物权合同附条件时，由于期待权人在条件成就时可以取得物权，所以，若在条件的未决期间，第三人故意或者过失毁损标的物，则物权人和期待权人均可以向第三人主张损害赔偿。此时，相对于作为债务人的第三人而言，物权人和期待权人之间成立不可分债权。 80

（二）处分行为的效力

在不动产物权之外的财产权领域，不论处分行为附加的是生效条件还是附解除条件，作为处分标的物的财产权都有可能被再次处分。为行文方便计，下文将以附条件的动产物权合同为例进行分析。 81

如果物权合同附加的是生效条件，由于此等条件的功能正是延缓物权合同生效的时间，因此在未决期间并没有发生物权的变动，相应地，物权也尚未被受让人取得。如果物权合同附加的是解除条件，物权合同的效力立即发生，因此在未决期间物权变动已经发生，只是受让人是否能继续保有物权取决于条件的成就与否。由是观之，只有附生效条件物权合同的让与人，以及附解除条件的物权合同的受让人，才是物权的主体，享有对物权的处分权（potere di disposizione）。[88] 82

相应地，另一方当事人，即附生效条件物权合同的受让人或者附解除条件物权合同的让与人，并不享有物权，而只享有取得物权的“期待”。但是，这种期待并非纯粹事实上的期待（aspettativa di fatto），而是“在法律上或多或少已经有保障的、可以得到某种权利的指望，特别是取得某种债权或者物权的指望，这种权利的一般取得要件已经部分满足，而其全部满足尚取决于一定的可能性”，[89] 故可称之为“期待权”。在附条件的物权合同中，一方当事人的“期待权”未来可能发展为对方当事人现在已经享有的作为“完整权”的物权。如果物权合同附加的是生 83

---

〔88〕 原则上，物权的其他权能亦只能由物权人行使。参见 S. Maiorca, *Condizione*, in *Digesto delle discipline privatistiche*, sezione civile, III, UTET, Torino, 1988, p. 309.

〔89〕 参见［德］卡尔·拉伦茨：《德国民法通论（上册）》，王晓晔等译，法律出版社 2003 年版，第 294 页。

效条件，条件成就，受让人取得物权；与此同时，让与人随之丧失原来享有的物权。如果物权合同附加的是解除条件，条件成就，让与人取得物权；与此同时，受让人随之丧失原来享有的物权。在未决期间，期待权人虽然不享有物权，但是有可能取得物权，其法律地位已经产生了财产价值，因此，期待权人虽然不能像对方当事人那样对物权进行处分，却可对“期待”本身作处分。[90]

84 在未决期间，无论是现在的物权人对物权的处分，还是未来可能成为物权人的期待权人对“期待”的处分，都不具有“终局性”，其效力都要受到前一法律行为所附条件的影响。可以说，条件对处分行为的限制具有“物权效力”。[91] 对此，《德国民法典》第 161 条和《意大利民法典》第 1357 条均有明文规定。

85 兹举所有权保留买卖一例，以资说明。[92]

出卖人甲与买受人乙订立了买卖摩托车的合同，条件是乙付清价款后方取得摩托车的所有权。之后，甲将摩托车交付给了乙。

86 在该例子中，若乙在付清价款之前，又将摩托车转让给了丙，并完成了交付，当事人之间的法律关系如何？首先要明确的是，此时丙的法律地位与《民法典》第 545 条规定的债权转让的受让人的法律地位完全不同，因为丙只是与乙缔结了合同，并不承继乙在甲乙二人缔结的合同中的债权人地位。虽然在乙丙共同作出处分行为时，乙尚未从甲处取得摩托车的所有权，而一旦乙付清了价款，则属于无处分权的人订立合同后取得处分权的情况，物权合同生效，丙直接取得摩托车的所有权。假如乙最终未付清价款，即第一个处分行为的条件没有成就，则只有满足《民法典》第 311 条规定的善意取得的构成要件时，丙方可取得该摩托车的所有权。假如丙明知甲乙之间的物权合同附有生效条件，而乙最终又未付清价款，则由于生效条件对丙有“物权效力”，所以丙不能善意取得该摩托车的所有权，甲可以基于自己享有的所有权请求丙返还原物；但是根据乙丙签订的买卖合同，乙由于未尽到使丙取得所有权的义务，故须承担合同之债不履行的责任。

87 在该例子中，若甲又以租用的方式将摩托车从乙处取回，并在租赁期间将摩托车出售给了丁，且完成了交付，当事人之间的法律关系分析如下：假如丁明知甲乙之间的物权合同附有生效条件，则在乙付清全部价款的情况下，甲丁之间的处

---

〔90〕 S. Maiorca, *Condizione*, in *Digesto delle discipline privatistiche*, sezione civile, III, UTET, Torino, 1988, p. 309.

〔91〕 C. M. Bianca, *Diritto civile*, vol. 3, *il contratto*, seconda edizione, Giuffrè editore, Milano, 2000, pp. 551 – 552; R. Lenzi, *Della condizione nel contratto*, in *Commentario del codice civile*, diretto da E. Gabrielli, UTET, Torino, 2011, pp. 325 – 326.

〔92〕 改编自[德]卡尔·拉伦茨:《德国民法通论(下册)》，王晓晔等译，法律出版社 2003 年版，第 697—698 页。附解除条件的处分行为，亦适用相同的规则，具体例子详参[德]迪特尔·梅迪库斯:《德国民法总论》，邵建东译，法律出版社 2001 年版，第 636—637 页。

分行为便因第一个处分行为所附生效条件的“物权效力”而归于无效。此时,乙可以基于自己享有的所有权请求丁返还原物,也可以基于租赁契约请求甲返还该摩托车。假如丁不知、也非因重大过失不知该摩托车已经附条件地处分给了乙,在乙付清全部价款的情况下,此时若法律规定或者当事人约定条件成就具有溯及力,则“适用”《民法典》第 311 条的规定,丁取得该摩托车的所有权;若法律规定或者当事人约定条件成就不具有溯及力,则“准用”《民法典》第 311 条的规定,丁取得该摩托车的所有权。在丁最终取得所有权的情况下,乙在生效条件成就时,可以期待权在未决期间由于甲的过错而受到阻碍为由,依合同约定,向甲主张损害赔偿。

(三)诚信行事的义务

于条件的未决期间,当事人亦应按照《民法典》第 7 条等相关法律条文的规 88
定,遵循诚实信用原则而行事。在合同领域,未决期间的诚信义务,与《民法典》第 509 条规定的合同履行阶段的诚信义务并不完全重叠,至少对于附生效条件的债权合同而言,在条件成就之前,合同的最终效力尚未发生,因此合同的履行还无从谈起。[93]

只有完整权的权利人,即附生效条件法律行为的权利让与人或者附解除条件 89
法律行为的权利取得人,才对作为法律行为标的物的财产享有直接处分权,所以,通常而言,为了维护对方当事人的利益,这类主体遵循诚实信用原则行事的义务显得尤为重要。[94] 但是,这并不意味着期待权人便不负有诚信义务。对此,《意大利民法典立法理由说明》第 620 节明确道,合同双方当事人均不得阻碍条件中约定事实的“自由”发展。[95]

此外,无论是附生效条件的法律行为,还是附解除条件的法律行为,无论是债 90
权行为,还是物权行为,当事人都负有诚信行事的义务。该义务不仅包括不为任何可能损及对方利益的行为之消极义务,而且包括在必要的情况下实施促使条件

〔93〕 R. Lenzi, *Della condizione nel contratto*, in *Commentario del codice civile*, diretto da E. Gabrielli, UTET, Torino, 2011, pp. 313 - 314, p. 327.

〔94〕 例如,《意大利民法典》第 1358 条规定:“附生效条件的义务人或者权利让与人,或者附解除条件的权利取得人,在条件的未决期间,应当为了维护对方当事人的利益,遵循诚实信用原则而行事。”

〔95〕 *Relazione del Guardasigilli*, § 620. 相关讨论,详参 F. Galgano, *Il negozio giuridico*, in *Trattoto di diritto civile e commerciale*, diretto da A. Cicu, F. Messineo e L. Megnoni, Giuffrè editore, Milano, 2002, p. 162; R. Sacco e G. De Nova, *Obbligazioni e contratti*, tomo secondo, in *Trattato di diritto civile*, diretto da P. Rescigno, vol. 10, UTET, Torino, 2002, p. 430.

成就的行为之积极义务。[96] 质言之,对于任何一方当事人而言,维护自己利益与兼顾对方利益之间的冲突,除了一般要靠风险自担原则协调外,还要根据诚实信用原则予以解决,据之判断当事人的行为是否为正直之人所应为,或者相反,是否是恶意损害对方利益的结果。

91 实际控制合同标的物的当事人,应当为了避免对方的期待权不致最终落空而诚信行事,但是正常使用而造成财产价值减损的,不应当认为是对诚信义务的违反。

92 违反诚信行事的义务,可能导致损害赔偿责任的产生。例如,《德国民法典》第 160 条规定:“(第 1 款)另一方当事人在悬期期间,因自己的过错而使取决于条件的权利受到破坏或者妨害的,附有停止条件的权利人,在条件成就的情形,可以向另一方当事人请求损害赔偿。(第 2 款)对于附解除条件所实施的法律行为,因回复以前的法律状态而受到利益的人,在相同的条件下,享有同样的请求权。”[97] 若财产最终未被“受损”一方取得,则任何损害赔偿的主张均不应得到支持。[98]

93 对于违反诚信行事的义务,是否会导致法定解除权的产生,肯定的回答似乎更为可采。[99] 一方当事人在未决期间不履行诚信行事的义务,若根据一般理性并结合具体的情况,能够得出即使未来生效条件成就或者解除条件不成就,《民法典》第 563 条规定的法定解除权产生的构成要件也可以满足的判断,那么,另一方当事人不必消极等待、坐以待毙,可以准用《民法典》第 563 条的规定,提前解除合同。当然,未决期间行使法定解除权的当事人,不得另行主张履行利益的损害赔偿。[100]

---

〔96〕 C. M. Bianca, *Diritto civile*, vol. 3, *il contratto*, seconda edizione, Giuffrè editore, Milano, 2000, pp. 500 – 504.

〔97〕 杜景林、卢谌:《德国民法典——全条文注释(上册)》,中国政法大学出版社 2015 年版,第 119—120 页。我国实证法对于期待权的损害赔偿这一救济途径未予以明文规定,学说认为,似应作同样的解释。参见朱庆育:《民法总论》(第 2 版),北京大学出版社 2016 年版,第 133 页。

〔98〕 C. M. Bianca, *Diritto civile*, vol. 3, *il contratto*, seconda edizione, Giuffrè editore, Milano, 2000, p. 554.

〔99〕 S. Maiorca, *Condizione*, in *Digesto delle discipline privatistiche*, sezione civile, III, UTET, Torino, 1988, p. 314; R. Lenzi, *Della condizione nel contratto*, in *Commentario del codice civile*, diretto da E. Gabrielli, UTET, Torino, 2011, pp. 332 – 333; C. M. Bianca, *Diritto civile*, vol. 3, *il contratto*, seconda edizione, Giuffrè editore, Milano, 2000, p. 554.

〔100〕 C. M. Bianca, *Diritto civile*, vol. 3, *il contratto*, seconda edizione, Giuffrè editore, Milano, 2000, p. 554.

六、条件成就与否的确定与拟制

下面集中讨论条件成就或者不成就的最终确定、相应效力、法律拟制和溯及既往诸问题。 94

(一)条件成就与否的最终确定

若根据一般理性人的判断,实际发生的事实与原来条件中约定的事实一致, 95
则条件成就;反之,则条件不成就。些微的不一致,只要不致改变事实的社会与经济意义,不影响条件的成就。[101]

若当事人没有特别约定,且自法律行为本身的性质亦无从判断,则事实已全 96
无发生可能之时,方为条件不成就的最终确定时间,在此之前均为条件的未决期间。比如,在附随意条件的法律行为中,条件的成就取决于其行为意志的一方当事人的死亡之时,为条件成就或者不成就的最终确定时间。[102]

生效条件成就,法律行为生效,产生民事主体追求的特定私法效果;解除条件 97
成就,法律行为失效,法律效力终结。

生效条件不成就,法律行为终局不生效(*inutilis*),不产生民事主体追求的特 98
定私法效果,当事人的期待权消灭。若在条件的未决期间产生了预先效力,则这些效力亦随之消失。正是在此意义上,我们说,法律状态回复到法律行为实施之前,就如同法律行为没有实施一样。刊载于《最高人民法院公报》2011 年第 12 期的"莫君飞诉李考兴离婚纠纷案"谓:"婚内离婚协议是以双方协议离婚为前提,一方或者双方为了达到离婚的目的,可能在子女抚养、财产分割等方面作出有条件的让步。在双方未能在婚姻登记机关登记离婚的情况下,该协议没有生效,对双方当事人均不产生法律约束力,其中关于子女抚养、财产分割的约定,不能当然作为人民法院处理离婚案件的直接依据。原告莫君飞与被告李考兴在协议离婚过程中经双方协商对财产分割进行处理,是双方真实意思表示,并且已经进行了变更登记,但由于李考兴并未在离婚协议上签名,达不到离婚协议的成立要件,因此,该婚内离婚协议无效,即按该协议所进行的履行行为也可视为无效。虽然(2006)第 0036 号《土地使用证》范围内的土地使用权变更在李考兴名下,但该土

---

〔101〕 C. M. Bianca, *Diritto civile*, vol. 3, *il contratto*, seconda edizione, Giuffrè editore, Milano, 2000, p. 557. 史尚宽先生正确地指出,条件是否成就或不成就,亦为意思表示之解释问题。参见史尚宽:《民法总论》,中国政法大学出版社 2000 年版,第 479 页。

〔102〕 C. M. Bianca, *Diritto civile*, vol. 3, *il contratto*, seconda edizione, Giuffrè editore, Milano, 2000, p. 528.

地使用权还是莫君飞和李考兴婚姻存续期间的共同财产，与原来登记在莫君飞名下的性质是一样的。”按在本件案例，协议离婚为财产分割协议所附之条件，离婚协议未生效，条件未成就，故财产分割之约定不生效，财产仍属婚姻关系存续期间的夫妻共同财产。

99 解除条件不成就，法律行为终局有效，其效力继续发生，当事人的期待权亦消灭。换言之，条件的不成就使得基于法律行为而产生的权利和义务最终趋于稳定，而不再处于临时和悬而未决的状态。正是在此意义上，我们说，解除条件不成就的，发生如同未曾附条件的法律效果。〔103〕

（二）条件成就与否的法律拟制

100 《民法典》第 159 条规定的条件成就或者不成就的拟制（*fictio*），可以看作是对违背诚实信用原则的当事人的特别“制裁”。〔104〕 故而，若不正当阻止或者促成条件成就之人不是法律关系的主体，而是第三人，则不适用本条之规定。

101 第一，要明确的是，适用该条规定的拟制，不仅要求一方当事人作出了“阻止条件成就”或者“促成条件成就”的行为，而且要求达到了行为目的，客观上成功阻止了条件成就或者促成了条件成就。重庆市高级人民法院（2014）渝高法民提字第 00215 号民事判决书谓：“雪旺制冷公司为天味食品公司安装的空调系统工程涉及 54 个房间的空调，除 4 个房间的空调调试验收合格外，其余空调至今未进行调试验收，根据《空调系统工程合同》第八条的约定，天味食品公司支付相关工程款的条件并未成就；但截至一审法院受理本案诉讼时，雪旺制冷公司曾多次要求天味食品公司配合对未调试设备进行调试、验收，而天味食品公司未予积极配合，致使空调系统工程的后续验收工作无法及时开展，故天味食品公司的行为阻止了合同约定的付款条件的成就。根据《中华人民共和国合同法》第四十五条第二款‘当事人为自己的利益不正当地阻止条件成就的，视为条件已成就’的规定，应视为天味食品公司向雪旺制冷公司支付相关工程款项的条件已成就，天味食品公司应向雪旺制冷公司支付其所欠工程款项。”按在本件案例，天味食品公司对于设备

---

〔103〕 因此，处分行为附条件时，若生效条件不成就或者解除条件成就，则处分权人继续保有或者重新取得权利；若生效条件成就或者解除条件不成就，则受让人将最终成为权利人。E. Betti, *Teoria generale del negozio giuridico*, Edizioni Sciendifiche Italiane, Napoli, 2002, p. 532.

〔104〕 参见胡康生主编：《中华人民共和国合同法释义》（第 3 版），法律出版社 2013 年版，第 88—89 页；A. Falzea, *La condizione e gli elementi dell'atto giuridico*, Giuffrè editore, Milano, 1941, p. 208.

调试、验收不积极配合，即通过不作为的方式，客观上成功阻止了条件的成就。[105]

第二，当事人的行为与条件表面上的成就或者不成就须具有因果关系。[106] 102
当事人的行为须是客观造成表面上条件成就或者不成就之结果的“必要条件”（*condicio sine qua non*），即如果没有当事人的行为改变条件发展的自然轨道，现在表面上成就的条件本不会成就，现在表面上不成就的条件本会成就。[107] 若有无当事人的行为，其他因素均会导致相同结果的发生，则不能认为当事人的行为与该事实结果之间存在因果关系，相应地，也就不能适用本条第 2 款的规定。

第三，当事人阻止条件成就或者促成条件成就的行为“不正当”，即违反了诚 103
实信用原则。[108] 例如，公司与其职员约定，若后者完成销售任务，则无须归还某笔借款。在职员销售过程中，公司违法解除与职员的劳动关系，使职员难以完成约定任务，最终导致条件未成就。[109] 诚实信用原则是当事人可能影响条件发展轨迹的底线，不得逾越。该底线的位置何在，需要在具体法律行为中通过意思表示的解释划定。行为人对诚信底线的逾越，主观上必须存在故意或者过失。[110]

第四，当事人实施特定行为的目的须是为了实现“自己的利益”。行为人之所 104
以要使条件中的事实偏离自然发展的方向，而进入自己单方铺设的轨道，是因为他在主观上认为不强行使事实变轨，于己不利。行为人的主观判断和客观行为都是在条件的自然行进过程中而非在条件约定之初作出的，[111] 并未顾及条件列车上对方当事人的利益，故与诚实信用原则不合。甚至有学者认为，强行使事实变

---

〔105〕 有学者认为，除合同另有约定外，此种“阻止”或“促成”，仅在当事人以积极行为（作为）实施时方可构成，消极行为（不作为）不可能构成阻止或促成。参见李宇：《民法总则要义：规范释论与判解集注》，法律出版社 2017 年版，第 758 页。此论恐有不妥。依余所信，作为或不作为，皆可能为本款所称之“阻止”或“促成”。

〔106〕 我国有学者认为，不正当阻止行为与条件不成就之间，以及不正当促成行为与条件成就之间，无须有因果关系。参见李宇：《民法总则要义：规范释论与判解集注》，法律出版社 2017 年版，第 759 页。此观点或可商榷，为本文不采。

〔107〕 M. Costanza, *La condizione e gli altri elementi accidentali*, in *Trattato Rescigno – Gabrielli*, I, *I contratti in generale*, a cura di E. Gabrielli, 2, UTET, Torino, 1999, p. 984.

〔108〕 王利明教授认为，这里所说的不正当行为，是指行为人违反法律、道德和诚实信用原则，以作为或者不作为方式促成或者阻止条件的成就。参见王利明：《民法总则研究》，中国人民大学出版社 2012 年版，第 586 页。

〔109〕 参见重庆市第五中级人民法院（2015）渝五中法民终字第 03416 号民事判决书。

〔110〕 参见［德］维尔纳·弗卢梅：《法律行为论》，迟颖译，法律出版社 2013 年版，第 859—860 页；R. Lenzi, *Della condizione nel contratto*, in *Commentario del codice civile*, diretto da E. Gabrielli, UTET, Torino, 2011, p. 345. 王泽鉴先生则持相反的观点。他认为，故意“始足当之，若仅有过失，不在适用之列”。参见王泽鉴：《民法总则》，北京大学出版社 2009 年版，第 340 页。

〔111〕 有可能在合同订立时，条件的“成就或者不成就”对于一方当事人是有利的，但是，在未决期间，随着各方面因素的发展变化，该方当事人主观上认为，相反的结果，即“不成就或者成就”，对其是有利的。

轨之行为本身就可以推定行为人的目的是为了追求“自己的利益”。[112] 湖南省高级人民法院(2015)湘高法民二终字第 91 号民事判决书谓:“金岸公司方不予配合办理房屋产权过户的行为,系故意阻挠注销涉案股权质押登记手续条件成就的情形,根据《中华人民共和国合同法》第四十五条的相关规定,当事人为自己利益阻止条件成就的,应视为条件已经成就。故本案股权质押注销的条件已经成就,金岸公司方应按照《协议书》的约定,配合办理相关股权质押注销登记手续。”

105 第五,如上文提及,该条规定的拟制不适用于随意条件的行为人阻止或者促成条件成就之情形。这是因为,双方当事人在缔约时已经共同决定,合同的效力取决于一方当事人的行为意志,若后来仍以诚实信用原则评价该方当事人的作为或者不作为,则势必限制其自由决定。[113] 易言之,若对随意条件的行为人适用成就与否的拟制,会带来逻辑上的矛盾,即,一方面允许一方当事人依其意志自由决定是否作出作为条件的行为,而另一方面又使该方当事人负有依诚实信用原则是否作出此项行为的义务,“随意”与“义务”冰火同炉,显然不妥。因此,条件成否的拟制制度,只有偶成条件和混合条件中的“偶成部分”对于双方当事人均适用,而随意条件和混合条件中的“随意部分”,对于条件中的行为人不适用。[114] 例如,甲对乙曰:“若你参加并通过今年的司考,半价卖与你此套民法丛书。”设乙本有可高分通过之实力,却故意未参加考试,不能认为乙的行为有违诚信,盖“参加”司考乃整个条件的“随意部分”也。但是,若乙通过作弊取得高分,则应认为有违诚信,当视为条件不成就,乙不得主张买卖合同生效,请求交付该套民法丛书。这是因为,是否能够通过考试,除取决于应试者的知识水平和答题技巧外,尚与试题的难易程度、阅卷的标准宽严等当事人行为意志之外的因素有关,属混合条件的“非随意部分”,有适用拟制条件成就与不成就制度的余地。[115] 对于非真正条件,不适用本条规定的拟制制度,自不待言。

---

[112] D. Carusi, *Condizione e termini*, in *Trattato del contratto*, diretto da V. Roppo, III, *effetti*, a cura di M. Costanza, Giuffrè editore, Milano, 2006, p. 318. 我国亦有学者指出,“为自己的利益”仅是判断“不正当”的“一个便利的风向标”,理论上还存在“自损以损人”的可能。参见尚连杰:《拟制条件成就的法理构造》,载《法律科学》2017 年第 4 期,第 63 页。

[113] P. Rescigno, *Condizione (diritto vigente)*, in *Enciclopedia del diritto*, VIII, Giuffrè editore, Milano, 1961, p. 797.

[114] R. Lenzi, *Della condizione nel contratto*, in *Commentario del codice civile*, diretto da E. Gabrielli, UTET, Torino, 2011, pp. 341 - 342. 亦有学者认为,该制度对于随意条件的行为人阻止或者促成条件成就之情形亦适用,比如 S. Maiorca, *Condizione*, in *Digesto delle discipline privatistiche*, sezione civile, III, UTET, Torino, 1988, p. 315.

[115] 对于随意条件以及混合条件的“随意部分”,若条件行为人的对方当事人,不正当阻止条件成就或者促成条件成就,则照样适用拟制规则。例如,在正文所举“若你参加并通过今年的司考,半价卖与你此套民法丛书”之例,出卖人因禁本可取得高分的买受人,使后者无法入场考试,应视为条件成就。

第六，由于任何人均不得从自己的不当行为中获利，所以，即使行为当事人表面上成功使条件事实偏离了自然发展轨道，法律直接规定发生与其预期相反的效果：若最终阻止条件成就，视为条件成就；[116] 若最终促成条件成就，视为条件不成就。后一种情况，无论是生效条件还是解除条件，都不会发生法律状态的变化。但是，前一种情况，由于法律直接拟制条件成就，因此何时视为条件成就，就关系到法律状态的变化时点问题。对此，我国实证法没有明文规定。如果属于条件事实是否发生以及何时发生均不确定的情形（*incertus an e incertus quando*），那么，除非按照事实自然的发展进度能推测出成就的时间点，否则阻止条件成就的行为完成之时当被视为条件成就的时点。如果属于条件事实是否发生不确定，但发生与否有具体确定时间的情形（*incertus an e certus quando*），那么，该具体确定时间即为条件拟制成就的时间。此外，阻止条件成就，不仅包括条件最终未成就，而且包括条件成就时间被推迟的情形。不当推迟条件成就时间的，法律行为视为在较早的时间生效或者失效。[117] 106

第七，依据《民法典》第 159 条的规定，当事人为自己的利益不正当地阻止条件成就或者促成条件成就的，一律视为条件已成就或者不成就，此为自解释论的角度得出的可靠结论。然而，自立法论的角度观之，该模式或许并不是最佳选择。[118] 107

兹举一例说明。设当事人商定，由乙向甲提供软件使用许可，但该协议之生效条件为独立电脑工程师丙的专业认可。丙是由甲指定的。甲因后悔实施该交易而贿赂丙，使丙违背职业道德而不认可该软件设计。[119] 108

按照我国法律的规定，甲不当阻止条件成就的后果是条件“视为”已成就，故甲乙均须继续履行合同。但是，鉴于甲之行为严重违背诚实信用原则，乙可能更倾向于终止合同关系，并就因甲之行为而遭受的损失主张损害赔偿。一律“视为”条件成就，毫不依赖无辜当事人乙的意思，反而阻却了乙终止合同关系并获得赔偿之路。

---

〔116〕 例如，安徽省高级人民法院（2014）皖民提字第 00039 号民事判决书称：“现许某权、崔某国、伍某刚已积极支付余欠的 100 万元，尽管王允佳拒收，但根据我国《合同法》第四十五条之规定，仍应视为许某权、伍某刚请求过户的条件已经成就。”类似案例还可参见上海市嘉定区人民法院（2014）嘉民三（民）初字第 696 号民事判决书、湖南省高级人民法院（2015）湘高法民二终字第 91 号民事判决书等。

〔117〕 参见［德］维尔纳·弗卢梅：《法律行为论》，迟颖译，法律出版社 2013 年版，第 856 页。

〔118〕 相关讨论，参见李宇：《民法总则要义：规范释论与判解集注》，法律出版社 2017 年版，第 759—760 页。

〔119〕 改编自［德］克里斯蒂安·冯·巴尔、［英］埃里克·克莱夫主编：《欧洲私法的原则、定义与示范规则：欧洲示范民法典草案（全译本）：第 1 卷、第 2 卷、第 3 卷》，高圣平等译，法律出版社 2014 年版，第 602 页。

109 在另一种立法模式中,当事人一方不当阻止条件成就的,不得依赖条件不成就;不当促成条件成就的,不得依赖条件成就。无辜当事人一方却可根据具体情况选择主张该条件成就或者不成就;不行使该选择权的,发生条件表面成就或者不成就的一般后果。后一种模式显得更加灵活,可避免前一种模式所导致的难以接受的僵化结果。[120] 可惜后一种模式并未被我国立法者采纳。[121]

(三)条件成就的溯及既往效力

110 温德萨伊德曾言:"条件成就是否具有溯及既往的效力,乃潘德克吞法学讨论最多的话题之一。"[122]而这个问题在中国民法学界,迄今似乎并未惊起理论上的波澜,甚至论及者寡。[123]

111 罗马法中,至少在古典法时期,条件成就不具有溯及力。[124]《德国民法典》第158条、[125]《瑞士债务法》第151条和第154条、[126]《日本民法典》第127条[127]以

[120] 此即《欧洲私法的原则、定义与示范规则:欧洲示范民法典草案》第III-1:106条及《国际商事合同通则》(2010)第5.3.3条所采用的模式。

[121] 在《民法总则》的起草过程中,建议全国人大采后一模式的呼声时有发出。这说明立法机关对该模式不是不知,而是不采。至于不采的原因,不得而知。参见《民法总则立法背景与观点全集》编写组:《民法总则立法背景与观点全集》,法律出版社2017年版,第338、410页。

[122] B. Windscheid, *Diritto delle pandette*, vol. 1, traduzione italiana di C. Fadda e P. E. Bensa, UTET, Torino, 1902, pp. 366-367, nt. 1.

[123] 我国大陆民法学者关于条件成就是否具有溯及力的讨论,可参见梁慧星:《民法总论》(第5版),法律出版社2017年版,第192页;马俊驹、余延满:《民法原论》(第4版),法律出版社2010年版,第201页(马俊驹执笔);朱庆育:《民法总论》(第2版),北京大学出版社2016年版,第133页;李永军:《民法总则》,中国法制出版社2018年版,第643页;陈甦主编:《民法总则评注(下册)》,法律出版社2017年版,第1117页(郝丽燕执笔);袁治杰:《法律行为的条件理论》,载陈小君主编:《私法研究》(第8卷),法律出版社2010年版,第85—86页。

[124] 具体讨论,详参E. Betti, *Diritto romano*, I, Padova, 1935, pp. 364 ss.; E. Betti, *Istituzioni di diritto romano*, I, CEDAM, Padova, 1942, pp. 205 ss.

[125] 《德国民法典》第158条:"(第1款)附停止条件实施法律行为的,取决于条件的效力,在条件成就时发生。(第2款)附解除条件实施法律行为的,法律行为的效力,于条件成就时终结;自此时起,回复以前的法律状态。" 参见杜景林、卢谌:《德国民法典——全条文注释(上册)》,中国政法大学出版社2015年版,第119页。

[126] 《瑞士债务法》第151条:"(第1款)契约,以不确定事实的发生或不发生决定其效力者,为附条件的契约。(第2款)除契约当事人明示有其他意思外,附延缓条件的契约,在条件成就时,发生效力。"第154条:"(第1款)附解除条件的契约,在条件成就时,失其效力。(第2款)契约的失效,一般无溯及力。"参见戴永盛译:《瑞士债务法》,中国政法大学出版社2016年版,第48页。

[127] 《日本民法典》第127条:"(第1款)附停止条件的法律行为,自条件成就时发生效力。(第2款)附解除条件的法律行为,自条件成就时丧失效力。(第3款)当事人已作出条件成就的效果溯及于成就以前的意思表示时,从其意思。"参见渠涛编译:《最新日本民法》,法律出版社2006年版,第32页。

及我国台湾地区“民法”第99条[128]均沿袭了罗马法的这一规则。与之相反,《法国民法典》第1179条、[129]《葡萄牙民法典》第276条[130]以及《意大利民法典》第1360条第1款[131]则均规定,条件成就的效力一般溯及至法律行为(合同)成立之时发生。此外,还存在未在民法典中明确涉及该问题的立法例,比如《奥地利民法典》。[132]

是否承认条件成就的溯及力,主要关系未决期间何人为权利主体,以及附条件处分行为的效力的问题。[133] 例如,如果承认条件成就的溯及力,那么溯及成为所有权人的主体,就可以就第三人侵害所有权的行为请求损害赔偿;如果不承认条件成就的溯及力,那么只有在未决期间是所有权人的主体,才可以就第三人侵害所有权的行为请求损害赔偿。 112

《民法典》第158条第2句明确规定:“附生效条件的民事法律行为,自条件成就时生效。附解除条件的民事法律行为,自条件成就时失效。”因此,依我国实证法的规定,条件成就时法律状态方发生改变,条件成就不具有溯及既往的效力。例如,在合同法领域,无论合同附加的是生效条件还是解除条件,法律状态一般自条件成就时,而非溯及至合同缔结之时发生改变。[134] 具体而言: 113

其一,若债权合同附生效条件,则只有在条件成就时,合同之债的履行请求权才产生。例如,出卖人甲与买受人乙签订了附生效条件买卖合同,那么,只有在条件成就时,根据《民法典》第595条的规定,甲才可请求乙支付价金,乙才可请求甲移转标的物的所有权,并交付标的物或者交付提取标的物的单证。 114

其二,若债权合同附解除条件,则条件成就时,合同的效力“终止”。但是,由于在条件的未决期间受领人接受给付具有法律上的原因,所以,受领人可以以有权占有人的身份保留占有。同时,由于条件的成就,还有可能产生基于合同的返 115

---

[128] 台湾地区“民法”第99条:“(第1款)附停止条件之法律行为,于条件成就时,发生效力。(第2款)附解除条件之法律行为,于条件成就时,失其效力。”

[129] 《法国民法典》第1179条:“已经成就的条件,其效力溯及义务缔结之日。如债权人在条件成就之前死亡,其权利由继承人继承。”参见罗结珍译:《法国民法典》,北京大学出版社2010年版,第311页。

[130] 《葡萄牙民法典》第276条:“条件成就之效力追溯至成立法律事务之日,但双方当事人之意思或行为之性质而使条件之效力须在另一时间发生者,不在此限。”参见唐晓晴等译:《葡萄牙民法典》,北京大学出版社2009年版,第50页。

[131] 《意大利民法典》第1360条第1款:“条件成就的效力溯及至契约缔结之时发生,但基于当事人的意思或者法律关系的性质,契约或者解除的效力应当在另一时点发生的除外。”

[132] 《奥地利民法典》在条件问题上的立法体例比较独特,先在第695条至第703条详细规定了遗嘱之附条件,继而在第897条规定,契约中的条件,一般准用关于遗嘱之附条件的规则。参见戴永盛译:《奥地利民法典》,中国政法大学出版社2016年版,第135—136、170—171页。

[133] C. M. Bianca, *Diritto civile*, vol. 3, *il contratto*, seconda edizione, Giuffrè editore, Milano, 2000, p. 560.

[134] 参见朱庆育:《民法总论》(第2版),北京大学出版社2016年版,第133页。

还请求权。例如,若租赁合同附有解除条件,则在条件成就时,出租人基于租赁合同享有租赁物返还请求权。[135] 但是,这里的“终止”,只是意味着“形成一种了结现务的关系”,即新的给付义务不会产生,过去形成的债务,如果尚未履行则继续存在。比如,在上举例子中,如有未付清的租金,则承租人仍须支付。[136]

116 其三,若物权合同附生效条件,则物权自条件成就时,而非合同缔结时发生变动。例如,甲以所有权保留的方式将自己的母羊出售给乙,并完成了交付,同时双方约定,以乙付清全部价款为生效条件。乙付清全部价款之时方取得母羊的所有权,而不是溯及至合同缔结完成之时取得所有权。假如在未决期间母羊产下羔羊,那么,即使乙后来付清了价款,根据《民法典》第 321 条第 1 款第 1 句“天然孳息,由所有权人取得”之规定,羔羊的所有权仍由母羊的所有权人甲取得。

117 其四,若物权合同附解除条件,则物权亦自条件成就时发生变动。例如,甲为担保某笔债务的履行,将自己的母羊的所有权移转给了乙,同时双方约定,以被担保的债务得到清偿为解除条件。在条件成就之前,乙是母羊的所有权人;在这笔债务得到清偿即条件成就时,母羊的所有权直接重新由甲取得。假如在条件的未决期间母羊产下羔羊,那么,根据《民法典》第 321 条第 1 款第 1 句的规定,羔羊的所有权仍由母羊的所有权人乙取得,并不会受到债务后来得到清偿之影响。

118 一般认为,条件成就不具有溯及力的规则属于任意规范,可为当事人通过意思表示排除适用。亦即,合同当事人可以约定,条件成就具有溯及既往的效力。但是,此种约定只产生债法上的效力,而不产生物权法上的效力。[137] 比如,在“其三”所举之例中,倘若当事人约定条件成就使合同的最终效力溯及至合同缔结完成之时发生,那么,母羊在未决期间产的羔羊仍由甲取得所有权。也就是说,当事人对溯及力的约定,对物权的变动不产生任何直接的影响,而仅使甲负有将羔羊的所有权转移给乙的债务。[138]

---

〔135〕 参见[德]维尔纳·弗卢梅:《法律行为论》,迟颖译,法律出版社 2013 年版,第 870 页。

〔136〕 参见[德]卡尔·拉伦茨:《德国民法通论(下册)》,王晓晔等译,法律出版社 2003 年版,第 702 页。

〔137〕 参见[德]汉斯·布洛克斯、[德]沃尔夫·迪特里希·瓦尔克:《德国民法总论》,张艳译,杨大可校,中国人民大学出版社 2012 年版,第 295 页;朱庆育:《民法总论》(第 2 版),北京大学出版社 2016 年版,第 133 页。

〔138〕 有学者指出,一般性地规定条件成就具有或者不具有溯及力,在实际效果上,差异并没有想象得那么大。原因主要有二。首先,相应的规范属于任意规范,当事人可以通过合意排除其适用。其次,规定条件成就不具有溯及力的立法例,一般会规定权利人在未决期间作出的处分行为,在条件成就时不生效力,比如《德国民法典》第 161 条;而规定条件成就具有溯及力的立法例,一般会规定对于某些合同基于其法律关系的性质,或者对于附解除条件的持续性合同,或者对于未决期间的管理行为的效力,条件成就不具有溯及力,比如《意大利民法典》第 1360 条第 2 款、第 1361 条的规定。因此,条件成就是否具有溯及力的差异,取决于把哪些规则规定为原则,把哪些规则规定为例外,几为“朝三暮四”和“朝四暮三”之别。参见[德]维尔纳·弗卢梅:《法律行为论》,迟颖译,法律出版社 2013 年版,第 864 页;R. Lenzi, *Della condizione nel contratto*, in *Commentario del codice civile*, diretto da E. Gabrielli, UTET, Torino, 2011, pp. 346, nt. 1.

七、举证责任

119 条件的证明，主要涉及法律行为是否附加了条件由何人承担举证责任，以及在附加了条件的情况下，条件成否又由何人承担举证责任的问题。

120 就是否存在条件附款，应由主张法律行为附加了条件的一方当事人负责举证。理由是，如果附加了条件，那么合同等法律行为要么不生效，要么不具有终局的效力。

121 就条件是否成就，若为生效条件，则由主张权利的一方（即证明条件附款存在的一方的对方当事人）证明条件已经成就；若为解除条件，则由主张权利的一方的对方当事人（即证明条件附款存在的一方）证明条件已经成就。[139]

附：案例索引

1. 安徽省高级人民法院（2014）皖民提字第 00039 号民事判决书：王某佳与许某权等公司合同纠纷上诉案【边码 106】

2. 北京市第三中级人民法院（2016）京 03 民初 27 号民事判决书：深圳红瑞资本管理企业（有限合伙）与北京福阅投资有限公司等股权转让纠纷案【边码 22】

3. 重庆市第五中级人民法院（2015）渝五中法民终字第 03416 号民事判决书：黄某伟与重庆平克贸易有限公司民间借贷纠纷案【边码 103】

4. 重庆市高级人民法院（2014）渝高法民提字第 00215 号民事判决书：泰州雪旺制冷设备有限公司与重庆市天味食品贸易有限公司承揽合同纠纷案【边码 101】

5. 湖南省高级人民法院（2015）湘高法民二终字第 91 号民事判决书：周某辉等与株洲市世纪城房地产开发有限公司等质押合同纠纷案【边码 104、106】

6. 江西省赣州地区（市）中级人民法院（2014）赣中民再终字第 11 号民事判决书：赵某宇等与全南县新城房地产开发有限公司房屋买卖合同纠纷案【边码 43】

7. 莫君飞诉李考兴离婚纠纷案，载《最高人民法院公报》2011 年第 12 期【边码 98】

8. 上海市高级人民法院（2004）沪高民二（商）终字第 146 号民事判决书：宝威仓储（上海）有限公司与上海华冶钢铁集团有限公司买卖合同纠纷案【边码 5】

9. 上海市嘉定区人民法院（2014）嘉民三（民）初字第 696 号民事判决书：蒋某珍与史某超买卖合同纠纷案【边码 106】

10. 浙江省安吉县人民法院（2015）湖安商初字第 367 号民事判决书：中昌环保集团有限公司等与杜某合同纠纷案【边码 6、43】

---

[139] B. Windscheid, *Diritto delle pandette*, vol. 1, traduzione italiana di C. Fadda e P. E. Bensa, UTET, Torino, 1902, pp. 347 – 349; E. Betti, *Teoria generale del negozio giuridico*, Edizioni Sciendifiche Italiane, Napoli, 2002, p. 517.

11. 浙江省杭州市中级人民法院（2010）浙杭民终字第 2757 号民事判决书：王某与童甲等赠与合同纠纷案【边码 42】

12. 浙江省湖州市中级人民法院（2015）浙湖商终字第 393 号民事判决书：中昌环保集团有限公司等与杜某合同纠纷案【边码 6】

13. 最高人民法院（2004）民一终字第 106 号民事判决书：崂山国土局与南太置业公司国有土地使用权出让合同纠纷案【边码 11】

14. 最高人民法院（2015）民申字第 3109 号民事裁定书：齐某等与杨某东民间借贷纠纷案【边码 10】

15. 最高人民法院（2015）民再字第 1 号民事判决书：上海绿庭集团有限公司与南京建宇房地产开发（集团）有限公司等股权转让纠纷案【边码 5】

第160条

附期限法律行为*

第160条　民事法律行为可以附期限，但是根据其性质不得附期限的除外。附生效期限的民事法律行为，自期限届至时生效。附终止期限的民事法律行为，自期限届满时失效。

简　目

---

* 本文系基于《〈民法典〉第160条（附期限法律行为）评注》（载《法学家》2020年第5期，第176—189页）一文修订而成。

翟远见

一、规范意旨与规范变迁

（一）规范意旨

1 期限，与条件一道，[1]同为法律行为的附款，是民事主体控制法律行为效力发生或者消灭的任意手段。通过附加期限，民事主体可以自主地将法律行为效力的发生或者消灭系于将来确定发生的事实。[2]

法律行为是民事主体实现意思自治最一般和最重要的工具。当事人通过对法律行为附加期限，以控制法律行为的生效与失效，这是民事主体之行为自由的逻辑要求，也是私法自治之效果自主的题中之义。[3] 民事主体通过附加生效期限，可以延缓法律行为效力的发生；通过附加终止期限，可以使法律行为的效力归于消灭。本条即旨在原则上肯认民事主体的此项自由。

法律行为以可以附期限为原则，以不能附期限为例外。除法律特别规定不得附期限的以外，法律行为根据其性质不得附期限的，也不得附期限。此等限制，构成法律行为效力自治在时间上的边界。

（二）规范变迁

2 自 1987 年 1 月 1 日起施行的《民法通则》没有具体规定附期限的法律行为。1988 年 4 月 2 日最高人民法院颁布的《民通意见》的第 76 条规定："附期限的民事法律行为，在所附期限到来时生效或者解除。"1999 年 10 月 1 日起施行的《合同法》的第 46 条规定："当事人对合同的效力可以约定附期限。附生效期限的合同，自期限届至时生效。附终止期限的合同，自期限届满时失效。" 2017 年 10 月 1 日起施行的《民法总则》的第 160 条，在上述立法规定的基础上，就附期限法律行为的效力作了进一步规定，尤其是明确了法律行为"按照其性质不得附期限的"，不可以附期限的规则。相对于《民法总则》第 160 条，2021 年 1 月 1 日起施行的《民法典》的第 160 条只字未易。

二、期限的属性

3 法律行为所附期限具有两层含义。其一，指法律行为中限制效力发生或者消

〔1〕 关于条件的讨论，参见翟远见：《〈合同法〉第 45 条（附条件合同）评注》，载《法学家》2018 年第 5 期，第 170—191 页。

〔2〕 参见王利明：《民法总则》，中国人民大学出版社 2017 年版，第 343 页。

〔3〕 参见朱庆育：《民法总论》（第 2 版），北京大学出版社 2016 年版，第 125 页。

灭的意思表示的有机组成部分。它没有独立于法律行为,更非所附法律行为的从行为。[4] 其二,指表意人选定的作为控制法律行为效力的手段的事实。在第一层含义上,正因为期限属于附期限法律行为的意思表示的一部分,所以期限的设定也必须由行为人依其自由意思作出。与意思无关的时间,如遗嘱的生效时间即立遗嘱人死亡之时,《民法典》第145条第2款和第171条第2款规定的为期30日的催告期间等,皆非法律行为所附的期限。司法实践中,有误将遗嘱以立遗嘱人死亡为生效前提的法律规定理解为期限者。[5] 法律行为是否附有期限,有时不能仅看行为之表面,尚需通过意思表示的解释,探究当事人真意,以得出恰当的结论。

若某事实乃表意人基于其他目的而选定的,则非此处所称期限。例如,最高人民法院(2016)最高法民申226号民事裁定书谓:"双方当事人签订的解除协议第六条明确约定'本协议自双方签字盖章之日起生效',故该协议自2009年9月11日双方签字盖章之日起即发生法律效力,不存在双方约定合同附生效条件或附生效期限的情形。双方在协议第五条约定由法院制作民事调解书作为最终法律文件的目的是'为了在法律上进一步巩固本协议内容',而并非约定的合同所附条件或期限。" 4

构成期限的事实,具有未来性和必至性的特征。

(一)期限的未来性

期限是客观发生在将来的事实。也就是说,只有尚未到来的时间才能作为附期限的法律行为中的期限。[6] 若当事人将法律行为的生效或者失效系于已经发生的事实,该法律行为不是附期限的法律行为。其效力如何,取决于当事人对期限业已到来是否知晓,以及所附期限究为何种类型。如果当事人明知期限已经到来,仍以之作为法律行为的生效期限,应当认为法律行为未附期限;仍以之作为终止期限,应当认为当事人根本就没有使法律行为发生效力的意思,法律行为无效。如果当事人不知期限已经到来,仍以之作为法律行为的期限,倘若可以认为当事人如知晓期限到来,当不会作出该法律行为,则法律行为无效。[7] 5

---

〔4〕 参见张俊浩主编:《民法学原理(上册)》,中国政法大学出版社2000年版,第264页。

〔5〕 参见江苏省灌云县人民法院(2017)苏0723民初3842号民事判决书;广西壮族自治区平南县人民法院(2012)平民初字第1560号民事判决书;陕西省西安市碑林区人民法院(2016)陕0103民初1886号民事判决书[二审陕西省西安市中级人民法院(2016)陕01民终6162号民事判决书复将遗嘱行为误认为是"以立遗嘱人死亡为生效条件的附条件的民事法律行为"]。

〔6〕 参见王利明:《民法总则》,中国人民大学出版社2017年版,第344页。

〔7〕 参见史尚宽:《民法总论》,中国政法大学出版社2000年版,第508页。

(二)期限的必至性

6 与条件不同,期限是将来确定发生的事实。换言之,构成条件的事实发生与否不确定,而期限终会到来,尽管到来的时间有可能不确定。这一点是皆为附款的期限与条件二者之间的根本区别。[8] 在天津市高级人民法院(2006)津高法民四终字第 0030 号民事判决书中,法官正确地论证道,在附条件的法律行为中,条件存在成就和不成就两种可能,且两种可能会导致不同的法律效果;而在附期限法律行为中,期限是确定的必然性事实,法律行为迟早会生效或者失效。

7 有些事实是否发生以及何时发生均不确定,例如"某甲竞选校长成功之日",因为某甲能否成功竞选校长不确定,何日竞选成功也不确定;有些事实是否发生不确定,但是发生与否有具体的确定时间,例如"某乙庆祝自己 80 岁生日当天",因为某乙 80 岁生日必将到来,但是其本人能否活到那一天不得而知;有些事实确定发生,且发生时间确定,例如"明年 1 月 1 日",因为这个确定日子的到来,并不以人的意志而转移;有些事实确定发生,但是何时发生不确定,例如"北京下次降雨时",因为虽然说不准北京什么时候降下一场雨,但是早一天晚一天自会降雨。前两类事实均因其具有或然性,可以作为条件;而后两类事实则否,只可作为期限。[9]

8 司法实践中,误将条件认定为期限的案例并不鲜见。最高人民法院(2014)民申字第 1651 号民事裁定书称:"案涉《房屋买卖协议》约定,若在本协议签订之日起四个月政府规划条件未出台,本协议终止,甲方不退还定金;但因不可抗力(自然灾害、政策变化、有关部门人员变动等甲方不能抗拒的情况),时间相应顺延。该约定表明本案合同系附终止期限的合同,即至协议签订之日起四个月政府规划条件未出台则《房屋买卖协议》失效,而但书约定的'时间相应顺延'系对合同有效期的展期。"将"本协议签订之日起四个月政府规划条件未出台"认定为是对期限而非条件的约定,恐非得当,因为尽管发生与否有具体的确定时间,即"本协议签订之日起四个月",但是政府是否会出台规划条件显然具有或然性。又如,在河南省桐柏县人民法院(2019)豫 1330 民初 136 号民事判决书中,法官将"一星期内必须签订合同,履行合同,否则本次发包无效"认定为双方当事人对于承包合同所附期限的约定,似乎不妥,因为是否签订合同并支付承包金并非必然发生的事情,

〔8〕 佟柔先生正确地指出,条件的成就与否不能预知,而期限的到来肯定能预知,是有规律的,不以人们的意志为转移。参见佟柔:《佟柔中国民法讲稿》,北京大学出版社 2008 年版,第 203 页。

〔9〕 参见翟远见:《〈合同法〉第 45 条(附条件合同)评注》,载《法学家》2018 年第 5 期,第 175 页。张俊浩教授称构成期限的事实为"必成事实"。参见张俊浩主编:《民法学原理(上册)》,中国政法大学出版社 2000 年版,第 269 页。

具有或然性，故宜将之认定为生效条件。再如，广东省深圳市龙华区人民法院(2019)粤0309民初1207号民事判决书称："肖土梅、杨某甲的这一合意中明确表示，肖土梅应在杨某乙年满18周岁时将涉案房屋过户给杨某乙。涉案房屋过户这一义务为附期限的民事行为，所附期限为杨某乙年满18周岁，杨某乙2009年5月14日生，在2027年5月14日年满18周岁。故杨某乙在2027年5月14日之后方有权要求肖土梅履行涉案房屋过户义务，现期限尚未到达，杨某乙要求肖土梅履行涉案房屋过户义务之诉讼请求缺乏事实及法律依据，本院对杨某乙的诉讼请求不予支持。"该案中，杨某乙成年系房屋过户之条件，因为对任何未成年人而言，能否活到18周岁均属未来不确定发生的事实。此外，在湖北省宣恩县人民法院(2017)鄂2825民初1158号民事判决书中，法官将商品房买卖合同附件里"自合同签订之时起至业主大会成立后业主委员会与所选聘的物业管理公司签订物业服务合同生效时止，本协议终止"认定为对"终止期限"的约定也显然不确，因为业主大会、业主委员会能否成立，以及业主委员会能否选聘到中意的物业管理公司并与之签订物业服务合同，均具有不确定性。

误将期限认定为条件的判决亦不乏其例。比如，北京市密云县人民法院 9
(2018)京0118民初11189号民事判决书称："协议的第2项中，'张洪学、张宏伟只有居住权，等张德如、齐淑霞逝后张洪学、张洪伟才能有所有权'，应被理解为附生效条件的民事法律行为，涉案房屋归被告张洪学、张宏伟所有的前提条件即父母死亡。现(二被告的父母)张德如、齐淑霞尚在世，故涉案房屋应归二原告所有。"人终有一死，唯何时死亡难以预测，故将案中附款理解为不确定生效期限而非生效条件，更为妥当。

条件须合法，即作为条件的不确定发生的事实与法律行为的效果之间，不能 10
存在与法律的强制性规定或者公序良俗相悖的关系。而正因为期限必定到来，所以，与条件不同，期限并不要求合法性要件。[10]

尽管作为条件的事实其发生与否不确定，而作为期限的事实确定发生，二者 11
似乎泾渭分明。但是在司法实践中，法官有时尚需根据具体情况，通过探究当事人的真实意思，认定法律行为所附的究为条件抑或期限。例如，"明年下雪时"，若当事人所指地点为广东，乃是条件；若当事人所指地点为黑龙江，则是期限。又如，甲对罹患重病的乙说："待你50岁，我将名下房产悉数给你。"宜认为当事人的

[10] Cfr. M. Costanza, *La condizione e gli altri elementi accidentali*, in *Trattato Rescigno - Gabrielli*, I, *I contratti in generale*, a cura di E. Gabrielli, tomo secondo, Torino: UTET, 1999, p. 1003. 张俊浩教授持不同观点，认为期限须属合法事实，"非法事实，也不能设定为期限"。参见张俊浩主编：《民法学原理(上册)》，中国政法大学出版社2000年版，第269页。然而，本文认为，由于期限必然到来，讨论期限事实的合法性与否，好像并无太大意义。

意思是，如果乙能够活到50岁，所涉房产全部归他，这是甲特为乙一人之利益而作的安排。天有不测风云，人有旦夕祸福，乙能否活到50岁并不确定，故为条件。然而，如果甲对罹患重病的乙说的是："待你50岁时，我将名下房产悉数给你或者你的继承人。"宜认为此时当事人的意思是，如果乙能够活到50岁，所涉房产全部归他；即使乙活不到50岁，在其50冥寿之日，所涉房产亦归其继承人。后一种情况下，权利变动于确定的日期（即自乙出生之日起计算，满50年的对应日）发生，故为期限。[11]

12 本身不存在或者过于长远的期限，例如，"明年第367天""明天第30小时""一万年后"等，学说上称之为不能期限（*dies impossibilis*）。期限必须能够到来，不得在一般观念上是不可能的，故不能期限不是真正的期限。法律行为附加不能期限作为生效时点的，例如"明年第367天租赁合同生效"或者"一万年后房子卖与你"，如果可以认为当事人根本没有使法律行为发生效力的意思，则整个法律行为无效。附加不能期限作为失效时点的，例如"明年第367天保管合同失效""租赁合同一万年后失效"，如果通过对意思表示的解释，可以认为当事人内心没有借由附加期限使法律行为失效的意思，则期限本身无效，法律行为发生未附终止期限的效力。[12]

有判决不当使用了不能期限的概念，并错误理解了附不能期限的法律行为的效力。例如，在王某义与徐某强劳务合同纠纷一案中，双方当事人约定，"本工程无预付款，各班组统一自垫生活费，余款待主体验收、项目合同内所产生的工程量已完，项目交接手续完善后低（抵）京淮服装城现房2套首付款，余款一年内付清"。一审法院以工程主体是否能够通过验收、项目合同内所产生的工程量是否能够做完均存在不确定性为由，将双方当事人对以房抵款和付款时间的约定，错误地认定为是对"不能期限"的约定，且错误地认为"该约定"不具有法律效力。[13]

13 同一法律行为可能既附有条件，又附有期限。例如，在李某与严某租赁合同纠纷一案中，李某为替其子章某偿还所欠严某的45万元债务，与严某签约，同意后者在其房屋中经营，以房租冲抵欠款，直到章某回来，还清严某债务为止。严某

〔11〕 参见朱庆育：《民法总论》（第2版），北京大学出版社2016年版，第134页；陈甦主编：《民法总则评注（下册）》，法律出版社2017年版，第1127页（郝丽燕执笔）；A. Trabucchi, *Istituzioni di diritto civile*, quarantesimaquarta edizione, Padova: Casa editrice Dott. Antonio Milani, 2009, p. 148.

〔12〕 参见史尚宽：《民法总论》，中国政法大学出版社2000年版，第508页；F. Musumeci, *Termine (diritto romano)*, in *Enciclopedia del diritto*, Milano: Giuffrè editore, 1992, pp. 186－187; F. Galgano, *Il negozio giuridico*, in *Trattato di diritto civile e commerciale*, diretto da A. Cicu, F. Messineo e L. Megnoni, continuato da P. Schlesinger, Milano: Giuffrè editore, 2002, p. 151.

〔13〕 参见江苏省泗阳县人民法院(2017)苏1323民初3547号民事判决书。几乎完全相同的论证逻辑另可参见江苏省泗阳县人民法院(2016)苏1323民初7774号民事判决书。

在章某回来前每月先垫付5000元给李某，作为李某在外居住的费用，待章某回来后一并结算。此案中，章某回不回来不确定，即使回来，是否向严某全部清偿债务仍属不确定，故“直到章某回来，还清严某债务为止”显系对租赁合同之解除条件的约定。而李某和严某约定以房租抵扣章某对严某所负的债务，待租金总额达到45万元时，租赁关系即告终止，因终有一日系争房屋的租金会达到该数额，故双方当事人对租赁合同亦约定有终止期限。〔14〕

三、期限的类型

根据不同标准，期限可以区分为：生效期限（*dies a quo*）与终止期限（*dies ad quem*），确定期限（*dies certus*）与不确定期限（*dies incertus*）。

（一）生效期限与终止期限

14 以对法律行为效力的影响不同为标准，期限分为生效期限与终止期限。

15 生效期限亦称始期，期限届至前法律行为不生效，届至后方生效。因为生效期限必将届至，所以与生效条件使得法律行为的效力处于停止状态，是否生效尚不确定不同，生效期限只是将法律行为的生效时间确定地向后推迟而已。“某老人去世，我便将此房以某价出售与你。”人固有一死，所以“某老人去世”为期限。又，“某老人去世”，房屋买卖合同生效，故该期限为生效期限。

16 终止期限亦称终期，期限届满前法律行为产生效力，届满后即失效。“明年12月31日租赁合同到期，收回房屋。”“明年12月31日”终会到来，故为期限。又，在“明年12月31日”之前，租赁合同已经生效，但是租赁期间一经届满，租赁合同的效力即归于消灭，故该期限为终止期限。法律行为所附终止期限，一般对应于租赁、合伙、借贷、雇佣、供应水电气等持续性法律关系。〔15〕

17 关于是否应当区分负担行为所附的生效期限与负担行为产生债务的履行期限问题，有学者认为，尽管人们可以想象作出这一区分，然而在法律适用上，作此

〔14〕 参见上海市徐汇区人民法院(2012)徐民四(民)初字第3004号民事判决书；上海市第一中级人民法院(2013)沪一中民二(民)终字第249号民事判决书。

〔15〕 参见朱庆育：《民法总论》(第2版)，北京大学出版社2016年版，第134页。为保障债务人的自由，债权的请求权效力均要受到存续期间的限制。在持续性债权合同中，该限制要么表现为当事人约定的终止期限，要么表现为法律规定的最长期间，要么表现为一方当事人享有的随时解除合同的权利。例如，根据《民法典》第976条的规定，在合伙合同中，合伙人可以对合伙期限作出约定；没有约定的，视为不定期合伙；对于不定期合伙，合伙人可以随时解除之。

区分不具有任何意义。[16] 不过，通说认为二者不同。[17] 首先，生效期限控制整个负担行为的效力，而履行期限仅对负担行为所生效力的部分内容产生影响，即只作用于其产生的个别而单向的债务，例如租赁合同中的租金支付、借款合同中的还款义务、买卖合同中的交货或者付款等。其次，负担行为在生效期限届至前尚未生效，当事人享有的只是期待权，而非完整权；附履行期限的负担行为，若法律行为未附生效条件或者生效期限，法律行为已经生效，当事人享有的是完整的债权，而非期待权。[18] 唯此时的债权尚不能通过强制执行来实现而已。

设甲乙于 2040 年 1 月 1 日签订合同，约定甲将房屋出租给乙，租期自 2050 年 1 月 1 日起，至 2059 年 12 月 31 日止，租金每年 12 月 31 日支付，则 2040 年 1 月 1 日为合同的成立之日，2050 年 1 月 1 日为生效期限，2059 年 12 月 31 日为终止期限。2050 年 1 月 1 日至 2059 年 12 月 31 日，其间租赁合同产生法律效力。此例中，出租人应当于 2050 年 1 月 1 日履行交付租赁房屋的义务，根据《民法典》第 708 条之规定，2059 年 12 月 31 日之前还须承担租赁房屋的瑕疵担保责任。而十年间每年的 12 月 31 日，均为租金债务的履行时间。

18 司法实践中，法官多正确辨别了负担行为的生效期限与负担行为所生之债的履行期限。例如，江苏省高级人民法院(2014)苏民终字第 0266 号民事判决书称："双方虽然在《商品房包销合同》中约定委托期限为八个月，自五证齐全后开始计算，但此仅为双方对委托销售期限的约定，而非对《商品房包销合同》生效期限的约定，双方在《商品房包销合同》中已约定签字盖章后生效。"又如，在广西壮族自治区河池市(地区)中级人民法院(2016)桂 12 民终 90 号民事判决书中，法官谓："本案合同签订于 2007 年 7 月 22 日，合同约定土地出租的起始日期为 2016 年 1 月1 日，该约定为合同履行时间的约定，而非对合同生效时间的约定。该合同于

---

〔16〕 弗卢梅认为，对于附生效期限的负担行为，债务人在生效期限届至前履行的，也适用《德国民法典》第 813 条第 2 款之规定，即不得请求返还。参见[德]维尔纳·弗卢梅：《法律行为论》，迟颖译，法律出版社 2013 年版，第 871 页。我国也有意见认为，附期限合同中的期限其实质上就是合同的履行期限，二者没有区别的必要。参见胡康生主编：《中华人民共和国合同法释义》(第 3 版)，法律出版社 2013 年版，第 90 页。

〔17〕 例如，[德]卡尔·拉伦茨：《德国民法通论(下册)》，王晓晔等译，法律出版社 2003 年版，第 706—707 页；[德]迪特尔·梅迪库斯：《德国民法总论》，邵建东译，法律出版社 2001 年版，第 637—638 页；史尚宽：《民法总论》，中国政法大学出版社 2000 年版，第 503 页；王泽鉴：《民法总则》，北京大学出版社 2009 年版，第 347 页；梁慧星：《民法总论》(第 5 版)，法律出版社 2017 年版，第 194 页；朱庆育：《民法总论》(第 2 版)，北京大学出版社 2016 年版，第 134 页；F. Gazzoni, *Manuale di diritto privato*, Napoli: Edizioni scientifiche italiane, 2007, p. 942; A. Torrente, P. Schlesinger, *Manuale di diritto privato*, Milano: Giuffrè editore, 2007, p. 565.

〔18〕 参见朱庆育：《民法总论》(第 2 版)，北京大学出版社 2016 年版，第 134 页。

签订时成立并生效,一审判决认定该合同系附期限的合同有误,本院予以纠正。”[19]

更有判决书详细阐述了生效期限与履行期限二者的差别。例如,安徽省芜湖市弋江区人民法院(2018)皖0203民初228号民事判决书云:“履行期限是指双方当事人约定的履行合同义务的时间,在履行期限到来之前,当事人双方不需要实际履行合同义务,债权人也不能请求债务人实际履行债务,否则债务人有权拒绝。履行期限只是对实际履行合同义务的规定,并不是对合同效力的规定。在履行期限到来之前合同已经发生效力,当事人的权利义务已经发生,双方都应当受到合同的约束。附期限的‘期限’与附条件中的‘条件’一样,都是决定合同效力的因素。就本案而言,实际上位于芜湖市镜湖区房屋拆迁与否,并不决定杨某与杨云山、许某之间的合同是否生效,因为该合同已生效,且该生效合同早已决定了杨某负有付款义务。杨某向杨云山、许某出具《欠条》预期的后果,就是杨某肯定要承担还款责任,双方主观上均无免去被告还款义务的意图。……‘等芜湖市镜湖区拆迁款到账户时付给杨云山、许某’不是合同所附的一个‘期限’,而是履行付款义务的一个时间点,但实际无法确定具体付款时间,故该条款实为约定不明的付款期限。”还比如,在黑龙江省齐齐哈尔市建华区人民法院(2019)黑0203民初1067号民事判决书中,法官言明:“‘还款期限在房屋拆迁后还清’的约定并非是确定和消灭借贷合同效力的条件,实质是对借款履行期限的约定,房屋能否拆迁、何时拆迁是未知的、是不确定的,应属于履行期限不明确。因此,何时还款并无明确的期限,在原、被告双方协商未果的情况下,原告可以随时要求被告偿还借款。”类似说理还见于辽宁省大连市中级人民法院(2016)辽02民终1528号民事判决书等。

遗憾的是,亦有判决混淆了负担行为的生效期限与负担行为所生之债的履行期限。比如,广东省佛山市中级人民法院(2004)佛中法民二终字第374号民事判决书谓:“双方在合同中约定部分酬金在腾步公司承建的工程竣工验收后十五日内支付,此应属双方对酬金支付所附之期限。但腾步公司已终止了对工程的承建,该工程已不可能由腾步公司施工至竣工并进行验收。因此,双方约定的期限变为不能期限,仅具期限之外形,不应认定双方对酬金之支付仍附有期限。”显然,法官将当事人对于履行期限的约定错误地认定为生效期限。再如,在辽宁省高级人民法院(2019)辽民终1116号民事判决书中,法官认为当事人约定的海带售完

---

〔19〕 此外,在北京市高级人民法院(2015)高民(商)申字第04278号民事裁定书、辽宁省大连市中级人民法院(2016)辽02民终1528号民事判决书、云南省昆明市中级人民法院(2019)云01民终4118号民事判决书、四川省成都市中级人民法院(2018)川01民终1098号民事判决书、辽宁省沈阳市沈河区人民法院(2013)沈河民三初字第747号民事判决书中,也可以读到类似的说理论证。

前10天一次性付清打桩工程款为法律行为所附的期限。[20]

19 相应地,负担行为所附的生效期限与债务的履行期限在法律适用上也存在差异。其一,生效期限届至前,故意或者过失损害附期限的未来债权的,适用期待权保护的规则,而履行期限届满债务人不履行的,适用债的不履行规则。其二,根据《民法典》第531条第1款的规定,对于负担行为产生的未届履行期限的债务,债权人不得请求履行,但是债务人提前履行不损害债权人利益的,债权人不得拒绝受领;附生效期限的法律行为不适用这一规定。其三,债务人在履行期限届至前履行的,根据《民法典》第985条之规定,不得请求返还;而对于附生效期限的负担行为未来将生之债务,债务人于期限到来前履行的,可依《民法典》第122、985至988条的规定,主张返还不当得利。

在前述房屋租赁的例子中,尽管合同当事人在2040年1月1日便签订了租赁合同,但是直至2050年1月1日之前,合同均未生效;也就是说,出租人不负有交付房屋以供使用的义务,债务人也不负有支付租金的义务。在2050年1月1日之前,出租人误将房屋交付使用,或者承租人误将租金支付的,均可要求返还已为的给付,因为一项尚未形成的债权不可能是可以请求履行的债权。[21] 此外,例子中出租人的租金支付请求权分时分段发生,而非就整个租赁期间一次性提前产生,即尚未起算履行时段的租金债权属未欠之债。假如承租人在2050年12月31日误交了两年的租金,可以要求退还多交的部分,而不能将之作为对2051年租金债务的提前履行。[22]

(二)确定期限与不确定期限

20 虽然期限必定到来,但其具体时间不妨不确定。以构成期限的事实是否在确定的时点发生为标准,期限分为确定期限与不确定期限。

21 若期限事实的发生时点确定,例如,“2050年1月1日”或者“明年春节那天”,谓确定期限。若期限事实的发生确定,但具体何时发生不确定,例如,“北京下次降雪之时”或者“本人去世那天”,谓不确定期限。为条件的成就与否预先设置的最晚时间,非为此处的不确定期限。例如,约定“下月北京降雪时”或者“如果本人明年去世”合同生效,则下月的最后一天或者明年的最后一天,是条件成就与

---

〔20〕 类似认定错误似乎并不罕见,例如,黑龙江省同江市人民法院(2016)黑0881民初2602号民事判决书、浙江省宁波市中级人民法院(2016)浙02民终3300号民事判决书等。

〔21〕 参见[德]迪特尔·梅迪库斯:《德国民法总论》,邵建东译,法律出版社2001年版,第638页。

〔22〕 参见[德]卡尔·拉伦茨:《德国民法通论(下册)》,王晓晔等译,法律出版社2003年版,第707—708页。

否之不确定状态延续的最终时点。[23] 另外,生效期限和终止期限,均可以是确定期限或者不确定期限。

四、不得附期限的法律行为

22 私法自治的理念要求,当事人原则上可以对法律行为附加期限以控制其效力,只有在例外情况下才不得附期限。此点与条件相同。我国《民法总则》之前的立法,没有明文规定期限的容许性,《民法典》第160条以但书的形式确认,有些法律行为"按照其性质"不得附期限(*actus legitimi*)。

23 至于何种法律行为不得附期限,有学者将条件和期限置于一处,讨论为排除不确定性、维护法律关系的安全与清晰,何种法律行为依其性质应当禁止设定附款;[24] 有学者先论述何种法律行为不容许附条件,继而在不容许附条件的法律行为与不容许附期限的法律行为大体一致的判断前提下,讨论基于特殊理由不容许附期限的法律行为有哪些。[25] 不过,条件成就与否具有或然性,而期限终会到来,因此在法律行为附款的容许性上,二者有多少共通规则,殊值怀疑。比如,票据行为一般不得附条件或者附不确定期限,但可以附确定期限。[26] 况且,如前所述,生效期限与终止期限、确定期限与不确定期限,差别甚大,一体论述法律行为得否附期限,也可能失之笼统。职是之故,下面分别观察不同的法律行为按照法律的规定或者依其自身的性质,不得附加何种期限。[27]

---

〔23〕 参见史尚宽:《民法总论》,中国政法大学出版社2000年版,第506页;陈甦主编:《民法总则评注(下册)》,法律出版社2017年版,第1127页(郝丽燕执笔)。

〔24〕 参见朱庆育:《民法总论》(第2版),北京大学出版社2016年版,第125—126页。

〔25〕 参见胡长清:《中国民法总论》,中国政法大学出版社1997年版,第295页;李宜琛:《民法总则》(第6版),台湾地区编译馆1977年版,第295页;史尚宽:《民法总论》,中国政法大学出版社2000年版,第506—507页;郑玉波:《民法总则》,中国政法大学出版社2003年版,第395—396页;施启扬:《民法总则》(修订第8版),中国法制出版社2010年版,第271页;王泽鉴:《民法总则》,北京大学出版社2009年版,第346页;[日]我妻荣:《我妻荣民法讲义Ⅰ·新订民法总则》,于敏译,中国法制出版社2008年版,第390页;E. Betti, *Teoria generale del negozio giuridico*, Napoli: Edizioni scientifiche italiane, 2002, pp. 534 – 535.

〔26〕 参见胡长清:《中国民法总论》,中国政法大学出版社1997年版,第295页;李宜琛:《民法总则》(第6版),台湾地区编译馆1977年版,第295页;史尚宽:《民法总论》,中国政法大学出版社2000年版,第506页;郑玉波:《民法总则》,中国政法大学出版社2003年版,第396页;施启扬:《民法总则》(修订第8版),中国法制出版社2010年版,第271页;杨与龄:《民法概要》(民法各编修正新版),中国政法大学出版社2013年版,第71页;梁慧星:《民法总论》(第5版),法律出版社2017年版,第195页;E. Betti, *Teoria generale del negozio giuridico*, Napoli: Edizioni scientifiche italiane, 2002, p. 535. 不同观点,参见姚瑞光:《民法总则论》,中国政法大学出版社2011年版,第279页。

〔27〕 类似的论述路径,参见姚瑞光:《民法总则论》,中国政法大学出版社2011年版,第277—279页;李宇:《民法总则要义:规范释论与判解集注》,法律出版社2017年版,第761—763页。

（一）形成权的行使与抛弃

24 形成权以权利人单方的意思表示即可行使，相对人没有实施任何行为而其法律地位却已发生改变。为使相对人立即知道当前的法律情势，而不致陷入过于不确定的状态，故形成权行使行为原则上不得附期限。

25 形成权的行使行为，原则上不得附条件。[28] 但有学者认为，此类行为不妨附生效期限。[29] 理由是，之所以不得附条件，是因为形成权的行使与否完全取决于权利人的意思，对相对人而言具有不确定性，如再允许附条件，将加剧此种不确定性；但期限终会到来，故形成权的行使行为即使附生效期限，也不存在使相对人处于更加不利地位之虞。依此说，例如，有解除权的合同债权人，以书面通知形式向债务人表示，自该通知到达债务人一个月后解除合同，此解除权行使行为一个月后生效。这种观点有商榷余地。首先，不确定期限虽然一定会到来，但是具体何时到来尚不确定，所以不适合作为形成权行使行为的生效期限，否则将加剧不确定状态。其次，附加的生效期限为确定期限，但若超过形成权的除斥期间，有违除斥期间的强制性规定。最后，即使附加的生效期限为确定期限，且未超过形成权的除斥期间，亦影响相对人在法律上的事务安排，比如是否履行债务或者处分权利。故而，本文认为，此类行为不得附生效期限。若附生效期限，法律行为无效。形成权一经合法行使，便归于消灭，所以形成权行使行为根据其性质，无从附加终止期限。

26 《民法典》第 568 条第 2 款明确规定："当事人主张抵销的，应当通知对方。通知自到达对方时生效。抵销不得附条件或者附期限。"之所以如此规定，是因为若允许抵销附期限，将与抵销产生按照抵销数额消灭债的效果，以及抵销具有溯及力的规则相悖，有反于抵销之本旨。因此，抵销附有期限的，抵销的意思表示无效，不产生消灭债权债务关系的效力。[30]

---

〔28〕 之所以称"原则上"，是因为若相对人可以任意摆脱不确定状态，则此类行为也可以附条件。例如，在对方迟延履行的情况下，告之曰"若一月之内不履行债务，则解除契约"。参见翟远见：《〈合同法〉第 45 条（附条件合同）评注》，载《法学家》2018 年第 5 期，第 181 页。

〔29〕 参见姚瑞光：《民法总则论》，中国政法大学出版社 2011 年版，第 278 页。

〔30〕 参见史尚宽：《债法总论》，中国政法大学出版社 2000 年版，第 861 页；胡长清：《民法债总论》，商务印书馆 1931 年版，第 118 页；郑玉波：《民法债编总论》（修订 2 版），中国政法大学出版社 2004 年版，第 519 页；何孝元：《民法债编总论》，台湾地区三民书局 1991 年版，第 320 页；林诚二：《民法债编总论——体系化解说》，中国人民大学出版社 2003 年版，第 563 页；邱聪智：《新订民法债编通则（下）》，中国人民大学出版社 2004 年版，第 470 页；王洪亮：《债法总论》，北京大学出版社 2016 年版，第 180 页。李宇教授持不同观点，认为附期限的抵销，所附期限无效，但是抵销仍可发生效力。参见李宇：《民法总则要义：规范释论与判解集注》，法律出版社 2017 年版，第 763 页。该观点或许不妥，盖其并不符合动方债权人的意思。

形成权的抛弃行为,不得附不确定生效期限和终止期限,但可以附确定生效期限,以结束形成权行使与否的不确定状态。如此,不但不会加剧不确定状态,反而会提升相对人的地位,法律没有限制权利人自治之必要。[31] 27

(二)处分行为

原则上,不仅负担行为可以附期限,处分行为也可以附期限。 28

债务免除是债权人免除债务人全部或者部分债务的行为。根据《民法典》第575条的规定,只要债务人在合理期限内未拒绝,便产生终止全部或者部分债权债务的效力。[32] 一般认为,其无害于相对人,所以不妨附生效期限。例如,债权人向债务人表示,至明年1月1日免除债务人的债务。债务附生效期限地免除后,债务人依然履行的,债权人之受领不成立不当得利,因为生效期限届至前,债权仍然存在,仍然构成债权人保有债务人给付的法律上的原因。唯债务免除的意思表示生效后即产生债权债务消灭的效力,故其行为性质决定了无法附加终止期限。[33] 29

关于不动产物权行为可否附期限,《德国民法典》第925条第2款设有明文,规定附有条件或者期限的土地所有权让与合意无效。[34] 该规定旨在确保土地登记簿上登记的法律确定性不被条件或者期限侵蚀。[35] 有学者认为,要登记的土地权利变动行为,依法登记完毕时,便产生权利得丧变更的效力。如果证明登记原因的文件附有生效期限或者终止期限,因不属于应登记事项,登记机关应不予登记,故此类行为无从附期限。[36] 不过,也有学者认为,若法律并没有禁止不动产物权行为附期限的规定,不必作与德国法相同之解释;只是不动产物权行为所附期限应当登记,不登记不产生对抗第三人的效力。[37] 为了使不动产物权行为 30

〔31〕 参见李宇:《民法总则要义:规范释论与判解集注》,法律出版社2017年版,第762页。

〔32〕 关于对之前《合同法》第105条的论述,参见胡康生主编:《中华人民共和国合同法释义》(第3版),法律出版社2013年版,第196—197页。

〔33〕 有人认为免除也可以附终止期限,例如,“出卖人通知买受人,其授予买受人商品的八折优惠月底终止”。参见胡康生主编:《中华人民共和国合同法释义》(第3版),法律出版社2013年版,第197页。但细究其言,实系指定免除债务的范围,而非免除行为本身附加的终止期限。

〔34〕 参见台湾大学法律学院、台大法学基金会编译:《德国民法典》,北京大学出版社2017年版,第807页。

〔35〕 参见[德]汉斯·布洛克斯、[德]沃尔夫·迪特里希·瓦尔克:《德国民法总论》(第33版),张艳译,中国人民大学出版社2012年版,第293页。

〔36〕 参见姚瑞光:《民法总则论》,中国政法大学出版社2011年版,第278页。

〔37〕 参见史尚宽:《物权法论》,中国政法大学出版社2000年版,第20—21页;王泽鉴:《民法物权》(第2版),北京大学出版社2010年版,第65页;谢在全:《民法物权论(上册)》,中国政法大学出版社2011年版,第61页。

臻于明确，我国《民法典》原则上采登记生效主义。其第 209 条规定，除法律另有规定外，不动产物权的设立、变更、转让和消灭，经依法登记，发生效力；未经登记，不发生效力。换言之，一般情况下，不动产物权登记产生设权的效力。为了使不动产物权关系更为明晰，认为不动产物权行为所附的期限不具有登记能力的观点更可采。不动产物权行为附期限者，无效。

31 所有权让与行为不得附终止期限。从我国《民法典》物权编的整体规定来看，所有权具有恒久性，只要主体不抛弃，便永续存在。所有权让与行为生效，所有权便立即发生移转，又我国法律并无规定“暂时所有权”(*proprietà temporanea*)之类型，[38] 故若对所有权让与行为附以终止期限，该行为将因其客体的性质与所有权的恒久性不符而无效。

(三)继承法上的法律行为

32 关于遗嘱行为得否附期限，学者意见不一。有认为，遗嘱可以附期限，唯其效力宜分别观察。遗嘱附生效期限的，期限在遗嘱人死亡前届至时，遗嘱自遗嘱人死亡时发生法律行为的效力；在死亡后届至时，遗嘱自生效期限届至时始发生效力。遗嘱附终止期限的，期限在遗嘱人死亡前届满时，遗嘱不生效力；遗嘱人死亡前终期未届满时，遗嘱自遗嘱人死亡时生效，期限届满时失效。[39] 有认为，遗嘱不能附期限，因为法律已经明确规定继承从被继承人死亡时开始，作为死因行为的遗嘱自遗嘱人死亡时生效。如允许附生效期限，将改变遗嘱的生效时间，违背遗嘱的性质。如允许附终止期限，遗嘱将因期限届满而失效，先前基于遗嘱效力而生的法律关系会随之被颠覆，将损及利害关系人的利益。[40] 以上两说，均未区分指定继承人的遗嘱和遗赠，恐皆失之偏颇。本文认为，为了维护建立在遗产之上的法律关系的明晰与稳定，《民法典》第 1133 条第 2 款规定的指定继承人的遗嘱，既不能附生效期限，也不能附终止期限；附期限的，期限无效。[41] 该观点在福

---

〔38〕 意大利法上的讨论可参见 C. M. Bianca, *Diritto civile*, Vol. 6, *la proprietà*, Milano: Giuffrè editore, 1999, pp. 155 - 158.

〔39〕 参见史尚宽:《继承法论》，中国政法大学出版社 2000 年版，第 493 页；江平主编:《民法学》(第 4 版)，中国政法大学出版社 2019 年版，第 789 页。

〔40〕 参见姚瑞光:《民法总则论》，中国政法大学出版社 2011 年版，第 278 页；李宇:《民法总则要义：规范释论与判解集注》，法律出版社 2017 年版，第 762 页。

〔41〕 指定继承人的遗嘱不得附期限，乃罗马法死因继承的基本原则之一，盖“*semel heres semper heres*”(一朝为继承人，永远为继承人)也。参见 G. Pugliese, F. Sitizia, L. Vacca, *Istituzioni di diritto romano*, Torino: G. Giappichelli editore, 2012, p. 161. 我国学者胡长清先生亦认为，继承人的指定，虽然可以附加条件，但是不能附加生效期限或者终止期限。参见胡长清:《中国民法总论》，中国政法大学出版社 1997 年版，第 295 页。比较法上的立法例，如《意大利民法典》第 637 条规定:“概括遗嘱处分附生效期限或者终止期限的，视为无附加。”笔者自译。

建省福州市中级人民法院(2018)闽01民终4464号民事判决书中有所体现:遗嘱继承依法从被继承人死亡时开始,不因附生效期限之约定而延时发生。〔42〕而《民法典》第1133条第3款规定的遗赠,由于受遗赠人是通过遗嘱无偿取得遗嘱人遗产的法定继承人以外的主体,所以附加生效期限或者终止期限对其而言非属苛刻,似无不可。〔43〕我国已有判决肯定了附期限遗赠的效力。〔44〕

继承、受遗赠的承认或者拒绝不得附期限。承认或者拒绝继承、受遗赠,对于被继承人的债权人及债务人、后位继承人、受遗赠人甚至国家,在法律上均会产生重大影响。为避免法律效力处于悬而未决的不确定状态,禁止对此类行为附加期限。附期限者,无效。在这一点上,《德国民法典》第1947条、第2180条第2款,〔45〕《意大利民法典》第475条第2款,〔46〕设有明文规定。我国民法虽然没有专门规定,但应为同样之解释。〔47〕 33

(四)亲属法上的非财产性法律行为

亲属法律关系具有很强的伦理色彩,要求相当的稳定性、确定性和明晰性。故而,亲属法上的非财产性法律行为,如结婚行为和协议离婚等,不允许当事人通过附加期限控制行为效力的产生和消灭。〔48〕 34

根据我国《民法典》第1049条的规定,结婚行为是男女双方必须亲自到婚姻登记机关进行登记的行为。当事人取得结婚证,即确立夫妻关系。若男女双方为结婚行为附加的生效期限早于或者晚于申请登记之日,则有违《民法典》第1049条的强制性规定,所附生效期限无效(结婚行为仍然有效)。结婚行为附加终止期 35

---

〔42〕在河南省洛阳市涧西区人民法院(2015)涧民三初字第92号民事判决书中,法官将遗嘱所附的条件错误认定为了期限。

〔43〕比较法上的立法例,如《意大利民法典》第640条规定:“某人被附停止条件或一定期限后方生效而遗赠的,可以请求义务人提供适当的担保,遗嘱人另有安排的除外。遗赠附有终止期限的,也可以要求受遗赠人提供担保。”笔者自译。《德国民法典》第2177条规定:“遗赠附有停止条件或者始期,而停止条件或始期于继承开始后成就或届至者,于其成就或届至时,始发生遗赠之归属。”参见台湾大学法律学院、台大法学基金会编译:《德国民法典》,北京大学出版社2017年版,第1524页。

〔44〕参见甘肃省白银市中级人民法院(2018)甘04民终61号民事判决书。

〔45〕《德国民法典》第1947条规定:“继承之承认及拒绝,不得附条件或期限。”第2180条第2款规定:“遗赠之承认及拒绝,应对受加重负担之人以意思表示为之。该意思表示仅得于继承开始后为之;意思表示附有条件或期限者,无效。”参见台湾大学法律学院、台大法学基金会编译:《德国民法典》,北京大学出版社2017年版,第1405、1525页。

〔46〕《意大利民法典》第475条第2款规定:“接受遗产的意思表示附条件或期限者,无效。”笔者自译。

〔47〕参见马俊驹、余延满:《民法原论》(第4版),法律出版社2010年版,第908、953页。

〔48〕《合同法》第2条第2款规定,“婚姻、收养、监护等有关身份关系的协议”不适用该法。而《民法典》第464条第2款规定,有关身份关系的协议没有其他法律规定的,可以根据其性质参照适用《民法典》合同编的规定。由于合同和身份协议均属双方法律行为,故《民法典》的新规定更为科学和合理。

限，与婚姻以终生共同生活为目的的性质不符，所附终止期限无效，结婚行为视为未附期限。[49] 协议离婚不得附期限。根据《民法典》第1078条的规定，协议离婚除了男女双方要达成离婚协议外，还必须到婚姻登记机关办理登记。若离婚协议所附加的生效期限早于申请登记之日，登记机关查明当事人具有离婚的真实意思的，应当办理登记，发给离婚证，婚姻关系自离婚证签发之日起终止。若离婚协议附加了终止期限或者所附加的生效期限晚于申请登记之日，登记机关应当认为当事人并无离婚的意思，不予办理登记。[50]

36 收养不得附期限。根据《民法典》第1105条第1款之规定，收养应当向县级以上人民政府的民政部门登记，收养关系自登记之日成立。因此，在我国，收养不得附生效期限。[51] 收养程序履行完毕，在养父母和养子女之间便产生父母子女关系，收养关系只得经法律规定的注销登记解除，无法通过附终止期限使之消灭。

(五)设立法人和非法人组织的行为

37 须依法登记成立的法人和非法人组织，其设立行为不得附期限。根据《民法典》第77条、第88条、第90条、第92条、第103条的规定，此类主体自依法登记时成立，取得权利能力，所以不能附加生效期限使设立行为的效力异于登记之时发生。它们一旦成立，须完成清算和注销登记主体资格方消灭，故亦不能对设立行为附终止期限。若设立行为附期限，期限无效。

五、附期限法律行为的效力

38 附期限的法律行为，其效力于期限到来前后有别。所谓期限到来，是指作为期限内容的事实发生。与条件有成就与不成就之分不同，期限只有到来，而无不到来。依《民法典》第160条的表述，生效期限的到来称作“届至”，终止期限的到来称作“届满”。

以历日设定期限的，该日到来为期限的到来。以期间设定期限的，期间最后一日的终了之时为期限的到来。期间按照《民法典》第200至204条的规定计算。以特定事实的发生设定期限的，事实发生的具体时间为期限的到来。

---

〔49〕 参见江平主编：《民法学》(第4版)，中国政法大学出版社2019年版，第724页。

〔50〕 参见湖南省株洲市石峰区人民法院(2011)株石法民一初字第136号民事判决书。

〔51〕 史尚宽、姚瑞光两位先生认为，在仍于我国台湾地区生效的“民法”，收养不妨附生效期限，例如书面载明某年某月某日生效。参见史尚宽：《亲属法论》，中国政法大学出版社2000年版，第613页；姚瑞光：《民法总则论》，中国政法大学出版社2011年版，第277页。此论与我国大陆现行收养制度不合。

(一)期限到来前法律行为的效力

39 与条件是否成就不确定,存在未决期间不同,期限终会到来。这一点决定了附期限的法律行为在期限到来之前的效力,与附条件的法律行为在未决期间的效力,有相似之处,亦有一定差别。

40 附生效期限或者终止期限的法律行为在期限到来之前,如同附生效条件或者解除条件的法律行为在条件成就之前,效力尚不发生或者消灭,但当事人有期限到来后取得权利或者回复权利之期待权(*aspettativa*)。期待权与纯粹的事实上的期待不同,它是已经可以得到法律上的保障的、未来可以取得某项权利的希望。在附期限法律行为中,相应权利的一般取得要件业已满足,所缺乏的仅仅是时间的经过而已。况且,因期限必会到来,而条件或不成就,故附期限法律行为当事人的期待权,与附条件法律行为当事人的期待权相比,其实现更为可靠、确实,自更有特加保护之必要。附期限法律行为的当事人,在期限到来之前,如果实施了损害相对人因期限到来应得利益的行为,应当承担损害赔偿责任。〔52〕 此点与保护附条件利益的规则相同,〔53〕兹不赘。债权行为附有期限者,第三人故意毁损标的物,满足第三人侵害债权的构成要件时,非物权人的债权人还可向第三人请求侵权损害赔偿。当事人的期待权,如同条件成就前,可以按照一般规则为处分、继承、担保或者为其设定担保。〔54〕 期限到来前,法律关系的当事人负有遵循诚实信用原则行事的义务。在合同关系中,如果一方当事人在期限到来之前违反诚信行事的义务,以自己的行为表明不履行主要债务或者实施了其他导致合同目的不能实现的行为,另一方当事人可以“准用”《民法典》第563条的规定,提前解除合同。

41 关于期限,不存在类似于《民法典》第159条明文规定的条件成就或者不成就的到来拟制规则。对于确定期限,条件成就或者不成就的拟制规则,依事理,完全没有准用的余地。而对于不确定期限,根据诚实信用原则,若当事人以不当行为影响作为期限内容的事实之发生时点,应认为可以类推适用《民法典》第159条。即,在附不确定期限的法律行为,当事人为自己的利益不正当地使期限提前到来的,视为期限未到来;不正当地使期限延迟到来的,视为期限已到来。〔55〕 例如,租

---

〔52〕 参见王利明:《民法总则》,中国人民大学出版社2017年版,第344页;梁慧星:《民法总论》(第5版),法律出版社2017年版,第195页。

〔53〕 关于对附条件法律行为所生期待权的保护,参见翟远见:《〈合同法〉第45条(附条件合同)评注》,载《法学家》2018年第5期,第182—183页。

〔54〕 参见史尚宽:《民法总论》,中国政法大学出版社2000年版,第510页;[德]卡尔·拉伦茨:《德国民法通论(下册)》,王晓晔等译,法律出版社2003年版,第705页。

〔55〕 参见史尚宽:《民法总论》,中国政法大学出版社2000年版,第510页;黄立:《民法总则》,中国政法大学出版社2002年版,第388页。

赁合同以某人死亡为始期（或者终期），合同一方当事人却将此人杀害，使得期限提前到来，应认为可以类推适用条件成否的拟制规则，视为期限未到来。在深圳市深投教育有限公司与深圳市百荟鲜餐饮管理服务有限公司房屋租赁合同纠纷一案中，二审法院认为，依据《招标投标法》第 46 条的规定，中标通知书发出之日起 30 日内招标人和中标人应当订立书面合同，而即使采纳中标通知书发出时双方成立的是附生效期限的合同的观点，双方约定的期限也已经到来，深投教育公司在期限已经到来时仍拒绝与百荟鲜公司订立正式的合同，属于不正当阻止期限的到来，双方的合同已经生效。〔56〕

42　若处分行为中的债权让与附生效期限，债务人在接到债权已附期限让与之通知后，于该生效期限届至之前，仍应向让与人履行债务，这是因为此时债权尚未发生移转，让与人依然是债权人。〔57〕

43　法律行为所附期限超过法律规定的最长期间的，法律行为并非因之无效，而是应缩短至相应的最长期间。例如，《民法典》第 705 条规定租赁期限不得超过 20 年，若当事人约定的终止期限使得租赁期限超过 20 年，则超过部分无效。

44　对于期限到来之前法律行为的效力，特别法有规定的，依其规定。例如，《破产法》第 47 条规定，附期限的债权，债权人也可以向破产管理人申报债权，参加债务人的破产程序。

（二）期限到来后法律行为的效力

45　依《民法典》第 160 条之规定，附生效期限的法律行为，自期限届至时生效。此点与生效条件成就时的效力相同。若附生效期限的法律行为为负担行为，则期限届至，产生债权债务关系。若附生效期限的法律行为为处分行为，则期限届至，产生直接让与权利、变更权利内容、设定权利负担或者废止权利的法律效果。〔58〕

46　《民法典》第 160 条还规定，附终止期限的法律行为，自期限届满时失效。此点与解除条件成就时的效力相同。唯应指出的是，附终止期限的法律行为“失效”，并不是指已经发生的法律效果归于“消灭”，而是指已经产生的法律关系“终止”。比如，租赁合同生效后，产生租赁债权债务关系，合同约定的终止期限届满，租赁债权债务关系终止，而非租赁合同已经产生的法律效果归于消灭。〔59〕例如，上海市第二中级人民法院（2012）沪二中民一（民）终字第 879 号民事判决书谓：

---

〔56〕参见广东省深圳市中级人民法院（2017）粤 03 民终 2191 号民事判决书。

〔57〕参见胡长清：《中国民法总论》，中国政法大学出版社 1997 年版，第 293 页。

〔58〕关于负担行为与处分行为的精辟论述，参见朱庆育：《民法总论》（第 2 版），北京大学出版社 2016 年版，第 153—187 页。

〔59〕参见尹田：《民法典总则之理论与立法研究》（第 2 版），法律出版社 2018 年版，第 459—460 页。

“孙某某上诉要求解除其与一定得公司于2010年7月18日签订的服务协议，因孙某某与一定得公司签订的服务协议约定了终止期限，自该期限届满时协议失效，孙某某向原审法院提起本案诉讼时已过服务协议约定的终止期限，故本案系争的服务协议已经失效，孙某某无须再主张解除该服务协议。虽然孙某某与一定得公司之间签订的服务协议已经失效，但对该服务协议在有效期内有否完全履行、协议双方在服务协议的履行过程中是否存有违约行为而需承担违约责任等事实，孙某某仍有权提起诉讼予以主张。”又如，在江苏润钰新材料有限公司与安徽金禾实业股份有限公司买卖合同纠纷案中，一审和二审法官均认为，当事人对合同终止期限的约定会导致“合同效力应自期限届满时失效。但合同权利义务终止，不影响合同中结算和清理条款的效力”。[60]

不论是生效期限还是解除期限，期限到来均不发生溯及既往的效力。当事人也不得通过其意思赋予期限到来以溯及既往的效力。此点与条件成就不同。[61] 47
道理至明：法律行为的效力在未来必然到来的某个时点产生或者消灭，这恰是当事人的意志之所在。[62] 承认期限到来发生溯及既往的效力，就等于否认了期限制度的根本功能，也有悖于私法自治的基本精神。若当事人作出法律行为时表示，期限到来法律行为的效力溯及于成立之时，则附生效期限的，为无期限；附终止期限的，法律行为无效。若当事人表示，效力溯及于行为成立后的一定时期，则应解释为以该时期为期限。[63] 若当事人认为原来附加的期限不妥，当可以意思表示重新确定新的期限代替之，自不待言。

---

〔60〕 参见安徽省来安县人民法院(2017)皖1122民初2586号民事判决书；安徽省滁州市中级人民法院(2018)皖11民终602号民事判决书。

〔61〕 黄立先生认为，期限到来后，其效力只是“原则上”不溯及既往，但是可以以当事人之意思赋予其溯及既往的效力。参见黄立：《民法总则》，中国政法大学出版社2002年版，第387页。此说恐非得当。

〔62〕 参见史尚宽：《民法总论》，中国政法大学出版社2000年版，第511页；胡长清：《中国民法总论》，中国政法大学出版社1997年版，第294页；李宜琛：《民法总则》(第6版)，台湾地区编译馆1977年版，第296页；郑玉波：《民法总则》，中国政法大学出版社2003年版，第395页；施启扬：《民法总则》(修订第8版)，中国法制出版社2010年版，第272页；刘得宽：《民法总则》(增订4版)，中国政法大学出版社2006年版，第265页；林诚二：《民法总则(下册)》，法律出版社2008年版，第424页；朱庆育：《民法总论》(第2版)，北京大学出版社2016年版，第135页。意大利学者亦普遍认为，谈论期限到来的溯及力问题几无意义，因为其效力皆自到来之时显现(*ex nunc*)，参见E. Betti, *Teoria generale del negozio giuridico*, Napoli: Edizioni scientifiche italiane, 2002, p. 534; A. Torrente, P. Schlesinger, *Manuale di diritto privato*, Milano: Giuffrè editore, 2007, p. 566; Cfr. M. Costanza, *La condizione e gli altri elementi accidentali*, in *Trattato Rescigno - Gabrielli*, I, *I contratti in generale*, a cura di E. Gabrielli, tomo secondo, Torino: UTET, 1999, p. 1003.

〔63〕 参见史尚宽：《民法总论》，中国政法大学出版社2000年版，第511页。

六、举证责任

48 与条件相似，期限的证明亦涉及应由何人证明法律行为是否附有期限，以及期限是否届至或者届满这两个问题。

49 依笔者所信，生效期限和终止期限之附款，虽然与法律行为的本体部分构成一个整体，但是法律行为的本体部分构成请求权的规范基础，期限部分乃抗辩的规范基础（阻却规范）。而生效期限届至后，期限部分又构成了再抗辩之规范基础（再阻却规范）。〔64〕因此，关于法律行为是否附有期限，应由主张期限存在的一方当事人承担举证责任。

50 如果双方当事人对于法律行为附有期限没有争议，或者此点已获证明，则主张期限届至或者届满而生利益之人，负有举证责任。〔65〕具体而言，一方（通常为被告）主张法律行为附有生效期限，因期限尚未届至，故法律行为的效力没有发生的，对方（通常为原告）应证明生效期限已经届至。一方（诉讼两造均属常见）主张法律行为附有终止期限，因期限届满，法律行为的效力归于消灭的，应证明其主张。〔66〕

附：案例索引

1. 安徽省滁州市中级人民法院（2018）皖11民终602号民事判决书：江苏润钰新材料有限公司与安徽金禾实业股份有限公司买卖合同纠纷案【边码46】

2. 安徽省来安县人民法院（2017）皖1122民初2586号民事判决书：江苏润钰新材料有限公司与安徽金禾实业股份有限公司买卖合同纠纷案【边码46】

3. 安徽省芜湖市弋江区人民法院（2018）皖0203民初228号民事判决书：许某等与杨某4继承纠纷案【边码18】

4. 北京市高级人民法院（2015）高民（商）申字第04278号民事裁定书：中钢钢铁有限公司与青岛永丰余贸易有限公司买卖合同纠纷案【边码18】

5. 北京市密云县人民法院（2018）京0118民初11189号民事判决书：齐某霞等与张某伟等所有权确认纠纷案【边码9】

6. 福建省福州市中级人民法院（2018）闽01民终4464号民事判决书：黄某与王某继承纠纷案【边码32】

---

〔64〕参见［日］山本敬三：《民法讲义Ⅰ·总则》（第3版），解亘译，北京大学出版社2012年版，第267—268页。

〔65〕参见史尚宽：《民法总论》，中国政法大学出版社2000年版，第511页。

〔66〕不同观点，参见梅仲协：《民法要义》，中国政法大学出版社1998年版，第133页；陈甦主编：《民法总则评注（下册）》，法律出版社2017年版，第1129页（郝丽燕执笔）。

7. 甘肃省白银市中级人民法院(2018)甘04民终61号民事判决书:段某与段某2继承纠纷案【边码32】

8. 广东省佛山市中级人民法院(2004)佛中法民二终字第374号民事判决书:珠海市腾步工程有限公司与冯某炳等承揽合同纠纷案【边码18】

9. 广东省深圳市龙华区人民法院(2019)粤0309民初1207号民事判决书:杨某1与肖某梅所有权确认纠纷案【边码8】

10. 广东省深圳市中级人民法院(2017)粤03民终2191号民事判决书:深圳市深投教育有限公司与深圳市百荟鲜餐饮管理服务有限公司房屋租赁合同纠纷案【边码41】

11. 广西壮族自治区河池市(地区)中级人民法院(2016)桂12民终90号民事判决书:黄某海与许某红确认合同无效纠纷案【边码18】

12. 广西壮族自治区平南县人民法院(2012)平民初字第1560号民事判决书:黄凤英与欧效雄等确认合同无效纠纷案【边码3】

13. 河南省洛阳市涧西区人民法院(2015)涧民三初字第92号民事判决书:刘某1与刘某2等继承纠纷案【边码32】

14. 河南省桐柏县人民法院(2019)豫1330民初136号民事判决书:陈某金与吴城镇陈庄村大陈庄组确认合同无效纠纷案【边码8】

15. 黑龙江省齐齐哈尔市建华区人民法院(2019)黑0203民初1067号民事判决书:赵某双与崔某晨民间借贷纠纷案【边码18】

16. 黑龙江省同江市人民法院(2016)黑0881民初2602号民事判决书:周某与杨某等案外人执行异议案【边码18】

17. 湖北省宣恩县人民法院(2017)鄂2825民初1158号民事判决书:宣恩县金源物业管理有限责任公司与滕某红物业服务合同纠纷案【边码8】

18. 湖南省株洲市石峰区人民法院(2011)株石法民一初字第136号民事判决书:何某某与被告田某某离婚纠纷案【边码35】

19. 江苏省高级人民法院(2014)苏民终字第0266号民事判决书:南京岩欣房地产经纪有限公司与南京昌厦置业有限公司等商品房委托代理销售合同纠纷案【边码18】

20. 江苏省灌云县人民法院(2017)苏0723民初3842号民事判决书:姚某1与姚某2等继承纠纷案【边码3】

21. 江苏省泗阳县人民法院(2016)苏1323民初7774号民事判决书:邱某霞与曹某卫债务转移合同纠纷案【边码12】

22. 江苏省泗阳县人民法院(2017)苏1323民初3547号民事判决书:王某义与徐某强劳务合同纠纷案【边码12】

23. 辽宁省大连市中级人民法院(2016)辽02民终1528号民事判决书:王某政与韩某源等民间借贷纠纷案【边码18】

24. 辽宁省高级人民法院(2019)辽民终1116号民事判决书:顾某林与刘某友承揽合同纠纷案【边码18】

25. 辽宁省沈阳市沈河区人民法院(2013)沈河民三初字第747号民事判决书:张某与某

某健身俱乐部(沈阳)管理有限公司服务合同纠纷案【边码 18】

26. 陕西省西安市碑林区人民法院(2016)陕 0103 民初 1886 号民事判决书:戚某与戚某升析产、遗嘱继承纠纷案【边码 3】

27. 陕西省西安市中级人民法院(2016)陕 01 民终 6162 号民事判决书:戚某与戚某升析产、遗嘱继承纠纷案【边码 3】

28. 上海市第二中级人民法院(2012)沪二中民一(民)终字第 879 号民事判决书:孙某静与上海一定得美容有限公司服务合同纠纷案【边码 46】

29. 上海市第一中级人民法院(2013)沪一中民二(民)终字第 249 号民事判决书:李某与严某租赁合同纠纷案【边码 13】

30. 上海市徐汇区人民法院(2012)徐民四(民)初字第 3004 号民事判决书:李某与严某租赁合同纠纷案【边码 13】

31. 四川省成都市中级人民法院(2018)川 01 民终 1098 号民事判决书:周某元与成都市锦江区社会保险事业管理局民间借贷纠纷案【边码 18】

32. 天津市高级人民法院(2006)津高法民四终字第 0030 号民事判决书:北京中远国际货运有限公司与中国国际文化艺术公司等货运代理合同案【边码 6】

33. 云南省昆明市中级人民法院(2019)云 01 民终 4118 号民事判决书:王某前与陶某仙房屋买卖合同纠纷案【边码 18】

34. 浙江省宁波市中级人民法院(2016)浙 02 民终 3300 号民事判决书:周某昌与象山天一石材加工厂承揽合同纠纷案【边码 18】

35. 最高人民法院(2014)民申字第 1651 号民事裁定书:自贡报业印务有限责任公司与李某成等房屋买卖合同纠纷案【边码 8】

36. 最高人民法院(2016)最高法民申 226 号民事裁定书:王某茂等与深圳市金顺来投资发展有限公司等股权转让纠纷案【边码 4】

第171条

无权代理规则*

第171条 行为人没有代理权、超越代理权或者代理权终止后，仍然实施代理行为，未经被代理人追认的，对被代理人不发生效力。

相对人可以催告被代理人自收到通知之日起三十日内予以追认。被代理人未作表示的，视为拒绝追认。行为人实施的行为被追认前，善意相对人有撤销的权利。撤销应当以通知的方式作出。

行为人实施的行为未被追认的，善意相对人有权请求行为人履行债务或者就其受到的损害请求行为人赔偿。但是，赔偿的范围不得超过被代理人追认时相对人所能获得的利益。

相对人知道或者应当知道行为人无权代理的，相对人和行为人按照各自的过错承担责任。

简　目

* 本文系基于《〈合同法〉第48条(无权代理规则)评注》(载《法学家》2017年第4期，第157—174页)一文修订而成。

一、规范目的

1 代理乃代理人以被代理人（以下又称本人）的名义从事法律行为。依照私法自治的原则，原则上只有经由被代理人的意思，代理人所从事的代理行为才能被归属于被代理人。在此，被代理人的意思体现在代理权的授予上。在代理人不具有相应代理权而以被代理人名义从事法律行为的场合，该代理行为由于未经被代理人同意，故而原则上应为无效。但无权代理人从事的无权代理行为，并非一定不利于被代理人，从而无权代理行为的无效并非确定的无效，而是未决的无效，即效力待定。法律赋予被代理人以追认的形式嗣后同意无权代理行为的可能。经被代理人追认后，无权代理行为便归属于被代理人；未经被代理人追认，无权代理行为不得归属于被代理人，此为“对被代理人不发生效力”的本意（本条第1款）。

2 若被代理人拒绝追认无权代理行为，那么无权代理行为归于确定的无效。但由于无权代理人以被代理人名义从事行为，从而无权代理人应确保自己有代理权，或至少确保其无权代理行为嗣后被本人追认。在无权代理行为被拒绝追认的情形，无权代理人的此种“确保”落空，故而作为行为人的无权代理人应对行为相对人承担责任（本条第3款）。另外，无权代理人也可能会基于侵权而向相对人承担责任，此时存在过错相抵规则的适用空间（本条第4款）。

3 在无权代理行为被本人追认或拒绝追认之前，无权代理行为效力待定，其未来的效力如何处于不确定状态。如果相对人只能单方面消极等待本人表态，则此不确定状态对相对人过于不利。故而法律赋予相对人以催告权，相对人可以在本人追认或拒绝追认前催告本人进行表态（第2款前句）。

4 另外，在本人对无权代理行为表态之前，相对人享有撤销权，有权撤销其与无权代理人所为的行为，从该行为中抽身而出（第2款中句和后句）。但如果相对人在与无权代理人从事行为时，知或应知代理人无权代理，则相对人属于自甘风险，不必赋予其从交易中逃脱的机会。故而撤销权限于善意的相对人享有。

二、无权代理制度的其他法源

5 《民法典》生效前,《民法通则》第 66 条和《合同法》第 48 条均对无权代理行为作出了规定。但随着《民法典》生效,这两条规范均已失去法律效力。另外,《民法典》第 503 条规定:“无权代理人以被代理人的名义订立合同,被代理人已经开始履行合同义务或者接受相对人履行的,视为对合同的追认。”下文(边码 24)也会对此条进行简要评述。特别法中也存在关于无权代理的规定。《票据法》第 5 条第 2 款规定,没有代理权而以代理人名义在票据上签章的,应当由签章人承担票据责任;代理人超越代理权限的,应当就其超越权限的部分承担票据责任。《票据法》的该条规定作为特别法,优先适用。《保险法解释二》第 3 条第 1 款规定:“投保人或者投保人的代理人订立保险合同时没有亲自签字或者盖章,而由保险人或者保险人的代理人代为签字或者盖章的,对投保人不生效。但投保人已经交纳保险费的,视为其对代签字或者盖章行为的追认。”

三、本条的适用范围与准用

(一)法定代理人

6 本条规定原则上亦适用于法定代理人。[1] 值得注意的是,我国法律虽然没有对法定代理人的代理权进行具体的限制,但按照《民法典》第 35 条第 1 款后句,监护人除为维护被监护人利益外,不得处分被监护人的财产。此规定应被视为对法定代理人权限的一般性限制。[2] 对于法定代理人代理权限限制的认定虽取决于个案情况,但一般而言法定代理人代理未成年子女在该子女所有的不动产上为他人债务设定担保,应属于超越了法定代理人的代理权限。因未成年子女无法对此进行追认,从而应归于无效。[3]

---

〔1〕 认为法定代理人场合不存在无权代理的观点,参见龙卫球:《民法总论》(第 2 版),中国法制出版社 2001 年版,第 662 页。

〔2〕 参见汪渊智、赵搏:《论代理权行使的法定限制》,载《南海法学》2017 年第 1 期,第 51 页;解亘:《论监护关系中不当财产管理行为的救济》,载《比较法研究》2017 年第 1 期。

〔3〕 参见最高人民法院(2015)民申字第 766 号民事裁定书。

(二)无权代理与无因管理〔4〕

7 无权代理与无因管理在一般情况下区别较明显。无因管理中的事务管理可以是事实行为也可以是法律行为,而无权代理中的被代理事务只能是法律行为;无因管理制度重在规范管理人与本人两者之间的关系,而无权代理制度重在规范本人、无权代理人、相对人三者之间的关系;无因管理不必明示出为本人从事行为的意思表示,而无权代理则必须以本人的名义为法律行为。〔5〕 但在代理人无法定或约定义务以本人名义且为本人利益计算而从事法律行为时,可以既构成无权代理又构成无因管理。此时在代理的三方关系中,即关于追认、催告、撤销、无权代理人责任等适用无权代理的规定;而本人与代理人之间的关系适用无因管理的规定,无权代理人得依无因管理关系向本人主张权利。〔6〕

(三)单方行为的无权代理

8 本条第1款未区分合同行为与单方行为。从其文义而言,即便无权代理单方行为亦为效力待定,从而本人可追认之。有观点(可称之为"单方行为无权代理否定说")倾向于借鉴《德国民法典》第180条的做法,认为单方行为的无权代理原则上无效,例外情形才如合同情形一样为效力待定。〔7〕 此例外情形有三:相对人未对代理人所声称的代理权表示拒绝;相对人对无代理权的代理行为表示认可;无权代理行为系受领意思表示的消极代理。《德国民法典》第180条旨在保护单方行为的相对人。在无权代理作出单方行为的情形,例如无权代理人向相对人发出解除的意思表示,相对人只能被动接受该意思表示(而在合同情形相对人可以选择订立或不订立该合同),之后只能被动等待本人追认或否认(在合同情形相对人可行使撤销权撤销其意思表示,但单方行为情形撤销权却因相对人未作出任何意思表示而无的放矢),从而相对人陷于过于被动的不确定状态。而在上述三种例

---

〔4〕 无权代理和无因管理的关系长期为人们所误认,直至19世纪德国法学家拉班德(Laband)将代理授权行为从代理基础关系中分离出来,才对此进行了澄清,参见[德]Hans Dölle:《法学上之发现》,王泽鉴译,载王泽鉴:《王泽鉴法学全集·第四卷——民法学说与判例研究④》,中国政法大学出版社2003年版,第6页。

〔5〕 参见张广兴:《债法总论》,法律出版社1997年版,第67—68页;龙卫球:《民法总论》(第2版),中国法制出版社2001年版,第662页。

〔6〕 参见王泽鉴:《债法原理(第一册)》,中国政法大学出版社2001年版,第308页;朱庆育:《民法总论》(第2版),北京大学出版社2016年版,第363页。

〔7〕 参见张谷:《略论合同行为的效力》,载《中外法学》2000年第2期,第194页;朱庆育:《民法总论》(第2版),北京大学出版社2016年版,第359—360页;李永军:《民法总论》(第2版),法律出版社2009年版,第651页;龙卫球:《民法总论》(第2版),中国法制出版社2001年版,第663页;高富平:《民法学》(第2版),法律出版社2009年版,第237页。

外情形，前两种相对人自甘风险，无须对其进行特别保护；后一种相对人的撤回权并非无的放矢，从而其可行使撤回权抽身而出。[8] 如顺着单方行为无权代理否定说的逻辑，则对本条应进行适用上的限缩，即本条只可适用于合同行为，而不能适用于单方行为。

单方行为无权代理否定说有一定道理。但其首先失于缺乏实证法上的支撑。毕竟本条未规定无权代理单方行为原则上应为无效。其次，该说所担心的相对人利益保护问题，并非必须要采取无权代理单方行为原则无效的模式。在积极代理单方行为的情形，可通过赋予相对人以拒绝权来保护相对人利益。 9

该拒绝权包括代理行为作出时的立即拒绝权和无权代理情形善意相对人的嗣后拒绝权。(1)立即拒绝权。此是指在代理人积极代理单方行为的情形，例如以被代理人名义发出解除合同的意思表示，在该行为作出之后相对人享有立即拒绝该代理行为的权利。此立即拒绝权并不取决于相对人是否能够知道代理人无代理权，也不取决于该代理是有权抑或无权。此立即拒绝权虽未在法律中规定，但类比代理从事合同行为时相对人的利益状态，可证成此拒绝权。代理从事合同行为的情形，基于私人自治，相对人可以自由决定是否通过代理人与本人订立该合同。其完全可能因为担心代理出现问题而拒绝通过代理人与本人订立合同。而在积极代理单方行为的情形，赋予相对人以立即拒绝权，功能上等同于代理合同行为情形相对人的缔约自由。其基础是相对人的私人自治，而在法律适用上的理由是禁止法体系内的评价矛盾。(2)善意相对人的嗣后拒绝权。此是指在无权代理人积极代理单方行为的场合，在相对人收到单方行为的意思表示时不知或不应知代理人无代理权的，相对人虽然在当时并未立即拒绝该单方行为，但该善意相对人嗣后有权行使拒绝权，拒绝该单方行为的代理。此嗣后拒绝权在方法论上的根据是类推无权代理从事合同行为时相对人的撤销权。从而，此嗣后拒绝权的要件如下：一是代理人积极代理单方行为；二是代理人是无权代理；三是相对人在收到代理人单方行为的意思表示时为善意。[9] 拒绝权行使的法律后果是，被代理的单方行为归于终局无效。或有观点认为，如果该单方行为为形成权行使，如解除合同，那么理论上拒绝权与该形成权行使的形成效力或存在冲突。本文认为在此并不存在冲突。因为在本人对于无权积极代理单方行为未进行追认时该单 10

〔8〕 参见朱庆育：《民法总论》(第2版)，北京大学出版社2016年版，第359—360页。

〔9〕 基本相同的观点可参见史尚宽：《民法总论》，中国政法大学出版社2000年版，第562—563页。荷兰法的做法是积极代理单方行为的情形，相对人无论是否善意，在代理行为被本人追认或否认之前，均享有拒绝权，也就是即便相对人恶意(知或应知无权代理)，其也享有拒绝权。参见 D. Busch and L. J. Macgregor, ed., *The Unauthorised Agent, Perspectives from European and Comparative Law*, Cambridge University Press, 2009, p. 159.

方行为尚未发生效力;而拒绝权行使终局地消除本人追认的可能(从而消除了形成权发生形成效力的可能),恰恰是拒绝权的真谛所在。[10]

11 总之,在积极代理单方行为的情形,相对人享有立即拒绝权,如相对人行使此立即拒绝权,则该单方行为归于无效;如相对人未立即拒绝,则在有权代理的场合该行为有效。在无权代理人积极代理单方行为的情形,如果相对人并未行使上述立即拒绝权,那么该行为为效力待定,善意相对人享有嗣后拒绝权;其行使该嗣后拒绝权,则该行为归于终局无效。至于消极代理单方行为的情形,例如向无权代理人发出解除的意思表示,直接适用本条即可,即此时该行为为效力待定,且善意第三人(发出解除的意思表示者)享有撤销权。

(四)冒名行为

12 冒用他人名义,声称自己就是该他人而与第三人为法律行为,此为冒名行为。冒名行为中,行为人使用他人名义假冒他人,而并非展示其代理人身份以他人名义行事。从而因不满足代理的公开原则,冒名行为并非严格意义上的代理行为。在冒名行为中,如果行为人有将行为效果归属于名义承担人的意思,那么无论相对人是看重名义承担人的身份只愿意与名义承担人从事行为,还是相对人不看重名义承担人身份故而与谁进行该交易都无所谓,都准用代理的规则。[11] 即,在行为人的确具有代理名义承担人之代理权的情形,依据有权代理规则法律行为在名义承担人和相对人之间发生效力;在行为人不具有代理权的情形,准用无权代理的规则(包括未获追认时无权代理人责任的规则)。如果行为人并非想把行为效果归属于名义承担人,而是想把行为效果归属于自己,那么在相对人不看重名义承担人身份从而其与谁交易都无所谓时,法律行为在行为人和相对人之间发生效力。在相对人只愿意与名义承担人交易时,准用无权代理的规则。[12]

(五)故意误传

13 如果传达人基于故意篡改了表示的内容,对此的处理存在争议。一种观点认

---

〔10〕 拒绝权的此种效力在比较法上也存在支持,如《德国民法典》第 111 条、第 174 条第 1 项、第 180 条第 2 项第 1 种情形中规定的拒绝权。

〔11〕 实践中"代签名"或恶意假冒他人签名的案型,多属于行为人欲将效果归属于名义承担人。对于前者适用代理规则的案件如云南省高级人民法院(2013)云高民再终字第 7 号民事判决书,该案中股东邵某川虽默许公司在改变经营范围时代其签名,但法院基于无权代理的规定,对该股东股权被转让时的代签名拘束该股东不予认可。对于后者适用代理规则的案件如重庆市高级人民法院(2013)渝高法民初字第 00010 号民事判决书。

〔12〕 基本相同的看法参见朱庆育:《民法总论》(第 2 版),北京大学出版社 2016 年版,第 337 页;孙维飞:《冒名出售房屋案型之法律适用》,载《法律适用》2017 年第 22 期。略有不同的观点,参见杨代雄:《使用他人名义实施法律行为的效果》,载《中国法学》2010 年第 4 期。

为此时不属于传达“错误”的情形,传达人此时传达的已经并非是表示人的意思表示;此时意思表示无效,从而本人无须按照关于传达错误的规定撤销意思表示,而是相对人可(类推)适用无权代理的相关规定追究篡改表示之传达者的责任。[13] 而反对观点认为,故意误传的情形应适用传达错误的规定。[14] 后种观点值得赞同。因为表示人任命表示传达人,其比表示相对人更易于控制风险,从而无论是传达人故意抑或无意地错误传达,均可归责于表示人。[15] 但若与本人毫不相干之第三人,以本人传达人的名义故意进行不实传达,因本人不具有可归责性,此时应类推无权代理的相关规定。

(六)向未经授权之人履行债务

向未经债权人授权的第三人(如代理权终止后的代理人)履行债务,对此不 14
应适用无权代理的相应规定,而应准用无权处分的规定。其后果是,是否发生清偿效果取决于债权人是否追认,如债权人不追认,债务人应向该第三人主张不当得利返还,而非如无权代理的情形向无权代理人主张责任。[16]

四、无权代理的构成要件

(一)具备代理行为的表象

构成无权代理,首先须具有一般代理的表象,满足代理的公开性原则。也即是, 15
行为人以他人名义实施法律行为欲将法律效果归属于他人。而如果行为人自称为该他人,此属于冒名行为,并非代理行为(对于无权而冒名的情形参见边码 12)。

(二)不具有代理权

无权代理行为的核心要件是代理人不具有代理权,且不构成表见代理。对于 16
不具有代理权,本条列举了三种情形:行为人没有代理权、超越代理权或者代理权终止。行为人没有代理权,包括根本就没有代理授权,也包括代理授权无效或被

〔13〕 参见[德]维尔纳·弗卢梅:《法律行为论》,迟颖译,法律出版社 2013 年版,第 543 页;王泽鉴:《民法总则》(增订版),中国政法大学出版社 2001 年版,第 380 页;朱庆育:《民法总论》(第 2 版),北京大学出版社 2016 年版,第 277 页。

〔14〕 Vgl. MüKoBGB/Armbrüster, BGB, 6. Aufl., 2012, § 120, Rn. 4;[德]迪特尔·梅迪库斯:《德国民法总论》,邵建东译,法律出版社 2000 年版,第 570 页,边码 748。

〔15〕 参见纪海龙:《走下神坛的“意思”》,载《中外法学》2016 年第 3 期,第 665 页。

〔16〕 最高人民法院(2013)民四终字第 16 号民事判决书将《民法通则》第 66 条适用于如下情形:债务人明知债权人之代理人的代理权已终止,还是继续向该代理人履行债务。尽管该案中法院适用该条规定也得出了履行无效从而债务未被清偿的结论,但直接适用该条规定未尽妥当。

撤销的情形。但在代理授权被撤销而导致其溯及既往自始无效时,若代理行为发生在代理授权被撤销之前,那么尤其应注意考察此时是否构成表见代理。

17 在行为人超越代理权的情形,至少在代理权被超越的范围内,代理行为无效。至于此时是否因代理权被超越导致法律行为全部无效,应基于法律行为部分无效的规则判断(《民法典》第 156 条)。在此,越权代理是否影响法律行为其他部分的效力,应基于当事人的意思判断。如果可以认为当事人任何一方在部分无效的前提下也不会从事其他部分法律行为的,那么该部分无效导致全部无效。[17] 在某人既以自己的名义,又以他人代理人的名义(却无权代理)与相对人从事交易时,此时若交易可分,那么被无权代理那部分的交易效力待定,若未被追认时无效;此无效是否会影响其以本人名义所做交易的那部分,取决于法律行为部分无效规则的适用。[18]

18 在代理权已消灭的情形,也要注意是否此时会满足表见代理的构成要件。如满足,则本条不适用而是适用《民法典》第 172 条。在本条中,代理权已消灭是指在作出该法律行为时代理权已消灭。虽然本条中表述的是"实施代理行为",但对于合同情形具有关键意义的时点并非是承诺作出的时点。关键的时点,在积极代理时是代理人发出意思表示的时点,[19] 在消极代理时是意思表示到达代理人(或在对话的意思表示情形代理人了解)的时点。在积极代理的情形,如果在意思表示发出后到达相对人前代理权消灭,那么此时意思表示的效力不受该代理权消灭的影响。如此时代理人发出的是承诺,合同效力不因此而受影响。如此时代理人发出的是要约,其效力也不受影响,但因其已丧失代理权,从而针对其作出的承诺为效力待定(除非构成表见代理)。

(三)不构成表见代理

19 《民法典》第 172 条对表见代理进行了规定。表见代理和狭义无权代理的共同要件为"行为人没有代理权、超越代理权或者代理权终止"。从而可以提出的问题是,在构成表见代理的情形,相对人在《民法典》第 172 条规定的"代理行为有效"和本条第 2 款规定的撤销权间,是否享有选择权;以及在本人拒绝追认时(依据表见代理的规则)选择被代理人或(依据本条第 3 款和第 4 款)选择代理人为请

---

〔17〕 认为未超越授权范围部分的行为为有权代理的观点,参见刘凯湘:《民法总论》(第 3 版),北京大学出版社 2011 年版,第 363 页。

〔18〕 参见山东省高级人民法院(2015)鲁民申字第993 号民事裁定书。在此案中合同标的物为 120 亩地补偿款,其中部分补偿款权利人为行为人,另一部分则是由行为人无权代理他人,法院最后认定该合同部分有效、部分无效。

〔19〕 判断意思表示发出人之行为能力的时点与此同理,也是发出之时。

求权相对人？对此学界观点存有争议。[20] 承认相对人选择权的理由，是表见代理情形代理人无代理权，从而表面上在构成要件层面也构成狭义无权代理。但否认相对人的选择权更为妥当。其理由有三：一是对于保护相对人而言，表见代理情形要求被代理人承担责任，已足以保护相对人利益，[21] 如果再赋予相对人以选择权，相对人反倒获得了比有权代理情形更为优越的法律地位；[22] 二是如赋予相对人以选择权，会助长相对人的投机风险，即相对人在市场变化从而该交易对其不利时，可以通过选择权从该交易中抽身而出；[23] 三是文义上的理由，即《民法典》第172条明确规定了表见代理情形“代理行为有效”，此“有效”在文义上既针对被代理人，也针对相对人。[24]

认可相对人选择权的观点中，有观点认为承认相对人选择权的确存在相对人的投机风险，但此投机风险法律不应干预。[25] 理由一是相对人投机并不损害任何人（包括本人）利益，即认为在认可相对人选择权的框架下，本人如想阻却相对人在市场变化时基于狭义无权代理规则行使撤销权（即投机），那么本人行使追认权即可。对此理由的反驳是，相对人的选择权当然会存在对本人的不利；本人追认的前提是本人知悉该无权代理行为，且本人也可能需要时间考虑是否追认。假设交易本身对本人有利，在本人不知悉前相对人行使撤销权，本人即便嗣后想追认也无法追认。对于此种情形，本人和相对人要看谁先开第一枪。但相对人既然在作出交易时便已经意欲此行为，便不应再出尔反尔，嗣后变卦。理由二是这种投机是狭义无权代理本身自带，也就是即便是在不构成表见代理只是狭义无权代理的情形，相对人也可在市场发生不利时，行使撤销权从交易中抽身而出（投机）。对此理由的反驳是，无权代理制度中配置相对人以撤销权的宗旨，是为了在交易效力待定时，给予相对人以尽快结束此不确定状态的武器，此撤销权本已经是对相对人的优待（边码38）。既然在表见代理中，交易效力已确定，就不存在让相对人 19a

---

〔20〕 认可相对人之选择权的观点，参见王利明：《合同法新问题研究》（修订版），中国社会科学出版社2011年版，第296页；梁慧星：《民法总论》（第5版），法律出版社2017年版，第246页；史尚宽：《债法总论》，中国政法大学出版社2000年版，第52页；李宇：《民法总则要义：规范释论与判解集注》，法律出版社2017年版，第830—833页。

〔21〕 参见徐涤宇：《代理制度如何贯彻私法自治》，载《中外法学》2017年第3期，第700页。

〔22〕 参见王泽鉴：《无权代理人之责任》，载王泽鉴：《民法学说与判例研究（第6册）》，中国政法大学出版社1998年版，第16页；朱庆育：《民法总论》（第2版），北京大学出版社2016年版，第371—372页；杨芳：《〈合同法〉第49条（表见代理规则）评注》，载《法学家》2017年第6期，边码90。

〔23〕 参见张谷：《略论合同行为的效力》，载《中外法学》2000年第2期，第193页；汪泽：《表见代理若干问题研究》，载梁慧星主编：《民商法论丛》（第8卷），法律出版社1997年版，第19页。

〔24〕 参见朱庆育：《民法总论》（第2版），北京大学出版社2016年版，第371页；张家勇：《论无权代理人赔偿责任的双层结构》，载《中国法学》2019年第3期，第141页。

〔25〕 具体见李宇：《民法总则要义：规范释论与判解集注》，法律出版社2017年版，第832页。

撤销的必要了。

认可相对人选择权的观点中，还有论据是如不认可此选择权，会发生一些不利后果。第一个弊端是相对人无法撤销。该观点认为，在构成表见代理的情形仍然允许相对人撤销，对于三方均无不利。[26] 但正如上文所述，在交易有利于本人时允许相对人撤销会对本人不利。而且，允许相对人撤销，对于相对人不仅仅是无不利，而是过于有利，即允许其投机。该观点认为否认说的第二个弊端是，否认说会导致无权代理人受到表见代理规则的保护，这背离了表见代理的规范目的。即无权代理人可以通过证明存在表见代理，使自己从本应向相对人承担的责任中抽身而出。对此的反驳是，无权代理人抽身而出这个效果，虽然并非表见代理的规范目的，但也与表见代理的规范目的（保护善意相对人）不相违背。而且如相对人行使撤销权，则基于本条第 3 款的无权代理人责任本就不应被支持（边码 53）。且在表见代理情形，无权代理人只是不必承担本条第 3 款和第 4 款中规定的针对相对人的责任，无权代理人还是可能因违约或侵权而向被代理人承担责任。

19b 虽然在真实诉讼中，因为相对人证明表见代理的举证负担较证明无权代理时为重，从而在相对人无法举证证明表见代理时，自然要适用无权代理的规则。但未经证明之事，在法律世界便无从存在，从而在相对人无法证明表见代理时，适用无权代理规则乃属当然，无从谈及相对人的选择权。另外，尽管纠纷发生后，相对人主张基于表见代理抑或无权代理规则解决纠纷，实际上取决于相对人的诉讼请求选择，从而事实上相对人的确会有选择机会。但讨论选择权的关键在于，如果表见代理已被证明，相对人是否依旧可以主张适用无权代理的规则。从而，诉讼中相对人的“实际”选择机会，并不足以论证支持相对人在法律层面的选择权。[27]

五、无权代理行为的效力

（一）效力待定

20 因无权代理作出的法律行为为效力待定的法律行为。本条第 1 款亦规定了“未经被代理人追认的，对被代理人不发生效力。”本条第 1 款的文义只体现出无权代理行为未经追认对被代理人不发生效力，而未体现出代理行为的效力为何。单纯从本条第 1 款的文义出发，并不能排除代理行为在无权代理人和相对人之间

〔26〕 具体见李宇：《民法总则要义：规范释论与判解集注》，法律出版社 2017 年版，第 831 页。

〔27〕 参见朱庆育：《民法总论》（第 2 版），北京大学出版社 2016 年版，第 372 页。

发生效力。[28] 但由于相对人内心意思中的交易对手是被代理人而非(无权)代理人,故而认定代理行为在无权代理人和相对人之间发生法律行为的效力,不合相对人意思(公开的不合意)。按照通说,在被代理人追认前,代理行为无效。但由于该无效可经由被代理人追认而转变为有效,故而此时的无效属于未决的无效,又被称之为效力待定。此未决的无效并不取决于代理人或相对人是否知道代理为无权代理。

代理行为在被追认前属于效力待定,这意味着此时该代理行为既不能拘束被 21
代理人,也不能拘束相对人。如果在此期间相对人因误认为行为有效而向被代理人进行给付,那么其可基于给付的不当得利向对方主张不当得利返还。[29] 若该给付行为同时构成法律行为的,可以重大误解为由撤销该法律行为,进而主张原物返还请求权。但如果其明知行为效力待定还进行给付,那么基于禁止出尔反尔的原则,其不得主张不当得利返还(《民法典》第 985 条第 3 项)。[30] 在相对人的给付被本人合理认定为是其在接受他人的义务履行时,此时为保护本人的合理信赖,相对人针对本人的不当得利请求权也被排除。如业主发包给总包商,总包商无权代理业主与分包商订立合同,分包商以为在履行其与业主之间的合同义务,而业主却合理认为该履行行为是总包商在履行总包商的合同义务,则相对人(分包商)针对被代理人(业主)的不当得利请求权被排除。[31] 另外,在被代理人进行给付的场合,如基于意思表示解释规则判断该给付应被解释为追认的意思表示(边码 24),那么不当得利的规则不予适用。被代理人追认或拒绝追认代理行为后,代理行为结束其效力待定状态。

(二)追认

1. 追认的性质

本条第 1 款规定,无权代理行为,“未经被代理人追认的,对被代理人不发生 22
效力”。反面解释该规定的结论是,经被代理人追认后,欠缺代理权问题便被消除,故而追认使得代理行为有效。对于追认的性质,可有不同阐释。追认究竟是一种嗣后的代理权授予,还是对法律行为本身的嗣后同意(从而该嗣后同意补正

---

〔28〕 在 19 世纪德国潘德克顿法学中的确存在过此种观点,参见 HKK/Schmoeckel, BGB, § § 164 - 181, Rn. 30. 崔建远教授也认为无权代理合同被拒绝追认的,合同内容部分有效而合同当事人部分无效,参见崔建远:《合同法》(第 2 版),北京大学出版社 2013 年版,第 103 页。

〔29〕 参见浙江省嘉兴市嘉善县人民法院(2006)善民二初字第 293 号民事判决书。

〔30〕 可参见崔建远、韩世远、于敏:《债法》,清华大学出版社 2010 年版,第 191 页。此又可参见《德国民法典》第 814 条、台湾地区“民法”第 180 条第 3 款。

〔31〕 Vgl. MüKoBGB/Schwab, BGB, § 812, 6. Aufl., 2013, Rn. 184.

了无权代理行为的效力,使得因无代理权而本应无效的法律行为变得自始有效)?本文认可后者。首先,将追认理解为嗣后的代理权授予,将使得无权代理情形的追认、限制行为能力人所为行为情形法定代理人的追认(《民法典》第 22 条、第 145 条)以及自己代理、双方代理情形本人的追认(《民法典》第 168 条),这几种本质相同的追认在理论上相互割裂。自己代理、双方代理情形的追认尤其体现了追认乃是对被代理之法律行为的认可(嗣后同意),而非嗣后的代理权授予。盖自己代理和双方代理情形,代理权本已存在,代理权的嗣后授予无从谈起。其次,就意定代理的本质而言,在意定代理中是代理人通过自己(而非被代理人)的意思表示作出法律行为(即法律行为本身),而因该法律行为所形成的法律关系(即法律行为之结果)之所以能够拘束被代理人,乃是因为被代理人授权他人为自己塑造法律关系。究而言之,代理授权的本质在于,被代理人基于意思自治,同意他人(代理人)为自己创设规则(如合同关系),同意自己受代理人在授权范围内形成之法律关系的拘束。[32] 故而,代理授权本身即可视为被代理人对代理人在授权范围内所型塑之任何法律关系的事先概括同意。顺理成章地,在追认无权代理行为的场合,追认便意味着对代理人所塑造之(已成立但效力待定的)具体法律关系的同意。即便是被代理人在嗣后向无权代理人进行代理授权,此也应被解释为是追认,而非代理权的授予。[33] 最后,如将追认理解为代理权的授予,会在对追认这种意思表示进行解释时,出现不妥当的后果。即,将追认理解为代理权的授予导致的结果是,认定追认要求追认意思表示的相对人,在收到表示时知道或应当知道本人知悉代理权欠缺的事实;如果相对人不知也不应知本人知悉代理权欠缺的事实,那么根据意思表示规范解释的规则,该相对人无法将本人的意思表示解释为嗣后的代理权授予。但这种要求不具有合理性。其原因在于,如果本人已经通过明示或默示形式(如履行)表示其认可代理行为,无论相对人如何认知和判断本人对于代理权欠缺的主观状态,本人均不得出尔反尔,再行否认自己对代理行为的同意。从而,将追认理解为嗣后代理权的授予并不妥当。妥当的是将追认性质认定为嗣后对基于无权代理所从事之法律行为本身的同意。故而,追认的对象是代理人经由无权代理所从事的法律行为。[34]

2. 追认意思表示的作出对象

23 关于追认意思表示应向何人作出,一种观点认为,追认不仅可以向相对人作

〔32〕 类似的理解参见 Werner Flume, Allgemeiner Teil des Bürgerlichen Rechts, zweiter Band, Das Rechtsgeschäft, 2. Aufl., Springer, 1975, § 43/3, S. 754.

〔33〕 Vgl. MüKoBGB/Bayreuther, BGB, § 182, 6. Aufl., 2012, Rn. 13.

〔34〕 最高人民法院在(2014)民申字第 694 号民事裁定书中明确认可"追认是被代理人对无权代理行为事后予以承认的一种单方意思表示"。

出，也可以向无权代理人作出。[35] 由于授权行为的相对人得为第三人或代理人，故追认意思表示之“相对人”无妨作相同解释。[36] 追认是否必须只能向相对人作出，理论上涉及对追认这种意思表示性质的认定。如将追认认定为对法律行为本身的事后同意，那么逻辑上追认似应针对该行为的相对人作出。但此逻辑上的理由只是初步的论据。将追认定性为对法律行为本身的嗣后同意，与追认只能向相对人作出，这两者之间虽然在理论上更融贯，但即便将追认定性为对法律行为本身的嗣后同意，如存在利益衡量上更有力的理由，当然也可以承认向无权代理人作出的追认。而从利益衡量角度看，支持追认只应向相对人作出更站得住脚。其理由在于对相对人的保护。如果追认也可以向无权代理人作出，那么行为相对人不一定会知道追认已经被作出，其不知该行为是否已变得有效，便会无所适从。[37] 故而，追认只能向相对人作出的做法，值得支持。[38]

3. 追认的方式与形式

追认是一种须受领的意思表示（有相对人的意思表示，《民法典》第 137 条）， 24
可以明示或默示方式作出（《民法典》第 140 条）。所谓默示方式，是基于本人的行动推断出来的表示。[39]《民法典》第 503 条规定：“无权代理人以被代理人的名义

---

〔35〕《合同法解释二》第 11 条曾规定，“根据合同法第四十七条、第四十八条的规定，追认的意思表示自到达相对人时生效，合同自订立时起生效”。有观点认为“向相对人”作出，不应当理解为只能向代理行为的相对人作出。参见崔建远主编：《民法总论》（第 3 版），清华大学出版社 2019 年版，第 261 页（耿林执笔）。

〔36〕 参见朱庆育：《民法总论》（第 2 版），北京大学出版社 2016 年版，第 360 页；林诚二：《民法总则（下册）》，法律出版社 2008 年版，第 457 页。认为追认既可向相对人也可向无权代理人作出的观点还有如杨立新：《民法总则》，法律出版社 2013 年版，第 519 页；江帆：《代理法律制度研究》，中国法制出版社 2000 年版，第 164 页。

〔37〕 D. Busch and L. J. Macgregor, ed., *The Unauthorised Agent*, *Perspectives from European and Comparative Law*, Cambridge University Press, 2009, p. 417. 比较法上，荷兰法要求追认只能向相对人作出。在德国法中，虽然基于《德国民法典》182 条第 1 款追认既可向相对人作出，又可向无权代理人作出，但《德国民法典》第 177 条第 2 款对此作出了限制：在相对人行使了催告权后，之前对无权代理人所作出的追认变为无效，本人可重新决定是否追认，如其决定追认，那么此时其只能向相对人作出追认的意思表示。《国际商事合同通则》中，原则上追认甚至不必向任何人作出（No. 1 of Comment to Art. 2. 2. 9 of PICC），但在相对人催告后，追认也必须只能向相对人作出（No. 3 of Comment to Art. 2. 2. 9 of PICC）。不过在法国和英国，追认不必一定向相对人作出。《美国代理法第三次重述》与《国际商事合同通则》一样，也认为追认是一种宣告（manifestation），无须向任何人作出。以上详见 D. Busch and L. J. Macgregor, ed., The Unauthorised Agent, Perspectives from European and Comparative Law, Cambridge University Press, 2009, p. 416.

〔38〕 支持此观点的参见李永军：《民法总论》，法律出版社 2008 年版，第 650 页。

〔39〕 最高人民法院在（2014）民申字第 694 号民事裁定书中表示：“追认是被代理人对无权代理行为事后予以承认的一种单方意思表示，通常应当以明示的方式作出。但从维护交易秩序的稳定和保护合同相对人的利益考虑，本人如果接受相对人履行义务或接受无权代理人转移合同利益，应视为追认。”亦可参见四川省高级人民法院（2015）川民申字第 1162 号民事裁定书（认可被代理人以开发票形式进行了追认）。

订立合同,被代理人已经开始履行合同义务或者接受相对人履行的,视为对合同的追认。”此条规定在理论上应归属于默示的追认。但是否可以认定存在本人的追认,应基于意思表示解释的规则探知。对此应适用《民法典》第142条第1款:“有相对人的意思表示的解释,应当按照所使用的词句,结合相关条款、行为的性质和目的、习惯以及诚实信用原则,确定意思表示的含义。”对于该款的正确理解应是,在有相对人的意思表示情形,应按照客观理性相对人的理解对意思表示进行解释。从而无论本人是以明示还是默示的方式作出表示,都不要求本人一定要认识到无权代理情形的存在,只需要站在表示相对人位置的理性人可将表示客观理解为追认即可。如果本人不知无权代理而发出明示或默示的表示行为,且该行为又基于意思表示解释规则可被解释为追认的意思表示,那么存在本人基于重大误解的规则撤销该表示的可能(《民法典》第147条)。另外基于意思表示解释的规则,只是被代理人开始履行合同义务,并非肯定导致此被视为追认。假设相对人明知代理人无权代理的事实,且相对人知道或应当知道,本人如知悉代理人无权代理便不会履行合同或接受相对人履行,那么根据意思表示解释的规则,此时本人履行合同或接受相对人履行不应被解释为追认。关键是站在相对人位置的客观理性人可将本人履行合同或接受相对人履行的行为理解为追认。从而,《民法典》第503条应被理解为是意思表示解释的推定规则。即,无权代理中,被代理人已经开始履行合同义务或者接受相对人履行的,只是推定为是对无权代理行为的追认。但如果可以认为客观理性的相对人无法将被代理人的此种行为理解为对代理行为的同意的,则不能将此种行为解释为追认。

25　单纯的沉默并不能构成追认,但在存在当事人约定或当事人间的交易习惯时,也可能被认定为存在追认(《民法典》第140条第2款)。在例外情况下也可基于诚实信用原则认定沉默构成追认的意思表示。此虽没有被《民法典》第140条第2款所明文规定,但可适用《民法典》第7条。属于此情形者,例如夫妻之间无权代理,或无权代理人嗣后获得了相应的代理授权。[40]

26　《民法通则》第66条第1款第3句曾规定:“本人知道他人以本人名义实施民事行为而不作否认表示的,视为同意。”但在《民法典》生效后,《民法通则》已废止。在《民法典》的框架下,如在无权代理行为作出时,本人知道他人以本人名义实施法律行为而不作否认表示,从而导致相对人合理信赖该他人享有代理权的,可适用《民法典》第172条规定的表见代理制度。而在无权代理行为作出后本人的容忍(即沉默)原则上不得被作为追认的意思表示,因为以沉默形式作出的追认只有在例外情形下才可被认定(边码25)。

〔40〕 Vgl. MüKoBGB/Schubert, BGB, 7. Aufl., 2015, § 177, Rn. 36.

27 如被追认的法律行为需要特定要式形式，原则上追认也需要相应的形式，[41]除非可以认定追认不采取该形式不会导致该形式所应发挥的功能落空，例如在某形式只是发挥证据功能（如在绝大多数的约定书面形式情形）[42]，或发挥国家管控的作用（如中外合资经营企业的合资合同须经批准生效）的情形。

4. **对追认的限制**

28 （1）部分追认。部分追认（即只追认无权代理行为的一部分）原则上不被允许，但如果可以证明相对人在作出法律行为之时也愿意从事该被追认的部分法律行为的，部分追认应被认可。[43]

29 （2）追认的期限。如果对于被追认的代理行为存在期限的限制，即该行为应在特定期间内作出，如解除合同的意思表示在特定期限内作出，那么不独该行为本身而且追认原则上也应在此期间内作出。[44]

30 （3）追认是一种单方法律行为。在追认本身被以无权代理的方式作出或本人为限制行为能力人时，该追认是否生效取决于该追认表示本身是否被追认。对此适用无权代理或限制行为能力人所为之法律行为的规则。对于追认这种单方行为适用无权代理的规则，参见上文（边码8—11）。在追认人为限制行为能力人的情形，若追认对于该人构成纯获（法律上的）利益，或可认定追认与该限制行为能力人年龄、智力、精神健康状况相适应，那么此追认有效（《民法典》第22条、第145条）。

5. **追认的溯及既往力及其例外**

31 （1）追认的溯及既往效力。无权代理行为被追认后，该行为溯及既往发生效力。已被废止的《合同法解释二》第11条曾规定，“根据合同法第四十七条、第四十八条的规定，追认的意思表示自到达相对人时生效，合同自订立时起生效”。虽然该条司法解释已被废止，但其规定的做法值得赞同。由于追认只能补正代理权

---

〔41〕 比较法上此基本是各国通行的做法。对此参见 D. Busch and L. J. Macgregor, ed., *The Unauthorised Agent, Perspectives from European and Comparative Law*, Cambridge University Press, 2009, p. 416.《德国民法典》第182条第2款虽然明文规定同意（包括追认这种嗣后的同意）无须采取与被同意行为所须之形式相同的形式，但很多学者主张对此进行限缩。可参见［德］迪特尔·梅迪库斯：《德国民法总论》，邵建东译，法律出版社2000年版，第738页，边码976；Staudinger/Schilken, BGB, 2009, § 177, Rn. 10.

〔42〕 山东省高级人民法院（2013）鲁民四终字第124号民事判决书中，当事人间约定补充协议需书面形式，一方员工无权代理该方当事人签订补充协议，后该方当事人以默示形式追认该无权代理，此追认效力受到了法院的认可。

〔43〕 类似观点参见李永军：《民法总论》，法律出版社2008年版，第651页。

〔44〕 参见纪海龙：《论无权代理中被代理人的追认权》，载《清华大学学报（哲学社会科学版）》2002年第3期，第71页。

的缺失,从而若代理行为存在其他无效或可被撤销的事由(例如违法、悖俗、欺诈、胁迫等),这些无效或可撤销的事由不受追认的影响。但即便在代理行为无效或可撤销的情形,追认也并非毫无法律效果。追认使得被代理人成为了代理行为的当事人,从而其也应承受该行为无效或被撤销所带来的后果(《民法典》第157条)。追认的溯及既往力意味着,相对人(若善意相对人未行使撤销权)自行为有效成立时便被拘束。即便相对人在行为有效成立和追认生效之间的时间陷入破产程序或行为能力受到限制,代理行为效力亦不受影响。

32 (2)但追认的溯及既往力也有例外。不能因追认的溯及既往力,导致认定给付迟延的发生。原因在于追认的溯及既往力实乃一种拟制,在追认之前因代理行为效力待定从而实际上并不存在基于该行为的给付义务,也就谈不上给付迟延。同理亦适用于时效的起算。时效的起算取决于权利受到侵害(《民法典》第188条第2款第1句),而在追认之前,实际上并未产生代理行为下受侵害的权利。[45]另外,在无权代理行为成立之后被追认之前,追认权利人对法律行为标的物所为的中间处分行为不因溯及力而无效。例如乙为无权代理人,未经授权将甲之应收账款转让给了丙,甲在追认前已经在该债权上向丁设定了质权,则甲对该应收账款债权让与的追认不影响丁之质权的效力,丙只能取得负担质权的债权。[46]

(三)拒绝追认

33 拒绝追认也是一种需受领的意思表示。该意思表示无须以要式形式作出,其方式既可以是明示,也可以是默示(即从行为中推断出来)。对此意思表示的存在及其具体内容,应基于意思表示解释的规则探求。除非相对人明知本人的真意,否则如相对人可合理地认为本人的某个表示或行动可被解释为拒绝追认的意思表示,那么便存在拒绝追认的意思表示。若本人在作出此表示或行动时,并不知悉被拒绝追认之代理行为的实质内容,那么本人可基于重大误解的规则撤销该拒绝追认的意思表示。在本人拒绝追认的意思表示生效后,代理行为的效力待定状态结束,转而彻底地归于无效。

---

〔45〕 参见纪海龙:《论无权代理中被代理人的追认权》,载《清华大学学报(哲学社会科学版)》2002年第3期,第71页。

〔46〕 参见[德]迪特尔·梅迪库斯:《德国民法总论》,邵建东译,法律出版社2000年版,第769页,边码1026、1027;纪海龙:《论无权代理中被代理人的追认权》,载《清华大学学报(哲学社会科学版)》2002年第3期,第71页。此为比较法上的通行做法,比较法上的详细讨论参见D. Busch and L. J. Macgregor, ed., *The Unauthorised Agent, Perspectives from European and Comparative Law*, Cambridge University Press, 2009, p. 433.

六、相对人的催告权与撤销权

(一)催告权(本条第2款第1句、第2句)

相对人不必在本人追认或拒绝追认前一直被动等待,其拥有尽快结束无权代理行为效力待定状态的法律手段。此法律手段之一为相对人的催告权(本条第2款第1句、第2句)。催告是一种准法律行为,准用关于法律行为和意思表示的相关规定。准用意思表示解释的规则,要求从本人的视角出发解释催告的表示,即本人可以合理地认为某表示包含催告本人进行追认的内容。从而一般而言,相对人只是简单地通知本人存在代理行为,或相对人通知本人其认为该代理行为应属于有权代理,均不足以构成催告。相对人仅仅是在起诉时将被代理人和无权代理人列为共同被告,也不足以认定相对人进行了催告。[47] 在相对人为多人的情形,在无特别约定或法律规定的情况下,该催告的表示应由多个相对人共同为之。催告应向被代理人发出。在被代理人为无或限制民事行为人时,应向其法定代理人发出;相应地,此时也只有本人的法定代理人可以有效地进行追认或拒绝追认。 34

本条第2款第1句规定:"相对人可以催告被代理人自收到通知之日起三十日内予以追认。"对于此规定可有两种理解:固定期限说认为相对人催告时无权确定追认期限,追认期限只能是三十日。其理由是:若交易对相对人不利,相对人向本人催告时确定一个(三十日内)非常短的期限,[48] 本人来不及充分考虑此期限就已经过,此对本人实为不利。[49] 任意期限说认为,所谓三十日的期限应为任意性的,只是在相对人未自定期限时,期限方为三十日。[50] 但自定的期间应属合理期间。[51] 固定期限说担心相对人以极短期限压迫被代理人,此有其道理。但只要要求相对人确定的期限属于合理期限,即可消除固定期限说的担忧。故而任意期限说更值得支持,但要求相对人自定的期限应属合理期限。另外,由于该期限 35

---

〔47〕 参见最高人民法院(2011)民四终字第38号民事判决书。

〔48〕 此时,相对人之所以采取催告时定一个超短期限的方法从交易中撤出,而不是行使撤销权,是因为行使撤销权后其将无权对无权代理人请求承担责任(对此参见下文边码53)。

〔49〕 参见张谷:《略论合同行为的效力》,载《中外法学》2000年第2期,第190、194页;纪海龙:《论无权代理中被代理人的追认权》,载《清华大学学报(哲学社会科学版)》2002年第3期,第70页。应予以说明的是,发表于《民法典》前的文献,讨论的并非是"三十日",而是《合同法》第48条中规定的"一个月"。本文根据相关文献中的观点,将文献中讨论的"一个月",替换为了《民法典》下规定的"三十日"。

〔50〕 参见崔建远等编著:《民法总论》(第3版),清华大学出版社2019年版,第262页(耿林执笔);韩世远:《合同法总论》(第4版),法律出版社2018年版,第303页。

〔51〕 参见韩世远:《合同法总论》(第4版),法律出版社2018年版,第298页。

设定乃是为了保护相对人利益,[52]故而相对人也可设定超过三十日的期限(目的性扩张)。当然,本人和相对人之间可以就该催告期限作出特别约定。催告期限应自收到催告时起计算。

36　相对人催告之后依旧可行使撤销权。[53] 本人在相对人确定的合理期限内追认无权代理行为的,该行为溯及既往地生效。本人在该期限不做任何表示的,视为拒绝追认(本条第 2 款第 2 句),在该期限结束后无权代理行为归于确定无效。此处的"视为拒绝追认",并非意思表示,乃属于法律上的拟制。故而对其并不适用意思表示因重大误解或欺诈等可撤销的规定。[54]

(二)撤销权(本条第 2 款第 3 句、第 4 句)

37　相对人尽快结束无权代理行为效力待定状态的法律手段之二,为相对人的撤销权。[55] 本条第 2 款第 3 句、第 4 句规定:"行为人实施的行为被追认前,善意相对人有撤销的权利。撤销应当以通知的方式作出。"撤销的表示既可向被代理人作出,也可向代理人作出。按照文义,相对人撤销权的第一个要件是无权代理行为"被追认之前"。其准确含义应是无权代理行为依旧处于效力待定状态。这意味着不仅该行为尚未被追认,该行为也应尚未被拒绝追认;另外也不应存在其他的无效事由。如果无权代理行为已经确定地基于追认生效,或因被拒绝追认或基于其他事由确定地无效,即效力待定状态已经结束,那么便无必要赋予相对人结束效力待定状态的撤销权。

38　相对人撤销权的第二个要件是相对人善意。之所以要求相对人善意,是因为在相对人非善意而与无权代理人从事行为的情形,相对人不值得保护。关于何为善意,有观点认为该善意应仅仅限于对无权代理事实的不知情,即便是因过失而

〔52〕 参见李宇:《民法总则要义:规范释论与判解集注》,法律出版社 2017 年版,第 811 页。

〔53〕 Vgl. MüKoBGB/Schubert, BGB, 7. Aufl., 2015, § 178, Rn. 3; Staudinger/Schilken, BGB, 2009, § 178, Rn. 3.

〔54〕 参见纪海龙:《沉默只有在例外情形才可被视为意思表示》,载周江洪、陆青、章程主编:《民法判例百选》,法律出版社 2020 年版,第 74 页。

〔55〕 此处的撤销权,在比较法中多称之为撤回权(Widerrufsrecht)。依照传统民法理论,两者区别为:"法律行为有疵累,利害关系人,依法律之规定,可使其效力归于消灭者,是为撤销。法律行为之本身,并无疵累,唯因特种事实之发生,法律准许利害关系人,收回其所作成之法律行为者,是为撤回。"参见梅仲协:《民法要义》,中国政法大学出版社 1998 年版,第 364 页,第 454 段注 1。本文认为,如按照传统民法严格区分撤回和撤销这两个术语虽更理想,但这根本上属于词语之争,只要做到区分清楚不同场合的构成要件和法律后果,如中国目前不在术语上作区分的做法也未见得有大害。

不知也属善意;[56] 换言之,此时相对人的恶意,系指相对人明知代理人无代理权。[57] 有观点认为善意限于相对人不知且也非因重大过失不知。[58] 其实,法律规定中的善意,在解释上其标准可以仅是非明知,可以是非明知且也非因重大过失不知,也可以是非明知且也非因过失不知。具体采取何种标准认定某法律条文中规定的善意,应取决于该条文的规范意旨和整体考量。具体到撤销权中善意相对人之善意的认定,本文所持的观点是,善意系指相对人不知且非因过失不知无权代理情形,此处的过失既包括重大过失也包括一般过失。其理由在于,相对人已基于自主意愿决定从事该特定法律行为,进入该交易,本不应出尔反尔;法律赋予相对人以撤销权,本已属于对相对人的慷慨和优待。故而,不必在撤销权的要件上再施慷慨。[59]

撤销权与表见代理。本条赋予善意相对人以撤销权,相对人撤销权以相对人善意为要件,而表见代理的要件之一也是相对人善意。故而有观点认为狭义无权代理只是相对人恶意时的无权代理,凡是相对人善意的,都构成表见代理。按照这种观点,相对人撤销权适用的空间根本不会存在。[60] 但这种观点乃属对表见代理的误解,其忽略了表见代理的另一要件为被代理人的可归责性。虽然《民法典》第172条文义中并未体现出构成表见代理要求被代理人具有可归责性,但解释上应作此解释。[61] 从而,即便是相对人善意(或曰有理由相信相关代理权的存在),但如被代理人不具有可归责性,也无法构成表见代理。而此时便存在本条所规定之相对人撤销权的适用空间。 39

〔56〕 参见崔建远等编著:《民法总论》(第3版),清华大学出版社2019年版,第263页(耿林执笔);李宇:《民法总则要义:规范释论与判解集注》,法律出版社2017年版,第811页。

〔57〕 参见梁慧星:《民法总论》(第5版),法律出版社2017年版,第242页;韩世远:《合同法总论》(第4版),法律出版社2018年版,第304页。

〔58〕 参见方新军:《无权代理的类型区分和法律责任》,载《法治现代化研究》2017年第2期,第53页。

〔59〕 比较法上,英国法否认无权代理情形相对人的撤回权;PECL和DCFR对相对人撤回权未作规定,解释上应认为这两个文件不认可无权代理情形相对人的撤回权;PICC[Art. 2. 29 (3)]以及荷兰法(《荷兰民法典》第3:69条第3款)认可相对人撤回权,但其要件是相对人不知且不应知无权代理情形;德国(《德国民法典》第178条)、日本(《日本民法典》第115条)亦均认可相对人撤回权,但相对人明知无权代理情形则排除该权利,仅仅是应知并不构成排除撤回权的事由。对此可详见D. Busch and L. J. Macgregor, ed., *The Unauthorised Agent, Perspectives from European and Comparative Law*, Cambridge University Press, 2009, pp. 408–409.

〔60〕 参见董学立:《重新审视和设计无权代理》,载《法学》2006年第2期,第64页。

〔61〕 对于表见代理场合被代理人的可归责性,参见朱虎:《表见代理中被代理人可归责性》,载《法学研究》2017年第2期;叶金强:《表见代理构成中的本人归责性要件》,载《法律科学》2010年第5期;杨代雄:《表见代理的特别构成要件》,载《法学》2013年第2期;王浩:《表见代理中的本人可归责性问题研究》,载《华东政法大学学报》2014年第3期;杨芳:《〈合同法〉第49条(表见代理规则)评注》,载《法学家》2017年第6期。

40 本条规定"撤销应以通知的方式作出"。行使相对人撤销权应通过须受领的意思表示,此本身是一种单方法律行为,不必以要式形式作出。该意思表示既可以明示也可以默示方式作出。无论以何种方式,其均应体现出相对人因无权代理原因而废止代理行为的意思。从而,以其他事由解除或以其他事由(如胁迫)撤销合同的表示,不应被解释为本条所规定的撤销权。相对人撤销权的行使对象既可以是被代理人,也可以是无权代理人。[62] 无权代理人向相对人作出单方行为的场合,相对人虽不享有撤销权,但享有拒绝权(边码 9—11)。

41 本条规定的相对人撤销权虽然原则上并不排除相对人基于其他事由的撤销权,例如基于重大误解、第三人欺诈等,但在特定场合会限制基于其他事由撤销权的行使。例如相对人不得以对代理人的代理权有重大误解为由(在代理行为被追认后)撤销代理行为;也不得以无权代理人欺诈为由,基于第三人欺诈而撤销代理行为。[63]

七、无权代理人的责任

(一)第 3 款所规定之无权代理人责任的责任性质

42 本条第 3 款规定:"行为人实施的行为未被追认的,善意相对人有权请求行为人履行债务或者就其受到的损害请求行为人赔偿。但是,赔偿的范围不得超过被代理人追认时相对人所能获得的利益。"按照此款规定,无权代理行为未被追认时,应当由无权代理人向善意相对人承担责任。对于该责任的性质存在争议。第一种学说为合同责任说。此说略谓,在无权代理而订立的合同未受追认时,合同部分有效部分无效,即在合同当事人方面否定了被代理人作为合同当事人的效果意思,而在权利义务方面则按照当事人的效果意思赋予法律效果。此时无权代理人和相对人为该合同的当事人,须享有和履行该合同下的权利和义务。[64] 第二种学说为缔约过失责任说,认为无权代理人承担的责任为缔约过失责任,其责任

〔62〕 在天津市高级人民法院(2016)津民申 696 号民事裁定书中,法院认可了相对人向无权代理人行使撤销权的有效性。

〔63〕 对于无权代理人明知其无代理权却为蒙骗相对人隐瞒真相的情形,认可此构成欺诈,并认为相对人享有撤销权的观点,参见张驰:《狭义无权代理人责任论》,载《东方法学》2017 年第 5 期,第 10 页。但该文并未明确指出此时相对人的撤销权,究竟是无权代理制度下善意相对人的撤销权(本条第 2 款后两句),还是基于欺诈的撤销权(《民法典》第 149 条规定的第三人欺诈)。

〔64〕 参见崔建远:《合同法》(第 2 版),北京大学出版社 2013 年版,第 103 页;立法论上的类似观点参见马新彦:《民法总则代理立法研究》,载《法学家》2016 年第 5 期,第 131—132 页。实践中亦有判决认可无权代理人和相对人之间成立合同关系,如青海省高级人民法院(2014)青民申字第 275 号民事裁定书,再审法院认可二审法院适用《合同法》第 130 条、第 107 条判决无权代理人承担义务。

内容为赔偿信赖利益。[65] 第三种学说为法定特别责任说，认为无权代理人责任是一种法定的担保责任或信赖责任，是法律规定直接发生的一种特别责任，不以无权代理人过错为要件，其责任内容可以为履行义务或赔偿履行利益或信赖利益。[66] 除上述几种学说外，在比较法和法律史中尚存在侵权责任说和默示担保说。因对于本条第3款规定之责任，该两种学说目前中文文献中基本未见人主张，兹不赘述。

以上各学说中，合同责任说失于违背当事人意思。无论是代理人还是相对人，都不存在将代理人作为合同当事人的意思，从而合同责任说与当事人的效果意思不符。实际上此说与法定的特别责任说同其旨趣，因为基于合同责任说，无权代理人承担合同责任也并非是当事人私法自治的结果，而是基于法律的规定。缔约过失责任说失在要求无权代理人承担责任具有过失，而实际上即便是无权代理人对于从事无权代理行为无过失，如被代理人在代理授权时无行为能力且代理人无法知悉此事实，抽象而言，相较于相对人代理人还是更易于控制无权代理发生的风险，从而与善意的相对人相比，无权代理人也更应该承受不利后果。且缔约过失责任说的后果是无权代理人只承担信赖利益的赔偿责任，而在无权代理人明知自己无代理权而自冒无法得到追认的风险，令其替代被代理人的位置，承担履行义务或赔偿履行利益的责任，并无不当。[67] 相较而言第三说更为妥当。该说认为无权代理人责任为一种法定责任而非合同责任，为一种法定的担保责任及信赖责任。此担保责任并非是担保法意义上的担保责任，准确说是一种"确保"，即代理人以他人名义从事交易，应确保自己有代理权或确保未来可获得追认。此种确保不以代理人的主观状态为准，不以代理人的过错为前提，乃是法律基于交易典型情形，在衡量无权代理人和相对人之间的利益状态后，将此风险分配给代理人。[68] 所以此时无权代理人的无过失责任，实质上也是一种风险责任。 43

（二）第3款所规定之无权代理人责任的责任要件

第3款所规定之无权代理人责任的要件有二：一是构成无权代理（边码15—19）；二是本人拒绝追认。代理人应满足以被代理人名义从事行为这个要件（代理公开原则），并且就此行为代理人欠缺代理权。在超越代理权的情形，如果拒绝追 44

---

〔65〕 参见王利明：《合同法新问题研究》（修订版），中国社会科学出版社2011年版，第303页；杨代雄：《民法总论专题研究》，清华大学出版社2012年版，第265页。

〔66〕 参见梁慧星：《民法总论》（第5版），法律出版社2017年版，第242页；韩世远：《合同法总论》（第4版），法律出版社2018年版，第305页；朱庆育：《民法总论》（第2版），北京大学出版社2016年版，第361页。

〔67〕 参见朱庆育：《民法总论》（第2版），北京大学出版社2016年版，第361页。

〔68〕 参见张家勇：《论无权代理人赔偿责任的双层结构》，载《中国法学》2019年第3期，第131页。

认导致的后果是行为部分无效,那么无权代理人仅就无效的部分承担责任。第3款所规定之无权代理人责任的第二个要件是本人拒绝追认。在代理行为效力待定期间,因本人尚未拒绝追认,从而无权代理人的责任尚未产生。从而,本条第3款中的“未被追认”,应被理解为被拒绝追认或最终未获得追认。催告后本人在相应期间内未做表示的,视为拒绝追认(边码36)。

45 在复代理的情形,如果复代理本身是无权代理,典型情形如复代理人未获得本代理人的代理授权,那么复代理人应承担责任。[69] 有疑问的是,在复代理人从本代理人处获得了相应授权(即复代理权本身存在),但本代理人却欠缺相应代理权或不具有任命复代理的权限的,此时是本代理人还是复代理人承担责任?对此可从《民法典》第169条获得答案。该条调整的是复代理委任权。按照该条规定,在本代理人未获得本人同意或追认的情形而任命复代理人,除非满足“紧急情况”这一条件,否则本代理人应承担责任。此条虽然规定的是本代理人有代理权但无权复任代理人,但其可准用到本代理人无权代理从而自然也无权复任代理人的情形。从而在这两种情形,原则上均应由本代理人承担责任。但对此条应作出限缩处理,即在复代理人并未披露多层代理关系,而是径直作为被代理人的(本)代理人从事行为的,那么复代理人应对相对人承担责任。此时由于本代理人并未显现于交易过程中,其不必直接向相对人承担责任。但在本代理人和复代理人之间,本代理人应为其复任权的欠缺(包括其无权代理被代理人以及虽有权代理但无权复任)负责,复代理人有权向本代理人追偿。[70]

(三)第3款所规定之无权代理人责任的责任内容

46 关于无权代理人向相对人承担责任的内容存在较大争议。在《民法总则》通过前存在的第一个争点是,无权代理人是否应承担实际履行的义务,抑或仅仅承担赔偿责任。在《民法总则》出台之前,有观点认为无权代理人仅负担赔偿信赖利益。认为无权代理人责任为缔约过失责任者,顺理成章地主张无权代理人仅向相对人承担赔偿信赖利益的责任。[71] 但在《民法总则》出台后,因《民法总则》第171条第3款以及本条第3款明确规定,行为人实施的行为未被追认的,善意相对人有权请求行为人履行债务或者就其受到的损害请求行为人赔偿。但是,赔偿的

---

〔69〕 参见[德]迪特尔·梅迪库斯:《德国民法总论》,邵建东译,法律出版社2000年版,第748页,边码996。

〔70〕 参见朱庆育:《民法总论》(第2版),北京大学出版社2016年版,第349页;[德]迪特尔·梅迪库斯:《德国民法总论》,邵建东译,法律出版社2000年版,第749页,边码996;[德]卡尔·拉伦茨:《德国民法通论(下)》,王晓晔等译,法律出版社2004年版,第881页,边码633。

〔71〕 参见王利明:《合同法新问题研究》(修订版),中国社会科学出版社2011年版,第303页。

范围不得超过被代理人追认时相对人所能获得的利益。所以对于该争议点，立法已经明确表态，即善意相对人可向无权代理人主张实际履行。

关于无权代理人责任的第二个争点是，无权代理人赔偿责任的范围是否应按照无权代理人的主观状态而有别。对此，有论者借鉴《德国民法典》第179条第2款的做法，认为应区分无权代理人是否明知自己无代理权，在无权代理人明知自己无代理权时，善意相对人有权向无权代理人主张实际履行或履行利益赔偿；在无权代理人不知自己无代理权时，其只向相对人负赔偿信赖利益之责，且该责任不得超过履行利益的赔偿。[72]《民法总则》出台后，很多论者秉持此观点。[73] 本文将此观点称之为“区分论”。 47

本文不赞同区分论，认为即便无权代理人不知其无代理权，善意相对人也有权向其主张实际履行以及履行利益的赔偿。对此的论证是秉持法体系内的评价统一原则，将无权代理人责任与表见代理中的被代理人责任进行类比。[74] 表见代理制度也是为了保护相对人的信赖（交易安全），从而对可归责的被代理人科以履行责任。善意相对人的无权代理人责任（即本条第3款所规定之责任），同样也是为了保护相对人的信赖。也即是在表见代理制度和本条第3款所规定之无权代理人责任两者之间，相对人的善意和信赖保护这一侧的要件并无区别。值得探讨的是可归责性要件。表见代理成立要求被代理人具有可归责性，且此处的可归责性未必一定是过错归责而是风险归责，[75]也就是即便被代理人不具有过错的，也可能构成表见代理从而承担实际履行的义务（以及在违反此义务时承担赔偿履行利益的责任）。对于无权代理人责任而言，本条第3款规定的责任同样不要求无权代理人具有过错（该责任性质为一种确保责任或风险责任）（边码42—43）。如将比较的基点放在谁更容易避免制造代理权表象这一点上，抽象而言无权代理人也比（表见代理中的）被代理人更易于避免无权代理的可能，或至少两者旗鼓相当。从而，在可归责性这一点上，表见代理中的被代理人和本条第3款规定之狭

---

〔72〕 参见张谷：《略论合同行为的效力》，载《中外法学》2000年第2期，第196页；朱庆育：《民法总论》（第2版），北京大学出版社2016年版，第362页。

〔73〕 参见方新军：《〈民法总则〉第七章“代理”制度的成功与不足》，载《华东政法大学学报》2017年第3期，第46页；陈甦主编：《民法总则评注（下册）》，法律出版社2017年版，第1220页（方新军执笔）；迟颖：《〈民法总则〉无权代理法律责任体系研究》，载《清华法学》2017年第3期，第127页；张驰：《狭义无权代理人责任论》，载《东方法学》2017年第5期，第10页；郝丽燕：《论无权代理人的法律责任》，载《中国社会科学院研究生院学报》2018年第4期，第108页。在该观点下，区分无权代理人赔偿范围的识别要素是无权代理人是否“明知”其无代理权（参见《德国民法典》第179条第1款和第2款）。但也有学者提及，此处究竟将标准放在明知（积极的知道）还是也应包括消极的应当知道，虽属细微，也为一个问题。参见崔建远等编著：《民法总论》（第3版），清华大学出版社2019年版，第265页（耿林执笔）。

〔74〕 类似的论述参见冉克平：《狭义无权代理人责任释论》，载《现代法学》2020年第2期，第50页。

〔75〕 参见朱虎：《表见代理中被代理人可归责性》，载《法学研究》2017年第2期，第65—67页。

义无权代理中的代理人责任,也无不同,甚至抽象而言无权代理人的可归责性更强。既然在表见代理中被代理人应向善意相对人承担履行义务以及不履行时的履行利益赔偿责任,那么狭义无权代理人也应向善意相对人承担履行义务或履行利益的赔偿责任。[76]

48 关于无权代理人责任的第三个争点是,在善意相对人有权主张实际履行以及损害赔偿的前提下,相对人是否在主张实际履行和损害赔偿之间享有选择权。由于本条第3款规定的是"善意相对人有权请求行为人履行债务或者就其受到的损害请求行为人赔偿",故而善意相对人在实际履行和损害赔偿之间应享有选择权,即善意相对人有权在向无权代理人主张实际履行或损害赔偿之间进行选择。此处的法律关系为选择之债;相对人通过向无权代理人作出表示来进行选择;相对人一旦选定一种责任,那么便受其选定的约束,不得变更主张另一种。若实际履行陷入给付不能,那么实际履行责任消灭,相对人只能主张赔偿责任。

49 从本条第3款"赔偿的范围不得超过被代理人追认时相对人所能获得的利益"这一表述看,似乎此款中的赔偿只涉及信赖利益赔偿。[77] 但其实从文义上看,将此处的赔偿责任理解为信赖利益赔偿亦或履行利益赔偿,均有可能。[78] 本文认为此处的赔偿应被理解为履行利益的赔偿;此是因为既然承认善意相对人有权请求实际履行,便也应允许其主张履行利益的赔偿。[79] 另外,一般而言,一方在有权主张履行利益赔偿时,均可放弃主张履行利益的赔偿而选择主张信赖利益的赔偿,这在履行利益赔偿无法计算或难以证明时尤其有利。当然,对此进一步

[76] 须注意的是,在表见代理情形,被代理人首先承担的实际履行义务,只有在给付不能、构成根本违约或经催告后在合理期间内不履行,相对人才可主张履行利益的损害赔偿。而对于无权代理人责任,本条第3款在文义上规定的是善意相对人对于实际履行或损害赔偿,享有选择权。

[77] 认为《民法典》第171条第3款规定的赔偿责任为信赖利益赔偿的观点,参见方新军:《无权代理的类型区分和法律责任》,载《法治现代化研究》2017年第2期,第56页;方新军:《〈民法总则〉第七章"代理"制度的成功与不足》,载《华东政法大学学报》2017年第3期,第46页。

[78] 参见韩世远:《合同法总论》(第4版),法律出版社2018年版,第307页。

[79] 认为该处赔偿责任应被理解为履行利益赔偿的观点,参见王利明主编:《中华人民共和国民法总则详解(下册)》,中国法制出版社2017年版,第774页(朱虎执笔);迟颖:《〈民法总则〉无权代理法律责任体系研究》,载《清华法学》2017年第3期,第125页;王叶刚:《论委托代理授权不明时代理人的责任》,载《法学杂志》2018年第4期,第99页;张家勇:《论无权代理人赔偿责任的双层结构》,载《中国法学》2019年第3期,第133页。

的要求是所主张的信赖利益赔偿不得超过履行利益的赔偿。[80]

50 一旦相对人向无权代理人选择主张实际履行请求权，在相对人和无权代理人之间便形成一种法定的债权债务关系，其内容则按照（因追认被拒绝而）无效的代理行为的内容决定。无权代理人享有所有若代理行为有效则被代理人享有的抗辩权。若无效的代理行为是一个双务合同，那么代理人享有主张对待给付的权利，享有同时履行抗辩权或先履行抗辩权。在对待给付存在瑕疵时，也相应享有向相对人主张承担责任的权利（类推违约责任的相关规定）。

（四）第3款所规定之无权代理人责任的排除事由

1. 相对人的恶意及其标准

51 本条第3款规定，只有善意相对人可向无权代理人主张本条第3款所规定之责任。此处应提出的问题是，该善意要件是无权代理人的责任构成要件，还是责任排除要件。此实际涉及善意相对人是否应对其善意负担举证责任。既有文献中有观点明确主张狭义无权代理中的善意相对人不应对其善意负担举证责任，而是应由无权代理人证明相对人的恶意，来排除自己的责任。[81] 此值得同意。关于其他制度中当事人善意的举证，最高人民法院的态度相互矛盾。一方面，《民商事合同指导意见》第13条对表见代理情形相对人善意这一要素的举证责任作出了规定。按此规定，合同相对人主张构成表见代理的，应当承担举证责任，不仅应当举证证明代理行为存在诸如合同书、公章、印鉴等有权代理的客观表象形式要素，而且应当证明其善意且无过失地相信行为人具有代理权。但本文认为，若表见代理情形的相对人对自己善意且无过失承担举证责任，可以想见，在相对人向无权代理人主张责任的场合，法院很可能会比照此规定要求相对人对自己的善意承担举证责任。但要求相对人对否定性事实（即自己不知且不应知无权代理）承

〔80〕 对于一般而言信赖利益赔偿是否应以履行利益为限，在学说上有争议。肯定者参见张广兴：《债法总论》，法律出版社1997年版，第56页；叶金强：《信赖原理的私法结构》，北京大学出版社2014年版，第178页。否定说参见崔建远：《缔约上过失责任论》，载《吉林大学社会科学学报》1992年第3期；马新彦：《信赖与信赖利益考》，载《法律科学》2000年第3期；姜淑明、梁程良：《构建信赖利益损害赔偿责任的思考》，载《时代法学》2012年第6期。对此议题的详细探讨参见尚连杰：《信赖利益赔偿以履行利益为限吗》，载《政治与法律》2017年第11期。尚连杰教授认为，“信赖利益以履行利益为限”这一命题值得检讨。对于该命题不应全然地肯定或否定，而应结合规范目的、可归责性与损害类型三项要素进行综合判断。当法律存在保护信赖损害赔偿义务人的特殊规范目的时，应肯定该命题的适用。除此之外，当义务人的行为构成恶意磋商或者欺诈等具有较强可归责性的情形时，应否定该命题的适用。当义务人的可归责性较弱时，则仅当权利人可证明本来会与义务人订立更为有利的合同时，对信赖损害的赔偿才可不受制于履行利益。在追求非经济目的的合同中，该命题并无适用余地。但尚连杰教授也认为，在无权代理的场合，无权代理人责任如赔偿信赖利益，也应以履行利益为限。

〔81〕 参见张驰：《狭义无权代理人责任论》，载《东方法学》2017年第5期，第8页。

担举证责任，显属要求过苛。另一方面，《物权法解释一》第 15 条第 2 款规定："真实权利人主张受让人不构成善意的，应当承担举证证明责任。"此规定虽然只是针对物权善意取得的情形，但该规定背后的意旨（即推定善意存在），应被适用到其他规定中"善意"这个要件的证明。[82] 总之，本条第 3 款规定的相对人善意，应属于该款所规定之无权代理人责任的责任排除要件。相对人向无权代理人主张本条第 3 款所规定之责任的，对于其善意不承担举证责任；无权代理人可通过证明相对人非善意，来排除其对本条第 3 款所规定之责任的承担。

52 关于本条第 3 款规定之相对人善意，善意标准为何存有争议。一种观点认为，该处善意的标准应采取相对人不知或因重大过失不知无代理权的事实。该观点的核心论据是对比表见代理情形的利益状态和无权代理人责任情形的利益状态。该观点认为，在表见代理情形，相对人受到的保护力度更大，即相对人可主张实际履行或履行责任；从而在表见代理情形相对人善意的要件不应宽大，也就是即便相对人因一般过失不知无权代理的事实，也构成相对人恶意，从而不满足表见代理的要件。该观点进而认为无权代理的情形，相对人受到的保护力度较之表见代理情形较弱，从而狭义无权代理情形代理人责任的相对人善意要件，应当更加严格，相对人即便是因为一般过失不知无代理权的事实，也应满足本条第 3 款规定的善意。[83] 但此观点的论据并不充分。原因是，既然本条第 3 款已经规定了无权代理人的履行责任，那么其实本条第 3 款对于善意相对人的保护，在强度上并不弱于表见代理情形对善意相对人的保护。[84] 从而也就没有必要在相对人善意这一点上，对表见代理制度和无权代理人责任进行区别对待。另外，通过表见代理中被代理人的可归责性这一要件，已经可以区分表见代理和狭义无权代理责任。意图通过相对人善意标准不同来区分表见代理和狭义无权代理，并无必要。[85] 接下来的问题是，对于表见代理和本条第 3 款规定的无权代理人责任的相对人善意要件，标准究竟应该是非明知且非因重大过失构成善意，还是非明知且非因一般过失构成善意？对于善意取得制度中的善意标准，我国相关学说以及《物权法解释一》第 15 条第 1 款认定的相对人善意标准为非明知且非因重大过失不知。但对于无权代理人责任和表见代理中的相对人善意标准，本文的观点是，应区别于善意取得的情形，采非明知且非因一般过失构成善意。如此区别的原因

---

〔82〕 相同观点参见方新军：《无权代理的类型区分和法律责任》，载《法治现代化研究》2017 年第 2 期，第 58 页。

〔83〕 参见王利明主编：《中华人民共和国民法总则详解（下册）》，中国法制出版社 2017 年版，第 773 页（朱虎执笔）；殷秋实：《论无权代理人的赔偿责任》，载《法律适用》2016 年第 1 期，第 119 页。

〔84〕 参见夏昊晗：《无权代理中相对人善意的判断标准》，载《法学》2018 年第 6 期，第 148 页。

〔85〕 参见夏昊晗：《无权代理中相对人善意的判断标准》，载《法学》2018 年第 6 期，第 148 页。

是，在动产善意取得情形，相对人善意指向的是对物权变动方式的信赖（即无权处分人可以正常完成物权移转方式），〔86〕在不动产善意取得情形，相对人善意指向的是不动产登记簿的正确性。无论是动产物权变动方式（或传统观点下的权利外观）还是不动产登记簿，其可信赖性均远远高于狭义无权代理代理人对其拥有代理权的单方声明。即无权代理情形相对人对此种声明的信赖其实相当薄弱。从而善意取得情形的受让人相较于狭义无权代理和表见代理中的相对人更值得保护，相应地其所负担的注意义务程度应更低些。〔87〕故而，即便在善意取得情形的善意标准为非明知且非因重大过失不知，在本条第 3 款规定的无权代理人责任情形，其善意标准应比善意取得的情形更容易认定，相对人基于一般过失不知无代理权事实的，也构成相对人恶意。也就是，本条第 3 款中规定的善意，其标准应为相对人不知且非因过失不知无代理权的事实。〔88〕

2. **相对人撤销权的行使对责任的影响**

关于相对人行使撤销权后，是否还有权向无权代理人主张无权代理之责任， 53
多数说认为，如果相对人已经行使了撤销权，则不能向无权代理人要求损害赔偿。〔89〕理由是：撤销权的行使剥夺了无权代理行为被追认（从而无权代理人不必承担责任）的可能；而且，“相对人如为使其与本人间之法律关系早日确定，同时追究无权代理人之责任时，则行使催告权即可达到目的”〔90〕。少数说认为，行使催告权使法律关系早日确定，相对人需要等待一段时间；若采取多数说做法（即如相对人行使撤销权则其不能向无权代理人主张责任），相对人因担心丧失针对无权代理人主张责任的机会，便不会选择直接撤销，而只会选择催告。催告后的结果是代理行为要么被追认要么被拒绝追认，相对人也就丧失了行使撤销权的可能。从而少数说认为，撤销权的行使排除无权代理人责任，无异于实质上剥夺了相对

---

〔86〕参见纪海龙：《解构动产公示、公信原则》，载《中外法学》2014 年第 3 期，第 707—708 页。传统观点认为动产善意取得中相对人的信赖指向的是无权处分人的权利外观（例如动产占有、交付），本文作者虽然认为权利外观本质上其实是对善意要素的考量，并不足以作为动产善意取得的单独构成要件（参见纪海龙：《解构动产公示、公信原则》，载《中外法学》2014 年第 3 期，第 705 页），但即便如此，也不否认动产转移方式本身（或传统观点中的权利外观）的可信赖性，要远远高于无权代理或表见代理情形代理人对其拥有代理权的单方声明。

〔87〕参见夏昊晗：《无权代理中相对人善意的判断标准》，载《法学》2018 年第 6 期，第 150 页。

〔88〕参见张家勇：《论无权代理人赔偿责任的双层结构》，载《中国法学》2019 年第 3 期，第 130 页。

〔89〕参见张家勇：《论无权代理人赔偿责任的双层结构》，载《中国法学》2019 年第 3 期，第 140 页；MüKo/Schramm, BGB, 6. Aufl., 2012, § 178, Rn. 11 m. w. N.

〔90〕刘春堂：《狭义无权代理制度之研究》，载刘春堂：《民商法论集（一）》，台湾地区三民书局有限公司 1985 年版，第 49 页；MüKoBGB/Schubert, BGB, 7. Aufl., 2015, § 178, Rn. 10 m. w. N.

人的撤销权。[91] 虽然少数说有其道理,但多数说更值得赞同。采多数说的后果是,相对人如想尽快确定法律行为的效力,要么选择催告后等待一段时间(后果是或者代理行为被追认从而溯及既往自始有效,或者代理行为未获追认但此时相对人可向无权代理人主张责任),要么选择径直行使撤销权,但却丧失向无权代理人主张责任的机会。从而,对于相对人的不利之处主要在于(在催告后)等待一段时间,此一般而言并不会对相对人造成过重负担。而采少数说的后果却可能是,在市场行情发生不利于相对人的变化时,相对人可通过立即行使撤销权而逃避本人追认的可能,并同时保有向无权代理人主张责任的可能。另须说明的是,善意相对人撤销权的行使,只能排除本条第 3 款所规定之责任,而不能排除本条第 4 款所规定之无权代理人责任。其原因是本条第 4 款所规定责任的要件是相对人恶意,而相对人撤销权的要件是相对人善意。

(五)第 4 款所规定之责任分担

54 本条第 4 款规定:“相对人知道或者应当知道行为人无权代理的,相对人和行为人按照各自的过错承担责任。”对于无权代理人的责任,《合同法》和《民法通则》均未要求相对人应为善意。在《民法总则》出台之前,学界多支持只有相对人为善意无权代理人才承担责任。其理由略谓,相对人明知或应知无权代理却依旧与代理人从事行为,属自冒风险,原则上不值得保护。而本条第 4 款却规定,在相对人恶意时,无权代理人和相对人按照过错承担责任。在《民法总则》出台后普遍受到批判,认为其比较法上无成例,颇为怪异。倾向认为该第 4 款不存在太大问题的观点实为少数说。[92]

对于第 4 款的理解,应该结合本条第 3 款。本条第 3 款中的善意,应理解为不知且不应知。从而按照本条第 3 款,在相对人不知且不应知无权代理时,相对人享有请求无权代理人履行或赔偿的权利,至于代理人对于无权代理是否具有过错在所不论(边码 44)。而在相对人知或应知无权代理时,则应适用第 4 款。对于本条第 4 款“按照各自的过错承担责任”的理解,学界有不同意见。一种观点认为此指的是相对人和行为人按照各自的过错向该两人之外的其他人如被代理人承担

〔91〕 Vgl. H. Köhler, BGB Allgemeiner Teil, 26. Aufl., C. H. Beck, München, 2002, § 11, Rn. 69, S. 195. 比较法上,相对人行使撤回权并不会影响无权代理人责任的有荷兰法和《国际商事合同通则》,对此参见 D. Busch and L. J. Macgregor, ed., *The Unauthorised Agent, Perspectives from European and Comparative Law*, Cambridge University Press, 2009, p. 174, 380, 432.

〔92〕 持此观点者参见夏昊晗:《无权代理人对恶意相对人之责任》,载《比较法研究》2019 年第 5 期,第 155—162 页;张家勇:《论无权代理人赔偿责任的双层结构》,载《中国法学》2019 年第 3 期,第 135—136 页。

责任。[93] 另一种观点认为无权代理人和相对人按照各自的过错分担因无权代理行为不被追认而给相对人带来的损失。[94] 本文持后一种观点，即在两者均有过错时，两者依照过错相抵的规则分担相对人的损失。之所以将该条第4款中的“按照各自的过错承担责任”理解为代理人和第三人相互之间对损失的分担，而非两者向他人（如被代理人）承担责任，[95]其原因如下：一是相对人即便知道或应知无权代理，一般也不会给被代理人带来损害，此时被代理人拒绝追认无权代理行为一般即可止损；二是例外情形下相对人和代理人（包括越权代理时的代理人）恶意串通而给被代理人带来损害的，已受《民法典》第164条第2款所规制；三是中国当前司法实践多认为即便相对人应知无权代理（从而不构成表见代理）时，无权代理人也应承担实际履行的责任，且在司法中未见对此价值判断提出质疑。[96] 这或可体现中国司法人员（代表着一般法学专业人士）的普遍价值判断为即便相对人有过错，也不必完全排除无权代理人的责任。

关于本条第4款在法政策上的争议，《民法总则》出台后多数说认为本款在法政策上是失败的规定，少数说认为该款在法政策上无太大问题。本文持后一种观点。也即是，在相对人和无权代理人对于因无权代理导致相对人发生损失具有过错的情形，完全由相对人承担不利后果未尽妥当。毕竟此时两者均有过错。德国学界亦有部分观点认为，在相对人恶意从而其无权依据《德国民法典》第179条向无权代理人主张该条所规定的无权代理人责任时，如无权代理人对于无代理权存在过错的，无权代理人可能会对相对人承担缔约过失责任。[97] 进而因为相对人也存在过错，自然的结果便是过错相抵的适用。此正是本条第4款所能体现出来 55

[93] 参见李宇：《民法总则要义：规范释论与判解集注》，法律出版社2017年版，第816页。

[94] 参见王利明主编：《中华人民共和国民法总则详解（下册）》，中国法制出版社2017年版，第775页（朱虎执笔）；夏昊晗：《无权代理人对恶意相对人之责任》，载《比较法研究》2019年第5期，第157页；纪海龙：《〈合同法〉第48条（无权代理规则）评注》，载《法学家》2017年第4期，边码50；张家勇：《论无权代理人赔偿责任的双层结构》，载《中国法学》2019年第3期，第135页。

[95] 有观点将相对人知道无权代理人也知道无权代理的情形，径直认定为构成恶意串通的行为（《民法典》第154条），因此行为无效，进而认定这两者应向被代理人承担连带责任（《民法典》第164条第2款），参见方新军：《无权代理的类型区分和法律责任》，载《法治现代化研究》2017年第2期，第57页。但其实即便相对人和代理人均明知无权代理，但也未必符合恶意串通的要件。恶意串通要求双方“恶意”进行串通损害被代理人利益，而在两者均明知的情形，也可能是两者都或至少其中之一认为代理行为本身会有利于被代理人利益，从而不符合恶意要件。且恶意串通要求“串通”，即便两者均明知无权代理，也未必存在串通的意思合致。

[96] 如最高人民法院（2012）民提字第208号民事判决书；最高人民法院（2013）民申字第828号民事裁定书；重庆市高级人民法院（2015）渝高法民申字第00166号民事裁定书；上海市高级人民法院（2014）沪高民二（商）再提字第5号民事判决书。

[97] 具体观点和文献的总结参见 Staudinger/Schilken, BGB, 2009, § 179, Rn. 20; MüKoBGB/Schubert, BGB, 7. Aufl., 2015, § 177, Rn. 55 ff.

的意思。本文赞同此种观点背后体现的核心思想，认为本条第 4 款规定的责任是无权代理人的侵权责任。本款规定之责任之所以不被定性为缔约过失责任,[98] 形式上的原因是中国实证法(《民法典》第 500 条、第 501 条以及第 157 条第 2 句)中规定的缔约过失责任中，法律行为当事人而非第三人为责任方,[99] 而无权代理人并非法律行为的当事人；实质上的理由是，中国法下的缔约过失责任，本质上也可被认定为是侵权责任的特殊形态,[100] 故而在存在实证法障碍的背景下，认定侵权责任在实际效果上和认定缔约过失责任并无本质区别。从而，本款所规定的责任分担，所分担的责任是一种不同于本条第 3 款所规定之无权代理人责任的责任形态。但本款并不构成独立的请求权基础，而是法典在相对人恶意的情形，对过错相抵之适用在实证法上的一个表达,[101] 乃《民法典》第 1173 条的特别规范。本条第 4 款中被分担之责任的请求权基础，应为《民法典》第 1165 条。[102]

56 关于本款下无权代理人之责任的责任内容，既然本款规定的无权代理人所承担之责任的性质是侵权责任，那么结果便是，本款所规定之责任的赔偿内容应是消极利益(包括信赖利益)的赔偿责任。本款规定下之责任的性质是侵权责任，故而在无权代理人对于相对人损害的发生无过错时，其不应承担本条第 4 款下的责任。[103] 如何按照过错相抵原则对相对人的责任进行分担，应适用《民法典》第 1173 条和第 1174 条。在对过错相抵进行具体判断时，核心是判断无权代理人对于相对人损害的发生是否具有过错，以及相对人对于损害的发生和扩大是否具有过错。[104]

---

〔98〕 认为此款规定的无权代理人责任性质应为缔约过失责任的观点，参见郝丽燕:《论无权代理人的法律责任》，载《中国社会科学院研究生院学报》2018 年第 4 期，第 100—105 页；张家勇:《论无权代理人赔偿责任的双层结构》，载《中国法学》2019 年第 3 期，第 137—138 页。

〔99〕 参见夏昊晗:《无权代理人对恶意相对人之责任》，载《比较法研究》2019 年第 5 期，第 163—165 页。

〔100〕 参见孙维飞:《〈合同法〉第 42 条(缔约过失责任)评注》，载《法学家》2018 年第 1 期，边码 6。

〔101〕 参见夏昊晗:《无权代理人对恶意相对人之责任》，载《比较法研究》2019 年第 5 期，第 157 页；韩世远:《合同法总论》(第 4 版)，法律出版社 2018 年版，第 306 页；冉克平:《狭义无权代理人责任释论》，载《现代法学》2020 年第 2 期，第 60 页。

〔102〕 参见夏昊晗:《无权代理人对恶意相对人之责任》，载《比较法研究》2019 年第 5 期，第 166 页。认为无权代理人和相对人只在特定情形会可能承担侵权责任的观点，参见陈甦主编:《民法总则评注(下册)》，法律出版社 2017 年版，第 1220—1222 页(方新军执笔)。

〔103〕 参见纪海龙:《〈合同法〉第 48 条(无权代理规则)评注》，载《法学家》2017 年第 4 期，边码 50。

〔104〕 相关的讨论可参见夏昊晗:《无权代理人对恶意相对人之责任》，载《比较法研究》2019 年第 5 期，第 167—168 页；张家勇:《论无权代理人赔偿责任的双层结构》，载《中国法学》2019 年第 3 期，第 137—138 页。

（六）第 3 款与第 4 款所规定之无权代理人责任的排除事由

1. 无权代理人行为能力对责任的影响

限制行为能力人纵使可为代理人，但除非无权代理行为经法定代理人同意，限制行为能力人对第三人不负有责任。对此的理由为：无权代理人向相对人负有责任乃为保护相对人利益，保护交易安全，但民法中保护未成年人与保护交易安全两个价值相冲突时，应优先保护未成年人利益。不过，若欠缺行为能力之无权代理人所为行为具备了侵权行为的要件，则应当承担侵权责任。〔105〕《民法典》对此未作规定，解释上应作此限定为宜。此排除事由其实是责任能力问题，对于基于本条第 3 款和第 4 款所产生的无权代理人责任均适用。基于责任能力的基本原理，在限制行为能力人恶意诈欺的情形，存在其承担责任的可能。 57

2. 本人追认时的无权代理人责任

一般而言，本人追认后，法律行为溯及既往自始有效，相对人并无损失。从而原则上在本人追认后，无权代理人无须向相对人承担责任。但在例外情况下，即便在追认时相对人也可能受有损害。这是因为，追认虽然使得法律行为溯及既往自始生效，但并不能影响在此期间发生的处分行为的效力（边码 32）。从而，此时无权代理人对相对人的责任不应因无权代理行为被追认而排除。此时无权代理人承担责任的基础并非是本条第 3 款，因为本条第 3 款明确规定了该款中的责任前提是“行为未被追认”。此时无权代理人的责任基础应是侵权。 58

3. 被代理行为因其他原因而无效

在被代理的行为因其他原因而无效或被撤销的情形，无权代理人并不因本条而承担责任。其原因是，本条第 3 款规定之责任的构成要件之一是无权代理行为被拒绝追认，而在代理行为因其他原因而无效或被撤销的场合，该行为压根就不具有被追认的可能，从而也无从被拒绝追认。〔106〕本条第 4 款虽然在条文中并未要求无权代理行为被拒绝追认，但第 4 款所规定责任的前提是相对人知道或应当知道行为人无权代理，从而从规范意旨上也能得出，第 4 款所规定的责任分担，指向的是因行为人无代理权导致相对人损失的情形。而在被代理行为因其他原因而无效的场合，行为人无代理权这一事实和相对人的损失之间，不具有因果关系。 59

---

〔105〕 参见王泽鉴：《无权代理人之责任》，载王泽鉴：《民法学说与判例研究（第 6 册）》，中国政法大学出版社 1998 年版，第 9 页。

〔106〕 有观点认为，代理权欠缺和代理行为无效之间存在因果关系是本条第 3 款规定之责任的构成要件，而非责任排除事由。参见迟颖：《〈民法总则〉无权代理法律责任体系研究》，载《清华法学》2017 年第 3 期，第 120 页。

但如行为无效或被撤销的事由归责于无权代理人的，无权代理人可能会因为其他责任根据而承担责任，例如基于侵权。

4. **被代理人本来就无法履行合同**

60 若被代理人即使追认亦无法履行合同，如被代理人破产，那么代理人不必向相对人承担责任。[107] 其原因是，如果允许此时相对人可向无权代理人追责，那么相对人就会从代理权的欠缺中获得利益，即获得超出假如代理行为有效时相对人得从被代理人处所能获得者。而本条第 3 款明确规定“赔偿的范围不得超过被代理人追认时相对人所能获得的利益”。[108] 反对观点认为此种做法使得相对人承担了代理人和被代理人丧失支付能力的双重风险。[109] 其实相对人并未承担双重风险而只是承担单一风险：以无权代理行为被追认与否为分界，相对人要么（在无权代理行为被追认时）承担被代理人支付不能的风险，要么（在无权代理行为被拒绝追认时）承担无权代理人支付不能的风险。此事由也适用于第 4 款，因为如果被代理人本来就不能履行的，无权代理人的侵权责任也因不存在因果关系而无法成立。

八、被代理人的责任

61 本条第 1 款规定，无权代理行为，未经被代理人追认的，“对被代理人不发生效力”。从而按照本条文义，被代理人未追认时只是代理行为无法拘束被代理人，但并未排除被代理人可能的缔约过失或侵权责任。在被代理人对于无权代理行为存在过失的情形，被代理人也可能基于缔约过失或侵权而向相对人承担责任。此尤其可能发生在无权代理行为未被追认时，在被代理人对无权代理行为存在过失的情形，被代理人也可能承担缔约过失或侵权责任（当然前提是并未构成表见代理）。

九、举证责任

62 对代理权存在争议时，代理人应有义务证明其具有代理权；但主张代理权已

---

〔107〕 相同观点参见张家勇：《论无权代理人赔偿责任的双层结构》，载《中国法学》2019 年第 3 期，第 139 页。

〔108〕 参见王利明主编：《中华人民共和国民法总则详解（下册）》，中国法制出版社 2017 年版，第 774 页（朱虎执笔）；张家勇：《论无权代理人赔偿责任的双层结构》，载《中国法学》2019 年第 3 期，第 138 页。

〔109〕 参见［德］迪特尔·梅迪库斯：《德国民法总论》，邵建东译，法律出版社 2000 年版，第 744 页，边码 987。

终止者,应对此负担举证责任。[110] 主张代理行为有效者,须负责证明代理人有代理权或无权代理行为已被追认。[111] 主张代理行为因本条所规定的相对人撤销权被行使而归于无效者,应负责证明撤销于无权代理行为被追认前被作出。而主张相对人撤销权行使无效者如无权代理人,应负责证明相对人撤销权的行使不符合其构成要件,如证明相对人非善意。如相对人基于本条第 3 款向代理人主张履行或损害赔偿,那么相对人应负责证明代理人以被代理人名义从事行为,以及证明被代理人拒绝追认。此时,相对人无须证明代理人无相应的代理权,代理人若想摆脱无权代理人责任,应负责证明自己具有相应代理权。相对人也无须证明自己为善意,无权代理人如欲以相对人非善意为由摆脱本条第 3 款规定的无权代理人责任,需要对相对人恶意承担举证责任。对于本条第 4 款规定的责任,相对人须证明无权代理人以被代理人名义从事行为、被代理人拒绝追认以及代理人对于其行为会导致相对人发生损失存在过错(例如代理人在从事代理行为时没有理由相信被代理人会追认等);若代理人想摆脱第 4 款规定的责任,应负责证明自己具有相应代理权,或证明自己对于相对人发生损失不存在过错;若代理人想减轻其应按照第 4 款规定的责任,应证明相对人对于损害的发生也具有过错(如明知代理人无代理权且相对人无合理事由可以认为被代理人会追认)。

附:案例索引

1. 重庆市高级人民法院(2013)渝高法民初字第 00010 号民事判决书:新华信托股份有限公司与张某杰等金融借款合同纠纷案【边码 12】

2. 重庆市高级人民法院(2015)渝高法民申字第 00166 号民事裁定书:胡某川与重庆黄金建设(集团)有限公司等劳务合同纠纷案【边码 54】

3. 青海省高级人民法院(2014)青民申字第 275 号民事裁定书:张某敏等与河北建设集团有限公司买卖合同纠纷案【边码 42】

4. 山东省高级人民法院(2013)鲁民四终字第 124 号民事判决书:滨州中盛海运船务有限公司与烟台开发区丰源海运有限公司船舶建造合同纠纷案【边码 27】

5. 山东省高级人民法院(2015)鲁民申字第 993 号民事裁定书:王某坤与汶上县康驿镇大徐前村村民委员会土地承包经营权纠纷案【边码 17】

6. 上海市高级人民法院(2014)沪高民二(商)再提字第 5 号民事判决书:浙江天宇建设有限公司与上海仓驰贸易有限公司等买卖合同纠纷案【边码 54】

7. 四川省高级人民法院(2015)川民申字第 1162 号民事裁定书:平昌县泰兴房地产开发有限责任公司与蒲某彬等房屋买卖合同纠纷案【边码 24】

8. 天津市高级人民法院(2016)津民申 696 号民事裁定书:王某敏与天津同城房地产经

[110] 参见马俊驹、余延满:《民法原论》(第 2 版),法律出版社 2005 年版,第 236 页。

[111] 参见方新军:《无权代理的类型区分和法律责任》,载《法治现代化研究》2017 年第 2 期,第 57 页。

纪有限公司房屋买卖合同纠纷案【边码 40】

9. 云南省高级人民法院(2013)云高民再终字第 7 号民事判决书:李某荣等与邵某川股权转让合同纠纷案【边码 12】

10. 浙江省嘉兴市嘉善县人民法院(2006)善民二初字第 293 号民事判决书:嘉善宝马电子有限公司与赵某彪买卖合同纠纷案【边码 21】

11. 最高人民法院(2011)民四终字第 38 号民事判决书:高能投资有限公司与峰联国际投资有限公司等居间合同纠纷案【边码 34】

12. 最高人民法院(2012)民提字第 208 号民事判决书:宁波绣丰彩印实业有限公司与浙江杭州湾汽配机电市场经营服务有限公司等合同纠纷案【边码 54】

13. 最高人民法院(2013)民申字第 828 号民事裁定书:鄂州中博经济贸易有限公司等与张某华买卖合同纠纷案【边码 54】

14. 最高人民法院(2013)民四终字第 16 号民事判决书:香港龙采投资有限公司与香港豪德集团有限公司等合资、合作开发房地产合同纠纷案【边码 14】

15. 最高人民法院(2014)民申字第 694 号民事裁定书:刘某雨与林某琳等实用新型专利实施许可合同纠纷案【边码 22、24】

16. 最高人民法院(2015)民申字第 766 号民事裁定书:厦门明瑞达投资咨询有限公司与福建省晋江市陈埭苏厝强达鞋塑服装厂等借款合同纠纷案【边码 6】

第 172 条

表见代理规则*

第 172 条　行为人没有代理权、超越代理权或者代理权终止后，仍然实施代理行为，相对人有理由相信行为人有代理权的，代理行为有效。

简　目

一、规范意旨与立法争论

1 本条系表见代理之规范。在适用上，构成《民法典》第 171 条狭义无权代理的例外情形而获优先适用：虽无权代理，不待本人的追认，法律效果仍归属于本人；善意相对人也无撤销余地。

2 此条为完全法条，完整展示了表见代理的构成要件与法律效果，除此，《民法典》中再无涉及表见代理条款。所列举之“行为人没有代理权、超越代理权或者代理权终止后”三种情形在法律适用上不具区分功能，仅是“无代理权”的现实表达

* 本文系基于《〈合同法〉第 49 条（表见代理规则）评注》（载《法学家》2017 年第 6 期，第 158—174 页）一文修订而成。

罢了:缺乏代理权在认识上可区分为自始无代理权和代理权嗣后消灭,而所谓的"超越代理权"则可归入二者之一。《合同法》颁行之前,学说中往往将表见代理理解为"授权表示型、权限逾越型和权限延续性",〔1〕皆涵盖本人可归责性要素。《合同法》生效后,某些教科书也持如此立场,尤其将"没有代理权"限缩解释为"授权表示型代理权欠缺"。〔2〕

2a 本条和《民法总则》第 172 条表述上没有任何差别,与《合同法》第 49 条措辞上的不同在于:后者规定"以被代理人名义订立合同",本条将其改变为"仍然实施代理行为"。如此变化,应当解释为本条之表述在立法语言上更为精准,并非完全放弃了显名原则,也未见措辞之改变影响司法实务中法律适用之情形。

3 与《合同法》第 49 条类似,〔3〕此条起草中的主要争论集中在是否于"相对人有正当理由相信"之外,附加本人可归责性作为构成要件。〔4〕这一争论并未因《合同法》的生效而尘埃落定。学说上不乏主张本人可归责性要件者,几"蔚然成风,其有渐成通说之势",〔5〕实务中,明确要求本人可归责性者亦非罕见。〔6〕《民法总则(草案三次审议稿)》第 176 条将所列举的不具本人可归责性情形排除出表见代理的范畴,〔7〕此模式被最后通过的第 172 条抛弃,采取了与《合同法》第 49 条并无二致的规范表达。

〔1〕 张俊浩:《民法学原理》,中国政法大学出版社 1994 年版,第 289—292 页。类似观点有,"对第三人表示已将代理权授予他人,交付证明文件与他人,代理权授权不明、代理关系终止后并未采取必要措施"。佟柔:《中国民法》,法律出版社 1990 年版,第 212 页。"由代理权限制所生的表见代理,由授权表示所生的表见代理以及由代理权的撤销和消灭所生的表见代理"。马俊驹、余延满:《民法原论》,法律出版社 1998 年版,第 306—307 页。"没有代理权的表见代理"包括"未授权的外部告知、交付证明文件、允许他人挂靠或者作为自己的分支机构行事、允许承包人以自己的名义行事以及明知无权代理而不反对"。参见《论表见代理》,载《中外法学》1996 年第 4 期,第 32—33 页。

〔2〕 参见孔祥俊:《合同法教程》,中国人民公安大学出版社 1999 年版,第 185—186 页。

〔3〕 参见全国人大法制工作委员会民法室编著:《〈中华人民共和国合同法〉立法资料选》,法律出版社 1999 年版,第 161 页。赞成观点可参见尹田:《论"表见代理"》,载《政治与法律》1988 年第 6 期,第 30 页;反对观点可参见章戈:《表见代理及其适用》,载《法学研究》1987 年第 6 期,第 11—12 页。

〔4〕 参见黄薇主编:《中华人民共和国民法典释义(上)》,法律出版社 2020 年版,第 340 页。

〔5〕 冉克平:《表见代理本人归责性要件的反思与重构》,载《法律科学》2016 年第 1 期,第 73 页。

〔6〕 参见李德勇与中国农业银行股份有限公司重庆云阳支行储蓄存款合同纠纷案,最高人民法院(2013)民提字第 95 号民事判决书,载《最高人民法院公报》2015 年第 7 期。

〔7〕 具体包括:"(一)伪造他人的公章、营业执照、合同书或者授权委托书等,假冒他人的名义实施法律行为的;(二)被代理人的公章、营业执照、合同书或者授权委托书等遗失、被盗,或者与行为人特定的职务关系已经终止,并且已经以合理的方式公告或者通知,相对人应当知悉的"。

二、概念区隔

（一）表见代理和职务行为

4 法人虽为私法主体之一，但作为抽象存在的组织自然无法亲自行事，必须假手于非仅限于法定代表人之他人，尤其是雇员。在法律行为领域，须借助代理制度完成法律效果之归属；在不法行为领域，所假手之人给他人造成损害者，法人依据雇主责任〔8〕或者执行辅助人制度〔9〕承担损害赔偿责任。我国在上述制度之外，独创职务行为制度。《民法典》施行前，《民法通则》第43条和《民通意见》第58条、《经济犯罪规定》被认为构成职务行为的请求权基础。〔10〕《合同法》生效后，上述条款并未废止，司法实务中仍获大量适用。雇员以法人名义实施法律行为究竟是代理行为、职务行为还是职务代理行为，〔11〕与名称称谓问题相比，法律适用上的差异与否和差异所在更值得关注。实务立场可分为如下三种类型：

5 第一，依职务行为，而非表见代理。既然为雇员，以雇主名义行事，自然归入职务行为，雇主须承担法律效果，无须考虑是否构成表见代理，亦即，即使不构成表见代理也无妨成立职务行为，法院在此仅检查《民法通则》第43条和《民通意见》第58条的构成要件，无关《合同法》第49条之适用。最高人民法院在（2015）民申字第2738号民事裁定书中认为项目经理的行为即使越权，也是职务行为，自然由雇主承担责任，回避了代理权问题。〔12〕类似地，在最高人民法院（2015）民申字第2528号民事裁定书中，法官判定业务经理的行为虽无代理权，不构成代理行为，然而本人仍因职务行为而承担法律效果，并未论证为何非表见代理；进一步，在最高人民法院（2015）民申字第1848号民事裁定书中，法院明确表示雇员的行为虽不构成表见代理，但属于职务行为，效果直接拘束雇主。〔13〕

---

〔8〕《侵权责任法》第34条虽在用语上特立独行，摒弃雇主责任和执行辅助人等内涵更为确定的表达，采用"用人单位、劳务派遣单位和用工单位的责任"等新鲜语词，但其所规范者和上述制度并无二致，不妨删繁就简，称之为雇主责任更为便宜。

〔9〕《德国民法典》第831条及以下条款所采立场是，执行辅助人实施不法行为时，雇主为自己在选任、监督和配备工具方面的过错（被推定的）承担损害赔偿责任。

〔10〕最高人民法院在适用此三条的案件中，皆将其称为"职务行为"。

〔11〕《民法典》第170条将工作人员法律行为效力归属规范在体系上一改《民法通则》和《民通意见》之立场，置于"委托代理"一节中。法律条目上，第170条被冠以"职务代理"之名。

〔12〕相似立场参见最高人民法院（2014）民申字第1653号民事裁定书。

〔13〕相似立场参见最高人民法院（2020）最高法民申5776号民事裁定书、（2015）民申字第3298号民事裁定书、（2014）民申字第1987号民事裁定书（若无特别说明，同一句子中的裁判，其审理法院同为首案号所示的法院）。最高人民法院（2015）民申字第2158号民事裁定书中，未对再审被申请人关于"无代理权表象，未构成表见代理"的主张作出回应，径直根据职务行为判定本人承担法律效果。

6 第二,同时依据职务行为和表见代理。在最高人民法院(2015)民申字第 595 号民事裁定书、(2015)民申字第 418 号民事裁定书和(2015)民申字第 23 号民事裁定书中,法院认为特定雇员的行为既是表见代理,也是职务行为。

7 第三,依表见代理,未涉及职务行为。最高人民法院在(2014)民申字第 850 号民事裁定书中着重论证权利外观的可信赖性,认为经理持公司印章具相当代理权表象,构成表见代理,并未阐述是否构成职务行为。相似的,在(2013)民申字第 1749 号民事裁定书中,信用社负责人在该工作场所和时间内用伪造存单和印章获得存款而为个人所用,最高人民法院认为因第三人非善意无过失,不构成表见代理,未论证职务行为之有无。[14]

8 上述第一种裁判立场背后的逻辑是:一定的基础行为隐含着相应代理权授予,无须考察是否存在额外授权;[15] 即使并未存在真实授权,既然行为人和本人之间存在相当关系(多为雇佣关系),交易相对人的信赖较之表见代理,更具有合理性,更值得保护。对于后者而言,在具体论证上,法院并不关心是否存在可资信赖的客观表象,也无须判断相对人是否善意无过失。[16] 也就是说,法院往往需要费心甄别行事之人是否是"职务人员",所行之事是否属于"职务范围",而"普通雇员"身份显然不足,须是具有特定权限的特定雇员。

在最高人民法院(2014)民申字第 1987 号民事裁定书中,法院依据劳动合同、工作会议等,着力检查行为人是否属于工作人员,从而其行为是否属于职务行为,拒绝依照表见代理的要件检验,并明确表示二审法院并未作如此检验,不构成适用法律错误。在最高人民法院(2015)民申字第 1236 号民事裁定书中,法院认为行为人仅仅是其他部门员工,不是具体负责人,因而不构成职务行为。

9 然而,事实上,最高人民法院并未始终遵循此裁判逻辑,可以认为,仍存在上述另外两种裁判立场。

10 另外,在"工作人员身份为职务行为之前提"上,最高人民法院在(2015)民申字第 1037 号民事裁定书中将持委托书的挂靠施工者之行为归入职务行为。

---

〔14〕 相似立场参见最高人民法院(2013)民申字第 312 号民事裁定书:虽为负责人,但是明显超越权限,第三人难谓善意,不构成表见代理,没有论证为何不是职务行为;最高人民法院(2020)最高法民申 6190 号民事裁定书:业务人员未经公司同意,偷盖公章,第三人非善意,不构成表见代理,再审申请人主张该行为构成职务行为,法院并未回应;最高人民法院(2020)最高法民申 5776 号民事裁定书:财务经办人持公司印章,多次代表公司行事,纵使越权,也构成表见代理,未提及职务行为。

〔15〕 最高人民法院(2014)民申字第 525 号民事裁定书中,仅有"项目部副经理"的特定职务,无特定授权,也认定为职务行为。

〔16〕 最高人民法院(2015)民申字第 1111 号民事裁定书和(2014)民申字第 213 号民事裁定书。

在“特定身份隐含着特定授权”上，最高人民法院在（2014）民申字第 536 号民事裁定书中则持反对意见，认为即使是项目负责人，其行为仍需取得相应授权才能构成职务行为。 11

在“特定身份引发更值得信赖的权利表象”上，法院在“营业厅内的越权行为”一系列案件中，判断标准和立场并不一致：在最高人民法院（2013）民提字第 21 号民事判决书中，银行工作人员在银行营业厅内越权签订借款合同构成职务行为，无涉相对人因素；在最高人民法院（2013）民申字第 1749 号民事裁定书中，法院对于类似的案情，则径直依表见代理构成要件为断，着力判断相对人的善意问题。而在“刘雷诉汪维剑、朱开荣、天安保险盐城中心支公司交通事故人身损害赔偿纠纷案”中，对于保险公司营销人员的越权行为，法院并未考察职务行为要件，而着重论证代理权外观。[17] 12

上述裁判思路的重重矛盾从事实层面展现了：无论此区分背后之正当化依据何在，职务行为和表见代理二者的区分难谓成功。 13

无论冠名为“职务行为”、“代理行为”、“职务代理”抑或“表见代理”，在法律效果归属上的核心问题皆是权限，在信赖保护上的核心问题皆是权限表象和相对人善意。在此，代理制度中的构成要件足以提供清晰的判断标准，实在无须取道在适用中困惑大于贡献的“职务行为”。 14

在权限问题上，授权行为独立于基础行为，行为人无法从基础行为中获得代理权授予，作为基础行为之一种的雇佣关系也依此逻辑，亦即，一定的职位自身并不能导出相应的权限，职务行为制度在此问题上的预设是错误的。[18] 15

至于信赖保护，一定的职位在一定情形下确实足以引发代理权表象，这不过是表见代理制度权利表象类型之一罢了（边码 37）。是否存在权利表象，仍需参度其他因素综合判断，权利表象是否值得保护仍取决于相对人是否善意无过失，亦即，职务并非产生表象，表象并非必然获得保护，职务行为在此问题上的预设也是错误的。 16

若依职务行为的判断逻辑，代理和表见代理的构成要件所承载的价值皆落 17

---

〔17〕 参见刘雷诉汪维剑、朱开荣、天安保险盐城中心支公司交通事故人身损害赔偿纠纷案，载《最高人民法院公报》2012 年第 3 期。

〔18〕 最高人民法院（2014）民抗字第 31 号民事判决书中明确表示，一定职务隐含一定授权。

空。由此,《民法通则》第 43 条和《民通意见》第 58 条,《经济犯罪规定》第 3 条,[19]乃至《民法典》第 170 条第 2 款或只能解释为仅具参引意义的不完全规范,而非可以独立适用的完全规范:是否得出法人或单位“承担责任”的法律效果,尚需视具体情形结合代理、履行辅助人和执行辅助人等不同的归属规范而定。

（二）表见代理和表见代表

18 《合同法》第 50 条规定:“法人或者其他组织的法定代表人、负责人超越权限订立的合同,除相对人知道或者应当知道其超越权限的以外,该代表行为有效。”学说将其称为表见代表制度。[20]《民法典》第 61 条第 3 款规定“法人章程或者法人权力机构对法定代表人代表权的限制,不得对抗善意相对人”,虽措辞上和《合同法》第 50 条略有差别,但是法律适用中构成要件和举证责任上并无二致。

19 理论上,我国通说认为,法定代表人以法人名义行事时,不具有独立人格,毋宁,其人格被其所代表的法人所吸收,此等构造与代理制度迥异,称为代表。[21]依此逻辑,法定代表人超越权限行事时自然无法适用第 172 条规定的表见代理,[22]须创设更加合乎其性质的规范基础,此为《合同法》第 50 条的由来。[23]《合同法》第 50 条和《民法典》第 61 条第 3 款的制度价值在于,“向交易世界宣告,法定代表人的行为就是法人的行为,并以此最大限度地消除第三人与法人交易的顾虑”。[24]

20 无论理论前提是否成立,也无论立法者的意图如何,法律的生命皆在适用,与

〔19〕 适用此条,将他人行为几乎无条件地归属于本人时,法院须甄别“一般工作人员”和“负责人”,参见最高人民法院(2013)民申字第 2016 号民事裁定书;须甄别行为人是否“构成犯罪”,参见(2016)最高法民终 801 号民事判决书。前一要件尚可解释为权利表象的可信赖程度,后一要件则颇值商榷:行为人的行为受到外部秩序消极评价愈甚,法律效果愈易于归属于本人? 依法理,此条欲解决的问题和表见代理并无二致,皆为假象是否为真,法律行为效果是否归属于本人。在构成要件上,第 3 条较之表见代理,显然更为简化,表象的可信赖性和相对人的善意皆不在其列。自 1998 年 4 月生效以来,最高人民法院适用该条的裁判共 27 则,在这些裁判中,法官皆严格遵循其文义,并未额外要求任何要件,更无《合同法》第 49 条的适用空间。例见最高人民法院(2016)最高法民申 1017 号民事裁定书、(2016)最高法民申 2143 号民事裁定书和(2015)民申字第 3566 号民事裁定书。若此条被视为排斥《合同法》第 49 条和《民法典》第 172 条的完全法条,则表见代理制度在很大程度上实无适用空间。

〔20〕 参见李建华、许中缘:《表见代表及其适用》,载《法律科学》2000 年第 6 期,第 7—8 页。

〔21〕 参见梁慧星:《民法总论》(第 4 版),法律出版社 2011 年版,第 131—132 页。

〔22〕 参见朱广新:《法定代表人的越权代表行为》,载《中外法学》2012 年第 3 期,第 502 页。有观点进一步认为,应抛弃所谓的表见代表制度,采用更符合法人本质的越权规则:无论相对人是否知悉,法定代表人之行为皆属于法人的行为。参见耿林、崔建远:《民法总则应当如何设计代理制度》,载《法律适用》2016 年第 5 期,第 60—61 页。

〔23〕 参见龙卫球:《民法总论》,中国法制出版社 2001 年版,第 422 页。

〔24〕 朱广新:《法定代表人的越权代表行为》,载《中外法学》2012 年第 3 期,第 502 页。

理论争辩相比,更值得关注的依旧是自1999年以来《合同法》第50条[25]和《合同法》第49条在具体适用上是否存在差异以及差异何在,以此观察《合同法》第50条和《民法典》第61条第3款独立存在的价值。

从条文表述上看,《合同法》第50条中“除相对人知道或者应当知道其超越权限的以外,该代表行为有效”与《合同法》第49条、《民法典》第172条之“相对人有理由相信行为人有代理权的,该代理行为有效”在相对人善意之证明上显然不同。在前者,相对人的善意为推定;[26]在后者,相对人须证明自己善意无过失。因此,在交易安全的保护上,前者尤甚。 21

至于法律效果方面,二者并无差别,皆归属于本人。 22

如此一来,于实务中,观察对于法定代表人超越权限以法人名义行事者,法院如何适用法律,或许更有助于我们接近真相。 23

法院是否仅适用《合同法》第50条,未适用《合同法》第49条?在最高人民法院(2016)最高法民申206号民事裁定书中法定代表人持假印章行事,法院认为法定代表人身份足以使第三人的信赖值得保护,第三人无审查印章真伪的义务,主观上构成善意,[27]适用《民法通则》第43条和《合同法》第50条,判定构成表见代表,未涉及《合同法》第49条。 24

与上例不同,在(2013)民申字第1408号民事裁定书中,最高人民法院并未适用《合同法》第50条,而是转向了可称为“表见代表和职务行为之加强版”的《经济犯罪规定》第3条,后者在表述上直接取消了相对人善意要件。

与上述立场皆相反,最高人民法院在(2013)民申字第903号民事裁定书与(2008)民二终字第124号民事判决书[28]中适用的是《合同法》第49条。在此,最高人民法院认为行为人虽为法定代表人,并持有合同章,但是相对人疏于审查,并非善意,不构成表见代理,法律效果无法归属于法人,并未论证为何不适用《合同法》第50条。与此类似,最高人民法院在(2020)最高法民申5246号民事裁定书中,将法定代表人具有权利表象之越权担保行为定性为表见代理,未见适用《民法

---

〔25〕 截至2021年5月15日,在北大法宝数据库中,以“《民法总则》第61条”为全文检索关键词,仅获95项裁判文书,其中,未见最高人民法院裁判者;以“《民法典》第61条”为全文检索关键词,并无裁判文书。因此,本文只得选取在表述上和第61条并无实质差异的《合同法》第50条作为观察对象。

〔26〕 参见最高人民法院研究室编著:《最高人民法院关于合同法司法解释(二)理解与适用》,人民法院出版社2009年版,第102—103页。

〔27〕 相同立场,参见最高人民法院(2019)最高法民终1791号民事判决书、(2019)最高法民终1524号民事判决书、(2019)最高法民申4457号民事裁定书。

〔28〕 参见兴业银行广州分行与深圳市机场股份有限公司借款合同纠纷案,最高人民法院(2008)民二终字第124号民事判决书,载《最高人民法院公报》2009年第11期。

总则》第 61 条第 3 款。[29]

最高人民法院在(2019)最高法民申 6851 号民事裁定书中,一并适用表见代表和表见代理,认为,无权利外观,且相对人并非善意无过失,则行为人既非表见代表也非表见代理。类似地,最高人民法院在(2018)最高法民终 36 号民事判决书中,对于离职法定代表人之行为是否可归属于法人,法院适用职务行为、表见代表和表见代理规范。

25 法院在适用《合同法》第 50 条时,是否采与《合同法》第 49 条不同的善意推定规则?在(2015)民申字第 1043 号民事裁定书、(2014)民一终字第 270 号民事判决书与(2014)民 终字第 109 号民事判决书中,最高人民法院的确如《合同法》第 50 条所表述,推定相对人善意,由本人承担证明相对人非善意(明知越权或者明知内部限制)的举证责任。然而,在最高人民法院(2019)最高法民终 456 号民事判决书、(2017)最高法民申 4565 号民事裁定书和(2012)民提字第 156 号民事判决书[30]中,最高人民法院则采相反立场,由相对人证明善意无过失。

26 事实总是能无情地击破我们的大多数想象。由上述列举的裁判立场可知,在法定代表人越权行为中,法院时而适用《合同法》第 50 条,时而抛弃《合同法》第 50 条而适用《合同法》第 49 条;即使适用《合同法》第 50 条,也采用了表见代理制度中相对人善意无过失的判断规则,不仅如此,在权利外观的证明上也与适用表见代理如出一辙。

27 由此,表见代理和表见代表的区隔至少在法律适用的具体效用上难谓成功。实际上,《合同法》第 50 条和《民法典》第 61 条第 3 款解决的核心问题无非是法定代表人的"非越权行为"作为假象应否受到维护,除非立法者秉持"无论是否越权,也无论相对人是否知悉,皆为法人之行为,皆有效"的观念,除非立法者依此抛弃相对人善意要件,实无必要在表见代理之外创设适用范围仅限于法定代表人的表见代表制度以混淆视听,徒增烦恼。[31]

---

〔29〕 将法人代表越权担保定性为表见代表,而非表见代理,参见最高人民法院(2018)最高法民申 4686 号民事裁定书。

〔30〕 参见招商银行股份有限公司大连东港支行与大连振邦氟涂料股份有限公司、大连振邦集团有限公司借款合同纠纷案,最高人民法院(2012)民提字第 156 号民事判决书,载《最高人民法院公报》2015 年第 2 期。

〔31〕《合同法(试拟稿)》(第三稿)(1996 年 6 月 7 日)曾在第 43 条对法定代表人的越权行为和表见代理作统一规定,"考虑到民法代表制度与代理制度的类似性,及法定代表人的越权行为与表见代理的类似性,将其合并规定在第三稿第三章关于代理问题的第 43 条,安排在表见代理的规定(第 2 款)之后,作为第 43 条的第 3 款:'法人或者其他组织的法定代表人超越法律、章程规定的权限订立的合同,准用前款规定'"。梁慧星:《关于中国统一合同法草案第三稿》,载《法学》1997 年第 2 期,第 47 页。《民法总则》第 61 条规定:"依照法律或者法人章程的规定,代表法人从事民事活动的负责人,为法人的法定代表人。法定代表人以法人名义从事的民事活动,其法律后果由法人承受。法人章程或者法人权力机构对法定代表人代表权的限制,不得对抗善意相对人。"此条与《合同法》第 49 条以及《民法总则》第 172 条在适用上的关系,尚待充足的实务案例以揭示。有观点认为,"商事组织法定代表人与职务代理人、表见代表与表见代理制度具有相同的结构与功能,应以后者吸收前者"。参见冉克平:《论商事职务代理及其体系构造》,载《法商研究》2021 年第 1 期。

三、适用范围

《民法典》第172条体系上被置于“委托代理”一节之下,虽未明示适用范围仅限于意定代理,解释上当作此理解。 28

法定代理制度目的在于补足与扩充不完全行为能力者参与法律交易的机会,自然不得令受保护者承受违背其意愿并且多半损及其利益的法律后果。[32] 29

另外,作为表见代理构成要件之一的与真实情形不符的代理权外观,在法定代理之处并不存在:法定代理权之有无与范围皆由法定,如何产生假象?实务中鲜见就法定代理人的行为主张表见代理者。在云南省高级人民法院(2016)云民申928号民事裁定书中,相对人主张法定代理人的行为构成表见代理,法院未直接回应,而是适用《民法通则》第十八条“不得损害被监护人利益”,并结合《合同法》第52条第5项,认为“本案《抵押合同》违反了《中华人民共和国民法通则》第十八条的规定,损害未成年人吕某的利益,为无效合同”。 30

四、构成要件

(一)客观上具有代理权表象

本人之所以在无代理权的情形下仍需为他人行为负责,原因在于相对人对于代理权的存在具有一种合理的信赖。这一信赖自然需要事实上的依据,相对人毫无根据的错误想象并不受到保护。 31

在这一问题上,具有决定意义的是,何种情形构成了足以引发合理信赖的代理权表象。 32

如有权代理一般,通常情形下行为人须以本人名义行事,[33]这是代理行为显名主义的要求,《合同法》第49条之“以被代理人名义订立合同”则为此意。最高人民法院在(2016)最高法民申2628号民事裁定书、(2016)最高法民申2278号民事裁定书、(2015)民二终字第64号民事判决书、(2014)民四终字第51号民事判 33

〔32〕 类似观点参见汪渊智:《我国〈合同法〉第49条的解释论》,载《政法论丛》2012年第5期,第98页。反对观点参见董瑜芳:《表见代理的表现及其归责原则》,载《陕西师范大学学报(社会科学版)》2002年第2期,第52页。

〔33〕 名义问题通常是区分无权代理和无权处分之关键,然特定情形下,即便“无权代理人”以本人之名义行事,相对人知悉本人已经死亡,“无权代理人”实际上是以继承人身份在处分自己之财产,则构成无权处分,而非无权代理,参见最高人民法院(2020)最高法民申6361号民事裁定书。另,最高人民法院(2020)最高法民申4135号民事裁定书认为,行为人从未以他人名义行事,不构成表见代理。

决书以及(2012)民申字第93号民事裁定书中强调"表见代理的构成要件之一是代理人以被代理人名义实施民事法律行为",对于仅具行为人名义的情形拒绝承认表见代理。在最高人民法院和高级人民法院层级上,未见"虽无本人名义,也构成表见代理"者。

34 然而,在有权代理,一定情形下亦无须显名。在某种交易中,相对人从周遭情境可推断出行为人乃为他人行事的代理人,且本人的身份并不重要或者可推知本人的身份,自然无须苛以"本人名义"要件。表见代理自然依此逻辑。表见代理制度仅补足了代理权限之瑕疵,是否构成代理,〔34〕自然和有权代理情形下判断标准一致。

35 无权代理人将法律效果归属于本人的主观意愿并非必须。〔35〕实务中,无权代理人行无权代理之事的目的往往恰是"利益归于自己",未见法院以此为由拒绝承认构成表见代理,仅需从客观上看,具有效果归属于本人的代理结构即可。

36 在何种情形足以构成代理权表象这一问题上,抽象的说词对于法律适用的作用或许远不如案件类型总结更具说服力。案件主要类型包括:

37 第一,无权代理人具特定身份型。持合同章的法定代表人、〔36〕曾经的股东监事持本人的印章、〔37〕之前为代理人的股东、〔38〕项目经理、〔39〕挂靠人持虚假授权书、〔40〕借用建筑资质的实际施工人、〔41〕董事长之妻舅持公司印章〔42〕构成代理权

---

〔34〕 参见最高人民法院(2020)最高法民申773号民事裁定书。法院认为,不存在代理行为,无从构成表见代理。

〔35〕 德国通说也作如此见解。Eberhard Schilken, Kommentar zum § 167, in: *Staudinger Kommentar zum BGB*, Berlin: Sellier - de Gruyter, 2009, Rn. 39.

〔36〕 参见最高人民法院(2013)民申字第903号民事裁定书。

〔37〕 参见最高人民法院(2016)最高法民申2553号民事裁定书。

〔38〕 参见最高人民法院(2013)民提字第140号民事判决书。

〔39〕 在项目经理持假章借款案[最高人民法院(2015)民申字第3065号民事裁定书]中,法院认为印章真伪并非第三人的审查义务,"持假章借款"乃本人内部管理不严导致,项目经理这一身份足以构成权利表象。同此判决立场的有:最高人民法院(2015)民申字第3341号民事裁定书、(2015)民申字第1620号民事裁定书、(2013)民申字第1568号民事裁定书。类似主张认为,是否构成外观责任,端看行为人之行为是否造成权利外观,和使用何章并无关系。参见崔建远:《论外观主义的运用边界》,载《清华法学》2019年第5期。另有观点认为,既然第172条删除了原来草案中"假章排除表见代理"的表述,就可以断定现行法抛弃了此立场,如果行为人具有代理权表象,假章不足以排除表见代理。参见陈甦:《公章抗辩的类型与处理》,载《法学研究》2020年第3期。还有观点认为,行为人持假章为代理,能否构成表见代理,当依据具体情形分别判断,第172条对于假章能否构成表见代理未置可否的立法立场值得赞同。参见周清林:《伪造印章下的表见代理构造》,载《法商研究》2020年第2期。

〔40〕 参见最高人民法院(2015)民申字第3402号民事裁定书、(2013)民申字第600号民事裁定书。

〔41〕 参见最高人民法院(2015)民申字第1217号民事裁定书。在类似案件最高人民法院(2013)民申字第1114号民事裁定书中,法院判定出借人和借用人承担连带责任,并未论证是否构成表见代理。

〔42〕 参见最高人民法院(2014)民申字第1847号民事裁定书。相反立场参见最高人民法院(2019)最高法民申2898号民事裁定书,法定代表人之亲属不构成权利表象。

表象;未能证明假章被长期使用、[43]父子关系、[44]虽为监事和大股东但无其他授权的表象、[45]无权代理人与本人并无特别关系且无其他授权表象、[46]银行工作人员在工作场合使用假存单、[47]未曾长期为代理人之职工[48]不构成代理权外观。

第二,外部授权或外部告知而内部撤回或限缩型。内部撤回对项目经理的授权而未外部告知、[49]外部授予房屋销售权而仅内部限缩、[50]法定代表人被撤职并未变更工商登记[51]等情形,构成代理权外观。 38

第三,持代理权凭证型。在我国,授权书和印章在交易中对于身份具有极为重要的指示作用。实务上,持本人之印章或授权书而为无权代理者,极为常见。虽已内部撤回代理权但无权代理人仍持授权书[52]与虽不具特殊身份但持有本人的印章[53],均构成代理权外观。 39

第四,本人事后履行型。原理上,权利表象须在行为实施的时候存在,本人此后的行为仅能理解为对之前所实施的无权代理的追认,不能作为判断表见代理的基础。[54] 但司法实务中不乏将本人事后的履行视为代理权表象者。[55] 40

第五,长期无权代理而本人并未反对型。最高人民法院在许多判决与裁定中 41

---

[43] 参见最高人民法院(2019)最高法民申5523号民事裁定书。

[44] 参见最高人民法院(2014)民申字第657号民事裁定书。

[45] 参见最高人民法院(2014)民提字第175号民事判决书。

[46] 参见最高人民法院(2014)民申字第1629号民事裁定书。

[47] 参见最高人民法院(2013)民申字第1749号民事裁定书。相反观点参见刘雷诉汪维剑、朱开荣、天安保险盐城中心支公司交通事故人身损害赔偿纠纷案,载《最高人民法院公报》2012年第3期。该案中,保险公司营销人员在保险公司设立的营销部使用加盖伪造保险公司业务专用章的假保单,构成代理权外观。

[48] 参见最高人民法院(2014)民申字第536号民事裁定书。

[49] 参见最高人民法院(2014)民申字第1242号民事裁定书。

[50] 参见湖北金华实业有限公司与苏金水等商品房买卖合同纠纷案,最高人民法院(2012)民抗字第24号民事判决书,载《最高人民法院公报》2014年第1期。二审法院以此为由判定表见代理,最高人民法院反对这一意见,适用《民法通则》第65条第2款,认为构成有权代理。

[51] 参见最高人民法院(2009)民提字第76号民事判决书。

[52] 参见最高人民法院(2000)经终字第220号民事判决书。

[53] 参见最高人民法院(2000)经终字第290号民事判决书。

[54] 《合同法解释二》第12条将本人的事后履行"视为对合同的追认"。Eberhard Schilken, Kommentar zum § 167, in: *Staudinger Kommentar zum BGB*, Berlin: Sellier - de Gruyter, 2009, Rn. 39. Schramm也认为,本人事后的知悉在个别情形下可被看作追认,或者构成了消极利益的赔偿责任,如果本人能够阻止损失的发生而并未阻止。Karl - Heinz Schramm, Kommentar zum § 167, in: *Münchener Kommentar zum Bürgerlichen Gesetzbuch*, 5. Aufl., München: C. H. Beck, 2006, Rn. 72. Leptien持反对意见:例外情形下,事后可能构成表见代理,特别是本人可以阻止相对人的扩大损失。Ulrich Leptien, Kommentar zum § 167, in: *Soergel Kommentar zum Bürgerlichen Gesetzbuch*, 13. Aufl., Stuttgart: W. Kohlhammer, 1999, Rn. 20.

[55] 参见最高人民法院(2014)民申字第710号民事裁定书。

并未如德国判例般区分容忍代理和表象代理,行为人长期行无权代理之事,而本人明知而未反对,均构成表见代理,[56] 仅在(2016)最高法民再 76 号民事判决书中明确表示本人的明知构成了默示,当属于有权代理,非以无权代理为前提的表见代理,至于这一判断是否仅为无关法律推理的称谓选择问题,简短的判决实无法提供更多的信息。

42 必须强调的是,上述仅是既有裁判规则的描述罢了,并非裁判思路的综合总结,更不具相当的裁判指引功能。在代理权外观上,看似大致相同的案情,法院的判断也不尽相同,几乎任何一种类型都存在相反的判决结果,这或许从另一个角度说明了这一问题的复杂程度。

(二)代理权外观可归责于本人

1. 可归责性要件的正当化理由

43 代理权外观之形成须可归责于本人。在表见代理中,本人承受了与自己意愿相悖的负担,如同有权代理。在此与被奉为私法之圭臬的意思自治原则显然不符的法律安排中,本人的利益被牺牲,交易相对人获优待,此种利益倾斜自然需要辅以除了代理权外观要件之外的与本人相关的因素才获得更大程度的正当性,[57] 亦即本人须以可资谴责的方式诱发了权利外观,本人只要尽到注意义务就能够知道他人无权代理,而且本来可以阻止。[58]

44 规范层面上,《民法典》第 172 条是否包含本人可归责性要件,自《合同法》第 49 条以来,学说上和司法实务中素有争议。

通说认为,《合同法》第 49 条中立法者并未明确承认本人可归责性要件,[59]

---

〔56〕 参见最高人民法院(2019)最高法民终 424 号民事判决书、(2015)民二终字第 212 号民事判决书、(2015)民申字第 1413 号民事裁定书、(2014)民申字第 2013 号民事裁定书、(2013)民申字第 683 号民事裁定书、(2014)民一终字第 227 号民事判决书和(2013)民申字第 2185 号民事裁定书。

〔57〕 参见杨代雄:《表见代理的特别构成要件》,载《法学》2013 年第 2 期,第 60 页。另有观点主张,既然本人承担的是民事责任,民事责任的基础即在于可归责性,因此表见代理中当承认本人可归责要件。参见钟淑健:《被代理人可归责性的定位及考量》,载《法律适用》2020 年第 9 期。如此论证,显然错误理解了责任的含义以及表见代理规范的性质。

〔58〕 Karl - Heinz Schramm, Kommentar zum § 167, in: *Münchener Kommentar zum Bürgerlichen Gesetzbuch*, 5. Aufl., München: C. H. Beck, 2006, Rn. 59. 朱广新:《信赖责任研究——以契约之缔结为分析对象》,法律出版社 2007 年版,第 81 页。

〔59〕 参见黄薇主编:《中华人民共和国民法典释义(上)》,法律出版社 2020 年版,第 340 页;胡康生主编:《中华人民共和国合同法释义》(第 3 版),法律出版社 2013 年版,第 97 页;王利明:《表见代理构成要件之我见》,载中国政法大学民商法教研室主编:《民商法纵论——江平教授七十华诞祝贺文集》,中国法制出版社 2000 年版,第 191 页。虽如此,某些教科书仍将本人可归责性作为表见代理构成要件之一,明确将盗用授权书、伪造印章或授权书排除出本人可归责性之外,参见刘凯湘主编:《民法学》,中国法制出版社 2000 年版,第 185 页(刘凯湘执笔)。

有观点主张，既然《合同法》第 49 条文义未包含可归责性要件，实不宜贸然抛弃立法立场，莫不如借鉴法国法，将本人与外观事实之间的关联性内置于相对人"合理信赖"因素。[60] 另有观点认为，当限缩解释《合同法》第 49 条，将非归因于被代理人的法律外观排除出"有理由相信"之外；[61] 有学者独辟蹊径，从《合同法》第 48 条中善意相对人拥有撤销权的立法立场出发，推论相对人善意与否并非狭义无权代理和表见代理的区别，因此《合同法》第 49 条中当隐含本人归责性要件。[62]《民法典》第 172 条制定过程中，上述争议仍在，然最终出台之规范，并未明确提及本人可归责要件。[63]

实务裁判中明确指出本人可归责性是表见代理构成要件之一的可谓凤毛麟角。 45

最高人民法院（2018）最高法民终 122 号民事判决书中，法院直接将权利外观和本人可归责性作为表见代理之构成要件，认为本人疏于管理"提货单"，将其交由无权代理人，使得相对人足以相信该无权代理人拥有"提货权"，如此，本人对于权利外观之发生具有可归责性，从而构成表见代理。长春汽车经济技术开发区人民法院（2014）长汽开民初字第 701 号民事判决书中，法院直言由于授权书系伪造，"享有代理权外观的形成不可归因于李某凤（本人），亦不构成表见代理"。江苏省高级人民法院（2015）苏商终 00275 号民事判决书中，初审法院将"行为人实施了无代理权的行为、且所存在的代理权表象与被代理人行为直接相关并在被代理人风险控制能力范围内"与以本人名义实施代理行为、第三人善意无过失一并解读为《合同法》第 49 条的构成要件，并据此判定本案中本人虽未授予代理权，但是在多个场合允许无权代理人以其代理人身份行事，因而代理权的表象和本人直接相关，且完全属于本人可控制范围，从而构成充分可归责要件，[64] 二审法院（江苏高院）虽以不具权利外观为由否定表见代理，未见对初审法院所持可归责要件主张作出回应。

明确提及本人可归责要件的有，最高人民法院（2014）民抗字第 84 号民事判决书中"管理公章不慎，本人可归责"、最高人民法院（2017）最高法民再 209 号民

---

〔60〕 参见冉克平：《表见代理本人归责性要件的反思与重构》，载《法律科学》2016 年第 1 期，第 72 页。

〔61〕 参见朱庆育：《民法总论》（第 2 版），北京大学出版社 2016 年版，第 370 页。

〔62〕 参见孙鹏：《表见代理构成要件新论》，载《云南大学学报（法学版）》2004 年第 1 期，第 81 页；李开国：《民法基本问题研究》，法律出版社 1997 年版，第 257 页。

〔63〕 参见孙华璞：《关于表见代理构成要件问题的思考（上）》，载《人民司法・应用》2019 年第 22 期。

〔64〕 参见江苏省宿迁市中级人民法院（2013）宿中商初字第 0197 号民事判决书。由于江苏高院 2005 年会议纪要（具体内容参见下注 83）中明确要求本人可归责性要件，江苏地区法院在论证表见代理时均如此判决般在权利外观、相对人善意无过失之外，详细论证此要件。参见江苏省南京市中级人民法院（2016）苏 01 民终 2425 号民事判决书、江苏省无锡市中级人民法院（2016）苏 02 民终 906 号民事判决书。

事判决书中“未知他人私刻公章，本人不具可归责性”、最高人民法院(2015)民申字第 2413 号民事判决书中“身份认识错误，不可归责于本人”、最高人民法院(2014)民四终字第 48 号民事判决书中“未有证据表明银行内部管理不当，造成权利表象”、广东省高级人民法院(2015)粤高法民申字第 2724 号民事裁定书中“无权代理人伪造印章不具有本人可归责性”、南京市中级人民法院(2016)苏 01 民终 5937 号民事判决书中“未对外披露挂靠关系且允许刻制印章构成本人之可归责性”、南京市中级人民法院 (2016)苏 01 民终 2366 号民事判决书中“未参与权利表象之形成因而本人不具可归责性”、南京市中级人民法院 (2016)苏 01 民终 2425 号民事判决书中“本人交付印章构成可归责性”、佛山市中级人民法院(2013)佛中法民一终字第 1005 号判决中“无权代理人伪造印章不具有本人可归责性”。

46 《最高人民法院公报》刊载的涉及表见代理的 10 个案件[65]以及除上面所列案件外，最高人民法院作出的和表见代理或者职务行为直接或间接相关的 983 项判决与裁定中，均无明示本人可归责要件者。[66]

47 若以此为断，认为我国司法实务在判定表见代理时从不考虑本人可归责因素则或许过于武断：在某些被判定构成表见代理的案件中，本人往往也具有可归责之处，而在某些被判定不构成表见代理或者职务行为的案件中，则明显缺乏本人

〔65〕 参见李利华与德盛期货有限公司期货经纪合同纠纷案，最高人民法院(2019)最高法民再 228 号民事裁定书，载《最高人民法院公报》2019 年第 12 期；招商银行股份有限公司无锡分行与中国光大银行股份有限公司长春分行委托合同纠纷管辖权异议案，最高人民法院(2015)民二终字第 428 号民事裁定书，载《最高人民法院公报》2016 年第 7 期；李德勇与中国农业银行股份有限公司重庆云阳支行储蓄存款合同纠纷案，最高人民法院(2013)民提字第 95 号民事判决书，载《最高人民法院公报》2015 年第 7 期；湖北金华实业有限公司与苏金水等商品房买卖合同纠纷案，最高人民法院(2012)民抗字第 24 号民事判决书，载《最高人民法院公报》2014 年第 1 期；王见刚与王永安、第三人岚县大源采矿厂侵犯出资人权益纠纷案，最高人民法院(2012)民一终字第 65 号民事判决书，载《最高人民法院公报》2013 年第 5 期；北京公达房地产有限责任公司诉北京市祥和三峡房地产开发公司房地产开发合同纠纷案，最高人民法院(2009)民提字第 76 号民事判决书，载《最高人民法院公报》2010 年第 11 期；兴业银行广州分行与深圳市机场股份有限公司借款合同纠纷案，最高人民法院(2008)民二终字第 124 号民事判决书，载《最高人民法院公报》2009 年第 11 期；彭丽静与梁喜平、王保山、河北金海岸房地产开发有限公司股权转让侵权纠纷案，最高人民法院(2007)民二终字第 219 号民事判决书，载《最高人民法院公报》2009 年第 5 期；中国信达资产管理公司兰州办事处与甘肃亚盛盐化工业(集团)有限责任公司借款合同纠纷案，最高人民法院(2006)民二终字第 159 号民事判决书，载《最高人民法院公报》2007 年第 10 期；信达货运配载经营部诉中国农业机械西南公司运输合同纠纷案，载《最高人民法院公报》1999 年第 4 期。

〔66〕 有观察认为，2014 年至 2018 年间，基层法院和中级法院更倾向于采本人可归责性要件，其中，江苏和广东地区尤甚。参见韩康麒、丁俊峰：《表见代理中被代理人可归责性的实证研究》，载《法律适用》2018 年第 17 期。

可归责性，法院在此或许不过以“是否具有代理权表象”〔67〕或“相对人是否非善意无过失”〔68〕为名隐晦〔69〕地考虑了本人因素罢了。

48 当然，与上述考虑本人因素立场相反，在某些案件中，即使具可归责情形，法院仍拒绝承认构成表见代理；〔70〕在不具本人可归责性案件中，法院也可能承认构成表见代理。〔71〕

49 在可归责问题上，我国法院态度模糊、摇摆、矛盾、混乱，几乎不存在一贯立场。

50 《民法总则（草案三次审议稿）》第 176 条虽沿袭第 49 条立场，未在“相对人有理由相信”之外一般性地增加额外构成要件，但明确排除了一系列显然不具本人可归责性的情形。这一排除条款被最终通过的《民法总则》第 172 条全部删除，其

〔67〕 如最高人民法院（2014）民申字第 850 号民事裁定书中，经理持真印章为无权代理，具代理权表象，构成表见代理；（2014）民申字第 1242 号民事裁定书中，具外部授权表象，虽内部撤回，仍构成表见代理；（2014）民申字第 536 号民事裁定书中，雇员无代理权证书、且并非长期为代理人，不具代理权表象，不构成表见代理；（2014）民申字第 1847 号民事裁定书中，公司董事长之妻舅持公司交付之印章为无权代理，具有代理权表象；（2013）民申字第 828 号民事裁定书中，持假印章、假授权书不构成代理权表象；（2001）民二终字第 175 号民事判决书中，代理人一直以本人名义和该第三人交易，基础关系消灭后，本人并未通知第三人，具有代理权表象，构成表见代理。

〔68〕 如假行长持假印章、假存单，法院认为第三人疏于审查，并非善意无过失，不构成表见代理。参见李德勇与中国农业银行股份有限公司重庆云阳支行储蓄存款合同纠纷案，最高人民法院（2013）民提字第 95 号民事判决书，载《最高人民法院公报》2015 年第 7 期。又如法院认为本人和代理人内部对权限的限制并不能对抗善意第三人，构成有权代理，着重论证第三人的善意。参见湖北金华实业有限公司与苏金水等商品房买卖合同纠纷案，最高人民法院（2012）民抗字第 24 号民事判决书，载《最高人民法院公报》2014 年第 1 期。

〔69〕 最高人民法院审理的“中国运载火箭技术研究院与甘肃省机械进出口公司等进出口代理纠纷上诉案”中，行为人通过伪造印章而为无权代理（笔者注：本案中承担保证责任），法院拒绝适用《合同法》第 49 条，认为非本人之真实意思表示，担保无效。而承办法官承认，“如果案件其他事实不变，只是贸易中心负责人王某奎加盖的两枚公章是真实的，只是未经研究院同意而非伪造的，那么，本案所产生的法律问题就不是企业法人的职能部门做保证人如何处理的问题，而是贸易中心的行为是否构成职能部门的表见代理问题了，接下来案件处理的思路、遵循的法律原则以及具体的处理结论也就不同了”。载北大法宝数据库，http://www. pkulaw. cnCasepfnl _ a25051f3312b07f3ecb2e23d2c9a738164ec7b1298614703bdfb. html? match = Exact，2021 年 5 月 15 日访问。同此立场的，见最高人民法院（2012）民提字第 35 号民事判决书中，“公司印章既可能被公司授权的人持有和合法使用，也可能被未经公司授权的人占有和滥用，如他人盗窃或者拾得公司印章后予以使用等，此时公司印章脱离公司主体的控制而被他人滥用，印章所表征的意思表示与公司的真实意思表示并不一致，因而其意思表示推定效力应予否定”。

〔70〕 如，最高人民法院（2014）民申字第 608 号民事裁定书中，本人明知无权代理人之行为而未制止，但未构成表见代理（此裁定中未见充分论证为何不构成表见代理）；（2013）民申字第 1749 号民事裁定书中，本人虽过错引发了权利表象，但本人仅承担 70% 的补充赔偿责任，不构成表见代理（法院在此未讨论是否构成表见代理问题）。

〔71〕 最高人民法院（2016）最高法民申 2338 号民事裁定书中，未妥善保管印章致使行为人伪造授权书，构成表见代理。

在文字表述上和《合同法》第 49 条几无二致。此番删除原因何在,能否解读为立法者明确拒绝了本人可归责要件亦未可知。有观点认为,即便最终版本作此安排,但是,司法裁判中所删除情形对于判断表见代理仍有参考价值。〔72〕

51 比事实描述更重要的是正当性问题。法律非经解释不得适用,被称之为规范解释的每一次法律推理中皆包含了解释者的价值判断。因而,更为重要的问题毋宁是,应否在法价值的应然层面上引入本人可归责性要件。

52 赞成者多沿袭德国法上的表见代理制度的路径,认为不应拘泥于《合同法》第 49 条的文义,当以一定价值取向为基础将本人可归责性作为构成要件之一,以为法律漏洞之填补。〔73〕 此等价值取向问题,自然无谓真假,构成论证基础的不外乎何种选择更合乎体系、更有助于规范目的之实现。

53 表见代理制度与善意取得制度同为权利外观责任,二者在构造上颇为类似。

54 德国通说认为,脱手物不适用于善意取得,在这里本人并没有引发权利表象,相对人的保护由此退居其次。〔74〕 同一逻辑下,《德国民法典》第 170 条以下诸条款以及判例的发展表明,表见代理中皆有本人可归责性要件。〔75〕

55 我国善意取得制度并未采上述立场,并未将非脱手物设为构成要件之一,〔76〕遗失物〔77〕和盗赃物〔78〕皆有适用善意取得的余地,端赖相对人是否构成善意无过

---

〔72〕 参见黄薇主编:《中华人民共和国民法典释义(上)》,法律出版社 2020 年版,第 340 页。

〔73〕 参见孙鹏:《民法上信赖保护制度及其法的构成》,载《西南民族大学学报(人文社科版)》2005 年第 7 期,第 72 页;汪渊智:《比较法视野下的代理法律制度》,法律出版社 2012 年版,第 176 页;侯巍:《民事权利外观的信赖保护——以财产权继受取得为视角》,人民出版社 2012 年版,第 116 页;杨代雄:《表见代理的特别构成要件》,载《法学》2013 年第 2 期,第 58 页。

〔74〕 Vgl. Reinhard Bork, *Allgemeiner Teil des Bürgerlichen Gesetzbuchs*, 2. Aufl., Tübingen: Mohr Siebeck, 2006, Rn. 1541.《德国民法典》第 935 条第 2 款不记名证券和金钱等部分脱手物适用善意取得。

〔75〕 Vgl. Helmut Köhler, *BGB Allgemeiner Teil*, 34. Aufl., München: C. H. Beck, 2010, § 11, Rn. 35 ff.

〔76〕 通说似乎依循德国学说,认为我国物权法将"受让人基于交易行为取得物权"作为善意取得构成要件之一,遗失物、漂流物、埋藏物和隐藏物等脱手物不适用于善意取得,而第 107 条第 2 句不过"可理解为发生了善意取得的效果"罢了。参见崔建远:《物权法》(第 3 版),中国人民大学出版社 2014 年版,第 99 页。

〔77〕 从文义上看,《物权法》第 107 条第 1 句似乎否定了遗失物可适用善意取得,如果将第 2 句和第 3 句解释为可优先适用的"特别条款",则似乎又肯认了,受让人受让遗失物的,一定情形下可取得遗失物所有权,不过并非自受让之时,而是原所有人"自知道或者应当知道受让人之日起 2 年"届满之时。学说认为,此"2 年",非诉讼时效,非除斥期间,乃权利失效期间。参见崔建远:《物权法》(第 3 版),中国人民大学出版社 2014 年版,第 103 页。《民法典》第 311 条并无实质性修改。

〔78〕 《物权法》第 106 条及以下以及《物权法解释一》均未排除善意取得适用于盗赃物。《民法典》第 311 条以下也同此安排。

失。由此立场出发,表见代理制度中不必考虑本人因素似更具“体系一致”。[79]

但私以为,我国将脱手物适用于善意取得制度的立法抉择颇值得商榷,如若仅为了保持“评价一致”而令表见代理制度仿之,无异于重复错误。在此背景下,在表见代理中承认本人可归责性,虽与既有善意取得规则判断龃龉,亦无妨。 56

与善意取得制度相似,[80]表见代理的规范意旨显然在于保护交易安全,降低交易成本。自本人角度而言,则是课以严厉的法律效果,以敦促其控制风险,倘无论其能否有机会或者有能力控制风险皆须承担如同有权代理的法律效果,无异于无咎者也受罚,法律规范的指引和风险分配功能将大打折扣。 57

何况,《民法典》第 172 条虽列举了“没有代理权、超越代理权或者代理权终止后”三种可能发生表见代理的情形,但是此种区分恐怕仅具无涉法律决策的事实描述功能,难谓有法适用上实质效用(边码 2):无论何种情形,均适用“相对人有理由相信”这一要件。这和德国民法将表见代理制度视为须具备相当正当理由的法秩序的例外规则、不同情形构成要件不同的立法例,旨趣大异。 58

划分越细,则规范适用的恰当性更为可靠,法律判断也更合乎事物的性质。《民法典》第 172 条在构成要件上如此大而化之的规范模式或赋予法官无穷的裁量空间,使本来饱受“他治”诟病的表见代理制度,在我国恐沦为更加危险的制度。[81] 在此背景下,担负限制法官恣意和对案件事实提供更为清晰的观察视角的现实功能的本人可归责性要件难谓无用。 59

实证法上,本人对代理权表象须具可归责性的规范立场清晰体现于《经济犯罪规定》中。该规定严格区分如下两种情形:第一,“本人将业务介绍信、合同专用章和盖有公章的空白合同书等代理权凭证交由他人”(第 4 条)或者“承包、租赁以及雇佣合同等基础行为消灭后,本人未能及时以收回代理权凭证等方式消除代理权表象”(第 6 条)的,本人对相对人承担赔偿责任;第二,倘若“作为代理权凭证之公章、业务介绍信、盖有公章的空白合同书”系被盗用或者“公章被私刻”(第 5 60

---

〔79〕 有观点认为,既然我国物权法拒绝对脱手物承认善意取得,那么表见代理制度应仿之承认本人可归责性。参见朱虎:《表见代理中的被代理人可归责性》,载《法学研究》2017 年第 2 期,第 58 页。

〔80〕 相同见解参见王利明主编:《中国民法典释评 · 总则编》,中国人民大学出版社 2020 年版,第 435 页(朱虎执笔)。

〔81〕 有观点认为“以概括式立法模式规定了表见代理制度,表见代理被滥用的风险依然存在”,引入本人可归责性要件仍不足以防止此滥用,当限缩解释第 172 条之类型,平衡信赖保护和私法自治。参见迟颖:《〈民法总则〉表见代理的类型化分析》,载《比较法研究》2018 年第 2 期。另有观点认为,当前类型区分将无权型表见代理和越权型、授权延续型并列,乃违反逻辑常识之举;为能涵盖容忍代理,建议未来可将《民法典》第 172 条修改为:“行为人超越代理权或者代理权终止后,仍然实施代理行为,相对人有理由相信行为人有代理权的,代理行为有效。被代理人知道他人以被代理人名义实施法律行为能反对而未及时、正确地反对的,以及其他相对人有理由相信行为人有代理权的行为,适用前款规定。”参见周清林:《合理类型化下的无权型表见代理确定》,载《政法论坛》2018 年第 1 期。

条第 1 款），则本人原则上对相对人“不承担民事责任”，除非“本人对私刻印章或者擅用代理权凭证具有明显过错”（第 5 条第 2 款）。法律效果不同的原因在于本人对于代理权外观是否具有可归责性。

61 有疑问的是，第 5 条第 2 款该作何解释？在私刻印章此等本人显然不具有可归责性的情形中，本人的何种行为构成“明显过错”，“承担从而法律效果转为责任”？这一问题上，裁判立场自然能提供更为直观而现实的解答。

最高人民法院适用第 5 条第 2 款的裁判文书中，除因相对人非善意而排除本人责任的（2015）民申字第 3563 号民事裁定书之外，其中，（2004）民四终字第 00019 号民事判决书间接强调了“伪造的保函无效”，并不采纳相对人依据本条提出的“本人具有过错”的主张；直接认定“本人具有明显过错”的（2016）最高法民申 771 号民事裁定书、（2016）最高法民申 770 号民事裁定书、（2015）民抗字第 2 号民事裁定书与（1998）经终字第 183 号民事判决书等涉及的皆是本人将真实印章等代理权凭证交由无权代理人，亦即第 5 条第 2 款所称“非盗用或拾得之擅自使用”，未涉及“私刻印章”；而（2008）民二终字第 124 号民事判决书中，[82] 最高人民法院在代理权凭证系伪造情形下，虽将“规章制度不健全、用人失察、对公司高级管理人员监管不力”视为第 5 条第 2 款的本人过错，但在法律效果上仅作为法律行为无效时本人与相对人责任分担的依据，由此，此处的过错，实难谓可构成表见代理的本人可归责性。

综上，适用《经济犯罪规定》以判定表见代理时，最高人民法院立场或可描述为，“私刻印章或者伪造代理权凭证”的，本人不具可归责性，亦无须承受代理行为的法律效果。

62 抛弃极具正当性且司法裁判延续性的立场，尚需更为充分的理由与更为清晰的实证法表达为支撑。二者皆不具备之时，实不宜作断然转变。

63 从《民法典》第 172 条“相对人有理由相信行为人有代理权”之文义亦可导出本人可归责性要件，[83] 此处的“有理由”并非事实层面的描述，乃蕴含法价值判断

---

〔82〕 参见兴业银行广州分行与深圳市机场股份有限公司借款合同纠纷案，最高人民法院（2008）民二终字第 124 号民事判决书，载《最高人民法院公报》2009 年第 11 期。

〔83〕 江苏高院对于可归责性要件态度的变化值得关注，其在 2002 年发布的《江苏省高级人民法院民二庭——民商事审判中的若干问题》中，第四部分第 2 条明确拒绝了可归责要件，即“本人有过错并非表见代理的构成要件，认定表见代理时无须考虑本人的过错，更不能因本人无过错，而认定不构成表见代理”，而在 2005 年发布的《江苏省高级人民法院关于适用〈中华人民共和国合同法〉若干问题的讨论纪要（一）》第四部分表见代理的第 14 条中，则明确指出，“人民法院在审理涉及表见代理纠纷案件时，既要注重保护善意相对人利益，又要兼顾被代理人利益。认定构成表见代理的，应当以被代理人的行为与权利外观的形成具有一定的牵连性即被代理人具有一定的过错为前提，以‘相对人有理由相信行为人有代理权’即相对人善意无过失为条件”。

的规范要求:相对人的信赖自然须在通常情形下合理而非疏忽轻率,此外,倘若该权利外观并非可归责于本人,则相对人的任何“信赖”皆可排除出“合理”的范围,从而不构成“有理由相信”。[84]

2. 可归责性的内涵

所谓本人之可归责性,系指本人以一种可归责的方式引发了代理权表象,本 64
可以阻止却不阻止,本来可以摧毁权利表象却不作为。[85] 亦即,谁对第三人制造了代理权存在的权利表象,谁就应该受此拘束。[86]

如代理权消灭或限缩后未能及时收回代理权凭证、[87]外部告知代理权授予 65
而内部撤回、[88]明知他人长期越权代理而未反对[89]与未能及时消除代理权表象,[90]则为本人对于代理权表象的形成具可归责性。印章[91]或授权书[92]被盗或被伪造、仅仅“内部管理混乱,用人失察”[93]则不足以成立本人可归责性。[94]

---

〔84〕 最先采用此种解释方式的,参见尹田:《我国新合同法中的表见代理制度评析》,载《现代法学》2000年第5期,第117页。将可归责性涵盖于“有理由相信”的,参见王建文、李磊:《表见代理判断标准重构》,载《法学评论》2011年第5期,第42页。为避免陷入立法论造法之诟病,冉克平亦采相似方式,将“有理由相信”作两方面的解释,一是相对人对代理权外观的信赖言之有据、符合常理,二是相对人的信赖乃善意合理的,前者可涵盖代理权外观与本人之间的关联性,从而将本人关联性内置于相对人“合理信赖”之中。参见冉克平:《表见代理本人归责性要件的反思与重构》,载《法律科学》2016年第1期,第78页。在构成要件上,本人可归责性作为独立要件抑或涵盖于他项要件的辅助考量因素,于实务中的差异主要存在于代理权证书或其他证明文件被盗场合,此处不赘。

〔85〕 Eberhard Schilken, Kommentar zum § 167, in: *Staudinger Kommentar zum BGB*, Berlin: Sellier-de Gruyter, 2009, Rn. 40. 王利明主张牵连说,亦即无论本人对于权利外观之产生有无过错,只要其行为与外观的形成具有一定牵连性,则可构成表见代理,而印章或者其他证明文件系被盗用或者伪造,则不具牵连性。参见王利明:《表见代理构成要件之我见》,载中国政法大学民商法教研室主编:《民商法纵论——江平教授七十华诞祝贺文集》,中国法制出版社2000年版,第193—194页。另有观点认为,可归责性与本人的代理权通知(代理资格证明)有关,因此,可类推适用意思表示效力的规则,颇具启发性。参见王浩:《表见代理中的本人可归责性问题研究》,载《华东政法大学学报》2014年第3期,第106页。

〔86〕 BGH NJW 1988,697,698.

〔87〕 参见最高人民法院(2000)经终字第220号民事判决书。

〔88〕 参见最高人民法院(2014)民申字第1242号民事裁定书。

〔89〕 参见最高人民法院(2014)民申字第2013号民事裁定书。

〔90〕 最高人民法院(2014)民申字第2062号民事裁定书中,被解雇之银行人员以银行名义行事,无权代理人实施行为的地点(本案中为银行办公室)为代理权表象形成的关键,从而构成判断表见代理的核心,二审法院认为即使银行未能阻止无权代理人继续使用银行办公室,也无过错,有失妥当。

〔91〕 参见最高人民法院(2012)民提字第35号民事判决书。

〔92〕 参见最高人民法院 (2013)民申字第828号民事裁定书。

〔93〕 最高人民法院(2014)民提字第58号民事判决书中,本人有过错,用人失察,但是此项过错与第三人的损失并无因果关系,且第三人非善意无过失,不构成表见代理。最高人民法院(2008)民二终字第124号民事判决书也采相同立场,参见兴业银行广州分行与深圳市机场股份有限公司借款合同纠纷案,载《最高人民法院公报》2009年第11期。

〔94〕 有观点持反对意见,认为如果本人所有之印章等凭证被他人盗用,从而引发代理权外观的,当成立表见代理。参见杨代雄:《民法总论专题》,清华大学出版社2012年版,第246页。

66 在此，仅仅在客观上诱发权利表象是不够的，本人必须具有过错。[95] 权利表象仅有在如下情形下才可归责于本人：本人知道或者只要尽到注意义务就能够知道，而且本来可以阻止。[96]

67 这里的过错，当然并非违反了法定义务，而是一种对自己事务的漠不关心：本人违反了不真正义务，[97]轻过失已足。[98]

68 一般说来，可归责性在任何情形下都以自愿行为和行为能力[99]为前提，无法通过法律行为负担义务的人，自然也就无法制造具有可归责性的权利表象。[100]

69 至于本人是否在任何情形下，都必须“应当知道”权利表象的存在才具可归责性，则须区分不同情形。

70 如果本人通过某种积极行为创造了代理权表象，尤其是赋予某人某种职位，且通常情形下，该职位往往意味着获得代理权或者一定范围内的代理权限，那么，则无须额外检查本人是否“应当知道”代理人的行为。[101] 例如，项目经理、[102] 挂

---

〔95〕 参见《论表见代理》，载《中外法学》1996年第4期；刘凯湘：《民法总论》（第3版），北京大学出版社2011年版，第366页。有观点认为，此时无须本人有过错，本人之行为和代理权外观之产生具有关联性即可。参见王利明：《民法总则研究》（第2版），中国人民大学出版社2012年版，第689—690页；张俊浩：《民法学原理》，中国政法大学出版社1994年版，第327页；吴国喆：《权利表象及其私法处置规则——以善意取得和表见代理制度为中心考察》，商务印书馆2007年版，第185页。

〔96〕 Karl-Heinz Schramm, Kommentar zum § 167, in: *Münchener Kommentar zum Bürgerlichen Gesetzbuch*, 5. Aufl., München: C. H. Beck, 2006, Rn. 59.

〔97〕 Karl-Heinz Schramm, Kommentar zum § 167, in: *Münchener Kommentar zum Bürgerlichen Gesetzbuch*, 5. Aufl., München: C. H. Beck, 2006, Rn. 60. 将可归责性之基础系于过错，乃德国通说。Bork持反对意见，认为过错（Verschulden）以违反义务（Pflichtverletzung）为前提，本人并没有义务消除代理权表象，本人违反的不过是不真正义务罢了（Obliegenheit）。这里涉及的毋宁是一个不同于过错的独立的可归责依据。Vgl. Reinhard Bork, *Allgemeiner Teil des Bürgerlichen Gesetzbuchs*, 2. Aufl., Tübingen: Mohr Siebeck, 2006, Rn. 1555.

〔98〕 Ulrich Leptien, Kommentar zum § 167, in: *Soergel Kommentar zum Bürgerlichen Gesetzbuch*, 13. Aufl., Stuttgart: W. Kohlhammer, 1999, Rn. 22.

〔99〕 最高人民法院（2013）执监字第49号执行裁定书中，本人为无行为能力人，法院拒绝承认表见代理的理由是不存在代理权外观和相对人非善意无过失，并非涉及本人行为能力对于权利外观可归责性问题的影响。

〔100〕 Vgl. Reinhard Bork, *Allgemeiner Teil des Bürgerlichen Gesetzbuchs*, 2. Aufl., Tübingen: Mohr Siebeck, 2006, Rn. 1542.

〔101〕 Karl-Heinz Schramm, Kommentar zum § 167, in: *Münchener Kommentar zum Bürgerlichen Gesetzbuch*, 5. Aufl., München: C. H. Beck, 2006, Rn. 62.

〔102〕 参见最高人民法院（2015）民申字第3065号民事裁定书、（2015）民申字第1620号民事裁定书、（2013）民申字第1568号民事裁定书。认为不构成表见代理的有最高人民法院（2013）民申字第903号民事裁定书。

靠人、[103]公司经理[104]和项目部工作人员[105](边码37)。当然并不是所有的"积极行为"都足以构成权利表象,而是根据诚实信用原则可作此理解。

71 为了排除可归责性,本人必须摧毁已经形成的假象,仅内部阻止无权代理人的行为是不够的。[106]

3. **不具可归责性时本人的损害赔偿**

72 代理权表象不可归责于本人时,自无法构成表见代理,法律效果无法归属于本人。但本人未能妥善保管代理权凭证或者用人失察的,是否对相对人负损害赔偿责任呢?

73 在我国法之下,可能的请求权基础之一,是《合同法》第42条第3项"有其他违背诚实信用原则的行为"的缔约过失责任,亦即,本人和相对人之间曾经存在以缔约为目的的特别接触,而本人对于无权代理人的行为具有本条意义上的过失,[107]本人则须负信赖利益的损害赔偿责任。[108] 单纯的管理不当,并不会构成缔约过失。

74 可能的请求权基础之二,是《侵权责任法》第2条第2款中"财产权益"结合第6条第1款的侵权损害赔偿,《民法典》第1165条第1款乃纯粹经济利益损失保护问题,[109]此请求权基础亟待案件类型总结以明确其构成要件。

75 实务中,鲜见本人不具可归责性时对相对人负损害赔偿的案例,更未见以上述请求权基础判令本人承担损害赔偿责任者,仅在(2013)民申字第1749号民事裁定书中,最高人民法院认为虽不构成表见代理,但本人"存在过错",应对相对人承担"补充责任",但并未明示法律依据。

---

〔103〕 参见最高人民法院(2015)民申字第3402号民事裁定书、(2013)民申字第600号民事裁定书、(2015)民申字第1217号民事裁定书。

〔104〕 参见最高人民法院(2015)民申字第418号民事裁定书。

〔105〕 参见最高人民法院(2015)民申字第23号民事裁定书。

〔106〕 Eberhard Schilken, Kommentar zum § 167, in: *Staudinger Kommentar zum BGB*, Berlin: Sellier - de Gruyter, 2009, Rn. 41. 最高人民法院(2014)民申字第1242号民事裁定书中,具有外部授权表象,未能消除表象,仅仅内部禁止,构成表见代理。

〔107〕 参见王利明:《合同法研究(第一卷)》,中国人民大学出版社2011年版,第337页;韩世远:《合同法总论》(第3版),法律出版社2011年版,第134页。

〔108〕 Vgl. Karl - Heinz Schramm, Kommentar zum § 172, in: *Münchener Kommentar zum Bürgerlichen Gesetzbuch*, 5. Aufl., München: C. H. Beck, 2006, Rn. 5.

〔109〕 《侵权责任法》第2条第2款在所列举一系列权利后加上"等人身、财产权益",在立法上并未将某种权利或者利益排除出侵权法保护范围,解释上,纯粹经济利益损害自然也在保护之列,然依据何种标准予以筛选以免保护之泛化以损及私人自由,第2条第2款及其他条款并未提供明确路径。有观点认为,本人对相对人可能构成侵权责任。参见宋宗宇:《表见代理的法律适用》,载《政法论丛》2004年第4期,第38页。

（三）相对人善意无过失

76 假象虽假亦为真的基础在于存在值得保护的信赖，在此相对人的善意为不可或缺的因素，亦即，相对人不知亦非应知代理权瑕疵，此乃《民法典》第 172 条“相对人有理由相信行为人有代理权”的应有之义。虽条文并未明示此处的善意是否为善意无过失，但“善意无过失”的构成要件经由最高人民法院在多个场合的强调，几已获实务一致肯认，[110] 学说上基本作相同理解。

77 司法实务中，法院往往并未明确区分代理权外观和相对人善意无过失要件，通常以相对人是否足够谨慎，是否已尽审查义务为依据判断是否存在足以引发合理信赖的权利外观，鲜见严格区分者。[111] 至于是否进一步要求“善意且无轻过失”[112] 则未见相关裁判。

78 实际上，在权利外观信赖保护制度上，什么时候第三人的不知悉是可谴责的，法律的回答是不同的。[113] 在善意取得上，《物权法解释一》第 15 条要求受让人不

---

〔110〕《民商事合同指导意见》第 13 条规定：“合同法第四十九条规定的表见代理制度不仅要求代理人的无权代理行为在客观上形成具有代理权的表象，而且要求相对人在主观上善意且无过失地相信行为人有代理权。”最高人民法院在如下裁判中明确表示表见代理当具备代理权表象和相对人善意无过失要件：（2014）民申字第 2013 号民事裁定书、（2013）民申字第 828 号民事裁定书、（2013）民申字第 1060 号民事裁定书、（2013）民申字第 743 号民事裁定书和（2012）民再申字第 93 号民事裁定书。

〔111〕最高人民法院基本遵循“没有权利外观，相对人也必然非善意无过失”之立场，参见最高人民法院（2020）最高法民终 594 号民事判决书、（2020）最高法民终 70 号民事判决书、（2020）最高法民申 452 号民事裁定书、（2019）最高法民申 5243 号民事裁定书、（2014）民申字第 743 号民事裁定书、（2014）民申字第 943 号民事裁定书、（2012）民提字第 172 号民事判决书、（2012）民提字第 35 号民事判决书、（2012）民提字第 118 号民事判决书、（2011）民申字第 1176 号民事裁定书、（2007）民二终字第 140 号民事判决书和（2005）民二终字第 205 号民事判决书。最高人民法院（2021）民申 1032 号民事裁定书中明确区分论证了权利表象和相对人善意要件，认为本案两项要件皆不充分，因此不构成表见代理。最高人民法院（2020）最高法民申 4862 号民事裁定书中认为具备权利表象和相对人善意要件，始构成表见代理，不过这一区分似乎仅具有形式意义，因为法院在判断相对人善意要件时明显采“初步证据”立场，亦即，只要具有权利表象则可推定相对人善意无过失，转由本人承担证明相对人非善意之举证责任。值得注意的是，最高人民法院在（2020）最高法民申 2464 号民事裁定书、（2000）经终字第 220 号民事判决书和（2013）民申字第 312 号民事裁定书中不仅罕见地严格区分上述两个要件，表示虽有权利表象，但第三人非善意亦不构成表见代理。

〔112〕德国通说认为，应类推适用第 173 条，在表见代理上轻过失足以排除善意。Vgl. Karl – Heinz Schramm, Kommentar zum § 172, in: *Münchener Kommentar zum Bürgerlichen Gesetzbuch*, 5. Aufl., München: C. H. Beck, 2006, Rn. 70.

〔113〕Vgl. Reinhard Bork, *Allgemeiner Teil des Bürgerlichen Gesetzbuchs*, 2. Aufl., Tübingen: Mohr Siebeck, 2006, Rn. 1543. 德国民法上，对于不动产善意取得而言，基于登记簿的特殊功能，第三人对于登记的信赖，只有在明知登记错误时才不受保护，仅仅是积极的知情才构成非善意（第 892 第 1 款），在动产善意取得上受让人重大过失则可排除善意（第 932 条第 2 款），在第 171—172 条所指向的代理权外观上，则要求相对人善意非轻过失（第 173 条）。我国虽然在《物权法》第 106 条统一规定了动产和不动产善意取得制度，但是通说认为，不动产和动产取得人的善意应当采不同的判断标准。参见王利明：《物权法研究（上）》（第 3 版），中国人民大学出版社 2013 年版，第 441、442 页。

知道处分权瑕疵且无重大过失，对于表见代理自然不必要求与其保持一致，核心问题是第三人何种程度的审查义务是可期待的，在此，并不存在统一的审查义务，毋宁，应根据不同情形分别判断，由此，具有决定意义的是个案，当然，第三人善意与否实属秘而不宣的主观状态，需结合客观情势而为判断。〔114〕

一般而言，未要求行为人出示授权书构成非善意，〔115〕即使行为人具相当身份，授权书的要求也非多余，〔116〕至于授权书上的印章的真伪通常不属于相对人审查义务范围；〔117〕行为人具有指向代理权外观的一定身份，但是明显超越权限，相对人也难谓善意；〔118〕对于特殊的不寻常的交易，特别是金融领域或者金额巨大的交易，相对人须更为谨慎，轻率、仓促以及有疑问时未能询问本人或者要求行为人提供更多的彰显代理权的证据，均构成非善意。〔119〕 79

（四）因果关系

相对人信赖代理权假象为真而实施法律行为，而且倘若不获信赖保护制度的保护则必然遭受不利益，唯有如此相对人才有受保护的必要。〔120〕《合同法》第 49 条虽未明确规定因果关系要件，亦不妨将其解释为构成要件之一。 80

理论上，因果关系可分为如下两种：代理权表象和信赖之间的因果关系以及信赖和法律行为之间的因果关系。〔121〕对于前者如果相对人根本不知道权利表象，也并非基于信赖权利表象而行事，则不存在值得保护的信赖。亦即，相对人须 81

---

〔114〕 参见最高人民法院（2014）民申字第 2013 号民事裁定书。

〔115〕 参见最高人民法院（2015）民申字第 1938 号民事裁定书、（2014）民申字第 1629 号民事裁定书和（2014）民申字第 536 号民事裁定书。最高人民法院（2014）民提字第 11 号民事判决书中，行为人持本人印章行事，虽超越代理权授权范围，但相对人无从得知，难谓非善意。

〔116〕 最高人民法院（2014）民申字第 743 号民事裁定书中，副总经理伪造法定代表人签字，伪造印章，第三人并未要求出示授权书也未从其他途径审查，非善意无过失，不构成表见代理。

〔117〕 最高人民法院（2013）民申字第 600 号民事裁定书中，相对人不知挂靠人的授权书上乃假印章，不妨构成善意。相同立场，参见最高人民法院（2020）最高法民申 116 号民事裁定书。

〔118〕 最高人民法院（2013）民申字第 312 号民事裁定书中，银行营销部经理高息揽储，行为地点虽于银行办公室内，行为时间虽在银行营业时间内，但明显超越权限，相对人非善意，不构成表见代理。

〔119〕 最高人民法院（2014）民提字第 58 号民事判决书中行为人使用虚假存单、（2013）民申字第 1749 号民事裁定书中信用社负责人高息揽储、（2013）民提字第 95 号民事判决书（公报案例 2015 年第 7 期）中假行长持假印章假存单、（2008）民二终字第 124 号民事判决书（公报案例 2009 年第 11 期）中涉及 2.5 亿元贷款，相对人皆未尽相当谨慎审查，非善意无过失。

〔120〕 Vgl. Reinhard Bork, *Allgemeiner Teil des Bürgerlichen Gesetzbuchs*, 2. Aufl., Tübingen: Mohr Siebeck, 2006, Rn. 1544.

〔121〕 Vgl. Reinhard Bork, *Allgemeiner Teil des Bürgerlichen Gesetzbuchs*, 2. Aufl., Tübingen: Mohr Siebeck, 2006, Rn. 1544 f.

确实知晓代理权表象，此乃和不动产善意取得中对登记的抽象信赖不同的具体信赖。[122] 在后者，倘若相对人知晓代理权瑕疵也会实施法律行为，则缺乏此因果关系；这一要件仅在极少数的情形下有意义，因为大多数情形下，信赖和法律行为之间缺乏因果关系的案件中相对人并非善意无过失[123]。

82 实务中，未见区隔于上述三个要件，单独讨论因果关系的裁判。

（五）时间点

83 代理权表象、本人知悉或者应当知悉与相对人善意无过失的状态须在无权代理人行为实施时存在，本人事后知悉[124] 与履行[125] 只能解释为对于无权代理的追认，并非成立表见代理；相对人在缔约之后才察觉代理权瑕疵亦无妨构成善意。[126]

五、法律效果

（一）本人与相对人的关系

84 对于相对人而言，表见代理补足了代理权的瑕疵，在法律效果上如同有效的

---

〔122〕 第三人无须真正地查看了登记簿，也无须知悉登记簿的具体记载，第三人也可以信赖登记簿的内容为真，法律如此处理的理由在于登记簿的特殊功能。Vgl. Reinhard Bork, *Allgemeiner Teil des Bürgerlichen Gesetzbuchs*, 2. Aufl., Tübingen: Mohr Siebeck, 2006, Rn. 1544. 对于不动产善意取得人而言，只要并非明知而登记簿上亦无登记异议，则应为善意，取得人不因未调查核实登记簿而被否定善意。参见程啸：《论不动产善意取得之构成要件》，载《法商研究》2010 年第 5 期，第 74 页。

〔123〕 Vgl. Reinhard Bork, *Allgemeiner Teil des Bürgerlichen Gesetzbuchs*, 2. Aufl., Tübingen: Mohr Siebeck, 2006, Rn. 1545.

〔124〕 《民法通则》第 66 条第 1 款第 3 句规定："本人知道他人以本人名义实施民事行为而不作否认表示的，视为同意。"此条前面两句系关于无权代理之追认问题，从语义一贯性上看，第 3 句中的"同意"自当可解释为"追认"的同义语。

〔125〕 《合同法解释二》第 12 条规定："无权代理人以被代理人的名义订立合同，被代理人已经开始履行合同义务的，视为对合同的追认。"最高人民法院在（2014）民申字第 710 号民事裁定书中认为，本人事后履行构成对于"无权代理"的认可，因而成立表见代理，实属构成要件的混用。

〔126〕 最高人民法院（2013）民申字第 743 号民事裁定书中，相对人于代理行为完成后，知道或应当知道代理人欠缺代理权，并不影响其订立协议时主观上善意且无过失的认定。最高人民法院（2015）民申字第 1152 号民事裁定书中，相对人在履行主要义务之后察觉代理权瑕疵，法院认为："首先，表见代理成立与否主要分析合同签订和履行阶段合同相对人有理由相信表见代理人有代理权，合同主要义务履行完毕后，合同相对人发现行为人无代理权的，不影响表见代理关系的成立。本案丰瑞友联公司发现杨某国转卖钢材并要求杨某国出具承诺时，其提供钢材的合同义务早已履行完毕"。依此逻辑，相对人在缔约之时善意无过失，在缔约之后履行义务之前非善意又当如何？缔约和履行当属于两个法律行为，效力自然须分别判断，两个法律行为均有构成表见代理的可能，缔约行为的表见代理须相对人于缔约时善意无过失，履行行为之表见代理须相对人于履行时善意无过失，最高人民法院在此将缔约行为和履行行为混为一谈，实有不当。至于相对人在缔约之后、履行之前察觉代理权瑕疵，是否能从合同中解脱出来，当属另外一个问题，此处不赘。

意定代理,无权代理人的行为效果归属于本人。在合同,本人和相对人成为合同当事人,[127]《民法典》第 172 条中"该代理行为有效"应作此理解。

表见代理抑或代理制度均为归属规范,回答的问题仅是谁承担法律效果,并非法律行为效力判断规则,自然无法保证相对人和无权代理人缔结的合同必然有效。在效果归属判定完毕之后,当引入无效、可撤销以及效力待定等法律行为效力规则予以衡量,亦即,受表见代理制度保护的法律行为也可能存在其他效力瑕疵。[128] 85

最高人民法院在(2008)民二终字第 124 号民事判决书[129]中则独辟蹊径,将合同有效作为表见代理构成要件之一:"因本案基本授信合同及相关贷款合同,均为以合法的形式掩盖非法目的的无效合同,且兴业银行广州分行(债权人)在本案所涉贷款过程中具有过错,故本案不适用合同法关于表见代理的规定",且不论所适用的"合法形式掩盖非法目的"型无效事由的存在价值及其对私法自治的不当干涉,如此叠床架屋的推理模式恐怕仅是为了除去"表见代理中法律行为必然有效"的法律后果的"事先防御",但此举曲解了表见代理仅作为效果归属规范的制度价值。 86

所幸上述立场并未被最高人民法院完全遵守,在(2016)最高法民再 386 号民事裁定书、[130](2015)民申字第 1152 号民事裁定书[131]和(2015)民申字第 426 号民事裁定书[132]中最高人民法院均强调代理人的行为纵使构成犯罪,亦不影响法律效果归属于本人。值得注意的是,在(2021)最高法民终 355 号民事判决书中,最高人民法院首先论证了离职法定代表人之行为具有权利外观,构成表见代理,从而以公司名义签订之性质上属于债务加入的《承诺书》可视为公司行为;然此《承诺书》由于欠缺股东会决议而不生效力,且公司对此不生效力具有过错,从而 87

---

〔127〕 最高人民法院(2014)民申字第 608 号民事裁定书中否认表见代理,但确依"公平原则"判处本人承担连带责任,其中逻辑实无法理解。

〔128〕 类似观点参见王利明:《民法总则研究》(第 2 版),中国人民大学出版社 2012 年版,第 653—654 页;尹飞:《代理:体系整合与概念梳理》,载《法学家》2011 年第 2 期,第 75 页。有反对观点将法律行为生效作为表见代理要件之一。参见魏振瀛主编:《民法》,北京大学出版社 2000 年版,第 189 页。

〔129〕 参见兴业银行广州分行与深圳市机场股份有限公司借款合同纠纷案,最高人民法院(2008)民二终字第 124 号民事判决书,载《最高人民法院公报》2009 年第 11 期。

〔130〕 最高人民法院(2016)最高法民再 386 号民事裁定书中,"杨某源、马某并非《煤田合作开采协议》的合同当事人,其是否涉嫌经济犯罪对浩源公司向刘某武承担基于《煤田合作开采协议》所产生的合同法律责任并没有直接影响"。

〔131〕 最高人民法院(2015)民申字第 1152 号民事裁定书中,"关于三兴公司主张杨某国个人涉嫌刑事诈骗,故其不应承担民事责任的问题。该主张不能成立……杨某国本人是否存在恶意占有的犯罪目的,是否构成刑事犯罪,不能推翻一、二审判决关于本案构成表见代理的认定"。

〔132〕 最高人民法院(2015)民申字第 426 号民事裁定书中,"在张某林的行为已经构成表见代理的情况下,张某林是否涉嫌诈骗,以及是否实际构成犯罪,均不影响本案中兴隆公司依法应当承担的合同责任"。

需承担一定程度的缔约过失责任。[133] 如此区分,颇值赞同。

88 关于相对人能否放弃表见代理的保护,转而选择狭义无权代理,在本人追认之前依据《民法典》第171条第2款第3句撤回自己的意思表示,从而从合同束缚中获得解脱或者依据《民法典》第171条第1款选择无权代理人承担责任这一问题,司法实务中尚未见相关裁判。

89 我国学说多持肯定立场。[134] 德国学界颇有争议,通说认为相对人并无选择权。[135] 有观点认为,对于相对人而言,表见代理乃为其利益而存在的保护机制,自然可以放弃;无论通说如何反对这一选择权,相对人均可通过在诉讼中通过放弃表见代理的诉讼请求而达成,这一安排可使预计到表见代理之较重的举证负担几无法达成的相对人转向寻求无权代理制度的保护。[136]

90 自理论上而言,既然相对人信赖代理权表象,以本人为交易对象而为交易,那么维护假象,使法律效果如同有权代理般归属于本人自然是尊重其意思自治的当然之意,若允许相对人此时另行选择无权代理,岂非事后反悔?有权代理之时,尚不允许相对人如此选择,表见代理之下相对人为何获此优待?

至于诉讼中的诉讼策略则不可解释为事实上存在上述选择权,此时表见代理尚未经证明,如何构成法律上的事实,相对人如何在不存在的表见代理和无权代理之间作出选择?[137]

---

〔133〕 表见代理和缔约过失之关系上,未将前者视为后者逻辑前提的,参见最高人民法院(2020)最高法民再270号民事判决书,法院认为本案不构成表见代理,但是"本人"疏于管理公章之行为构成了缔约过失,"本人"和相对人就过错程度分别承担责任。这一论证进路值得商榷,既然不构成表见代理,则"本人"无从成为契约当事人,非契约当事人亦即契约之外之第三人对于不成立或者不生效力之契约自然恐怕无法构成缔约过失责任。相似立场参见最高人民法院(2019)最高法民再236号民事判决书。严格区分表见代理之归属规范性质和所涉契约效力的,参见最高人民法院(2020)最高法民申3185号民事裁定书:纵使构成表见代理,系争建设工程合同也因施工方无资质而无效。相似立场参见最高人民法院(2019)最高法民再35号民事判决书。

〔134〕 参见梁慧星:《民法总论》(第4版),法律出版社2011年,第243页;最高人民法院民法典贯彻实施工作领导小组主编:《中华人民共和国民法典总则编理解与适用(下)》,人民法院出版社2020年版,第864页;尹田:《民法学总论》,北京师范大学出版社2010年版,第316页;曹新明:《论表见代理》,载《法商研究》1998年第6期,第65页;史浩明:《论表见代理》,载《法律科学》1995年第1期,第73页;魏振瀛主编:《民法》,北京大学出版社2000年版,第189页;刘凯湘主编:《民法学》,中国法制出版社2000年版,第186页。

〔135〕 Karl – Heinz Schramm, Kommentar zum § 167, in: *Münchener Kommentar zum Bürgerlichen Gesetzbuch*, 5. Aufl., München: C. H. Beck, 2006, Rn. 75.

〔136〕 Vgl. Reinhard Bork, *Allgemeiner Teil des Bürgerlichen Gesetzbuchs*, 2. Aufl., Tübingen: Mohr Siebeck, 2006, Rn. 1547.

〔137〕 参见朱庆育:《民法总论》(第2版),北京大学出版社2016年版,第372页。

(二)本人与无权代理人的关系

本人因表见代理而承受了违背其意愿的法律效果,此损害乃无权代理人的行为引起,自当由其承担损害赔偿责任。《合同法解释二》第13条规定"被代理人依照合同法第四十九条的规定承担有效代理行为所产生的责任后,可以向无权代理人追偿因代理行为而遭受的损失",即为此意。 91

损害赔偿的请求权基础视本人和无权代理人之间是否存在内部关系以及存在何种内部关系而定,[138] 如果无权代理人和本人之间存在合同关系,通常是委托合同和雇佣合同,请求权基础可能是违反合同,如果二者之间并无法律关系,请求权基础可能是无因管理和侵权。[139] 92

实务中,鲜见明示请求权基础者。[140] 93

理论上,无论何种请求权基础,倘若本人对于代理权外观的发生存在亦有过失,则无权代理人的损害赔偿范围可依据与有过失制度获减轻。[141] 因立法中并无债法总则的缘故,我国实证法上并无统一适用于损害赔偿领域的与有过失制度,但立法缺漏并不妨碍法院类推适用既有规则,在本人对无权代理人主张损害赔偿时寻求与其他损害赔偿领域评价一致的解决方案。 94

(三)无权代理人与相对人的关系

表见代理补足代理权瑕疵,法律效果如同有权代理,无权代理人和相对人之间并不存在法律关系。 95

---

〔138〕 参见最高人民法院研究室编著:《最高人民法院关于合同法司法解释(二)理解与适用》,人民法院出版社2009年版,第105页。

〔139〕 Eberhard Schilken, Kommentar zum § 167, in: *Staudinger Kommentar zum BGB*, Berlin: Sellier - de Gruyter, 2009, Rn. 45a.

〔140〕 最高人民法院在(2016)最高法民再386号民事裁定书中,以及(2014)民申字第1064号民事裁定书中,肯认了本人可向无权代理人"主张相应权利"以及行使"追偿"权,但并未进一步表明是何种类型的损害赔偿请求权。以"合同法司法解释二第13条"的适用为查询对象得到的81则裁判中,明确表明本人对无权代理人的损害赔偿请求权基础的,仅有陕西省铜川市中级人民法院(2016)陕02民终199号民事判决书。该案中,"根据《最高人民法院关于适用〈中华人民共和国合同法〉若干问题的解释(二)》第十三条规定,三秦公司(本人)承担责任后可以根据其内部挂靠管理结算约定进行结算,另行向王某程(无权代理人)追偿"。

〔141〕 Ulrich Leptien, Kommentar zum § 167, in: *Soergel Kommentar zum Bürgerlichen Gesetzbuch*, 13. Aufl., Stuttgart: W. Kohlhammer, 1999, Rn. 25.

六、举证责任

96 相对人就代理权表象、本人可归责性以及相对人善意无过失要件[142]承担举证责任。[143] 最高人民法院审理的案件中,虽有极少数采相反立场,[144]但基本遵循此举证规则。[145]

附:案例索引

1. 北京公达房地产有限责任公司与北京市祥和三峡房地产开发公司房地产开发合同纠纷案,最高人民法院(2009)民提字第76号民事判决书,载《最高人民法院公报》2010年第11期【边码38、46】

2. 长春市长春汽车经济技术开发区人民法院(2014)长汽开民初字第701号民事判决书:李某凤与刘某等房屋买卖合同纠纷案【边码45】

3. 广东省佛山市中级人民法院(2013)佛中法民一终字第1005号民事判决书:英德市精益机械五金制品有限公司等与冼某彬等民间借贷纠纷案【边码45】

4. 广东省高级人民法院(2015)粤高法民申字第2724号民事裁定书:湛江市万洲房地产开发有限公司等与杨某生等建设工程勘察工程合同纠纷案【边码45】

5. 湖北金华实业有限公司与苏某水等商品房买卖合同纠纷案,最高人民法院(2012)民抗字第24号民事判决书,载《最高人民法院公报》2014年第1期【边码38、46、47】

6. 江苏省高级人民法院(2015)苏商终字第00275号民事判决书:江苏中信建设集团有限公司与江苏汇丰混凝土有限公司等买卖合同纠纷案【边码45】

7. 江苏省南京市中级人民法院(2016)苏01民终2366号民事判决书:浙江金鼎建筑装饰工程有限公司与南京荣尚建筑装饰材料有限公司买卖合同纠纷案【边码45】

8. 江苏省南京市中级人民法院(2016)苏01民终2425号民事判决书:南京速筑建设技

---

[142] 有观点主张拆分善意无过失要件,本人对非善意负举证责任,相对人对无过失负举证责任。参见张弛:《表见代理体系构造探究》,载《政治与法律》2018年第12期。

[143] 《民商事合同指导意见》第13条规定:"合同法第四十九条规定的表见代理制度不仅要求代理人的无权代理行为在客观上形成具有代理权的表象,而且要求相对人在主观上善意且无过失地相信行为人有代理权。合同相对人主张构成表见代理的,应当承担举证责任,不仅应当举证证明代理行为存在诸如合同书、公章、印鉴等有权代理的客观表象形式要素,而且应当证明其善意且无过失地相信行为人具有代理权。"

[144] 某些判决认为只要构成权利表象,则本人承担证明不构成表见代理的举证责任,如最高人民法院(2015)民申字第1413号民事裁定书、(2013)民提字第140号民事判决书和(2013)民申字第1060号民事裁定书。

[145] 如最高人民法院(2016)最高法民申3688号民事裁定书、(2015)民申字第2734号民事裁定书、(2015)民申字第1895号民事裁定书、(2012)民申字第846号民事裁定书和(2012)民提字第35号民事判决书。

术有限公司与南京诚旭建材有限公司买卖合同纠纷案【边码45】

9. 江苏省南京市中级人民法院(2016)苏01民终5937号民事判决书:南京涌泉贸易有限公司与安徽地质工程有限公司买卖合同纠纷案【边码45】

10. 江苏省宿迁市中级人民法院(2013)宿中商初字第0197号民事判决书:江苏汇丰混凝土有限公司与江苏中信建设集团有限公司等买卖合同纠纷案【边码45】

11. 江苏省无锡市中级人民法院(2016)苏02民终906号民事判决书:万某平与宜兴市德森汽车销售服务有限公司民间借贷纠纷案【边码45】

12. 李德勇与中国农业银行股份有限公司重庆云阳支行储蓄存款合同纠纷案,最高人民法院(2013)民提字第95号民事判决书,载《最高人民法院公报》2015年第7期【边码3、46、47、79】

13. 李利华与德盛期货有限公司期货经纪合同纠纷案,最高人民法院(2019)最高法民再228号民事裁定书,载《最高人民法院公报》2019年第12期【边码46】

14. 刘雷诉汪维剑、朱开荣、天安保险盐城中心支公司交通事故人身损害赔偿纠纷案,载《最高人民法院公报》2012年第3期【边码12、37】

15. 彭丽静与梁喜平、王保山、河北金海岸房地产开发有限公司股权转让侵权纠纷案,最高人民法院(2007)民二终字第219号民事判决书,载《最高人民法院公报》2009年第5期【边码46】

16. 陕西省铜川市中级人民法院(2016)陕02民终199号民事判决书:陕西省三秦建设集团总公司与季某航等买卖合同纠纷案【边码93】

17. 王见刚与王永安、第三人岚县大源采矿厂侵犯出资人权益纠纷案,最高人民法院(2012)民一终字第65号民事判决书,载《最高人民法院公报》2013年第5期【边码46】

18. 信达货运配载经营部诉中国农业机械西南公司运输合同纠纷案,载《最高人民法院公报》1999年第4期【边码46】

19. 兴业银行广州分行与深圳市机场股份有限公司借款合同纠纷案,最高人民法院(2008)民二终字第124号民事判决书,载《最高人民法院公报》2009年第11期【边码24、46、61、65、79、86】

20. 云南省高级人民法院(2016)云民申928号民事裁定书:云南祥云渝农商村镇银行有限责任公司与张某萍等借款合同纠纷案【边码30】

21. 招商银行股份有限公司大连东港支行与大连振邦氟涂料股份有限公司、大连振邦集团有限公司借款合同纠纷案,最高人民法院(2012)民提字第156号民事判决书,载《最高人民法院公报》2015年第2期【边码25】

22. 招商银行股份有限公司无锡分行与中国光大银行股份有限公司长春分行委托合同纠纷管辖权异议案,最高人民法院(2015)民二终字第428号民事裁定书,载《最高人民法院公报》2016年第7期【边码46】

23. 中国信达资产管理公司兰州办事处与甘肃亚盛盐化工业(集团)有限责任公司借款合同纠纷案,最高人民法院(2006)民二终字第159号民事判决书,载《最高人民法院公报》2007年第10期【边码46】

24. 中国运载火箭技术研究院与甘肃省机械进出口公司等进出口代理纠纷上诉案，载北大法宝数据库，http://www.pkulaw.cnCasepfnl_a25051f3312b07f3ecb2e23d2c9a738164ec7b1298614703bdfb.html? match = Exact，2021 年 5 月 15 日访问【边码 47】

25. 最高人民法院(1998)经终字第 183 号民事判决书：大连巾帼大厦与大连信托投资公司瓦房店办事处等投资合同欠款纠纷案【边码 61】

26. 最高人民法院(2000)经终字第 290 号民事判决书：北京天汽中汽汽车销售有限责任公司与神龙汽车有限公司汽车销售合同拖欠货款纠纷案【边码 39】

27. 最高人民法院(2000)经终字第 220 号民事判决书：中国银行合肥市桐城路分理处与安徽合肥东方房地产有限责任公司借款、抵押担保合同纠纷案【边码 39、65、77】

28. 最高人民法院(2001)民二终字第 175 号民事判决书：中国建设银行沧州分行与德州信托投资公司清算组证券委托交易合同纠纷案【边码 47】

29. 最高人民法院(2004)民四终字第 00019 号民事判决书：中国东方资产管理公司武汉办事处与中国建设银行股份有限公司三峡分行等外贸代理、开立信用证、担保合同纠纷案【边码 61】

30. 最高人民法院(2005)民二终字第 205 号民事判决书：马某杰与中国人寿保险(集团)公司等期货欠款纠纷案【边码 77】

31. 最高人民法院(2007)民二终字第 140 号民事判决书：中国农业银行皋兰县支行与中国石化财务有限责任公司新疆分公司存单纠纷案【边码 77】

32. 最高人民法院(2011)民申字第 1176 号民事裁定书：刘某钊与福州宝岛眼镜有限公司特许经营合同纠纷案【边码 77】

33. 最高人民法院(2012)民申字第 846 号民事裁定书：孙某顶与任某等船舶修理合同纠纷案【边码 96】

34. 最高人民法院(2012)民申字第 93 号民事裁定书：叶某洪与东阳市伟群制刀缝配有限公司侵犯商标专用权纠纷案【边码 33】

35. 最高人民法院(2012)民提字第 118 号民事判决书：山东省企业托管经营股份有限公司与济南海东发实业有限公司等股权转让纠纷案【边码 77】

36. 最高人民法院(2012)民提字第 172 号民事判决书：常州长江客车制造有限公司破产清算组与上海巴士永达汽车销售有限公司等协议效力确认纠纷案【边码 77】

37. 最高人民法院(2012)民提字第 35 号民事判决书：海南虹艳贸易有限公司与海南金泰房地产开发公司股权转让纠纷案【边码 47、65、77、96】

38. 最高人民法院(2012)民再申字第 93 号民事裁定书：马某志与温州中城建设集团有限公司等民间借贷纠纷案【边码 76】

39. 最高人民法院(2013)民申字第 1060 号民事裁定书：广东省八建集团有限公司与杨某纯买卖合同纠纷案【边码 76、96】

40. 最高人民法院(2013)民申字第 1114 号民事裁定书：中国集邮总公司等与北京大成房地产开发有限责任公司等建设工程施工合同纠纷案【边码 37】

41. 最高人民法院(2013)民申字第 1408 号民事裁定书：青岛福海花园置业有限公司与

青岛市崂山区北宅镇建筑公司等建设工程施工合同纠纷案【边码24】

42. 最高人民法院(2013)民申字第1568号民事裁定书:重庆伟联建设有限公司与王某等借款合同纠纷案【边码37、70】

43. 最高人民法院(2013)民申字第1749号民事裁定书:万荣县农村信用合作联社与任某娥储蓄存款合同纠纷案【边码7、12、37、48、75、79】

44. 最高人民法院(2013)民申字第2016号民事裁定书:巴某山与中石化胜利建设工程有限公司买卖合同纠纷案【边码17】

45. 最高人民法院(2013)民申字第2185号民事裁定书:贵州建工集团第五建筑工程有限责任公司与宿州市聚富商贸有限公司等买卖合同纠纷案【边码41】

46. 最高人民法院(2013)民申字第312号民事裁定书:刘某淮与交通银行股份有限公司蚌埠分行民间借贷纠纷案【边码7、77、79】

47. 最高人民法院(2013)民申字第600号民事裁定书:河南民基建设工程有限公司与周某炳劳务分包合同纠纷案【边码37、70、79】

48. 最高人民法院(2013)民申字第683号民事裁定书:南通大辰建设集团有限公司与张某文等建设工程施工合同纠纷案【边码41】

49. 最高人民法院(2013)民申字第743号民事裁定书:安徽建工集团有限公司与沙某兰等借款合同纠纷案【边码76、83】

50. 最高人民法院(2013)民申字第828号民事裁定书:鄂州中博经济贸易有限公司等与张某华买卖合同纠纷案【边码47、65、76】

51. 最高人民法院(2013)民申字第903号民事裁定书:许某云与衡阳市亚泰房地产开发有限公司商品房预售合同纠纷案【边码24、37、70】

52. 最高人民法院(2013)民提字第140号民事判决书:广西桂资拍卖有限公司与广西三益拍卖有限责任公司合作合同纠纷案【边码37、96】

53. 最高人民法院(2013)民提字第21号民事判决书:中信银行长沙晚报大厦支行与李某波借款合同纠纷案【边码12】

54. 最高人民法院(2014)民抗字第31号民事判决书:沈阳市合富源物资有限公司与辽宁国际建设工程集团有限公司等买卖合同纠纷案【边码15】

55. 最高人民法院(2014)民抗字第84号民事判决书:吉林省金鹤房地产开发有限责任公司与汝阳县天湛矿业有限公司联营合同纠纷案【边码45】

56. 最高人民法院(2014)民申字第1064号民事裁定书:珙县观斗跃进联办煤矿与曾某远等借款合同纠纷案【边码93】

57. 最高人民法院(2014)民申字第1242号民事裁定书:江苏南通三建集团有限公司与上海邦瑞贸易有限公司买卖合同纠纷案【边码38、47、65、71】

58. 最高人民法院(2014)民申字第1629号民事裁定书:厦门聚畅典当有限责任公司与厦门市顺驰基业投资有限公司借款合同纠纷案【边码37、79】

59. 最高人民法院(2014)民申字第1653号民事裁定书:广厦建设集团有限责任公司青海分公司与蔡某强租赁合同纠纷案【边码5】

60. 最高人民法院(2014)民申字第1847号民事裁定书:山东聊城环业中科陶材有限公司等与于某新等民间借贷纠纷案【边码37、47】

61. 最高人民法院(2014)民申字第1987号民事裁定书:龙成建设工程有限公司等与徐州中铁物资有限公司买卖合同纠纷案【边码5、8】

62. 最高人民法院(2014)民申字第2013号民事裁定书:湖北楚龙实业有限公司与老河口市图书馆合资、合作开发房地产合同纠纷案【边码41、65、76、78】

63. 最高人民法院(2014)民申字第2062号民事裁定书:张某花与中国工商银行股份有限公司扬中支行储蓄存款合同纠纷案【边码65】

64. 最高人民法院(2014)民申字第213号民事裁定书:唐山新宝泰钢铁有限公司与天津启润投资有限公司买卖合同纠纷案【边码8】

65. 最高人民法院(2014)民申字第525号民事裁定书:新蒲建设集团有限公司与周某国买卖合同纠纷案【边码8】

66. 最高人民法院(2014)民申字第536号民事裁定书:克拉玛依市丰业节能建材有限公司与永升建设集团有限公司等买卖合同纠纷案【边码11、37、47、79】

67. 最高人民法院(2014)民申字第608号民事裁定书:广东省第四建筑工程公司与谢某民间借贷纠纷案【边码48、84】

68. 最高人民法院(2014)民申字第657号民事裁定书:刘某民等与李某海等民间借贷纠纷案【边码37】

69. 最高人民法院(2014)民申字第710号民事裁定书:江西省水电工程局与太原市安信架管安装有限公司等租赁合同纠纷案【边码40】

70. 最高人民法院(2014)民申字第743号民事裁定书:高某等与鄂尔多斯市亿盟房地产开发有限责任公司等借款合同纠纷案【边码77、79】

71. 最高人民法院(2014)民申字第850号民事裁定书:中卫市朝霞工贸有限公司与姚某江民间借贷纠纷案【边码7、47】

72. 最高人民法院(2014)民申字第943号民事裁定书:香港祥生国际实业有限公司与新疆艺霏时代商贸有限公司委托合同纠纷案【边码77】

73. 最高人民法院(2014)民四终字第48号民事判决书:赵某燕与中国工商银行股份有限公司广元鼓楼支行借款纠纷案【边码45】

74. 最高人民法院(2014)民四终字第51号民事判决书:福州绿力健康产品有限公司等与青海正远贸易有限公司等股权转让纠纷案【边码33】

75. 最高人民法院(2014)民提字第11号民事判决书:福建七建集团有限公司与重庆浩程物资有限公司等买卖合同纠纷案【边码79】

76. 最高人民法院(2014)民提字第175号民事判决书:北京城建建设工程有限公司与北京市利满四方商贸有限公司买卖合同纠纷案【边码37】

77. 最高人民法院(2014)民提字第58号民事判决书:中国农业银行股份有限公司宽甸满族自治县支行与鞍山银行股份有限公司立山支行等金融借款合同纠纷案【边码65、79】

78. 最高人民法院(2014)民一终字第109号民事判决书:上海录润置业有限公司与李某

福等民间借贷纠纷案【边码25】

79. 最高人民法院(2014)民一终字第227号民事判决书:李某红与宁夏秀江工贸有限公司合同纠纷案【边码41】

80. 最高人民法院(2014)民一终字第270号民事判决书:青海贤成矿业股份有限公司等与周某民间借贷纠纷案【边码25】

81. 最高人民法院(2015)民二终字第212号民事判决书:涂某某与任某某股权转让纠纷案【边码41】

82. 最高人民法院(2015)民二终字第64号民事判决书:青岛益佳经贸实业进出口有限公司与招商银行股份有限公司济南分行金融借款合同纠纷案【边码33】

83. 最高人民法院(2015)民抗字第2号民事裁定书:汕头市达濠建筑总公司与陈某清买卖合同纠纷案【边码61】

84. 最高人民法院(2015)民申字第1037号民事裁定书:重庆天宇实业集团有限公司与陈某秀买卖合同纠纷案【边码10】

85. 最高人民法院(2015)民申字第1043号民事裁定书:福建华源纤维有限公司与交通银行股份有限公司温州分行金融借款合同纠纷案【边码25】

86. 最高人民法院(2015)民申字第1111号民事裁定书:王某与宗某国等民间借贷纠纷案【边码8】

87. 最高人民法院(2015)民申字第1152号民事裁定书:江苏三兴建工集团有限公司与乌鲁木齐市丰瑞友联物资有限责任公司买卖合同纠纷案【边码83、87】

88. 最高人民法院(2015)民申字第1217号民事裁定书:大庆龙安建筑安装有限公司与沙某等买卖合同纠纷案【边码37、70】

89. 最高人民法院(2015)民申字第1236号民事裁定书:张某波与中集建设集团有限公司等租赁合同纠纷案【边码8】

90. 最高人民法院(2015)民申字第1413号民事裁定书:江苏帝都建设工程有限公司与袁某莲等租赁合同纠纷案【边码41、96】

91. 最高人民法院(2015)民申字第1620号民事裁定书:合肥鑫丰建筑安装工程有限公司与青海华瑞物资有限公司等买卖合同纠纷案【边码37、70】

92. 最高人民法院(2015)民申字第1848号民事裁定书:山东宝阳投资担保有限公司与山东省博兴县华鲁钢铁有限公司票据纠纷案【边码5】

93. 最高人民法院(2015)民申字第1895号民事裁定书:张某航与中太建设集团股份有限公司等民间借贷纠纷案【边码96】

94. 最高人民法院(2015)民申字第1938号民事裁定书:程某石与何某国等民间借贷纠纷案【边码79】

95. 最高人民法院(2015)民申字第2158号民事裁定书:滕州市亿和丰达置业有限公司与枣庄市宝辰商务有限公司企业借贷纠纷案【边码5】

96. 最高人民法院(2015)民申字第23号民事裁定书:北京牛建建筑集团有限公司与赵某柱公司民间借贷纠纷案【边码6、70】

97. 最高人民法院(2015)民申字第 2413 号民事判决书:久立集团股份有限公司与中国铁路物资广州有限公司买卖合同纠纷案【边码 45】

98. 最高人民法院(2015)民申字第 2528 号民事裁定书:江苏广宇建设集团有限公司与魏江南租赁合同纠纷案【边码 5】

99. 最高人民法院(2015)民申字第 2734 号民事裁定书:湖南永阳置业有限公司与望建集团有限公司等建设工程施工合同纠纷案【边码 96】

100. 最高人民法院(2015)民申字第 2738 号民事裁定书:北京建谊建筑工程有限公司与河南润安建设集团有限公司银川分公司等民间借贷纠纷案【边码 5】

101. 最高人民法院(2015)民申字第 3065 号民事裁定书:浙江昆仑建设集团股份有限公司等与沈某等民间借贷纠纷案【边码 37、70】

102. 最高人民法院(2015)民申字第 3298 号民事裁定书:湖南恒盛畅达贸易有限公司与山西太阳石煤炭储运有限公司买卖合同纠纷案【边码 5】

103. 最高人民法院(2015)民申字第 3341 号民事裁定书:江苏摩天建工集团公司与淮安兴港建材有限公司买卖合同纠纷案【边码 37】

104. 最高人民法院(2015)民申字第 3402 号民事裁定书:湛江市第一建筑工程公司与白某江租赁合同纠纷案【边码 37、70】

105. 最高人民法院(2015)民申字第 3563 号民事裁定书:王某与中原银行股份有限公司濮阳分行借款合同纠纷案【边码 61】

106. 最高人民法院(2015)民申字第 3566 号民事裁定书:范县银翔典当有限公司与中原银行股份有限公司濮阳分行借款合同纠纷案【边码 17】

107. 最高人民法院(2015)民申字第 418 号民事裁定书:盛隆资源再生(无锡)有限公司与蔡某南公司民间借贷纠纷案【边码 6、70】

108. 最高人民法院(2015)民申字第 426 号民事裁定书:河南兴隆建筑工程公司与张家口市景泰商贸有限公司买卖合同纠纷案【边码 87】

109. 最高人民法院(2015)民申字第 595 号民事裁定书:四川省成城建设工程有限公司等与成都市新津世昌实业有限公司等买卖合同纠纷案【边码 6】

110. 最高人民法院(2016)最高法民申 1017 号民事裁定书:兴隆县天宝矿业有限公司与广州启润实业有限公司保证合同纠纷案【边码 17】

111. 最高人民法院(2016)最高法民申 206 号民事裁定书:阳朔一尺水实业投资开发有限公司等与王某民间借贷纠纷案【边码 24】

112. 最高人民法院(2016)最高法民申 2143 号民事裁定书:陕西荣润实业有限公司等与杨凌示范区中小企业信用融资担保有限公司追偿权纠纷案【边码 17】

113. 最高人民法院(2016)最高法民申 2278 号民事裁定书:刘某敏与湖北银行股份有限公司襄阳光彩支行等民间借贷纠纷案【边码 33】

114. 最高人民法院(2016)最高法民申 2338 号民事裁定书:达州市建筑工程总公司与北京金梁博宇商贸有限责任公司买卖合同纠纷案【边码 48】

115. 最高人民法院(2016)最高法民申 2553 号民事裁定书:菏泽市海港房地产开发有限

公司与苏某交等民间借贷纠纷案【边码 37】

116. 最高人民法院(2016)最高法民申 2628 号民事裁定书:王某军与安徽兴博建筑安装工程有限公司等买卖合同纠纷案【边码 33】

117. 最高人民法院(2016)最高法民申 3688 号民事裁定书:厚某昇与中国石油天然气股份有限公司长庆油田分公司第二采油厂等合同纠纷案【边码 96】

118. 最高人民法院(2016)最高法民申 770 号民事裁定书:于某荣与齐齐哈尔温商房地产开发有限公司民间借贷纠纷案【边码 61】

119. 最高人民法院(2016)最高法民申 771 号民事裁定书:赵某颖与齐齐哈尔温商房地产开发有限公司民间借贷纠纷案【边码 61】

120. 最高人民法院(2016)最高法民再 386 号民事裁定书:刘某武与内蒙古浩源煤炭有限公司采矿权转让合同纠纷案【边码 87、93】

121. 最高人民法院(2016)最高法民再 76 号民事判决书:江苏省第一建筑安装股份有限公司与钱某琴民间借贷纠纷案【边码 41】

122. 最高人民法院(2016)最高法民终 801 号民事判决书:衡水银行股份有限公司站前支行与长春农村商业银行股份有限公司合同纠纷案【边码 17】

123. 最高人民法院(2017)最高法民申 4565 号民事裁定书:十堰市辰泓木材有限公司与中国信达资产管理股份有限公司湖北省分公司金融借款合同纠纷案【边码 25】

124. 最高人民法院(2017)最高法民再 209 号民事判决书:江西宏安房地产开发有限责任公司与南昌县兆丰小额贷款股份有限公司等借款合同纠纷案【边码 45】

125. 最高人民法院(2018)最高法民申 4686 号民事裁定书:安徽阜阳保利汉铭投资有限公司与邵某群等借款合同纠纷案【边码 24】

126. 最高人民法院(2018)最高法民终 122 号民事判决书:山东宝华耐磨钢有限公司与方大特钢科技股份有限公司买卖合同纠纷案【边码 45】

127. 最高人民法院(2018)最高法民终 36 号民事判决书:大连科技学院与大连华通凯路实业有限公司金融借款合同纠纷案【边码 24】

128. 最高人民法院(2019)最高法民申 2898 号民事裁定书:辽宁立泰实业有限公司与抚顺太平洋实业有限公司企业借贷纠纷案【边码 37】

129. 最高人民法院(2019)最高法民申 4457 号民事裁定书:广西盛丰建设集团有限公司与广西盛丰建设集团有限公司梧州分公司民间借贷纠纷案【边码 24】

130. 最高人民法院(2019)最高法民申 5243 号民事裁定书:利川市创格尔房地产开发有限公司与重庆石船建设开发有限公司建设工程施工合同纠纷案【边码 77】

131. 最高人民法院(2019)最高法民申 5523 号民事裁定书:陈某与汤某东民间借贷纠纷案【边码 37】

132. 最高人民法院(2019)最高法民申 6851 号民事裁定书:广发银行股份有限公司郑州商鼎支行与刘某民追偿权纠纷案【边码 24】

133. 最高人民法院(2019)最高法民再 236 号民事判决书:大理兰林阁置业有限责任公司昆明分公司、大理兰林阁置业有限责任公司与杨某杰等民间借贷纠纷案【边码 87】

134. 最高人民法院(2019)最高法民再 35 号民事判决书:广西金伍岳能源集团有限公司与广西物资储备有限公司等确认合同无效纠纷案【边码 87】

135. 最高人民法院(2019)最高法民终 1524 号民事判决书:安通控股股份有限公司与安某营业信托纠纷案【边码 24】

136. 最高人民法院(2019)最高法民终 1791 号民事判决书:山西商融融资担保股份有限公司与陕西博融中创科技有限公司金融借款合同纠纷案【边码 24】

137. 最高人民法院(2019)最高法民终 424 号民事判决书:海南陵水宝玉有限公司与李某龙股权转让纠纷案【边码 41】

138. 最高人民法院(2019)最高法民终 456 号民事判决书:上海躬盛网络科技有限公司与上海斐讯数据通信技术有限公司股权转让纠纷案【边码 25】

139. 最高人民法院(2020)最高法民申 116 号民事裁定书:中国新型房屋集团有限公司与中国建筑西南勘察设计研究院有限公司建设工程施工合同纠纷案【边码 79】

140. 最高人民法院(2020)最高法民申 2464 号民事裁定书:金某耀与泗阳灵源房地产开发有限公司民间借贷纠纷案【边码 77】

141. 最高人民法院(2020)最高法民申 3185 号民事裁定书:云南科技信息职业学院与窦某君建设工程施工合同纠纷案【边码 87】

142. 最高人民法院(2020)最高法民申 4135 号民事裁定书:深圳市港顺意达物流有限公司与贵港市振海船务有限责任公司海上、通海水域货物运输合同纠纷案【边码 33】

143. 最高人民法院(2020)最高法民申 452 号民事裁定书:赣州银行股份有限公司新余分行与新余市仙女湖龙华置业有限公司金融借款合同纠纷案【边码 77】

144. 最高人民法院(2020)最高法民申 4862 号民事裁定书:重庆建工第十一建筑工程有限责任公司与广元宏浩恒大房地产开发有限公司建设工程施工合同纠纷案【边码 77】

145. 最高人民法院(2020)最高法民申 5246 号民事裁定书:渭南市臻鼎实业有限公司与渭南乾盛工程有限公司合同纠纷案【边码 24】

146. 最高人民法院(2020)最高法民申 5776 号民事裁定书:东营金大地置业有限责任公司与华纳万海建设股份有限公司建设用地使用权转让合同纠纷案【边码 5、7】

147. 最高人民法院(2020)最高法民申 6190 号民事裁定书:鄂尔多斯市瑞德煤化有限责任公司与天津天筑天承建材销售有限公司票据损害责任纠纷案【边码 7】

148. 最高人民法院(2020)最高法民申 6361 号民事裁定书:姬某冰与翟某玲物权纠纷案【边码 33】

149. 最高人民法院(2020)最高法民申 773 号民事裁定书:刘某清与富裕县富鹤供热有限责任公司买卖合同纠纷案【边码 34】

150. 最高人民法院(2020)最高法民再 270 号民事判决书:武汉汉达房地产开发有限公司与湖北丰旺高新技术股份有限公司民间借贷纠纷案【边码 87】

151. 最高人民法院(2020)最高法民终 594 号民事判决书:中国长城资产管理股份有限公司贵州省分公司与贵州勇能能源开发有限公司金融不良债权追偿纠纷案【边码 77】

152. 最高人民法院(2020)最高法民终 70 号民事判决书:杨某等与重庆德杰地产集团有

限公司等合资、合作开发房地产合同纠纷案【边码77】

153. 最高人民法院(2021)最高法民申1032号民事裁定书:朱某金与中国十九冶集团有限公司买卖合同纠纷案【边码77】

154. 最高人民法院(2021)最高法民终355号民事判决书:甘南鸿运矿业有限责任公司与青海聚丰典当有限公司典当纠纷案【边码87】

第186条
责任竞合*

第186条　因当事人一方的违约行为，损害对方人身权益、财产权益的，受损害方有权选择请求其承担违约责任或者侵权责任。

简　目

* 本文系基于《〈合同法〉第122条(责任竞合)评注》(载《法学家》2019年第2期，第171—190页)一文修订而成。

一、规范目的与适用范围

(一)规范目的

所谓责任竞合,是指同一法律事实同时满足两个以上民事责任之构成要件,从而导致多个民事责任均告成立的法律现象。从义务人/责任人的角度为责任竞合,从权利人角度则为(广义上的)请求权竞合。 1

《民法典》第 186 条几乎是对《合同法》第 122 条的原文照搬,在内容上无任何实质性修改。故二者的法解释学完全相同。本条处理的是违约责任与侵权责任的竞合,即债务人的违法行为,既符合违约要件,又符合侵权要件,导致违约责任与侵权责任一并产生。[1] 在各类民事责任的竞合中,以违约与侵权责任的竞合最为典型,也最为重要,如何处理此二者关系,代表了责任竞合的一般立场。 2

本条的立法目的在于充分尊重受害人意愿,强化请求权的效力,[2] 从而最大限度地保护债权人的利益,即"强烈的受害人中心主义"。[3] 从逻辑上看,通过赋予受害人选择权,可让其根据自身的具体情况,趋利避害,作出使其自身利益最大化的抉择。当然,理论上对受害人的优待未必能在实践中取得预期的效果。 3

(二)适用范围

本条适用于所有的违约行为,既包括违反《民法典》合同编规定的各类有名合同,也包括违反各类无名合同,还包括违反单行法规定的特殊类型的合同,如旅游合同、医疗合同、劳动合同等,但法律另有规定的除外。 4

本条适用于所有的侵权行为,既包括《民法典》侵权责任编规定的各类"有名"侵权,也包括一般过错侵权,还包括单行法规定的特殊类型的侵权,如《消费者权益保护法》《反不正当竞争法》《产品质量法》等法律中规定的侵权行为。 5

二、"违约行为"与"依照本法"

(一)"违约行为"之类型限定

本条的第一个分句是"因当事人一方的违约行为",此处规定的是违约与侵权 6

---

〔1〕 参见胡康生主编:《中华人民共和国合同法释义》,法律出版社 1999 年版,第 190 页。

〔2〕 参见全国人大法制工作委员会民法室编著:《〈中华人民共和国合同法〉立法资料选》,法律出版社 1999 年版,第 168 页。

〔3〕 参见谢鸿飞:《违约责任与侵权责任竞合理论的再构成》,载《环球法律评论》2014 年第 6 期,第 20 页。

之责任竞合的第一个要件，即一方当事人存在违约行为。所有违反合同义务的行为都是违约行为。

7 在我国《民法典》合同编上，从违约形态出发，违约行为可以分为：不履行、不完全履行、迟延履行、预期违约；从违约方所违反义务的性质出发，违约行为可以分为：对主给付义务的违反、对从给付义务的违反以及对狭义附随义务的违反；从违约行为侵害的利益出发，违约行为可以分为：对履行利益的侵害、对信赖利益的侵害以及对固有利益的侵害；当然，履行利益、信赖利益及固有利益这些利益之间的划分不是截然三分的，相反，它们之间存在广泛的交叉和重叠。

8 考虑到构成侵权行为的不法行为原则上以侵害他人绝对权和固有利益为要件，能够同时构成侵权行为的违约行为，其类型也是相当有限的。

1. 迟延履行

9 一般来说，迟延履行不会对他人绝对权或固有利益构成侵害。不过，黄茂荣教授主张，给付迟延有时也会损害债权人的固有利益，例如由于债务人违约，债权人的出口配额遭到废止，或土地买卖中由于迟延而应按调高至公告现值计算其土地增值税等。[4] 然而，这两种情况其实都可以视作对履行利益的侵害。因为一方面，更具体细致地考察，迟延履行应分为构成根本违约的迟延履行（《民法典》合同编第 563 条第 1 款第 4 项）和不构成根本违约的迟延履行（《民法典》合同编第 563 条第 1 款第 3 项），由于债务人违约导致债权人出口配额被废止，这已经不是单纯的迟延履行，而是构成完全不履行（合同目的已无法实现之根本违约）；另一方面，在由于债务人迟延而导致债权人多交增值税的场合下，其实质是债权人通过本次交易的盈利减少，应当属于履行利益（而非固有利益）受损。因此，在不构成根本违约的迟延履行场合下，原则上不存在违约与侵权的竞合。

2. 预期违约

10 依《民法典》合同编第 578 条，当事人一方明确表示或者以自己的行为表明不履行合同义务的，构成预期违约。按照多数说，该条中的“语言表示”与“行为表示”分别确立了“明示预期违约”和“默示预期违约”制度。[5] 也有学者认为，我国的预期违约制度范围较英美法更为狭窄，只针对“以行为拒绝履行”这种情形，不包括“商业状况不佳、经济状况不佳、客观不能”等情形，[6] 事实上，后一情形已被不安抗辩（《民法典》合同编第 527 条）所涵盖，没必要再将其纳入预期违约制度

---

〔4〕 参见黄茂荣：《债法总论（第二册）》，中国政法大学出版社 2003 年版，第 124 页。

〔5〕 参见王利明：《合同法研究（第二卷）》（修订版），中国人民大学出版社 2011 年版，第 516 页。

〔6〕 参见范晓峰：《论〈合同法〉预期违约与不安抗辩权制度存在的缺陷》，载《河北法学》2001 年第 1 期，第 151 页；张金海：《预期违约与不安抗辩制度的界分与衔接》，载《法学家》2010 年第 3 期，第 142 页。

中,在履行期之前拒绝履约才是预期违约的本质特征。

明示预期违约与默示预期违约的共同构成要件在于,在履行期限届满前“不履行合同义务”。有学者认为,拒绝履行预期违约的核心要件是“债务人必须明确、彻底地声明不能或者不愿意履行债务”,《合同法》第 108 条(《民法典》第 578 条)改变了第 94 条(《民法典》第 563 条第 1 款)第 2 项中“不履行主要债务”的措施,转化为“不履行合同义务”,显然不符合预期违约的规范意旨。[7] 不过,如果将预期违约与期后违约对比可知,二者主要区别仅仅在于履行期前后,倘若期后违约的构成不限于“不履行主要债务”,那么期前违约又何必一定要限于“不履行主要债务”呢？我国《民法典》第 578 条规定的预期违约法律效果,是非违约方要求违约方承担违约责任,而不是非违约方解除合同。 11

明示预期违约与默示预期违约的不同点在于,前者是语言表示,后者是行动表示。在语言表示的场合下,债务人并没有实施任何行动,也没有造成即时的任何损害,因此,此时债务人不可能因为单纯的言语表示而构成侵权,亦即,此时不存在违约与侵权的竞合。在行动表示的场合下,债务人虽然实施了有意识的行动,但该行动的目的旨在表明拒绝届期履约的态度,如债务人履行期到来之前出国长居,严格地说,这种表态行为本身不是违约行为,也未直接侵害债权人的固有利益,因此,此时也不存在违约与侵权的竞合。 12

3. **不履行**

合同的完全不履行大多数情况下也不构成侵权,只有当合同一方当事人的主给付义务内容是保护另一方当事人的人身或财产安全时,才例外地存在竞合。[8] 例如医院不履行医疗合同救治患者、保安公司违反安保合同致使业主遭受人身财产损失等。 13

4. **不完全履行**

(1)加害给付。与安全保障有关的主给付义务不完全履行,如旅游经营者不履行安保义务导致游客人身财产损害等。[9] 与安全保障无关的主给付义务不完 14

---

〔7〕 参见朱广新:《合同法总则研究(下册)》,中国人民大学出版社 2018 年版,第 753 页。

〔8〕 参见[德]克里斯蒂安・冯・巴尔、[德]乌里希・德罗布尼希:《欧洲合同法与侵权法及财产法的互动》,吴越等译,法律出版社 2007 年版,第 169 页。

〔9〕《旅游纠纷规定》(2020 年修正)第 3 条规定:“因旅游经营者方面的同一原因造成旅游者人身损害、财产损失,旅游者选择请求旅游经营者承担违约责任或者侵权责任的,人民法院应当根据当事人选择的案由进行审理。”

全履行,例如缺陷产品导致财产损失案。[10] 与安全保障有关的从给付义务不完全履行,如机动车交通事故导致乘客受伤案。[11] 与安全保障无关的从给付义务不完全履行,如产品销售者未履行必要的告知义务(如何使用气化炉),导致购买者使用产品时受伤。[12]

15 (2)违反附随义务(保护义务)的不完全履行。保护义务不完全履行,如维修工修理好梯子后,放置不当,梯子滑倒砸坏主人汽车;再如,汽修工更换完好的轮胎,但同时发现刹车有问题却未告知车主,致使车主随后在事故中受伤等。

16 (3)恶意欺诈型给付。除了加害给付与违反附随义务这两种最典型最常见的违约与侵权竞合之外,[13] 知假卖假也可能构成另外一种违约与侵权的竞合。一方面,知假卖假场合下,卖方以次充好、以假充真,其给付行为属于不完全履行并构成违约,但知假卖假与加害给付不同之处在于,后者场合下债权人的固有利益受到了损害;另一方面,知假卖假原则上属于欺诈(除非对方是知假买假),欺诈者是一种故意乃至恶意的主观过错状态,并损害到买方的经济利益,从而欺诈本身同时也构成一种侵权。[14]

17 (4)违反后合同义务。合同的权利义务终止后,当事人应当遵循诚实信用原则,根据交易习惯履行通知、协助、保密等义务(《民法典》合同编第 558 条),此种义务在学理上被称为后合同义务。不过,违反该义务的民事责任究竟如何,《民法典》第 558 条并未规定。依据德国法和台湾地区法的通说,债务人违反后合同义务时,与违反一般合同义务相同,应承担违约责任。[15] 与此同时,债务人违反后合同义务导致债权人固有利益(与履行利益或有交叠)损害,也可构成侵权。因此,违反后合同义务致人损害也存在违约与侵权的竞合可能。

---

〔10〕 法院指出,"扬州市通盛专用车配件有限公司提供的汽车专用牵引销系不适当的合同履行,造成产品的加害给付责任,构成其产生'履行合同利益以外'的损失,符合责任竞合的基本要素"。参见安徽省滁州市中级人民法院(2017)皖 11 民辖终 122 号民事裁定书。

〔11〕 法院指出,"作为乘客的被上诉人涂某益,有权依照上述合同法的相关规定请求作为承运人的陆通公司承担客运合同违约责任。但与此同时……黄某朝(操作不当)的相关行为同时构成对涂某益的民事侵权行为"。参见广东省云浮市中级人民法院(2017)粤 53 民终 94 号民事判决书。

〔12〕 法院指出,"(本案)符合'产品责任纠纷'的构成要件;同时……也符合'买卖合同纠纷'的构成要件……被告郭某会作为原告购买的气化炉的销售及安装者,应当遵循诚实信用原则全面地履行合同义务:不仅仅包括交付气化炉及安装的合同主给付义务、交付票据单证及使用说明书的从给付义务,还应当包括合同附随义务——履行对原告正确使用及维护气化炉的安全警示说明义务……被告郭某会没有充分的证据证明其履行了该合同附随义务"。参见山西省永济市人民法院(2017)晋 0881 民初 87 号民事判决书。

〔13〕 参见叶名怡:《违约与侵权竞合实益之反思》,载《法学家》2015 年第 3 期,第 126 页。

〔14〕 参见叶名怡:《涉合同诈骗的民法规制》,载《中国法学》2012 年第 1 期,第 139 页。

〔15〕 参见王泽鉴:《债法原理》,北京大学出版社 2013 年版,第 88 页。

(二)《合同法》第122条"依照本法"的内涵

《合同法》第122条第三个分句规定,"受损害方有权选择依照本法要求其承担违约责任或者依照其他法律要求其承担侵权责任"。《民法典》第186条已无此种表述,但之所以删除并非该规定本来就多余,而是因为违约责任或侵权责任的承担可能是依据《民法典》条文,也可能是依据其他单行法条文,所以不必指明具体法律依据。"依照本法"随意删除,但解读其中意蕴,对正确理解和适用本条仍有意义。其中的"依照本法要求",实际上仍包含了关于构成要件和抗辩的特殊规定。也就是说,即使前半句(违约行为)已经被证实成立,但也未必有后半句的违约责任;因为"违约行为"这个概念既可以作为"合同义务违反+可归责性"均满足时的状态指称,也可以作为仅仅对"合同义务违反"这项客观事实的描述,不涉及归责问题,也不涉及损害赔偿范围因果关系问题,更不涉及抗辩问题,但在违约责任的最终判定上,这些问题均有重要意义。 18

首先,关于违约责任的归责原则,我国通说认为采"严格责任原则",过错责任原则仅在个别条文规定的场合下适用。[16] 然而,手段义务与结果义务的出现,[17]令原本散乱且稀少的个别过错违约责任,有机会统合成单独一类违约责任——过错违约责任。在手段义务与结果义务的区分渐成为世界主流的大背景下,[18]违约责任归责一元论遭受到严峻挑战。 19

结果义务指债务人的义务为实现一定结果,如交付一台符合质量标准的特定品牌和型号的手机;手段义务指债务人的义务为提供符合一定技术水准和注意水准的行为给付,如律师为客户提供诉讼代理服务。不仅仅委托合同这些有名合同应遵循过错责任原则,而且那些合同义务应被定性为手段义务的无名合同或特殊类型合同,如医疗合同、旅游合同等,也应遵循过错责任原则。正如侵权法上危险责任上升为过错责任之外的另一种归责原则一样,合同法过错责任也因为手段义务/结果义务的二元区分,从而上升为与严格责任相提并论的另外一种独立的归责原则。也就是说,在违约责任归责问题上,无过错和过错"二元结构论"渐成有力说。"过错在认定根本违约、违约金的调整等方面,无疑具有重要意义……整体 20

〔16〕 参见梁慧星:《从过错责任到严格责任》,载梁慧星主编:《民商法论丛》(第8卷),法律出版社1997年版,第1—7页;王利明:《合同法研究(第二卷)》(第3版),中国人民大学出版社2015年版,第431页;韩世远:《合同法总论》(第4版),法律出版社2018年版,第748页。

〔17〕 S. Guinchard, S. Guinchard, T. Debard (dir.), *Lexique des termes juridiques*, 18e éd., Dalloz, 2011, p. 551.

〔18〕 关于手段义务/结果义务的区分论,在法国、德国、日本、台湾地区乃至英美地区的盛行,参见陈自强:《不完全给付与物之瑕疵》,台湾地区新学林出版股份有限公司2013年版,第61页。

上看,学者为缓和严格责任的努力是值得肯定的。”[19] 在奉行过错责任的违约责任中,需要探究债务人有无过错。例如,在客运合同中,若旅客行李丢失,则从表面上看承运人存在违约行为(违反了安全完好地将旅客行李送至指定目的地的约定),但承运人对此损害结果可能并无过错,故根据《民法典》合同编第 824 条,不应承担违约责任。之所以认定承运人对旅客行李的运送负手段义务,是因为行李运输过程中,承运人对行李的管控在理论上不会超过旅客自身对行李的管控,从参与管理的程度上来说,这符合手段义务和结果义务区分的基本逻辑。[20]

21 其次,在确认存在违约行为的场合,要确定违约损害赔偿责任的有无及范围大小,还涉及因果关系的判定。相对于侵权法而言,合同法领域的因果关系不太引人注意。韩世远教授称,“在合同法上,其(因果关系)存在意义更多地反映在责任范围上;而侵权法上,其存在意义更多地体现在责任的成立上”。[21] 之所以如此,是因为系结果义务的合同义务总体数量上更多,违反结果义务的行为与守约方所受损害之间的因果关系较为直观,而在违反手段义务的场合下(如医疗损害场合),债务人的违约行为与损害之间的因果关系就需要更仔细地辨明。依《民法典》合同编第 584 条,违约方的赔偿责任范围以履行利益为标准,同时受到可预见性规则的限制。也就是说,受害人在依据本条选择违约救济路径时,除了要证明该条前半句违约行为成立之外,还要证明因果关系要件(履行利益损害以及对可预见性标准的符合)。

22 最后,“依照本法要求”还涉及抗辩问题。违约责任的成立及其范围大小,还与若干抗辩有关,如不可抗力、意外事件、情事变更、与有过错、损益相抵等。每一种特殊违约责任都可能有自己独特的构成要件或抗辩事由。除法定抗辩外,还存在约定抗辩的情形。受害人若要援用本条来主张违约责任,则须注意这些特殊构成要件和特殊抗辩。

三、侵害、损害以及“依照其他法律”

(一)“损害”、“人身、财产权权益”及“受损害”

1. 侵害与损害

23 本条第二分句“损害对方人身权益、财产权益的”中,使用的是“损害”。而

---

〔19〕 参见谢鸿飞:《合同法学的新发展》,中国社会科学出版社 2014 年版,第 441 页。

〔20〕 当然,在采用手段义务/结果义务来解释行李承运人的合同义务时,单纯的行李丢失这项事实并不能证明承运人存在违约行为;只有同时存在“承运人违反必要注意”这项事实时,才能认定其违约。

〔21〕 参见韩世远:《合同法总论》(第 4 版),法律出版社 2018 年版,第 787 页。

《合同法》第122条使用的是“侵害”。一般而言,侵害(verletzen)与损害(schaden)不同,是指对他人权益的侵犯,不必有损害后果发生,是一种广泛意义上的、入侵他人合法权益的表达。虽然没有损害后果的侵害也可能构成侵权行为,但能够与违约责任竞合的,通常只能是侵权损害赔偿责任。因此,从《合同法》到《民法典》措辞的变化,表明立法者的背后意图。

还有一种狭义的“侵害”。在“停止侵害”这样的术语运用背景下,我国实证法以往曾将之用于知识产权、人格权遭受入侵的场合,从而与“物权之妨害”(《民法典》物权编第236条)相对,但在《民法典》侵权责任编第1167条中,停止侵害可针对一切权利和利益受侵犯而主张。[22] 24

不管是哪一种意义上的侵害,使用“侵害”即表明“无须损害后果”。然而,《合同法》第122条第三分句紧接着又说,“受损害方有权选择……”于是,在该第122条的适用条件上,损害又成为不可或缺的构成要件。 25

但实际上,在没有损害结果发生的情况下,违约责任和侵权责任仍然是可能发生竞合的。例如根据行业规范要求,一级易燃物品、遇湿燃烧物品、剧毒物品不得露天堆放,倘若仓储合同的保管方将存货方交付的化学危险品违规露天存放,或将其他存货方的货物堆放得离该存货方的货物太近,从而容易引发火灾,则保管方的不当保管行为不仅会导致《民法典》合同编第577条的违约责任(采取补救措施),也会产生《民法典》侵权责任编第1167条的预防性侵权责任(消除危险)。这种情形因本条的措辞限制,在理论上被排除在本条适用范围之外。 26

损害,理论上分为财产性损害和非财产性损害,前者原则上采差额说,兼采组织说(客观损害说);[23]后者涉及肉体和精神上的痛苦,相对于整体利益状况评估的利益说,着眼于具体对象之实际损害的组织说,更容易套用于其上。本条的损害既包括财产性损害,也包括非财产性损害(精神损害)。尽管有学者仍坚持“精神损害赔偿仅限于侵权的范畴,而排斥在违约情况下的适用”,[24]但学界主流意见已经逐渐转向“违约责任可涵盖精神损害赔偿”的立场。[25] 我国司法实践中,在违约之诉中不允许精神损害赔偿“是在责任竞合方面的最大错误”。[26] 从逻辑上说,有什么样的损害,就有什么样的赔偿,“损害的大小和类型,决定了损害赔偿 27

---

〔22〕 参见叶名怡:《论侵权预防责任对传统侵权法的挑战》,载《法律科学》2013年第2期,第126页。

〔23〕 参见曾世雄:《损害赔偿法原理》,中国政法大学出版社2001年版,第129页。

〔24〕 参见王利明:《合同法研究(第二卷)》(第3版),中国人民大学出版社2015年版,第610页。

〔25〕 参见崔建远:《债权:借鉴与发展》,中国人民大学出版社2014年版,第763页;另见韩世远:《合同法总论》(第4版),法律出版社2018年版,第783页。

〔26〕 参见谢鸿飞:《违约责任与侵权责任竞合理论的再构成》,载《环球法律评论》2014年第6期,第16页。

的大小和类型”。[27] 当然,在审判实务中,由于理论更新的滞后,多数案例对违约精神损害赔偿仍持否定态度,[28] 审判实务立场的转变仍需时日。[29]

2. 绝对权与纯粹经济利益

28 本条中“损害对方人身权益、财产权益的”,是否仅限于绝对权受侵害？对此,可从立法、司法和学说三个角度来解说。首先,关于立法规定。自文义角度看,“人身权益、财产权益”既包括人格权、身份权和财产权,也包括纯粹经济利益、一般人格利益、以及一般身份利益。依据《民法典》第 464 条第 2 款,身份协议可参照合同编的规定,因此本条中的人身利益也应包括身份利益。另外,债权作为侵权法所保护的权益,往往是针对负有不作为义务的第三人而言的,而债权作为合同法所保护的对象,存在于合同当事人之间,两种情形下的权利义务主体并不相同,不大可能发生竞合,因此,本条中的“财产权益”也不应该包括债权。综上,本条中的“人身权益、财产权益”,通常为绝对权(物权、知识产权、具体人格权及一般人格权)与纯粹经济利益,也可能是身份利益。

29 纯粹经济利益受损是违约行为致害的典型样态,但其受侵权法保护则仅限于特殊场合之下。不过,学界通说认为,原则上对纯粹经济损失不予保护,特定条件和类型下才例外给予保护,以避免给加害人设定过重赔偿责任,从而维护个体的基本行动自由。针对我国侵权法上的上述规定,有学者认为,欲借助这种表面上的法国模式一般条款实现原则不赔、例外赔偿,在立法技术上是不可行的;因为既然例外地逐个规定哪些纯粹经济利益可以赔偿,未列举的就不赔,那么在一般条款中规定“一切民事权益可以赔偿”就失去了兜底的意义。[30] 还有学者径自主张,应采用德国式三个小的一般条款:即侵权法保护对象原则上以绝对权为限,但过错违反保护性法律致人损害,则不以行为人故意为限,如此可将诸如错误信息致人纯粹经济损失(专家责任)的情形完全覆盖,同时第三个条款规定,故意背俗致人损害,此种情形下,纯粹经济损失获得赔偿必须基于行为人故意。[31] 在立法论上,上述主张的正确性和妥当性毋庸置疑,值得赞同。在保护纯粹经济利益问题上,德国侵权法立法模式的优点是:其一,明确的指引性,不论是第 823 条第 2

〔27〕 参见叶名怡:《违约与侵权竞合实益之反思》,载《法学家》2015 年第 3 期,第 132 页。

〔28〕 参见张家勇:《合同法与侵权法中间领域调整模式研究》,北京大学出版社 2016 年版,第 305 页。

〔29〕 值得注意的是,2020 年修正的《旅游纠纷规定》删除了原第 21 条“旅游者提起违约之诉,主张精神损害赔偿的,人民法院应告知其变更为侵权之诉;旅游者仍坚持提起违约之诉的,对于其精神损害赔偿的主张,人民法院不予支持”的规定,不再明确排斥违约责任可包含精神损害赔偿。

〔30〕 参见葛云松:《纯粹经济损失的赔偿与一般侵权行为条款》,载《中外法学》2009 年第 5 期,第 724 页。

〔31〕 参见于飞:《违背善良风俗故意致人损害与纯粹经济损失保护》,载《法学研究》2012 年第 4 期,第 58 页。

款还是第 826 条,构成要件明确,便于司法裁判,减少法官不当的自由裁量而导致的司法不统一;其二,开放性,德国模式并不是简单地对可保护的纯粹经济利益类型进行列举,从而避免了列举法带来的类型封闭性,使得可保护的纯粹经济利益具有极大的弹性和社会适应性。

然而,在此问题上,中国法目前的困境在于:第一,中国《侵权责任法》并未采取德国法三个小侵权一般条款的模式,在解释论上将现行立法模式生硬地解释为德国模式是无比牵强的,没有说服力;第二,《民法典》显然也没有改弦更张采用德国模式。在这样的背景下,如何设定纯粹经济损失的可赔偿规则,成为疑难问题。在侵权一般法不愿作出明确规定的情况下,只能交由特别法规定,或者寄希望于审判实践提供类型化的解决方案。 30

3. 仅限于固有利益的损害?

本条中"损害对方人身权益、财产权益的",是否仅限于固有利益受侵害?有学者认为,从本条文义来看,其并未限制"人身权益、财产权益"的范围,但解释上只能是指理论上通常所称的固有利益或完整利益;也就是说,只有在违约行为侵害对方当事人固有利益时,才能成立违约责任和侵权责任的竞合。[32] 此论大体上成立,但需要注意两点:其一,对固有利益不能作静态狭隘的理解,它不仅仅指事故发生前一秒受害人的既存利益状态,而且还包括该状态自然延伸后通常可取得的利益状态,即尚未取得但将来特定期间内基本上肯定会取得的利益状态。例如,用于运营的车辆或承租房因合同相对方过错而毁损,并导致停业损失,本例中,不仅车辆或承租房的完好无损是固有利益,而且倘若事故未发生则车辆或房屋正常运营的可得利益,也属于固有利益。 31

其二,固有利益与履行利益或信赖利益的区分并无截然界限,相反它们会发生交叠。固有利益与履行利益可能完全重叠,例如医疗合同中,当医生过错导致患者病情恶化时,则患者既有固有利益损害,也有履行利益损害;二者也可能是相交关系,即存在部分叠合,如加害给付场合,违约行为同时侵害固有利益与履行利益,且二者范围不同,此时也存在竞合。[33] 另外,固有利益有时候还可能与信赖利益混同,或者说信赖利益本身就是一种特殊的固有利益,即不该支出的费用实 32

---

〔32〕 参见张家勇:《中国法民事责任竞合的解释论》,载《交大法学》2018 年第 1 期,第 8 页。但作者在另外一处也强调:期待利益与固有利益不能作为违约与侵权的一般标准,"侵权也具有保护当事人期待利益的效果"。参见张家勇:《合同法与侵权法中间领域调整模式研究》,北京大学出版社 2016 年版,第 53 页。

〔33〕 参见谢鸿飞:《违约责任与侵权责任竞合理论的再构成》,载《环球法律评论》2014 年第 6 期,第 8 页。

际支出，由于特定法律事实的发生，权利人的“现状利益从完整到残缺”。[34]

（二）《合同法》第122条中“其他法律”对构成要件与抗辩的限定

33 《合同法》第122条第三分句“受损害方有权选择……依照其他法律要求其承担侵权责任”，其中“其他法律”指的是关于侵权责任的一般法（《民法典》侵权责任编）与特别法（如《产品质量法》《消费者权益保护法》等），“依照其他法律”是指侵权法关于各类侵权责任特殊构成要件与抗辩。

34 关于构成要件的要求，例如，个人二手物品买卖中，因物的缺陷导致买方人身受到伤害时，因为偶发性个人卖家不属于《产品质量法》第42条的“销售者”，所以买方不能援引无过错产品责任的规定，只能求助于《民法典》侵权责任编第1165条过错侵权责任一般条款，即，须证明卖方有过错；又如，经营者售假场合，消费者若欲援引《消费者权益保护法》第55条惩罚性赔偿，则须证明“经营者提供商品或者服务有欺诈行为”。

35 关于抗辩的限定，例如，在动物园动物致人损害的场合，依据《民法典》侵权责任编第1248条，动物园免责抗辩的唯一特殊抗辩是“证明尽到管理职责”；又如，在产品缺陷致人损害场合，产品生产者针对受害人之索赔的特殊抗辩是《产品质量法》第41条第2款，即“未将产品投入流通的”等三种情形。

四、法律效果

（一）请求权竞合相关理论之现状

36 同一案件事实满足多个请求权基础规范，即构成广义上的请求权之竞合，它又可分为：给付或法律效果不同和相同两大类。

1. 给付或法律效果不同[35]

37 （1）累积性竞合（kumulativer konkurrenz），也称请求权聚合，即同一案件事实引发多个不同请求权，且指向不同给付，故它们可同时实现。

38 （2）选择性竞合（elektive Konkurrenz），也称择一竞合，即同一案件事实引发多个请求权（或形成权），且法律效果不同，权利人只能选择其一并在可能时必须予以确定。如一方迟延履行，另一方可诉请解除合同并损害赔偿，亦可诉请实际履行。

---

〔34〕 参见叶名怡：《再谈违约与侵权的区分与竞合》，载《交大法学》2018年第1期，第16页。

〔35〕 Vgl. Bachmann, Kommentar zum BGB § 241, in: *Münchener Kommentar zum BGB*, 6. Aufl., München: C. H. Beck, 2012, Rn. 36,38.

2. **给付或法律效果相同**

同一案件事实同时满足多个请求权基础规范的构成要件,并且这些规范的法律效果或规定的给付相同,此时应如何处理它们的关系,存在多种不同见解。 39

(1)法条竞合(Gesetzeskonkurrenz)或排斥性竞合,即从体系解释和目的解释出发,其中一个请求权规范应被另一个请求权规范所排斥。[36] 在法国法上,合同法与侵权法被视为特别法和一般法的关系,故违约与侵权竞合时,原则上只适用违约责任,该立场又被称为违约与侵权"不竞合"(non - cumul)原则。[37] 其正当理由包括:法律常理和逻辑的要求;对当事人合同自由的尊重;特别法优于一般法的原理;《法国民法典》第1150条关于违约赔偿范围之可预见性原则的隐含要求。[38] 40

有学者主张"新法条竞合说",即"从法律规范意旨出发,竞合时的法律适用分为适用合同法和适用侵权法两种情形,前者为原则,后者为例外"。[39] 诉诸规范目的而非逻辑层次,自然是更接近于实质正义的正确选择,不过,单从法律效果上而言,"新法条竞合说"与传统旧说几无区别,因为后者亦是以适用合同法为原则,以适用侵权法为例外。[40] 41

(2)请求权规范竞合。该说主张此时只有一个请求权,但存在多个基础,即"请求权基础的复数或请求权规范竞合"。该说优点在于,"程序性的主张以及被通说所承认的、某些问题上竞合性请求权的相互影响,可获得更好的解释"。[41] 其缺点是,合同请求权与侵权请求权有不同的点,应如何确定这种单一请求权的性质。[42] 该说在国内亦不乏支持者。[43] 42

(3)请求权规范统合。该说认为,此时只有一个实质上的请求权,其属性由作 43

---

〔36〕 Vgl. Bachmann, Kommentar zum BGB § 241, in: *Münchener Kommentar zum BGB*, 6. Aufl., München: C. H. Beck, 2012, Rn. 37.

〔37〕 有学者认为"non - cumul"用词不准,因为其直译是"不聚合",但实际上指"不竞合"。V. Francois Chabas, *Obligations, théorie générale*, 9e éd., Montchrestien, 1998, no. 404, p. 402.

〔38〕 P. Le Tourneau, *Droit de la responsabilité et des contrats*, 8e éd., Dalloz, 2010, no 3299, p. 396.

〔39〕 参见谢鸿飞:《违约责任与侵权责任竞合理论的再构成》,载《环球法律评论》2014年第6期,第21页。

〔40〕 例外场合包括:债务人欺诈或重大过错,或其违约行为涉及刑事犯罪而债权人提起刑事附带民事赔偿、利他合同等。V. Francois Chabas, *Obligations, théorie générale*, 9e éd., Montchrestien, 1998, no. 404, p. 404.

〔41〕 Vgl. Bachmann, Kommentar zum BGB § 241, in: *Münchener Kommentar zum BGB*, 6. Aufl., München: C. H. Beck, 2012, Rn. 40.

〔42〕 参见[德]迪特尔·梅迪库斯:《德国债法总论》,杜景林、卢谌译,法律出版社2004年版,第274页。

〔43〕 参见朱广新:《合同法总则研究(下册)》,中国人民大学出版社2018年版,第778页。

为其基础的复数请求权规范的总体来统一决定；该说根据是否承认观念上的复数请求权、是否统合构成要件，又可细分为请求权二重构造说、属性规范统合说及全规范统合说等。[44]

44 (4)请求权竞合(Anspruchskonkurrenz)，同一案件事实引发多个请求权，并指向同一给付(或法律效果)，由于给付目标同一，故其一请求权满足，其余皆随之消灭。[45] 请求权竞合理论又可分为自由竞合说和相互影响说。

45 请求权自由竞合说认为，每一个请求权原则上都独立于另一个请求权，对每一个请求权都按其自身规范来检验，“个别类型合同下的时效和责任缓和的规定，也不存在任何例外。它们对于侵权请求权没有任何意义”。[46]

46 有学者主张“有限自由竞合说”，认为复数请求权原则上彼此不生影响，同时“不允许请求权人分别处分两个请求权，或让与不同之人，或自己保留其中一个而将另一个让与他人”。[47] 然而，传统自由竞合说是否真的主张复数请求权可“分别为处分或让与不同之人”，[48] 颇令人怀疑。一方面，在自由竞合说代表人物 Dietz 的名著《违约与侵权之请求权竞合》(1934)中并无此类表述；另一方面，传统自由竞合说同样主张，给付只能实现一次，若允许分别处分或转让并取得两份对价，则等于实现了两次给付，这显然相互矛盾。正因为如此，自由竞合说代表人物之一的史尚宽先生说，“于一请求权转让时……如当事人无特别之订定，应解释为有将两者一并转让之意思。虽有特别之订定，亦应解释为不得与债务人以不利益”。[49]

47 请求权相互影响说。债权人原则上可选择侵权或违约，但“为顾及法律对契约责任所设的特别规定，其侵权责任的成立应受限制”。[50] 依德国通说，“合同或类合同性请求权与侵权性请求权原则上是相互独立的并存关系，但并不排除，侵权性规则会被当事人的约定或债法规范而改变”。[51] 可见，德国通说名义上采请

---

〔44〕 参见[日]吉村良一：《日本侵权行为法》，张挺译，中国人民大学出版社 2013 年版，第 221 页。

〔45〕 Vgl. Bachmann, Kommentar zum BGB § 241, in: *Münchener Kommentar zum BGB*, 6. Aufl., München: C. H. Beck, 2012, Rn. 39.

〔46〕 Rolf Dietz, *Anspruchskonkurrenz bei Vertragsverletzung und Delikt*, Ludwig Roehrscheid Verlag, 1934, S. 334.

〔47〕 参见韩世远：《合同法总论》(第 4 版)，法律出版社 2018 年版，第 892 页。

〔48〕 参见王泽鉴：《民法学说与判例研究》(重排合订本)，北京大学出版社 2015 年版，第 594 页。

〔49〕 参见史尚宽：《债法总论》，中国政法大学出版社 2000 年版，第 230 页。

〔50〕 参见王泽鉴：《侵权行为》，北京大学出版社 2016 年版，第 79 页。

〔51〕 Vgl. Johannes Hager, Kommentar zum Vorbemerkung zu §§ 823 ff, in: *Staudinger Kommentar zum BGB*, Berlin: Sellier/ de Gruyter oHG, 2017, Rn. 38.

求权自由竞合说,[52]但实质上采相互影响说。

(二)解释论:请求权相互影响说

1. 自由竞合说抑或相互影响说

《民法典》第186条法律效果部分的表述是“受损害方有权选择请求其承担违约责任或者侵权责任”。自文义解释角度出发,本条承认复数民事责任,亦即复数请求权(违约请求权和侵权请求权)。从立法资料来看,本条的理论背景也是承认两个请求权,“违约责任引发债权人索赔的请求权,侵权责任也引发债权人索赔的请求权,两个请求权有重叠之处,形成请求权的竞合”。[53] 那么,究竟是请求权自由竞合说还是请求权相互影响说呢?对此有不同的观点。 48

部分学者认为,《合同法》第122条(《民法典》总则编第186条)所采并非请求权相互影响说,而是修正了的请求权自由竞合说。此项见解的理由主要有三点:其一,司法实践中,两个请求权不能分别转让亦不能同时主张;其二,一个请求权未被满足时,不能再主张另一个请求权;其三,责任要件并不相互影响,否则突破《侵权责任法》第6条第1款(《民法典》侵权责任编第1165条第1款)“由于过错”的文义。[54] 不过,上述理由均值得商榷。首先,如前所述,在德国经典请求权自由竞合说之下,复数请求权也只能实现一次给付,不可分别转让。其次,我国司法实践中盛行的“择一消灭效果”(一请求权未获满足时不可再主张另一个),[55]在我国现行实体法和诉讼法上均找不到任何法条支撑,不应作为论证依据。最后,《民法典》第1165条第1款(《侵权责任法》第6条第1款)只是侵权责任的一般条款,并不影响在有特殊规定(《民法典》合同编)或特别约定(合同约定)时遵循特殊的构成要件。 49

在解释论上,《民法典》总则编第186条应被理解为采取了请求权相互影响说。对此,可从理论和实务两个角度予以证成。 50

---

〔52〕 Vgl. Bachmann, Kommentar zum BGB § 241, in: *Münchener Kommentar zum BGB*, 6. Aufl., München: C. H. Beck, 2012, Rn. 40.

〔53〕 参见胡康生主编:《中华人民共和国合同法释义》,法律出版社1999年版,第191页。

〔54〕 参见谢鸿飞:《违约责任与侵权责任竞合理论的再构成》,载《环球法律评论》2014年第6期,第14页;另见陈自强:《不完全给付与物之瑕疵》,台湾地区新学林出版股份有限公司2013年版,第891页。

〔55〕 最高人民法院指出,“本案中,电子学校提出的六项赔偿请求中有五项与上述赔偿请求所依据的事实、理由及赔偿数额均一致。因本案侵权诉讼与前述违约诉讼的当事人相同,其中五项诉请的诉讼标的相同、诉讼请求相同,故二审判决依据《中华人民共和国合同法》第一百二十二条认定电子学校上述五项诉请属于重复诉讼并对此不作审理并无不当”。参见最高人民法院(2016)最高法民申1439号民事裁定书。

2. **理论证成**

51 德国通说认为,合同责任法规则对侵权请求权会产生影响,因为若非如此,则“关于注意义务标准、时效以及证明责任等合同性的特别规定实质上将变得毫无意义”。[56] 这一论断同样适用于中国法,这是法律体系一致性的要求。

(1)时效期间

52 我国《民法典》合同编第 594 条规定,“因国际货物买卖合同和技术进出口合同争议提起诉讼或者申请仲裁的时效期间为四年”。而《民法典》总则编第 188 条规定,“向人民法院请求保护民事权利的诉讼时效期间为三年。法律另有规定的,依照其规定”。合同法即为特别规定,故其不仅适用于合同之诉,也应适用于侵权之诉。[57] 其理由在于,“特别的时效自有特别的考虑,允许通过请求权基础的自由选择而任意绕开特别时效,该特别时效的目的即无法贯彻”。[58]

(2)法定的责任缓和

53 责任缓和(Haftungsmilderungen)问题涉及合同法上的或约定的责任限缩对侵权责任是否产生影响,可分为法定的与约定的责任缓和。

54 在德国法上,几乎所有的合同法上的法定责任缓和(债务人仅故意或重大过失才负责任),都对侵权性请求权产生影响。[59] 具体类型包括:使用借贷之出借人(《德国民法典》第 599 条)、为避开对本人的危险而实施的无因管理人(《德国民法典》第 680 条)、无偿保管人(《德国民法典》第 690 条)、履行义务之合伙人(《德国民法典》第 708 条)等主体对合同相对方的损害赔偿责任。另外,在定作物出现瑕疵的场合,承揽人只有在被给予了事后补充履行机会但仍不能提供完全给付时,才会依《德国民法典》第 634 条第 4 项承担损害赔偿责任,此项合同法责任规定同样适用于侵权请求权。合同法对于上述这些主体的责任优待及其理据,“不应该由于不受影响的侵权请求权而变得毫无意义”。[60] 合同法之所以对这些

---

〔56〕 Vgl. Bachmann, Kommentar zum BGB § 241, in: *Münchener Kommentar zum BGB*, 6. Aufl., München: C. H. Beck, 2012, Rn. 42.

〔57〕 《民法典》第 188 条第 2 款规定,“诉讼时效期间自权利人知道或者应当知道权利受到损害以及义务人之日起计算”,该规定既适用于违约责任之诉,也适用于侵权责任之诉。

〔58〕 参见李宇:《民法总则要义:规范释论与判例集注》,法律出版社 2017 年版,第 879 页。

〔59〕 Vgl. Wagner, Kommentar zum BGB § 823, in: *Münchener Kommentar zum BGB*, 6. Aufl., München: C. H. Beck, 2013, Rn. 71.

〔60〕 Vgl. Bachmann, Kommentar zum BGB § 241, in: *Münchener Kommentar zum BGB*, 6. Aufl., München: C. H. Beck, 2012, Rn. 44.

主体给予注意标准的宽待，是因为这些合同几乎都属于无偿合同，[61]从权利义务相一致的角度来说，对债务人不应要求过高。

55 我国《民法典》合同编第660条第2款规定，因赠与人故意或者重大过失致使赠与的财产毁损、灭失的，赠与人应当承担赔偿责任。此项责任缓和同样是基于无偿关系而存在，若其不对侵权责任同样适用，则该规定势必要因受赠人的有意选择侵权路径而被架空。按照德国审判实践，《德国民法典》第521条关于赠与人的责任缓和规则，同样也适用于受赠人基于侵权行为而发生的请求权，只要损害是与赠与物有关；因为"若责任缓和不对第823条的请求权发生作用，则契约性的责任限缩就会落空"。[62] 另外，我国《民法典》合同编第897条关于无偿保管人的责任缓和，《民法典》合同编第929条关于无偿受托人的责任缓和，[63]都属于这种情形。

(3)约定的责任缓和

56 责任缓和约定既可指向损害赔偿责任，亦可针对行为人注意标准的特殊限定。有学者认为，违约责任范围可事先约定，但侵权责任事先限制之约定"在本质上违反了法律规定的任何人不得侵害他人财产、人身的强行性义务，同时也违背了社会公共道德，因而应当是无效的"。[64] 此论值得商榷。德国经典理论认为，侵权法是任意法(ius dispositivum)，只要不违反《德国民法典》第276条第3款(故意责任不可预先免除)，不违反格式合同之内容控制的规定，侵权责任也可协议变更。[65]

57 在德国，合同中关于责任缓和的约定，依其意义与目标，在有疑义时也适用于侵权法。[66] 只要契约性的责任限制在法律上属于有效约定，则它扩展适用于侵

[61] 《德国民法典》第708条是个例外，其立法目的是：共同有意缔结合伙契约的当事人，应当从一开始就相互理解彼此的个性，故只能期待和要求，其在处理合伙事务时尽到与其处理自身事务相同的注意。Vgl. Carsten Schäfer, Kommentar zum BGB §708, in: *Münchener Kommentar zum BGB*, 6. Aufl., München: C. H. Beck, 2013, Rn. 1.

[62] Vgl. J. Koch, Kommentar zum BGB §521, in: *Münchener Kommentar zum BGB*, 6. Aufl., München: C. H. Beck, 2012, Rn. 6.

[63] 德国法对于无偿委托中的受托人没有明文规定一般性的责任缓和，但在具体个案中存在松动受托人责任的倾向。Vgl. Seiler, Kommentar zum BGB § 662, in: *Münchener Kommentar zum BGB*, 6. Aufl., München: C. H. Beck, 2012, Rn. 54

[64] 参见王利明：《合同法研究(第二卷)》(第3版)，中国人民大学出版社2015年版，第605页。

[65] Vgl. Wagner, Kommentar zum BGB § 823, in: *Münchener Kommentar zum BGB*, 6. Aufl., München: C. H. Beck, 2013, Rn. 74.

[66] 参见[德]迪尔克·罗歇尔德斯：《德国债法总论》(第7版)，沈小军、张金海译，中国人民大学出版社2014年版，第9页。

权性请求权这一点不应受到质疑。[67] 法国法也是如此。“如果一个保管合同约定，保管人仅对重大过错致害负责，那么，双方意在从他们的合同关系中排除基于善良管理人之注意标准的侵权义务（《法国民法典》第 1382 条、第 1383 条）。他们的意志应当被尊重：即当保管人只有轻过失时，保管人既不承担合同责任也不承担侵权责任。”[68] 我国《民法典》合同编第 506 条规定，关于人身伤害和重大过错致害责任的“免责条款无效”。基于反对解释可知，一般过失所致财产损失之赔偿责任可以预先排除。同时，本条并未将“免责条款”之“责”，局限于“违约责任”。因此，在当事人并未明文约定责任减免仅限于违约责任时，应理解为该免责约定对侵权责任也发生作用。

3. **审判实务立场**

58 我国禁止当事人约定诉讼时效期间，而《民法典》合同编上特殊诉讼时效仅有“国际货物买卖合同和技术进出口合同纠纷适用四年诉讼时效”，该规则是否适用于侵权之诉，迄今无案例。因此，以下仅考察和分析责任缓和规则在审判实务中的适用。

（1）法定责任缓和

59 关于赠与。《民法典》第 660 条第 2 款（《合同法》第 189 条）关于赠与人的责任缓和能否适用于侵权责任，相关案例极少，可查询到的一例对此持肯定立场。在“A 与上海 B 物业管理有限公司财产损害赔偿纠纷案”中，法院认为，“B 公司为 A 更换水管以及所换水管发生破裂渗水虽是事实，但 A 据此要求 B 公司承担侵权责任，尚缺乏事实和法律依据……上诉人 A 接受该赠与而无依据证明部分管道发生破裂、漏水系被上诉人 B 故意或者重大过失所造成”。[69] 由本案可知，即便在侵权之诉中，法院同样会援引合同法关于赠与人的责任缓和规则。

60 关于保管。《最高人民法院研究室关于住宿期间旅客车辆丢失赔偿案件如何适用法律问题的答复》（法研〔2004〕163 号）称，“根据《中华人民共和国合同法》第 60 条的规定，旅客在宾馆住宿期间，依宾馆的指示或者许可，将车辆停放于宾馆内部场地后，宾馆对车辆即负有保管义务。但是，宾馆未对车辆停放单独收费且证明自己对车辆被盗没有重大过失的，不承担损害赔偿责任”。据此，不论受害人索赔请求是基于违约还是侵权，宾馆均可享有《民法典》合同编第 897 条（《合同法》第 374 条）作为车辆无偿保管人的责任缓和优待。至于《合同法》第 374 条关于无偿保管人的责任缓和规定能否适用于侵权责任，可查询到的数个案例，对此

---

〔67〕 Vgl. Dirk Olzen, Kommentar zum BGB §241, in: *Staudinger Kommentar zum BGB*, Neubearbeitung 2009, Berlin: Sellier/ de Gruyter oHG, 2009, Rn. 532.

〔68〕 V. Francois Chabas, *Obligations, théorie générale*, 9e éd., Montchrestien, 1998, no. 403, p. 402.

〔69〕 参见上海市第一中级人民法院（2011）沪一中民二（民）终字第 2591 号民事判决书。

同样持肯定立场。在“赵某冰与张某刚等财产损害赔偿纠纷案”中,法院认为,“孙某石、赵某与赵某冰之间形成保管合同纠纷……赵某冰作为保管人,无证据证明没有重大过失,其应承担赔偿责任……孙某石、赵某在一、二审法院审理时亦表示选择侵权之诉……故赵某冰……的申诉理由不能成立”。[70] 由此案可知,即使在侵权之诉中,《合同法》关于无偿保管人的责任缓和规定也同样被法院援引、适用。

关于委托。《民法典》第929条(《合同法》第406条)关于无偿委托之受托人 61
的责任缓和能否适用于侵权责任,仅能查询到的一例对此亦持肯定立场。在“湖南兴盛水利水电工程建设有限公司与朱某平等委托合同纠纷案”中,针对委托人(兴盛公司)主张受托人(朱某平)应承担侵权行为之损害赔偿时,二审法院认为,房屋买卖合同无效以及委托人对相对人(购房者)赔偿损失的原因,是委托人未办理商品房预售许可证;同时,由于兴盛公司的委托属于无偿委托,而委托人的损失并非因受托人的故意或者重大过失所致,故委托人的诉请不能成立。[71] 由本案可知,即便在侵权责任的判定中,法院同样会援引、适用《合同法》关于受托人的责任缓和规则。

(2)约定责任缓和

相关案件并不多见。在一起船舶触碰损害责任纠纷案中,法院认为,“存在违 62
约和侵权竞合的情况下,合同条款并不必然不适用。如果对于当事人选择侵权之诉即排除适用合同免责条款,由于法律规定的竞合范围较大,实际上就使得在移转财产占有和所有权的合同中,一旦发生违约行为导致存在竞合,则合同免责条款一概不适用,从而违背了当事人订立合同的本意……双方之间的责任免除条款和结算条款均表明双方就修理过程和相互之间的损失不再索赔,故本院认为除了油污造成的损失外,其他损失均可认为双方已在责任免除条款和结算条款中达成协议,不再相互索赔,故对此亦不予认定”。[72] 本案属于侵权之诉,但法院明确肯定合同免责约定对侵权请求权的影响。

综上,无论是从学理推演角度,还是从审判实务的主流立场来看,《民法典》总 63
则编第186条的解释论立场都应确定为请求权相互影响说。

(三)责任竞合规则的具体适用、异化及其批判

1. 责任竞合规则的具体适用

关于责任竞合的范围,通说认为,违约责任与侵权责任竞合仅限于损害赔偿 64

---

〔70〕 参见黑龙江省高级人民法院(2018)黑民再13号民事判决书。

〔71〕 参见湖南省益阳市中级人民法院(2017)湘09民终780号民事判决书。

〔72〕 参见浙江省高级人民法院(2009)浙海终字第140号民事判决书。

责任的竞合,[73]而不包括其他责任方式的竞合。[74] 因为其一,某些责任方式是违约责任或侵权责任所特有的;其二,“责任择一适用的主要情形即在于合同当事人基于合同对未来风险的预先分配与全部损害之间的选择”,[75]故只能限定于损害赔偿;其三,本条构成要件包含“损害”,故预防性责任方式在本条无法竞合。

65 审判实践对此问题也采通说立场。在“瓦锡兰芬兰有限公司等与荣成市西霞口船业有限公司船舶设备买卖侵权纠纷案”中,被请求方抗辩称,“更换主机并非侵权责任的承担方式……‘修理、重作、更换’为违约责任的承担方式,而非侵权责任的承担方式”。最高人民法院对此予以肯定,并指出,“请求方(西霞口船业)请求瓦锡兰公司‘按合同约定提供同样的主发动机、推进系统一台套’,这明显是基于合同约定提出的请求”。[76]

66 受害人是否有权不在违约责任和侵权责任二者之间作出选择?有观点认为,法院此时可代为作出选择。[77] “在受损害方能选择而不选择的情况下,为避免诉讼僵局,从全面保护受害人的角度出发,可由法官进行选择,这也不存在脱离规范目的的问题。”[78]审判实践也有支持此立场的判决。[79] 但也有观点认为,由法院代为选择的做法,违反法官中立地位,有违辩论原则。[80] 鉴于目前我国司法实践仍以旧诉讼标的理论为主流立场,请求权人有义务主张己方的请求权基础,并就相关要件事实进行证明,被请求人则根据相应的法律观点进行回应(否认或抗辩)。据此,若请求人不明确己方请求的实体法依据,被告方如何防御?法院代请求人选择一个对后者最有利的实体法依据,显然违反司法中立原则。这种做法只有在新诉讼标的理论下才可获得解释,但我国司法实践并未采该理论(边码 100)。

67 关于受害人行使选择权的时间,依据《合同法解释一》第 30 条(现已失效)规定,请求权人变更诉讼请求(变更请求权依据)须在一审开庭前提出。有学者认为,若允许请求权人在一审辩论终结前提出变更,将会使得已经走完的法庭调查、辩论程序推倒重来,不仅无效率,而且这种突然袭击式的选择也对被告方极度不

〔73〕 参见崔建远:《民法总则应如何设计民事责任》,载《法学杂志》2016 年第 11 期,第 31 页。

〔74〕 追求统合法律效果的新法条竞合说则主张一切责任方式均可竞合。参见谢鸿飞:《违约责任与侵权责任竞合理论的再构成》,载《环球法律评论》2014 年第 6 期,第 23 页。

〔75〕 参见陈甦主编:《民法总则评注(下册)》,法律出版社 2017 年版,第 1333 页(蔡立东执笔)。

〔76〕 参见最高人民法院(2016)最高法民再 15 号民事判决书。

〔77〕 参见王利明:《侵权责任法与合同法的界分》,载《中国法学》2011 年第 3 期,第 122 页。

〔78〕 参见陈甦主编:《民法总则评注(下册)》,法律出版社 2017 年版,第 1334 页(蔡立东执笔)。

〔79〕 参见李萍、龚念诉五月花公司人身伤害赔偿纠纷案,广东省高级人民法院(2000)粤高法民终字第 265 号民事判决书,载《最高人民法院公报》2002 年第 2 期。

〔80〕 参见全国人大法制工作委员会民法室编著:《〈中华人民共和国合同法〉立法资料选》,法律出版社 1999 年版,第 19 页;张家勇:《合同法与侵权法中间领域调整模式研究》,北京大学出版社 2016 年版,第 313 页。

公平。[81] 不过,也有学者主张可在一审辩论终结前提出。[82] 实际上,若贯彻旧诉讼标的理论,则行使选择权的时间点虽然紧要但并不致命;但若采取择一消灭模式,则将行使选择权时间点限定在一审开庭前,对受害人明显过于严苛,一旦选错再无补救机会。而且,"请求权竞合是动态的演变过程,始于原告的竞合主张,终于法官对数项权利的实体判断,而这一终点才是实体维度与诉讼维度的衔接点,只有在程序终点而非起点,让受害人行使选择权,才是请求权竞合的应有之义"。[83]

2. **责任竞合规则适用的异化——择一消灭模式**

何谓择一消灭模式?即"对于同一个法律事实,适用竞合只能是一次,不可能是多次的反复适用,也不允许当适用一种责任失败或者不足后,又补充适用另外一种责任。当选择了一种责任形式后,不能允许回过头来再选择另外一种责任形式"。[84] 择一消灭模式最早可见于《最高人民法院关于印发〈全国沿海地区涉外涉港澳经济审判工作座谈会纪要〉的通知》[法(经)发〔1989〕12 号],该纪要明确指出:"当事人不得就同一法律事实或行为,分别以不同的诉因提起两个诉讼。"换言之,受害人一旦选择某一种请求权,其余请求权将终局性地消灭,不论被选择的请求权是否获得满足。 68

择一消灭模式在司法实践中应用得非常普遍。例如,在"蓓蕾幼儿园与市四十一中排除妨碍纠纷、违约损害赔偿纠纷案"中,原告先提起侵权之诉,被法院驳回诉请后又提起违约之诉,法院认为,"尽管请求权是两个,但纠纷本身只是一个,不能就一个纠纷两次交由人民法院解决"。[85] 又如,在"广西壮族自治区梧州市电子工业学校与中船华南船舶机械有限公司侵权责任纠纷、追索劳动报酬纠纷、房屋租赁合同纠纷案"中,二审法院指出,"电子学校以华机公司停水停电构成违约为由……(败诉后)本案中,电子学校又以同样的停水停电事实主张华机公司构成侵权为由,要求华机公司承担赔偿责任……违反了侵权与违约相竞合时只能择一行使请求权的原则"。[86] 电子学校后又向最高人民法院申请再审,最高人民法院指出,"因本案侵权诉讼与前述违约诉讼的当事人相同,其中五项诉请的诉讼标的相同、诉讼请求相同,故二审判决依据《中华人民共和国合同法》第一百二十二 69

〔81〕 参见陈甦主编:《民法总则评注(下册)》,法律出版社 2017 年版,第 1334 页(蔡立东执笔)。

〔82〕 参见张家勇:《合同法与侵权法中间领域调整模式研究》,北京大学出版社 2016 年版,第 313 页。

〔83〕 参见袁琳:《基于"同一事实"的诉的客观合并》,载《法学家》2018 年第 2 期,第 152 页。

〔84〕 参见吴庆宝:《论侵权责任与违约责任竞合的限制》,载《法律适用》2002 年第 8 期,第 36 页。

〔85〕 参见湖北省襄阳市中级人民法院(2016)鄂 06 民终 231 号民事判决书。

〔86〕 参见广西壮族自治区高级人民法院(2015)桂民一终字第 22 号民事判决书。

条认定电子学校上述五项诉请属于重复诉讼并对此不作审理并无不当”。[87]

70 当然，审判实践中也偶尔有不采“择一消灭”模式的判决。例如，在“某某公司与某某公司保险代位求偿权纠纷案”中，法院认为，“《合同法》第 122 条规定的是，当事人不能同时以两个诉由起诉，即当事人不能取得双倍赔偿，当事人的任何一个请求权满足后，另一个请求权因此而消灭，但当事人的任何一个请求权未能实现的，当事人仍可基于另一个请求权提起诉讼”。[88] 本案法官对《合同法》第 122 条理解非常正确和准确，可惜此种解读在实务中诚属凤毛麟角。

3. 对“择一消灭模式”的批判

71 请求权竞合说原意是通过赋予受害人选择权来强化对其利益的保护，[89] 但择一消灭说非但没有强化受害人的保护，反而使其深受其害。如何能够要求作为非专家的受害人也能够正确地、最优地选择法律条文？日本学者对请求权非竞合学说的批评，[90] 完全可以用来批判择一消灭模式。经典的请求权竞合说相对于非竞合说的比较优势（受害人不用担心首次选择并非最优，还有二次诉讼机会），在择一消灭模式之下丧失殆尽。[91]

72 为何会出现这种对受害人极端不利的择一消灭模式？实际上，择一消灭说是我国司法部门自发的创造，它既不能从实体法的规定或理论中推得，也并非诉讼法上旧诉讼标的理论的应用。首先，择一消灭说不是请求权竞合说的固有内容或应有内容。请求权竞合说（自由竞合说或相互影响说）主张的是，一个请求权获得满足后，另一个请求权才会消灭。它从来不会主张，一个请求权在被法院审查并被驳回后，另一个请求权也会随之消灭；更不会主张，一个请求权一旦在法院开庭前被原告选定，另一个请求权立刻随之消灭。

73 其次，择一消灭说也不是本条的应有内容。本条只明确了受害人在发生责任竞合时可以选择其一，并没有规定：受害人一旦选择其一，而不论被选择的请求权是否获得满足，其他请求权均告消灭。可见，择一消灭说从实体法上是寻找不到任何依据的。从本条根本推导不出择一消灭模式，这一点很多学者早就指

〔87〕 参见最高人民法院（2016）最高法民申 1439 号民事裁定书。

〔88〕 参见上海市浦东新区人民法院（2011）浦民六（商）初字第 5595 号民事判决书。

〔89〕 参见朱广新：《合同法总则研究（下册）》，中国人民大学出版社 2018 年版，第 779 页。

〔90〕 参见[日]田山辉明：《日本侵权行为法》，顾祝轩、丁相顺译，北京大学出版社 2011 年版，第 15 页。

〔91〕 参见段文波：《请求权竞合论：以诉之选择性合并为归宿》，载《现代法学》2010 年第 5 期，第 162 页。

出过。[92]

74 最后,择一消灭模式在实体法上和在诉讼法上均没有任何法律依据,不论是旧诉讼标的理论还是新诉讼标的理论,都不会如此苛刻对待请求权人,此点容后详述。

(四)责任竞合理论的完善

1. 对请求权竞合说的反思

75 请求权自由竞合说纯粹是概念法学的产物,是对不同法条从文义上作各自孤立地理解,然后对各自逻辑演绎的结果予以机械而被动地全盘接受的结果,它完全忽略了法律是一个有机整体。从体系解释和目的解释角度出发,法条(请求权)之间不相互影响是不可能的。法国法以责任不竞合为原则,实际上采取的是合同法规则优先于(影响)侵权法规则的立场,其最主要的理由是"合同性的不同风险分配不因侵权法而被破坏,而这个问题,在德国法中是通过(因违约责任的特殊规定而导致的)侵权责任的修正解决的"。[93] 可见,请求权相互影响是一种客观存在。

76 然而,请求权相互影响说也有诸多问题。首先,请求权相互影响说名不副实。既承认两个请求权得互相作用,则事实上已放弃两个请求权独立并存的概念。[94] 复数请求权无差异时承认其相互独立本无意义,而在有差异时又极力调和其差异,如此一来,强调复数请求权的意义大为削弱。

77 其次,违约与侵权在竞合时的差异远不如想象中那么大,二者竞合实益相当有限,承认双重请求权无甚意义。在德国,竞合理论的选择,其早期在时效方面的实践重要性,已经因时效改革而大幅度削弱(零星的案型如瑕疵损害求偿等除外)。[95] 而在我国,违约与侵权竞合主要有两类:加害给付型和违反保护义务型;在这两种情形下,无论是归责原则还是证明责任,抑或是法律效果(责任范围因果关系的判断、精神损害赔偿)、诉讼时效、责任缓和规则等,两种责任在绝大多数时候是一致的。[96] 在此背景下,坚持复数请求权并立的相互影响说,其意义也不会

---

〔92〕 参见徐晓峰:《责任竞合与诉讼标的理论》,载《法律科学》2004 年第 1 期,第 73 页;段厚省:《请求权竞合研究》,载《法学评论》2005 年第 2 期,第 157 页。另见陈甦主编:《民法总则评注(下册)》,法律出版社 2017 年版,第 153 页(朱广新执笔)。

〔93〕 参见[德]迪尔克·罗歇尔德斯:《德国债法总论》(第 7 版),沈小军、张金海译,中国人民大学出版社 2014 年版,第 9 页。

〔94〕 参见王泽鉴:《民法学说与判例研究》(重排合订本),北京大学出版社 2015 年版,第 599 页。

〔95〕 Vgl. Dirk Olzen, Kommentar zum BGB § 241, in: *Staudinger Kommentar zum BGB*, Neubearbeitung 2009, Berlin: Sellier/ de Gruyter oHG, 2009, Rn. 530.

〔96〕 参见叶名怡:《违约与侵权竞合实益之反思》,载《法学家》2015 年第 3 期,第 124 页。

太大。

78 最后,司法实践中盛行的"请求权相互影响说+择一消灭模式"不利于保护受害人权益。本条立法宗旨是通过赋予受害人选择权从而最大限度保障受害人利益,但由于奉行请求权相互影响说与择一消灭模式,故受害人对于请求权之间如何相互影响必须有准确预判,再在复数请求权中作出最优选择,这其实难以实现本条预想的立法目的。

2. 完善责任竞合理论的各种努力

79 为了纠正请求权相互影响说在理论上的自我割裂及其在实践中的异化,不少学者提出了若干新主张,这些新主张虽具体内容各有不同,但总体方向上趋于一致,即统合法律效果,强化对受害人利益的保护。例如,有学者主张"新法条竞合说",即在解释论上将本条中的"有权选择"理解为当事人可以不选择何种请求权而只需提出损害事实,在立法论上则废除这些竞合规范。[97] 有学者认为,"由于责任竞合时依合同而非侵权处理对受害人并无不利,并与意思自治的私法理念相合,能够更为顺畅地贯彻法律的目的与当事人的意思,因而,采法条竞合说比其他处理模式更具合理性"。[98] 另有学者推崇请求权规范竞合说,"无论依据哪一种法律主张权利,应总和考虑违约损失赔偿规范和侵权损失赔偿规范,决定债权人损失赔偿请求权的具体内容。无论如何,债权人的地位只能增强不能削弱"。[99] 还有学者主张,"(例外情况下)从强化对受害人的救济、对受害人的权益进行全面保护的需要出发,有必要对受害人的选择作出必要的限制……即使是在当事人没有作出选择的情况下,也应当通过充分认识两法的不同价值和功能,依据个案的具体情况,来确定最有利于保护受害人的责任形式"。[100] 该主张实际上是"原则上自由竞合+例外法条竞合"的杂合物。

80 请求权竞合是法律体系中不同制度规则并存时自然产生的法律现象,对其既不能放任自流(如自由竞合说那样),也不能简单粗暴地压制(如择一消灭模式),而应该在符合逻辑的情形下,尽可能通过规则协调完善加以妥善解决。基于简化法律关系、切实维护受害人利益的考量,统合复数请求权法律效果的大方向无疑值得肯定,至于究竟是选择请求权规范竞合论、新法条竞合说或全规范统合论,其实都不是最紧要的。当然,鉴于我国目前诉讼法领域选择的是旧诉讼标的理论,从与诉讼法相协调的角度来说,在实体法上完善请求权相互影响说,仍然是最现

---

〔97〕 参见谢鸿飞:《违约责任与侵权责任竞合理论的再构成》,载《环球法律评论》2014年第6期,第26页。

〔98〕 参见张家勇:《合同法与侵权法中间领域调整模式研究》,北京大学出版社2016年版,第330页。

〔99〕 参见朱广新:《合同法总则研究(下册)》,中国人民大学出版社2018年版,第780页。

〔100〕 参见王利明:《侵权责任法与合同法的界分》,载《中国法学》2011年第3期,第122页。

实的选择。

81 “汝给我事实,我给汝法律”,这是很多实体法学者在谈及责任竞合时的理想图景。的确,当事人只负责事实证明并据以提出请求,法官对其请求是否存在法律依据作出裁决,这种模式是责任竞合的最佳模式。不过,这种模式绝非单单实体法改革即可以实现,毋宁说,它更多的是一个诉讼法问题,更准确地说,是一个选择何种诉讼标的理论的问题。

五、请求权竞合与诉讼标的理论的关系

(一)请求权竞合与旧诉讼标的理论

82 诉讼标的是关涉诉的合并与变更、重复起诉、既判力范围等民诉基本问题的核心概念,但对其定义和范围,众说纷纭。旧诉讼标的理论(旧实体法说、旧说)认为,实体法所规定的法律关系(请求权),在诉讼法上即对应形成为诉讼标的。[101]据此,在违约和侵权竞合时,诉讼法上存在两个诉讼标的,原告基于违约起诉失败后可再以侵权提起后诉。

83 旧说将诉讼标的理解为实体请求权在诉讼法上的镜像投映。“一个请求权诉讼未决状态不会令另一个也处于诉讼未决状态,关于一个请求权存在或不存在的判决对于其他请求权没有既判力,从一个请求权向另一个请求权的转换,构成诉的变更。”[102] Dietz 教授这段经典总结,充分展现了请求权自由竞合说对旧诉讼标的理论的支配性影响。

84 旧说的优点主要是:其一,诉讼标的识别简单明了,两造攻防范围明确;其二,原告可逐个尝试基于不同请求权的诉讼,其实体权和诉权的保障均十分充分;其三,审判对象明确,法官释明义务较轻。因此,旧说在当今大陆法系多国审判实务中仍居统治地位。

85 旧说最主要的缺点是未能实现“争端的一次性解决”。原本只有一个实质性争议,却可能存在多个诉讼。[103] 国家会因此而浪费司法资源,被告可能要忍受长期的应诉困扰,而原告可能由于法律知识的欠缺而不能作出最优选择,从而被迫多次起诉,增加诉讼成本。针对旧说存在的诉讼不经济之缺点,台湾地区“民事诉

---

[101] 参见[日]高桥宏志:《民事诉讼法——制度与理论的深层分析》,林剑锋译,法律出版社2003年版,第23页。

[102] Rolf Dietz, *Anspruchskonkurrenz bei Vertragsverletzung und Delikt*, Ludwig Roehrscheid Verlag, 1934, S. 334.

[103] 参见[德]奥特马·尧厄尼希:《民事诉讼法》,周翠译,法律出版社2003年版,第203页。

讼法”曾尝试通过修法加以克服。[104]

86 或有人认为，旧说会导致同一案件矛盾裁判、双重裁判，但这种担心诚属多余。因为，第一，若原告前诉胜诉，则其后诉必败诉，“其中一个请求权的有效满足，会排除另外其他的相竞合的请求权，因为对于另外的请求权来说某项要件已不再具备”。[105] 第二，若原告前诉败诉，则其在后诉中不论败诉还是胜诉，均不构成矛盾判决。第三，若前诉未决，原告又起后诉，则构成诉的客观合并，[106] 同样不会导致矛盾判决。

（二）与请求权脱钩的诉讼标的新学说

1. 新诉讼标的理论

87 新诉讼标的理论（诉讼法说、新说）认为，诉讼标的应基于实体法上最终允许一次给付还是二次给付来定，“在不应当接受二重给付的情形中，诉讼标的就只有一个”。[107] 据此，在违约与侵权竞合时，虽实体法上受害人有两个请求权，但只能受领一次赔偿，故诉讼标的仅有一个。

88 在新说中，影响较大者有二分肢说和一分肢说。前者认为，诉讼标的有两个核心构成要素：生活事实与诉之声明，二者任一发生变化，均构成新诉讼标的。[108] 后者主张，诉讼标的唯一的构成要素是诉之声明。[109] 相较之下，二分肢说用以识别的因素更全面，识别效果显然更精确，故成为当今德国理论和实务通说。[110]

89 依据新说，诉讼标的本身及其识别，均与实体法上的请求权或法律关系脱钩，转而采纯粹的诉讼法之视角；至于诉之声明是基于违约还是基于侵权，都仅为不同的攻防方法和法律观点。

90 新说的优点主要包括：其一，实现了纷争一次性解决的理想；其二，被告只须经受一次诉讼的纷扰，无须重复应诉；其三，原告无须再纠结选择何种实体法依

---

〔104〕 参见郗伟明：《论诉讼标的与请求权规范之竞合》，载《法商研究》2016 年第 3 期，第 105 页。

〔105〕 Rolf Dietz, *Anspruchskonkurrenz bei Vertragsverletzung und Delikt*, Ludwig Roehrscheid Verlag, 1934, S. 334.

〔106〕 参见袁琳：《基于“同一事实”的诉的客观合并》，载《法学家》2018 年第 2 期，第 153 页。

〔107〕 参见［日］高桥宏志：《民事诉讼法——制度与理论的深层分析》，林剑锋译，法律出版社 2003 年版，第 25 页。

〔108〕 Vgl. Becker – Eberhard, Kommentar zur ZPO, Vorbemerkung zu §§ 253 ff. in: *Münchener Kommentar zum ZPO* 4. Aufl., München: C. H. Beck, 2013, Rn. 32.

〔109〕 Vgl. Schwab, Noch einmal: Bemerkungen zum Streitgegenstand, in *Festschrift für Gerhard Lüke*, 1997, S. 807. 一分肢说的缺点在于过度强调纷争解决一次性原则，对票据请求与原因请求二者的竞合无法给出合理解释。参见刘明生：《民事诉讼法案例研习》，台湾地区元照出版公司 2013 年版，第 43 页。

〔110〕 Vgl. Becker – Eberhard, Kommentar zur ZPO, Vorbemerkung zu §§ 253 ff. in: *Münchener Kommentar zum ZPO* 4. Aufl., München: C. H. Beck, 2013, Rn. 33.

据，法官应对其予以充分释明。

新说的缺点也很明显：其一，关于诉诸何种法律观点（违约或侵权），法官向原告的释明义务显著加重，裁判内容也随之倍增，这是新说最致命的缺陷，由此导致，法官集体无意识地消极应对，使得新说在审判实务中很难获得支持，这一现象在日本、我国大陆地区和台湾地区均清晰可见；其二，新说否认原告对其实体权利的程序处分权，形同剥夺其实体权利的行使自由；其三，原告在某项请求权尚未搜集充分事证时，将有“无端遭受败诉，而形同被逼放弃该权利或就该权利放弃提诉之危险”。[111] 91

面对与实体法脱钩的新诉讼标的理论，实体法学者也尝试进行各种理论更新，如新实体法说、请求权规范竞合说以及全规范统合说等。[112] 然而，这些努力收效甚微。德国诉讼法学者认为，新实体法说与其说是民事诉讼标的新理论，不如说是对实体法上请求权概念的新整合。[113] 日本诉讼法学者认为，请求权规范如何调整，是一个属于实体法领域解决的问题，与诉讼法理论关系不大。[114] 92

2. 诉讼标的相对论

诉讼标的相对论主张，诉讼标的在不同的诉讼环节和语境下有不同的内涵，有时指实体法律关系（请求权），有时指诉之声明（诉讼请求），有时指生活事实关系（纠纷），总之它是具体的、可变的。相对论的出现源于对新旧理论各自缺点的不可忍受，以及对一体化诉讼标的理论体系的深刻怀疑。 93

诉讼标的相对论在台湾地区、[115] 德国、日本均有不同程度的接受度。[116] 不过，美国和欧盟的情形更为特别。在美国，就“请求排除（既判力）”而言，对诉讼标的之识别，联邦法和大多数州法采“事务或事件（transactional or occurrence test）标准”；[117] 据此，在同一损害事故中，原告只有一次诉讼的机会，其应在一次诉讼中将全部的赔偿请求和依据一并提出。欧盟法院则于 1987 年首次采用核心点理 94

[111] 参见许士宦：《新民事诉讼法》，北京大学出版社 2013 年版，第 75 页。

[112] 关于实体法学者的种种努力，参见曹志勋：《德国诉讼标的的实体法说的发展——关注对请求权竞合的程序处理》，载《交大法学》2018 年第 1 期，第 33 页。

[113] Vgl. Becker – Eberhard, Kommentar zur ZPO, Vorbemerkung zu §§ 253 ff. in: *Münchener Kommentar zum ZPO* 4. Aufl., München: C. H. Beck, 2013, Rn. 32.

[114] 参见［日］高桥宏志：《民事诉讼法——制度与理论的深层分析》，林剑锋译，法律出版社 2003 年版，第 25 页。

[115] 参见许士宦：《新民事诉讼法》，北京大学出版社 2013 年版，第 81 页；邱联恭：《程序利益保护论》，台湾地区三民书局 2005 年版，第 188 页；黄国昌：《民事诉讼理论之新开展》，台湾地区元照出版公司 2010 年版，第 375 页。

[116] 参见陈杭平：《诉讼标的理论的新范式》，载《法学研究》2016 年第 4 期，第 175 页。

[117] 另有少数州采“主要权利理论（primary rights theory）”。参见［美］理查德·D. 弗里尔：《美国民事诉讼法（下）》，张利民、孙国平、赵艳敏译，商务印书馆 2013 年版，第 662 页。

论(Kernpunkttheorie),即在不同诉讼程序中,若"争议的核心点"相同,则即使诉之声明在形式上不同,它们的诉讼标的亦为相同。[118]

95 从诉讼标的概念脱离内涵明确的实体权利和诉之声明这个角度来看,美国与欧盟立场或可勉强纳入诉讼标的相对论的范畴,不过,若基于诉讼标的相对论着重于诉讼标的内涵的可变性而言,则美国、欧盟的立场只能理解为"诉讼标的可变论的晚近变种"。[119]

96 诉讼标的相对论的最大优点是灵活以及由此带来的高度适应性。此外,在允许原告自由选择诉讼标的类型的相对论看来,原告还可"避免蒙受因未被容许为上述诉讼标的之选择性、相对性特定时所可能招致程序上不利益或实体上不利益"。[120]

97 诉讼标的相对论也有不少缺点。首先,诉讼标的相对论本身缺乏统一内涵和立场,既有美国和欧盟的生活事实说,也有主张大体上基于旧实体法说的、较保守的相对论,还有主张允许原告选择(权利型或纷争型)诉讼标的的激进相对论。[121]其次,相对论主张在不同环节诉讼标的应有不同含义,但究竟在何种环节应有何种含义,回答既不清楚也不统一,从而"在基本的程序问题上欠缺法律明确性和可预见性",[122]易导致同案不同判。再次,在立法论上,同一概念(诉讼标的)在同一部法的不同法条中有不同含义,此现象应竭力避免而不应肯定,更不应成为从实然推导出应然的依据。最后,生活事实说并不严谨,其边界易泛化从而令原告权利受损,同时它对原告的法律知识有较高要求,与我国国情尚不匹配。

98 总的来说,诉讼标的旧说、新说以及相对论均有各自优缺点,各国应根据自身国情选择合适的理论模式。

(三)《民事诉讼法解释》第 247 条之下的请求权竞合

99 关于诉讼标的,在学说上,有不少学者主张新诉讼标的理论。[123] 在审判实务上,究竟何种立场是主流则有争议,有学者认为我国的"实践操作更接近于新诉讼

[118] 对于这种深受法国法和英美法影响的学说,德国学者持强烈批评态度:(1)因标准不统一而引发欧盟成员国内部的司法风险;(2)背离了重视诉之声明的欧洲传统;(3)忽略了相应的国际发展趋势——突出诉之声明而非生活事实。Vgl. Stein/Jonas, Kommentar zur Zivilprozessordnung, Vor § § 253, in: *Reinhard Bork und Herbert Roth Kommentar zur Zivilprozessordnung*, 23. Aufl., Mohr Siebeck, 2014, Rn. 44.

[119] Vgl. Stein/Jonas, Kommentar zur Zivilprozessordnung, Vor § § 253, in: *Reinhard Bork und Herbert Roth Kommentar zur Zivilprozessordnung*, 23. Aufl., Mohr Siebeck, 2014, Rn. 44.

[120] 参见许士宦:《新民事诉讼法》,北京大学出版社 2013 年版,第 75 页。

[121] 权利性或纷争型诉讼标的之相对论,主要源自部分台湾地区学者对台湾地区"民事诉讼法"第 244 条第 1 项第 2 款的解释。参见刘明生:《民事诉讼法案例研习》,台湾地区元照出版公司 2013 年版,第 39 页。

[122] 参见 Vgl. Becker – Eberhard, Kommentar zur ZPO, Vorbemerkung zu § § 253 ff. in: *Münchener Kommentar zum ZPO* 4. Aufl., München: C. H. Beck, 2013, Rn. 35.

[123] 参见张卫平:《重复诉讼规制研究:兼论"一事不再理"》,载《中国法学》2015 年第 2 期,第 57 页。

标的理论的思维方式”,[124] 也有学者认为实务多采旧说。[125] 但如前所述,“择一消灭”这种非新非旧模式在实务中有广泛应用。[126]

就立法规定来看,《民事诉讼法解释》第 247 条规定,构成重复起诉的条件是前诉与后诉的当事人相同、诉讼标的相同、诉讼请求相同或相冲突。从文义解释出发,本条中的诉讼标的既然与诉讼请求并列,只能将其解释为旧说下的实体法律关系(请求权)。[127] 最高人民法院关于民事诉讼法司法解释的释义书也是作如此解读。[128] 100

尽管如此,我国法对于请求权竞合的处理模式与旧诉讼标的理论仍存在若干重大差异。首先,旧说并不排斥原告在一个诉讼中同时主张违约和侵权(构成诉的追加与合并),例如台湾地区“民事诉讼法”第 255 条第 1 项第 2 款。然而,本条与《合同法解释一》第 30 条排除了诉的合并可能。[129] 其次,旧说最重要优点在于,允许原告在损害得到填补之前基于不同的实体法请求权就同一生活事实多次起诉,而择一消灭模式恰恰否定了此点。 101

择一消灭模式不仅在实体法上无任何依据(见前文),在诉讼法上也寻不到任何支持。首先,《合同法解释一》第 30 条只是排除了诉的合并可能,限制了诉的变更时间,但该条本身并未规定,前诉败诉的原告不得再提出后诉。其次,择一消灭模式不符合《民事诉讼法解释》第 247 条的规定,因为该条对诉讼标的采旧实体法说,故前诉败诉的原告基于另一项竞合的请求权提起后诉,属于诉讼标的不同,不构成重复起诉。[130] 102

无论是旧说,还是新说,抑或诉讼标的相对论,都有各自优缺点,通过相应的技术改造都可将负面效果降到最低,从而可堪适用。只不过,既然《民事诉讼法解 103

---

[124] 参见张卫平:《重复诉讼规制研究:兼论“一事不再理”》,载《中国法学》2015 年第 2 期,第 56 页。

[125] 参见李浩:《不当得利与民间借贷的交集》,载《清华法学》2015 年第 1 期,第 151 页;王亚新、陈晓彤:《前诉裁判对后诉的影响》,载《华东政法大学学报》2015 年第 6 期,第 13 页。另见许士宦:《新民事诉讼法》,北京大学出版社 2013 年版,第 189 页。

[126] 参见王亚新:《诉讼程序中的实体形成》,载《当代法学》2014 年第 6 期,第 153 页。

[127] 参见卜元石:《重复诉讼禁止及其在知识产权民事纠纷中的应用》,载《法学研究》2017 年第 3 期,第 104 页。

[128] 参见沈德咏主编:《最高人民法院民事诉讼法司法解释理解与适用(上)》,人民法院出版社 2015 年版,第 635 页。

[129] 该条规定:“债权人依照合同法第一百二十二条的规定向人民法院起诉时作出选择后,在一审开庭以前又变更诉讼请求的,人民法院应当准许。对方当事人提出管辖权异议,经审查异议成立的,人民法院应当驳回起诉。”应注意,《合同法解释一》已被《最高人民法院关于废止部分司法解释及相关规范性文件的决定》(法释〔2020〕16 号)所废除。同时,与《民法典》第 186 条配套的司法解释尚未出台;目前很难预判,《合同法解释一》第 30 条的立场将会发生改变。

[130] 参见陈杭平:《诉讼标的理论的新范式》,载《法学研究》2016 年第 4 期,第 187 页。另见卜元石:《重复诉讼禁止及其在知识产权民事纠纷中的应用》,载《法学研究》2017 年第 3 期,第 104 页。

释》第 247 条选择了旧说，那么，就应依据旧说对请求权竞合之实体和程序规则予以各种完善。首先，应修改本条，允许债权人同时提出多项竞合性请求；其次，应修改《合同法解释一》第 30 条，允许原告在单一诉讼中同时提出多项竞合性请求（诉的客观合并），并放宽诉的变更期限至庭审结束之前；最后，诉讼法理论和实务应根据《民事诉讼法解释》第 247 条的规定，遵循和贯彻旧实体法说，尽快废除目前审判实务中盛行的择一消灭模式，因为它严重损害债权人的利益，既背离了旧说的程序内涵，也背离了请求权竞合的实体内涵。〔131〕 至于上述这些改革可能引发的若干问题，如管辖变更与管辖异议、举证期限以及审限延长等问题，都可以通过相应的技术调整予以因应。

104 总之，责任竞合/请求权竞合绝非单纯的实体法问题，唯有实体法和程序法二者协力，才可能彻底解决该难题，因为“私法规则并没有建立起完全的私法秩序。民事诉讼帮助其实现内部的自洽”。〔132〕

六、证明责任

105 根据罗森贝克的证明责任一般原理，原告必须对权利形成规范的前提条件加以证明。〔133〕 此项原则在我国《民事诉讼法解释》第 90 条、第 91 条亦有体现。据此，在责任竞合场合下，原告应对违约请求权和侵权请求权的构成要件承担证明责任。

106 如前所述，本条的责任竞合是损害赔偿责任竞合。因此，首先，原告应对损害的存在及其大小等事实予以证明。对于财产性损害，原告应证明自己的实际损失（差额说）；对于非财产性损害，原告应证明自己遭受的肉体上和精神上的痛苦。

107 其次，原告应对其所受损害与被告的不法行为（违约或侵权）之间存在的因果关系事实予以证明，这里既包括责任成立因果关系，也包括责任范围因果关系。在特殊场合下，原告可享有因果关系推定的利益，如环境污染责任（《民法典》侵权责任编第 1230 条）。

108 最后，原告还应证明被告存在违约行为或侵害行为。就违约的证明而言，原告须证明被告存在违反已生效合同所规定义务的行为；详言之，若被告（债务人）负担结果义务，则原告应证明其未实现该结果，若被告（债务人）负担手段义务，则

---

〔131〕 参见袁琳：《基于“同一事实”的诉的客观合并》，载《法学家》2018 年第 2 期，第 152 页。

〔132〕 参见［德］康拉德·赫尔维格：《诉权与诉的可能性：当代民事诉讼基本问题研究》，任重译，法律出版社 2018 年版，第 207 页。

〔133〕 参见［德］莱奥·罗森贝克：《证明责任论》（第 5 版），庄敬华译，中国法制出版社 2018 年版，第 130 页。

原告应证明其未尽到一般注意义务(过错)。就侵权的证明而言,原告原则上还应证明被告存在过错(故意或过失),除非法律明确规定系争场合适用无过错责任或过错推定责任。自纯粹理论角度而言,原告若欲援引本条,则应同时证明被告存在违约和侵权,但事实上,由于现行法禁止同时提出违约请求权和侵权请求权,并要求原告在第一次开庭前选定请求权且不得再更改,因此,不可能出现在庭审中原告必须同时证明被告存在违约和侵权的情形。

附:案例索引

1. 安徽省滁州市中级人民法院(2017)皖11民辖终122号民事裁定书:扬州市通盛专用车配件有限公司与滁州市恒信工贸有限公司产品责任纠纷案【边码14】

2. 广东省云浮市中级人民法院(2017)粤53民终94号民事判决书:陆某某公司与涂某某等机动车交通事故责任纠纷案【边码14】

3. 广西壮族自治区高级人民法院(2015)桂民一终字第22号民事判决书:广西壮族自治区梧州市电子工业学校与中船华南船舶机械有限公司侵权责任纠纷、追索劳动报酬纠纷、房屋租赁合同纠纷案【边码69】

4. 黑龙江省高级人民法院(2018)黑民再13号民事判决书:赵某冰与张某刚等财产损害赔偿纠纷案【边码60】

5. 湖北省襄阳市中级人民法院(2016)鄂06民终231号民事判决书:蓓蕾幼儿园与市四十一中排除妨碍纠纷、违约损害赔偿纠纷案【边码69】

6. 湖南省益阳市中级人民法院(2017)湘09民终780号民事判决书:湖南兴盛水利水电工程建设有限公司与朱某平等委托合同纠纷案【边码61】

7. 李萍、龚念诉与五月花公司人身伤害赔偿纠纷案,广东省高级人民法院(2000)粤高法民终字第265号民事判决书,载《最高人民法院公报》2002年第2期【边码66】

8. 山西省永济市人民法院(2017)晋0881民初87号民事判决书:王某珠与郭某会等合同纠纷案【边码14】

9. 上海市第一中级人民法院(2011)沪一中民二(民)终字第2591号民事判决书:A与上海B物业管理有限公司财产损害赔偿纠纷案【边码59】

10. 上海市浦东新区人民法院(2011)浦民六(商)初字第5595号民事判决书:某某公司与某某公司保险代位求偿权纠纷案【边码70】

11. 浙江省高级人民法院(2009)浙海终字第140号民事判决书:阿波罗××公司等与舟山万邦永××船××公司船舶触碰损害责任纠纷案【边码62】

12. 最高人民法院(2016)最高法民申1439号民事裁定书:广西壮族自治区梧州市电子工业学校与中船华南船舶机械有限公司侵权责任纠纷案【边码49、69】

13. 最高人民法院(2016)最高法民再15号民事判决书:瓦锡兰芬兰有限公司等与荣成市西霞口船业有限公司船舶设备买卖侵权纠纷案【边码65】

第192条、第193条

诉讼时效届满效力、职权禁用规则*

第192条　诉讼时效期间届满的，义务人可以提出不履行义务的抗辩。

诉讼时效期间届满后，义务人同意履行的，不得以诉讼时效期间届满为由抗辩；义务人已经自愿履行的，不得请求返还。

第193条　人民法院不得主动适用诉讼时效的规定。

简　目

---

* 本文系基于《〈民法典〉第192条、第193条（诉讼时效届满效力、职权禁用规则）评注》（载《法学家》2020年第6期，第176—190页）一文修订而成。

案例搜集情况说明：（1）本文选取案例遵循以下标准：一是《最高人民法院公报》案例和最高人民法院裁判意见尽量全面搜集；二是对相同案型选取较高级别法院的裁判意见；三是在最高人民法院和高级人民法院无同类案例的前提下，选取中级人民法院和基层人民法院有讨论价值的特殊案型；四是最高人民法院相关刊物（如《人民司法》《商事审判指导》等）所载案例，优先选取。（2）本文案例来源：中国裁判文书网；北大法宝案例库；无讼案例库；《人民司法》等纸质载体。

一、规范意旨

(一)规范意义及正当化理由

1 《民法典》第192条是诉讼时效期间届满(以下简称时效届满)效力的基础规范。本条含两款:第1款规定,时效届满的基本效力是义务人取得抗辩权(抗辩权发生主义);第2款规定,时效届满后,义务人以“同意履行”方式放弃时效抗辩权的效力和自愿履行的效力。

2 时效届满的效力分为两个层面:一是时效届满的直接效力,即义务人取得抗辩权;二是行使抗辩权的效力(本体性效果),即援引抗辩权(积极行使)的效力和放弃抗辩权(消极行使)的效力。《民法典》第192条第1款系规定直接效力;第2款系规定放弃抗辩权的效力。对于积极行使抗辩权的法律后果,本条文义并未涉及。

3 通说认为,《民法通则》对时效届满效力采胜诉权消灭主义,〔1〕但该说在概念合理性、法院应居中裁判、与处分原则相悖等方面受到强烈质疑。〔2〕《诉讼时效规定》(2020年修正)第1条改采抗辩权发生主义。

4 《民法典》第192条第1款采抗辩权发生主义,改变了《民法通则》的做法,而继承了《诉讼时效规定》(2020年修正)的处理模式。理由在于:时效制度的价值要求;缓和法律与道德的紧张关系;体现意思自治;借鉴立法通例;对旧法的反思等。〔3〕《民法典》第192条第2款系继承《民法通则》第138条、《民通意见》第171条、《诉讼时效规定》(2020年修正)第19条(修正前的《诉讼时效规定》第22条)之结果,故既有解释规则于《民法典》施行后仍应遵循。

5 《民法典》第193条规定了职权禁用规则,即在当事人未主张时效事项的情形下,法院不得主动依职权适用时效规定。第193条“职权禁用规则”与第192条“抗辩权发生主义”实为同一规则依不同角度所作规定,因为既然时效届满仅直接

〔1〕 参见佟柔主编:《中国民法学·民法总则》,中国人民公安大学出版社1990年版,第317—318页。亦有学者认为,将诉讼时效效力区分为胜诉权消灭主义、实体权消灭主义、抗辩权发生主义等,该分类本身就不合理,因为各立法虽采概念有异,但实际效果基本一致。参见葛承书:《民法时效——从实证的角度出发》,法律出版社2007年版,第65—66页。

〔2〕 对胜诉权消灭主义的批评意见,参见杨巍:《民法时效制度的理论反思与案例研究》,北京大学出版社2015年版,第222—226页。

〔3〕 参见黄薇主编:《中华人民共和国民法典总则编释义》,法律出版社2020年版,第515页。

产生抗辩权，则该抗辩权当然只能由当事人享有和行使，法院自无权援引。〔4〕《民法典》第 193 条系继承《诉讼时效规定》（2020 年修正）第 2 条（修正前的《诉讼时效规定》第 3 条）部分内容之结果。

6 《民法典》第 193 条未继承《诉讼时效规定》（2020 年修正）第 2 条禁止法院就时效释明的规定。原因在于：一是理论与实践对该规则争议较大，而尚未形成共识；〔5〕二是该规则的性质属于程序法规范，将其规定于《民法典》中并非妥当。

7 依据最高人民法院释义书对《诉讼时效规定》（2020 年修正）第 2 条的解释，应禁止法院对诉讼时效进行积极释明，但并不禁止消极释明。理由是前者违反法院中立原则，而后者则否。〔6〕 笔者认为，虽然《民法典》第 193 条对禁止释明未做规定，但《民法典》施行后仍应采最高人民法院的该解释。理由为：其一，法院对诉讼时效进行积极释明，违反民事诉讼的辩论原则和法院的中立地位。其二，在当事人未援引时效抗辩权的场合下，如果允许法院对诉讼时效进行积极释明，依常理义务人均会因此主张时效抗辩，这实际上变相地否定了职权禁用规则。其三，如果当事人已经援引时效抗辩权，只是表述不够清晰、准确或者证据与诉讼请求不一致，法院提示当事人明确或变更诉讼请求（即消极释明），这并不违反职权禁用规则和现行证据规则。

8 虽然《民法典》第 188 条第 1 款“向人民法院请求保护”继承了《民法通则》第 135 条（胜诉权消灭主义的依据）之表述，但因《民法典》第 192 条已就时效届满效力专设规定，因此第 188 条第 1 款不再构成时效届满效力规则，而仅为普通时效期间规范。换言之，“人民法院不予保护”并非时效届满的当然结果，而是当事人行使时效抗辩权的效力体现。

9 诉讼时效和申请执行时效届满不影响法院受理案件［《民事诉讼法解释》（2020 年修正）第 219 条、第 483 条第 1 款］。这是“抗辩权发生主义”和“职权禁用规则”在程序法上的体现。

---

〔4〕 对于职权禁用规则与抗辩权发生主义的关系，比较法上存在三种模式：一是仅规定抗辩权发生主义而不规定前者（如《德国民法典》第 214 条第 1 款），因为前者是后者的当然推论；二是仅规定职权禁用规则而不规定后者（如《日本民法典》第 145 条、第 167 条），通过“权利消灭 + 法院不得主动援引时效”达到与模式一类似效果；三是两者同时予以规定（如《葡萄牙民法典》第 303 条、第 304 条第 1 款），虽然该模式在立法技术上有重复规定之嫌，但其对避免无谓争议、明确法官职责范围亦有实益。我国系采模式三。

〔5〕 相关学理意见参见熊跃敏：《民事诉讼中法院释明的实证分析》，载《中国法学》2010 年第 5 期；张海燕：《论法官对民事实体抗辩的释明》，载《法律科学》2017 年第 3 期；任重：《我国民事诉讼释明边界问题研究》，载《中国法学》2018 年第 6 期。

〔6〕 参见最高人民法院民事审判第二庭编著：《最高人民法院关于民事案件诉讼时效司法解释理解与适用》，人民法院出版社 2015 年版，第 76 页。

(二)时效抗辩权的性质

时效抗辩权是实体法上的抗辩权,相关争议应通过实体审理解决。[7] 我国现行法有异于域外立法通例的做法在于:其一,民事程序法设置申请执行时效制度(《民事诉讼法》第239条),作为执行阶段的时效规则。其二,因现行法未设置“债务人异议之诉”制度,执行阶段就时效抗辩权存在纠纷的,参照《民事诉讼法》第225条“对违法执行行为的异议”处理。[8] 10

时效抗辩权是永久性抗辩权,援引该抗辩权能永久地阻止法院执行该项请求权,即请求权人提出的给付之诉会被认为无理由而被驳回。[9] 11

(三)适用范围

《民法通则》第141条规定“法律对诉讼时效另有规定的,依照法律规定”。《民法典》未继承该条,且《民法典》第192条亦未设但书规定。因此在现行民商合一体系下,民事单行法或商事单行法规定的特殊时效届满效力原则上均应适用《民法典》第192条。 12

《个人独资企业法》第28条和《产品质量法》第45条将时效届满效力分别规定为“责任消灭”和“请求权丧失”。此系基于《民法通则》第141条所设特别规定,《民法典》施行后此两条不再适用。 13

《票据法》第17条规定时效届满效力是“票据权利消灭”。因《票据法》第18条规定票据权利因时效届满消灭后仍享有“民事权利”(利益返还请求权),有学者认为在现行法双层模式下,票据时效届满应导致实体权利和自然权利绝对消灭。[10] 《民法典》施行后,票据权利时效届满效力应解释为抗辩权发生。 14

《民法典》第198条规定仲裁时效优先适用特别法规定,故劳动争议仲裁时效、土地承包争议仲裁时效等届满效力并不当然适用《民法典》第192条。 15

---

〔7〕 Vgl. Helmut Grothe, Kommentar zum §214, in: *Münchener Kommentar zum BGB*, 8. Aufl., München: C. H. Beck, 2018, Rn. 4.

〔8〕 参见沈德咏主编:《最高人民法院民事诉讼法司法解释理解与适用(下)》,人民法院出版社2015年版,第1286页。

〔9〕 参见[德]卡尔·拉伦茨:《德国民法通论(上册)》,王晓晔等译,法律出版社2003年版,第329—330页。

〔10〕 参见孙沛成:《票据时效性质新论》,载《中国海洋大学学报(社会科学版)》2011年第3期,第79页。

二、时效抗辩权的援引(第 192 条第 1 款)

(一)援引场合

1. 诉讼外援引

16 援引行为在诉讼外与诉讼中均可实施,但诉讼中的援引具有决定意义。如果当事人曾在诉讼外援引时效抗辩权,其后在诉讼中又表示放弃该抗辩权,该情形应解释为虽然承认诉讼外的援引行为,但诉讼外的表示不是抗辩权的最终行使。[11]

17 当事人在诉讼外和诉讼中均实施援引行为且二者内容一致的,诉讼外援引行为完成时即发生抗辩效果。法院裁判仅是对诉讼外援引行为的效力予以确认。如果当事人在诉讼外作出放弃时效抗辩权的意思表示,其后在诉讼中又实施援引行为,该援引行为不被准许,因为诉讼外弃权行为导致诉讼中援引行为丧失了实体法依据。

2. 诉讼程序中援引

18 当事人未在一审阶段援引时效抗辩权,在二审中的援引行为不被准许,但基于新的证据能够证明时效届满的情形除外。[《诉讼时效规定》(2020 年修正)第 3 条第 1 款]虽然现行法在一般场合下采答辩任意主义(《民事诉讼法》第 125 条),但前述规定被认为是逾期答辩失权的例外规则,[12]或者是答辩失权制度在时效抗辩权上的体现。[13]

19 实务中,下列情形不被认定为《诉讼时效规定》(2020 年修正)第 3 条第 1 款中“新的证据”:当事人在一审中误以为时效未届满;[14]当事人主张一审判决认定的事实才得出时效届满的结论;[15]一审判决本身;[16]一审代理律师未出庭;[17]

---

〔11〕 参见[德]卡尔·拉伦茨:《德国民法通论(上册)》,王晓晔等译,法律出版社 2003 年版,第 332 页。

〔12〕 参见杨巍:《论援引诉讼时效抗辩权的三种场合》,载《法学评论》2018 年第 6 期,第 85 页。

〔13〕 参见湖北省襄阳市中级人民法院(2017)鄂 06 民终 2836 号民事判决书。

〔14〕 参见浙江省杭州市中级人民法院(2016)浙 01 民终 4535 号民事判决书。

〔15〕 参见海南省第二中级人民法院(2016)琼 97 民终 1449 号民事判决书。

〔16〕 参见最高人民法院民一庭:《二审中发包方以一审判决作为新证据主张承包方起诉时已经超过诉讼时效期间的诉请应否予以支持》,载最高人民法院民事审判第一庭编:《民事审判指导与参考》(总第 58 辑),人民法院出版社 2014 年版,第 104 页以下。

〔17〕 广东省广州市中级人民法院(2018)粤 01 民终 6361 号民事判决书认为,“因一审代理律师未出庭(当事人不知情)导致当事人二审中才提出时效抗辩”构成合理理由。笔者认为该裁判意见有误,因为无论当事人对其一审律师未出庭是否具有可归责性,其律师的行为都已产生确定的程序法效力并由当事人承担,该行为仅对代理合同的违约责任有影响,而不能成为当事人在二审中援引时效抗辩权的理由。

等等。

在原一、二审期间当事人均未援引时效抗辩权,而在发回重审的一审程序中援引,基于前述理由(边码 18),该援引行为不被准许。[18] 20

当事人在终审判决作出前未援引时效抗辩权,又以时效届满为由申请再审或者在再审程序中援引时效抗辩权的,不被准许[《诉讼时效规定》(2020 年修正)第 3 条第 2 款]。理由是“保持司法程序安定性、维护司法既判力原则及诚信原则的要求”[19]。 21

当事人在一审阶段援引时效抗辩权但一审法院未予采纳,当事人对此未提出上诉,其后于再审阶段再次援引时效抗辩权[20]或者以此作为申请再审的理由[21],均不被准许。 22

3. **执行程序中援引**

现行法框架下,被执行人在执行程序中援引时效抗辩权的,参照《民事诉讼法》第 225 条“对违法执行行为的异议”处理。该处理模式是在债务人异议之诉制度缺失下,执行权处理时效争议的权宜之计。[22] 学界对此多持批评意见,认为其没有充分保障当事人的司法救济权,导致执行阶段中的程序性保障未得到应有的重视。[23] 未来修法时有必要设置债务人异议之诉或其他规则,为执行程序中对援引时效抗辩争议进行实体审理提供有效通道。[24] 23

立法论角度而言,作为申请执行对象的请求权是“执行名义所载请求权”,而非“执行请求权”,因其仍属实体法上的权利,故域外法均将其规定于民法典之中。我国亦有学者主张将申请执行时效与诉讼时效采取统一立法体例。[25] 24

(二)援引主体

《民法典》第 192 条第 1 款规定时效抗辩权的援引主体是“义务人”,但依相关规定及实务做法,援引主体并非仅限于义务人本人,亦包括因时效届满而受影响的某 25

---

〔18〕 参见吉林省高级人民法院(2015)吉民二终字第 69 号民事判决书。不同观点参见张雪楳:《诉讼时效审判实务与疑难问题解析》,人民法院出版社 2019 年版,第 98 页。

〔19〕 参见最高人民法院民事审判第二庭编著:《最高人民法院关于民事案件诉讼时效司法解释理解与适用》,人民法院出版社 2015 年版,第 91—92 页。相关案例参见浙江省高级人民法院(2012)浙民再字第 76 号民事判决书。

〔20〕 参见最高人民法院(2018)最高法民申 4644 号民事裁定书。

〔21〕 参见最高人民法院(2017)最高法民申 2522 号民事裁定书。

〔22〕 参见乔宇:《论申请执行时效的适用程序》,载《法律适用》2013 年第 4 期,第 70 页。

〔23〕 参见金印:《执行时效的体系地位及其规制方式》,载《法律科学》2017 年第 5 期,第 98 页。

〔24〕 参见杨巍:《论援引诉讼时效抗辩权的三种场合》,载《法学评论》2018 年第 6 期,第 90 页。

〔25〕 参见霍海红:《执行时效性质的过去、现在与未来》,载《现代法学》2019 年第 2 期,第 172 页。

些利害关系人。在比较法上,对于该利害关系人的认定标准并不一致。例如《法国民法典》第 2253 条规定为"因时效完成而享有利益的人";《葡萄牙民法典》第 303—305 条规定为"受益人"、"对时效完成之宣告有正当利益的第三人"和"检察院"(受益人无行为能力的场合);《日本民法典》第 145 条规定为"保证人、物上保证人、第三取得人及就权利消灭而有正当利益之人"。[26] 我国现行法对此未作规定,有学者认为应参酌因果关系远近程度、与其他规则的兼容性等因素判断。[27]

26 《民法典》第 553 条规定债务承担的场合下,新债务人可以援引原债务人对债权人的抗辩(包括时效抗辩权)。[28] 有裁判意见将该条扩张适用于替代清偿人。[29]

27 《民法典》第 701 条规定保证人享有主债务人的抗辩权,通说认为包括主债务时效抗辩权。[30] 其一,一般保证人和连带责任保证人均可援引主债务时效抗辩权。一般保证人可选择行使先诉抗辩权或主债务时效抗辩权以拒绝债权人的履行请求;行使先诉抗辩权无果后仍可援引主债务时效抗辩权。其二,《诉讼时效规定》(2020 年修正)第 18 条第 2 款规定,保证人未援引主债务时效抗辩权的,承担保证责任后无权向主债务人追偿,但主债务人同意给付的除外。此规定使保证人的援引行为具有一定程度的"义务"性质,因为保证人不实施该援引行为将丧失追偿权。所谓"同意给付",是指主债务人向债权人作出"同意履行义务"的表示,即主债务人自己也实施了弃权行为。[31] 其三,主债务时效抗辩权不属于主债务人专有,保证人系以自己名义独立行使该抗辩权。[32]

28 抵押人能否援引主债务时效抗辩权以拒绝承担担保责任?《民法典》第 419 条继承了《物权法》第 202 条之规定:抵押权人在主债务时效期间内未行使抵押权的后果是"人民法院不予保护"。但对此应解释为"抗辩权发生"还是"抵押权消

---

〔26〕 此为 2017 年《日本民法典》修订后的内容。在修订以前,日本实务上采"因时效而直接受益者"标准。金山直樹『時効における理論と解釈』(有斐閣、2009 年)294 頁,参照。

〔27〕 参见杨巍:《援引诉讼时效抗辩权的主体》,载《法学》2018 年第 10 期,第 132 页。

〔28〕 参见最高人民法院(2005)民二终字第 210 号民事判决书。

〔29〕 参见江苏省南通市中级人民法院(2013)通中民终字第 0698 号民事判决书。

〔30〕 参见王利明:《合同法分则研究(下卷)》,中国人民大学出版社 2013 年版,第 293 页。

〔31〕 参见最高人民法院民事审判第二庭编著:《最高人民法院关于民事案件诉讼时效司法解释理解与适用》,人民法院出版社 2015 年版,第 343 页。

〔32〕 参见全国人大常委会法制工作委员会民法室编著:《中华人民共和国担保法释义》,法律出版社 1995 年版,第 26 页。

灭”,争议甚大。[33] 有最高人民法院公报案例采抵押权消灭说,[34]但亦有最高人民法院判决认为“抵押权丧失法律强制力保护”。[35]《民法典担保制度解释》采取“抗辩权发生说”:(1)其第44条第1款规定,“抵押人以主债权诉讼时效期间届满为由,主张不承担担保责任的,人民法院应予支持”。该文义更为接近“抗辩权发生说”。(2)其第20条规定,抵押人(物上保证人)可以适用《民法典》第701条关于保证人抗辩权的规定,故抵押人可以援引主债务时效抗辩权。笔者认为,司法解释的选择是合理的,理由如下:其一,在现行法语境下,“人民法院不予保护”是对时效届满后果的习惯性表述。其二,在实现担保物权案件中,法院并不主动审查主债务时效期间是否届满[《民事诉讼法解释》(2020年修正)第371条],抵押人可依据《执行异议复议规定》(2020年修正)第7条第2款“债权丧失强制执行效力”之事由提出执行异议。其三,主债务时效届满后,抵押人自愿与抵押权人达成实现抵押权协议的,法院通常认可其效力。[36] 此可解释为抵押人放弃抗辩权。

留置物所有人能否援引主债务时效抗辩权?《民法典担保制度解释》第44条 29
第2款规定,主债权时效届满后,留置物所有人无权请求债权人返还留置物;但留置物所有人有权请求拍卖、变卖留置物并以所得价款清偿债务。该规定理由在于,留置权以债权人占有标的物为成立要件,只要处于债权人占有留置物的状态,主债权时效届满也不导致留置权消灭或效力减损。因此,留置物所有人不能通过援引主债务时效抗辩权以请求债权人返还留置物,[37]而只能请求债权人将留置物变价以了结双方法律关系。

出质人能否援引主债务时效抗辩权?《民法典担保制度解释》第44条第3款 29a
区分质权公示方式的不同分别作出处理:(1)以登记作为公示方式的权利质权,出质人有权援引主债务时效抗辩权(参照适用本条第1款);(2)动产质权、以交付权利凭证作为公示方式的权利质权,出质人不能通过援引主债务时效抗辩权请求债权人返还质物(参照适用本条第2款)。

连带债务人A取得的时效抗辩权,连带债务人B能否援引?《民法典》颁布 30

〔33〕“抗辩权发生说”参见王利明:《物权法研究(下卷)》(第3版),中国人民大学出版社2013年版,第1218页;“抵押权消灭说”参见程啸:《论担保物权之存续期限》,载《财经法学》2015年第1期,第77页。

〔34〕参见王军诉李睿抵押合同纠纷案,北京市第三中级人民法院(2016)京03民终8680号民事判决书,载《最高人民法院公报》2017年第7期。

〔35〕参见最高人民法院(2017)最高法民申1355号民事裁定书。

〔36〕参见广东省珠海市中级人民法院(2017)粤04民终2591号民事判决书。

〔37〕参见林文学等:《〈关于适用民法典有关担保制度的解释〉的理解和适用》,载《人民司法·应用》2021年第4期,第16—17页。

以前学界对此存在争议,[38]有最高人民法院判决持肯定意见。[39]《民法典各分编草案(室内稿)》第 61 条曾经规定,“连带债务人可以主张其他债务人对债权人的抗辩”,但该条在“一审稿”之后的各“草案”版本及正式通过的《民法典》中均被删除。《民法典》第 520 条仅规定履行、抵销、提存等构成连带债务关系中的绝对效力事由,而对时效事项未予规定。而且,对于连带债务人之间的追偿关系,《民法典》第 519 条第 2 款规定,被追偿债务人对债权人的抗辩,可以向行使追偿权的债务人主张。这似乎表明,各债务人仅得援引自己所享抗辩权,而不能援引其他债务人的抗辩权用以对抗债权人及行使追偿权的债务人。因此,《民法典》施行后,时效届满在连带债务关系中仅具相对效力。

31 代位权关系中,次债务人可以援引对债务人的时效抗辩权用以对抗债权人(《民法典》第 535 条第 3 款)。债务人对债权人享有的时效抗辩权,次债务人不能援引用以对抗债权人,因为代位权行使的是债务人对次债务人的权利,次债务人只能援引自己的抗辩权以抵御请求权。[40]

32 普通债权人能否援引债务人的时效抗辩权用以对抗其他普通债权人?A 对 B 享有 500 万元债权的时效届满,B 的另一普通债权人 C 因到期债权 200 万元未受清偿而申请查封了 B 的一批货物。A 也要求就该批货物受偿,C 能否援引 B 对 A 的时效抗辩权否定 A 的请求。C 不能援引,因为:其一,C 作为普通债权人在因果关系上与该时效利益相距较远;其二,C 缺乏援引该抗辩权的程序法依据。[41]

(三)援引形式

33 援引时效抗辩权的行为是行使权利之表意行为、单方行为、不要式行为。[42]诉讼外的援引行为以书面或口头形式作出,均无不可。在诉讼程序或执行程序中实施援引行为的,具体形式应符合法律规定。

34 援引行为原则上不能以沉默形式作出。义务人针对权利人的请求,单纯地置之不理,不构成援引行为。

35 援引行为应包含依据时效规则拒绝履行义务的意思,至于是否明确采用“诉讼时效”“时效抗辩权”等用语则并不影响援引行为的成立。实务中认定具有“拒

---

〔38〕 肯定说参见朱晓喆:《诉讼时效制度的价值基础与规范表达》,载《中外法学》2017 年第 3 期,第 731 页;否定说参见周江洪:《连带债务涉他效力规则的源流与立法选择》,载《法商研究》2019 年第 3 期,第 39 页。

〔39〕 参见最高人民法院(2011)民提字第 266 号民事判决书。

〔40〕 参见陈甦主编:《民法总则评注(下册)》,法律出版社 2017 年版,第 1384 页(周江洪执笔)。

〔41〕 参见杨巍:《援引诉讼时效抗辩权的主体》,载《法学》2018 年第 10 期,第 133 页。

〔42〕 德国法认为援引行为是准法律行为。Vgl. Helmut Grothe, Kommentar zum § 214, in: *Münchener Kommentar zum BGB*, 8. Aufl., München: C. H. Beck, 2018, Rn. 4.

绝履行义务”意思的情形包括：当事人表示“年代久远，已无钱还贷”；[43]“改制以后没有营业，没有收入早已停业”；[44]“借条已经过了20年了，条子没用了”；[45]等等。

36 实务中不认定具有“拒绝履行义务”意思的情形包括：当事人表示“没有还过贷款……没有追过”；[46]“×年×月×日后再也没有交易往来”；[47]“债权人长期没有通知不合常理”；[48]等等。

（四）援引效力

37 当事人的援引行为符合法律要求的，即产生“人民法院不予保护”之效力。当事人于诉讼外援引的，产生适法拒绝履行的抗辩效果，其后于诉讼中可作为抗辩效果已发生的依据。当事人于诉讼程序中援引的，经实体审理后，法院应以判决形式“驳回诉讼请求”（非以裁定形式“驳回起诉”）。当事人于执行程序中援引的，经审查成立后，执行法院裁定“不予执行”。

38 基于从随主规则，当事人援引主债务时效抗辩权的效力及于从权利（如利息、定金、违约金）。

39 保证债权、抵押权等担保权虽属从权利，但担保人独立享有时效抗辩权，即债务人援引时效抗辩权的效力并不当然及于担保人（边码27—28）。

40 时效届满之前产生的抵销权，于时效届满后仍可行使。换言之，债务人援引时效抗辩权不具有否认债权人行使该抵销权的效力。域外法对此多设有规定。[49] 我国现行法对此虽无明确规定，但学界多持肯定意见。[50]《九民纪要》第43条规定，抵销的效力溯及自抵销条件成就之时，双方互负的债务在同等数额内消灭。双方互负的债务数额，是“截至抵销条件成就之时”各自负有的全部债务数额。有最高人民法院公报案例认为，双方债权均处于没有时效抗辩的可履行状态，“双方债务均已到期”之条件即为成就，即使此后用于抵销的主动债权之时效届满，亦不影响该条件的成立。[51] 被动债权时效届满的，应根据主动债权人是否

〔43〕参见黑龙江省高级人民法院（2011）黑监民再字第139号民事判决书。

〔44〕参见江苏省高级人民法院（2016）苏民终766号民事判决书。

〔45〕参见福建省龙岩市中级人民法院（2014）岩民终字第1263号民事判决书。

〔46〕参见广东省高级人民法院（2017）粤民申8649号民事裁定书。

〔47〕参见江苏省扬州市中级人民法院（2017）苏10民终642号民事判决书。

〔48〕参见广东省中山市中级人民法院（2017）粤20民终5191号民事判决书。

〔49〕参见《德国民法典》第215条、《意大利民法典》第1242条、《日本民法典》第508条。

〔50〕参见梁慧星：《民法总论》（第5版），法律出版社2017年版，第255页。

〔51〕参见厦门源昌房地产开发有限公司与海南悦信集团有限公司委托合同纠纷案，最高人民法院（2018）最高法民再51号民事判决书，载《最高人民法院公报》2019年第4期。

明知采取不同处理(边码78)。

41 基于民事诉讼的处分原则，当事人在诉讼程序中的援引行为仅具相对效力，即仅对实施援引行为的当事人产生效力，而该效力并不当然及于其他诉讼参加人。而且，各诉讼参加人之间是否构成连带债务等实体关系并不影响该相对效力的发生，因为实体关系仅影响各主体如何享有时效抗辩权，而援引行为则须依自身意思作出。实务中，法院多以“意思自治”〔52〕或“时效抗辩权是需要主张的抗辩权”〔53〕等理由解释援引行为的相对效力。但有最高人民法院裁判意见认为，共同被告(均为负有清算义务的股东)中的一人或数人缺席审理，到庭参加审理的共同被告之一援引时效抗辩权的，效力及于缺席审理的共同被告。理由是“缺席被告不属于到庭而不提出时效抗辩的情形”“诉讼时效问题对三个被申请人是相同的”〔54〕。该裁判理由及结论似均有不妥。

(五)援引行为与诚信原则

42 援引时效抗辩权的行为应当遵循诚信原则(《民法典》第7条)，否则可能构成滥用权利的行为(《民法典》第132条)。例如债务人A在时效未届满时请求债权人B多给一些时间以便核对账目并咨询法律顾问。B因此等待一段时间，其后B再次主张权利时A援引时效抗辩权。由于A的表示并未明确包含“同意履行义务”，且现行法未规定“磋商”为中止事由，致使B不能通过时效中断、中止得到救济，故应依据诚信原则、禁止权利滥用否认A的援引行为。〔55〕

43 实务中，被认定违反诚信原则或构成滥用权利的援引行为(悖信援引行为)主要包括以下类型：(1)义务人单纯逃避、拖延履行债务，其后援引时效抗辩权。例如原告曾多次寻找被告，希望与其协商解决债务事宜，但因无法找到被告本人，导致原告主张权利的意思表示不能到达被告。〔56〕(2)双方存在长期合作关系，权利人合理相信时效不会成为履行障碍，义务人其后却援引时效抗辩权。例如原告与被告在2008年至2015年12月期间存在三个加工合同关系，双方之间存在持续不间断的履约行为。在原告未能举证存在中断事由的情形下，被告援引时效抗辩权。〔57〕(3)时效届满后，义务人要求进一步确认债务是否存在、计算方法及具体数额，其后却援引时效抗辩权。例如被告在时效届满后曾向原告表示：应该把其

〔52〕参见上海市第二中级人民法院(2018)沪02民终10877号民事判决书。

〔53〕参见四川省成都市中级人民法院(2018)川01民终15525号民事判决书。

〔54〕参见最高人民法院(2015)民申字第284号民事裁定书。

〔55〕亦有学者认为，援引时效抗辩权并无适用诚信原则、禁止权利滥用的必要，因为借助中断等规则足以保护权利人。参见李宇：《民法总则要义：规范释论与判解集注》，法律出版社2017年版，第909页。

〔56〕参见湖南省常德市中级人民法院(2017)湘07民终1916号民事判决书。

〔57〕参见江苏省无锡市中级人民法院(2017)苏02民终584号民事判决书。

已经履行的付款都从本金中予以扣除；对债权转让也没有异议，但账目必须清楚地核对。但其后原告再次主张权利时，被告以时效抗辩为由拒绝还款。[58]（4）对援引行为存在争议的某些场合下，法院依据诚信原则进行解释。例如诉讼时原告用于抵销的债权已过时效，被告以此主张时效抗辩。由于现行法对时效届满的债权能否用于抵销未作规定，法院认为依据诚信原则和公平原则应对抵销权行使作从宽解释，因此认可了原告的抵销行为并否定了被告的援引行为。[59] 又例如当事人双方对本金债权时效中断的效力是否及于利息债权存在争议。在现行法无明确规定的前提下，法院基于诚信原则否定了被告的援引行为。[60]

由上述案型可知，适用诚信原则、禁止权利滥用限制援引行为的必要性在于： 44
其一，因现行起算、中止、中断标准偏高或适用范围偏窄，致使某些悖信援引行为不能通过这些规则予以解决。其二，因现行法未规定权利失效制度，在需要保护权利人合理信赖的某些场合下，适用诚信原则等一般条款成为恰当选择。其三，现行法时效规则的简略和疏漏，导致适用诚信原则解释法律或进行漏洞补充成为必要。

但实务中也存在一些误用诚信原则“限制”援引行为的案例，常见案型包括： 45
（1）宣示性适用。例如将诚信原则或禁止权利滥用表述为诉讼时效制度的立法目的，此类表述与裁判说理既无直接联系也无独立规范意义，即使将其删除，也不影响裁判意见的完整性。[61]（2）向一般条款逃避。例如被告在原审中未援引时效抗辩权，在原审判决生效后向检察机关申诉并于再审时援引时效抗辩权，法院依据诚信原则否认了该援引行为。[62] 事实上，《诉讼时效规定》第4条第2款［《诉讼时效规定》（2020年修正）第3条第2款］对该情形设有明确规定。（3）强化式重复适用。例如法院以时效中断为由否定了被告的援引行为，并进一步表示“诉讼时效制度不能成为义务人逃避债务的工具，违反依法依约履行义务的诚实信用原则”[63]。此类裁判意见是适用时效具体规则的当然结果，与诚信原则或禁止权利滥用并无关系。

---

〔58〕参见浙江省宁波市海曙区人民法院（2013）甬海商初字第231号民事判决书。

〔59〕参见江苏省高级人民法院（2008）苏民二终字第0424号民事判决书。

〔60〕参见江西省高级人民法院（2014）赣民一终字第49号民事判决书。

〔61〕参见广东省广州市中级人民法院（2016）粤01民终15711号民事判决书。

〔62〕参见浙江省高级人民法院（2012）浙民再字第76号民事判决书。

〔63〕参见辽宁省沈阳市中级人民法院（2017）辽01民终6601号民事裁定书。

三、同意履行(第 192 条第 2 款前段)

(一)同意履行的性质

46 时效届满后义务人同意履行的,构成以明示形式放弃时效抗辩权的行为(以下简称弃权行为)。其为表意行为、处分行为、不要式行为、单方行为或双方行为。

47 时效利益不得预先放弃(《民法典》第 197 条第 2 款),即时效届满之前当事人放弃时效利益的行为无效,以防止债权人利用优势地位苛责义务人提前放弃时效利益。[64] 但时效届满后,当事人享有的时效利益已经确定,故允许依其意思放弃则属正当。从另一角度考虑,允许当事人弃权亦属抗辩权发生主义的当然结论,因为时效届满既然使当事人取得抗辩权,则积极行使(援引)或消极行使(放弃)该权利皆被允许,否则将致法律效果与胜诉权消灭主义无异。

48 在现行法框架下,"义务人同意履行"既为中断事由(《民法典》第 195 条第 2 项),又为弃权行为之表现形式,但后者应采更严格标准。原因在于:时效届满后义务人已经享有确定的时效利益,非有明确的弃权意思不能轻易认定丧失时效利益;中断事由发生于时效届满之前,由于此时义务人并未取得确定的时效利益,基于保护权利人的考虑,该中断事由应作从宽解释。[65] 因此,《诉讼时效规定》(2020 年修正)第 14 条规定的"义务人同意履行"之认定标准,不能当然适用于弃权行为。比较法上,多将"债务承认"规定为中断事由和弃权之表现形式,但二者差异与我国现行法类似。[66]

(二)同意履行的要件

49 要件 1:弃权人应具有相应的行为能力。因弃权行为系表意行为(法律行为),故弃权人具有相应行为能力始具作出弃权意思表示的资格。有域外法对此设有明文(例如《法国民法典》第 2252 条)。我国对此虽无规定,但应采相同解释。

50 要件 2:弃权人应作出放弃时效抗辩权的意思表示,且该意思表示已生效。实务中,该弃权意思表示常被称作"重新确认原债务"。有无弃权之意思表示,应依据意思表示解释规则予以判断。行为人虽未采"同意履行""放弃时效抗辩权"之表述,但以下行为在实务中被认为具有弃权意思:(1)承诺以变卖的资产偿还债

---

〔64〕 参见葛承书:《民法时效——从实证的角度出发》,法律出版社 2007 年版,第 136 页。

〔65〕 参见最高人民法院民事审判第二庭编著:《最高人民法院关于民事案件诉讼时效司法解释理解与适用》,人民法院出版社 2015 年版,第 275 页。

〔66〕 金山直樹『時効における理論と解釈』(有斐閣、2009 年)515 頁,参照。

务;[67](2)出具新欠条;[68](3)出具《押品拍卖请求函》;[69](4)提供担保物;[70](5)在部分还款的收据中采取"先还来""先再还""再还来"等表述;[71](6)向债权人发送短信"不好意思,希望早点把债还清,老朋友见面喝茶还有面目相见";[72](7)在针对催收的复函中表示"关于货款,待上述问题解决后再行商谈";[73](8)同意将时效届满债务与双方的其他债务一并处理;[74](9)出具书面承诺表示同意还款;[75](10)以单方承诺的方式在"增资扩股说明中"予以认可;[76](11)主张从质保金中扣除时效届满的维修款;[77]等等。

实务中认定不具有弃权意思的情形包括:(1)债务人针对公安机关的询问表示对借款"想办法近期解决",即使债权人当时在场也不应认定债务人有弃权意思,因为公安机关并没有组织双方进行调解协商解决还款事宜,且该意思表示也不是向债权人作出;[78](2)时效届满后向债权人进行小金额(100元)转账;[79](3)双方谈判结论为"建议进行减免利息方式,由债务人向上级机构汇报并进行内部测算后,再行协商";[80]等等。 51

弃权意思表示既可就权利之全部予以放弃,亦可就部分予以放弃。[81] 弃权行为通常为单方行为,即行为人向权利人作出弃权之意思表示(无须权利人同意),弃权行为即得以成立。但实务中,亦有当事人以订立还款协议等双方行为的方式实施弃权行为(边码56—57)。有疑问的是,双方已就偿还时效届满债务的协议进行磋商,但因有关条款未达成合意而最终未能订立协议,该情形能否认定已构成单方弃权行为?虽然义务人磋商系以愿意弃权为前提,但其既然选择以协议方式弃权,表明其本意是以与对方就相关事项达成合意为弃权行为的成立条件,故不能将作为磋商前提的弃权意愿剥离出来解释为单方弃权行为。 52

要件3:弃权人对时效抗辩权应具有处分权。弃权行为生效导致时效抗辩权 53

---

[67] 参见最高人民法院(2012)民再申字第208号民事裁定书。
[68] 参见四川省高级人民法院(2015)川民终字第539号民事判决书。
[69] 参见江西省高级人民法院(2018)赣民终449号民事判决书。
[70] 参见江西省高级人民法院(2018)赣民终644号民事判决书。
[71] 参见福建省高级人民法院(2018)闽民终1121号民事判决书。
[72] 参见广东省揭阳市中级人民法院(2019)粤52民终470号民事判决书。
[73] 参见江苏省徐州市中级人民法院(2018)苏03民终7830号民事判决书。
[74] 参见广东省佛山市中级人民法院(2018)粤06民终5982号民事判决书。
[75] 参见湖南省怀化市中级人民法院(2017)湘12民终66号民事判决书。
[76] 参见山西省太原市中级人民法院(2017)晋01民终2042号民事判决书。
[77] 参见北京市第二中级人民法院(2015)二中民终字第02345号民事判决书。
[78] 参见黑龙江省高级人民法院(2011)黑监民再字第139号民事判决书。
[79] 参见广东省潮州市中级人民法院(2018)粤51民终121号民事判决书。
[80] 参见四川省达州市中级人民法院(2018)川17民终99号民事判决书。
[81] 相反意见参见王利明:《民法总则研究》(第3版),中国人民大学出版社2018年版,第804页。

消灭,故其属于处分行为。以还款协议方式实施弃权行为的,该协议虽仅产生还款义务的“负担”,但只要弃权人对时效抗辩权具有处分权,就可确定地发生时效抗辩权消灭的后果。弃权人未依约履行协议的,通过违约责任救济。认为弃权行为是实践行为的观点显非妥当,因为其混淆了弃权行为与自愿履行两种规则的界限。[82]

54 要件 4:是否要求弃权人知悉时效届满(其享有时效抗辩权)? 学界对此存在争议。肯定说认为,若义务人不知其抗辩权,自然不可能将处分表示指向该权利。义务人在不知时效届满的情形下作出同意履行的表示,因缺乏弃权之效果意思而构成错误。[83] 否定说认为,义务人作出同意履行的意思表示,其同意的是义务的履行,而非是对时效届满后的义务履行,因此仅须知悉“义务的存在”,而无须知悉时效届满。[84] 笔者赞同肯定说,因为该说符合弃权法律行为的一般原理,而否定说实则未将同意履行定性为弃权行为,而是将其与自愿履行规则采相同标准,这似与立法本意不符。但也应指出的是,如果义务人在不知时效届满的情形下作出同意履行的表示,但其言行致使权利人合理地相信时效不再构成行使权利的障碍,义务人其后再援引时效抗辩权的行为有可能因违反诚信原则而被认定无效(边码 42)。

(三)同意履行的形式

1. 诉讼外同意履行的形式

55 义务人于诉讼外实施弃权行为的,采口头或书面形式均无不可;亦可以推定行为形式弃权(边码 72);沉默不构成弃权行为的形式,义务人对权利人的请求仅消极地不主张时效抗辩,并不导致丧失时效抗辩权,其后仍有机会援引该抗辩权。[85]

56 《诉讼时效规定》(2020 年修正)第 19 条新增第 2 款继承了《最高人民法院关于超过诉讼时效期间当事人达成的还款协议是否应当受法律保护问题的批复》(法复〔1997〕4 号)的精神,规定“当事人双方就原债务达成新的协议”构成“义务人放弃时效抗辩权”。依此规定,此类还款协议应被解释为以合同形式实施弃权行为。[86] 还款协议可以约定新的还款期限和方式;[87] 未约定还款期限的,债权人

〔82〕 参见张雪楳:《诉讼时效审判实务与疑难问题解析》,人民法院出版社 2019 年版,第 591 页。
〔83〕 参见朱庆育:《民法总论》(第 2 版),北京大学出版社 2016 年版,第 543 页。
〔84〕 参见陈甦主编:《民法总则评注(下册)》,法律出版社 2017 年版,第 1385 页(周江洪执笔)。
〔85〕 参见李宇:《民法总则要义:规范释论与判解集注》,法律出版社 2017 年版,第 909 页。
〔86〕 对该批复的批评意见,参见马俊驹、余延满:《民法原论》,法律出版社 2010 年版,第 249 页。
〔87〕 参见贵州省高级人民法院(2018)黔民终 386 号民事判决书。

可依据《民法典》第511条第4项随时要求债务人履行。[88]

《最高人民法院关于超过诉讼时效期间借款人在催款通知单上签字或者盖章的法律效力问题的批复》(法释〔1999〕7号)规定,信用社向借款人发出催收到期贷款(时效已届满)通知单,债务人在该通知单上签字或者盖章的,应当“视为对原债务的重新确认”,该债权债务关系应受法律保护。《诉讼时效规定》(2020年修正)第19条新增第3款继承了上述批复的精神,但表述有所变化:一是该签字或者盖章还须“能够认定借款人同意履行时效已届满的义务”;二是“视为对原债务的重新确认”改为“借款人放弃时效抗辩权”。该表述变化没有实质性改变上述批复的适用后果,仅使文义更为精准。依此规定,如果依据意思表示解释规则,能够认定此类催款通知单构成债权人向债务人作出的订立还款协议之要约,且债务人在催款通知单上签字或者盖章的行为构成承诺,则属于以合同形式实施弃权行为。对于该形式的弃权行为,应从以下两方面予以判断: 57

其一,债权人向债务人发出催款通知单的,基于该文件性质,推定其具有“主张权利”的意思。债权人发出对账单、询证函等其他文件的,不能直接推定其具有“主张权利”的意思,而应根据文义解释、体系解释等方法确定其意思内容。实务中认定具有“主张权利”意思的情形包括:对账单中有“应收账款余额”之表述;[89]通知中明确记载催缴数额及缴费时间;[90]等等。 57a

实务中不认定具有“主张权利”意思的情形包括:债权人发出的《企业询证函》中载明“本函仅为复核账之用,并非催款结算”;[91]债权人发出的对账单中未出现“还款”“催款”“欠款”等字样,且案涉对账单中记载的款项金额只有本金,不涉及约定的利息、复息、罚息;[92]单纯寄送对账函;[93]等等。 58

其二,债务人在债权人向其发出的具有“主张权利”意思的通知单等文件上签字或盖章的,可推定其具有“同意履行”的意思,但明确具有相反意思的除外。债务人收到债权人“主张权利”的文件后,其本无必须签字或盖章的义务,但其在明知或应知可主张时效抗辩予以拒绝的情形下仍自愿签章,该行为应解释为具有弃权意思,[94]除非其签章时明确表达了相反意思。虽然实务中某些当事人签章时还附带表达了“同意履行”的意思,但即使没有该表达,仅有签章行为亦足以认定 59

---

〔88〕 参见四川省高级人民法院(2015)川民申字第1919号民事裁定书。

〔89〕 参见河南省高级人民法院(2014)豫法民三终字第00136号民事判决书。

〔90〕 参见安徽省合肥市中级人民法院(2018)皖01民终4929号民事判决书。

〔91〕 参见天津市高级人民法院(2018)津民申1203号民事裁定书。

〔92〕 参见广东省高级人民法院(2018)粤民再181号民事判决书。

〔93〕 参见河南省新乡市中级人民法院(2018)豫07民终5040号民事判决书。

〔94〕 参见中国东方资产管理公司大连办事处诉辽宁华曦集团公司等借款担保纠纷上诉案,最高人民法院(2003)民二终字第93号民事判决书,载《最高人民法院公报》2003年第6期。

其具有弃权意思。[95] 实务中认定具有“同意履行”意思的情形包括：在计息清单上盖章；[96] 在还款要求书上签字表示“尽快落实”；[97] 结算单上载明“已付 × 万元整、还欠 × 万整”，债务人予以签名确认；[98] 等等。

60 实务中不认定具有“同意履行”意思的情形包括：《最高人民法院关于债务人签收“贷款对账签证单”的行为是否属于对已经超过诉讼时效的原债务的履行进行重新确认问题的复函》（〔2006〕民立他字第 106 号）指出，债务人在“贷款对账签证单”上签署“通知收到”，表明债务人已收到签证单的事实，但不能推定为其有偿还时效届满债务的意思表示；保证人在《担保人继续履行责任通知书》上签字，但该通知书中的欠款清单及担保人承诺部分为空白；[99] 等等。

61 《最高人民法院关于超过诉讼时效期间后债务人向债权人发出确认债务的询证函的行为是否构成新的债务的请示的答复》（〔2003〕民二他字第 59 号）规定，时效届满后债务人主动向债权人发出确认债务询证函的行为，与《最高人民法院关于超过诉讼时效期间借款人在催款通知单上签字或者盖章的法律效力问题的批复》规定的“债务人在催款通知单签字或者盖章的行为”类似，可参照《最高人民法院关于超过诉讼时效期间借款人在催款通知单上签字或者盖章的法律效力问题的批复》的规定进行认定和处理（边码 57）。所谓“类似”“可参照”，应解释为：债务人发出询证函的行为如果包含有“同意履行”的意思，方与债权人发出催款通知单的性质类似，债权人在此类询证函上签字或者盖章的，也构成以合同形式实施弃权行为。如果通知单或询证函中并不包含“主张权利”或“同意履行”的意思，则不产生弃权的效力。[100] 例如债务人发出的询证函中注明“本函仅为复核账目之用，并非催款结算”，因其明确排除了“同意履行”的意思，故不能认定为弃权行为。[101]

2. 诉讼程序和执行程序中同意履行的形式

62 义务人在诉讼中实施弃权行为的形式包括：在言辞辩论中以口头形式作出弃

〔95〕 但也有裁判意见认为：“债务人在超过诉讼时效的催款通知书上仅有签名，未作出任何意思表示，故不能视为是债务人同意履行债务的意思表示。”参见浙江省高级人民法院（2009）浙商终字第 291 号民事判决书。笔者认为该裁判意见似与《最高人民法院关于超过诉讼时效期间借款人在催款通知单上签字或者盖章的法律效力问题的批复》的精神不符。

〔96〕 参见最高人民法院（1999）经终字第 457 号民事判决书。

〔97〕 参见山西省运城市中级人民法院（2019）晋 08 民终 2062 号民事判决书。

〔98〕 参见江西省鹰潭市中级人民法院（2019）赣 06 民终 137 号民事判决书。

〔99〕 参见山东省临沂市中级人民法院（2018）鲁 13 民终 1958 号民事判决书。

〔100〕 参见最高人民法院民事审判第二庭编著：《最高人民法院关于民事案件诉讼时效司法解释理解与适用》，人民法院出版社 2015 年版，第 347 页。

〔101〕 参见江苏省高级人民法院（2015）苏审二商申字第 00384 号民事裁定书。

权的意思表示、在答辩状中作出弃权的意思表示、在调解协议中作出弃权的意思表示等。义务人在一审中未援引时效抗辩权，构成以沉默形式实施弃权行为，因此在二审和再审中不得再实施援引行为（边码18—22）。

63 义务人在执行程序中实施弃权行为的形式主要体现为：在执行和解协议中作出弃权的意思表示。义务人在执行程序中未依据《民事诉讼法》第225条提出执行异议，构成以沉默形式实施弃权行为。

（四）同意履行的效力

64 《民法典》第192条第2款前段规定，义务人实施弃权行为的基本效力是"不得以诉讼时效期间届满为由抗辩"，即义务人因丧失时效抗辩权而不得再主张时效抗辩。该效力的发生并不考虑义务人于弃权后是否实际履行，这是同意履行规则与自愿履行规则的重要区别。

65 义务人实施弃权行为的，是导致新债务时效起算，还是原债务时效中断（恢复计算）？该问题的实际意义在于，弃权后时效计算是否仍受原债务20年最长时效期间的限制。主流意见认为，弃权行为的法律后果是债务从自然债务转为完全债务，时效期间从弃权之日起重新起算（中断）；约定新的还款期限的，时效期间从该还款期限届满之日重新起算（中断）。[102] 少数意见认为，债权人与债务人就时效届满债务达成和解协议，约定新的履行期限、还款数额或担保方式，其有别于原债务，"成立新的抽象之债"。[103] 笔者赞同主流意见，理由在于：其一，主流意见与"抗辩权发生主义"更为契合。其二，如果认为弃权行为产生一项新债务，则此时存在两项债务：一是时效届满的不完全债务；二是新成立的完全债务。这意味着即使债务人自愿履行了前一债务，债权人仍可基于后一债务要求债务人再作出一次内容相同或相似的给付。该解释不恰当地加重了债务人的负担，也违反一个正常债务人的本意。其三，以"还款协议"形式弃权的，该还款协议虽是一个独立合同，但应被解释为对原债务履行条件的变更协议，因为该协议的主体、标的等要素均与原债务具有同一性，仅仅是履行条件发生变化。虽然《最高人民法院关于超过诉讼时效期间当事人达成的还款协议是否应当受法律保护问题的批复》将时效届满后当事人达成还款协议的后果表述为"新的债权、债务关系"，但应将其视作用语上的不严谨，其含义与《最高人民法院关于超过诉讼时效期间借款人在催款通知单上签字或者盖章的法律效力问题的批复》表述的"对原债务的重新确认"应

---

〔102〕 参见最高人民法院民事审判第二庭编著：《最高人民法院关于民事案件诉讼时效司法解释理解与适用》，人民法院出版社2015年版，第354页。

〔103〕 参见芮沐：《民法法律行为理论之全部》，中国政法大学出版社2003年版，第168—169页。

采相同解释。实务中,通常认定弃权行为完成时时效“重新计算”[104]或者“重新起算”[105],即时效中断。

66 时效届满债务是可分债务的(实务中多为金钱债务),义务人可以部分放弃时效抗辩权。在此情形下,弃权行为效力仅及于部分债务,义务人仍可就未弃权部分债务主张时效抗辩权。[106] 时效届满债务是不可分债务的(如交付特定物),不存在部分弃权的可能。

67 义务人仅同意履行时效届满的本金债务的,弃权行为效力不及于时效届满的利息债务,[107]时效重新计算后新产生的利息债务也不发生弃权效果。[108]

68 主债务人实施弃权行为的效力不及于保证人,即保证人仍有权向债权人行使该时效抗辩权(《民法典》第 701 条)。《最高人民法院关于锦州市商业银行与锦州市华鼎工贸商行、锦州市经济技术开发区实华通信设备安装公司借款纠纷一案的复函》(〔2002〕民监他字第 14 号)规定,保证期间届满后,保证人仅在债权人发出的催款通知单上签字或盖章而无其他明确表示的,不能成为重新承担保证责任的依据。《最高人民法院关于超过诉讼时效期间借款人在催款通知单上签字或者盖章的法律效力问题的批复》不适用于保证人。换言之,保证人在催款通知单上的单纯签章行为,不能解释为具有“同意履行”的意思。

69 保证人同时享有主债务时效抗辩权和保证债务时效抗辩权,保证人放弃其一,还能否援引另一抗辩权?学理上对此存在否定说[109]和区别说[110](划一处理说、附带情况考虑说)之争。笔者认为,依据诚信原则及禁止自相矛盾行为(*venire contra factum proprium*)[111]的原理,应采否定说为宜。实务中,保证人通常笼统地表示“同意履行”或“同意继续提供担保”,而未明确放弃何种时效抗辩权,因此法院大多直接认定为“未行使时效抗辩权”[112]、“对原债务重新确认”[113]等,而不再允许主张时效抗辩。

70 连带债务关系中连带债务人之一放弃时效抗辩权的,弃权效力不及于其他连带债务人(边码 41)。有最高人民法院判决指出,“除非法律明确规定或者当事人特

---

〔104〕 参见最高人民法院(2012)民再申字第 208 号民事裁定书。

〔105〕 参见天津市高级人民法院(2018)津民申 1203 号民事判决书。

〔106〕 参见湖北省高级人民法院(2014)鄂民二终字第 00028 号民事判决书。

〔107〕 参见福建省南平市中级人民法院(2018)闽 07 民终 1336 号民事判决书。

〔108〕 参见湖北省汉江中级人民法院(2018)鄂 96 民终 1089 号民事判决书。

〔109〕 潮見佳男『新債権総論Ⅱ』,(信山社、2017 年)684 頁,参照。

〔110〕 金山直樹『時効における理論と解釈』(有斐閣、2009 年)519 頁,参照。

〔111〕 参见[德]汉斯·布洛克斯、[德]沃尔夫·迪特里希·瓦尔克:《德国民法总论》(第 41 版),张艳译,中国人民大学出版社 2019 年版,第 302 页。

〔112〕 参见甘肃省定西市中级人民法院(2016)甘 11 民终 169 号民事判决书。

〔113〕 参见海南省高级人民法院(2005)琼民二终字第 42 号民事判决书。

别约定,否则时效抗辩权不能由他人代为处分。连带债务人之一放弃时效抗辩权的,对其他连带债务人不具有涉他性"[114]。

四、自愿履行(第192条第2款后段)

(一)自愿履行的性质

71 时效届满后义务人自愿履行的,仍属具有合法原因的履行行为,故可产生清偿效果,权利人受领之给付不构成不当得利。此为"抗辩权发生主义"应有之义。

72 虽然自愿履行系依据法律规定而非当事人意思产生清偿效果,但自愿履行时义务人是否知悉时效届满(其享有时效抗辩权),对自愿履行行为性质的界定亦有影响。义务人明知时效届满而自愿履行的,可解释为以推定行为放弃时效抗辩权的默示弃权;义务人不知时效届满而自愿履行的,虽不构成弃权行为,但仍依据法律规定发生清偿效果。

(二)自愿履行的要件

73 要件1:履行人应具有相应的行为能力。自愿履行构成默示弃权的,因其属于法律行为,故要求履行人应具有相应的行为能力。自愿履行不构成弃权行为的情形下,虽然其不属于法律行为,但仍须履行人对给付对象、给付内容及给付意义具有明确认知才能产生清偿效果,因此亦对行为能力有所要求。自愿履行由无行为能力人作出的,可主张返还。[115]

74 要件2:须已实际履行,且被权利人接受。这是自愿履行规则与同意履行规则的最主要区别,因为自愿履行规则的法理基础是时效届满不导致实体权利消灭,故权利人受领的给付具有受领保持力,而不构成不当得利。[116] 如果义务人虽有履行行为但权利人未受领,因未产生清偿效果不能适用自愿履行规则,而有可能构成同意履行。义务人援引时效抗辩权后再自愿履行的,虽然请求权曾经受到限制,但其受领权并未受到影响,权利人仍可受领并保持该给付。[117]

75 要件3:义务人实施履行行为时是自愿的。所谓自愿,是指义务人在对给付各要素具有正确认知的前提下,依其意思实施履行行为,而并非要求具有弃权意思。如果义务人因受胁迫或其他原因致使其在违背意愿的情形下实施履行行为,则不

---

〔114〕 参见最高人民法院(2017)最高法民申2048号民事裁定书。

〔115〕 参见张雪楳:《诉讼时效审判实务与疑难问题解析》,人民法院出版社2019年版,第612页。

〔116〕 参见朱庆育:《民法总论》(第2版),北京大学出版社2016年版,第544页。

〔117〕 参见朱晓喆:《诉讼时效完成后债权效力的体系重构》,载《中国法学》2010年第6期,第85页。

构成自愿履行。[118] 义务人因欺诈、重大误解等原因在违背真意的情形下实施的履行行为,亦属表意自由受侵害的结果,因此也不构成自愿履行。

76 义务人自愿履行时是否知悉时效届满,不影响自愿履行的构成。由于债权人系就其本享有的权利受领给付,所以义务人在履行时是否知悉时效届满并不重要。[119] 这是自愿履行规则与同意履行规则的另一重要区别,因为自愿履行规则侧重于保护实体权利的受领权能,而非基于义务人意思产生弃权效果。

(三)自愿履行的形式

77 自愿履行通常发生于诉讼外,亦可发生于执行程序中[《民事诉讼法解释》(2020年修正)第483条第2款],但依其性质不大可能于诉讼程序中实施。自愿履行的常见形式包括:时效届满后继续支付货款、[120]交付货物等。义务人以新债清偿形式自愿履行的,亦被准许。[121] 例如时效届满后订立"以房抵债"协议、[122]开立支票[123]等。

78 义务人以其时效未届满的债权抵销对方时效已届满的债权,学理上亦被认为构成自愿履行。[124] 《九民纪要》第43条规定,抵销权可以"抗辩的方式"行使。在主动债权时效未届满、被动债权时效已届满的情形下,主动债权人自愿以完全债权抵销对方不完全债权的,如果主动债权人明知时效已届满,该抵销行为构成以推定行为方式实施的默示弃权;如果主动债权人不知时效已届满,因双方实体权利尚存且抵销条件已成就而仍发生抵销效果。实务中,有裁判意见将此类抵销行为界定为"同意履行"[125]。笔者认为,由于抵销行为直接引起双方债务消灭的后果,故认定为"自愿履行"更为准确。

79 义务人虽非直接履行合同给付义务,但为了履行合同给付义务而进行准备工作(如与权利人召开会议、交接资料),在实务中亦被认定为自愿履行。[126] 该行为的实质是义务人自愿履行附随义务。因自愿履行附随义务交付的材料等,不得请

---

〔118〕 参见最高人民法院民事审判第二庭编著:《最高人民法院关于民事案件诉讼时效司法解释理解与适用》,人民法院出版社2015年版,第357页。

〔119〕 Vgl. Helmut Grothe, Kommentar zum § 214, in: *Münchener Kommentar zum BGB*, 8. Aufl., München: C. H. Beck, 2018, Rn. 9.

〔120〕 参见广东省高级人民法院(2018)粤民终279号民事判决书。

〔121〕 对于此类新债清偿协议性质的学理意见,参见朱晓喆:《诉讼时效完成后债权效力的体系重构》,载《中国法学》2010年第6期,第88—89页。

〔122〕 参见海南省三亚市中级人民法院(2018)琼02民终495号民事判决书。

〔123〕 参见上海市第一中级人民法院(2014)沪一中民四(商)终字第551号民事判决书。

〔124〕 参见马俊驹、余延满:《民法原论》,法律出版社2010年版,第251页。

〔125〕 参见广东省广州市中级人民法院(2019)粤01民终9469号民事判决书。

〔126〕 参见重庆市高级人民法院(2018)渝民终328号民事判决书。

求返还。由于给付义务尚未被实际履行,不存在返还问题,而应依据前文所述标准判断该行为是否构成同意履行。

除依法律规定、当事人约定或债务性质不能代为清偿的情形外,自愿履行亦可以第三人代为清偿的形式实施。实务中常见情形包括:时效届满后义务人的近亲属代为偿还借款;[127]受让人代为清偿时效届满债务作为股权转让的对价;[128]等等。 80

(四)自愿履行的效力

《民法典》第192条第2款后段规定,义务人自愿履行的基本效力是"不得请求返还",即不得请求将双方的法律关系恢复至自愿履行之前的状态。具体而言:标的物是金钱的,不得请求返还同等数额的金钱;标的物是实物的,无论返还原物是否可能,均不得请求返还,亦不得请求折价补偿;以新债清偿形式自愿履行的,不得主张新债清偿行为无效或解除新债清偿协议;以抵销形式自愿履行的,不得主张抵销无效或请求继续履行。 81

时效届满后义务人自愿履行部分债务的,其效力是否及于剩余部分债务?无论是从默示弃权意思还是从受领保持力的角度,均应得出否定结论,即义务人仍可就剩余部分债务援引时效抗辩权。[129] 而且,从《民法典》第192条第2款后段文义来看,由于剩余部分债务并未被实际履行,因此也无从发生"不得请求返还"之效果。 82

时效届满后义务人自愿履行部分债务且承诺逐步偿还余款的,应认定放弃全部时效抗辩权。[130] 就已自愿履行部分,义务人不得请求返还;就承诺偿还的剩余部分,构成以"同意履行"方式的弃权行为,不得再主张时效抗辩。 83

基于上述理由(边码83),时效届满后义务人自愿支付利息的,不能因此认定义务人丧失本金的时效抗辩权。[131] 同理,反之亦然。 84

义务人自愿履行全部债务的,因清偿使债务消灭而不再有时效问题。义务人自愿履行部分债务的,已履行部分也不再有时效问题,未履行的剩余部分债务不能重新计算时效(中断)。因为义务人自愿履行部分债务的情形下,不能由该履行行为推定义务人具有放弃剩余部分时效抗辩权的意思,故剩余部分时效抗辩权依 85

---

〔127〕参见山东省德州市中级人民法院(2019)鲁14民终702号民事判决书。

〔128〕参见贵州省贵阳市中级人民法院(2018)黔01民终230号民事判决书。

〔129〕参见上海市高级人民法院(2016)沪民申13号民事裁定书。

〔130〕参见河北省沧州市中级人民法院(2018)冀09民终596号民事判决书。

〔131〕参见浙江省衢州市中级人民法院(2015)浙衢商终字第172号民事判决书。

旧存在。[132] 但有个别裁判意见采相反观点，理由是“全部债权（股权转让款）是一个整体”[133]或者部分履行“符合《诉讼时效规定》第14条和《民法通则》第140条中‘同意履行义务’的规定”[134]。笔者认为，这些裁判意见或者违反了可分债务的性质，或者混淆了中断规则中的“同意履行”和弃权规则中的“同意履行”，因此其理由及结论都是错误的。

86 义务人一方面自愿履行（自行计算抵扣部分租金），另一方面又同时主张时效抗辩，应以自愿履行的效力为准。[135] 因为自愿履行确定地产生清偿效果，使援引时效抗辩权的行为丧失意义。

87 在执行程序中义务人（被执行人）自愿履行全部或部分义务后，不得以不知道申请执行时效期间届满为由请求执行回转[《民事诉讼法解释》（2020年修正）第483条第2款）]。

五、举证责任

（一）援引时效抗辩权的举证责任

88 最高人民法院释义书认为，时效届满的主张属于否定事实的主张，而时效未届满的主张属于肯定事实的主张，因此在一般场合下当事人援引时效抗辩权的无须举证证明时效届满。[136] 相反意见认为，当事人援引时效抗辩权的，应就时效已届满负举证责任，即在承认权利成立的前提下，对时效抗辩权的性质、发生原因及行使时期等事实予以举证。[137] 笔者认为，依据《民事诉讼法》第64条及举证责任的一般原理，举证责任分配如下：其一，在被告（义务人）提出时效抗辩之前，原告（权利人）对其债权时效未届满不负举证责任。其二，被告援引时效抗辩权的，应就起算时点、届满时点等事实举证证明，但对其间不存在中断、中止事由不负举证责任。其三，原告对被告援引时效抗辩存在异议的，应当对起算、中断、中止等事由举证以证明时效未届满。

89 当事人未在一审阶段援引时效抗辩权，在二审中可基于新的证据实施援引行为[《诉讼时效规定》（2020年修正）第3条第1款]。实施援引行为的当事人应就

---

〔132〕 参见福建省高级人民法院（2017）闽民终98号民事判决书。

〔133〕 参见四川省巴中市中级人民法院（2017）川19民初33号民事判决书。

〔134〕 参见山东省淄博市中级人民法院（2017）鲁03民终1695号民事判决书。

〔135〕 参见北京市第一中级人民法院（2018）京01民终2667号民事判决书。

〔136〕 参见最高人民法院民事审判第二庭编著：《最高人民法院关于民事案件诉讼时效司法解释理解与适用》，人民法院出版社2015年版，第88页。

〔137〕 参见梁展欣主编：《诉讼时效司法实务精义》，人民法院出版社2010年版，第66页。

“新的证据”举证证明。

当事人主张曾经在诉讼外实施援引行为并以此作为诉讼程序中时效抗辩之依据的,应就诉讼外的援引行为举证证明。 90

(二)同意履行和自愿履行的举证责任

权利人主张义务人同意履行或放弃时效抗辩权的,应就单方弃权行为或还款协议等行为的存在及有效性举证证明。 91

履行完毕后义务人主张返还的,义务人应就该履行行为不构成自愿履行予以举证,即证明义务人系在不自愿情形下履行或欠缺其他要件。义务人主张返还之前,权利人对受领给付的合法性不负举证责任。 92

附:案例索引

1. 安徽省合肥市中级人民法院(2018)皖01民终4929号民事判决书:肥东县振兴商务投资有限公司等与安徽新安良种猪有限责任公司租赁合同纠纷案【边码57a】

2. 北京市第二中级人民法院(2015)二中民终字第02345号民事判决书:北京城乡建设集团有限责任公司与北京柏基置业有限公司建设工程施工合同纠纷案【边码50】

3. 北京市第三中级人民法院(2016)京03民终8680号民事判决书:王某与李某抵押合同纠纷案【边码28】

4. 北京市第一中级人民法院(2018)京01民终2667号民事判决书:北京恺艾斯食品有限公司与北京万商投资发展集团有限公司房屋租赁合同纠纷案【边码86】

5. 重庆市高级人民法院(2018)渝民终328号民事判决书:重庆安格龙翔医药科技有限公司与黑龙江省格润药业有限责任公司技术委托开发合同纠纷案【边码79】

6. 福建省高级人民法院(2017)闽民终98号民事判决书:吴某亮与戴某生民间借贷纠纷案【边码85】

7. 福建省高级人民法院(2018)闽民终1121号民事判决书:杨某滋等与王某贵等民间借贷纠纷案【边码50】

8. 福建省龙岩市中级人民法院(2014)岩民终字第1263号民事判决书:赖某祥与李某华民间借贷纠纷案【边码35】

9. 福建省南平市中级人民法院(2018)闽07民终1336号民事判决书:杨某旺与陈某宝等民间借贷纠纷案【边码67】

10. 甘肃省定西市中级人民法院(2016)甘11民终169号民事判决书:李某元与何某有追偿权纠纷案【边码69】

11. 广东省潮州市中级人民法院(2018)粤51民终121号民事判决书:吴某等与方某中民间借贷纠纷案【边码51】

12. 广东省佛山市中级人民法院(2018)粤06民终5982号民事判决书:赵某和与赵某聪民间借贷纠纷案【边码50】

13. 广东省高级人民法院(2017)粤民申 8649 号民事裁定书:徐某安等与高州市农村信用合作联社石鼓信用社金融借款合同纠纷案【边码 36】

14. 广东省高级人民法院(2018)粤民再 181 号民事判决书:中国农业银行股份有限公司广州天河支行与广州农村商业银行股份有限公司天河支行金融借款合同纠纷案【边码 58】

15. 广东省高级人民法院(2018)粤民终 279 号民事判决书:胡某与李某荣等船舶买卖合同纠纷案【边码 77】

16. 广东省广州市中级人民法院(2016)粤 01 民终 15711 号民事判决书:陈某高与陈某桂买卖合同纠纷案【边码 45】

17. 广东省广州市中级人民法院(2018)粤 01 民终 6361 号民事判决书:洪某清等与李某强民间借贷纠纷案【边码 19】

18. 广东省广州市中级人民法院(2019)粤 01 民终 9469 号民事判决书:珠海市力特建筑机械安装工程有限公司与广州龙越自动化工程有限公司等债权转让合同纠纷案【边码 78】

19. 广东省揭阳市中级人民法院(2019)粤 52 民终 470 号民事判决书:杨某泉与黄某波民间借贷纠纷案【边码 50】

20. 广东省中山市中级人民法院(2017)粤 20 民终 5191 号民事判决书:珠海华发物业管理服务有限公司与李某忠物业服务合同纠纷案【边码 36】

21. 广东省珠海市中级人民法院(2017)粤 04 民终 2591 号民事判决书:中国信达资产管理股份有限公司广东省分公司与方某莲等抵押合同纠纷案【边码 28】

22. 贵州省高级人民法院(2018)黔民终 386 号民事判决书:贵州湘企房地产开发有限公司等与陈某林等民间借贷纠纷案【边码 56】

23. 贵州省贵阳市中级人民法院(2018)黔 01 民终 230 号民事判决书:贵州东亚大厦物业有限公司与郑某东民间借贷纠纷案【边码 80】

24. 海南省第二中级人民法院(2016)琼 97 民终 1449 号民事判决书:海南地恒实业投资有限公司等与陈某坚房屋买卖合同纠纷案【边码 19】

25. 海南省高级人民法院(2005)琼民二终字第 42 号民事判决书:中国华融资产管理公司海口办事处与海南省三亚市第一华侨特需商品供应公司等借款合同纠纷案【边码 69】

26. 海南省三亚市中级人民法院(2018)琼 02 民终 495 号民事判决书:海南文昌隆盛置业有限公司与北京搜房科技发展有限公司等服务合同纠纷案【边码 77】

27. 河北省沧州市中级人民法院(2018)冀 09 民终 596 号民事判决书:王某 1 与李某买卖合同纠纷案【边码 83】

28. 河南省高级人民法院(2014)豫法民三终字第 00136 号民事判决书:汝州市电业公司与中青(汝州)电力有限公司等买卖合同纠纷案【边码 57a】

29. 河南省新乡市中级人民法院(2018)豫 07 民终 5040 号民事判决书:新乡市利尔过滤技术有限公司与上海化工研究院有限公司买卖合同纠纷案【边码 58】

30. 黑龙江省高级人民法院(2011)黑监民再字第 139 号民事判决书:米某静与绥芬河市农村信用合作联社借款合同纠纷案【边码 35、51】

31. 湖北省高级人民法院(2014)鄂民二终字第 00028 号民事判决书:易某军等与中国农

业银行股份有限公司恩施经济开发区支行借款合同纠纷案【边码 66】

32. 湖北省汉江中级人民法院(2018)鄂 96 民终 1089 号民事判决书:湖北天泵科技股份有限公司与武汉奇治科技有限公司买卖合同纠纷案【边码 67】

33. 湖北省襄阳市中级人民法院(2017)鄂 06 民终 2836 号民事判决书:翟某峰与中华联合财产保险股份有限公司枣阳支公司财产保险合同纠纷案【边码 18】

34. 湖南省常德市中级人民法院(2017)湘 07 民终 1916 号民事判决书:毛某与曾某桂民间借贷纠纷案【边码 43】

35. 湖南省怀化市中级人民法院(2017)湘 12 民终 66 号民事判决书:张某美与杨某明等民间借贷纠纷案【边码 50】

36. 吉林省高级人民法院(2015)吉民二终字第 69 号民事判决书:通化市天泰土方工程有限公司等与赵某庆等租赁合同纠纷案【边码 20】

37. 江苏省高级人民法院(2008)苏民二终字第 0424 号民事判决书:新沂市建材总公司与新沂市农村信用合作联社金昌信用社等债权纠纷案【边码 43】

38. 江苏省高级人民法院(2015)苏审二商申字第 00384 号民事裁定书:峰水(上海)水处理系统有限公司与安纳社环保工程(苏州)有限公司委托合同纠纷案【边码 61】

39. 江苏省高级人民法院(2016)苏民终 766 号民事判决书:赵某与启东市第一建筑安装工程有限公司等债权转让合同纠纷案【边码 35】

40. 江苏省南通市中级人民法院(2013)通中民终字第 0698 号民事判决书:钱某山与徐某同其他借款合同纠纷案【边码 26】

41. 江苏省无锡市中级人民法院(2017)苏 02 民终 584 号民事判决书:东莞市红树林环保科技有限公司与无锡市通用机械厂有限公司加工合同纠纷案【边码 43】

42. 江苏省徐州市中级人民法院(2018)苏 03 民终 7830 号民事判决书:江苏奔腾橡胶制品有限公司与广州华工百川科技有限公司买卖合同纠纷案【边码 50】

43. 江苏省扬州市中级人民法院(2017)苏 10 民终 642 号民事判决书:中交路桥华南工程有限公司与高邮市鸿祥劳务服务部买卖合同纠纷案【边码 36】

44. 江西省高级人民法院(2014)赣民一终字第 49 号民事判决书:黄某凡等与萍乡市凯旋投资有限公司租赁合同纠纷案【边码 43】

45. 江西省高级人民法院(2018)赣民终 449 号民事判决书:上饶市大通贸易有限公司等与上饶市信义投资有限公司金融不良债权追偿纠纷案【边码 50】

46. 江西省高级人民法院(2018)赣民终 644 号民事判决书:刘某群与徐某民间借贷纠纷案【边码 50】

47. 江西省鹰潭市中级人民法院(2019)赣 06 民终 137 号民事判决书:宝龙建设集团有限公司与占某忠、姚某水承揽合同纠纷案【边码 59】

48. 辽宁省沈阳市中级人民法院(2017)辽 01 民终 6601 号民事裁定书:岳某贵与张某言、马某伟民间借贷纠纷案【边码 45】

49. 山东省德州市中级人民法院(2019)鲁 14 民终 702 号民事判决书:宝龙建设集团有限公司与占某忠等承揽合同纠纷案【边码 80】

50. 山东省临沂市中级人民法院(2018)鲁 13 民终 1958 号民事判决书:薛某喜等与山东沂南农村商业银行股份有限公司等金融借款合同纠纷案【边码 60】

51. 山东省淄博市中级人民法院(2017)鲁 03 民终 1695 号民事判决书:柳某盈与翟某亮合同纠纷案【边码 85】

52. 山西省太原市中级人民法院(2017)晋 01 民终 2042 号民事判决书:郭某富等与黄某怡等民间借贷纠纷案【边码 50】

53. 山西省运城市中级人民法院(2019)晋 08 民终 2062 号民事判决书:朱某科与杨某兰等民间借贷纠纷案【边码 59】

54. 上海市第二中级人民法院(2018)沪 02 民终 10877 号民事判决书:常州韬润商贸有限公司与上海海港宾馆有限公司等股东损害公司债权人利益责任纠纷案【边码 41】

55. 上海市第一中级人民法院(2014)沪一中民四(商)终字第 551 号民事判决书:浙江万兴建设有限公司与上海逸万电气成套有限公司等定作合同纠纷案【边码 77】

56. 上海市高级人民法院(2016)沪民申 13 号民事裁定书:薛某芬等与孙某罗民间借贷纠纷案【边码 82】

57. 四川省巴中市中级人民法院(2017)川 19 民初 33 号民事判决书:福建省上杭鸿阳矿山工程有限公司等与大唐四川川北电力开发有限公司等民间借贷纠纷案【边码 85】

58. 四川省成都市中级人民法院(2018)川 01 民终 15525 号民事判决书:刘某奎等与张某等提供劳务者受害责任纠纷案【边码 41】

59. 四川省达州市中级人民法院(2018)川 17 民终 99 号民事判决书:北京金某资产管理有限公司与四川省渠县城郊供销合作社等金融不良债权追偿纠纷案【边码 51】

60. 四川省高级人民法院(2015)川民申字第 1919 号民事裁定书:尹某珍与尹某利民间借贷纠纷案【边码 56】

61. 四川省高级人民法院(2015)川民终字第 539 号民事判决书:松潘县西部王朝大酒店有限责任公司与重庆市潼南第四建筑工程公司等建设工程施工合同纠纷案【边码 50】

62. 天津市高级人民法院(2018)津民申 1203 号民事裁定书:中石化中原石油工程有限公司钻井二公司与天津大港油田兴运油气技术股份合作公司技术合同纠纷案【边码 58、65】

63. 浙江省高级人民法院(2009)浙商终字第 291 号民事判决书:杭州大富房地产开发有限公司与上海宏仑物业管理有限公司企业借贷纠纷案【边码 59】

64. 浙江省高级人民法院(2012)浙民再字第 76 号民事判决书:翁某与洪某某等民间借贷纠纷案【边码 21、45】

65. 浙江省杭州市中级人民法院(2016)浙 01 民终 4535 号民事判决书:杭州永发机械工具有限公司与郑某荣等生命权、健康权、身体权纠纷案【边码 19】

66. 浙江省宁波市海曙区人民法院(2013)甬海商初字第 231 号民事判决书:袁某全与沈某玲债权转让合同纠纷案【边码 43】

67. 浙江省衢州市中级人民法院(2015)浙衢商终字第 172 号民事判决书:郑某源与叶某宝民间借贷纠纷案【边码 84】

68. 最高人民法院(1999)经终字第 457 号民事判决书:中国银行等与齐鲁乙烯联营粒料

厂等融资租赁合同纠纷案【边码 59】

69. 最高人民法院(2003)民二终字第 93 号民事判决书:中国东方资产管理公司大连办事处与辽宁华曦集团公司等借款担保纠纷案【边码 59】

70. 最高人民法院(2005)民二终字第 210 号民事判决书:中国工商银行内蒙古自治区通辽分行与通辽市科尔沁区工商农村信用合作社金融借款合同纠纷案【边码 26】

71. 最高人民法院(2011)民提字第 266 号民事判决书:中信信托有限责任公司与天津市粮油集团有限公司等借款合同纠纷案【边码 30】

72. 最高人民法院(2012)民再申字第 208 号民事裁定书:都江堰市英华铝业有限责任公司与成都颖博投资有限公司担保追偿权纠纷案【边码 50、65】

73. 最高人民法院(2015)民申字第 284 号民事裁定书:中国远东国际贸易总公司与上海新华房地产发展公司等公司债权人利益责任纠纷案【边码 41】

74. 最高人民法院(2017)最高法民申 1355 号民事裁定书:中国信达资产管理股份有限公司辽宁省分公司与沈阳(中国北方花城)有限公司等抵押合同纠纷案【边码 28】

75. 最高人民法院(2017)最高法民申 2048 号民事裁定书:周某彬与李某等合同纠纷案【边码 70】

76. 最高人民法院(2017)最高法民申 2522 号民事裁定书:日照虹星饰材有限公司等与日照盛达玻璃科技发展有限公司等买卖合同纠纷案【边码 22】

77. 最高人民法院(2018)最高法民申 4644 号民事裁定书:郑州鸿盛商贸有限公司与张某龙等建设工程施工合同纠纷案【边码 22】

78. 最高人民法院(2018)最高法民再 51 号民事判决书:厦门源昌房地产开发有限公司与海南悦信集团有限公司委托合同纠纷案【边码 40】

第194条
诉讼时效中止*

第194条　在诉讼时效期间的最后六个月内，因下列障碍，不能行使请求权的，诉讼时效中止：

（一）不可抗力；

（二）无民事行为能力人或者限制民事行为能力人没有法定代理人，或者法定代理人死亡、丧失民事行为能力、丧失代理权；

（三）继承开始后未确定继承人或者遗产管理人；

（四）权利人被义务人或者其他人控制；

（五）其他导致权利人不能行使请求权的障碍。

自中止时效的原因消除之日起满六个月，诉讼时效期间届满。

简　　目

* 本文系基于《〈民法典〉第194条（诉讼时效中止）评注》（载《南京大学学报（哲学·人文科学·社会科学）》2020年第6期，第30—48页）一文修订而成。

案例搜集情况说明：（1）本文选取案例遵循以下标准：一是最高人民法院指导案例、公报案例和最高人民法院裁判意见全面搜集；二是对相同案型选取较高级别法院的裁判意见；三是在最高人民法院和高级人民法院无同类案例的前提下，选取中级人民法院和基层人民法院有讨论价值的特殊案型；四是最高人民法院相关刊物（如《人民司法》《商事审判指导》等）所载案例，优先选取。（2）案例来源：中国裁判文书网；北大法宝案例库；无讼案例库；《人民司法》等纸质载体。

一、规范意旨

(一)规范意义及正当化理由

《民法典》第194条是诉讼时效中止(以下简称时效中止)的基础规范。本条含两款:第1款规定时效中止的适用条件和法定事由;第2款规定时效中止的法律效力。 1

时效中止是时效停止的下位概念,时效停止涉及三种规则:一是时效开始停止,是指因发生某种事由而使时效不开始起算;二是时效进行停止(中止),是指因发生某种事由而使正在进行的时效停止计算,待事由消除后继续计算;三是时效完成停止(不完成、完成延迟),是指时效并不停止计算,但自某种事由消除时开始,经过法定期间后时效完成。对于设置何种规则,各立法差异较大。[1] 我国现 2

---

〔1〕 模式一仅规定时效中止(意大利、俄罗斯);模式二仅规定时效不完成(日本、我国台湾地区);模式三既规定时效开始停止,又规定时效中止(法国);模式四既规定时效中止,又规定时效不完成(德国、葡萄牙)。

行法仅规定时效中止,[2]但亦有学者认为我国现行法虽采“中止”概念,但规则内容实属时效不完成[3]或时效延期届满[4]。此外,《民法典》第 190 条、第 191 条虽为特殊起算规则,但实具时效开始停止的性质。

3　关于时效中止(不完成)制度的立法理由,域外法上认为各类中止事由很难归因于一个共同原因,但它们都基于这样一种观念,即时效期间对债务人有利的保护功能被债权人利益所覆盖。[5] 时效中止是基于与时效期间、时效进行、时效限制的综合考量而设计的一种制度。[6] 依据我国官方解释及学理意见,时效中止制度的立法理由在于:诉讼时效制度目的(督促权利人积极行使权利)的要求;[7]防止权利人非因自身原因造成时效届满;[8]使权利人有机会行使权利以中断时效;[9]与中断制度相互配合等。[10]

4　《民法通则》第 139 条规定了时效中止的适用条件、事由和效力,2020 年修正前的《诉讼时效规定》第 20 条对中止事由之“其他障碍”作出列举式解释。对于时效中止的适用条件和事由,《民法典》第 194 条第 1 款继承了《民法通则》第 139 条和《诉讼时效规定》第 20 条之规定,故既有文献和司法意见于《民法典》施行后仍具说明意义。对于时效中止的效力,《民法典》第 194 条第 2 款作出了修改,故既有解释规则于《民法典》施行后不再适用。

(二)时效中止的性质

5　依据《民法典》第 193 条“职权禁用规则”,法院不得主动适用时效中止规则,即使在案件中已经具备了时效中止的适用条件。

6　当事人(一般为权利人)是否主张时效中止,依其意思自行决定。权利人主张时效中止的,通常是以此否定义务人援引时效抗辩权的主张。权利人能够主张时

---

〔2〕 关于我国应采模式的立法论意见,参见房绍坤:《诉讼时效停止制度的立法选择》,载《广东社会科学》2016 年第 1 期,第 221—222 页。

〔3〕 参见李宇:《民法总则要义:规范释论与判解集注》,法律出版社 2017 年版,第 916 页。

〔4〕 参见朱晓喆:《诉讼时效制度的价值基础与规范表达》,载《中外法学》2017 年第 3 期,第 723—724 页。

〔5〕 Vgl. Helmut Grothe, Kommentar zum § 203, in: *Münchener Kommentar zum BGB*, 8. Aufl., München: C. H. Beck, 2018, Rn. 2.

〔6〕 松本克美『続・時効と正義—消滅時効・除斥期間の新たな展開』(日本評論社、2012 年)300 頁,参照。

〔7〕 参见黄薇主编:《中华人民共和国民法典总则编释义》,法律出版社 2020 年版,第 520 页。

〔8〕 参见最高人民法院民法典贯彻实施工作领导小组主编:《中华人民共和国民法典总则编理解与适用(下)》,人民法院出版社 2020 年版,第 978 页。

〔9〕 参见汪渊智:《我国民法诉讼时效制度之构想》,载《法学研究》2003 年第 3 期,第 62 页。

〔10〕 参见冯恺:《诉讼时效制度研究》,山东人民出版社 2007 年版,第 215 页。

效中止而不主张的，构成放弃诉讼时效利益的行为。

《民法典》第 194 条属于强行性法律规范，当事人虽可选择是否依据该条主张时效中止，但不得就该条规定的适用条件、中止事由和效力另行约定。《民法典》第 197 条第 1 款规定，当事人就中止事由所作约定无效(边码 22)。当事人约定适用条件或中止效力的，如果对权利人更有利，属于义务人预先放弃诉讼时效利益；如果对义务人更有利，属于权利人预先放弃诉讼时效利益。依据《民法典》第 197 条第 2 款规定，此两种约定均应无效。 7

时效中止是实体法规则，其不同于诉讼中止(《民事诉讼法》第 150 条)：前者影响某项权利是否为完全债权之判断，后者仅具程序法意义。在诉讼过程中发生不可抗力等事由致使诉讼不能正常进行的，不适用时效中止规则，而应适用诉讼中止规则。 8

法院受理案件时不应审查时效中止事项，受理后对当事人主张的时效中止和时效抗辩事项予以实体审理，以判决形式支持或驳回原告的诉讼请求[《民事诉讼法解释》(2020 年修正)第 219 条]。这是“职权禁用规则”在程序法上的体现。[11] 9

(三)适用范围

《民法典》第 194 条是对时效中止的一般规定，其与特别法领域的时效中止规则的关系如下：其一，《民法典》第 194 条与单行法规定的时效中止规则构成一般规范与特别规范关系，即前者与后者不一致的，适用后者规定。其二，单行法对时效中止未作规定的，适用《民法典》第 194 条规定。[12] 应特别值得注意的是，并非单行法的所有条文均构成“真正意义的”特别规范。在现行法框架下，单行法的某些条文是对普通法一般规定的简单重复或变相重复，此类规定因不具有特殊规范意旨而不构成“真正意义的”特别规范。如果《民法典》相较于旧法作出修改，则单行法的此类规定应适用新法优于旧法规则(即适用《民法典》第 194 条)，而不适用特别法优先于普通法规则。[13] 10

《海商法》第 266 条规定的海商法上请求权的时效中止规则，系对《民法通则》第 139 条的重复，故《民法典》施行后该条不再适用。[14] 11

《国家赔偿法》第 39 条第 2 款规定的国家赔偿请求权之时效中止规则，系对 12

[11] 参见沈德咏主编：《最高人民法院民事诉讼法司法解释理解与适用(上)》，人民法院出版社 2015 年版，第 573 页。

[12] 参见《立法法》第 92 条。

[13] 参见王利明：《民法总则研究》，中国人民大学出版社 2018 年版，第 81 页。

[14] 交通运输部 2018 年 9 月公布的《〈海商法〉修改建议稿》之“第十五章诉讼时效”删除了《海商法》第 266 条的内容，表明海商法领域的时效中止直接适用《民法典》的规定。

《民法通则》第 139 条的重复，故《民法典》施行后该条不再适用。《国家赔偿法》第 39 条第 1 款规定，国家赔偿请求权时效“自其知道或者应当知道国家机关及其工作人员行使职权时的行为侵犯其人身权、财产权之日起计算，但被羁押等限制人身自由期间不计算在内”。该款虽为特殊起算规则，但实具时效开始停止的性质。

13 《继承法意见》第 15 条将“不可抗拒的事由致继承人无法主张继承权利”规定为时效中止事由，因《民法典》第 194 条第 1 款第 3 项对继承场合下中止事由作出新的规定，且《继承法意见》已被废止，故《民法典》施行后《继承法意见》第 15 条不再适用。

14 《民通意见》第 175 条第 2 款规定，20 年最长时效期间不适用中止规则。因为 20 年时效期间是权利保护的最长期间，且适用客观起算标准，故仅适用延长规则，而不适用中止、中断规则。[15] 虽然《民通意见》已被废止，但《民法典纪要》第 5 条第 1 款继承了上述规定，因此《民法典》施行后仍采上述解释。

15 《民法典》第 198 条规定，仲裁时效优先适用特别法规定。(1)商事仲裁领域中，现行法对仲裁时效中止未作规定，故应适用《民法典》第 194 条(《仲裁法》第 74 条)。(2)劳动争议仲裁领域中，仲裁时效中止适用《劳动争议调解仲裁法》第 27 条第 3 款。但对于时效中止的效力，该款规定“从中止时效的原因消除之日起，仲裁时效期间继续计算”系对《民法通则》第 139 条的重复。因《民法典》对时效中止效力已作出修改，故《民法典》施行后仲裁时效中止效力适用第 194 条第 2 款。(3)土地承包争议仲裁领域中，现行法对仲裁时效中止未作规定，故应适用《民法典》第 194 条，但中止事由与土地承包关系不兼容的除外。[16]

16 依据《民事诉讼法》第 239 条和《执行程序解释》(2020 年修正)第 19 条，执行程序中的申请执行时效应当适用《民法典》第 194 条之时效中止规则。理由在于：为促使权利人尽快主张权利、申请执行，并保护权利人在某些情形下不能申请执行的利益。[17] 依据《新冠肺炎疫情执行案件意见》第 2 条，“新冠肺炎”疫情及防控措施可构成申请执行时效的中止事由。

二、时效中止的适用条件(第 1 款前段)

(一)存在时效中止的法定事由

17 《民法典》第 194 条第 1 款之“障碍”、第 2 款之“中止原因”和第 197 条规定的

---

〔15〕 参见梁书文主编：《民法通则贯彻意见诠释》，中国法制出版社 2001 年版，第 150 页。
〔16〕 参见杨巍：《仲裁时效与诉讼时效衔接研究》，社会科学文献出版社 2019 年版，第 244—245 页。
〔17〕 参见王胜明主编：《中华人民共和国民事诉讼法释义》，法律出版社 2012 年版，第 561 页。

“中止事由”，虽然表述有异，但含义相同，即能够引起时效中止的某种客观情形。本文统一称为“中止事由”，其具有以下特征：其一，客观性。该事由必须是某种客观存在的自然事实或法律关系状态，而不是因权利人纯粹主观意志而未行使权利的情形。例如因缺乏法律知识、不信任司法机关、未找到合适的律师等原因而未行使权利，不构成中止事由。其二，法定性。某些客观情形即使可以导致“不能行使请求权”的后果，但如果其不属于法律所列举事项，则不构成中止事由。而且，现行法亦不承认约定中止事由的效力（边码22）。其三，持续性。依据现行法列举的中止事由范围，该事由通常为持续存在的某种状态，而非即刻结束的法律事实，以至于时效停止计算的是时间段而非时间点。其四，障碍性。该事由构成行使权利的非正常障碍，即行使权利的困难远超过正常限度。如果某种情形只是造成行使权利增加一定程度的金钱成本或时间成本，则不构成中止事由。因此，各类中止事由的具体认定须结合要件（三）予以判断（边码39—81）。

依据对行使权利的影响原因为标准，中止事由可划分为：绝对障碍、相对障碍和情理障碍。绝对障碍和相对障碍属于纯粹客观障碍，二者在客观上导致无法或难以行使权利。情理障碍虽未导致无法行使权利，但在该情形下行使权利严重悖于情理。情理障碍实质上是“特定关系障碍”，故其仍具有客观性。 18

绝对障碍，是指由于欠缺行使权利的必要条件，而致客观上绝对不可能行使请求权。例如在“继承开始后未确定继承人或者遗产管理人”的场合下，由于权利主体或义务主体尚未被确定，故根本不存在行使权利的可能。绝对障碍当然构成中止事由，而无须再另行考量其是否导致“不能行使请求权”。 19

相对障碍，是指该事由虽非导致行使请求权绝对不可能，但权利人在客观上难以行使请求权。相对障碍是否构成中止事由，须视其对行使权利的影响程度是否达到“不能行使请求权”而定（边码35）。例如发生地震灾情的场合下，虽然权利人以“诉讼外请求”方式行使权利在理论上尚属可能，但因社会秩序已陷入混乱且当事人生命处于严重威胁之中，此时要求权利人行使权利实属强人所难，因此应认定构成中止事由。但如果虽然发生地震，但并未影响到权利人行使权利，则不构成中止事由。[18] 20

情理障碍，是指由于权利人与义务人之间存在某种特定关系，导致权利人不便、不敢或不欲行使请求权。情理障碍原则上仅限于法律有明确规定者，才构成中止事由。因为权利人催讨债务均会一定程度上碍于情面而有所顾忌，如不限于法律明文列举，将使中止事由过于宽泛。例如各国普遍将“婚姻关系存续”规定为中止事由，而父母与成年子女之间行使权利虽也存在情理障碍，但因无法律规定 21

〔18〕 参见张雪楳：《诉讼时效审判实务与疑难问题解析》，人民法院出版社2019年版，第549页。

而不应认定为中止事由。

22 《民法典》第 197 条第 1 款规定，当事人约定中止事由和中止计算方法的，该约定无效。该规定是我国对诉讼时效制度采取严格法定主义立场的体现，其目的是以此实现“法律秩序的清晰稳定”“为交易关系提供安全保障”等。[19] 依此规定，下列约定无效：其一，约定中止事由。包括：约定排除适用某一类或几类法定中止事由；将法定范围之外的事由约定为中止事由，例如约定恋爱关系存续期间时效中止。如果当事人就不可抗力的具体范围作出约定，虽然学理及实务上并不绝对否认不可抗力条款的效力，[20] 但基于时效制度的严格法定主义，此类不可抗力条款仅于免责认定场合有效，而不能作为认定中止事由的依据。其二，约定时效中止的计算方法。例如约定时效期间内的任何时间段发生中止事由，均引起时效中止。其三，约定时效中止的效力。《民法典》第 197 条第 1 款的文义虽未涉及此类约定，但依据该款体现的严格法定主义，亦应对其作无效认定。例如约定自中止事由消除之日起满 1 个月，诉讼时效期间届满。

（二）中止事由存在于诉讼时效期间的最后 6 个月内

1. 中止事由存在时间的几种情形

23 依据《民法典》第 194 条第 1 款，仅要求时效期间最后 6 个月内存在中止事由，而不论该事由之起点或终点是否存在于该时间段内。[21] 换言之，中止事由存续期间与时效期间最后 6 个月有某一段发生重合即满足该要件。分以下几种情形讨论：其一，该事由起点和终点均在时效期间最后 6 个月以前，此情形不符合该要件。其二，该事由起点在时效期间最后 6 个月以前，且延续至时效期间最后 6 个月之内（终点是否在此之内在所不问）。此情形符合该要件，时效期间自最后 6 个月之起点停止计算。其三，该事由起点在时效期间最后 6 个月之内（终点是否在此之内在所不问），此情形符合该要件，时效期间自该事由发生起点之日停止计算。其四，该事由起点在时效期间届满之后，此情形不符合该要件。

---

〔19〕 参见黄薇主编：《中华人民共和国民法典总则编释义》，法律出版社 2020 年版，第 532 页。

〔20〕 参见崔建远：《不可抗力条款及其解释》，载《环球法律评论》2019 年第 1 期，第 50 页。

〔21〕 对于时效中止（或不完成）事由的存在时间，比较法上主要有三种模式：一是中止事由可存在于时效期间内的任何时间（如法国）；二是中止事由必须存在于时效期间的最后阶段（如俄罗斯规定 6 个月）；三是某些中止事由可存在于时效期间内的任何时间，另一些事由必须存在于时效期间的最后阶段（如在德国法中，磋商、提起诉讼等事由属于前者，不可抗力等事由属于后者）。我国现行法属于模式二。对该问题的立法论意见，参见张驰：《中止事由范围及效力》，载《法学》1997 年第 6 期，第 28 页。

2.《民法总则》施行前后对适用该要件的影响

24 对于该问题,《民法总则诉讼时效解释》曾作出规定。[22] 虽然该司法解释已被废止,但其规定并不违反《民法典时间效力规定》第1条、第2条的精神,故属于"与民法典及有关法律不冲突且在司法实践中行之有效的规定"(《民法典纪要》第12条),《民法典》施行后仍可参考适用。分述如下:

24a 其一,《民法总则诉讼时效解释》第2条规定,《民法总则》施行之日,《民法通则》之2年或者1年时效期间(以下简称原时效期间)尚未届满,当事人主张适用《民法总则》之3年时效期间(以下简称新时效期间)规定的,人民法院应予支持。依此规定,2017年10月1日原时效期间未届满且此前不存在中止事由的,中止事由应发生于新时效期间的最后6个月内,才引起时效中止。

25 其二,原时效期间的最后6个月内存在中止事由,且该事由消除后继续计算的原时效期间在2017年10月1日之前届满的,不因《民法总则》施行而受影响。《民法总则诉讼时效解释》第3条规定,《民法总则》施行前,原时效期间已经届满,当事人主张适用新时效期间的,人民法院不予支持。换言之,该情形下因《民法总则》施行前义务人已经取得时效抗辩权而确定享有时效利益,故《民法总则》施行后不再有适用时效中止规则的问题。

26 其三,原时效期间的最后6个月内存在中止事由,且该中止事由延续至2017年10月1日尚未消除的,依据《民法总则诉讼时效解释》第4条规定,该情形"应当适用《民法总则》关于诉讼时效中止的规定"。该情形下,时效中止的效力应适用《民法总则》之规定(边码82—88),对此不存疑义。但一个令人困扰的问题是:该情形属于《民法总则诉讼时效解释》第2条规定之情形,但如何将"适用新时效期间"体现于2017年10月1日之后发生的时效中止效力,该解释未予明确。有高级人民法院规范性文件对此规定:中止事由消除之日起满6个月,时效期间届满;但自时效起算之日起向后推算3年,期满日晚于上述6个月届满日的,时效期间计算至该期满日。[23] 笔者认为,虽然该规定意图将新时效期间所增加的时效利益赋予当事人,但其有两个明显缺陷:一是机械地将"起算之日起向后推算3年",而未考虑3年期间存在中断的可能;二是未考虑中止事由的延续时间对时效期间计算的影响。因此该规定并不合理。笔者认为,应区分以下几种情形分别处理:

27 情形1:在图一情形下,原时效期间和新时效期间最后6个月起点均处于《民法总则》施行前,这意味着在《民法总则》施行之日,即使适用新时效期间也仍处于

[22] 对该司法解释的批评意见,参见张洪波:《诉讼时效制度修订后的过渡规则》,载《现代法学》2018年第6期,第185页。

[23] 参见《北京市高级人民法院民一庭关于〈民法总则〉施行后适用诉讼时效制度的参考意见》。

时效中止状态。换言之,该情形下适用原时效期间或者新时效期间对于时效中止效力而言是一致的。因此,该情形下自中止事由消除之日(即时间点 c)起满 6 个月,时效期间届满。

图一:

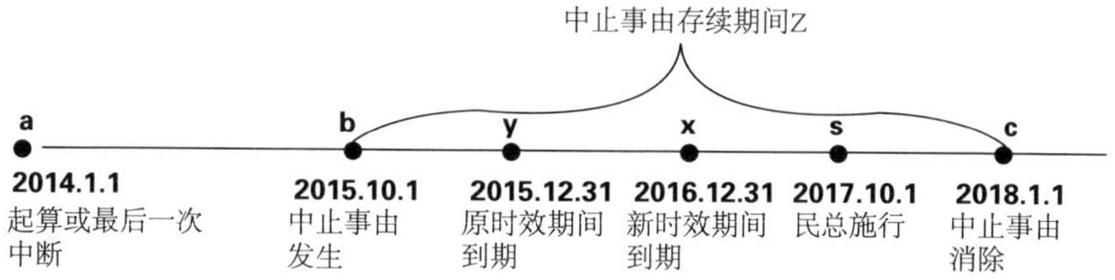

28 情形 2:在图二情形下,原时效期间和新时效期间最后 6 个月起点分别处于《民法总则》施行之前和之后,且中止事由消除之日(即时间点 c1)处于新时效期间最后 6 个月起点之前。在《民法总则》施行之日,如果依据原时效期间计算,此时处于时效中止状态;如果依据新时效期间计算,则尚不具备时效中止条件,因为此时新时效期间最后 6 个月的起点(即时间点 x-6)尚未届至。在此情形下,《民法总则诉讼时效解释》第 4 条规定的"应当适用《民法总则》关于诉讼时效中止的规定"应解释为,由于该事由未发生于新时效期间最后 6 个月内,因此时效不中止,时效期间于时间点 x 届满。

图二:

29 情形 3:将情形 2 中的时间点 c1 移至 c2 且其他条件相同,即中止事由存续至新时效期间最后 6 个月之内。基于情形 2 之相同理由,在《民法总则》施行之日,依据新时效期间计算,此时不具备时效中止条件。在此情形下,新时效期间最后 6 个月起点(即时间点 x-6)届至时,时效中止,中止事由消除之日(即时间点 c2)起满 6 个月,时效期间届满。〔24〕

30 其四,原时效期间的最后 6 个月内存在中止事由,但该事由消除后继续计算的原时效期间在 2017 年 10 月 1 日尚未届满的,如何处理?基于前文相同的思路,分述如下:

〔24〕 在此情形下,时间点 c2 在 x 之前或之后,对时效中止效力不发生影响。

情形 1:将图一中的时间点 c 移至“2017 年 4 月 1 日至 9 月 30 日”之时间段内。[25] 在此情形下,原时效期间和新时效期间最后 6 个月起点均处于 2017 年 4 月 1 日之前,这意味着依据两种时效期间计算所引起的时效中止效力相同。因此,中止事由消除之日(即时间点 c)起满 6 个月,时效期间届满。 31

情形 2:将图二中的时间点 c1 和 c2 移至“2017 年 4 月 1 日至 9 月 30 日”之时间段内。[26] 在《民法总则》施行之日,如果依据原时效期间计算,此时处于中止事由消除、时效期间正在继续计算的状态;如果依据新时效期间计算,此时诉讼时效既未中止、也未届满。在此情形下,《民法总则诉讼时效解释》第 2 条规定的“适用《民法总则》之 3 年诉讼时效期间”应解释为,自时间点 c1 和 c2 起满 18 个月的,时效期间届满。[27] 32

(三)中止事由导致权利人不能行使请求权

1.“不能行使请求权”的认定标准

“不能行使请求权”应否解释为“不能中断时效”,有立法例对此持肯定态度(例如我国台湾地区“民法”第 139 条),理由在于:中止事由不妨碍权利人中断时效的,因其仍可行使权利,故无适用中止规则的余地。[28] 所谓“不能中断时效”,是指不能以任何方法(包括诉讼外请求、起诉)引起时效中断,而非仅指不能提起诉讼。[29] 仅因法院停止办公而不能起诉,但尚能向义务人请求履行,或者虽不能向义务人请求履行,但还能向法院起诉的,均不符合时效中止条件。[30] 我国学界[31]及实务界[32]亦倾向于作此解释。因为在现行法规定“诉讼外请求”为中断事由的前提下,权利人以此中断时效极为容易,且可获得更大时效利益,因此在虽不能起诉但仍可“诉讼外请求”的情形下实无适用中止规则的必要。权利人主张已提起诉讼外请求,但因不能举证等原因而未被采信的,仍可主张时效中止。在诉讼中,权利人可以时效中断为主要抗辩,以时效中止为备用抗辩。 33

---

〔25〕 此处仅讨论该时间段内未发生中断事由的情形。如果该时间段内发生时效中断,参见边码 85。

〔26〕 由于中止事由消除之日必须发生于“2017 年 4 月 1 日至 9 月 30 日”之时间段内,才能导致“继续计算的原时效期间在 2017 年 10 月 1 日尚未届满”,因此将 c1 和 c2 合并为一个时间点予以讨论。

〔27〕 其他观点参见茆荣华、张俊:《〈民法总则〉诉讼时效新规定的衔接适用探析》,载《法律适用》2018 年第 9 期,第 118 页。

〔28〕 参见沈建兴:《民法总则逐条释义》,台湾地区元照出版有限公司 2018 年版,第 705 页。

〔29〕 参见黄立:《民法总则》,中国政法大学出版社 2002 年版,第 490 页。

〔30〕 参见郑玉波:《民法总则》,中国政法大学出版社 2003 年版,第 528 页。

〔31〕 参见陈甦主编:《民法总则评注(下册)》,法律出版社 2017 年版,第 1397 页(周江洪执笔)。

〔32〕 例如《最高人民法院关于在防治传染性非典型肺炎期间依法做好人民法院相关审判、执行工作的通知》(法〔2003〕72 号)和《最高人民法院关于依法做好抗震救灾恢复重建期间民事审判和执行工作的通知》(法〔2008〕164 号)均表述为“不能及时行使民事权利”,而非“不能及时提起诉讼”。

34 如前文所述,绝对障碍当然满足该要件,故无须考量其是否导致“不能行使请求权”(边码 19)。情理障碍亦无须作此考量,因为既然某种特定关系被规定为中止事由,表明立法者认可该关系足以导致行使权利悖于常理,故无须再考量该关系的实际状态(如夫妻关系是否和睦)对行使权利的影响。而且,此类关系多为婚姻家庭等亲密关系,对其进行客观理性地考量几无可能。

35 该要件对于相对障碍最具意义,判断其是否导致“不能行使请求权”,原则上应以社会通常观念为标准。其一,从一般社会主体角度观察,行使权利的难度远超正常限度或者实属强人所难,即构成“不能行使请求权”。其二,虽然在符合前述要求的情形下仍有人事实上得以行使权利,但不能以此反推出该情形不构成“不能行使请求权”。其三,权利人是专业机构的(如银行、担保公司),应采法定标准、行业标准等更高标准。

36 “不能行使请求权”系以权利人角度考虑的因素,其是否导致“义务人同意履行”之中断事由不能发生,无须考虑。

2. 关键证据缺失对该要件的意义

37 主张权利所凭借的关键证据非因权利人自身原因缺失的,是否构成“不能行使请求权”,实务中对此颇多分歧。采肯定意见的情形包括:(1)公司会计账簿被司法机关扣押;[33](2)国家安全局扣押税务登记证、增值税票等,权利人不能开具增值税发票;[34](3)因被保险人与医院产生医疗纠纷,医院未能及时开具医疗费票据;[35](4)借条原件被检察机关扣押;[36](5)地位处于强势的验收方(义务人)将施工方(权利人)所持施工合同及相关材料带走等。[37] 采否定意见的情形包括:(1)协议书被检察机关扣押;[38](2)权利人遗失临时建房审批表和收款收据等。[39]

38 笔者原则上赞同否定意见。理由在于:其一,该情形的本质是“不能举证”而非“不能行使请求权”。权利人本应举证证明“不能行使请求权”之事实,却又以“不能举证”为由来证明后者,混淆了实体要件与举证规则的关系。其二,现行法已为该情形提供了救济路径,即“当事人因客观原因不能自行收集的证据,可申请人民法院调查收集”[《民事诉讼证据规定》(2019 年修正)第 2 条第 2 款]。前述

---

〔33〕 参见重庆市高级人民法院(2015)渝高法民终字第 00472 号民事判决书;相反裁判意见参见吉林省高级人民法院(2019)吉民终 374 号民事判决书。

〔34〕 参见山西省高级人民法院(2014)晋民终字第 236 号民事判决书。

〔35〕 参见天津市第二中级人民法院(2018)津 02 民终 6681 号民事判决书。

〔36〕 参见四川省资阳市中级人民法院(2017)川 20 民终 889 号民事判决书。

〔37〕 参见贵州省毕节市中级人民法院(2016)黔 05 民终 1385 号民事判决书。

〔38〕 参见广西壮族自治区北海市中级人民法院(2017)桂 05 民终 1170 号民事判决书。

〔39〕 参见湖北省武汉市洪山区人民法院鄂洪山和民初字第 00283 号民事判决书。

采肯定意见的多数情形可借此解决。其三,所谓“能够行使请求权”,应解释为行使权利不存在法律上或事实上的障碍,而非行使权利必然成功或必然胜诉。如采后者解释,意味着权利人对行使权利须具备(或自认为具备)十足把握时才构成“能够行使请求权”,其谬甚明。其四,两种情形下的证据缺失可认定为“不能行使请求权”:一是该证据用以证明权利存在,具有法定性和唯一性。例如因无残疾评定结论而不能行使残疾赔偿金请求权(边码77)。二是证据缺失导致程序障碍。例如原告身份证被扣押而无法立案。

三、时效中止的事由(第1款第1项—第5项)

(一)不可抗力

39 该中止事由被各立法普遍承认。“不可抗力是任何一种请求权人要回避其影响的事件,这种事件使权利人即使通过最大的、竭尽全力的努力也不能进行权利追诉。”〔40〕《民法通则》和《民法典》均将不可抗力规定为中止事由,但认定其构成中止事由须以“足以妨碍权利人行使权利”为条件,〔41〕故其属于相对障碍。作为中止事由的不可抗力主要包括:严重自然灾害、社会异常事件和政府行为等。〔42〕“相关判决书未在裁判文书网上公开”〔43〕等情形不属于不可抗力。

1. 地震

40 依据最高人民法院意见,当事人因地震不能及时主张权利的,适用诉讼时效中止的规定。但是当事人因抗震救灾、灾后重建而不能参加诉讼活动的,不构成时效中止事由,而应依据程序法规定延期或中止审理。〔44〕

2. “非典”(SARS)

41 依据最高人民法院意见,当事人因是“非典”患者、疑似“非典”患者或者被依法隔离人员,不能及时行使民事请求权的,适用诉讼时效中止的规定。〔45〕 此处

---

〔40〕 参见[德]卡尔·拉伦茨:《德国民法通论(上册)》,王晓晔等译,法律出版社2003年版,第342页。

〔41〕 参见最高人民法院民法典贯彻实施工作领导小组主编:《中华人民共和国民法典总则编理解与适用(下)》,人民法院出版社2020年版,第980页。

〔42〕 不可抗力范围的学理意见,参见刘凯湘、张海峡:《论不可抗力》,载《法学研究》2000年第6期,第117页。

〔43〕 参见最高人民法院(2019)最高法民申3624号民事裁定书。

〔44〕 参见《最高人民法院关于依法做好抗震救灾恢复重建期间民事审判和执行工作的通知》(法〔2008〕164号)第4条。

〔45〕 参见《最高人民法院关于在防治传染性非典型肺炎期间依法做好人民法院相关审判、执行工作的通知》(法〔2003〕72号)第6条。

“当事人”应解释为权利人和义务人，因为二者任何一方罹患“非典”或被依法隔离，均可导致“不能行使请求权”的后果。[46]

3. **“新冠肺炎”(COVID－19)疫情及防控措施**

42 依据全国人大常委会法工委解释，“新冠肺炎”疫情属于突发公共卫生事件，政府采取的相应疫情防控措施属于不可抗力。[47] 依据最高人民法院意见，将疫情及防控措施认定为不可抗力应采严格标准。因疫情或者疫情防控措施不能行使请求权，权利人主张诉讼时效中止的，人民法院应予支持。[48]

43 依据湖北省高级人民法院意见，当事人主张“新冠肺炎”疫情构成时效中止事由的，人民法院应当予以审查；人民法院支持该主张的条件是“当事人确因是‘新冠肺炎’患者、疑似‘新冠肺炎’患者或者被依法隔离人员，不能及时行使民事请求权”。[49] 该意见将有权主张该中止事由的主体局限于“新冠肺炎”罹患者，而不包括其他人(即使因防控措施其行为也受到严重限制)，故其适用范围偏窄。

44 依据其他省市高级人民法院意见，该中止事由适用范围更宽。例如上海市高级人民法院认为，当事人在疫情防控期间申请适用时效中止的条件是“确因疫情影响不能及时行使请求权”。[50] 在“新冠肺炎”疫情防控期间，原则上可将政府采取的疫情防控措施认定为不可抗力。[51] 福建省高级人民法院认为，“新冠肺炎”患者、疑似病人或者被依法隔离人员以及其他确因疫情影响不能及时行使民事请求权的，依法适用时效中止的规定。[52] 依此意见，该中止事由并非仅适用于“新冠肺炎”罹患者，受疫情防控措施影响而不能行使请求权的任何人均可主张时效中止。相较而言，此意见更为合理。

4. **突发事件应对措施**

45 《突发事件应对法》第13条规定，因采取突发事件应对措施，诉讼活动不能正

---

〔46〕 参见梁展欣主编：《诉讼时效司法实务精义》，人民法院出版社2010年版，第92页。

〔47〕 参见朱宁宁：《全国人大常委会法工委就疫情防控有关法律问题答记者问》，载《法制日报》2020年2月10日。

〔48〕 参见《最高人民法院关于依法妥善审理涉新冠肺炎疫情民事案件若干问题的指导意见(一)》(法发〔2020〕12号)第2条、第6条。

〔49〕 参见《湖北省高级人民法院关于充分发挥审判职能为新型冠状病毒感染的肺炎疫情防控提供司法保障和服务的意见》。

〔50〕 参见《上海市高级人民法院关于充分发挥审判职能作用为依法防控疫情提供司法服务和保障的指导意见》第4条。

〔51〕 参见上海市高级人民法院课题组：《上海市高级人民法院关于涉新冠肺炎疫情案件法律适用问题的系列问答(一)》，载越律网，https://www.sxls.com/shyqwt.html，2021年6月3日访问。

〔52〕 参见《福建省高级人民法院关于充分发挥审判职能作用为坚决打赢疫情防控阻击战提供有力司法服务保障的指导意见》第25条。

常进行的，适用诉讼时效中止的规定，但法律另有规定的除外。该法规定的“突发事件”与前述中止事由（如地震、“非典”等）有部分重合，[53]故该中止事由应解释为前述事由以外的突发事件应对措施（如为应对骚乱而戒严）。

对于该中止事由，以下两点值得说明：其一，《突发事件应对法》第13条之“诉讼活动”，应解释为起诉、立案阶段的诉讼活动，而非指受理后的审理活动。该事由影响审理活动的，应适用诉讼中止规则。其二，第13条之“诉讼活动不能正常进行”，应解释为须同时具备“不能诉讼外行使请求权”之条件，否则与《民法典》规定的时效中止适用条件不符（边码33）。 46

5. **其他**

实务中构成不可抗力之中止事由的其他情形包括：特大洪水、[54]海难事件、[55]行政区划变更[56]等。 47

（二）无民事行为能力人或者限制民事行为能力人没有法定代理人，或者法定代理人死亡、丧失民事行为能力、丧失代理权

《民通意见》第172条和《诉讼时效规定》第20条第1项均将该中止事由限定于“权利被侵害的”无民事行为能力人或者限制民事行为能力人，《民法典》第194条第1款第2项删除了该限制。换言之，该中止事由的适用具有“双向性”，即权利人或者义务人具备该情形均构成中止事由。该修改可能是受域外法影响的结果。[57] 债法改革后的《德国民法典》第210条将旧法的“单向规定”改为“双向规定”，理由在于，在债务人欠缺行为能力的情形下，即使债权人没有试图消除其缺乏代理权的状态，时效也应中止，因为不应强迫债权人仅仅为了防止时效届满而采取对债务人极其不利的宣告措施。[58] 我国法律框架下存在类似问题，因此本项的修改是合理的。该中止事由属于绝对障碍，因为其导致行使权利的主体或对象尚不确定，故无须再考量是否具有“不能行使请求权”的效果。 48

该中止事由是否适用于限制民事行为能力人可以独立实施的行为（《民法典》 49

---

〔53〕《突发事件应对法》第3条规定，突发事件是指突然发生，造成或者可能造成严重社会危害，需要采取应急处置措施予以应对的自然灾害、事故灾难、公共卫生事件和社会安全事件。按照社会危害程度、影响范围等因素，自然灾害、事故灾难、公共卫生事件分为特别重大、重大、较大和一般四级。

〔54〕参见吉林省延边朝鲜族自治州中级人民法院（2017）吉24民再16号民事判决书。

〔55〕参见广东省深圳市中级人民法院（2014）深中法房终字第1232号民事判决书。

〔56〕参见湖南省益阳市赫山区人民法院（2016）益赫民二初字第89号民事判决书。

〔57〕参见黄薇主编：《中华人民共和国民法典总则编释义》，法律出版社2020年版，第522—523页。

〔58〕Vgl. Helmut Grothe, Kommentar zum §210, in: *Münchener Kommentar zum BGB*, 8. Aufl., München: C. H. Beck, 2018, Rn. 5.

第 19 条、第 22 条)，学界对此存在分歧意见。[59] 笔者赞同肯定说，因为限制民事行为能力人可以独立实施纯获利益的或者与其年龄、智力相适应的法律行为，仅表明他对该行为具有相应的行为能力而使该行为有效，并不等于他有能力行使该行为所生请求权。例如未成年人虽可订立数额不大的买卖合同，但如果要起诉请求对方承担违约责任，则仍须其法定代理人代理进行。基于相同理由，限制民事行为能力人由其法定代理人代理或者经其法定代理人同意、追认实施法律行为，其后法定代理人死亡、丧失民事行为能力或者丧失代理权的，亦构成中止事由。

50 当事人虽有法定代理人，但因服刑、患病等原因无法行使代理权的，类推适用该项之中止事由。[60]

51 《民法典》设置成年人意定监护制度之前，有裁判意见认为，权利人“年近古稀”而致行使权利困难的，构成中止事由，其理由与本项中止事由类似。[61]《民法典》施行后，由于已有成年人意定监护制度，故权利人因过于年迈、罹患老年痴呆症等原因而构成无民事行为能力人或者限制民事行为能力人的，应当适用本项中止事由。

(三)继承开始后未确定继承人或者遗产管理人

52 该中止事由系继承《诉讼时效规定》第 20 条第 2 项的结果，亦属于绝对障碍。有立法例将该事由的适用对象表述为“属于遗产或针对遗产的请求权”(《德国民法典》第 211 条)，即该事由的适用具有“双向性”。《民法典》第 194 条虽未采此表述，但亦应采此解释，因为权利人或者义务人未确定均导致无法行使权利。[62]

53 实务中认定构成该中止事由的情形包括：(1)没有明确遗产管理人，当事人之间因继承遗产正在进行诉讼；[63](2)被继承人配偶继续居住在作为遗产的房屋中；[64](3)作为遗产的房屋被拆迁尚未安置；[65](4)当事人对适用法定继承还是遗嘱继承尚存争议等。[66]

---

〔59〕 肯定说参见陈甦主编：《民法总则评注(下册)》，法律出版社 2017 年版，第 1398 页(周江洪执笔)；否定说参见梁展欣主编：《诉讼时效司法实务精义》，人民法院出版社 2010 年版，第 95—96 页。

〔60〕 参见湖南省湘潭市中级人民法院(2013)潭中民一终字第 450 号民事判决书。

〔61〕 参见广东省深圳市龙岗区人民法院(2014)深龙法劳初字第 14 号民事判决书。

〔62〕 参见最高人民法院民事审判第二庭编著：《最高人民法院关于民事案件诉讼时效司法解释理解与适用》，人民法院出版社 2015 年版，第 328 页。

〔63〕 参见贵州省毕节市中级人民法院(2019)黔 05 民终 5197 号民事判决书。

〔64〕 参见山东省聊城市东昌府区人民法院(2018)鲁 1502 民初 4386 号民事判决书。

〔65〕 参见四川省达州市通川区人民法院(2018)川 1702 民初 470 号民事判决书。

〔66〕 参见天津市南开区人民法院(2015)南民初字第 6602 号民事判决书。

（四）权利人被义务人或者其他人控制

54 该中止事由系继承《诉讼时效规定》第 20 条第 3 项的结果。所谓“被控制”，是指人身自由或者经营管理活动被他人控制。该中止事由大多属于相对障碍，因为“被控制”的强度和形态各异，并非均可导致“不能行使请求权”的后果。

1. 代表关系存续

55 义务人是权利人（法人或非法人组织）的法定代表人或负责人的，代表关系存续构成中止事由，有域外法对此设有明确规定。[67] 我国官方解释亦持相同态度，因为权利人行使权利通常需要法定代表人签字或盖章，但法定代表人显然不会允许对自己提起诉讼进行授权或者签章。[68] 该中止事由属于情理障碍。

56 义务人虽非权利人的法定代表人或负责人，但其作为权利人管理机关的成员，对权利人经营管理活动有决定性影响的，亦可认定构成中止事由。例如在某承包合同纠纷中，作为被告的承包人是作为原告的村委会成员，法院认为“村委会换届完成前”被告的村委会成员身份构成时效中止事由。[69]

2. 控股关系存续

57 义务人是母公司、权利人是其控股子公司的，控股关系存续构成中止事由，因为义务人是权利人的控股股东，根据公司的决策机制，在义务人不同意权利人向其主张权利时，权利人无法行使该权利。[70] 该中止事由属于情理障碍。

3. 被羁押或服刑

58 “权利人被羁押或服刑”是否构成中止事由，实务对此存在分歧意见。大多数裁判意见持肯定说，[71] 理由在于：“属于主观意志不能左右的事实”；[72]“存在无法进行伤残鉴定、不能主张权利的客观障碍”；[73]“收集诉讼材料困难”；[74]“行使权利在很大程度上受到限制而影响其胜诉权，苛求其委托他人行使权利，对其附

---

〔67〕 参见《意大利民法典》第 2941 条第 7 项。

〔68〕 参见黄薇主编：《中华人民共和国民法典总则编释义》，法律出版社 2020 年版，第 524 页。

〔69〕 参见河北省承德市中级人民法院（2016）冀 08 民终 4003 号民事判决书。

〔70〕 参见最高人民法院民法典贯彻实施工作领导小组主编：《中华人民共和国民法典总则编理解与适用（下）》，人民法院出版社 2020 年版，第 981 页。

〔71〕 其中部分裁判意见认为，该情形构成中止事由的依据是第 194 条第 1 款第 5 项“其他导致权利人不能行使请求权的障碍”。参见山东省济南市中级人民法院（2019）鲁 01 民终 4819 号民事判决书；重庆市第一中级人民法院（2018）渝 01 民终 4587 号民事判决书。

〔72〕 参见广东省汕头市中级人民法院（2018）粤 05 民终 899 号民事判决书。

〔73〕 参见河南省安阳市中级人民法院（2018）豫 05 民终 2829 号民事判决书。

〔74〕 参见福建省福州市中级人民法院（2014）榕民终字第 4101 号民事判决书。

加了过高义务”等。[75] 少数裁判意见持否定说，理由在于：“可以通过委托代理人或者转让债权的方式行使权利”；[76]“可以就债权事宜采取合理措施行使权利”等。[77] 笔者赞同肯定说。其一，否定说所持理由过于理想化，有脱离现实之嫌。[78] 其二，因采取强制措施被羁押阶段，犯罪嫌疑人的会见和通信受到更严格地限制，且辩护律师可以为犯罪嫌疑人提供法律帮助的内容仅限于代理申诉、控告等，并不包括代理民事纠纷（《刑事诉讼法》第 38 条）。该阶段的权利人作为未决犯，其全部活动均围绕刑事诉讼展开，要求其此时行使民事权利实属强人所难。其三，众多服刑人员的情形各异，即使有个别人员在服刑期间确实通过某种途径行使了权利，也不能以此推导出该事由不会导致绝大多数服刑人员“不能行使请求权”的结论。因此，该中止事由应属绝对障碍，而不应另行要求服刑人员就“不能行使请求权”予以举证，因为服刑事实本身即构成“不能行使请求权”的原因。[79]

59 权利人被采取强制措施或被判处刑罚但未被羁押的，是否构成中止事由取决于权利人被控制程度对行使权利的影响，故该中止事由属于相对障碍。权利人被取保候审的，“行使民事权利”不属于被禁止的行为（《刑事诉讼法》第 71 条），故不构成中止事由。权利人被监视居住的，“会见他人或者通信”受到严格限制，且须“将护照等出入境证件、身份证件、驾驶证件交执行机关保存”（《刑事诉讼法》第 77 条），这使行使权利极为困难，故构成中止事由。权利人对被判处管制、宣告缓刑、假释或者暂予监外执行的，依法实行社区矫正（《刑事诉讼法》第 269 条），其人身自由虽受到一定程度限制，但尚未达到“不能行使请求权”的程度，故不构成中止事由。[80]

60 权利人是法人，其法定代表人被羁押或服刑是否构成中止事由，取决于该事实对法人行使权利的影响，故该中止事由属于相对障碍。如果该事实致使法人的经营管理活动实际上陷于瘫痪，应认定其构成中止事由。例如法定代表人及多名高管被公安机关采取强制措施，导致公司不能正常运营。[81] 如果该事实未致法人不能行使权利，则不构成中止事由，因为“法人与其法定代表人是两个主体，后

---

〔75〕 参见山东省枣庄市中级人民法院（2014）枣民二商终字第 127 号民事判决书。

〔76〕 参见江苏省无锡市中级人民法院（2018）苏 02 民终 3148 号民事判决书。

〔77〕 参见云南省文山壮族苗族自治州中级人民法院（2018）云 26 民终 46 号民事判决书。

〔78〕 对否定说的批评意见，参见李宇：《民法总则要义：规范释论与判解集注》，法律出版社 2017 年版，第 921 页。

〔79〕 亦有观点认为该情形构成相对障碍。参见张雪楳：《诉讼时效审判实务与疑难问题解析》，人民法院出版社 2019 年版，第 558 页。

〔80〕 参见浙江省湖州市中级人民法院（2010）浙湖民终字第 294 号民事判决书。

〔81〕 参见浙江省绍兴市柯桥区人民法院（2012）绍商初字第 1394 号民事判决书。

者被控制不等同于法人被控制”。[82]

61 权利人是个人独资企业，其投资人被刑事羁押的，基于前述之相同理由（边码 60），亦属相对障碍。例如有裁判意见认为，如果“个人独资企业的民事权利不因其投资人被限制人身自由而丧失或受到阻碍”，不引起时效中止。[83]

4. 强制隔离戒毒

62 权利人被强制隔离戒毒的，实务中普遍认为构成中止事由。[84] 该中止事由属于绝对障碍，因为被强制隔离戒毒人员由公安机关送强制隔离戒毒场所执行，其探视和通信受到严格限制（《禁毒法》第 41 条、第 46 条；《戒毒条例》第 30 条）。而且，“因吸毒造成精神状况不确定，客观上导致权利人不具有委托代理人行使权利的条件，依社会普通观念，期待被强制隔离戒毒人员在此条件下行使权利过于苛责”。[85]

5. 金融机构被有关机构接管或接收

63 《最高人民法院关于涉及中银信托投资公司案件的诉讼时效问题的通知》（法明传〔1997〕202 号）规定，“鉴于中国人民银行接管中银公司及广东发展银行收购中银公司均需对其债权、债务及财务状况进行清理，不能及时对外主张债权”，该“接管”状态构成中止事由。《最高人民法院关于中国光大银行接收原中国投资银行有关问题的通知》（法明传〔1999〕291 号）将“接收”状态认定为中止事由。此类实例还包括：融资中心办事处被纪委专案组接管等。[86]

（五）其他导致权利人不能行使请求权的障碍

1. 婚姻关系存续

64 各立法普遍将该情形认定为典型的情理障碍，并规定为中止事由。理由在于：在相互尊重的基础上保护家庭和平，防止配偶为了规避时效而被迫通过诉讼主张对另一配偶享有的权利，从而可能产生的动乱。[87] 夫妻中一方行使对另一

---

〔82〕 参见重庆市高级人民法院（2018）渝民申 1967 号民事裁定书。

〔83〕 参见广东省珠海市中级人民法院（2018）粤 04 民终 559 号民事判决书。

〔84〕 参见广东省广州市中级人民法院（2018）粤 01 民终 19740 号民事判决书；四川省威远县人民法院（2018）川 1024 民初 709 号民事判决书。

〔85〕 参见段玉林、李天全：《诉讼中被强制隔离戒毒适用诉讼时效中止的认定》，载《人民法院报》2018 年 1 月 18 日，第 6 版。

〔86〕 参见河南省高级人民法院（2002）豫法民二初字第 11 号民事判决书。

〔87〕 Vgl. Helmut Grothe, Kommentar zum § 207, in: *Münchener Kommentar zum BGB*, 8. Aufl., München: C. H. Beck, 2018, Rn. 1.

方享有的权利（包含婚姻前享有的权利）存在“事实上的困难”。[88] 对于应否将婚姻关系存续解释为本项兜底情形，我国学界主流意见持肯定说，理由与上述域外法理由略同，即强调婚姻关系导致的伦理障碍。[89] 少数意见主张否定说，理由是婚姻关系仅导致当事人“不愿”行使权利，而非“不能”行使权利，故不构成行使权利的客观障碍。[90] 还有学者从立法论角度认为，婚前成立的债务应适用时效进行停止（中止），婚内成立的债务应适用时效开始停止。[91] 最高人民法院释义书倾向于将婚姻关系界定为相对障碍，即依据婚姻关系对行使权利的实际影响做个案判断。[92] 但实务中亦有将其界定为情理障碍的实例，即不对婚姻关系的实际状态进行考察而直接认定其构成中止事由。既包括婚前订立借款合同，婚后到期；[93] 也包括借款于婚前到期，时效届满前双方结婚等情形。[94] 相较而言，实务遵循立法通例的做法更为合理。

65 可撤销婚姻被撤销之前仍属有效，故基于前述之相同理由（边码 64），可构成中止事由。无效婚姻虽属当然无效，但其被宣告无效之前“夫妻”的实际生活状态与有效婚姻可能并无二致，故亦可构成中止事由。非婚同居关系不构成中止事由，因为该情形既不产生法律认可的亲属关系，也不具稳定性和清晰的起止时点。

66 适用该项的配偶之间请求权仅限于财产上的请求权，纯粹身份上的请求权（如同居请求权）随婚姻关系结束归于消灭，且其本身亦不适用诉讼时效。婚姻关系结束后产生的权利和婚姻被宣告无效、被撤销后产生的权利（如剩余财产分割请求权、离婚损害赔偿请求权、胁迫婚撤销后的损害赔偿请求权）不适用该项规定。[95]

67 有少数学理意见认为，应将该情形范围扩展至“家庭关系”，而非仅限于婚姻关系。[96] 笔者不同意该观点。理由在于：其一，家庭成员之间的财产、人身关系远不如配偶之间紧密，对行使权利的阻碍较小。其二，家庭关系多为自然血亲关系，除非成员之一死亡，否则该情形不会消除。将该情形认定为中止事由，实质上是排除此类请求权适用诉讼时效。其三，《民法典》第 190 条规定监护关系适用特

---

〔88〕 参照鈴木銀治郎、滝口博一、椿原直『時効の法律相談』（青林書院、2018 年）第 73 頁。

〔89〕 参见王利明：《民法总则研究》，中国人民大学出版社 2018 年版，第 797 页。

〔90〕 参见段晓娟：《我国诉讼时效中止若干问题研究》，载《法律适用》2008 年第 11 期，第 28 页。

〔91〕 参见张力、郑志峰：《中止抑或不完成：诉讼时效完成障碍之婚姻关系》，载《河北法学》2015 年第 5 期，第 39 页。

〔92〕 参见最高人民法院民法典贯彻实施工作领导小组主编：《中华人民共和国民法典总则编理解与适用（下）》，人民法院出版社 2020 年版，第 982 页。

〔93〕 参见贵州省六盘水市中级人民法院（2019）黔 02 民终 266 号民事判决书。

〔94〕 参见广东省广州市中级人民法院（2018）粤 01 民终 2502 号民事判决书。

〔95〕 参见沈建兴：《民法总则逐条释义》，台湾地区元照出版有限公司 2018 年版，第 709 页。

〔96〕 参见梁慧星主编：《中国民法典草案建议稿附理由 · 总则编》，法律出版社 2013 年版，第 424 页。

殊起算规则,其隐含的精神是:其他家庭关系不构成时效障碍。

2. **监护关系存续**

《民法典》施行以前,实务主流意见认为"权利人与义务人之间存在监护关系"构成中止事由,因为"权利人的意志被义务人控制无法主张权利"。[97] 由于《民法典》第 190 条规定该情形适用特殊起算规则,故《民法典》施行后该情形不再构成中止事由。 68

3. **权利人住院治疗**

该情形是否构成中止事由,学理上存在分歧意见。[98] 实务上一般将该情形作为相对障碍,即权利人患有严重疾病或受重伤,因而在精神状态或身体状态上难以行使权利的,认定构成中止事由。包括:(1)手术取出钢板;[99] (2)治疗期间行动不便,且义务人是境外注册公司;[100] (3)罹患精神分裂症;[101] (4)交通事故致颅脑损伤,经鉴定患有精神障碍;[102] (5)重型颅脑外伤、完全性失语;[103] (6)"铊中毒"而造成脑器质性病变;[104] (7)因脑出血瘫痪;[105] (8)脑梗塞;[106] (9)认知功能障碍、四肢功能障碍、ADI 障碍等。[107] 值得注意的是,由于《民法典》不再将欠缺行为能力的成年人限于"精神病人",因此《民法典》施行后上述某些案型应当适用第 194 条第 1 款第 2 项之中止事由。 69

权利人虽然因病或因伤住院治疗,但病情(伤情)较轻或者对行使权利不造成严重障碍的,一般不被认定为中止事由。包括:(1)治疗项目包括高血压、便秘等,病情程度未达到完全无法主张诉讼权利的程度;[108] (2)患病影响咽喉发音;[109] (3)代理人生病住院;[110] (4)虽患有抑郁症,但病理程度未达到限制民事行为能力 70

---

[97] 参见最高人民法院民事审判第二庭编著:《最高人民法院关于民事案件诉讼时效司法解释理解与适用》,人民法院出版社 2015 年版,第 329 页。

[98] 参见张雪楳:《诉讼时效审判实务与疑难问题解析》,人民法院出版社 2019 年版,第 559 页。

[99] 参见贵州省黔南布依族苗族自治州中级人民法院(2019)黔 27 民再 8 号民事判决书。

[100] 参见广东省高级人民法院(2013)粤高法民四终字第 20 号民事判决书。

[101] 参见河北省石家庄市中级人民法院(2018)冀 01 民终 13601 号民事判决书。

[102] 参见四川省宜宾市中级人民法院(2017)川 15 民终 2010 号民事判决书。

[103] 参见福建省龙岩市中级人民法院(2017)闽 08 民终 720 号民事判决书。

[104] 参见湖南省益阳市中级人民法院(2017)湘 09 民终 235 号民事判决书。

[105] 参见广东省惠州市中级人民法院(2015)惠中法民一终字第 252 号民事判决书。

[106] 参见广东省阳江市中级人民法院(2014)阳中法民三终字第 93 号民事判决书。

[107] 参见浙江省绍兴市越城区人民法院(2014)绍越民初字第 3718 号民事判决书。

[108] 参见四川省南充市中级人民法院(2018)川 13 民终 986 号民事判决书。

[109] 参见广西壮族自治区百色市右江区人民法院(2015)右民一初字第 901 号民事判决书。

[110] 参见四川省简阳市人民法院(2014)简阳民初字第 435 号民事判决书。

或者无民事行为能力的程度等。[111]

4. **义务人下落不明**

71 该情形是否构成中止事由,学理上存在分歧意见。肯定说理由在于,因义务人逃债等原因而下落不明,致权利人无法行使权利,亦属不能行使请求权之障碍。[112] 否定说理由在于,虽然义务人下落不明,但权利人仍可提起诉讼或者通过公告中断时效。[113] 在现行法框架下,虽然针对义务人下落不明设置了公告中断时效、申请宣告义务人失踪或死亡中断时效、公告送达等救济措施,但在具体场合下亦应考虑此类救济措施的实效及所需成本。因此,将该情形界定为相对障碍做个案判断较为妥当。实务中基本上亦持此意见,以下因素影响中断事由的认定:其一,下落不明的程度;其二,对适用程序法规则的影响;其三,债权人是否一直在尝试行使权利,或者得知义务人下落后是否迅速行使权利。采肯定意见的情形包括:(1)因债务人生死不明,民事诉讼的适格主体无法确定;[114](2)一审裁定载明,因债权人多方查找未能提供债务人地址、无法通知债务人应诉被一审法院驳回起诉,二审法院据此认定构成中止事由;[115](3)债权人多年来一直寻找债务人下落,得知债务人下落后立刻向其催收借款,收款不能后才向法院提起诉讼;[116](4)债务人离家出走;[117](5)债务人的法定代表人常年在外地等。[118]

72 实务中采否定意见的情形包括:(1)债务人更改预留的电话号码,且长期不在家中居住,债权人找到债务人父母处主张权利;[119](2)单纯无法联系债务人;[120](3)虽然债务人在外省务工,但无论是否能与之联系,均不影响债权人提起诉讼;[121](4)虽然债务人失踪,但债权人持有债务人的身份证件等。[122]

73 某些案件中,"债务人身份信息不明"亦被认定为中止事由。例如"肇事车辆驾驶员'何某'身份信息不明、地址不详,直至 2015 年 6 月公安机关才查明'何某'

---

[111] 参见浙江省湖州市吴兴区人民法院(2013)湖吴康民初字第 362 号民事判决书。

[112] 参见梁慧星:《民法总论》(第 4 版),法律出版社 2011 年版,第 257 页。

[113] 参见梁展欣主编:《诉讼时效司法实务精义》,人民法院出版社 2010 年版,第 89 页。

[114] 参见最高人民法院(2018)最高法民申 2386 号民事裁定书。

[115] 参见新疆维吾尔自治区塔城地区中级人民法院(2018)新 42 民终 1121 号民事判决书。

[116] 参见湖南省永州市中级人民法院(2018)湘 11 民终 2090 号民事判决书。

[117] 参见河北省石家庄市鹿泉区人民法院(2015)鹿民一初字第 02575 号民事判决书。

[118] 参见江苏省南京市中级人民法院(2017)苏 01 民终 2602 号民事判决书。该裁判意见明显错误,因为法定代表人常年在外地但公司仍然正常运营的,并不构成行使权利的障碍。

[119] 参见河南省安阳市中级人民法院(2019)豫 05 民终 1070 号民事判决书。

[120] 参见黑龙江省佳木斯市中级人民法院(2018)黑 08 民终 927 号民事判决书。

[121] 参见湖南省岳阳市中级人民法院(2016)湘 06 民终 831 号民事判决书。

[122] 参见海南省三亚市城郊人民法院(2014)城民一初字第 7 号民事判决书。

信息”;[123]“刘仙某(债务人)户口被公安机关注销,使债权人起诉时无法提供被告有效身份信息,公安机关出具情况说明证实刘新某与刘仙某系重户的同一人,债权人才得以以刘新某作为被告向法院起诉”等。[124] 笔者认为,此类情形不应认定为中止事由,因为所谓“身份信息不明”实际上是权利人尚不知道义务人具体是谁,故依据《民法典》第188条时效不能起算。

5. 法人或非法人组织无法进行正常活动

该情形与《民法典》第194条第1款第2项类似,即作为当事人的法人或非法人组织非因自身原因无法进行正常活动,而致不能行使请求权。此类实例包括:(1)权利人(村委会)由于村主任辞职而处于瘫痪状态;[125](2)权利人(某酒店)涉及多个执行案件,相关财产被人民法院查封,多年来未进行正常经营活动;[126](3)义务人(市政管理处)由于机构改革和调整,其职能拆分、整合后由不同行政机构行使,导致权利人无法主张权利;[127](4)债务人破产重整等。[128] 74

6. 另一诉讼尚未结束

另一诉讼的结果对权利人行使请求权有影响的,该情形是否构成中止事由,应当考虑二者所具关联性予以判断,[129]故该中止事由属于相对障碍。实务中采肯定意见的情形包括:(1)法院确认《收购债权协议书》是否属于义务人依约履行承债式收购协议义务前,该诉讼理由影响原审第三人向义务人主张权利;[130](2)权利人购得房屋时该房屋已被出租给他人开饭店,权利人另行提起诉讼请求确认房屋所有权,权利人的不当得利返还请求权在该确认之诉判决生效前,诉讼时效中止;[131](3)权利人已向法院提起解除合同的另一诉讼,需等待该诉讼作出判决后,权利人方能提起逾期涂销抵押违约金和逾期办证违约金的主张;[132](4)银行在原告主张第一笔代偿利息诉讼时效届满前六个月内就案涉贷款清偿提起诉讼,在该 75

---

〔123〕 参见广西壮族自治区桂林市中级人民法院(2019)桂03民终1123号民事判决书。

〔124〕 参见浙江省杭州市中级人民法院(2019)浙01民终2070号民事判决书。

〔125〕 参见河北省石家庄市中级人民法院(2013)石民再终字第00056号民事判决书。

〔126〕 参见湖北省通山县人民法院(2019)鄂1224民初1925号民事判决书。

〔127〕 参见广东省佛山市禅城区人民法院(2018)粤0604民初2330号民事判决书。

〔128〕 参见浙江省湖州市中级人民法院(2016)浙05民终690号民事判决书。该裁判意见似有错误,依据《诉讼时效规定》第13条第3项规定,“申请破产、申报破产债权”构成中断事由。

〔129〕 此处仅讨论权利人以诉讼外方式行使请求权或者以诉讼方式行使请求权尚未被受理的情形,因为如果该诉讼已被受理,依据《民事诉讼法》第150条第1款第5项适用诉讼中止规则。

〔130〕 参见广西壮族自治区桂林市中级人民法院(2018)桂03民终2247号民事判决书。

〔131〕 参见吉林省白山市中级人民法院(2017)吉06民终101号民事判决书。

〔132〕 参见广东省广州市中级人民法院(2014)穗中法民五终字第73号民事判决书。

诉讼判决生效前，原告对本案被告是否享有追偿权尚无法确定。[133]

76 实务中采否定意见的情形包括：(1)违约金数额计算需要等待另案的审理结果；[134] (2)权利人父母因拆迁补偿纠纷所进行的行政诉讼与本案无直接关系；[135] (3)公安机关针对义务人行为是否构成毁坏财物罪进行刑事侦查；[136] (4)另案生效判决作出由义务人之一负责清偿被继承人生前债务的认定等。[137]

7. **伤残评定程序尚未结束**

77 交通事故导致受害人伤残，该伤残评定程序未启动或未结束的，是否构成中止事由，实务中分歧较大。由于此类致残受害人治疗时间较长，在"治疗终结"前不能进行伤残评定(公安部《道路交通事故受伤人员伤残评定》第 3. 2 条)，而受害人须依据伤残等级主张残疾赔偿金[《人身损害赔偿解释》(2020 年修正)第 12 条]，故引发该问题。实务中主要存在三种意见：一是将"伤残评定程序尚未结束"认定为中止事由。因为"在司法鉴定结束前，原告对自己伤势情况、是否需要继续治疗、是否构成残疾等客观情形均不得而知，更不清楚自己因损害而将遭受的最终损失额是多少，此时属于客观障碍而不能及时、完全行使侵权请求权"[138]。因此，应从定残之日起继续计算时效期间。[139] 二是将"治疗尚未终结"认定为中止事由。"原告治疗终结出院后，即已不存在不能行使请求权的障碍，其应当在合理期限内进行伤残评定。进行伤残评定的具体时间完全取决于原告个人的主观选择，故不构成原告行使请求权的客观障碍。"[140] 三是将"伤残评定程序尚未结束"认定为赔偿项目中部分请求权时效的中止事由。"交通事故造成的明显的人身伤害，例如医疗费、误工费、交通费等，诉讼时效应正常计算。但是在时效期间内未治疗终结或者未能定残的，诉讼时效中止。"[141] 笔者赞同观点三，因为：其一，不同类别的赔偿请求权分别计算诉讼时效更为公平，也更有利于促使权利人行使权利。其二，伤残评定程序是确定伤残等级的法定程序，该程序构成行使权利的障碍。"治疗终结"是启动伤残评定程序的条件，其不应单独作为中止事由。

8. **保险理赔程序尚未结束**

78 保险事故发生后保险人收到被保险人给付保险金的请求，保险人启动理赔程

---

[133] 参见四川省峨眉山市人民法院(2018)川 1181 民初 2531 号民事判决书。
[134] 参见安徽省高级人民法院(2017)皖民终 215 号民事判决书。
[135] 参见陕西省西安市中级人民法院(2016)陕 01 民终 6323 号民事判决书。
[136] 参见吉林省白山市中级人民法院(2014)白山民一终字第 239 号民事判决书。
[137] 参见云南省兰坪白族普米族自治县人民法院(2015)兰民二初字第 00055 号民事判决书。
[138] 参见湖南省永州市冷水滩区人民法院(2017)湘 1103 民初 4355 号民事判决书。
[139] 参见湖北省谷城县人民法院(2013)鄂谷城过民初字第 000176 号民事判决书。
[140] 参见福建省莆田市涵江区人民法院(2014)涵民初字第 364 号民事判决书。
[141] 参见山东省平阴县人民法院(2017)鲁 0124 民初 51 号民事判决书。

序(《保险法》第25条)且尚未结束的,有裁判意见认定构成中止事由。理由为:“保险事故发生后,被保险人存在住院治疗、定残和医疗费用在其他保险公司待理赔等障碍事由不能行使请求权”;[142]“保险事故发生后,伤者的损失金额及其是否要求某公司(责任保险的被保险人)赔偿、何时赔偿等情况均处于不确定的状态”。[143] 笔者认为,此类情形不应认定为中止事由,因为理赔程序结束前保险人是否会支付保险金以及保险金数额均未确定,故诉讼时效尚未起算。虽然《保险法》第26条规定保险金给付请求权诉讼时效起算点是“知道或者应当知道保险事故发生之日”,但不能仅依其文义解释,而应结合《民法典》第188条确定起算点。[144]

9. **磋商**

在域外法上,似有普遍承认“磋商”为中止事由的趋势(如《德国民法典》第203条、《欧洲示范民法典草案》第Ⅲ－7:304条)。理由在于:关于有争议或可疑主张的磋商符合避免诉讼的法政治上的期待目的;[145]鼓励当事人通过庭外磋商达成和解,并防止磋商成为给债权人设计的陷阱;[146]磋商比起诉更具有促进解决纠纷的可期待性,因此将磋商作为中止事由比较简洁明了。[147] 我国学界对应否承认“磋商”为中止事由存在争议,[148]实务中有少数判例持肯定意见。[149] 笔者认为,现行法框架下没有必要将“磋商”认定为中止事由。较为合理的解释是:如果磋商中含有“请求履行”或“同意履行”的行为,构成时效中断事由;如果磋商中不包含上述行为,而磋商结束后义务人却援引时效抗辩权,应依据诚信原则或禁止权利滥用原则认定该援引行为无效,因为此类磋商使权利人合理信赖时效不会成为其行使权利的障碍。[150] 79

[142] 参见天津市第一中级人民法院(2017)津01民终2039号民事判决书。

[143] 参见江苏省无锡市中级人民法院(2017)苏02民终1607号民事判决书。

[144] 对于保险金给付请求权时效起算点,学理及实务争议较大,但普遍认为不能拘泥于《保险法》第26条的文义。例如《保险法解释四》第14条规定,商业责任险中保险金给付请求权时效起算点是“被保险人对第三者应负的赔偿责任确定之日”。另有学者认为,保险金给付请求权时效起算点应为“被保险人或受益人知道或应当知道保险人不履行保险金给付义务之时”。参见武亦文、赵亚宁:《〈保险法〉第26条诉讼时效规范之反思与优化》,载《保险研究》2019年第7期,第124页。

[145] Vgl. Helmut Grothe, Kommentar zum § 203, in: *Münchener Kommentar zum BGB*, 8. Aufl., München: C. H. Beck, 2018, Rn. 3.

[146] [德]克里斯蒂安·冯·巴尔、[英]埃里克·克莱夫主编:《欧洲私法的原则、定义与示范规则:欧洲示范民法典草案(全译本):第1卷、第2卷、第3卷》,高圣平等译,法律出版社2014年版,第1029页。

[147] 松本克美『続・時効と正義—消滅時効・除斥期間の新たな展開』(日本評論社、2012年)302頁,参照。

[148] 肯定说参见朱晓喆:《诉讼时效制度的价值基础与规范表达》,载《中外法学》2017年第3期,第724页;否定说参见李宇:《民法总则要义:规范释论与判解集注》,法律出版社2017年版,第924页。

[149] 参见山东省滨州市沾化区人民法院(2018)鲁1603民初168号民事判决书。

[150] 参见杨巍:《悖信援引时效抗辩权的法律规制》,载《北方法学》2020年第2期,第19—20页。

10. 其他

80 实务中,还有若干非典型情形亦有可能构成中止事由,此类情形原则上应采取相对障碍标准予以认定,即视其对行使权利的影响程度是否达到"不能行使请求权"而定。被认定构成中止事由的情形包括:(1)法院发布协助执行公告;[151](2)债务人被吊销营业执照,未依约定通知债权人;[152](3)国家知识产权局专利复审委员会作出无效宣告;[153](4)义务人变造驾驶证;[154](5)支付令申请不当;[155](6)公安机关对权利人和义务人作出行政处罚决定;[156](7)因工程款尚未结算支付完毕,权利人不便向义务人行使人身损害赔偿请求权等。[157] 还有观点认为,"权利人执行保密工作,无法对外联系"也属中止事由。[158]

81 实务中被认定不构成中止事由的情形包括:(1)公司内部行为(变更投资人未获主管部门批准);[159](2)上级法院通知不受理涉及金融不良债权转让案件;[160](3)义务人更改姓名;[161](4)公司收购合并;[162](5)变更居所;[163](6)法院查封冻结涉案保险金和理赔权益等。[164]

四、时效中止的效力(第 2 款)

(一)自中止时效的原因消除之日起满 6 个月,诉讼时效期间届满

1. "中止事由消除"的认定标准

82 所谓"中止事由消除",是指该事由本身消除或者其对行使权利的阻碍状态消除。《最高人民法院关于处理涉及汶川地震相关案件适用法律问题的意见(一)》

---

〔151〕 参见最高人民法院(2016)最高法民申 741 号民事裁定书。

〔152〕 参见浙江省舟山市中级人民法院(2018)浙 09 民终 560 号民事判决书。

〔153〕 参见山东省济南市中级人民法院(2017)鲁 01 民初 1339 号民事判决书。

〔154〕 参见河北省隆化县人民法院(2019)冀 0825 民初 1865 号民事判决书。

〔155〕 参见甘肃省陇南市武都区人民法院(2018)甘 1202 民初 4705 号民事判决书。

〔156〕 参见河北省怀安县人民法院(2017)冀 0728 民初 1076 号民事判决书。

〔157〕 参见浙江省温州市龙湾区人民法院(2015)温龙开民初字第 18 号民事判决书。

〔158〕 参见张雪楳:《诉讼时效审判实务与疑难问题解析》,人民法院出版社 2019 年版,第 559 页。

〔159〕 参见最高人民法院(2015)民申字第 537 号民事裁定书。

〔160〕 参见海南省高级人民法院(2013)琼民二终字第 25 号民事判决书。该案一审法院将"高级法院通知暂不受理某类案件"认定为中止事由是错误的,因为该情形既不妨碍权利人诉讼外请求,也不影响原告提交诉状以中断时效。二审法院纠正了该错误。

〔161〕 参见新疆生产建设兵团第十二师中级人民法院(2018)兵 11 民终 129 号民事判决书。

〔162〕 参见四川省成都市中级人民法院(2018)川 01 民终 1081 号民事判决书。

〔163〕 参见湖北省汉江中级人民法院(2016)鄂 96 民终 384 号民事判决书。

〔164〕 参见广东省惠州市惠阳区人民法院(2016)粤 1303 民初 2208 号民事判决书。

（法发〔2008〕21号）第7条规定，地震之中止事由消除的判断因素包括：（1）人民法院恢复正常工作的情况；（2）当地恢复重建进展的情况；（3）失踪当事人重新出现、财产代管人经依法确定、被有关部门确定死亡或被人民法院宣告死亡明确继承人的情况；（4）作为法人或其他组织的当事人恢复经营能力或者已经确立权利义务承受人的情况。其他中止事由可参照适用该标准。

实务中，"中止事由消除"的常见时点包括：（1）继承人确定之日；[165]（2）权利人被假释之日；[166]（3）相关诉讼的判决生效之日；[167]（4）权利人最后一次治疗出院之日；[168]（5）义务人被撤销刑事立案之日；[169]（6）权利人被解除强制戒毒隔离措施之日等。[170] 83

2.6个月的计算及效力

对于中止事由消除后如何计算时效期间，《民法通则》规定为"继续计算"（计算剩余期间）。对该规定的批评意见指出，剩余期间过短可能会使中止制度目的难以实现，且在法定时效期间本已过短的前提下不利于节省诉讼成本和司法资源，故建议计算满6个月。[171] 亦有学者主张设置"法定犹豫期间"，以应对该规定之弊端。[172]《民法典》第194条借鉴域外法时效不完成规则，并基于司法实践情况、民众法律知识等考虑，将其修改为"计算满6个月"。[173] 这对保护权利人更为有利。 84

该6个月内仍可适用中断规则，因为时效中止规则的本意是在障碍消除后赋予权利人在一定期间内行使权利的机会，如果权利人实施诉讼外请求、起诉等行为，自应引起时效中断。[174] 实务中亦有此实例。[175] 换言之，该6个月内权利人仍不行使权利且义务人亦未同意履行义务的，时效期间届满。 85

如果该6个月内又发生新的中止事由，基于前述之相同理由（边码85），可以再次适用中止规则。有少数学者认为，《民法典》第194条"满六个月，诉讼时效期间届满"之规定明确排除"不届满"的情形，因此应视新中止事由发生在该6个月内 86

〔165〕参见吉林省白山市中级人民法院（2019）吉06民终557号民事判决书。

〔166〕参见贵州省六盘水市中级人民法院（2018）黔02民终1823号民事判决书。

〔167〕参见安徽省芜湖市中级人民法院（2018）皖02民终1960号民事判决书。

〔168〕参见宁夏回族自治区吴忠市中级人民法院（2016）宁03民终477号民事判决书。

〔169〕参见江苏省徐州市中级人民法院（2013）徐民终字第1067号民事判决书。

〔170〕参见四川省成都市武侯区人民法院（2019）川0107民初2112号民事判决书。

〔171〕参见杨巍：《民法时效制度的理论反思与案例研究》，北京大学出版社2015年版，第360—361页。相反意见参见冯恺：《诉讼时效制度研究》，山东人民出版社2007年版，第204页。

〔172〕参见葛承书：《民法时效——从实证的角度出发》，法律出版社2007年版，第178页。

〔173〕参见黄薇主编：《中华人民共和国民法典总则编释义》，法律出版社2020年版，第522页。

〔174〕参见黄立：《民法总则》，中国政法大学出版社2002年版，第493页。

〔175〕参见浙江省金华市中级人民法院（2018）浙07民终4902号民事判决书。

的不同阶段而有所不同：发生在原时效期间内的，时效再次中止；发生在原时效期间之外的，时效不中止。[176] 该观点单纯从文义解读，忽略了该 6 个月的本质是为了强化保护权利人而设置的一个拟制期间，其作为一个整体不应被分割对待。因此，该观点并不合理。

（二）时效中止效力的相对性

87 《民法典》颁布以前，对于连带债务关系中发生于债务人之一的中止事由是否对其他债务人也具有效力，学理上存在分歧。[177] 《民法典》施行后应采相对效力说，理由在于：其一，《民法典》第 520 条规定的绝对效力事项仅有履行、抵销和提存等，而并无时效事项。依据官方解释，各连带债务人所负债务具有相对独立性，连带债务人之一与债权人之间发生的事项原则上仅具相对效力，例外情形下才具有绝对效力。[178] 其二，中止事由多为阻碍权利行使的客观情形，连带关系的存在并不导致发生于债务人之一的中止事由对其他债务人也产生阻碍效果。其三，从域外经验来看，仅少数国家采绝对效力说，而采相对效力说似乎成为趋势。例如《德国民法典》第 425 条第 2 款明确规定时效中止为连带关系中的相对效力事由，因为除了清偿、抵销、提存等绝对效力事由导致债务消灭外，其他存有疑义的事由都只具有相对效力（个别效力），以实现对债务人的保护。[179] 2017 年修订后的《日本民法典》将时效中止由绝对效力改为相对效力，因为“连带债务存在各种类型，在债务人完全不知情的情况下使时效延期完成，对债务人利益影响过巨”[180]。

88 一方面，在保证关系中，主债务时效中止的，保证债务时效同时中止。这是保证债务从属性在时效规则上的体现，构成相对效力的例外。另一方面，基于保证债务从属性的单向性，保证债务时效中止原则上不导致主债务时效中止，但法律有特殊规定的除外。[181]

---

〔176〕 参见陈甦主编：《民法总则评注（下册）》，法律出版社 2017 年版，第 1396 页（周江洪执笔）。

〔177〕 绝对效力说参见梁展欣主编：《诉讼时效司法实务精义》，人民法院出版社 2010 年版，第 84 页；相对效力说参见徐国栋主编：《绿色民法典草案》，社会科学文献出版社 2004 年版，第 464 页。

〔178〕 参见黄薇主编：《中华人民共和国民法典总则编释义》，法律出版社 2020 年版，第 130 页。

〔179〕 参见［德］迪特尔·梅迪库斯：《德国债法总论》，杜景林、卢谌译，法律出版社 2004 年版，第 611 页。

〔180〕 潮見佳男『新債権総論Ⅱ』（信山社、2017 年）594 頁，参照。

〔181〕 参见杨巍：《保证债务与主债务的诉讼时效关联》，载《法学》2020 年第 6 期，第 26 页。

五、举证责任

时效中止的主张属于肯定事实的主张,因此一般应由提出该主张的诉讼当事人承担举证责任。依据《民事诉讼法》第64条及举证责任的一般原理,举证责任具体分配如下:其一,原告(权利人)起诉时,对其行使请求权的时效未中止不负举证责任。其二,被告(义务人)援引时效抗辩权的,应就时效起算时点、届满时点等事实举证证明,但对其间时效未中止不负举证责任。其三,原告对被告援引时效抗辩存在异议的,应当对具备时效中止适用条件举证以证明时效未届满。 89

附:案例索引

1. 安徽省高级人民法院(2017)皖民终215号民事判决书:黄山市鸿维房地产有限公司与浙江省三建建设集团有限公司建设工程施工合同纠纷案【边码76】

2. 安徽省芜湖市中级人民法院(2018)皖02民终1960号民事判决书:杨某保与周某传合伙协议纠纷案【边码83】

3. 重庆市第一中级人民法院(2018)渝01民终4587号民事判决书:章某银与傅某民间借贷纠纷案【边码58】

4. 重庆市高级人民法院(2015)渝高法民终字第00472号民事判决书:重庆渝西半岛实业有限公司与重庆中奥实业有限公司项目转让合同纠纷案【边码37】

5. 重庆市高级人民法院(2018)渝民申1967号民事裁定书:重庆全发药业(集团)有限责任公司与重庆久桓地产(集团)有限公司建设用地使用权合同纠纷案【边码60】

6. 福建省福州市中级人民法院(2014)榕民终字第4101号民事判决书:杨某龙与杨某品生命权、健康权、身体权纠纷案【边码58】

7. 福建省龙岩市中级人民法院(2017)闽08民终720号民事判决书:中国太平洋人寿保险股份有限公司龙岩中心支公司与邱某天保险合同纠纷案【边码69】

8. 福建省莆田市涵江区人民法院(2014)涵民初字第364号民事判决书:郭某星与人民财保福州分公司等机动车交通事故责任纠纷案【边码77】

9. 甘肃省陇南市武都区人民法院(2018)甘1202民初4705号民事判决书:胡某红与李某强等民间借贷纠纷案【边码80】

10. 广东省佛山市禅城区人民法院(2018)粤0604民初2330号民事判决书:佛山市三水区名通市政工程有限公司与佛山市禅城区引排水调度中心等建设工程合同纠纷案【边码74】

11. 广东省高级人民法院(2013)粤高法民四终字第20号民事判决书:安达国际船舶管理有限公司与苏某兵船员劳务合同纠纷案【边码69】

12. 广东省广州市中级人民法院(2014)穗中法民五终字第73号民事判决书:张某豪与广州市万城商业经营管理有限公司等房屋买卖合同纠纷案【边码75】

13. 广东省广州市中级人民法院(2018)粤01民终19740号民事判决书:鸿利智汇集团股

份有限公司与陈某威等建设工程分包合同纠纷案【边码 62】

14. 广东省广州市中级人民法院(2018)粤 01 民终 2502 号民事判决书:郭某遥与管某明民间借贷纠纷案【边码 64】

15. 广东省惠州市惠阳区人民法院(2016)粤 1303 民初 2208 号民事判决书:台州市海东物流有限公司与中国大地财产保险股份有限公司台州中心支公司财产保险合同纠纷案【边码 81】

16. 广东省惠州市中级人民法院(2015)惠中法民一终字第 252 号民事判决书:沈某宽与叶某万建设工程施工合同纠纷案【边码 69】

17. 广东省汕头市中级人民法院(2018)粤 05 民终 899 号民事判决书:彭某宣与彭某彬等健康权纠纷案【边码 58】

18. 广东省深圳市龙岗区人民法院(2014)深龙法劳初字第 14 号民事判决书:龙某芝与深圳市鑫鸿跃劳务派遣有限公司等劳动合同纠纷案【边码 51】

19. 广东省深圳市中级人民法院(2014)深中法房终字第 1232 号民事判决书:郑某琪与深圳融发投资有限公司房屋租赁合同纠纷案【边码 47】

20. 广东省阳江市中级人民法院(2014)阳中法民三终字第 93 号民事判决书:关某珠与中国平安财产保险股份有限公司阳江中心支公司等机动车交通事故责任纠纷案【边码 69】

21. 广东省珠海市中级人民法院(2018)粤 04 民终 559 号民事判决书:广州市从化昌佳家具厂与珠海市鸿龙置业发展有限公司买卖合同纠纷案【边码 61】

22. 广西壮族自治区百色市右江区人民法院(2015)右民一初字第 901 号民事判决书:何某秀与谷某宦共有纠纷案【边码 70】

23. 广西壮族自治区北海市中级人民法院(2017)桂 05 民终 1170 号民事判决书:黄某兰等与福建省第一建筑工程公司北海公司等担保合同纠纷案【边码 37】

24. 广西壮族自治区桂林市中级人民法院(2018)桂 03 民终 2247 号民事判决书:桂林医药集团有限公司与伍某芳等债权人代位权纠纷案【边码 75】

25. 广西壮族自治区桂林市中级人民法院(2019)桂 03 民终 1123 号民事判决书:何某首与蒋某银机动车交通事故责任纠纷案【边码 73】

26. 贵州省毕节市中级人民法院(2016)黔 05 民终 1385 号民事判决书:中国农业银行股份有限公司毕节七星关支行与李某友等建设工程施工合同纠纷案【边码 37】

27. 贵州省毕节市中级人民法院(2019)黔 05 民终 5197 号民事判决书:张某与张某霞等不当得利纠纷案【边码 53】

28. 贵州省六盘水市中级人民法院(2018)黔 02 民终 1823 号民事判决书:赵某蝶与孙某民间借贷纠纷案【边码 83】

29. 贵州省六盘水市中级人民法院(2019)黔 02 民终 266 号民事判决书:王某与龙某民间借贷纠纷案【边码 64】

30. 贵州省黔南布依族苗族自治州中级人民法院(2019)黔 27 民再 8 号民事判决书:简某会与倪某芳等机动车交通事故责任纠纷案【边码 69】

31. 海南省高级人民法院(2013)琼民二终字第 25 号民事判决书:符某阳与海南省清澜钛矿管理人普通破产债权确认纠纷案【边码 81】

32. 海南省三亚市城郊人民法院(2014)城民一初字第 7 号民事判决书:陈某生与钟某根民间借贷纠纷案【边码 72】

33. 河北省承德市中级人民法院(2016)冀 08 民终 4003 号民事判决书:修某明等与兴隆县大水泉乡小水泉村村民委员会等确认合同无效纠纷案【边码 56】

34. 河北省怀安县人民法院(2017)冀 0728 民初 1076 号民事判决书:孙某国与胡某枝生命权、健康权、身体权纠纷案【边码 80】

35. 河北省隆化县人民法院(2019)冀 0825 民初 1865 号民事判决书:国任财产保险股份有限公司河北分公司与张某利等追偿权纠纷案【边码 80】

36. 河北省石家庄市鹿泉区人民法院(2015)鹿民一初字第 02575 号民事判决书:张某甲等与苏某等婚姻家庭纠纷案【边码 71】

37. 河北省石家庄市中级人民法院(2013)石民再终字第 00056 号民事判决书:王某民与深泽县白庄乡大某村民委员会承包合同纠纷案【边码 74】

38. 河北省石家庄市中级人民法院(2018)冀 01 民终 13601 号民事判决书:魏某娟与石家庄市伴纵经贸有限公司等房屋租赁合同纠纷案【边码 69】

39. 河南省安阳市中级人民法院(2018)豫 05 民终 2829 号民事判决书:陈某与中国人民财产保险股份有限公司宝丰支公司机动车交通事故责任纠纷案【边码 58】

40. 河南省安阳市中级人民法院(2019)豫 05 民终 1070 号民事判决书:张某旭与郭某红民间借贷纠纷案【边码 72】

41. 河南省高级人民法院(2002)豫法民二初字第 11 号民事判决书:河南省融资中心与河南证券有限责任公司资金拆借合同纠纷案【边码 63】

42. 黑龙江省佳木斯市中级人民法院(2018)黑 08 民终 927 号民事判决书:曹某与张某房屋买卖合同纠纷案【边码 72】

43. 湖北省谷城县人民法院(2013)鄂谷城过民初字第 000176 号民事判决书:胡某甲与徐某甲等机动车交通事故责任纠纷案【边码 77】

44. 湖北省汉江中级人民法院(2016)鄂 96 民终 384 号民事判决书:仙桃市仙发饲料有限公司与赵某标买卖合同纠纷案【边码 81】

45. 湖北省通山县人民法院(2019)鄂 1224 民初 1925 号民事判决书:咸宁市温泉国际酒店有限责任公司等与宜昌博大科技股份有限公司买卖合同纠纷案【边码 74】

46. 湖北省武汉市洪山区人民法院鄂洪山和民初字第 00283 号民事判决书:李某新与湖北徐东(集团)股份有限公司财产损害赔偿纠纷案【边码 37】

47. 湖南省湘潭市中级人民法院(2013)潭中民一终字第 450 号民事判决书:杨某与欧阳某华等生命权纠纷案【边码 50】

48. 湖南省益阳市赫山区人民法院(2016)益赫民二初字第 89 号民事判决书:李某祖与益阳市赫山区会龙山街道办事处黄泥湖村村民委员会买卖合同纠纷案【边码 47】

49. 湖南省益阳市中级人民法院(2017)湘 09 民终 235 号民事判决书:马某等与甘某平等股权转让纠纷案【边码 69】

50. 湖南省永州市冷水滩区人民法院(2017)湘 1103 民初 4355 号民事判决书:徐某福与

周某文提供劳务者受害责任纠纷案【边码 77】

51. 湖南省永州市中级人民法院(2018)湘 11 民终 2090 号民事判决书:谢某发与肖某发民间借贷纠纷案【边码 71】

52. 湖南省岳阳市中级人民法院(2016)湘 06 民终 831 号民事判决书:谢某胜与朱某辉买卖合同纠纷案【边码 72】

53. 吉林省白山市中级人民法院(2014)白山民一终字第 239 号民事判决书:钟某强与夏某荣等健康权纠纷案【边码 76】

54. 吉林省白山市中级人民法院(2017)吉 06 民终 101 号民事判决书:陈某义与刘某华不当得利纠纷案【边码 75】

55. 吉林省白山市中级人民法院(2019)吉 06 民终 557 号民事判决书:蒋某与王某 1 等被继承人债务清偿纠纷案【边码 83】

56. 吉林省高级人民法院(2019)吉民终 374 号民事判决书:吉林省昂诚担保有限公司与白山市浑江区胜利煤业有限公司等借款合同纠纷案【边码 37】

57. 吉林省延边朝鲜族自治州中级人民法院(2017)吉 24 民再 16 号民事判决书:于某雷等与吉林安图农村商业银行股份有限公司两江支行等金融借款合同纠纷案【边码 47】

58. 江苏省南京市中级人民法院(2017)苏 01 民终 2602 号民事判决书:南京旭源能机电设备有限公司与南京市雨花台区天鸿通风设备厂买卖合同纠纷案【边码 71】

59. 江苏省无锡市中级人民法院(2017)苏 02 民终 1607 号民事判决书:中国太平洋财产保险股份有限公司江阴中心支公司与南通市通州区金业船舶工程有限公司责任保险合同纠纷案【边码 78】

60. 江苏省无锡市中级人民法院(2018)苏 02 民终 3148 号民事判决书:汤某与杨某等民间借贷纠纷案【边码 58】

61. 江苏省徐州市中级人民法院(2013)徐民终字第 1067 号民事判决书:彭某辉等与沈某龙民间借贷纠纷案【边码 83】

62. 宁夏回族自治区吴忠市中级人民法院(2016)宁 03 民终 477 号民事判决书:刘某财与范某梅追偿权纠纷案【边码 83】

63. 山东省滨州市沾化区人民法院(2018)鲁 1603 民初 168 号民事判决书:常某荣与马某娥健康权纠纷案【边码 79】

64. 山东省济南市中级人民法院(2017)鲁 01 民初 1339 号民事判决书:济南巨星建筑科技技术有限公司与济南旧城开发投资集团有限公司等侵害实用新型专利权纠纷案【边码 80】

65. 山东省济南市中级人民法院(2019)鲁 01 民终 4819 号民事判决书:郭某华与赵某珉等民间借贷纠纷案【边码 58】

66. 山东省聊城市东昌府区人民法院(2018)鲁 1502 民初 4386 号民事判决书:苏某 1 与苏某 2 等继承纠纷案【边码 53】

67. 山东省平阴县人民法院(2017)鲁 0124 民初 51 号民事判决书:薛某某与张某等提供劳务者受害责任纠纷案【边码 77】

68. 山东省枣庄市中级人民法院(2014)枣民二商终字第 127 号民事判决书:枣庄矿业

(集团)有限责任公司等与高某元企业承包经营合同纠纷案【边码 58】

69. 山西省高级人民法院(2014)晋民终字第 236 号民事判决书:武汉鹏宙废旧物资回收有限公司与山西太钢不锈钢股份有限公司买卖合同纠纷案【边码 37】

70. 陕西省西安市中级人民法院(2016)陕 01 民终 6323 号民事判决书:吕某与西安市长安区韦曲街道焦村村民委员会等成员权益纠纷案【边码 76】

71. 四川省成都市武侯区人民法院(2019)川 0107 民初 2112 号民事判决书:王某华与中国人民财产保险股份有限公司成都市龙泉驿支公司等机动车交通事故责任纠纷案【边码 83】

72. 四川省成都市中级人民法院(2018)川 01 民终 1081 号民事判决书:邛崃市工业发展投资有限公司与四川省邛崃市高宇酒业有限公司合同纠纷案【边码 81】

73. 四川省达州市通川区人民法院(2018)川 1702 民初 470 号民事判决书:杨某厚与许某纯等民间借贷纠纷案【边码 53】

74. 四川省峨眉山市人民法院(2018)川 1181 民初 2531 号民事判决书:峨眉山市众信融资担保有限公司与张某等追偿权纠纷案【边码 75】

75. 四川省简阳市人民法院(2014)简阳民初字第 435 号民事判决书:罗某英与罗某慧等机动车交通事故责任纠纷案【边码 70】

76. 四川省南充市中级人民法院(2018)川 13 民终 986 号民事判决书:王某贵与徐某武等机动车交通事故责任纠纷案【边码 70】

77. 四川省威远县人民法院(2018)川 1024 民初 709 号民事判决书:王某高与威远现代医院医疗损害责任纠纷案【边码 62】

78. 四川省宜宾市中级人民法院(2017)川 15 民终 2010 号民事判决书:中国人民财产保险股份有限公司绥江支公司与陈某冲等机动车交通事故责任纠纷案【边码 69】

79. 四川省资阳市中级人民法院(2017)川 20 民终 889 号民事判决书:李某金与张某生民间借贷纠纷案【边码 37】

80. 天津市第二中级人民法院(2018)津 02 民终 6681 号民事判决书:安邦财产保险股份有限公司天津分公司与杨某永等机动车交通事故责任纠纷案【边码 37】

81. 天津市第一中级人民法院(2017)津 01 民终 2039 号民事判决书:中国人寿保险股份有限公司天津市分公司与天津市恒基钢业有限公司意外伤害保险合同纠纷案【边码 78】

82. 天津市南开区人民法院(2015)南民初字第 6602 号民事判决书:刘一×与刘二×等遗嘱继承纠纷案【边码 53】

83. 新疆生产建设兵团第十二师中级人民法院(2018)兵 11 民终 129 号民事判决书:梁某刚与蔡某启追偿权纠纷案【边码 81】

84. 新疆维吾尔自治区塔城地区中级人民法院(2018)新 42 民终 1121 号民事判决书:包某祥等与贾某江等追偿权纠纷案【边码 71】

85. 云南省兰坪白族普米族自治县人民法院(2015)兰民二初字第 00055 号民事判决书:农行兰坪县支行与兴源综合养殖场等金融借款合同纠纷案【边码 76】

86. 云南省文山壮族苗族自治州中级人民法院(2018)云 26 民终 46 号民事判决书:贾某艳与吴某兰债权转让合同纠纷案【边码 58】

87. 浙江省杭州市中级人民法院(2019)浙01民终2070号民事判决书:刘某娥与李某民等追偿权纠纷案【边码73】

88. 浙江省湖州市吴兴区人民法院(2013)湖吴康民初字第362号民事判决书:张某与陆某离婚后财产纠纷案【边码70】

89. 浙江省湖州市中级人民法院(2010)浙湖民终字第294号民事判决书:马某某与浙江省××集团德清县盐业有限公司经济补偿金纠纷案【边码59】

90. 浙江省湖州市中级人民法院(2016)浙05民终690号民事判决书:陆某江等与湖州华城资产经营有限公司等追偿权纠纷案【边码74】

91. 浙江省金华市中级人民法院(2018)浙07民终4902号民事判决书:倪某华与张某仓民间借贷纠纷案【边码85】

92. 浙江省绍兴市柯桥区人民法院(2012)绍商初字第1394号民事判决书:光宇集团有限公司与浙江利源化纤有限公司对外追收债权纠纷案【边码60】

93. 浙江省绍兴市越城区人民法院(2014)绍越民初字第3718号民事判决书:崔某与蒋某龙等工伤保险待遇纠纷案【边码69】

94. 浙江省温州市龙湾区人民法院(2015)温龙开民初字第18号民事判决书:罗某宏与浙江诸安建设集团有限公司等承揽人受害责任纠纷案【边码80】

95. 浙江省舟山市中级人民法院(2018)浙09民终560号民事判决书:金洋油脂(舟山)有限公司与舟山市中植油脂有限责任公司破产债权确认纠纷案【边码80】

96. 最高人民法院(2015)民申字第537号民事裁定书:科朗曼化工(武汉)有限公司与云南澄江天辰磷肥有限公司建设工程施工合同纠纷案【边码81】

97. 最高人民法院(2016)最高法民申741号民事裁定书:胡某利等与平江县供销合作联社联合贸易公司债权转让合同纠纷案【边码80】

98. 最高人民法院(2018)最高法民申2386号民事裁定书:陈某奖与吴某氓等海上人身损害责任纠纷案【边码71】

99. 最高人民法院(2019)最高法民申3624号民事裁定书:孙某宝与江苏沙钢股份有限公司等证券虚假陈述纠纷案【边码39】

第195条

诉讼时效中断*

第195条　有下列情形之一的，诉讼时效中断，从中断、有关程序终结时起，诉讼时效期间重新计算：

（一）权利人向义务人提出履行请求；

（二）义务人同意履行义务；

（三）权利人提起诉讼或者申请仲裁；

（四）与提起诉讼或者申请仲裁具有同等效力的其他情形。

简　目

---

* 本文系基于《〈民法典〉第195条评注之一（诉讼外请求、义务承认）》（载《法学家》2021年第4期，第172—189页）和《〈民法典〉第195条评注之二（起诉、其他中断事由）》（载《法学家》2021年第5期，第172—190页）两文合并修订而成，增加约两万字。

案例搜集情况说明：（1）本文选取案例遵循以下标准：一是最高人民法院指导案例、公报案例和最高人民法院裁判意见全面搜集；二是对相同案型选取较高级别法院的裁判意见；三是在最高人民法院和高级人民法院无同类案例的前提下，选取中级人民法院和基层人民法院有讨论价值的特殊案型；四是最高人民法院相关刊物（如《人民司法》《商事审判指导》等）所载案例，优先选取。（2）案例来源：中国裁判文书网；北大法宝案例库；无讼案例库；《人民司法》等纸质载体。

杨　巍

一、规范意旨

(一)规范意义及正当化理由

《民法典》第195条是诉讼时效中断(以下简称时效中断)的基础规范。本条前段规定了中断时点和时效期间重新计算(以下简称重新计算)时点,第1项至第4项规定了中断事由。 1

时效中断是权利人否认义务人时效抗辩的最常见、最有效手段,由于其效力是重新计算一个完整的时效期间,权利人所获保护程度优于时效中止和延长。时效中止和延长往往作为时效中断的补充或备用手段。在某种意义上,时效中断与时效抗辩权是一对保持制度上平衡的规则:前者为因时效受"不利益"者而设,后者为受"利益"者而设。两者的平衡使时效制度得以正常运转。[1] 2

时效中断与时效制度的价值关联密切,基于不同的时效观,对时效中断规则的解释和构建亦有不同。依据法定证据说(诉讼法说)的时效观,时效中断由阻止法定证据成立的理由引起,因此中断时效仅主张权利是不够的,应在公权力上确定权利的存在(权利确定说);依据实体法说的时效观,"权利人觉醒并行使权利,推翻以没有权利为前提建构的社会秩序"是时效中断的根据(权利行使说)。[2] 3

---

〔1〕 参见[日]近江幸治:《民法讲义Ⅰ:民法总则》(第6版补订),渠涛等译,北京大学出版社2015年版,第333页。

〔2〕 平野裕之『民法総則』(日本評論社、2017年)400頁,参照。

依据我国立法机关释义书的解释，时效中断制度的立法理由在于：权利人不行使权利是诉讼时效制度存在的事实基础，如果在时效期间内出现了与该基础相反的事实，就必须使已经过的时效期间归于无效，否则就背离了诉讼时效制度的设立宗旨。[3] 最高人民法院释义书的解释与之类似。[4] 该解释接近于“权利行使说”，这与我国的实体法时效观相吻合。学界通说与官方解释基本一致，认为“中断事由表明权利人在积极行使权利，从而导致诉讼时效适用的基础丧失”，[5]“诉讼时效的制度价值是督促权利人行使权利、避免义务人举证困难，倘若权利人已经主张权利或义务人作出承认，则上述目的已然实现，从而时效期间应重新计算”。[6] 有少数学者认为，我国的时效制度价值是深受苏联民法影响的结果，其与现行中断制度存在一定矛盾，应在抗辩权发生主义的基础上重构时效正当理由，并以此重构中断制度。[7]

4 近年来，德、日等大陆法系国家对时效中断制度进行重大改造，体现为：(1)废弃“中断”概念，改采“重新开始”[8]或者“时效更新”[9]等更为直观的概念。(2)缩小中断事由的范围，扩大中止(不完成)事由的范围。修改后的《德国民法典》和《日本民法典》将原属中断事由的“提起诉讼”等若干情形修改为中止事由，[10]《欧洲示范民法典草案》(以下简称 DCFR)亦采此做法。上述立法动向对我国学理及实务产生较大影响，但对该动向于我国的借鉴意义，学界存在分歧。[11]《民法典》未对上述立法动向作出直接回应，一方面坚持“中断”概念；另一方面，《民法典》第 195 条在继承《民法通则》中断事由的基础上增设兜底条款，明确认可了《诉讼时

[3] 参见黄薇主编：《中华人民共和国民法典总则编释义》，法律出版社 2020 年版，第 524 页。

[4] 参见最高人民法院民法典贯彻实施工作领导小组主编：《中华人民共和国民法典总则编理解与适用(下)》，人民法院出版社 2020 年版，第 984 页。

[5] 参见王利明：《民法总则研究》(第 3 版)，中国人民大学出版社 2018 年版，第 787 页。

[6] 参见朱晓喆：《诉讼时效制度的价值基础与规范表达》，载《中外法学》2017 年第 3 期，第 724 页。

[7] 参见冯洁语：《诉讼时效正当理由和中断事由的重构》，载《法律科学》2018 年第 4 期，第 126 页。

[8] 债法改革后的《德国民法典》不再使用“时效中断”(Unterbrechung der Verjährung)概念，代之以“时效重新开始”(Neubeginn der Verjährung)。因为前者法律意义模糊，而后者清晰表达了该规则的法律效果。Vgl. Grothe, in: Säcker/Rixecker/Oetker/Limperg(Hrsg.), Münchener Kommentar zum BGB, Band 1, 8. Aufl. 2018, § 212 Rn. 1.

[9] 2017 年修改后的《日本民法典》将先前的中断事由区分为“时效完成延迟”和“时效更新”概念进行了整理。鈴木銀治郎、滝口博一、椿原直『時効の法律相談』(青林書院、2018 年)60 頁，参照。

[10] 德国法作此修改的理由在于，在提起诉讼的大部分情形下，缺乏适用中断规则保护权利人的必要。Vgl. Grothe, in: Säcker/Rixecker/Oetker/Limperg(Hrsg.), Münchener Kommentar zum BGB, Band 1, 8. Aufl. 2018, § 204 Rn. 2.

[11] 观点一主张借鉴域外法，减少中断事由并扩大中止事由。参见朱岩：《消灭时效制度中的基本问题》，载《中外法学》2005 年第 2 期，第 177 页。观点二认为，我国不应刻意借鉴上述立法动向，而应立足于现行时效法框架将中断事由予以扩张性适用。参见冯恺：《诉讼时效制度研究》，山东人民出版社 2007 年版，第 199 页。

效规定》对中断事由的扩张解释。

5 《民法典》第 195 条吸收且扩大了《民法通则》第 140 条规定的中断事由范围，并将重新计算时点由"中断时"修改为"中断、有关程序终结时"。因《民法通则》规定的中断事由均被《民法典》吸收，故《诉讼时效规定》（2020 年修正）第 8 条至第 17 条对中断事由的解释于《民法典》施行后仍应适用，既有文献和司法意见也仍具说明意义。

（二）时效中断的性质

6 当事人虽不能改变《民法典》第 195 条的规范内容，但是否依据该条主张时效中断仍得自行决定。依据《民法典》第 193 条"职权禁用规则"，法院不得主动适用时效中断规则，即使在案件中已经具备了时效中断的适用条件。[12] 有权主张时效中断的主体是该法律关系中的当事人，包括权利人、义务人及其代理人、财产代管人等。当事人是否主张时效中断，依其意思自行决定。时效中断原则上仅具相对效力，故不得以其他当事人之间发生的中断事由主张自己的时效中断，但法律有特殊规定的除外。在大多数场合下，时效中断系由权利人提出，以此否定义务人援引时效抗辩权的主张。

7 《民法典》第 197 条第 1 款规定，当事人就中断事由所作约定无效。当事人约定适用条件或中断效力的，如果对权利人更有利，属于义务人预先放弃诉讼时效利益；如果对义务人更有利，属于权利人预先放弃诉讼时效利益。依据《民法典》第 197 条第 2 款规定，此两种约定均应无效。

8 法院受理案件时不应审查时效中断事项，受理后对当事人主张的时效中断和时效抗辩事项予以实体审理，以判决形式支持或驳回原告的诉讼请求。这是"职权禁用规则"在程序法上的体现。[13]

（三）适用范围

9 《民法典》第 195 条是《民法典》对时效中断的一般规定，其与特别法领域的时效中断规则构成一般规范与特别规范关系。单行法规定与第 195 条不一致的，原则上适用单行法规定；单行法对时效中断未作规定的，适用第 195 条规定。[14] 但是，如果单行法条文是对《民法通则》中断规定的简单重复或变相重复，此类条文

---

〔12〕 参见杨巍：《〈民法典〉第 192 条、第 193 条（诉讼时效届满效力、职权禁用规则）评注》，载《法学家》2020 年第 6 期，段码 5。

〔13〕 参见沈德咏主编：《最高人民法院民事诉讼法司法解释理解与适用（上）》，人民法院出版社 2015 年版，第 572 页。

〔14〕 参见《立法法》第 92 条。

因不具有特殊规范意旨而不构成“真正意义的”特别规范。《民法典》施行后，此类条文不再适用，而应适用《民法典》第195条。

10 《海商法》对时效中断的规定与《民法典》第195条差异较大，且适用较为复杂。分述如下：其一，中断事由方面，《海商法》对权利人更为严苛。其第267条规定的中断事由包括“提起诉讼”、“提交仲裁”、“被请求人同意履行义务”和“申请扣船”，而无“诉讼外请求”。这主要是基于海商法领域证据效力的特殊考量。[15]可能是为缓解该规定的严苛性，最高人民法院对该条适用范围作出了一定限制：(1)正本提单持有人向承运人主张权利的，时效中断适用《海商法》第267条规定；正本提单持有人向无正本提单提货人或者承运人以外的其他责任人主张权利的，时效中断适用一般规定。[16] (2)国内水路货物运输赔偿请求权的时效中断适用一般规定，不适用《海商法》第267条。[17] 由于《海商法》第267条未规定“诉讼外请求”之中断事由对权利人甚为不利，学界对此多持批评意见。有学者认为，该规定一方面借鉴了国际海事公约严苛的海事时效中断制度，但另一方面却没有借鉴允许当事人延长时效的国际通行做法，明显不利于保护海事权利人的利益。[18]该条以“海损事故证据不易保存”为理由不具说服力，实质上是对船方利益的过度倾斜。[19] 实务中有少数判决认为，“诉讼外请求”对海商法上某些请求权亦构成时效中断事由。[20]

11 其二，撤诉效力和义务承认的认定方面，对权利人（原告）较为不利。《海商法》第267条规定，请求人撤回起诉、撤回仲裁或者起诉被裁定驳回的，时效不中断。实务上进一步解释为，海事请求人撤回诉前海事请求保全申请、海事强制令、海事证据保全申请或者上述申请被海事法院裁定驳回的，不构成中断事由。[21]对于义务承认，债务人仅同意与债权人协商赔偿事宜但未就具体赔偿达成协议

〔15〕 参见司玉琢主编：《海商法》，法律出版社2007年版，第426—427页。

〔16〕 参见《最高人民法院第二次全国涉外商事海事审判工作会议纪要》（法发〔2005〕26号）第114条。其后颁行的《最高人民法院关于审理无正本提单交付货物案件适用法律若干问题的规定》（法释〔2009〕1号）第15条继承了上述规定，并将《海商法》第267条的适用范围扩大至正本提单持有人作为受害人的侵权诉讼。

〔17〕 参见《最高人民法院关于国内水路货物运输纠纷案件法律问题的指导意见》（法发〔2012〕28号）第13条。

〔18〕 参见向明华：《中国海事诉讼时效制度的国际接轨与本土化的冲突及其解决》，载《政治与法律》2019年第9期，第112页。

〔19〕 参见胡正良、孙思琪：《论民法总则对海商法修改之影响》，载《中国海商法研究》2018年第1期，第10页。

〔20〕 参见浙江省宁波海事法院(2009)甬海法温商初字第21号民事裁定书。

〔21〕 参见《全国海事法院院长座谈会纪要》（2001年）第5条。

的,不构成中断事由。〔22〕与民事领域中同类情形相比,上述规定及解释对权利人(原告)更为不利。〔23〕

12 在解释论层面,虽然《海商法》第267条对权利人甚为不利,但因其系基于海商法特殊规范意旨所作规定,因此该条及其解释在《民法典》施行后、《海商法》修订前应继续适用。在立法论层面,《海商法》修订过程中对第267条的态度存在分歧。一种观点主张删除该条,直接将《民法典》时效中断规则适用于海商法领域。〔24〕另一种观点则认为,应该在保留该条的前提下,以"与国际通行做法接轨和符合中国基本国情"为思路对其作适当修改。〔25〕由于海商法领域存在与国际条约接轨的需要,且各类请求权涉及特殊规范意旨,故后一观点似更合理。

13 《最高人民法院关于审理票据纠纷案件若干问题的规定》(法释〔2000〕32号,2020年修正)第19条规定,票据权利时效中断的,仅对发生中断事由的当事人有效。该条系基于票据关系的抽象性和独立性所作规定,在票据法领域具有特殊规范意义,因此于《民法典》施行后应继续适用。由于《票据法》及其司法解释对中断事由、中断时点和重新计算时点均未作出规定,故《民法典》第195条相关规定仍适用于票据权利时效。对于票据权利时效中断是否以"提示票据"为要件,现行法未作规定。通说采否定说,即票据权利时效中断无须提示票据,但请求付款则仍需提示。〔26〕

14 《破产法解释二》(2020年修正)第19条对破产程序中的时效中断作出特殊规定。第1款规定:"债务人对外享有债权的诉讼时效,自人民法院受理破产申请之日起中断。"理由在于,由于管理人并未参与债务人原经营管理活动,而接管后客观上需要一定时间清理财产、查阅账簿等,以便催收债务人对外债权。为避免管理人接管过程中因时效届满导致债务人财产不当减损,故作此规定。〔27〕第2款规定:"债务人无正当理由未对其到期债权及时行使权利,导致其对外债权在破产申请受理前一年内超过诉讼时效期间的,人民法院受理破产申请之日起重新计算

---

〔22〕参见《全国海事法院院长座谈会纪要》(2001年)第5条。

〔23〕有学者认为,《诉讼时效规定》关于"提起诉讼"和"义务承认"的规定,也应适用于海商法时效的中断,以强化对权利人的保护。参见张鹏飞等:《〈诉讼时效规定〉对海事诉讼时效中断的适用》,载《上海海事大学学报》2013年第2期,第71页。

〔24〕交通运输部2018年9月公布的《〈海商法〉修改建议稿》之"第十五章诉讼时效"即删除了《海商法》第267条的内容。类似学理意见参见吴胜顺:《〈民法总则〉对海商法诉讼时效制度的影响和协调》,载《中国海商法研究》2018年第1期,第18页。

〔25〕参见向明华:《中国海事诉讼时效"中断难"法律问题研究》,载《法学杂志》2020年第8期,第74—75页。

〔26〕参见覃有土、吴京辉:《略论票据时效》,载《中南财经政法大学学报》2005年第2期,第110页。

〔27〕参见人民法院出版社法规编辑中心编:《企业破产法司法解释及司法观点全编》,人民法院出版社2019年版,第28页。

上述债权的诉讼时效期间。”该款是针对《破产法》第 31 条第 5 项撤销债务人弃权行为作出的特例性规定。由于消极弃权行为(即无正当理由未对其到期债权及时行使权利)导致客观上缺少撤销的对象,为避免债务人实施此类行为减少责任财产,故作此规定。[28] 由于该条在破产法领域具有特殊规范意义,因此于《民法典》施行后应继续适用。

15　《民通意见》第 175 条第 2 款规定,20 年最长时效期间不适用中断规则。因为 20 年时效期间是权利保护的最长期间,且适用客观起算标准,故仅适用延长规则,而不适用中止、中断规则。[29] 虽然《民通意见》已被废止,但《民法典纪要》第 5 条第 1 款继承了上述规定,且立法机关释义书对该 20 年期间性质认定未发生变化,[30] 因此《民法典》施行后仍采上述解释。

16　《民法典》第 198 条规定,仲裁时效优先适用特别法规定。(1)商事仲裁领域中,现行法对仲裁时效中断未作规定,故应适用《民法典》第 195 条(《仲裁法》第 74 条)。(2)劳动争议仲裁领域中,仲裁时效中断适用《劳动争议调解仲裁法》第 27 条第 2 款。但对于仲裁时效重新计算时间点,该款规定的“中断时”系对《民法通则》第 140 条的重复。因《民法典》已将其修改为“中断、有关程序终结时”,故《民法典》施行后仲裁时效重新计算时间点应适用《民法典》第 195 条。(3)土地承包争议仲裁领域中,现行法对仲裁时效中断未作规定,故应适用《民法典》第 195 条,但中断事由与土地承包关系不兼容的除外。[31]

17　依据《民事诉讼法》第 239 条第 1 款,执行时效应当适用《民法典》第 195 条之时效中断规则。但应注意,申请执行时效适用第 195 条具有以下特殊性:(1)基于“一事不再理”原则,法律文书生效后,申请执行时效一般不能适用“提起诉讼或者申请仲裁”之中断事由。但如果当事人依法启动再审程序并获得有利裁判意见,该情形仍构成中断事由。(2)《民事诉讼法解释》(2020 年修正)第 468 条规定,“达成执行和解协议”构成中断事由。(3)当事人在执行程序之外“提出履行请求”和“同意履行义务”是否构成中断事由?立法机关释义书[32]和《执行程序解释》(2020 年修正)第 20 条对此均持肯定意见。

---

〔28〕 参见最高人民法院民事审判第二庭编著:《最高人民法院关于企业破产法司法解释理解与适用——破产法解释(一)· 破产法解释(二)》,人民法院出版社 2017 年版,第 255—256 页。

〔29〕 参见梁书文主编:《民法通则贯彻意见诠释》,中国法制出版社 2001 年版,第 150 页。

〔30〕 参见黄薇主编:《中华人民共和国民法典总则编释义》,法律出版社 2020 年版,第 504 页。

〔31〕 参见杨巍:《仲裁时效与诉讼时效衔接研究》,社会科学文献出版社 2019 年版,第 241—243 页。

〔32〕 参见王胜明主编:《中华人民共和国民事诉讼法释义》,法律出版社 2012 年版,第 561 页。

二、时效中断的适用条件

(一)存在时效中断的法定事由

1. 中断事由的特征和类型

在我国现行法框架下,中断事由具有以下特征:其一,表意性。该事由必须是当事人的某种表意行为,该行为表明当事人对权利行使或义务履行的态度。该行为可以是当事人直接向对方作出某种通知(请求履行、义务承认),也可以是通过诉诸第三方救济(起诉或申请仲裁)来实现该意思。因为该事由推翻了适用时效的基础(即权利行使或义务履行处于停滞状态),因此先前已经过时效期间归于无效,待该事由消除后时效期间重新计算。[33] 其二,法定性。现行法对时效规则采取严格法定主义立场,故中断事由由法律规定,当事人约定无效。其三,即时性或持续性。与中止事由必然是某种持续状态不同,中断事由既可以是即刻结束的法律事实,也可以是持续存在的某种状态。前者如诉讼外请求和义务承认,此类行为生效时即导致中断事由发生完毕,且于此时重新计算时效期间;后者如提起诉讼或申请仲裁,在法院、仲裁机构收到起诉状、申请书至程序终结的时间段内,中断事由处于持续状态,故应于程序终结时重新计算时效期间。 18

中断事由最基本的分类是:权利行使型中断事由和义务承认型中断事由。前者包括诉讼外请求、起诉、申请仲裁等,后者指义务承认。该分类最重要的意义在于,这两类中断事由的理论依据不同并由此影响其适用和解释。权利行使型中断事由的正当性依权利行使说可得到解释,即此类事由结束了“权利行使的停滞状态”,故应中断时效。因此,只要是以某种方式“行使权利”,均有可能中断时效。这是我国实务上对此类中断事由作从宽解释的重要理论依据之一。[34] 义务承认型中断事由的依据是对权利人“信赖”的保护,即此类事由引发权利人合理地信赖义务人会作出履行,故不应继续计算原时效期间。[35] 因此,适用及解释此类事由时,应着重考察其是否足以引发权利人的合理信赖。 19

〔33〕 参见朱岩:《消灭时效制度中的基本问题》,载《中外法学》2005年第2期,第175页。

〔34〕 也有学者对实务上从宽解释的做法提出批评,认为其“已经超越了权利行使说的边界”。参见冯洁语:《诉讼时效正当理由和中断事由的重构》,载《法律科学》2018年第4期,第134页。

〔35〕 松久三四彦『時効制度の構造と解釈』(有斐閣、2011年)70頁,参照。

2. **“诉讼外请求”应否为中断事由?**

20 对于该问题,并无立法通例可供遵循。[36] 我国法律将“诉讼外请求”规定为一般性的中断事由,该做法甚为少见,构成我国时效中断规则之最显著特点。在立法论角度上,我国学界对“诉讼外请求”的法律定位存在争议。[37] 笔者赞同现行法将“诉讼外请求”规定为绝对中断事由的做法,除学界既有理由外,尚有以下几点值得注意:其一,在诚信缺失的社会现实下,该中断事由对保护权利人具有现实意义;其二,该中断事由可在一定程度上弥补现行时效期间偏短所造成的负面效果;其三,我国历来重视运用调解等诉讼外机制解决民事纠纷,该中断事由有助于诉讼外机制与时效制度的对接;其四,该中断事由有助于减轻法院负担,且与厌讼的文化习惯相契合。[38]

3. **“提起诉讼”应为中断事由抑或中止事由?**

21 传统民法中“提起诉讼”为中断事由,但如前文所述,最新立法动向将其修改为中止事由对我国学界产生一定影响。在立法论层面,否定“提起诉讼”为中断事由的学理意见对该事由的定位并未形成共识。[39] 笔者认为,现行法框架下规定“提起诉讼”为中断事由是合理的。其一,虽然某些立法将“提起诉讼”规定为中止事由,但其适用范围狭窄,仅为解决程序问题而设,而非一般意义的中止事由。在“提起诉讼”为中止事由的法律框架下,司法程序对请求权作出实体裁判的,存在两种可能的后果:一是原告胜诉的,请求权因得到司法程序确认而统一适用更长的时效期间(例如德国法规定 30 年、日本法规定 10 年、DCFR 规定 10 年);二是原告败诉的,表明其权利不受保护而不存在时效问题。这两种情形下,“提起诉讼”并不构成中止事由。仅在司法程序(因程序性错误或因诉讼被撤回)没有对实

---

〔36〕 域外法对此态度不一:(1)多数立法(法国、德国、瑞士等)采否定态度;(2)少数立法(日本、我国台湾地区)将“诉讼外请求”规定为相对中断事由,即权利人实施“诉讼外请求”后 6 个月内起诉的始生中断效力;(3)个别立法(荷兰)规定“诉讼外请求”为独立的中断事由。

〔37〕 绝对中断事由说参见葛承书:《民法时效——从实证的角度出发》,法律出版社 2007 年版,第 201—202 页。相对中断事由说参见汪渊智:《我国民法诉讼时效制度之构想》,载《法学研究》2003 年第 3 期,第 60—61 页。中断事由否定说参见朱晓喆:《诉讼时效制度的价值基础与规范表达》,载《中外法学》2017 年第 3 期,第 724—725 页。

〔38〕 参见杨巍:《民法时效制度的理论反思与案例研究》,北京大学出版社 2015 年版,第 420—421 页。

〔39〕 观点一认为“提起诉讼”应为中止事由,参见李永锋:《起诉对诉讼时效的影响》,载《环球法律评论》2007 年第 5 期,第 65—67 页。观点二认为“提起诉讼”构成时效终结事由,参见韩松、焦和平:《对我国〈民法通则〉关于起诉引起诉讼时效中断规定的反思与重构》,载《法学论坛》2006 年第 5 期,第 79 页。观点三认为,仅在“原告的诉请因程序原因被驳回或撤诉”情形下,“提起诉讼”才构成中断事由,而在“权利人胜诉”“因实体原因被驳回诉请”等情形下,“提起诉讼”并不构成中断事由,参见朱晓喆:《诉讼时效制度的价值基础与规范表达》,载《中外法学》2017 年第 3 期,第 727 页。

体权利作出裁决时,才适用时效中止规则,允许债权人在剩余的时效期间内提起新的诉讼。[40] 在我国现行法框架下,因程序原因未作实体裁决的情形下重新计算一个完整时效期间,而非仅补足6个月时效期间,这对权利人更为有利。其二,否认“提起诉讼”为中断事由的各观点,多是基于对申请执行时效性质的误解所得出的结论。申请执行时效的适用对象不是申请执行权,而仍然是(被生效裁判确认的)实体法上的请求权,因此申请执行时效不过是诉讼时效在执行阶段的体现而已。2012年修正后的《民事诉讼法》规定申请执行时效适用诉讼时效中止、中断规则,即体现了对其性质的界定。在此前提下,现行法规定“提起诉讼”为中断事由并无不妥。

(二)中断事由发生在时效期间之内

1. 中断事由发生在时效期间之外的意义

中断事由必须发生在“时效期间进行中”(即起算至届满的时间段),才能产生时效中断的效力。[41] 时效起算之前,发生权利行使型中断事由的,由于履行期限尚未届满而使义务人享有期限利益,不因权利人单方面提前行使权利而使时效提前起算或中断。起算前发生义务承认型中断事由的,分以下两种情形:其一,义务人承诺提前履行义务,依法定或约定条件构成履行期限变更的,导致时效提前起算,而非中断。其二,义务人提前部分履行,且权利人接受或者依法不得拒绝接受的(《民法典》第530条、第531条),已履行部分不再有时效问题,义务人对未履行部分仍享有期限利益,不导致时效提前起算或中断。 22

时效届满之后,发生权利行使型中断事由的,不导致时效中断,也不影响义务人享有和行使时效抗辩权。[42] 但值得注意的是,时效届满后某些“义务承认”的后果与前述后果不同。由于“义务承认”之中断事由与时效届满后的“同意履行”和“自愿履行”在范围上有部分重合(边码64),因此如果该“义务承认”构成弃权行为的,可导致时效恢复计算(中断)。[43] 23

2.《民法总则》施行前后对适用该要件的影响

情形1:依据《民法总则诉讼时效解释》第2条规定,《民法总则》施行之日, 24

---

〔40〕[德]克里斯蒂安·冯·巴尔、[英]埃里克·克莱夫主编:《欧洲私法的原则、定义与示范规则:欧洲示范民法典草案(全译本):第1卷、第2卷、第3卷》,高圣平等译,法律出版社2014年版,第1022页。

〔41〕参见最高人民法院民法典贯彻实施工作领导小组主编:《中华人民共和国民法典总则编理解与适用(下)》,人民法院出版社2020年版,第984页。

〔42〕参见最高人民法院(2017)最高法民终129号民事判决书。

〔43〕参见杨巍:《〈民法典〉第192条、第193条(诉讼时效届满效力、职权禁用规则)评注》,载《法学家》2020年第6期,段码48。

《民法通则》之2年或者1年时效期间(以下简称原时效期间)尚未届满,且此前不存在中断事由的,其后发生中断事由,重新计算3年时效期间(以下简称新时效期间)。[44] 虽然该司法解释已被废止,但上述规定与《民法典时间效力规定》第1条第3款的精神相符,故《民法典》施行后仍应采此解释。

25 情形2:2017年10月1日原时效期间因之前中断未届满的,正在进行的时效期间加长1年或2年;此后发生中断事由,重新计算新时效期间。换言之,《民法总则》施行前原时效期间因中断而重新计算的,在《民法总则》施行后应按新时效期间计算。该情形下,新时效期间的规定在"重新计算"上具有溯及力。[45] 有高级人民法院规范性文件依此精神作出规定,[46] 可资赞同。《民法典》施行后仍做相同处理。

26 情形3:2017年10月1日原时效期间已届满的,其后不再有中断问题。《民法总则诉讼时效解释》第3条规定,《民法总则》施行前,原时效期间已经届满,当事人主张适用新时效期间的,人民法院不予支持。换言之,该情形下因《民法总则》施行前义务人已经获得时效抗辩权而确定享有时效利益,故《民法总则》施行后不能解释为重新计算新时效期间而致时效未届满。该情形下,新时效期间的规定在"重新计算"上不具有溯及力。该规定与《民法典时间效力规定》第1条第2款的精神相符,故《民法典》施行后仍应采此解释。

(三)时效中断须受20年最长时效期间的限制

27 《民法典》第188条第2款规定的20年时效期间是民事权利的最长保护期间,其目的在于防止"诉讼时效过分迟延地不能完成,影响制度的稳定性"。[47] 时效中断受20年时效期间的限制体现为,中断事由、重新计算和时效届满的时点都必须发生于该20年之内,否则不能产生完整的中断效力。分以下几种情形讨论:其一,中断事由、重新计算和时效届满时点均发生在该20年之内的,产生完整的中断效力。其二,中断事由和重新计算时点发生在该20年之内,时效届满时点在该20年之外的,该20年期间届满时时效届满。其三,中断事由发生在该20年之内,重新计算时点发生在该20年之外的,该20年期间届满时时效届满。一般而言,该情形下时效虽可中断,但不能重新计算。例外情形是,权利人起诉或申请仲

---

〔44〕 本文仅讨论普通诉讼时效期间的适用情形,特殊诉讼时效期间的适用原理相同。

〔45〕 参见茆荣华、张俊:《〈民法总则〉诉讼时效新规定的衔接适用探析》,载《法律适用》2018年第9期,第117页。

〔46〕 参见《北京市高级人民法院民一庭关于〈民法总则〉施行后适用诉讼时效制度的参考意见》第6条。

〔47〕 参见黄薇主编:《中华人民共和国民法典总则编释义》,法律出版社2020年版,第504页。

裁发生在该20年之内,胜诉裁决生效时点发生在该20年之外的,重新计算的申请执行时效不受20年期间限制。其四,中断事由发生在该20年之外的,因义务人已经获得时效抗辩权而不再有中断问题。

在20年时效期间内,时效中断的次数不受限制。《民通意见》第173条第1款曾规定,诉讼时效因诉讼外请求或义务承认中断后,重新计算的时效期间内再次发生这两类中断事由的,时效再次中断。换言之,时效可因多次出现中断事由而多次中断,不受次数的限制。[48] 虽然该条仅列举诉讼外请求和义务承认这两种中断事由,但这可能是基于当时对起诉中断事由和申请执行时效认识的局限性所致。《民法典纪要》第5条第2款将该规则的适用情形扩展至所有中断事由,因此《民法典》施行后任何中断事由均可导致时效反复中断。 28

在我国现行法框架下,申请执行时效不受20年最长时效期间的限制。换言之,该20年期间仅适用于未取得执行名义的请求权时效中断的场合。理由在于:其一,(客观标准起算的)20年期间系为限制(主观标准起算的)普通和特殊时效期间而设,而取得执行名义的请求权处于法律上"已决"状态且当事人对此明知,故不符合20年期间的规范目的。其二,我国法律未针对已取得执行名义的请求权规定更长的时效期间,申请执行时效期间(2年)甚至短于普通诉讼时效期间(3年)。在此前提下,如果申请执行时效还要受20年期间限制,对权利人(申请执行人)过于严苛。其三,《民事诉讼法》第239条仅规定申请执行时效适用中止、中断规则,而未提及延长。该条似乎隐含了以下含义:因执行领域不适用20年期间,而延长主要适用于该期间(《民法典纪要》第5条第1款),因此没有必要规定延长规则。 29

三、权利人向义务人提出履行请求

(一)诉讼外请求的性质

《民法典》第195条第1项规定的"权利人向义务人提出履行请求",系指"诉讼外请求"之中断事由。本项继承了《民法通则》第140条"当事人一方提出要求"之规定,但表述更为精准。诉讼外请求是权利人直接向义务人要求实现权利内容的意思通知,为准法律行为。例如债权人请求债务人交付货物、支付价金、移转权利等。诉讼外请求应包含实现权利的意思,但不必具有中断时效的意思。即使权利人不了解时效中断规则的意义,其实施诉讼外请求亦可依据法律规定产生中断效力。诉讼外请求构成中断事由的理由在于,权利人实施诉讼外请求,意味 30

---

〔48〕 参见梁书文主编:《民法通则贯彻意见诠释》,中国法制出版社2001年版,第149页。

着其在积极行使权利，这导致继续计算时效期间的基础已经丧失，故应引起时效中断。[49]

31 诉讼外请求是表意行为、单方行为、不要式行为。诉讼外请求以主张权利之意思为通知内容，其类推适用法律行为的相关规定。诉讼外请求仅须权利人单方具有主张权利的意思，而无须债务人对此同意。诉讼外请求可采取口头或书面形式，亦可采推定行为形式，但不能采取单纯沉默形式。即使义务人所应履行义务是要式行为（如权利变更登记），诉讼外请求的形式也不必受其限制。[50] 基于对《民法典》第 197 条第 1 款目的性扩张解释，当事人约定诉讼外请求必须采取特定形式的，该约定无效。

32 诉讼外请求本为单方行为，无须义务人同意即可构成中断事由，但实务中亦有权利人采取与义务人订立协议的方式主张权利。此类协议亦可能构成诉讼外请求，具体情形包括：(1)房屋未依约办理过户登记的情形下，出卖人与买受人签订《退回购房款计划书》；[51] (2)出卖人（债权人）通过签订借款合同的方式向买受人（债务人）主张货款；[52] (3)债权人与债务人就欠款达成和解协议，约定新的还款方式；[53] (4)债权人与债务人达成以物抵债协议；[54] 等等。如果权利人向义务人作出订立此类协议的要约，但被义务人拒绝或者经磋商未能达成合意，该要约因具有主张权利的意思而仍可构成诉讼外请求。

（二）诉讼外请求的要件

1. 提出履行请求的主体须为权利人或者其他有资格的人

33 提出履行请求的主体应当是权利人本人或者其代理人、财产代管人等其他有资格的人。具体情形包括：(1)债权人的律师向债务人发出《律师函》；[55] (2)债权人下设机构（管理部）多次催收债权，债务人未提出异议；[56] (3)某银行分行（债权人）下属支行向债务人催收借款；[57] (4)雇主船东的保险办理人向保险公司

[49] 参见黄薇主编：《中华人民共和国民法典总则编释义》，法律出版社 2020 年版，第 525 页。
[50] 参见施启扬：《民法总则》，中国法制出版社 2010 年版，第 340 页。
[51] 参见最高人民法院(2014)民提字第 106 号民事判决书。
[52] 参见最高人民法院(2013)民二终字第 122 号民事判决书。
[53] 参见最高人民法院(2010)民提字第 200 号民事判决书。
[54] 参见黑龙江省高级人民法院(2018)黑民终 547 号民事判决书。
[55] 参见最高人民法院(2014)民提字第 224 号民事判决书。
[56] 参见最高人民法院(2011)民二终字第 27 号民事判决书。
[57] 参见最高人民法院(2011)民二终字第 28 号民事判决书。

申请索赔;[58](5)债权人的委托诉讼代理人向债务人主张债权转让款;[59]等等。

提出履行请求的权利人应否具有完全民事行为能力?通说认为,意思通知原则上类推适用法律行为关于行为能力的规定。[60] 因此,无民事行为能力人不具有独立提出履行请求的资格(《民法典》第20条)。限制民事行为能力人虽仅具部分行为能力,但因提出履行请求使其单方面受益而构成“纯获利益的行为”,故可以独立实施(《民法典》第22条)。法人和非法人组织原则上当然具有提出履行请求的资格,而不受其主体类型及经营范围影响,但法律有特殊规定的除外(如法人进入破产程序)。 34

2. 履行请求应当包含要求实现权利的意思

履行请求的内容应包含两项要素:一是应当指向特定债权,而非“抽象意义”地主张权利。即使权利人请求的数额与最终认定的数额存在偏差,亦不影响中断事由的构成。二是应当包含“主张权利”或“确认权利”的意思。“主张权利”即狭义的请求履行,是指权利人要求通过清偿、抵销等方式实现自身权利。权利人请求“确认权利”虽非严格意义的请求履行,但该请求系为进一步请求履行作准备或强化请求履行的正当性,故亦属广义上的“主张权利”。而且在现行法框架下,债权转让通知亦可引起时效中断[《诉讼时效规定》(2020年修正)第17条第1款],故该解释符合体系解释的要求。实务中请求“确认权利”被认为构成中断事由的情形包括:(1)债权人与债务人签署《资产调查表》《资产清点汇总表》;[61](2)债权人委托银行与债务人对账确认欠款数额;[62](3)投资人与煤矿签署《煤矿产量情况表》,注明“本表产量数据经双方对账确认无异议”;[63](4)甲电力公司(债权人)向乙电力公司(债务人)送交《关于对功率因数电费进行确认的函》;[64](5)买受人向出卖人请求确认货权归属;[65]等等。 35

实务中,因欠缺上述要素而被认定为不构成中断事由的情形包括:(1)债权人发给债务人的文件采取公司(债权人)文件形式,且未体现索赔字样及内容;[66](2)债权人在《索款通知》中未提及水损及财产被盗损失问题;[67](3)债权人提交 36

---

〔58〕 参见辽宁省高级人民法院(2019)辽民终240号民事判决书。
〔59〕 参见黑龙江省高级人民法院(2017)黑民终402号民事判决书。
〔60〕 参见朱庆育:《民法总论》(第2版),北京大学出版社2016年版,第87页。
〔61〕 参见最高人民法院(2018)最高法民终157号民事判决书。
〔62〕 参见最高人民法院(2017)最高法民申165号民事裁定书。
〔63〕 参见最高人民法院(2016)最高法民终306号民事判决书。
〔64〕 参见重庆市高级人民法院(2019)渝民终198号民事判决书。
〔65〕 参见江苏省高级人民法院(2018)苏民终170号民事判决书。
〔66〕 参见最高人民法院(2018)最高法民终1179号民事判决书。
〔67〕 参见最高人民法院(2017)最高法民终402号民事判决书。

的律师函未加盖公章，未填写内容；[68]（4）当事人表示"我方保留追究对方赔偿损失的权利"；[69]等等。

37 一种较为特殊的情形是，合同当事人一方请求另一方履行义务，而另一方行使抗辩权（如同时履行抗辩权）予以拒绝，行使抗辩权的当事人虽非"主动地"请求履行，但其行使抗辩权的行为亦有可能构成中断事由。因为该行为虽然是"被动防御"，但包含了运用自身权利的某种效力维护其利益的意思，因此对产生该抗辩权的基础权利之时效而言，该行为构成中断事由。例如债权人以债务人未支付延期付款滞纳金为由，拒绝与其签订土地出让合同并拒交土地，该拒绝行为对债权人的合同债权之时效构成中断事由。[70]

38 债权人向债务人主张抵销的，如果债权因符合抵销条件而消灭，不再有时效问题。但在下列情形下，债权人的"抵销主张"可构成中断事由。其一，主动债权中仅部分债权被抵销，"抵销主张"对未消灭的剩余债权构成中断事由［《诉讼时效规定》（2020 年修正）第 9 条］。其二，不符合抵销条件的情形下（如两项债权标的物种类不同），[71]"抵销主张"可解释为债权人请求履行的变相方式。其三，债权人"以抗辩的方式"行使抵销权的（《九民纪要》第 43 条），基于相同理由（边码 37），亦可构成中断事由。

3. 履行请求的对象须为义务人或者与其有关联的主体

39 因诉讼外请求是意思通知，故该请求原则上应向义务人作出，才能使该行为成立及生效。如果请求的对象是义务人的代理人、财产代管人或者遗产管理人等有关联的主体，基于其与义务人之间特定法律关系的性质，该请求亦可构成中断事由（《民法典纪要》第 5 条第 2 款）。具体情形包括：（1）债务人已被吊销营业执照，债权人向债务人的控股股东发送催款通知；[72]（2）债权人不知或者不应知债务人的代理人已丧失代理权，仍向其主张权利；[73]（3）债权人向债务人的原法定代表人发出催收通知，且符合表见代理特征；[74]（4）债务人虽已注销，但未通知债

〔68〕 参见最高人民法院（2013）民申字第 1957 号民事裁定书。

〔69〕 参见最高人民法院（2018）最高法民终 186 号民事判决书。

〔70〕 参见最高人民法院（2017）最高法民终 888 号民事判决书。

〔71〕 关于不得抵销的具体情形，参见崔建远：《论中国民法典上的抵销》，载《国家检察官学院学报》2020 年第 4 期，第 22—25 页。

〔72〕 参见最高人民法院（2016）最高法民终 819 号民事判决书。

〔73〕 参见最高人民法院（2016）最高法民申 1018 号民事裁定书。

〔74〕 参见最高人民法院（2014）民提字第 67 号民事判决书。在最高人民法院主审的另一案件中，以"法定代表人变更已进行工商登记，对社会公示"为由，认为向原法定代表人主张权利不构成中断事由。参见最高人民法院（2017）最高法民再 63 号民事判决书。笔者赞同前者裁判意见，因为苛求权利人每次向债务人的法定代表人主张权利时必须查询工商登记，有悖于常理，因此不能仅以"已进行变更登记"为由认定权利人应当知道变更事实。

权人，债权人多次刊登催收公告，要求债务人偿还贷款本息、保证人履行保证责任；[75]（5）债权人向债务人的关联企业（二级法人企业）发送催款通知；[76]（6）债权人向某银行县支行（债务人）的上级单位（某银行省分行）提出请求；[77]等等。

《民法典》第536条新增保存行为规则：债权人可以代位向债务人的相对人请 40
求其向债务人履行，以中断债务人所享债权的时效。该规则主要针对债权人的债权到期前，为防止债务人的债权或与该债权有关的从权利时效届满，而允许债权人通过中断时效来保全债务人责任财产。[78]《民法典》施行后，债权人依此规定向债务人的相对人请求履行的，亦构成中断事由。

《民通意见》第173条第2款规定，权利人向“保证人等”主张权利的，构成主 41
债权时效中断事由。该规定将“向保证人主张权利”界定为主债权时效中断事由，明显有悖于保证债务的从属性，且混淆了保证人与代理人、财产代管人的法律地位。[79] 因该司法解释已被废止且《民法典》及新司法解释未继承该规定，故《民法典》施行后“向保证人主张权利”不再构成主债权时效中断事由。

权利人向义务人的上级主管机关主张权利，是否构成中断事由？虽然上级主 42
管机关对义务人负有管理职责，但对义务人财产并无占有、处分等权利，且二者也非关联企业关系，因此该情形原则上不构成中断事由。如果上级主管机关将权利人主张权利的通知传达给义务人，可构成中断事由。[80] 如果上级主管机关属于《诉讼时效规定》（2020年修正）第12条规定的“依法有权解决相关民事纠纷的国家机关、事业单位、社会团体等社会组织”，可依据该条构成中断事由。最高人民法院答复“〔2005〕民二他字第48号”指出：负有管理职责的省计划委员会与债权人（银行）联合下发的贷款回收计划具有主张权利的内容，但其中2份文件的发放对象均非借款人，不构成中断事由；另1份文件的发放对象包括借款人，其是否构成中断事由视其是否到达债务人而定。

4. 履行请求之通知须已生效

履行请求之通知生效，意味着该意思通知确定地发生法律认可的效果，故此 43
时才构成中断事由。依据《民法典》关于意思表示生效的规定，以对话方式作出的履行请求，采取“了解主义”标准；以非对话方式作出的履行请求，采取“到达主

---

〔75〕 参见最高人民法院（2010）民提字第136号民事判决书。

〔76〕 参见最高人民法院（2004）民二终字第88号民事判决书。

〔77〕 参见最高人民法院（2000）经终字第119号民事判决书。

〔78〕 参见黄薇主编：《中华人民共和国民法典合同编释义》，法律出版社2020年版，第170页。

〔79〕 对该规定的批评意见，参见杨巍：《保证债务与主债务的诉讼时效关联》，载《法学》2020年第6期，第25—26页。

〔80〕 参见吴庆宝：《诉讼时效中断的司法认定（上）》，载《人民法院报》2009年2月3日，第6版。

义”标准;以公告方式作出的履行请求,采取“完成主义”标准。履行请求之通知生效之前,表意人可依法撤回该通知。有最高人民法院裁定认为,“债权人与债务人就借款清偿问题商谈时,曾向债务人的手机拨打电话,即使接电话的人并非债务人本人,也构成中断事由”。[81] 该认定仅限于有证据证明虽非债务人本人接听,但其应知该接听事实的情形。不能由此解释为,非债务人本人接听电话均可构成中断事由。

(三)诉讼外请求的常见类型[《诉讼时效规定》(2020 年修正)第 8 条]

1. 当事人一方直接向对方当事人送交主张权利文书,对方当事人在文书上签名、盖章、按指印或者虽未签名、盖章、按指印但能够以其他方式证明该文书到达对方当事人的(第 1 款第 1 项)

44 在商事交易场合下,当事人多采格式化文书实施诉讼外请求。本项规定的“主张权利文书”的常见形式包括:《律师函》[82]《贷款逾期催收通知书》[83]《督促履行保证责任通知书》[84]《企业询证函》[85]等。此类文书通常包含明确请求对方履行义务的意思,故构成诉讼外请求不存疑义。如前所述,权利人请求“确认权利”的文书亦可构成诉讼外请求(边码 35)。应注意的是,如果文书中明确排除了主张权利的意思,则该文书不构成诉讼外请求。例如《询证函》中明确记载,发函原因为“进行财务报表审计”,目的为“仅为复核往来账款,并非催款结算”。[86]

45 仅从文义角度而言,本项规定的“直接向对方当事人送交”似乎是指权利人当面送交给义务人。但该规定应解释为既包括当面送交,也包括通过邮政、快递等代理人送交方为合理。理由如下:其一,实践中虽然某些当事人采取当面直接送交的方式,但通过邮政、快递方式送交此类文书已被普遍使用,且实务案例多属后者情形。其二,本项规定的核心内容是当事人采取格式化文书实施诉讼外请求,该文书是通过当面送交还是邮寄方式到达义务人,法律后果并无不同。其三,如果将本项解释为仅适用于当面送交的情形,则意味着通过邮寄方式送交此类文书只能类推适用本条第 2 项规定,这种割裂条文适用的做法似非妥当。

46 此类文书的适格签收人为何人?《诉讼时效规定》(2020 年修正)第 8 条第 2 款规定:其一,义务人是法人或非法人组织的,法定代表人、主要负责人、负责收发

---

〔81〕 参见最高人民法院(2021)最高法民申 2434 号民事裁定书。

〔82〕 参见最高人民法院(2019)最高法民终 809 号民事判决书。

〔83〕 参见最高人民法院(2012)民四终字第 8 号民事判决书。

〔84〕 参见最高人民法院(2012)民二终字第 130 号民事判决书。

〔85〕 参见河北省高级人民法院(2018)冀民终 1047 号民事判决书。

〔86〕 参见湖北省高级人民法院(2018)鄂民终 1399 号民事判决书。对此类《询证函》是否构成中断事由的详细分析,参见梁展欣主编:《诉讼时效司法实务精义》,人民法院出版社 2010 年版,第 114—115 页。

信件的部门和其他被授权主体（如诉讼代理人、经办财务经理[87]）具有签收人资格。将文书送交上述适格签收人以外主体的（如公司普通员工），如果能够证明实际接收人将文书转交给适格签收人，也可以认定文书到达义务人。其二，义务人是自然人的，义务人本人、同住具有完全民事行为能力的亲属[88]和其他被授权主体具有签收人资格。最高人民法院释义书认为，适格签收人的认定还可参照适用《民事诉讼法》和《最高人民法院关于以法院专递方式邮寄送达民事诉讼文书的若干规定》等司法解释的规定和法理。[89]

应特别指出的是，适格签收人的真正意义是将文书送交给他们即被认定为该文书到达义务人，而非以其在文书上签名、盖章、按指印为诉讼外请求的生效要件，因为诉讼外请求生效并不需要义务人同意，签名、盖章、按指印仅是证明该请求到达义务人的证据而已（且非唯一证据）。简言之，“适格签收人”是一个差强人意的表述，其仅仅指明送交文书的合适对象。向其送交文书时，即使没有“签”（未签名、盖章、按指印）或者没有“收”（拒收），只要能够证明文书确已送交该主体，即构成到达。本项规定的“能够以其他方式证明该文书到达”，即指此类情形。例如以公证催收方式送达文书、[90]送达文书时有无利害关系人证明[91]等。 47

本项规定的“到达”是仅指“实际到达”，还是也包括“应当到达”？最高人民法院释义书采后者解释，理由在于：如果权利人主张权利的意思表示已依法定或约定形式发出，且依常理应当到达相对人，由于权利人对未实际到达无过错，该瑕疵不足以否定诉讼外请求的生效。[92] 而且，《诉讼时效规定》（2020年修正）第8条第1款第2项规定，以发送信件主张权利的，“到达或者应当到达对方当事人”均构成中断事由。主张权利文书与信件皆为请求履行的书面形式，且均需借助邮政、快递等方式送达对方，因此二者适用相同的到达标准才符合体系解释的要求。实务中，认定为“应当到达”的情形包括：（1）义务人所留地址错误，导致邮件未实际到达；[93]（2）债权人邮寄的催收函地址是债务人所属金矿之一地址，该地址与 48

---

〔87〕 参见最高人民法院（2016）最高法民再301号民事判决书。

〔88〕 参见四川省高级人民法院（2017）川民再66号民事判决书。

〔89〕 参见最高人民法院民事审判第二庭编著：《最高人民法院关于民事案件诉讼时效司法解释理解与适用》，人民法院出版社2015年版，第175页。

〔90〕 参见信达公司石家庄办事处与中阿公司等借款担保合同纠纷案，最高人民法院（2005）民二终字第200号民事判决书，载《最高人民法院公报》2006年第3期。

〔91〕 参见张雪楳：《“当事人一方提出要求”的理解与认定》，载《法律适用》2008年第11期，第21页。

〔92〕 参见最高人民法院民事审判第二庭编著：《最高人民法院关于民事案件诉讼时效司法解释理解与适用》，人民法院出版社2015年版，第172页。

〔93〕 参见人民法院出版社编：《最高人民法院司法观点集成（民事卷③）》，人民法院出版社2017年版，第1517页。

债务人的工商登记住所地一致;[94](3)债权人向债务人发出《催款函》,债务人认可该份函件确有发出;[95](4)虽然因债务人歇业可能无人接收函件,但债权人向债务人工商登记地址邮寄债权催收函;[96]等等。

2. 当事人一方以发送信件或者数据电文方式主张权利,信件或者数据电文到达或者应当到达对方当事人的(第 1 款第 2 项)

49 本项规定的是当事人采取非格式化书面形式实施诉讼外请求。如果信件或者数据电文中包含"主张权利"或"确认权利"的意思,可构成诉讼外请求。应当指出的是,本项规定的信件和数据电文方式不应被解释为书面形式的特定要求。如果当事人所采其他书面形式符合诉讼外请求的前述要件,亦可构成中断事由。

50 "发送信件"和前项"送交主张权利文书"均为当事人通过书面形式请求履行,区别仅在于是否采取格式化文书形式,因此二者在签收人、到达或者应当到达等方面采取相同标准。

51 "发送数据电文"是指当事人采取电子数据交换、电子邮件、电报、电传或传真等方式实施诉讼外请求。[97] 其中,向义务人发送催收债务的电子邮件最为常见。发送此类电子邮件的对象,可以是当事人约定的邮箱或者是义务人官网公示的企业电子邮箱。[98] 网络交易场合下,权利人依据平台管理者设置的规则,"通过向淘宝网发起投诉要求删除侵权商品及披露卖家信息的行为"也被认为构成此类诉讼外请求。[99] 此类数据电文的生效标准,适用《民法典》第 137 条第 2 款的规定。实务中,短信催款亦被认为可构成中断事由。[100]

3. 当事人一方为金融机构,依照法律规定或者当事人约定从对方当事人账户中扣收欠款本息的(第 1 款第 3 项)

52 本项规定的是金融机构采取从对方账户中扣收欠款本息的方式,即通过法定抵销或约定抵销方式实施诉讼外请求,其对未消灭的剩余债权构成中断事由。[101] 此前的《最高人民法院关于贷款人从借款人银行账户中扣息行为是否引起诉讼时效中断问题的请示和答复》(〔2001〕民二他字第 2 号)即指出,银行等金融机构从借款人账户中扣息行为,构成"主张权利"之中断事由。实务中,银行下属某支行

---

〔94〕 参见最高人民法院(2017)最高法民终 600 号民事判决书。

〔95〕 参见最高人民法院(2017)最高法民终 480 号民事判决书。

〔96〕 参见最高人民法院(2016)最高法民再 37 号民事判决书。

〔97〕 参见黄薇主编:《中华人民共和国民法典总则编释义》,法律出版社 2020 年版,第 364 页。

〔98〕 参见广东省高级人民法院(2019)粤民终 266 号民事判决书。

〔99〕 参见湖南省高级人民法院(2018)湘民终 911 号民事判决书。

〔100〕 参见山东省高级人民法院(2018)鲁民终 232 号民事判决书。

〔101〕 参见最高人民法院民事审判第二庭编著:《最高人民法院关于民事案件诉讼时效司法解释理解与适用》,人民法院出版社 2015 年版,第 181—182 页。

委托另一支行划扣欠款,也被认定为此类中断事由。[102]

53 由于金融机构扣款行为属于行使抵销权,故虽无须对方同意,但仍需通知对方才能使抵销行为生效。金融机构一般通过将会计凭证寄送债务人的方式进行通知,该通知到达债务人时时效中断。虽然抵销行为具有溯及效力,但该溯及力是指溯及自抵销条件成就之时双方互负的债务在同等数额内消灭(《九民纪要》第43条),时效中断时点仍为抵销通知到达债务人之时。

4. 当事人一方下落不明,对方当事人在国家级或者下落不明的当事人一方住所地的省级有影响的媒体上刊登具有主张权利内容的公告的,但法律和司法解释另有特别规定的,适用其规定(第1款第4项)

54 《最高人民法院关于审理涉及金融资产管理公司收购、管理、处置国有银行不良贷款形成的资产的案件适用法律若干问题的规定》(法释〔2001〕第12号)规定,在国有银行不良贷款的有关案件中,"有催收债务内容的公告或通知"可以作为时效中断证据。《民法典》施行后该司法解释虽被废止,但《诉讼时效规定》(2020年修正)第8条第1款第4项继承了上述规定的精神,并将其适用范围扩展至一般类型的民商事案件。本项规定的公告形式之诉讼外请求,应具备以下适用条件:其一,义务人下落不明,权利人无法直接向其主张权利。所谓"下落不明",一般是指自然人杳无音讯的状态,但本项亦适用于法人被注销等原因导致无法直接向义务人主张权利的情形。[103] 虽然义务人下落不明,但仍可向其代理人或财产代管人主张权利的,或者义务人分散且众多的情形下,[104]不能采取公告形式实施诉讼外请求。其二,该公告必须具有主张权利的内容。其三,必须在国家级或者义务人住所地的省级有影响的媒体上刊登公告。国家级媒体如《金融时报》[105]等,省级有影响的媒体如《××省日报》《××省法制报》[106]等。与《最高人民法院关于审理涉及金融资产管理公司收购、管理、处置国有银行不良贷款形成的资产的案件适用法律若干问题的规定》将公告载体仅限于报纸不同,本项规定的媒体包括电视、报纸、网站等受众面广泛的载体形式。[107] 以下情形不符合本项要

〔102〕 参见最高人民法院(2015)民二终字第39号民事判决书。

〔103〕 参见最高人民法院(2010)民提字第136号民事判决书。

〔104〕 《诉讼时效规定》颁布以前,有实务界人士主张该情形可以适用公告形式实施诉讼外请求。参见刘贵祥:《诉讼时效若干理论与实务问题研究》,载《法律适用》2004年第2期,第29页。《诉讼时效规定》未采纳该观点。

〔105〕 参见北京市高级人民法院(2017)京民再47号民事判决书。

〔106〕 参见最高人民法院(2015)民二终字第244号民事判决书。

〔107〕 参见张雪楳:《诉讼时效审判实务与疑难问题解析》,人民法院出版社2019年版,第394页。

求：地级市晚报或地级市日报；[108] 权利人自己的网站、主页；[109] 等等。

55 本项中“法律和司法解释另有特别规定”之但书，在《民法典》施行前主要是指《最高人民法院关于审理涉及金融资产管理公司收购、管理、处置国有银行不良贷款形成的资产的案件适用法律若干问题的规定》以及依据其所作复函、通知等，例如《最高人民法院对关于贯彻执行最高人民法院“十二条”司法解释有关问题的函的答复》（法函〔2002〕3 号）、《最高人民法院关于金融资产管理公司收购、处置银行不良资产有关问题的补充通知》（法发〔2005〕62 号）等。[110]《民法典》施行后，《最高人民法院关于审理涉及金融资产管理公司收购、管理、处置国有银行不良贷款形成的资产的案件适用法律若干问题的规定》被废止导致相关复函、通知亦已失效，因此涉及公告催收国有银行不良贷款引起时效中断的案件亦统一适用《民法典》和《诉讼时效规定》（2020 年修正）相关规定。

（四）对部分债权主张权利［《诉讼时效规定》（2020 年修正）第 9 条］

56 依本条规定，权利人对同一债权中的部分债权主张权利，时效中断的效力及于剩余债权，但权利人明确表示放弃剩余债权的情形除外。理由在于，时效利益存疑时应做有利于权利人的解释；主张部分权利可作为主张全部债权的证据。[111] 虽然本条系针对诉讼外请求所作规定，但基于相同原理，权利人起诉或申请仲裁主张部分权利的情形亦类推适用该规定。

57 是否构成本条之“同一债权”，采“法律原因的同一性标准”予以判断（边码 76）。“同一债权”并非仅指一项债权，亦包括同一合同项下的多个债权。具体情形包括：（1）债权人向债务人发出《律师函》主张 40% 的货款；[112]（2）一份《民间借贷合同》项下包含三笔借款，债权人请求履行其中两笔借款；[113]（3）债权人起诉请求债务人支付所欠工程款 43 万元中的 6.5 万元，并表示余款待其经济好转时再起诉追讨；[114]（4）同一合同约定货款和违约金，权利人主张部分货款；[115]（5）获奖人

---

〔108〕 参见最高人民法院（2016）最高法民申 741 号民事裁定书。

〔109〕 参见最高人民法院民事审判第二庭编著：《最高人民法院关于民事案件诉讼时效司法解释理解与适用》，人民法院出版社 2015 年版，第 188 页。

〔110〕 对此类特别规定的详细解读，参见人民法院出版社编：《最高人民法院司法观点集成（民事卷③）》，人民法院出版社 2017 年版，第 1531—1533 页。

〔111〕 参见最高人民法院民事审判第二庭编著：《最高人民法院关于民事案件诉讼时效司法解释理解与适用》，人民法院出版社 2015 年版，第 219 页。

〔112〕 参见最高人民法院（2016）最高法民再 320 号民事判决书。

〔113〕 参见重庆市高级人民法院（2017）渝民终 48 号民事判决书。

〔114〕 参见广东省高级人民法院（2016）粤民申 6470 号民事裁定书。

〔115〕 参见海南省高级人民法院（2016）琼民申 440 号民事裁定书。

(权利人)初次主张科技成果转化奖部分数额;[116](6)欠款总额为195万元,催收通知表述为"100万元(余95万元)";[117](7)一个违约行为造成汇率损失、利息损失与货物损失,权利人就货物损失提起诉讼;[118](8)《承包协议书》与《补充协议》都约定结算款,权利人就《补充协议》结算款起诉;[119]等等。

实务中认定不构成"同一债权"的情形包括:(1)同一侵权行为产生的伤残赔偿金与医疗费等费用;[120](2)同一权利人的多张图片著作权受到侵害,产生多个独立侵权请求权;[121](3)证券营业部未经投资人(权利人)同意将其股票账户内多只股票卖出,每一只股票都具有独立债权;[122](4)42笔独立贷款合同的签订时间、贷款金额、期限、利息、时效起点均不相同,各为独立的单一之债;[123](5)物业管理费按月收取,每月产生的物业费都属于独立债务;[124]等等。 58

本金债权与利息债权是否适用本条规定?本金与利息构成原物与孳息的关系,二者较其他主从权利关系(如担保)更加紧密,故并不适用主从权利时效中断的一般规则。利息债权分为两种:一是基本权利息债权,即尚未届清偿期的利息债权。其完全附着于本金债权,其时效计算与本金债权相同。二是支分权利息债权,即已届清偿期的利息债权。其已与本金债权分离而具有一定独立性,故独立计算时效。[125] 实务主流意见认为,这两种利息债权与本金债权虽非严格意义上的"同一债权",但基于二者的从属性和关联性,也应适用本条规定。权利人主张本金债权或利息债权之一的,中断效力及于另一债权。[126] 这与主从权利时效中断一般规则中的"单向性"差异明显(边码184)。实务中适用本条的情形包括:(1)债权人起诉主张垫付款本金,本金及利息的时效同时中断;[127](2)债权人就已到期利 59

[116] 参见山东省高级人民法院(2015)鲁民三终字第301号民事判决书。

[117] 参见河北省高级人民法院(2013)冀民三终字第93号民事判决书。

[118] 参见福建省高级人民法院(2009)闽民终字第616号民事判决书。

[119] 参见湖南省长沙市中级人民法院(2019)湘01民终4826号民事判决书。

[120] 参见山西省高级人民法院(2018)晋民申46号民事裁定书。该裁判意见有误,因为其违反了"法律原因的同一性标准"。

[121] 参见福建省高级人民法院(2016)闽民终1484号民事判决书。

[122] 参见黑龙江省高级人民法院(2015)黑监民再字第48号民事判决书。

[123] 参见辽宁省高级人民法院(2009)辽民二终字第63号民事判决书。

[124] 参见辽宁省大连市中级人民法院(2020)辽02民终1331号民事判决书。

[125] 参见孙森焱:《民法债编总论(上册)》,法律出版社2006年版,第334—335页。

[126] 参见最高人民法院民事审判第二庭编著:《最高人民法院关于民事案件诉讼时效司法解释理解与适用》,人民法院出版社2015年版,第222页。

[127] 参见最高人民法院(2015)民申字第2793号民事裁定书。

息债权起诉，中断效力及于起诉时未到期利息债权；[128]（3）债权人对本金部分提起诉讼及申请强制执行，中断效力及于利息债权；[129]（4）被保险人在原审中仅主张保险金债权，在发回重审期间主张利息债权；[130]等等。

四、义务人同意履行义务

（一）义务承认的性质

60 《民法典》第 195 条第 2 项规定的“义务人同意履行义务”，系指“义务承认”之中断事由。本项继承了《民法通则》第 140 条“当事人一方同意履行义务”之规定，仅将主体表述修改为“义务人”。义务承认，是指义务人向权利人承认其义务存在并同意履行的意思通知，为准法律行为。例如债务人向债权人发函，称将尽快清偿欠款。义务承认不必包含中断时效的效果意思，其导致时效中断系基于法律规定而发生。义务承认构成中断事由的理由在于，该行为使当事人之间的权利状态得以明确，且导致权利人信赖义务人会继续履行，从而不急于行使权利，因此原时效期间不应继续计算。[131]

61 在绝大多数场合下，义务承认是诉讼外行为。在诉讼或执行程序中作出义务承认的，如果权利人胜诉或执行终结，该承认被此前“提起诉讼”或“申请强制执行”之中断事由所吸收，不单独构成中断事由；如果义务人胜诉（仅承认部分义务）或者基于程序原因执行异议得到支持（《民事诉讼法》第 225 条），该承认仍构成中断事由，时效期间自程序终结时起重新计算。在诉讼中，义务人为达成调解协议或和解目的而作出义务承认，其后调解或和解未成功，该承认不能单独构成中断事由。[132] 因为义务人作出此类“承认”是与对方进行调解或和解行为的组成部分，在调解或和解未成功的情形下，不应将该“承认”单独视作引起时效中断的行为，而作出对义务人不利的解释。

62 比较法上通常规定“承认”为中断事由，而无须同意履行。仅从文义而言，本

---

〔128〕 参见最高人民法院（2014）民二终字第 147 号民事判决书。该裁判意见有误，因为未到期利息债权因时效尚未起算并不会发生中断。该裁判意见的实质意义可解释为，涉案两种利息时效均处于未届满状态。

〔129〕 参见最高人民法院（2012）民二终字第 96 号民事判决书。

〔130〕 参见辽宁省高级人民法院（2018）辽民终 400 号民事判决书。

〔131〕 立法机关释义书认为，义务承认构成中断事由的理由是：该承认是权利人积极行使权利的结果，表明权利人没有怠于行使权利。参见黄薇主编：《中华人民共和国民法典总则编释义》，法律出版社 2020 年版，第 526 页。该解释似非妥当，因为在义务人主动承认义务的情形下，其构成中断事由的合理性无法得到解释。

〔132〕 参见梁展欣主编：《诉讼时效司法实务精义》，人民法院出版社 2010 年版，第 120 页。

项规定要求更高,即要求“承认义务+同意履行”。但学理及实务主流意见认为,应将本项规定扩张解释为“义务承认”,即义务人承认义务即可构成中断事由,而不必要求有同意履行的意思。〔133〕 笔者认为,从解释论角度而言,本项之中断事由可解释为:该中断事由的内容是“承认义务+同意履行”,但如果义务人承认义务的,即推定其具有同意履行的意思,除非其表达了相反意思。理由如下:其一,义务本身依法定或约定当然具有拘束力,既然义务人承认义务存在,可推知其愿受该拘束力束缚,故一般情形下没有另行表达同意履行的必要。其二,如前文所述,权利人请求“确认权利”构成中断事由,故将本项解释为“确认义务”(即义务承认)构成中断事由符合体系解释的要求(边码67)。在当事人通过双方行为(如签署协议、情况说明)确认权利义务的场合下,该解释的合理性更为明显。其三,在绝大多数场合下,依常理义务人不会在没有履行意愿的前提下主动通知权利人“我对你负有义务”。通常情形下,此类通知是义务人为履行义务所作的准备行为。其四,在现行法框架下,部分履行、提供担保和债务承担通知均可构成中断事由[《诉讼时效规定》(2020年修正)第14条、第17条第2款]。这些行为均为某种形式的“确认义务”,而并未明确表示“同意履行”。其五,本项之“义务人同意履行义务”与域外法之“承认”的差异,并非像文义上那么大。例如德国法中的“承认”,是指债务人对债权人的任何实际行为,从该行为中可以明确无误地认为债务人知道债务的存在,债权人由此可以合法地假定债务人的履行意愿继续存在,并且不受时间的影响。而且,这也并不需要特别作出声明。〔134〕 日本主流意见认为,“承认”构成中断事由的核心理由是保护债权人的信赖,引起该信赖的原因是“承认”往往包含“偿还约定”之意思表示,所以该情形下时效继续计算或者债务人援用时效都是不恰当的。“承认”之中断事由应被视作根据诚信原则推导出的援用权限制的法律定型。〔135〕 换言之,域外法中的“承认”也包含了对“同意履行”不同程度的推定,只是没有将该推定表达于法条文义,而我国法律则直接在法条中予以表述。

义务承认是表意行为、单方行为、不要式行为。通说认为,义务承认是观念通知。〔136〕 但是,因义务承认包含有推定的“同意履行”的意思,似界定为意思通知更为妥当,其类推适用法律行为的相关规定。义务承认只须通知权利人,而无须其 63

〔133〕 参见陈甦主编:《民法总则评注(下册)》,法律出版社2017年版,第1408页(周江洪执笔);最高人民法院民事审判第二庭编著:《最高人民法院关于民事案件诉讼时效司法解释理解与适用》,人民法院出版社2015年版,第275页。

〔134〕 Vgl. Grothe, in: Säcker/Rixecker/Oetker/Limperg (Hrsg.), Münchener Kommentar zum BGB, Band 1, 8. Aufl. 2018, §212 Rn. 6.

〔135〕 松久三四彦『時効制度の構造と解釈』(有斐閣、2011年) 70頁,参照。

〔136〕 参见黄立:《民法总则》,中国政法大学出版社2002年版,第481页。

对此同意。如前文所述,在权利人采取与义务人订立协议的方式主张权利的情形下(边码 32),从义务人角度而言,其签订此类协议亦构成义务承认。现行法对义务承认的形式未作限定,故采取明示(如口头、书面形式)或默示(推定行为)形式均可,但不能采取单纯沉默形式。即使义务人所应履行义务是要式行为,义务承认的形式也不必受其限制。义务承认不是负担行为,因为其承认的是既存权利,并非使义务人负担新义务;义务承认也非处分行为,其引起时效中断仅仅是维持完全债权的效力状态,而未直接引起权利变动。

64 本项规定与《民法典》第 192 条之时效届满后弃权规则均采“同意履行”之表述,但二者存在以下差异:其一,前者为准法律行为,发生于时效已起算至未届满阶段,意义在于中断时效;后者为法律行为(弃权),发生于时效届满后,其导致抗辩权消灭。其二,前者的认定依推定,即义务人承认义务存在且无相反表示即可;后者须有义务人单独作出的弃权意思表示。其三,前者发生于时效届满之前,其并非放弃已取得的时效利益,故认定标准较宽;后者是在时效届满后放弃已经确定的时效利益,因此认定标准更为严格。[137] 因此,本项规定的“同意履行”之认定标准,不能当然适用于《民法典》第 192 条之弃权行为。

(二)义务承认的要件

1. 作出义务承认的主体须为义务人或者其他有资格的人

65 作出义务承认的主体应当是义务人本人或者其代理人、财产代管人等其他有资格的人。所谓“其他有资格的人”,其认定标准参照诉讼外请求之要件 1(边码 33—34)。由于义务承认(准法律行为)类推适用法律行为关于行为能力的规定,且其并非使义务人纯获利益,因此实施义务承认的义务人应当具有完全民事行为能力。不具有资格的主体作出“义务承认”,不构成中断事由。例如业主欠缴物业费的情形下,业主委员会承诺“协助物业公司催缴业主欠费”。[138]

2. 义务承认应当包含承认义务有效存在的内容

66 义务承认的内容应包含两项要素:其一,“承认”应指向特定义务。如果义务人否认义务有效存在(如主张合同无效、没有侵权),不构成“承认”。如果义务人只是承认自己做了错事而表达歉意,或者作出善意友好解决争端的提议,因均未

---

〔137〕 参见詹森林:《中断时效之债务承认与时效消灭后之契约承认债务,兼论时效利益之抛弃、时效抗辩与权利之不法行使》,载詹森林:《民事法理与判决研究》,中国政法大学出版社 2002 年版,第 37 页以下。

〔138〕 参见广东省高级人民法院(2018)粤民再 278 号民事判决书。该判决书认为,业主委员会的该承诺既不是债权人(物业公司)向债务人(业主)提出履行请求,也不是债务人作出“同意履行义务”的意思表示。

指向特定义务,故也不构成“承认”。[139] 其二,应当包含“履行义务”或“确认义务”的意思,即义务人对自己受某项义务约束表示认可。“同意履行”虽可通过推定予以认定,但如果义务人明确表达了该意思,当然亦符合要求。实务中具体情形包括:(1)义务人与权利人签订《执行和解书》,表示同意履行该债务;[140] (2)义务人向权利人寄送的信函中作出偿还借款的表示;[141] (3)义务人在对账回执中对所欠工程款予以确认,并表示将于近期内支付;[142] (4)债务人与债权人签订《借还款协议书》,认可借款事实、欠款事实、欠付利息事实,并承诺同意履行还款义务;[143] (5)提单纠纷中,义务人向权利人发送邮件称“货物在海关监管仓库,收货人能否提到货,取决于权利人是否放单”;[144] (6)义务人通过《商品房权属确认书》的形式向权利人支付转让款;[145] 等等。

义务人未提及履行,而仅仅是表示“确认义务”,最高人民法院相关裁判意见 67
亦认定构成义务承认。例如:(1)债务人签署《资产调查表》《资产清点汇总表》,以确认债务数额;[146] (2)义务人对债务予以书面确认;[147] (3)义务人向权利人发出《商洽函》,承认尚有货款未付清的事实;[148] 等等。

3. 须不存在“同意履行”的相反意思表示

所谓“相反意思表示”,是指义务人虽然承认义务有效存在,但基于适当理由 68
排除“同意履行”的意思。例如义务人未作出同意履行的意思表示,而是要求“通过一定程序解决纠纷”。[149] 应注意的是,义务人作出相反意思表示必须是基于适当理由。如果义务人表示“我是欠你钱,但现在没钱还你”或者“我是欠你钱,但有钱也不还你”,仍可构成义务承认,因为欠缺清偿能力和拒绝履行均非适当理由。此类情形下,义务人承认义务有效存在即客观上使其受义务强制力的拘束,其基于不适当理由作出的相反表示不能排除义务的法律拘束力。该情形使双方权利义务停滞状态消除,原时效期间继续计算的基础丧失,故亦应产生中断时效的效力。

---

[139] Vgl. Grothe, in: Säcker/Rixecker/Oetker/Limperg (Hrsg.), Münchener Kommentar zum BGB, Band 1, 8. Aufl. 2018, § 212 Rn. 6.

[140] 参见最高人民法院(2016)最高法民再 355 号民事判决书。

[141] 参见最高人民法院(2012)民申字第 861 号民事裁定书。

[142] 参见上海市高级人民法院(2018)沪民终 528 号民事判决书。

[143] 参见吉林省高级人民法院(2018)吉民终 678 号民事判决书。

[144] 参见上海市高级人民法院(2017)沪民终 319 号民事判决书。

[145] 参见重庆市高级人民法院(2017)渝民初 170 号民事判决书。

[146] 参见最高人民法院(2018)最高法民终 157 号民事判决书。

[147] 参见最高人民法院(2018)最高法民终 888 号民事判决书。

[148] 参见最高人民法院(2016)最高法民再 320 号民事判决书。

[149] 参见最高人民法院(2013)民提字第 5 号民事判决书。

69 义务人承认义务的存在，但主张义务已消灭（如已清偿、抵销）而无须再履行，若其后权利人举证证明该义务并未消灭，义务人的该“承认”是否构成中断事由？实务主流意见对此持肯定态度，理由在于：通过对义务人意思通知进行整体解释，义务人虽意在否定其仍负有义务，但应认定其承认义务有效存在并同意履行，否则其不会主张已通过清偿等原因消灭该义务。[150] 实际上，该情形属于“事后证明的”不适当理由。类似的情形还有，义务人承认义务的存在，但主张义务尚未到期、暂时不必履行（行使抗辩权），而其后证明并非如此。

4. 义务承认的相对人须为权利人或者与其有关联的主体

70 义务承认是意思通知，因此应向相对方作出，该行为才能成立及生效。所谓“与权利人有关联的主体”，是指代理人、财产代管人等，其认定标准参照诉讼外请求之要件3（边码39—42）。如果义务承认未以上述主体为对象，因权利人不知“承认”之意思通知而不发生时效中断。有域外法判例认为，银行仅在本行账簿中记录利息不构成义务承认；债务人设立第二顺序抵押权，不构成对第一顺序抵押权所担保债权的承认，因为后顺序抵押权设立之意思表示非对前顺序抵押权人为之，而是将该意思记载于登记簿而已。[151] 我国宜采相同解释。

71 值得注意的是，诉讼外请求因使对方（义务人）时效利益减损而不利，故仅在法定特殊场合下允许采公告方式。与之不同，义务承认使对方（权利人）时效利益维持而有利，因此在更大范围允许采公告方式具有合理性。实务中，在权利人众多且义务内容具有同质性的场合下，采取公告方式实施义务承认被认可。例如物业公司在小区公告栏发布《温馨提示》，表示愿意对被逾期办证的业主作出相应补偿，构成义务承认。[152]

72 进一步产生的问题是，义务人在自己的公司年度报告等文件、账簿中记载某项债务，是否构成义务承认？有学者认为，此类单纯之记载尚不构成义务承认，但如果义务人以公告或其他方式，发表其资产负债表或营业年度决算报告，系以股东或其他利害关系人为相对人，则构成义务承认。[153] 但实务上对此多倾向于保守的否定意见，有最高人民法院判例以“公司年度报告中披露的负债情况作为时效中断的意见，在实践和理论上未有共识”为由，认为债务人在公司年度报告中披

〔150〕 参见最高人民法院民事审判第二庭编著：《最高人民法院关于民事案件诉讼时效司法解释理解与适用》，人民法院出版社2015年版，第278页。

〔151〕 鈴木銀治郎、滝口博一、椿原直『時効の法律相談』（青林書院、2018年）60頁，参照。

〔152〕 参见江苏省高级人民法院（2019）苏民再148号民事判决书。

〔153〕 参见史尚宽：《民法总论》，中国政法大学出版社2000年版，第671页。

露负债情况不构成中断事由。[154] 近期判例亦坚持该裁判意见。[155] 相较而言，前述学理意见更为合理。理由在于：其一，在公司年度报告被公告的情形下，足以使债权人信赖债务人会继续履行债务或对该债务作出适当处理，尤其在上市公司依法披露信息的场合下，由于《公司法》《证券法》对披露的内容、形式等有严格规定，因此该信赖的存在更为明显。其二，基于前述理由（边码 71），该情形构成中断事由是合理的。

5. 义务承认之通知须已生效

义务承认之通知的生效标准，类推适用《民法典》关于意思表示生效的规定，即区分对话方式、非对话方式和公告方式，分别适用"了解主义"、"到达主义"和"完成主义"。义务承认之通知生效之前，表意人可依法撤回该通知。 73

（三）义务承认的常见类型［《诉讼时效规定》（2020 年修正）第 14 条］

关于本条适用，以下几点值得注意：其一，本条规定的义务承认类型，包括义务人作出"承诺"和"行为"两种情形。前者是指以口头、书面等形式向权利人承诺以某种方式履行义务（如出具还款计划），属于明示的义务承认；后者是指直接作出某种方式的履行行为（如偿还部分款项），属于默示的义务承认。[156] 其二，本条规定并非完全列举，本条之外符合义务承认前述要件的行为亦可构成中断事由。其三，本条规定部分履行、提供担保等义务承认类型，亦可印证"同意履行"可予推定而无须明示的观点（边码 62）。 74

1. 分期履行

分期履行似无必要作为单独类型，因为：义务人作出分期履行承诺的，属于"制定清偿债务计划"情形之一；义务人作出分期履行行为的，构成"部分履行"。 75

2. 部分履行

对于部分履行的认定，通说采"法律原因的同一性标准"：在同一法律原因之下产生的履行，即使在事实上可分，在法律上也被认为具有整体性。基于同一合同而产生的履行具有整体性；因同一侵权行为而承担的赔偿债务，也具有整体性。违反该整体性所为的履行，即为部分履行。[157] 因此，部分履行包括两种类型：一 76

---

〔154〕 参见最高人民法院（2003）民二终字第 175 号民事判决书。

〔155〕 参见湖南省岳阳市中级人民法院（2014）岳中民一初字第 16 号民事判决书。

〔156〕 有学者由此认为义务承认是诺成行为而非实践行为。参见张雪楳：《诉讼时效审判实务与疑难问题解析》，人民法院出版社 2019 年版，第 461 页。该观点似非妥当，因为"承诺"和"行为"都是义务承认的形式，而非该行为的成立要件。

〔157〕 参见薛军：《部分履行的法律问题研究》，载《中国法学》2007 年第 2 期，第 72 页。

是就某一项可分之债部分履行;二是同一合同或同一侵权行为产生的多个债务被部分履行。

77 因部分履行消灭的债务,不再有时效问题,其对未消灭的剩余债务构成中断事由。在多数场合下,部分履行是指就某一项可分之债部分履行。实务中具体情形包括:(1)债务人向自有账户存入部分款项,并向债权人交付转账支票;[158](2)债务人向债权人支付部分股权转让款;[159](3)债务人以房抵债清偿部分欠款;[160](4)债务人通过第三人代为清偿部分欠款;[161](5)双方订立商品房预售协议约定出售商品房总面积,其后出卖人与买受人一方在该面积内订立数份买卖合同;[162](6)承租人在十余年间每年交纳部分租金;[163](7)发包人多次支付部分工程款项;[164]等等。

78 同一合同项下的多个义务之间,亦可构成部分履行。具体情形包括:其一,多个主给付义务。例如一份借款合同包含人民币、美元和日元三笔借款,债务人部分履行人民币债务,对美元和日元债务构成中断事由。[165] 其二,主给付义务与从给付义务。例如债务人向债权人交付增值税发票、到税务机关抵扣税款,对货款债务构成中断事由。[166] 其三,多个从给付义务。例如债务人向债权人陆续交付部分技术资料,对剩余技术资料的交付义务构成中断事由。[167] 其四,合同义务与违约责任。例如债务人承诺支付部分差价款,对违约损失请求权构成中断事由。[168] 其五,本金债务与利息债务。债务人承诺履行或实际履行其中之一的,对另一债务构成中断事由,[169]这与诉讼外请求的处理相同(边码 59)。

3. 提供担保

79 义务人提供担保虽非直接履行义务,但足可认为包含义务承认的意思,故构成默示义务承认。[170] 现行法对担保种类未作限定,故提供人保或物保均无不可,非典型担保亦被包含在内。具体情形包括:(1)债权人、债务人和保证人订立《补

---

〔158〕 参见最高人民法院(2019)最高法民终 697 号民事判决书。
〔159〕 参见最高人民法院(2018)最高法民终 199 号民事判决书。
〔160〕 参见最高人民法院(2018)最高法民终 527 号民事判决书。
〔161〕 参见最高人民法院(2016)最高法民再 31 号民事判决书。
〔162〕 参见最高人民法院(2013)民提字第 123 号民事判决书。
〔163〕 参见北京市高级人民法院(2017)京民再 6 号民事判决书。
〔164〕 参见重庆市高级人民法院(2016)渝民终 211 号民事判决书。
〔165〕 参见最高人民法院(2004)民二终字第 94 号民事判决书。
〔166〕 参见贵州省高级人民法院(2018)黔民终 715 号民事判决书。
〔167〕 参见四川省高级人民法院(2018)川民再 675 号民事判决书。
〔168〕 参见最高人民法院(2017)最高法民申 2623 号民事裁定书。
〔169〕 参见最高人民法院(2015)民提字第 28 号民事判决书。
〔170〕 参见施启扬:《民法总则》,中国法制出版社 2010 年版,第 342 页。

充协议》,保证人自愿为借款承担连带还款责任;[171] (2)债务人以物上保证人持有的股权为借款提供质押担保;[172] (3)债务人承诺在项目账户中按 8%—10% 的比例额外暂扣补偿款,并在双方有处理结果后再申请解冻该笔资金;[173] 等等。实务中认为,当事人约定尾款作为"质量保证金"的,仍属货款的一部分,不构成提供担保的方式。[174]

第三人受义务人委托或在其知情的情形下为其提供担保,构成中断事由,对此不存疑义。如果义务人对第三人为其提供担保不知情,是否构成中断事由?有实务意见认为,义务人对第三人行为予以追认的,构成义务承认;义务人事前不同意或事后不追认的,不构成义务承认。这主要是基于防止权利人与第三人串通,提供虚假担保,从而损害义务人利益。[175] 该意见可资赞同。 80

4. **请求延期履行**

由于该请求是义务人在承认义务有效存在的前提下,单方面要求变更履行期限,故无论权利人是否同意延期,该请求均可构成中断事由。请求延期的期限可以是确定期限,也可以是不确定期限。具体情形包括:(1)义务人承诺租赁期限届满时给付转让款;[176] (2)债务人向债权人出具《确认与承诺》,确认欠款数额,并承诺尽快安排清偿;[177] (3)债务人重新向债权人出具借条,承诺"保证在 2014 年 9 月 28 日前还清";[178] 等等。另依据《最高人民法院关于债务人在约定的期限届满后未履行债务而出具没有还款日期的欠款条诉讼时效期间应从何时开始计算问题的批复》(法复〔1994〕3 号)规定,当事人原约定供方交货后需方立即付款,但需方收货后因无款可付,经供方同意写了没有还款日期的欠款条。应认定时效中断,自供方收到需方所写欠款条之日起重新计算。 81

5. **制定清偿债务计划**

该情形以义务人承认义务有效存在为前提,因此无论该计划已由双方达成合意,抑或由义务人单方制定而未获权利人同意,均可构成中断事由。具体情形包括:(1)义务人向权利人发短信表示,愿意按照法定标准重新计算借款本息后偿还 82

---

〔171〕 参见河南省高级人民法院(2018)豫民再 1186 号民事判决书。

〔172〕 参见新疆维吾尔自治区高级人民法院(2018)新民终 154 号民事判决书。

〔173〕 参见广东省高级人民法院(2016)粤民终 944 号民事判决书。

〔174〕 参见广东省高级人民法院(2017)粤民再 499 号民事判决书。

〔175〕 参见张雪楳:《诉讼时效审判实务与疑难问题解析》,人民法院出版社 2019 年版,第 464 页。

〔176〕 参见黑龙江省高级人民法院(2019)黑民终 392 号民事判决书。

〔177〕 参见广东省高级人民法院(2018)粤民申 150 号民事裁定书。

〔178〕 参见江西省高级人民法院(2016)赣民终 110 号民事判决书。

欠款;〔179〕(2)义务人违约之后,由双方签署《补充协议》并约定“原协议继续生效,原条款不变(包括违约和逾期赔偿条款)”;〔180〕(3)债务人向债权人发函表明,企业目前情况已不能按原计划还款,申请以抵押商铺抵顶欠款本息;〔181〕(4)经第三人协调,发包人同意待涉案工程结算后向施工人支付其垫付的款项;〔182〕(5)债务人向债权人出具承诺书称,由第三人出具委托手续给债权人,委托其销售某写字楼,所得款项用于归还欠款;〔183〕等等。

83 义务人请求延期履行或制定清偿债务计划,但同时对债务数额提出异议,不影响构成中断事由。因为义务承认仅须对特定债务予以认可,而不以债务数额确定为条件,债务数额的确定由法院通过实体审理解决。〔184〕

五、起诉〔185〕

(一)起诉的性质

84 《民法典》第 195 条第 3 项规定的“权利人提起诉讼”,系指“起诉”之中断事由。本项继承了《民法通则》第 140 条“提起诉讼”之规定,仅增加主体“权利人”。起诉是权利人在法院提起诉讼,借助司法程序主张权利的行为。本项之中断事由专指“起诉”这一特定行为,不包括诉讼过程中的行为,诉讼过程中的各项主张不单独构成中断事由。起诉构成中断事由的理由在于,起诉是权利人主张权利最有效、最强烈的方法,足以表明其积极行使权利。〔186〕

85 本项之起诉包括本诉和反诉。〔187〕 其主要是指提起民事诉讼,也包括刑事附带民事诉讼(《刑事诉讼法》第 101 条)和提起行政诉讼时申请一并解决相关民事争议(《行政诉讼法》第 61 条),以及权利人单独提起刑事自诉(边码 159)。权利人单独提起行政诉讼的,在以下情形可构成中断事由:其一,该诉讼系以民事法律关系为基础。例如基于房屋买卖纠纷,当事人提起行政诉讼要求撤销案涉房产证,

---

〔179〕 参见最高人民法院(2019)最高法民申 1354 号民事裁定书。

〔180〕 参见最高人民法院(2016)最高法民终 791 号民事判决书。

〔181〕 参见辽宁省高级人民法院(2018)辽民终 79 号民事判决书。

〔182〕 参见天津市高级人民法院(2017)津民终 549 号民事判决书。

〔183〕 参见江西省高级人民法院(2017)赣民再 49 号民事判决书。

〔184〕 参见最高人民法院民事审判第二庭编著:《最高人民法院关于民事案件诉讼时效司法解释理解与适用》,人民法院出版社 2015 年版,第 277—278 页。

〔185〕 本文仅讨论“起诉”之中断事由,“申请仲裁”之中断事由参见《民法典》第 198 条评注。

〔186〕 参见黄薇主编:《中华人民共和国民法典总则编释义》,法律出版社 2020 年版,第 527 页。

〔187〕 参见梁展欣主编:《诉讼时效司法实务精义》,人民法院出版社 2010 年版,第 105 页。实例参见最高人民法院(2018)最高法民再 152 号民事判决书。

该起诉对买卖合同请求权构成中断事由。[188] 其二,为进一步主张民事权利而先行提起行政诉讼。例如原告为主张人身损害赔偿请求权,以劳动能力鉴定委员会为被告提起行政诉讼,该起诉对人身损害赔偿请求权而言构成中断事由。[189] 其三,权利人为保护民事权利而提起行政诉讼,因对案件性质认识错误而不被受理,但主张的对象、事实理由均无错误。[190]

通说认为,提起给付之诉、确认之诉和形成之诉均构成中断事由。[191] 少数说认为,仅给付之诉构成中断事由,因为:确认之诉的原告并非基于请求权而起诉,其诉讼请求并非要求被告履行义务;形成之诉的被告不是义务人,法院不得判决被告履行义务。[192] 相较而言,通说更为合理。其一,给付之诉标的是被告给付行为,其构成中断事由不存疑义。其二,起诉构成中断事由的理由是,权利人选择起诉方式主张权利结束了行使权利的停滞状态,至于义务人是否为诉讼参加人则并非重要。少数说以确认之诉和形成之诉的被告不是义务人为由,否认这两类诉讼构成中断事由,不具说服力。其三,权利人提起确认之诉的直接目的虽然仅是确认权利,但这通常是为请求履行所作的准备,亦属主张权利的形式之一。如前文所述,权利人请求"确认权利"构成诉讼外请求,那么采取更具强制力的起诉方式"确认权利"亦应构成中断事由。[193] 其四,权利人提起撤销、解除等形成之诉且胜诉的,原合同债权消灭不再有时效问题,代之以不当得利、赔偿损失请求权时效的起算[《诉讼时效规定》(2020年修正)第6条];权利人败诉的,该起诉构成中断事由,因为权利人提起此类诉讼亦属主张权利的某种方式。 86

(二)起诉的要件

作为中断事由之"起诉"要件与程序法之起诉要件并非等同。在程序法上,现行起诉要件(《民事诉讼法》第119条)总体上标准偏高。[194] 虽然"立案登记制" 87

---

[188] 参见河南省高级人民法院(2015)豫法民一终字第278号民事判决书。

[189] 参见湖北省高级人民法院(2019)鄂民再43号民事判决书。

[190] 参见宋晓明等:《〈最高人民法院关于审理民事案件适用诉讼时效制度若干问题的规定〉的理解与适用》,载《法律适用》2008年第11期,第5页。

[191] 参见最高人民法院民事审判第二庭编著:《最高人民法院关于民事案件诉讼时效司法解释理解与适用》,人民法院出版社2015年版,第230页。

[192] 参见李宇:《民法总则要义:规范释论与判解集注》,法律出版社2017年版,第932页。

[193] 参见最高人民法院(2014)民二终字第147号民事判决书。

[194] 有学者指出,现行法规定的起诉要件混淆了诉讼程序开始的要件与法院作出实体判决的要件,导致了起诉条件的"高阶化"和诉讼程序开始的"高阶化"。参见张卫平:《起诉条件与实体判决要件》,载《法学研究》2004年第6期,第59页。相关讨论还可参见傅郁林:《中国民事诉讼立案程序的功能与结构》,载《法学家》2011年第1期,第106页;段文波:《论民事一审之立案程序》,载《法学评论》2012年第5期,第141—143页。

改革很大程度上降低了立案门槛[《民事诉讼法解释》(2020 年修正)第 208 条],但由于"立案登记制"的适用及解释仍然是以《民事诉讼法》的规定为依据,[195] 因此起诉要件标准偏高的事实并未完全消除。中断事由之"起诉"无须完全具备程序法之起诉要件,因为只要该"起诉"构成权利人诉诸法院寻求救济的行为,即导致原时效继续计算的基础丧失。因此,对于中断事由之"起诉"的认定,学理及实务多持宽松态度,即认为:如果起诉虽不符合全部法定要件,但其具备的要件足以认定权利人以提起诉讼的方式主张了争议权利的,该"起诉"仍可构成中断事由。[196] 据此,中断事由之"起诉"应具备以下要件:

1. 原告须为权利人或者其他有资格提起诉讼的人

88 所谓"原告与本案有直接利害关系"(《民事诉讼法》第 119 条第 1 项),是指原告自己的民事权益受到侵害或者与他人发生争议。[197] 如果原告既非权利人,也非其代理人、财产代管人等有资格起诉的主体,因其不具起诉资格而应裁定不予受理。在此情形下,真正权利人并未以起诉主张权利,不适格原告的起诉对真正权利人不构成中断事由。

2. 须有符合法定要求的起诉状或者依法口头起诉

89 起诉为要式行为,通常情形下应提交符合法定要求的起诉状,仅在"书写确有困难"的情形下允许口头起诉(《民事诉讼法》第 120 条)。所谓"书写确有困难"包括两种情形:一是原告本人因文化水平或法律知识欠缺造成自行书写起诉状确有困难;二是原告无诉讼行为能力时,其法定代理人因类似原因造成书写起诉状确有困难。[198]

90 起诉状内容不符合要求的(《民事诉讼法》第 120 条),分两种情形处理:其一,原告提交的文书根本不属于法律意义上起诉状且无补正可能的,不构成中断事由。例如极端情形下未列明当事人、诉讼请求或者与请求相关的事实,由于缺乏主张权利的基本要素,该"起诉"既不符合程序法要求,也不能中断时效。其二,起诉状不完全符合形式要件和事实主张具体化要求的(如当事人信息不全、诉讼请求表述不准确),法官应要求原告补正。补正后符合要求的,可构成中断事由,时效自首次提交起诉状之日中断;不能补正、拒绝补正或补正仍不符合要求的,不构

[195] 参见沈德咏主编:《最高人民法院民事诉讼法司法解释理解与适用(上)》,人民法院出版社 2015 年版,第 555 页。

[196] 参见王利明:《民法总则研究》(第 3 版),中国人民大学出版社 2018 年版,第 789 页;宋晓明等:《〈最高人民法院关于审理民事案件适用诉讼时效制度若干问题的规定〉的理解与适用》,载《法律适用》2008 年第 11 期,第 5 页。

[197] 参见王胜明主编:《中华人民共和国民事诉讼法释义》,法律出版社 2012 年版,第 292 页。

[198] 参见王胜明主编:《中华人民共和国民事诉讼法释义》,法律出版社 2012 年版,第 294 页。

成中断事由。

91 义务人发生合并、分立、更名和变更住所等事实，权利人对此不知情且不应知情而仍以原义务人信息起诉的，是否构成中断事由？实务主流意见持肯定态度，因为义务人发生此类情形而未依法履行通知、公告等义务的，权利人对该事实不知情没有过错，且权利人向义务人主张权利的意思表示真实，因此以原义务人信息起诉构成中断事由。〔199〕此前《最高人民法院关于阜新液压件厂与盼盼集团有限公司购销合同纠纷案件诉讼时效请示问题的答复》(〔2002〕民二他字第30号)对"债务人已被吸收合并"情形的处理，与上述意见一致。

92 错列被告是否构成中断事由？分两种情形讨论：(1)权利人基于事实认识错误而错列被告。例如A与B、C发生纠纷厮打，A受伤，以B为被告诉至法院。法院经审理查明，打人者实为C，遂驳回诉讼请求。A又以C为被告诉至法院，但C以已过时效予以抗辩。A错列B为被告的起诉，对真正义务人C是否构成中断事由？〔200〕回答应为否定，因为A错列B为被告的起诉系基于A对侵权人的错误认识，此时因A不知真正义务人而尚未起算时效，故不存在中断问题。(2)权利人基于法律认识错误而错列被告。〔201〕例如A因B违约而以B的父母为被告诉至法院。在此情形下，法官应行使释明权要求原告变更当事人，将符合法定条件的人列为被告。〔202〕变更被告后符合要求的，构成中断事由；拒绝变更或变更仍不符合要求的，不构成中断事由。但如果被错列的被告与真正义务人具有某种牵连关系，该起诉对真正义务人亦可构成中断事由。例如原告起诉省教育厅给付全省各中小学软件使用费，包含某学校的费用，虽然起诉主体错误，但对某学校债权时效构成中断事由。〔203〕

3. **须向人民法院起诉**

93 符合《民事诉讼法》第119条第4项之起诉构成中断事由不存疑义，但即使不符合该规定，亦有可能构成中断事由(边码87)。所谓"属于人民法院受理民事诉讼的范围"，是指该纠纷属于法院主管范围的民事纠纷。不符合该条件包括两种情形：其一，该纠纷不是民事纠纷，而属行政纠纷、刑事案件等。在此情形下，因当事

---

〔199〕参见人民法院出版社编：《最高人民法院司法观点集成(民事卷③)》，人民法院出版社2017年版，第1561页。

〔200〕本案主审法官认为构成中断事由，理由是"起诉虽错列被告，但仍属积极行使权利的表现"。参见魏少永：《错列被告起诉能否引起诉讼时效中断》，载《人民法院报》2008年11月18日，第6版。该裁判意见有误，理由见正文。

〔201〕有法院认为该情形构成《诉讼时效规定》第13条第9项之中断事由。参见福建省南平市中级人民法院(2015)南民终字第917号民事判决书。

〔202〕参见吴庆宝：《诉讼时效中断的司法认定(上)》，载《人民法院报》2009年2月3日，第6版。

〔203〕参见吉林省高级人民法院(2019)吉民终45号民事判决书。

人之间非属民事法律关系，故不存在时效问题，此类起诉亦不构成中断事由。其二，该纠纷虽是民事纠纷，但不属于法院主管范围。例如由于存在仲裁条款，该纠纷应通过仲裁而非诉讼解决。法院对此类起诉虽不应受理，但由于权利人请求司法机关保护其民事权利的意思真实存在，故此类起诉构成中断事由。[204]

94 所谓“属于受诉人民法院管辖”，是指受诉法院对该民事纠纷享有管辖权。如果原告违反级别管辖、专属管辖等规定，向无管辖权的法院起诉，是否构成中断事由存在一定争议。实务主流意见持肯定态度。理由在于，此类起诉具备其他要件的情形下，由于其向法院请求保护民事权利的意思表示明确，因此具有时效中断效力。[205] 在此情形下，无管辖权的受诉法院应当将案件移送有管辖权的法院（《民事诉讼法》第 36 条），时效中断时点仍为首次提交起诉状或者口头起诉之日。

4. 原告须完成起诉状的提交行为或者口头起诉行为

95 一个重要的争议问题是，法院不予受理或者驳回起诉的，该起诉是否构成中断事由？观点一认为，此类起诉不构成中断事由。最高人民法院释义书认为，《诉讼时效规定》第 12 条［《诉讼时效规定》（2020 年修正）第 10 条］“诉讼时效从提交起诉状或者口头起诉之日起中断”之规定，系以起诉符合《民事诉讼法》的起诉要件为前提，而非指任何起诉均可依据该条导致时效中断。[206] 该解释可以防止债权人为达到中断时效目的而不断起诉或者仓促起诉的投机行为。[207] 观点二认为，此类起诉并非绝对不构成中断事由，应依具体情形判断。因为不予受理或者驳回起诉的原因复杂多样，有的可归责于原告，有的不可归责于原告，有的则无法判断可否归责于原告。[208] 应视不符合哪一项起诉要件予以判断。[209] 观点二更为合理，理由如下：其一，中断事由之“起诉”要件与程序法之起诉要件非采同一标准（边码 87）。观点一的实质是将二者等同，其不恰当地提高了“起诉”之中断事由的门槛。其二，最高人民法院释义书一方面主张观点一，另一方面又认为“虽不完全具备起诉要件，但足以认定真正权利人向真正义务人以起诉方式主张权利”亦导致时效中断，[210] 似有自相矛盾之嫌。如前文所述，此类情形亦有可能导致不予受

---

〔204〕 参见最高人民法院民事审判第二庭编著：《最高人民法院关于民事案件诉讼时效司法解释理解与适用》，人民法院出版社 2015 年版，第 228 页。

〔205〕 参见张雪楳：《诉讼时效审判实务与疑难问题解析》，人民法院出版社 2019 年版，第 435 页。

〔206〕 参见最高人民法院民事审判第二庭编著：《最高人民法院关于民事案件诉讼时效司法解释理解与适用》，人民法院出版社 2015 年版，第 230 页。

〔207〕 参见葛承书：《民法时效——从实证的角度出发》，法律出版社 2007 年版，第 190 页。

〔208〕 参见李永锋：《起诉对诉讼时效的影响》，载《环球法律评论》2007 年第 5 期，第 61 页。

〔209〕 参见吴庆宝：《诉讼时效中断的司法认定（上）》，载《人民法院报》2009 年 2 月 3 日，第 6 版。

〔210〕 参见最高人民法院民事审判第二庭编著：《最高人民法院关于民事案件诉讼时效司法解释理解与适用》，人民法院出版社 2015 年版，第 230 页。

理或者驳回起诉(边码93)。其三,在现行法承认诉讼外请求构成中断事由的背景下,观点一担心的"不断起诉的投机行为"似乎发生可能性较小。其四,最高人民法院有关文件倾向于观点二。例如《最高人民法院关于对全国证券回购机构间经统一清欠后尚余的债权债务诉讼时效问题的通知》(法〔2001〕9号)规定,对于已编入全国证券回购机构间债务清欠链条,经全国证券回购债务清欠办公室统一组织清欠后尚余的债权债务,法院以该理由不予受理的,该起诉导致中断时效。

实务中,不予受理或者驳回起诉而被认定构成中断事由的情形包括:(1)第一次起诉以公司为原告,因主体资格被驳回,其后以公司股东为原告另行起诉,诉求、诉因及诉由均与第一次起诉完全一致;[211] (2)虽因原告主体资格问题被驳回起诉,但其主张债权的行为仍具有时效中断效力;[212] (3)原告向无管辖权的法院起诉被裁定予以驳回;[213] 等等。 96

与"法院受理"之高标准相反的另一极端观点认为,凭借"法院在类似银行和医院取号排队过程中提供的凭证",当事人即可主张时效中断。[214] 该观点的不合理之处在于,依常识可知,取得叫号凭证后有放弃办理业务的可能,故取得叫号凭证与提交起诉状不能等同。 97

对本要件的合理解释是:"完成起诉状的提交行为"是指原告将起诉状提交给法院立案庭并被接受的事实;"完成口头起诉行为"是指原告口述起诉内容,法院立案庭记入笔录的事实。以下两点值得注意:其一,本要件的判断标准是"提交+接受"。"提交"是指原告以起诉为目的将起诉状交给立案庭,要求其接受的行为。[215] 口头起诉的,原告口述内容应包含"提交"的意思。"接受"是指立案庭基于其法定职责接收原告提交的起诉状,或者将口头起诉内容记入笔录的行为。立案庭接受起诉状或者记录口头起诉后予以登记和出具给原告的收据(《最高人民法院关于人民法院登记立案若干问题的规定》第2条),仅具有证据意义。如果因特殊原因(如工作失误)未登记、未出具收据或者迟延登记、迟延出具收据,但有其他证据证明"接受"事实的,仍可认定具备本要件。其二,本要件与是否立案(受理)无必然关联。在立案登记制框架下,立案庭遵循的立案标准是诉的合法要件 98

〔211〕 参见最高人民法院(2012)民提字第17号民事判决书。

〔212〕 参见中国银行股份有限公司汕头分行与广东发展银行股份有限公司韶关分行、第三人珠海经济特区安然实业(集团)公司代位权纠纷案,最高人民法院(2011)民提字第7号民事判决书,载《最高人民法院公报》2011年第11期。

〔213〕 参见四川省高级人民法院(2018)川民终356号民事判决书。

〔214〕 参见曹志勋:《起诉中断诉讼时效规则的理论展开》,载《当代法学》2014年第6期,第116页。

〔215〕 不具有起诉目的的情形如基于咨询目的交给立案庭工作人员修改、交给其保管等。

而非诉的成立要件,[216]这导致立案标准明显高于中断事由之“起诉”标准。因此,已发生“提交+接受”事实但尚未立案的,或者其后不予受理、驳回起诉的,仍可满足本要件。例如因当场不能判定是否符合起诉条件而未立案[《民事诉讼法解释》(2020年修正)第208条第1款]、因需要补充必要相关材料而未立案[《民事诉讼法解释》(2020年修正)第208条第2款]等。

99 是否送达起诉状副本不影响中断事由的认定,因为:其一,起诉是原告向法院寻求救济的行为,法院接受起诉状即表明因原告行使权利而使原时效期间继续计算的基础丧失,而被告对此是否知情则并无影响。其二,《诉讼时效规定》(2020年修正)第10条规定起诉引起时效中断的时点是“提交起诉状或者口头起诉之日”,表明送达起诉状副本与时效中断并无关联。

(三)起诉后撤诉

1. **申请撤诉**

100 原告起诉后申请撤诉的,该起诉是否构成中断事由?学理及实务对此争议较大。中断说认为,起诉导致“有关程序”开始而引起时效中断,至于“有关程序终结”系基于何种原因(如撤诉、判决)则无影响。[217]有条件中断说认为,撤诉一般不导致时效中断,但如果起诉状副本送达被告,可解释为因“诉讼外请求”而导致时效中断。[218]最高人民法院释义书及相关著述均采此观点。[219]不中断说认为,撤诉导致起诉的中断效力归于消灭,因为起诉是“独立”中断事由,其不依附于“诉讼外请求”事由,故即使起诉状副本送达被告也不具有中断效力。[220]撤诉表明权

[216] 对我国立案标准的学理意见,参见段文波:《起诉程序的理论基础与制度前景》,载《中外法学》2015年第4期,第879页以下。

[217] 参见李宇:《民法总则要义:规范释论与判解集注》,法律出版社2017年版,第938页。《最高人民法院关于四川高院请示长沙铁路天群实业公司贸易部与四川鑫达实业有限公司返还代收贷款一案如何适用法(民)复〔1990〕3号批复中“诉讼时效期间”问题的复函》(〔1999〕民他字第12号)、《江苏省高级人民法院关于民商事审判适用诉讼时效制度若干问题的讨论纪要》(苏高法审委〔2005〕17号)第9条采取该观点。

[218] 参见王利明:《民法总则研究》(第3版),中国人民大学出版社2018年版,第789页。《辽宁省高级人民法院关于当前商事审判中适用法律若干问题的指导意见》(辽高法〔2005〕29号)第29条采取该观点。

[219] 参见最高人民法院民事审判第二庭编著:《最高人民法院关于民事案件诉讼时效司法解释理解与适用》,人民法院出版社2015年版,第236—237页;最高人民法院审判监督庭编:《审判监督指导》(总第40辑),人民法院出版社2012年版,第246—247页。

[220] 参见霍海红:《撤诉的诉讼时效后果》,载《法律科学》2014年第5期,第100页。《最高人民法院关于民事诉讼当事人撤诉后再次起诉人民法院能否受理问题的批复》[法(民)复〔1990〕3号]采取该观点。

利人对主张权利之意思的撤回。[221] 笔者赞同中断说,理由如下:其一,基于起诉构成中断事由的理论依据,起诉(行使权利)完成即确定地发生中断效力,其后的处理结果(实体判决、撤诉等)不影响之前的中断效力,而仅影响重新计算的时点。现行法关于中断时点、重新计算时点的规定,均遵循该逻辑设置。其二,撤诉与撤回"诉讼外请求"效力不同。后者不构成中断事由的原因是,该意思通知生效前因"撤回"被阻止生效。撤诉并非阻止主张权利的意思表示生效,而是依法定条件让已经启动的法律程序终结。撤诉效力非仅凭原告"撤回"意思能实现,是否准许撤诉由法院裁定(《民事诉讼法》第 145 条)。其三,不中断说强调起诉是"独立"中断事由,混淆了中断事由之起诉要件与程序法之起诉要件,未虑及起诉构成中断事由的理论依据。其四,起诉完成即导致时效中断,至程序终结前发生的"请求""承认"均不能单独构成中断事由,因此有条件中断说认为"起诉状副本送达被告构成诉讼外请求"亦非妥当。而且依据该观点,重新计算时点为"起诉状副本送达被告时"而非"程序终结时",这不恰当地缩小了原告的时效利益。

实务中,虽有少数判例采取有条件中断说,[222] 但大多数判例采取中断说,而 101
近年罕有采取不中断说的裁判意见。采取中断说的实例包括:(1)原告第一次起诉主张部分违约金,但在审理中撤回,该起诉对违约金请求权时效构成中断事由;[223] (2)该案经一审、二审、重审,重审法院准许原告撤诉,该次诉讼可以产生时效中断的法律效果;[224] (3)原告于 2011 年 6 月申请撤诉,同年 9 月另行提起诉讼,时间间隔未超过法定时效期间;[225] (4)先后依据最高人民法院函件中止诉讼、恢复审理,并按原审原告撤诉处理,构成中断事由;[226] (5)原告撤诉后,追加共同被告另行提起本案诉讼,时效因在先诉讼而中断;[227] (6)起诉后又撤诉及起诉状未送达对方当事人,不影响时效中断的认定;[228] 等等。

2. 按撤诉处理

《民事诉讼法》第 143 条规定,原告经传票传唤,无正当理由拒不到庭或者未 102
经法庭许可中途退庭的,可以按撤诉处理。该情形之起诉亦构成中断事由(边码 100)。而且,该情形属于实体审理开始后原告实施违反程序法的行为而使法院所

---

[221] 参见冯恺:《诉讼时效制度研究》,山东人民出版社 2007 年版,第 185—186 页。

[222] 参见最高人民法院(2016)最高法民申 3020 号民事裁定书。

[223] 参见最高人民法院(2018)最高法民终 1115 号民事判决书。该案虽非原告申请撤诉,但撤回诉讼请求的原理相同。

[224] 参见最高人民法院(2016)最高法民终 815 号民事判决书。

[225] 参见最高人民法院(2014)民三终字第 8 号民事判决书。

[226] 参见最高人民法院(2004)民二终字第 111 号民事判决书。

[227] 参见浙江省高级人民法院(2018)浙民终 1095 号民事判决书。

[228] 参见山东省高级人民法院(2018)鲁民终 763 号民事判决书。

作的处理,其对起诉已中断时效的事实不生影响。[229]

103 依据《民事诉讼法解释》(2020 年修正)第 213 条和《诉讼费用交纳办法》第 22 条第 4 款规定,原告未依法律规定或法院通知预交案件受理费,或者申请减、缓、免未获批准而仍不预交的,裁定按撤诉处理。实务主流意见认为,该情形之起诉不构成中断事由,因为该情形下起诉状副本并未送达被告,原告既未通过诉讼方式,也未通过诉讼外请求方式向义务人主张权利。[230] 该结论正确,但理由系以有条件中断说为前提,故并不合理。依据最高人民法院释义书的解释,对该情形之所以规定"按撤诉处理"之后果,是法院对当事人意思的一种拟制。[231] 因此,该情形不构成中断事由的合理解释是,既然权利人选择起诉行使权利,那么法定形式(起诉状或口头起诉)及按规定缴费就成为行使权利意思的正确表达方式。原告未按规定缴费导致起诉行为未完成,或者说行使权利之意思未被依法表达(拟制未表达)。[232] 但在实务中,亦有法院以"按撤诉处理不具有溯及力"[233]为由或者未予说理而径行认定该情形构成中断事由[234],此类裁判意见不妥。

104 在立法论层面,有学者认为在原告申请诉讼救济的情况下,为保护弱势群体,应当例外地设置缴费宽限期。如果原告向法院申请减、缓、免交诉讼费用(《诉讼费用交纳办法》第 44 条第 1 款)却未被批准,应给予其一段时间准备预交的费用,以免在审查过程中发生时效届满的后果。[235] 该意见可资赞同。在尚无宽限期的现有框架下,此类原告只要在合理期限内缴纳了诉讼费用,就应解释为溯及至提交起诉状或者口头起诉时中断时效。

(四)诉讼结果对时效中断的影响

105 依域外通例,生效法律文书之前和之后请求权均适用《民法典》之诉讼时效(消灭时效)规则,且生效法律文书确定的请求权统一适用较长时效期间。[236] 我

[229] 有条件中断说认为该情形构成中断事由的理由是,该情形下起诉状副本必然已送达被告。参见张雪楳:《诉讼时效审判实务与疑难问题解析》,人民法院出版社 2019 年版,第 435 页。该解释并非妥当。

[230] 参见人民法院出版社编:《最高人民法院司法观点集成(民事卷③)》,人民法院出版社 2017 年版,第 1546 页。

[231] 参见沈德咏主编:《最高人民法院民事诉讼法司法解释理解与适用(上)》,人民法院出版社 2015 年版,第 565 页。

[232] 该情形可类比权利人投寄函件以实施诉讼外请求,但函件未贴邮票或未贴足邮资而未到达相对人。

[233] 参见云南省高级人民法院(2019)云民终 40 号民事判决书。

[234] 参见江西省高级人民法院(2019)赣民终 147 号民事判决书。

[235] 参见曹志勋:《起诉中断诉讼时效规则的理论展开》,载《当代法学》2014 年第 6 期,第 122 页。

[236] 参见《德国民法典》第 197 条第 1 款第 4 项、《瑞士债务法》第 137 条第 2 款、《日本民法典》第 169 条。

国现行法的特殊性在于:其一,《民法典》和《民事诉讼法》分别规定诉讼时效与执行时效,形成二者并立局面。其二,前者规定普通时效期间为 3 年,但后者对执行时效(2 年)尚未作修改,导致生效法律文书确定的请求权所受时效保护反不及未经裁判的请求权。

对于现行二元模式对中断规则的影响,存在两种意见。观点一认为,因起诉导致时效中断后,原则上不能从“有关程序终结时起”重新计算诉讼时效期间,而应适用执行时效,仅在少数场合下(如因程序原因未作实体判决)存在例外。[237] 该观点系以“两种时效分属性质不同的制度”为前提。观点二认为,执行时效的性质仍属诉讼时效,生效法律文书确定的请求权可以重新计算诉讼时效期间。[238] 笔者赞同观点二,理由如下:其一,申请执行时效的适用对象是实体法请求权,而非程序法权利。[239] 执行时效是裁判文书生效后重新计算的诉讼时效之表现形式,其届满效力亦为抗辩权发生而非执行请求权消灭。[240] 其二,现行二元时效模式是旧法对诉讼时效和执行时效误读的产物及遗存,将执行时效回归诉讼时效属性,不仅在学界已趋于共识,[241] 现行法也已作出相应调整。其三,执行时效不仅适用诉讼时效之中止、中断规则(《民事诉讼法》第 239 条),亦适用职权禁用规则、抗辩权发生主义和自愿履行规则[《民事诉讼法解释》(2020 年修正)第 483 条]。除名称差异外,两种时效的规范内容几乎完全一致。因此,基于执行时效系诉讼时效在执行阶段表现形式之前提,以下就不同诉讼结果对时效中断的影响予以分析。 106

1. **未作出实体判决**

原告起诉后,因程序瑕疵被不予受理或者驳回起诉的,如果该起诉符合中断事由前述要件,构成中断事由,反之则否(边码 95)。原告申请撤诉或者按撤诉处理的,该起诉是否构成中断事由依前文所述判断。 107

2. **作出实体判决**

法院经实体审理后驳回原告诉讼请求的,区分不同原因判断该起诉是否构成中断事由:(1)原告权利不成立或无效。该情形表明不存在受法律保护的权利,故 108

---

[237] 参见戴孟勇:《论因起诉及与起诉类似的事项导致诉讼时效中断的效力》,载《交大法学》2016 年第 4 期,第 63 页;李永锋:《起诉对诉讼时效的影响》,载《环球法律评论》2007 年第 5 期,第 61 页。

[238] 参见王勤劳:《论起诉对诉讼时效的影响》,载《西南政法大学学报》2011 年第 6 期,第 35 页;唐超:《诉讼时效因起诉而中断如何可能?》,载《中国社会科学院研究生院学报》2009 年第 1 期,第 60 页。

[239] 参见张卫平:《民法典与民事诉讼法的连接与统合》,载《法学研究》2016 年第 1 期,第 29 页。

[240] 参见杨巍:《论援引诉讼时效抗辩权的三种场合》,载《法学评论》2018 年第 6 期,第 85 页。

[241] 参见霍海红:《执行时效性质的过去、现在和未来》,载《现代法学》2019 年第 2 期,第 164 页;金印:《执行时效的体系地位及其规制方式》,载《法律科学》2017 年第 5 期,第 90 页。

没有时效问题。值得注意的一种情形是，原审由于证据不足被驳回诉讼请求，后发现证据或出现新证据而重新起诉且被支持的，原审起诉构成中断事由。[242] (2)被告行使时效抗辩权。在此情形下，因起诉发生在时效届满后，故不构成中断事由。(3)被告主张其他抗辩事由。在此情形下，法院认可原告权利有效存在，但由于被告抗辩发生阻碍效力而在本诉中对原告权利不予支持。因此，该起诉构成中断事由。

109 法院经实体审理后支持原告诉讼请求的，"有关程序终结时起"重新计算时效期间。由于生效法律文书确认的请求权成为取得执行名义的请求权，该场合的诉讼时效体现为执行时效，故重新计算的是执行时效期间。

3. **申请再审**

110 当事人在裁判生效后向法院申请再审(《民事诉讼法》第 199 条)，是否构成中断事由？学理[243]及实务[244]上均存在较大争议。在现行法框架下，再审制度体现"有错必纠"之理念，但它是一种非常规的救济程序。[245] 申请再审权是程序异议权，而非一般意义上的诉权。[246] 因此较为合理的解释是：其一，无论申请再审是否得到支持，该申请均不构成中断事由。因为生效裁判导致权利由争议状态成为确定状态，权利人通过诉讼主张权利的正常程序已然结束。申请再审不是当事人通过诉讼主张权利的途径，也不具有暂停执行的效力(《民事诉讼法》第 199 条)，其主要是针对程序事项启动重审程序的行为。其二，如果申请再审"成功"并作出新判决，再审程序终结时起重新计算时效期间。该"重新计算"具有溯及力：一是原审程序终结时起"重新计算"作废；二是原审起诉之日至再审程序终结之日时效处于中断状态，其间当事人不能援引时效抗辩权。

111 《民事诉讼法》第 205 条规定的"6 个月"属于申请再审的法定期间、不变期间，不适用中止、中断和延长规则(《最高人民法院关于适用〈中华人民共和国民事诉讼法〉审判监督程序若干问题的解释》第 2 条)，该期间届满导致申请再审权消

---

〔242〕 参见人民法院出版社编：《最高人民法院司法观点集成(民事卷③)》，人民法院出版社 2017 年版，第 1538—1540 页。

〔243〕 肯定说参见李宇：《民法总则要义：规范释论与判解集注》，法律出版社 2017 年版，第 937 页；否定说参见戴孟勇：《论因起诉及与起诉类似的事项导致诉讼时效中断的效力》，载《交大法学》2016 年第 4 期，第 59 页；折中说参见张艳：《论当事人再审启动行为对执行时效的影响》，载《法学杂志》2019 年第 3 期，第 113 页。

〔244〕 采肯定说的裁判意见参见湖北省高级人民法院(2017)鄂执复 34 号执行裁定书；采否定说的裁判意见参见北京市海淀区人民法院(2014)海执异字第 131 号执行裁定书。

〔245〕 参见张卫平：《再审事由规范的再调整》，载《中国法学》2011 年第 3 期，第 63—64 页。

〔246〕 参见吴英姿：《"再审之诉"的理论悖论与实践困境》，载《法学家》2018 年第 3 期，第 149 页。

灭。[247] 该期间计算及效力与当事人权利时效没有关联。

法院启动再审程序(《民事诉讼法》第 198 条)、检察院提出抗诉或者建议(《民事诉讼法》第 208 条)、当事人向检察院申请检察建议或者抗诉(《民事诉讼法》第 209 条)的,[248] 均不构成中断事由(边码 110)。如果由此启动再审程序并作出新判决,再审程序终结时起重新计算。 112

六、与提起诉讼或者申请仲裁具有同等效力的其他情形

《民法典》第 195 条第 4 项规定的"与提起诉讼或者申请仲裁具有同等效力的其他情形",系兜底条款。《民法通则》未设该兜底条款,新增本项的意义在于,对司法解释扩张解释中断事由第 11 条至第 13 条[《诉讼时效规定》(2020 年修正)]予以承认。此类情形构成中断事由的理由在于,权利人实施的各种行为表明在积极行使权利而非怠于行使权利,故也应引起时效中断。[249] 113

(一)申请支付令[《诉讼时效规定》(2020 年修正)第 11 条第 1 项]

由于督促程序适用于"案情十分清楚,当事人不否认所欠债务数额"的案件,以实现"快速解决纠纷、节约司法资源"之目的,[250] 因此申请和受理条件较起诉条件之标准更高。基于类似理由(边码 87),该申请符合督促程序的适用范围且具备法定形式要件,即可构成中断事由,不予受理或者驳回申请无绝对影响。 114

其一,申请被法院受理的,该申请构成中断事由,中断时点为提交申请书之日[类推适用《诉讼时效规定》(2020 年修正)第 10 条]。分为以下几种情形:(1)义务人收到支付令之日起 15 日内不提出异议又不履行义务的,该期间届满之日重新计算。权利人可以向法院申请执行(《民事诉讼法》第 216 条第 2 款、第 3 款),申请执行导致时效再次中断。(2)义务人收到支付令后在法定期间内提出异议成立,支付令失效,[251] 督促程序转入诉讼程序的,诉讼程序终结时起重新计算。该情形下,转入诉讼程序不导致时效再次中断,提交申请书至诉讼程序终结期间内时效停止计算。(3)义务人收到支付令后在法定期间内提出异议成立,但申请支 115

---

[247] 参见最高人民法院民事诉讼法修改研究小组编著:《〈中华人民共和国民事诉讼法〉修改条文理解与适用》,人民法院出版社 2012 年版,第 479 页。

[248] 有法院认为,该情形构成修正前的《诉讼时效规定》第 13 条第 9 项之中断事由。参见重庆市第五中级人民法院(2019)渝 05 民终 176 号民事判决书。该裁判意见有误。

[249] 参见黄薇主编:《中华人民共和国民法典总则编释义》,法律出版社 2020 年版,第 527—528 页。

[250] 参见王胜明主编:《中华人民共和国民事诉讼法释义》,法律出版社 2012 年版,第 511 页。

[251] 有法院认为,因债务人异议导致支付令失效的,该申请不构成中断事由。参见黑龙江省鹤岗市中级人民法院(2019)黑 04 民终 237 号民事判决书。该裁判意见有误。

付令的一方不同意提起诉讼的,"申请人(权利人)向法院表明不同意提起诉讼之日"重新计算。该场合下,申请人有权提出"不同意提起诉讼"的时间是"收到终结督促程序裁定之日起七日内"[《民事诉讼法解释》(2020 年修正)第 440 条第 1 款],因此重新计算时点不是该裁定生效之日或收到该裁定之日,而是"申请人向法院表明不同意提起诉讼之日"[252]。(4)其他原因导致支付令失效的,分别予以判断。法院受理支付令申请后,债权人就同一债权债务关系又提起诉讼的[《民事诉讼法解释》(2020 年修正)第 432 条第 1 项],诉讼程序终结时起重新计算,另行提起诉讼不导致时效再次中断。法院发出支付令之日起 30 日内无法送达债务人的[《民事诉讼法解释》(2020 年修正)第 432 条第 2 项],督促程序终结时起重新计算。债务人收到支付令前债权人撤回申请的[《民事诉讼法解释》(2020 年修正)第 432 条第 3 项],该申请仍构成中断事由,督促程序终结时起重新计算(边码 100)。[253]

116 其二,申请被不予受理或者驳回的,该申请是否构成中断事由分为以下几种情形:(1)申请书欠缺法定记载事项(《民事诉讼法》第 214 条)或者未依法缴纳申请费而被不予受理,不构成中断事由。(2)申请不符合督促程序适用范围而被不予受理或者驳回申请,不构成中断事由。督促程序适用范围是"债权人请求债务人给付金钱、有价证券,且已到期、数额确定"(《民事诉讼法》第 214 条)。不符合该适用范围的情形包括:请求给付非金钱债权[《民事诉讼法解释》(2020 年修正)第 429 条第 1 款第 1 项]、请求给付的金钱债权未到期[《民事诉讼法解释》(2020 年修正)第 429 条第 1 款第 2 项]等。(3)申请虽被不予受理或者驳回,但符合督促程序适用范围,权利人另行起诉后形成的生效裁判支持其诉讼请求的,该申请构成中断事由,督促程序终结时起重新计算。[254] 因为该申请存在可消除的瑕疵,且内容具有可执行性与可辨识性,故可构成中断事由。[255] 依据《民事诉讼法解释》(2020 年修正)第 429 条第 1 款第 3 项至第 7 项、第 430 条第 1 款第 1 项至第 3 项不予受理或者驳回申请的,属于此类情形。例如法院以"债权人有对待给付义务"为由不予受理,债权人另行起诉后生效判决认定该给付义务并不存在。

117 在督促程序电子化改革的框架下,当事人通过登录"网上法庭"填写、提交申请书,法官对申请人提供的电子数据与纠纷事实之间的关联性进行审查,在系统

〔252〕 参见戴孟勇:《论因起诉及与起诉类似的事项导致诉讼时效中断的效力》,载《交大法学》2016 年第 4 期,第 60 页。

〔253〕 参见西藏自治区林芝市中级人民法院(2016)藏 26 民终 53 号民事判决书。相反裁判意见参见河北省泊头市人民法院(2019)冀 0981 民初 639 号民事判决书。前者更为合理。

〔254〕 参见最高人民法院(2013)民申字第 2092 号民事裁定书。

〔255〕 参见周翠:《再论督促程序电子化改革的重点》,载《当代法学》2016 年第 6 期,第 107—108 页。

中生成支付令,并通过电子通信(邮件、短信、微信等)形式向债务人发送支付令。[256] 该申请是否构成中断事由仍依前述标准判断,但特殊性在于,中断时点和重新计算时点适用电子送达规则[《民事诉讼法解释》(2020年修正)第135条、第136条]。

(二)申请破产、申报破产债权[《诉讼时效规定》(2020年修正)第11条第2项]

债权人申请债务人破产的,表明其欲通过破产程序实现权利,故该申请构成中断事由。债务人申请破产的,债权人须申报破产债权才能通过破产程序实现权利,故债务人之申请不构成中断事由,[257] 债权人之申报才构成中断事由。[258] 而且,本项之申报仅指未提出破产申请之债权人的申报行为。法院受理破产申请后,债权人于破产程序外行使权利不具效力,故其仅能通过申报破产债权中断时效。[259] 如果法院受理破产申请时债权人的债权已处于执行阶段,该申请对执行时效构成中断事由。[260] 本项之中断时点为提交破产申请书之日或者提交破产债权申报书之日[类推适用《诉讼时效规定》(2020年修正)第10条]。[261] 由于破产程序涉及重整、和解、破产清算等三种可能,因此本项之中断事由应扩张解释为包括相关程序中的申请行为和申报行为。分述如下: 118

其一,破产重整。债权人或债务人直接申请重整的(《破产法》第70条第1款),债权人之申请构成中断事由;债务人之申请不构成中断事由,债权人之申报构成中断事由,债权人未申报之债权时效仍正常计算。[262] 债权人申请对债务人进行破产清算被法院受理后、宣告债务人破产前,债务人或其出资人申请重整的(《破产法》第70条第2款),该申请不导致时效再次中断。法院的处理分为两种情形:(1)依据《破产法》第70条第1款申请重整被法院裁定驳回的,裁定生效时起重新计算。依据《破产法》第70条第2款申请重整被法院裁定驳回的,时效处 119

---

[256] 参见刘超、张润:《督促程序电子化改革的规则阐释、实践发展与完善路径》,载《重庆大学学报(社会科学版)》2020年第4期,第211页。

[257] 参见李国光主编:《新企业破产法理解与适用》,人民法院出版社2006年版,第90页。

[258] 参见最高人民法院民事审判第二庭编著:《最高人民法院关于民事案件诉讼时效司法解释理解与适用》,人民法院出版社2015年版,第244—245页。

[259] 有法院认为,破产程序外债权人向债务人发出律师函可导致时效中断。参见辽宁省抚顺市望花区人民法院(2019)辽0404民初2788号民事判决书。该裁判意见有误。

[260] 参见四川省高级人民法院(2019)川执复114号执行裁定书。

[261] 有法院认为,中断时点为"法院裁定立案受理破产申请之日"。参见浙江省金华市永康市人民法院(2013)金永商初字第99号民事判决书。该裁判意见有误。

[262] 参见王欣新:《破产程序与诉讼时效问题研究》,载《政治与法律》2015年第2期,第7页。实例参见四川省高级人民法院(2018)川民终371号民事判决书。

于停止计算状态,破产程序终结之日重新计算。(2)法院裁定债务人重整的,重整期间内时效停止计算。如果重整成功,重整程序终结之日时效期间重新计算。如果发生法定事由导致重整失败,法院裁定终止重整程序,并宣告债务人破产(《破产法》第 78 条),转入破产清算程序,破产程序终结之日时效期间重新计算。该情形下,转入破产清算程序不导致时效再次中断,重整程序终结至破产程序终结期间内时效停止计算。

120 其二,破产和解。债务人直接申请和解的,该申请不构成中断事由,债权人之申报构成中断事由;债务人在受理破产申请后、宣告债务人破产前申请和解的(《破产法》第 95 条第 1 款),该申请不导致时效再次中断。法院的处理分为两种情形:(1)债权人会议通过和解协议且由法院裁定认可的,和解程序终止(《破产法》第 98 条),和解程序终止之日时效期间重新计算。(2)债权人会议未通过和解协议草案,或者债权人会议通过的和解协议未获得法院认可的,法院应当裁定终止和解程序,并宣告债务人破产(《破产法》第 99 条)。债务人不能执行或不执行和解协议的,法院经和解债权人请求,应当裁定终止和解协议的执行,并宣告债务人破产(《破产法》第 104 条第 1 款)。这两种情形下,转入破产清算程序不导致时效再次中断,和解程序终止至破产程序终结期间内时效停止计算,破产程序终结时起重新计算。

121 其三,破产清算。经破产清算后法院裁定终结破产程序的(《破产法》第 43 条第 4 款、第 120 条),破产程序终结时起重新计算。[263] 唯应注意,不同场合下该"重新计算"具有不同意义。(1)破产程序终结后,管理人应依法办理破产人注销登记(《破产法》第 121 条)。因债务人和未清偿债务均归消灭,重新计算已无意义。破产程序终结后 2 年内发现债务人财产导致追加分配的(《破产法》第 123 条),该 2 年为除斥期间,[264] 并非重新计算之时效期间。(2)法院受理破产申请后,债务人与全体债权人就债权债务的处理自行达成协议被法院裁定认可并终结破产程序的(《破产法》第 105 条),破产程序终结时起重新计算。该情形下重新计算对债权人和债务人仍具意义。(3)对于债务人(破产人)的保证人、其他连带债务人而言,破产程序终结并不导致其所负债务消灭(《民法典担保制度解释》第 23 条第 3 款),故重新计算对其仍具意义。如果此前曾启动重整、和解程序的,由于债权人对债务人的保证人、其他连带债务人所享有的权利不受重整计划、和解协议的影响(《破产法》第 92 条第 3 款、第 101 条),故破产程序终结时起重新计算对

---

[263] 有最高人民法院判例认为,破产申请导致时效中断的,时效应当自中断之日重新计算。参见最高人民法院(2012)民提字第 138 号民事判决书。该裁判意见系以《民法通则》第 140 条为依据,《民法总则》施行后不应再采此认定。

[264] 参见李国光主编:《新企业破产法理解与适用》,人民法院出版社 2006 年版,第 546 页。

保证人、其他连带债务人仍具意义。该规则系基于破产法理念，打破主从债务间依附关系的特殊规则。[265]

（三）为主张权利而申请宣告义务人失踪或死亡[《诉讼时效规定》（2020年修正）第11条第3项]

122 义务人下落不明后，如果没有代理人、财产代管人或遗产管理人，由于无法确定行使权利的对象而构成"不能行使请求权的障碍"，这时权利人通常主张时效中止而非中断。[266] 可能基于该原因，现有数据库中未查阅到依据本项认定时效中断的实例。适用本项具有意义的可能情形是：义务人虽下落不明但有代理人，由于此时不具备时效中止条件，本项之申请可构成中断事由。

（四）申请诉前措施[《诉讼时效规定》（2020年修正）第11条第4项]

123 本项的本意是指两种情形：一是诉前财产保全；二是适用于知识产权领域的诉前临时禁令。[267] 2012年修正后的《民事诉讼法》将诉前保全扩展为诉前财产保全和诉前行为保全，并新增诉前证据保全规则。据此，本项之中断事由应作相应扩张解释，具体包括：申请诉前财产保全、申请诉前行为保全、申请诉前证据保全。该申请符合法定适用范围且具备法定形式要件，即可构成中断事由，驳回申请无绝对影响（边码87）。[268] 由于诉前证据保全程序参照适用诉前财产保全和诉前行为保全的规定（《民事诉讼法》第81条第3款），[269] 以下一并讨论。

124 其一，法院接受申请后裁定采取保全措施的，该申请构成中断事由，中断时点为提交申请书之日[类推适用《诉讼时效规定》（2020年修正）第10条]。分为以下几种情形：（1）申请人未在法定期间内起诉或申请仲裁导致解除保全的（《民事诉讼法》第101条第3款），保全程序终结时起（解除保全裁定生效之日）重新计算。[270] （2）申请人在法定期间内起诉或申请仲裁但被不予受理或驳回的，如果该起诉或申请仲裁不具备中断事由要件，保全程序终结时起重新计算；如果该起诉

[265] 参见王欣新：《破产程序与诉讼时效问题研究》，载《政治与法律》2015年第2期，第4页。

[266] 参见杨巍：《〈民法典〉第194条（诉讼时效中止）评注》，载《南京大学学报（哲学·人文科学·社会科学）》2020年第6期，第43—44页。

[267] 参见最高人民法院民事审判第二庭编著：《最高人民法院关于民事案件诉讼时效司法解释理解与适用》，人民法院出版社2015年版，第245—246页。

[268] 参见江苏省扬州市中级人民法院（2018）苏10民终764号民事判决书。

[269] 参见山东省德州市中级人民法院（2017）鲁14民终1621号民事判决书。

[270] 有观点认为，因本项情形导致时效中断，以申请人在采取保全措施后依法起诉或申请仲裁为条件。参见梁展欣主编：《诉讼时效司法实务精义》，人民法院出版社2010年版，第111页。该观点并不合理，因为其与第195条相悖。

或申请仲裁具备中断事由要件，不导致时效再次中断，重新计算时点是保全程序终结之日与诉讼或仲裁程序终结之日（不予受理或驳回起诉裁定生效之日）发生在后者。（3）申请人在法定期间内起诉或申请仲裁且被受理的，因时效处于停止计算状态，该起诉或申请仲裁不导致时效再次中断。由于诉讼或仲裁程序启动后保全程序并不自动终结，而两种程序终结时点通常并不一致，导致重新计算时点的界定成为难点。

125 一种较为简单的情形是，诉讼或仲裁程序终结前解除保全措施或者查封、扣押、冻结期限届满的［《民事诉讼法解释》（2020 年修正）第 487 条］，重新计算时点是诉讼或仲裁程序终结之日。该情形下的保全程序终结不导致重新计算，因为此时诉讼或仲裁程序仍在进行，时效处于停止计算状态。令人困扰的一种情形是，诉讼或仲裁程序终结时保全程序仍在继续，重新计算时点如何界定？最高人民法院释义书对此语焉不详，仅表述为“相关司法程序结束时”。[271] 学界对此存在争议。一种观点认为，此时应按起诉或申请仲裁导致时效中断的情形处理，即诉讼或仲裁程序终结时起重新计算。[272] 另一种观点认为，虽然诉讼或仲裁程序终结，但保全程序仍在继续，故时效仍处于中断状态，即重新计算时点应为保全程序终结之日。[273] 笔者基本赞同后一观点。保全制度与执行制度在目的、措施等方面具有一致性，[274] 现行法由此设计了两种制度的衔接规则，[275] 故申请保全可解读为权利人为申请强制执行所作准备。诉讼或仲裁程序终结后进入执行阶段，即使权利人尚未申请强制执行，此时保全措施已具有执行的意义。由于此时仍处于权利人通过公力救济行使权利的状态，故不应重新计算。

126 在情形（3）下，应注意与申请强制执行之中断事由的衔接。诉讼或仲裁程序终结时保全程序仍在继续的场合下，虽仍处于时效中断状态，但如果权利人申请强制执行，应以申请强制执行之事由引起时效中断，而非再以保全程序终结时起重新计算，因为权利人申请强制执行导致保全的“准备”意义丧失。

127 其二，申请被驳回的，该申请是否构成中断事由？分为以下几种情形：（1）申

〔271〕 参见最高人民法院民事审判第二庭编著：《最高人民法院关于民事案件诉讼时效司法解释理解与适用》，人民法院出版社 2015 年版，第 246 页。

〔272〕 参见戴孟勇：《论因起诉及与起诉类似的事项导致诉讼时效中断的效力》，载《交大法学》2016 年第 4 期，第 61 页。

〔273〕 参见李宇：《民法总则要义：规范释论与判解集注》，法律出版社 2017 年版，第 942 页。

〔274〕 参见沈德咏主编：《最高人民法院民事诉讼法司法解释理解与适用（上）》，人民法院出版社 2015 年版，第 483 页。

〔275〕 《民事诉讼法解释》（2020 年修正）第 168 条规定：“保全裁定未经人民法院依法撤销或者解除，进入执行程序后，自动转为执行中的查封、扣押、冻结措施，期限连续计算，执行法院无需重新制作裁定书，但查封、扣押、冻结期限届满的除外。”

请书不符合法定适用范围、形式要件(《最高人民法院关于人民法院办理财产保全案件若干问题的规定》第1条)或者未依法缴纳申请费而被驳回,不构成中断事由。(2)申请人未提供担保导致被驳回申请,不构成中断事由。(3)申请虽被驳回,但符合诉前财产保全的法定适用范围且具备形式要件,该申请构成中断事由,保全程序终结时起重新计算。法院对申请保全的审查,一般采“四要素检验法”:①被申请人的行为是否构成侵权;②不采取措施是否会给申请人造成难以弥补的损害;③是否提供了担保;④保全措施是否会损害社会公共利益。[276] 法院依据①②④驳回申请的,属于此类情形。例如法院以“不采取措施不会给申请人造成难以弥补的损害”为由驳回申请,债权人起诉后生效判决作出相反认定。

(五)申请强制执行[《诉讼时效规定》(2020年修正)第11条第5项]

依《最高人民法院关于人民法院执行工作若干问题的规定(试行)》(法释〔1998〕15号)第2条,本项之申请强制执行的对象包括:法院裁判文书;仲裁裁决和调解书;公证机关依法赋予强制执行效力的债权文书等。[277] 由此类法律文书确定的权利系获得执行名义的权利,该申请对其构成中断事由。但在执行阶段,并非仅有“申请强制执行”构成中断事由。依《执行程序解释》(2020年修正)第20条,当事人双方达成和解协议、诉讼外请求和义务承认亦构成中断事由。[278] 依据被申请法院的不同处理,分以下两类情形讨论: 128

其一,申请被法院受理并采取执行措施的,该申请构成中断事由,中断时点为提交申请书之日[类推适用《诉讼时效规定》(2020年修正)第10条]。分为以下几种情形: 129

(1)通过执行措施实现了权利,一般不再有时效问题。执行完毕后发生执行回转的,如果被撤销的法律文书否定了原申请人的实体权利,原申请因欠缺权利基础而不存在时效问题;被执行人申请执行回转的行为,对其要求相对人返还财产的权利,构成中断事由[279]。如果被撤销的法律文书并未否定原申请人的实体权利,执行回转裁定生效时起重新计算。 130

(2)法院采取执行措施后债权人仍未受偿,债权人发现被执行人有其他财产的,可以随时请求法院执行(《民事诉讼法》第254条)。《民事诉讼法解释》(2020 131

---

〔276〕 参见最高人民法院民事诉讼法修改研究小组编著:《〈中华人民共和国民事诉讼法〉修改条文理解与适用》,人民法院出版社2012年版,第225页。

〔277〕 有裁判意见认为,向公证处申请签发《执行证书》的行为亦构成本项之中断事由。参见辽宁省高级人民法院(2009)辽民二终字第234号民事判决书。该裁判意见有误。

〔278〕 诉讼外请求导致执行时效中断的实例参见最高人民法院(2015)执复字第17号执行裁定书。

〔279〕 参见最高人民法院(2018)最高法民终662号民事判决书。

年修正)第 517 条规定该情形下"请求法院继续执行不受执行时效的限制",应解释为因执行程序尚未终结而使时效处于停止计算状态。

132 (3)法院裁定终结本次执行程序后,申请人发现被执行人有可供执行财产并再次申请执行的,再次申请不受执行时效的限制[《民事诉讼法解释》(2020 年修正)第 519 条[280]]。依此规定,终结本次执行程序不导致重新计算,而是使未受偿债务成为不适用时效之债务。[281]

133 (4)当事人达成执行和解协议的,该协议生效之日时效中断[《民事诉讼法解释》(2020 年修正)第 468 条]。依《最高人民法院关于执行和解若干问题的规定》(法释〔2018〕3 号)第 10 条第 2 款规定,被执行人不履行执行和解协议,权利人申请恢复执行原生效法律文书的,自执行和解协议约定履行期间届满时起重新计算。被执行人不履行执行和解协议,权利人就履行执行和解协议向执行法院起诉的,提交起诉状或者口头起诉之日时效中断,该诉讼程序终结时起重新计算。

134 (5)因权利人撤销申请而终结执行的,执行程序终结时起重新计算;权利人在时效期间内再次申请执行的,时效再次中断[《民事诉讼法解释》(2020 年修正)第 520 条]。依据最高人民法院释义书的解释,在《民事诉讼法》第 257 条第 2 项至第 6 项情形下,再次具备执行条件的,当事人亦可申请恢复执行程序,产生与前述相同后果。[282]

135 (6)法院依据《民事诉讼法》第 231 条裁定暂缓执行的,该裁定生效之日时效中断;暂缓执行期限届满时被执行人仍未履行义务的,暂缓执行期限届满时起重新计算;暂缓执行期限届满后权利人申请恢复执行的,时效再次中断。依《最高人民法院关于执行担保若干问题的规定》(法释〔2018〕4 号)第 11 条第 1 款规定,暂缓执行期间担保人有转移、隐藏、变卖、毁损担保财产等行为的,权利人可申请恢复执行。该情形下,提出该申请之日时效中断;法院作出执行担保财产或者保证人财产之裁定生效之日重新计算。执行担保期间是否届满对时效中断规则的适用不产生影响,执行担保权自身亦无时效问题,因为执行担保期间届满则执行担

---

〔280〕 该条系借鉴我国台湾地区"强制执行法"第 27 条"债权凭证制度"而设,旨在解决执行积案问题。参见沈德咏主编:《最高人民法院民事诉讼法司法解释理解与适用(下)》,人民法院出版社 2015 年版,第 1370—1371 页。

〔281〕 对该规定的批评意见认为,该条与第 195 条存在冲突,终结本次执行程序的后果应是"执行时效重新计算"。参见霍海红:《执行时效期间的再改革》,载《中国法学》2020 年第 1 期,第 252—253 页。

〔282〕 参见沈德咏主编:《最高人民法院民事诉讼法司法解释理解与适用(下)》,人民法院出版社 2015 年版,第 1378 页。

保权消灭(《最高人民法院关于执行担保若干问题的规定》第13条)。[283]

136 (7)当事人、利害关系人依据《执行异议复议规定》(2020年修正)第7条第1款就程序瑕疵提出执行行为异议的,无论法院裁定异议是否成立,该裁定生效均不导致重新计算。因为该异议的功能在于纠正违法执行行为、保障程序权益,结果是撤销或变更执行行为,而非导致执行程序终结。[284] 被执行人就实体事由提出排除执行异议的[《执行异议复议规定》(2020年修正)第7条第2款、第3款],如果法院裁定终结执行程序,裁定生效之日重新计算;反之则否。

137 其二,不予受理、驳回申请、不予执行或者撤销案件的,该申请是否构成中断事由?分为以下几种情形:

138 (1)未依法提交相关文件、证件(《最高人民法院关于人民法院执行工作若干问题的规定(试行)》第18条)[285]或者未依法缴纳申请费(《最高人民法院关于人民法院执行工作若干问题的规定(试行)》第21条)而被不予受理,不构成中断事由。

139 (2)因被申请法院无管辖权、其他有管辖权法院已经立案(《执行程序解释》第2条)被不予受理或者撤销案件,或者当事人提出管辖权异议而致撤销案件(《执行程序解释》第3条)的,构成中断事由,裁定生效之日重新计算(边码94)。

140 (3)法院就仲裁裁决裁定不予执行或驳回申请的,如果系基于实体原因(《民事诉讼法》第237条第2款第4项、第5项和第3款),不构成中断事由;如果系基于程序原因(《民事诉讼法》第237条第2款第1至3项、第6项),构成中断事由,裁定生效之日重新计算。

141 (4)法院就公证债权文书裁定不予执行的,如果系基于实体原因[《民事诉讼法解释》(2020年修正)第480条第1款第1项、第3项和第2款],不构成中断事由;如果系基于程序原因[《民事诉讼法解释》(2020年修正)第480条第1款第2项、第4项],构成中断事由,裁定生效之日重新计算。

142 代位执行场合下,申请执行人或被执行人向法院申请执行被执行人对案外第三人的到期债权[《最高人民法院关于人民法院执行工作若干问题的规定(试

---

[283] 有学者认为,执行担保期间与民事担保期间(保证期间、抵押期间等)性质相同,因此也存在担保债务时效计算问题。参见刘璐:《执行担保的性质及其法律适用问题研究》,载《法律科学》2009年第5期,第166页。但司法解释似未采纳该观点。

[284] 参见最高人民法院执行局编著:《最高人民法院关于人民法院办理执行异议和复议案件若干问题规定理解与适用》,人民法院出版社2015年版,第212—213页。

[285] 有法院认为,申请人未提供公证机关出具的执行证书而被法院不予审理,但不能否认申请人主张权利的意思表示,故该申请仍构成中断事由。参见广西省玉林市中级人民法院(2016)桂09民终1094号民事判决书。该裁判意见有误,因为其混淆了申请强制执行和诉讼外请求之中断事由的条件。

行)》第 45 至 53 条、《民事诉讼法解释》(2020 年修正)第 501 条[286]],该申请对申请执行人的权利构成中断事由。对于被执行人的权利,如果该申请由被执行人提出,或者由申请执行人提出而被执行人知晓该事实的,该申请构成中断事由。[287]提出该申请之日时效中断,代位执行程序终结时起重新计算。

143 权利人针对获得执行名义的权利申请强制执行,对未获得执行名义的权利是否构成中断事由?原则上应否定之,即使二者系基于同一事实产生,因为后者非属既判力所及而不具以申请强制执行中断时效的资格。具体情形包括:①原告起诉要求返还装载机并赔偿停工损失,后撤回停工损失之诉讼请求,其后申请强制执行未涉及停工损失;[288]②不当得利款(孳息和资金占用损失)并非生效法律文书确定的内容,申请强制执行对其不具有中断效力[289]等。但基于前述理由(边码59),对于未获得执行名义的利息(例如因迟延履行生效法律文书所生利息),申请强制执行构成中断事由。[290]

(六)申请追加当事人或者被通知参加诉讼[《诉讼时效规定》(2020 年修正)第 11 条第 6 项]

144 本项之中断事由是指当事人申请将自己或他人追加为诉讼当事人,或者被法院通知以诉讼当事人身份参加诉讼。此情形产生与起诉相同效力,故构成中断事由。如果该申请未被法院认可但申请人实体权利真实存在,亦可构成中断事由。[291] 当事人提出申请时或者通知生效之日时效中断,诉讼程序终结时起重新计算。本项之中断事由不包括原告或被告被通知参加诉讼、[292]被通知以非诉讼当事人身份参加诉讼[293]等情形。

145 在执行程序中申请追加被执行人或者法院变更被执行人的[《民事诉讼法解释》(2020 年修正)第 472 至 475 条],类推适用本项规定。

146 实务中,依本项导致时效中断的具体情形包括:(1)申请追加第三人;[294](2)被

---

[286] 对该规定的批评意见认为,该债权是欠缺执行名义的权利,对其启动执行程序存在不可弥补的程序瑕疵。参见庄加园:《初探债权执行程序的理论基础》,载《现代法学》2017 年第 3 期,第 136—138 页。

[287] 参见最高人民法院民事审判第二庭编著:《最高人民法院关于民事案件诉讼时效司法解释理解与适用》,人民法院出版社 2015 年版,第 248 页。

[288] 参见云南省高级人民法院(2017)云民申 126 号民事裁定书。

[289] 参见浙江省高级人民法院(2015)浙民申字第 746 号民事裁定书。

[290] 参见山东省日照市中级人民法院(2019)鲁 11 民终 272 号民事判决书。

[291] 参见安徽省马鞍山市中级人民法院(2020)皖 05 民终 832 号民事判决书。

[292] 有法院认为该情形构成本项之中断事由。参见四川省高级人民法院(2019)川民申 7106 号民事裁定书。该裁判意见有误,因为该情形构成"起诉"之中断事由。

[293] 参见四川省高级人民法院(2017)川民申 2226 号民事裁定书。

[294] 参见最高人民法院(2014)民申字第 1375 号民事裁定书。

通知参加仲裁程序;[295](3)被通知作为第三人参加诉讼;[296](4)申请追加共同被告;[297](5)申请追加被执行人;[298](6)作为被告被通知参加诉讼;[299]等等。

(七)在诉讼中主张抵销[《诉讼时效规定》(2020年修正)第11条第7项]

本项之中断事由应解释为,被告在诉讼中提出抵销抗辩,该抗辩对被告债权(主动债权)构成中断事由。因为如果原告主张抵销,该起诉构成中断事由,抵销之诉讼请求不单独构成中断事由。[300] 被告在诉讼中提出抵销抗辩,表明其具有通过诉讼程序实现权利的意思,故即使其未就此提起反诉,亦可构成中断事由。而且只要被告债权真实存在,该抵销主张即可构成中断事由,其是否符合实体法之抵销要件则无影响。被告提出抵销主张之日时效中断,诉讼程序终结时起重新计算。 147

在执行程序中被执行人主张抵销的[《执行异议复议规定》(2020年修正)第19条],类推适用本项规定,即该抵销主张对被执行人债权构成中断事由。在破产程序中债权人主张抵销的,与申报债权性质类似,故亦构成中断事由。[301] 148

实务中,不以当事人明确使用"抵销"概念为必要,其言行具有使双方债权相互消灭的意思,即可构成本项之中断事由。具体情形包括:(1)债务人提出租借建筑设备应从借款中扣除;[302](2)被执行人对法院扣划款项提出执行异议,要求抵扣款项,法院未依职权扣除;[303](3)执行法院主持下,双方当事人主张过抵销,虽然没有达成一致意见,亦导致时效中断;[304](4)法院调解过程中,债务人多次提出双方债权债务相互抵销,双方均同意对账;[305](5)被告在庭审中表示,原告欠被告奖金已抵扣被告应付货款,所以未向原告主张;[306](6)建设工程承包人请求法院对垫付款项与工程款予以一并处理;[307](7)当事人在答辩及上诉过程中均以对方 149

---

[295] 参见海南省高级人民法院(2019)琼民申918号民事裁定书。

[296] 参见四川省高级人民法院(2017)川民终531号民事判决书。

[297] 参见四川省高级人民法院(2015)川民终字第1072号民事判决书。

[298] 参见湖北省高级人民法院(2014)鄂民二终字第00133号民事判决书。

[299] 参见湖南省邵阳市中级人民法院(2015)邵中民一终字第67号民事判决书。

[300] 参见最高人民法院民事审判第二庭编著:《最高人民法院关于民事案件诉讼时效司法解释理解与适用》,人民法院出版社2015年版,第250页。

[301] 参见王欣新:《破产程序与诉讼时效问题研究》,载《政治与法律》2015年第2期,第3、7页。

[302] 参见新疆维吾尔自治区高级人民法院(2019)新民终460号民事判决书。

[303] 参见广东省高级人民法院(2019)粤执监4号执行裁定书。

[304] 参见广东省高级人民法院(2018)粤执监66号执行裁定书。

[305] 参见河南省高级人民法院(2015)豫法民再字第00005号民事判决书。

[306] 参见上海市高级人民法院(2014)沪高民一(民)再提字第23号民事判决书。

[307] 参见江苏省盐城市阜宁县人民法院(2015)阜城民初字第01126号民事判决书。

尚欠其本案项下的生活费为由提出抗辩;[308] 等等。

(八)向有权解决相关民事纠纷的社会组织提出保护相应民事权利的请求[《诉讼时效规定》(2020 年修正)第 12 条]

150 在我国诉讼外纠纷解决机制较为发达的背景下,本条之中断事由具有现实合理性。立法机关释义书认为,本条构成《民法典》第 195 条第 4 项规定的“其他情形”。[309] 亦有学者认为,本条属于“诉讼外请求”。[310] 前者解释更为合理,因为该中断事由是权利人寻求某种诉讼替代救济,而非直接向义务人主张权利。该中断事由应具备以下要件:

151 要件 1:权利人向社会组织提出请求。现行法对请求形式并无严格要求,这与起诉或申请仲裁差异甚大。例如《人民调解法》对申请调解的形式未作规定,当事人采取书面或口头形式均可(《关于贯彻实施〈中华人民共和国人民调解法〉的意见》第 11 条)。权利人向其他社会组织请求的,实践中多采口头反映情况、书面“情况说明”等形式。如果权利人未提出请求,即使社会组织或第三人的某些行为涉及权利人的权利,也不构成中断事由。例如:(1)政府有关部门向其上级部门或其他政府部门就权利人纠纷作出报告、请示,传阅流转范围仅限于政府内部;[311] (2)第三人向镇政府举报涉案林地不在征地范围;[312] 等等。

152 要件 2:请求应包含保护民事权利的内容。该请求目的是通过社会组织行使职权以助于直接或间接实现权利,而非获取内容清晰、具体的裁决(如起诉、仲裁),因此该要件之“保护民事权利”应从宽解释。即使该请求并非直接要求义务人履行义务,但其最终目的是实现民事权利,亦满足该要件。具体情形包括:(1)反映情况,主张权利;[313] (2)请求进行行政处理;[314] (3)提出工伤认定申请;[315] (4)要求进行医疗事故鉴定;[316] (5)要求协调处理;[317] (6)要求继续追查相关用人单位;[318] (7)要求协助处理与义务人的工程款问题;[319] 等等。如果当事人向有行政

〔308〕 参见广东省深圳市福田区人民法院(2014)深福法民二初字第 3235 号民事判决书。

〔309〕 参见黄薇主编:《中华人民共和国民法典总则编释义》,法律出版社 2020 年版,第 527 页。

〔310〕 参见陈甦主编:《民法总则评注(下册)》,法律出版社 2017 年版,第 1407 页(周江洪执笔)。

〔311〕 参见最高人民法院(2018)最高法民终 232 号民事判决书。

〔312〕 参见四川省高级人民法院(2019)川民再 148 号民事判决书。

〔313〕 参见最高人民法院(2016)最高法民终 149 号民事判决书。

〔314〕 参见最高人民法院(2009)民申字第 569 号民事裁定书。

〔315〕 参见湖北省高级人民法院(2019)鄂民申 4818 号民事裁定书。

〔316〕 参见湖南省高级人民法院(2017)湘民申 1330 号民事裁定书。

〔317〕 参见北京市高级人民法院(2016)京民再 42 号民事判决书。

〔318〕 参见江苏省高级人民法院(2014)苏审三民申字第 235 号民事裁定书。

〔319〕 参见广东省高级人民法院(2013)粤高法民申字第 695 号民事裁定书。

执法权的行政机关举报行政违法行为，或者仅提出意见或建议，而不具有保护民事权利的内容，不构成中断事由。[320]

153 要件3：被请求的应为人民调解委员会以及其他依法有权解决相关民事纠纷的国家机关、事业单位、社会团体等社会组织。此类社会组织可分为两类：其一，不受案型限制的社会组织，包括人民调解委员会、信访机构和各级人民政府。人民调解委员会的受案范围是“民间纠纷”（《人民调解法》第2条），信访的内容是“向各级人民政府、县级以上人民政府工作部门反映情况，提出建议、意见或者投诉请求”（《信访条例》第2条），二者文义均涵盖所有类型民事纠纷。实践中，人民调解委员会的运作形式较为灵活，既包括村委会、居委会和企业事业单位依法设立的人民调解委员会（《人民调解法》第8条第1款），也包括驻人民法庭的调解工作室[321]等形式，均可符合本要件。基于“有困难、找政府”观念，实务中当事人向各级政府请求保护民事权利亦属常见，该情形被普遍认定为构成中断事由。[322]有最高人民法院判例认为，“市政法委”亦构成本条之社会组织。[323]

154 其二，受特定案型限制的社会组织，即仅仅针对特定类型纠纷有权依法处理的社会组织。具体情形包括：（1）矿管局、煤炭工业局（采矿权纠纷）；[324]（2）知识产权局（专利权纠纷）；[325]（3）人力资源和社会保障局（劳动争议纠纷）；[326]（4）公安消防支队（财产损害赔偿纠纷）；[327]（5）公安局交通警察大队（机动车保险纠纷、[328]交通事故责任纠纷[329]）；（6）交通运输局（公路改建工程合同纠纷）；[330]（7）海关（侵害商标权纠纷）；[331]（8）国资委（国企合同纠纷）；[332]（9）证监局（期货经

---

〔320〕 参见最高人民法院民事审判第二庭编著：《最高人民法院关于民事案件诉讼时效司法解释理解与适用》，人民法院出版社2015年版，第256页。

〔321〕 参见最高人民法院（2019）最高法民再257号民事判决书。

〔322〕 参见天津市高级人民法院（2019）津民终363号民事判决书。

〔323〕 参见最高人民法院（2016）最高法民申585号民事裁定书。

〔324〕 参见最高人民法院（2015）民提字第75号民事判决书。

〔325〕 参见最高人民法院（2009）民申字第569号民事裁定书。

〔326〕 参见湖北省高级人民法院（2019）鄂民申4818号民事裁定书。

〔327〕 参见吉林省高级人民法院（2017）吉民申971号民事裁定书。

〔328〕 参见广东省高级人民法院（2017）粤民申9158号民事裁定书。

〔329〕 参见江苏省高级人民法院（2016）苏民申6301号民事裁定书。

〔330〕 参见四川省高级人民法院（2016）川民终151号民事判决书。

〔331〕 参见天津市高级人民法院（2013）津高民三终字第19号民事判决书。在另一案情类似的案件中，法院认为“权利人向海关请求采取知识产权保护措施的行为”不属于本条之中断事由。参见福建省高级人民法院（2015）闽民终字第2266号民事判决书。前者裁判意见更为合理，因为海关依法扣留相关涉嫌侵权物品（《海关法》第6条第3项），具有保护民事权利和证据保全的作用。

〔332〕 参见北京市高级人民法院（2013）高民终字第4387号民事判决书。

纪合同纠纷);[333]等等。

155 实务中,因不具有解决相关民事纠纷的权限,而被认定不属于本条之社会组织的情形包括:(1)小区业主委员会(物业服务合同纠纷);[334](2)林场(金融借款合同纠纷);[335](3)当地党委、政府、检察院、信访局、律师事务所等(劳动争议纠纷);[336]等等。

156 依本条情形导致时效中断的,中断时点是"提出请求之日",即提交书面请求或者口头请求之日[类推适用《诉讼时效规定》(2020 年修正)第 12 条];重新计算时点是"有关程序终结之日"(《民法典》第 195 条前段)。值得注意的是,由于缺乏类似诉讼或仲裁程序终结之明确时点,且各类社会组织亦无统一适用的处理程序,因此"有关程序终结之日"应解释为社会组织作出正式书面或者口头处理意见之日。例如:作出不予受理通知书;[337]信访事项告知单;[338]处理意见函;[339]行政处罚决定书;[340]等等。最高人民法院释义书认为,区分纠纷是否被解决,重新计算时点分别是"调处决定或协议规定的履行期限届满之日"或者"权利人知道或应当知道纠纷未获解决之日"。[341] 该解释并不合理,因为其既缺乏法律依据,又由于"未获解决"纯属事后判断而难有一个清晰时点。

(九)刑事案件受害人(权利人)向司法机关报案或者控告[《诉讼时效规定》(2020 年修正)第 13 条]

157 本条是民刑交叉案件的时效中断规则。虽然报案或者控告的直接目的是追究他人刑事责任而非主张民事权利,但因某些刑事案件与民事权利具有密切关联性,故权利人实施此类行为可推定其具有主张权利的意思,而构成中断事由。《经济犯罪规定》(法释〔1998〕7 号)第 9 条对此设有规定,《诉讼时效规定》(2020 年修正)第 13 条对其作出修改,故前者不再适用。本条之中断事由应具备以下要件:

---

〔333〕 参见上海市高级人民法院(2013)沪高民五(商)终字第 1 号民事判决书。

〔334〕 参见广东省高级人民法院(2018)粤民再 355 号民事判决书。

〔335〕 参见江西省高级人民法院(2018)赣民申 1420 号民事裁定书。

〔336〕 参见山东省高级人民法院(2017)鲁民申 361 号民事裁定书。该裁判意见似有误,因为其混淆了有权管辖劳动争议纠纷的机关(劳动争议仲裁委员会、法院等)与本条规定的社会组织。本案中,当事人向党委、政府、信访局请求保护民事权利,应构成中断事由。

〔337〕 参见四川省高级人民法院(2017)川民申 4782 号民事判决书。

〔338〕 参见江苏省高级人民法院(2016)苏民申 5763 号民事裁定书。

〔339〕 参见北京市高级人民法院(2013)高民终字第 4387 号民事判决书。

〔340〕 参见天津市高级人民法院(2013)津高民三终字第 19 号民事判决书。

〔341〕 参见最高人民法院民事审判第二庭编著:《最高人民法院关于民事案件诉讼时效司法解释理解与适用》,人民法院出版社 2015 年版,第 260 页。

158 要件1:权利人以刑事案件为由进行报案或者控告。其一,原则上应由权利人主动报案或控告。司法机关主动查处刑事案件且权利人对此不知情的,无论时效是否已起算,均不构成中断事由。司法机关在主动查处刑事案件过程中将犯罪嫌疑情况通知权利人,[342] 如果此前时效未起算,权利人收到通知之日时效起算且立刻中断;如果时效已起算,权利人收到通知之日时效中断。因为此时处于刑事侦查阶段,权利人合理信赖司法机关通过法律程序保护其权利,故时效不应继续进行。[343] 其二,权利人应实施报案或控告行为,该行为目的是启动刑事案件法律程序。如果权利人向司法机关进行信访请求保护民事权利,不构成本条之中断事由,而是应适用《诉讼时效规定》第14条[《诉讼时效规定》(2020年修正)第12条]。[344] 检察院在侦查过程中冻结有关人员财产,无论是否基于权利人申请,均不构成中断事由[不类推适用《诉讼时效规定》第13条第6项,即《诉讼时效规定》(2020年修正)第11条第5项]。[345] 其三,第三人报案、控告或提供侦查线索的行为,原则上对权利人不构成中断事由。

159 要件2:须向公安机关、检察院、法院报案或者控告。"向法院报案或者控告"应解释为权利人提起刑事自诉案件。权利人向公安机关、检察院报案或者控告,并由此提起公诉的,该报案或者控告构成中断事由,提起公诉不导致时效再次中断。司法机关在主动查处刑事案件过程中将犯罪嫌疑情况通知权利人导致时效中断的,权利人被通知参加刑事诉讼不导致时效再次中断。需注意的是,本条之"请求保护民事权利"采推定方法认定,即只要客观上该刑事案件与保护民事权利具有密切关联性,报案或控告即可推定为具有该意思,而无须于报案或控告时明确表达"请求保护民事权利"。常见情形包括:(1)因借款到期后无法联系债务人向公安机关报案;[346] (2)以他人涉嫌挪用资金罪向检察院报案;[347] (3)以合同诈骗为由向公安局报案;[348] (4)向公安机关举报他人侵害其商业秘密;[349] 等等

160 要件3:该刑事案件与保护民事权利具有密切关联性。司法机关查处或审理的刑事案件所涉事实与民事权利被侵害应属同一事实或者相互关联,才可构成中

[342] 此处仅讨论犯罪嫌疑情况具备时效起算要件的情形,否则时效未起算而无须考虑中断问题。

[343] 参见最高人民法院民事审判第二庭编著:《最高人民法院关于民事案件诉讼时效司法解释理解与适用》,人民法院出版社2015年版,第268页。实例参见上海市知识产权法院(2015)沪知民终字第6号民事判决书。

[344] 参见江苏省高级人民法院(2016)苏民申5763号民事裁定书。

[345] 参见最高人民法院(2005)民二终字第100号民事判决书。

[346] 参见最高人民法院(2019)最高法民申2247号民事裁定书。

[347] 参见最高人民法院(2016)最高法民终265号民事判决书。

[348] 参见江西省高级人民法院(2019)赣民终255号民事判决书。

[349] 参见黑龙江省高级人民法院(2018)黑民终636号民事判决书。

断事由。义务人被采取刑事强制措施导致权利人不能行使请求权的，可构成中止事由而非中断事由。

161 依本条情形导致时效中断的，中断时点是“报案或者控告之日”：向公安机关、检察院报案或者控告的，为提交书面材料或者口头报案、控告之日；向法院提起刑事自诉的，为提交起诉状或者口头起诉之日［类推适用《诉讼时效规定》（2020 年修正）第 10 条］。

162 关于重新计算时点，本条规定了两种情况。其一，决定不立案、撤销案件、不起诉的，又分为两种情形。（1）自始不立案。虽有民事权利受侵害的事实，但公安机关、检察院认为没有犯罪事实或犯罪事实显著轻微，不需要追究刑事责任而不予立案的，仍构成中断事由，权利人知道或者应当知道不立案之日重新计算。如果不存在民事权利受侵害的事实，因当事人认识错误报案或者控告的，不构成中断事由，亦无重新计算问题。提起刑事自诉被法院不予受理或驳回起诉的，参见边码 95。（2）立案后撤销案件、不起诉。该情形下，权利人知道或者应当知道撤销案件、不起诉之日重新计算。司法机关作出决定但未通知权利人的，时效期间不重新计算。〔350〕

163 其二，刑事案件进入审理阶段且作出刑事裁判文书的，刑事裁判文书生效之日重新计算。但应注意的是，民刑交叉案件中刑事裁判文书是否已处理追赃、退赔对于权利人能否另行提起民事诉讼具有直接影响，并由此影响重新计算的认定。

164 （1）被告人非法占有、处置被害人财产的，刑事判决应依法追缴、责令退赔。被害人提起附带民事诉讼或另行提起民事诉讼的，法院不予受理（《最高人民法院关于适用〈中华人民共和国刑事诉讼法〉的解释》第 176 条）。该情形下，权利人通过刑事诉讼请求保护民事权利，法院对此予以受理、处理，并采取追赃、退赔方式保护了民事权利。因此，重新计算时点为刑事裁判文书生效之日，〔351〕权利人另行提起民事诉讼被不予受理或驳回不导致时效再次中断。

165 （2）权利人可依法另行提起民事诉讼（《经济犯罪规定》第 8 条），且刑事裁判文书未处理追赃、退赔的，分为以下几种情形：一是刑事诉讼先于民事诉讼终结，民事诉讼程序终结时起重新计算。二是民事诉讼终结时刑事诉讼尚未终结，民事诉讼作出实体判决的，民事诉讼程序终结时起重新计算；未作出实体判决的，刑事

---

〔350〕　参见江苏省高级人民法院（2017）苏民终 258 号民事判决书。

〔351〕　有观点认为，追赃、退赔过程中时效处于持续中断状态，即时效期间重新计算时点为追赃、退赔程序结束之日。参见张雪楳：《诉讼时效审判实务与疑难问题解析》，人民法院出版社 2019 年版，第 661 页。考虑到该情形下权利人缺乏类似民事诉讼中申请强制执行的权利，亦无类似申请执行时效之法定期间，因此该观点具有相当合理性。

裁判文书生效之日重新计算。三是民事诉讼程序终结后,如果权利人的权利仍然存在、时效期间仍需计算的,当事人进行刑事报案或提起刑事自诉构成中断事由,刑事裁判文书生效之日重新计算。[352]

(十)其他[《诉讼时效规定》(2020年修正)第11条第8项]

1. 申请先予执行

166 该申请发生在受理案件后终审判决作出前[《民事诉讼法解释》(2020年修正)第169条],该阶段因起诉导致时效处于停止计算状态,因此该申请不单独构成中断事由。

2. 申请诉前调解

167 该申请发生在"法院收到起诉状或者口头起诉之后、正式立案之前"(《最高人民法院关于建立健全诉讼与非诉讼相衔接的矛盾纠纷解决机制的若干意见》第14条),此时已因法院收到起诉状或者口头起诉而致时效中断,因此该申请不单独构成中断事由。[353] 同理,法院依职权进行诉前调解亦不构成中断事由。

3. 申请确认调解协议的效力

168 该申请由双方当事人共同向法院提出(《民事诉讼法》第194条),其包含权利人通过法律程序确认权利的意思,故其构成中断事由。当事人提出该申请之日时效中断。法院经审查裁定调解协议有效的,调解协议所载履行期限届满之日重新计算;裁定驳回申请的,裁定生效时起重新计算,当事人变更调解协议、达成新的调解协议或者起诉的,时效再次中断。

4. 申请参与分配

169 执行程序开始后,被执行人的其他已经取得执行依据的债权人和对查封、扣押、冻结的财产有优先权、担保物权的债权人依法向法院申请参与分配的[《民事诉讼法解释》(2020年修正)第508条],系债权人欲通过执行程序实现权利,故该申请构成中断事由。申请人提交申请书之日时效中断。法院准许申请人参与分配的,执行程序终结时起重新计算;法院驳回申请的,裁定生效时起重新计算。

5. 协助执行通知

170 被执行人未按执行通知履行法律文书确定的义务,法院向有关单位发出协助

---

〔352〕 参见最高人民法院(2015)民抗字第24号民事判决书。

〔353〕 相反意见参见张雪楳:《诉讼时效审判实务与疑难问题解析》,人民法院出版社2019年版,第492页。

执行通知书的(《民事诉讼法》第 242 条),该通知不构成中断事由。[354] 理由在于:其一,协助执行是执行措施的一种方式,而非在申请强制执行之外另行主张权利。[355] 其二,有关单位的协助执行义务是法定义务、公法义务,其自身并无时效问题。

6. **收取命令通知**

171 法院执行被执行人对他人的到期债权,通知该他人向申请执行人履行的[《民事诉讼法解释》(2020 年修正)第 501 条],该通知对申请执行人的债权不单独构成中断事由,因为此前申请强制执行已导致时效处于中断状态且尚未结束。该通知对被执行人对他人的到期债权构成中断事由,因为收取命令虽属程序法规则,但具有行使代位权的类似效果,[356] 故可类推适用《诉讼时效规定》(2020 年修正)第 16 条之规定。该通知到达他人之日时效中断,执行程序终结时起重新计算。

7. **申请实现担保物权**

172 该申请包含债权人通过法律程序实现其主债权的意思,故其对主债权构成中断事由。由于现行法将实现担保物权程序定位为非讼程序,债权人不能直接申请强制执行担保财产,[357] 须由法院依有无实体争议作出不同处理,[358] 因此该申请构成本项之中断事由,而非同条第 5 项之中断事由。债权人提交申请书之日时效中断。法院经审查裁定拍卖、变卖担保财产的,裁定生效之日重新计算;债权人依据该裁定申请执行的,时效再次中断。法院经审查裁定驳回申请的,裁定生效之日重新计算;其后当事人向法院提起诉讼的(《民事诉讼法》第 197 条),时效再次中断。

173 当事人就实现担保物权方式达成协议的,该协议表明当事人双方欲以约定方式实现主债权,[359] 故可解释为构成诉讼外请求和义务承认之中断事由。该协议之要约生效之日时效中断。达成协议的,该协议所载履行期限届满时起重新计算;未达成协议的,要约失效或确定无法达成协议时起重新计算。

---

〔354〕 有法院认为协助执行通知构成中断事由。参见福建省南平市中级人民法院(2014)南民终字第 420 号民事判决书。该裁判意见有误。

〔355〕 参见最高人民法院民事诉讼法修改研究小组编著:《〈中华人民共和国民事诉讼法〉修改条文理解与适用》,人民法院出版社 2012 年版,第 548—549 页。

〔356〕 参见沈德咏主编:《最高人民法院民事诉讼法司法解释理解与适用(下)》,人民法院出版社 2015 年版,第 1327 页。

〔357〕 参见王胜明主编:《中华人民共和国民事诉讼法释义》,法律出版社 2012 年版,第 462 页。

〔358〕 对于法院在该程序中的审查性质和审查内容,学理及实务上素有争议。参见任重:《担保物权实现的程序标的:实践、识别与制度化》,载《法学研究》2016 年第 2 期,第 114—133 页。

〔359〕 参见程啸:《论抵押权的实现程序》,载《中外法学》2012 年第 6 期,第 1194 页。

8. **诉讼中的其他抗辩**

诉讼中,被告主张(时效抗辩、抵销抗辩以外的)其他抗辩的,该行为包含以其基础性权利效力对抗原告请求权的意思。基于前述类似理由(边码147),该抗辩对被告权利构成中断事由。被告提出抗辩之日时效中断,诉讼程序终结时起重新计算。具体情形包括:(1)原告诉请被告支付股权转让款及违约金,被告抗辩称原告逾期交付印章手续构成根本违约;[360](2)民间借贷纠纷中,被告抗辩称该借款实际上为预付的货款;[361](3)原告诉请被告支付欠款,被告以原告所建砖窑不符合质量要求抗辩;[362]等等。 174

七、时效中断的效力

(一)中断时点和重新计算时点

1. **中断时点**

中断时点的意义是时效期间于此时停止计算。《民法典》第195条"有下列情形之一的,诉讼时效中断"应解释为中断时点是"中断事由发生完毕之时"。具体而言:(1)诉讼外请求和义务承认之中断时点是该意思通知生效之日;(2)起诉之中断时点是"提交起诉状或者口头起诉之日";(3)其他情形之中断时点详见第六部分。 175

《诉讼时效规定》(2020年修正)第17条第1款规定,债权转让场合下,中断时点是"转让通知到达债务人之日"。虽然债权转让通知为观念通知,但由于该通知包含了债权人向债务人"确认权利"的意思,因此在时效中断场合下亦兼具意思通知的属性,而构成诉讼外请求之中断事由,中断时点为通知生效之日。该款应缩限解释为转让通知是书面形式的情形,且仅指清偿期后的通知,因为清偿期前时效尚未起算。[363] 该通知生效时点准用意思表示生效标准(《民法典》第137条、第139条),即应区分通知的形式分别认定:通知是对话方式的,采了解主义;通知是非对话方式的,采到达主义;通知是公告方式的,采完成主义。如果债权人未予通知,其对债务人进行催收仍构成中断事由。[364] 176

---

[360] 参见最高人民法院(2017)最高法民终46号民事判决书。

[361] 参见四川省成都市中级人民法院(2018)川01民终11672号民事判决书。

[362] 参见湖南省邵阳市中级人民法院(2017)湘05民终601号民事判决书。

[363] 参见徐涤宇:《〈合同法〉第80条(债权让与通知)评注》,载《法学家》2019年第1期,段码55—58。

[364] 参见最高人民法院(2014)民提字第220号民事判决书。

177 《诉讼时效规定》(2020 年修正)第 17 条第 2 款规定,债务承担场合下,构成原债务人对债务承认的,中断时点是"债务承担意思表示到达债权人之日"(应解释为"债务承担意思通知生效之日")。本款的适用条件包括:(1)债务承担之法律关系成立。(2)当事人的言行可解释出原债务人对债务承认(确认义务)的意思。由于无论是否在债务承担场合下,原债务人向债权人作出确认义务通知均可构成义务承认之中断事由,因此本款对依据新债务人和债权人言行解释出原债务人对债务承认的意思更具意义。分以下几种情形讨论:

178 其一,免责债务承担的情形下,原债务人为取得债权人同意而通知其债务承担事实的,该通知直接构成原债务人"义务承认",故无论债权人是否同意,该通知均构成中断事由,中断时点为通知生效之日。新债务人与债权人达成债务承担协议的,如果原债务人知情且未作拒绝表示,该协议构成中断事由,中断时点为协议生效之日;如果原债务人不知情或者虽然知情但表示拒绝,该协议因不产生债务承担效果而不构成中断事由。[365]

179 其二,原债务人与新债务人约定加入债务的情形下,原债务人将该约定通知债权人的,该通知直接构成原债务人"义务承认",故无论债权人是否拒绝(《民法典》第 552 条前段),该通知均构成中断事由,中断时点为通知生效之日。新债务人将该约定通知债权人的,分以下两种情形:(1)债权人未明确拒绝的,该通知构成中断事由,中断时点为通知生效之日。由于原债务人与新债务人达成加入债务协议中包含有原债务人"义务承认"的意思,故该情形可解释为新债务人将原债务人"义务承认"的意思向债权人代为通知。(2)债权人明确拒绝的,该通知不构成中断事由。由于新债务人的代为通知系以加入债务为目的,因此在加入债务未成立的情形下,不应将该"代为通知"单独解释为原债务人"义务承认"。

180 其三,新债务人向债权人表示愿意加入债务并通知债权人的,分以下两种情形:(1)债权人未明确拒绝的,债务加入成立(《民法典》第 552 条后段),无论原债务人对此是否知情,该通知对原债务人时效均不构成中断事由。原债务人不知情的情形下,新债务人不能代替其放弃时效利益,故该通知对原债务人时效不应产生影响。[366] 即使原债务人知情,如果其未向债权人或新债务人作出义务承认的表示,仅凭其知情亦不应解释为"义务承认"。值得注意的是,由于该通知生效前原债务人与新债务人之间的连带债务关系尚未成立,因此该通知不能依据《诉讼

[365] 对于新债务人与债权人达成债务承担协议是否须以"原债务人同意"为生效要件,现行法未作规定,但依据《民法典》第 522 条第 2 款的精神和立法机关释义书的解释,应采肯定结论。参见黄薇主编:《中华人民共和国民法典合同编释义》,法律出版社 2020 年版,第 201—202 页。

[366] 参见最高人民法院民事审判第二庭编著:《最高人民法院关于民事案件诉讼时效司法解释理解与适用》,人民法院出版社 2015 年版,第 321 页。

时效规定》(2020年修正)第15条第2款对原债务人产生时效中断效力。(2)债权人明确拒绝的,由于债务加入不成立,基于上述理由,该通知不构成中断事由更为明显。

2. 重新计算时点

重新计算时点的意义是于此时计算另一完整时效期间。《民法通则》第140 181
条规定中断与重新计算适用同一时点,第195条将其修改为重新计算时点是"中断、有关程序终结时"。具体而言,(1)诉讼外请求和义务承认之重新计算时点是"中断时";(2)起诉和其他情形之重新计算时点是"有关程序终结时",以防止法律程序尚未终结而时效已届满,从而有违中断制度目的。[367]

应注意两种特殊情形:一是双方以协议方式实施诉讼外请求或义务承认的(边 182
码32),重新计算时点为该协议所载履行期限届满之日或催告宽限期届满之日。[368]二是给付之诉中原告胜诉的,法律文书通常确定被告履行期限,重新计算时点为该履行期限届满之日(《民事诉讼法》第239条第2款),[369]因为该期限届满前被告尚享有期限利益,原告还不能行使权利(申请强制执行);[370]法律文书未确定被告履行期限的,重新计算时点为法律文书生效之日。确认之诉、形成之诉和给付之诉因程序原因被驳回等情形下,重新计算时点为法律文书生效之日。此外,其他情形之中断事由涉及诸多规则,其重新计算时点详见第六部分(边码113—174)。

3. 重新计算时效期间的种类

现行法对此未有明确规定,通说认为,时效中断后仍应重新计算原种类时效 183
期间。[371]但如果因起诉及类似事由中断时效的,生效法律文书确定的权利应重新计算执行时效期间(《民事诉讼法》第239条第1款)。

(二)时效中断效力的相对性

由于时效中断效力对债务人而言十分不利,因此该效力范围应限于直接当事 184
人、继承人、受让人之间,即中断效力原则上仅具相对性。[372]有规定对此设有明文(我国台湾地区"民法"第138条)。现行法对此虽无规定,但亦应采此解释。例

〔367〕参见黄薇主编:《中华人民共和国民法典总则编释义》,法律出版社2020年版,第528页。

〔368〕参见四川省高级人民法院(2018)川民再108号民事判决书。

〔369〕有法院认为,该情形下重新计算时点是"债务人签收法律文书之日"。参见青海省高级人民法院(2019)青民终3号民事判决书。该裁判意见有误。

〔370〕参见葛承书:《民法时效——从实证的角度出发》,法律出版社2007年版,第194页。

〔371〕参见王利明:《民法总则研究》(第3版),中国人民大学出版社2018年版,第793页。

〔372〕参见沈建兴:《民法总则逐条释义》,台湾地区元照出版有限公司2018年版,第703页。

如:(1)原告胜诉后仅针对一被告申请强制执行,该中断效力不发生于其他被告;[373] (2)债权人向按份共同保证人之一请求履行,中断效力不及于其他保证人;[374] 等等。

(三)时效中断效力相对性的例外

1. 连带债权债务关系

185 对于连带债务关系中时效中断是否具有绝对效力,比较法上态度不一,[375] 我国学界亦存争议。[376] 《民法典》施行前,司法解释和最高人民法院判例均采绝对效力说。[377] 修正后的《诉讼时效规定》(2020 年修正)第 15 条仍保留了该规定。有疑问的是,《民法典》第 520 条中连带债务关系之绝对效力事项并无时效中断,司法解释该规定是否与其抵触而无效,抑或构成特殊规定而继续适用?笔者认为,《诉讼时效规定》(2020 年修正)第 15 条构成诉讼时效领域的特殊规定,但其应缩限解释为:该条仅适用于知道或应当知道连带债务关系存在的当事人。理由如下:其一,《民法典》第 520 条的本意是参酌域外立法经验,列举出具有绝对效力的"典型事项",[378] 以弥补此前的立法缺漏。该条仅正面列举若干绝对效力事项,但并未规定此外皆为相对效力事项,亦未另行列举相对效力事项,这与《德国民法典》第 422—425 条显著不同。其二,考虑到现行时效期间(3 年)偏短及信用状况不佳的社会现实,《诉讼时效规定》(2020 年修正)第 15 条具有强化债权人时效利益保护的特殊规范意旨。其三,连带债务大多基于某种共同事业关系(如合伙)或共同生活关系(如婚姻)产生。无论对债权人或债务人而言,该共同关系均使其产生以下心理预期:时效中断对整个团体有效,而不必向各债务人一一请求或要求每个债务人均作出承认。因此对未被请求或未作出承认的债务人而言,时效中断对其有效是其加入该团体的默认结果。其四,某些连带债务(如数人侵权)并非基于共同关系产生,理由三对其难以成立,这也是日本法将"请求"由绝对效力改为相对效力的主要原因。[379] 考虑到《诉讼时效规定》(2020 年修正)第 15 条明确规

---

[373] 参见最高人民法院(2019)最高法民申 3010 号民事裁定书。

[374] 参见山西省高级人民法院(2018)晋民终 547 号民事判决书。

[375] 绝对效力模式参见《法国民法典》第 2245 条;相对效力模式参见《德国民法典》第 425 条;旧《日本民法典》第 434 条仅就部分中断事由(请求)采绝对效力模式,但 2017 年修订后的《日本民法典》删除了该条。

[376] 相对效力说的观点,参见王利明:《债法总则研究》,中国人民大学出版社 2015 年版,第 233 页;绝对效力说的观点,参见梁展欣主编:《诉讼时效司法实务精义》,人民法院出版社 2010 年版,第 174 页。

[377] 参见最高人民法院(2017)最高法民申 1529 号民事裁定书。

[378] 参见黄薇主编:《中华人民共和国民法典合同编释义》,法律出版社 2020 年版,第 130 页。

[379] 潮見佳男『新債権総論Ⅱ』(信山社、2017 年)594 頁,参照。

定绝对效力之前提，将其解释为“未被请求或未作出承认的债务人知道或应当知道连带债务关系，对其才产生中断效力”似较妥当。因为债务人“知情”，才能产生债务共同性的心理预期。

依据《诉讼时效规定》（2020年修正）第15条，连带债权关系中时效中断亦具有绝对效力。除上述理由外，由于某一债权人主张权利或被义务承认对于其他债权人（也应解释为对连带债权关系知情的债权人）亦属有利，故该规则的合理性更为明显。 186

2. **主债权与从债权**

对于主债权时效中断效力是否及于保证债权，司法解释态度历经反复，[380]学界分歧较大。[381]《民法典》和新司法解释对此未作规定。基于保证债权从属性原理，应解释为主债权时效中断导致保证债权时效中断（无论基于何种中断事由），反之则否。[382]例如债权人向主债务人催收债务，导致主债权时效和保证债权时效同时中断。[383] 187

对于本金债权与利息债权的关系，实务主流意见主张适用《诉讼时效规定》（2020年修正）第9条“同一债权”之规定，即权利人主张本金债权或利息债权之一的，中断效力及于另一债权（边码59）。 188

主债权时效中断是否导致违约责任（如违约金）请求权时效中断？有域外法对此持肯定态度（《德国民法典》第213条），理由在于基于同一原因产生的履行请求权、违约金请求权、替代给付损害赔偿请求权等具有“选择性”。[384]我国现行法对此虽无规定，但基于主流意见对《诉讼时效规定》（2020年修正）第9条“同一债权”扩张解释的精神以及违约责任请求权时效的从属性（边码64），[385]应采与德国法相同解释。简言之，主债权时效中断导致违约责任请求权时效中断。具体情形包括：（1）原告多次要求被告办理房屋产权登记手续，虽未同时主张违约金，亦导致违约金时效中断；[386]（2）原告与被告达成的“协调会议纪要”涉及维修基金、契 189

〔380〕参见《最高人民法院关于审理经济合同纠纷案件有关保证的若干问题的规定》第29条、《担保法解释》第36条。

〔381〕参见张鹏：《我国保证债务诉讼时效问题研究》，载《中外法学》2011年第3期，第555—557页；崔建远：《债法总论》，法律出版社2013年版，第199页。

〔382〕参见杨巍：《保证债务与主债务的诉讼时效关联》，载《法学》2020年第6期，第23—26页。

〔383〕参见江西省高级人民法院（2018）赣民终657号民事判决书。

〔384〕Vgl. Helmut Grothe, Kommentar zum §213, in: *Münchener Kommentar zum BGB*, 8. Aufl., München: C. H. Beck, 2018, Rn. 4.

〔385〕亦有学者认为，虽然违约金请求权为性质独立之请求权，而非一般意义的从权利，但时效规则对其和合同债权仍应一体适用。参见姚明斌：《〈合同法〉第114条（约定违约金）评注》，载《法学家》2017年第5期，段码48—52。

〔386〕参见甘肃省平凉市中级人民法院（2019）甘08民终503号民事判决书。

税退还及办理房产证事宜,能够引起逾期办证违约金时效中断;[387](3)义务人(出卖人)同意交房导致交房义务时效中断,亦导致违约金时效中断;[388]等等。

3. 债权人行使代位权

190 《诉讼时效规定》(2020 年修正)第 16 条规定,债权人提起代位权诉讼的,对债权人的债权(前位债权)和债务人的债权(次债权)均发生时效中断效力。因为该诉讼被告虽不是债务人,但该起诉表明债权人就前位债权寻求司法救济,故引起前位债权时效中断;债务人以第三人身份参加该诉讼,足以知悉其权利是否受到侵害,故同样满足次债权时效中断条件。[389] 债权人虽非提起代位权诉讼,而是以代位权人身份申请保全次债权,亦可产生本条之中断效力。[390]

191 如果次债权额大于前位债权,该起诉对次债权额超出部分是否具有中断效力?较为合理的解释是,如果债务人并无放弃超出部分债权的意思,该起诉对超出部分债权亦具有中断效力[类推适用《诉讼时效规定》(2020 年修正)第 9 条]。[391]

192 由于《民法典》第 535 条将代位权客体扩展至"与前位债权有关的从权利",故债权人起诉代位行使担保物权、形成权等,[392]亦可产生《诉讼时效规定》(2020 年修正)第 16 条之中断效力。由于《民法典》第 536 条新增保存行为规则,《诉讼时效规定》(2020 年修正)第 16 条的适用范围应扩张解释为亦适用于保存行为。因此《民法典》施行后,债权人于诉讼外向次债务人请求其向债务人履行、向破产管理人申报债权等保存行为,对前位债权和次债权均发生时效中断效力。

4. 被保险人与第三责任人事由

193 《最高人民法院关于审理海上保险纠纷案件若干问题的规定》第 15 条规定,保险人取得保险代位权后,被保险人就第三人起诉、申请仲裁、申请扣船或者第三人同意履行义务导致时效中断的,效力及于保险人。[393] 该第三人是指对保险事故造成损害负有法律责任之人,其与保险人形成不真正连带之债。由于被保险人

---

〔387〕 参见贵州省黔东南苗族侗族自治州中级人民法院(2019)黔 26 民终 1825 号民事判决书。

〔388〕 参见福建省厦门市中级人民法院(2018)闽 02 民终 376 号民事判决书。

〔389〕 参见最高人民法院民事审判第二庭编著:《最高人民法院关于民事案件诉讼时效司法解释理解与适用》,人民法院出版社 2015 年版,第 306 页。

〔390〕 参见甘肃省高级人民法院(2018)甘民终 61 号民事判决书。

〔391〕 参见韩世远:《合同法总论》,法律出版社 2018 年版,第 448—449 页。

〔392〕 参见龙俊:《民法典中的债之保全体系》,载《比较法研究》2020 年第 4 期,第 121—124 页。

〔393〕 该条系继承《第二次全国涉外商事海事审判工作会议纪要》(法发〔2005〕26 号)第 126 条之结果。

就保险金请求权和对第三人责任请求权可选择行使,[394] 而第三人是否履行会直接影响保险代位权的成立及行使,故时效中断效力具有牵连性。第三人向被保险人履行的,保险金应作相应扣减(《保险法》第60条第2款),被保险人请求保险人支付剩余部分保险金时,时效再次中断。前述规定虽系针对海上保险所作,依理亦应适用于陆上保险。

八、举证责任

(一)一般规则

时效中断属于对原告(权利人)有利的积极事实,故原则上由其负举证责任。 194
原告主张权利时仅须证明权利有效存在,而无须主动证明时效未届满(时效中断),原告就时效中断举证系以被告援引时效抗辩权为前提。法官发现中断证据,不得主动依职权作出认定。具体而言:其一,被告提出时效抗辩之前,原告对时效中断不负举证责任。其二,被告援引时效抗辩权的,应就起算、届满等事实举证证明,但对不存在中断情形不负举证责任。其三,原告以时效中断为由对被告援引时效抗辩权提出异议的,须对中断各要件举证以证明时效未届满。[395] 被告否认时效中断的,须对中断各要件予以反证。[396]

(二)常见争议

1. 催收文书到达

权利人向义务人发送催收文书的情形下,对该文书到达的事实如何进行举证 195
分配,实务中易生争议。最常见的争议是,权利人仅凭邮寄凭证是否足以证明该文书到达义务人,尤其是在义务人否认收到文书的情形下,如何进行举证分配?实务主流意见认为,权利人对催收文书的邮寄凭证完成举证的,基于对邮政企业服务正常化的合理信赖,可推定该邮件到达义务人,此系证据的推定证明力。义务人否认到达事实的,应予以举证推翻前述推定。而且根据举证责任分配规则中的近距离原则,由于推定义务人是邮件持有人,其应对邮件不具有催收内容负举

---

[394] 最高人民法院保险法司法解释起草小组:《〈中华人民共和国保险法〉保险合同章条文理解与适用》,中国法制出版社2010年版,第391页。

[395] 参见最高人民法院(2013)民四终字第6号民事判决书。

[396] 有学者认为,权利人和义务人对时效中断和时效抗辩都无法举证的,应作出有利于权利人的认定。参见李国波:《诉讼时效中断之举证责任探讨》,载《黑龙江省政法管理干部学院学报》2010年第4期,第141页。该观点并不合理,因为其与举证责任之"不利后果说"相悖。

证责任。[397] 最高人民法院有关复函[398]和相关裁判意见均采此观点,该观点亦与前文所述“到达”包括“实际到达”和“应当到达”的内容相一致(边码 48)。实务中被认定具有推定证明力的邮寄凭证包括:寄送挂号信凭证、[399]国内特快专递邮件寄件凭证[400]等。

196 因存在某种瑕疵,实务中不被认定具有推定证明力的情形包括:(1)快递公司的寄件存根;[401](2)公证催收送达存在瑕疵;[402](3)权利人仅提供载明日期的文书,无其他证据证明送达义务人;[403](4)邮政挂号信查询单未能显示收件人信息和邮寄内容;[404](5)挂号信回执上无收件人信息,签收人信息显示为物业工作人员而非义务人;[405]等等。

2. 扣款凭证

197 金融机构仅凭转账传票底单和原始会计凭证,是否足以证明账户扣款行为?由于此类证据均为金融机构单方制作,其证明力常被相对方质疑。实务主流意见认为,此类凭证具有推定证明力,可作为认定扣款行为的证据。理由在于:其一,该认定符合金融行业的操作惯例。金融机构从客户账户划扣资金,一般均采用一式三联的特种转账借方传票。要求银行提供其他证据证明扣款行为,脱离金融机构业务操作的实际。其二,金融机构定期向客户出具对账单,如果金融机构没有实际划扣款项,债务人可以提交对账单否认扣款行为。其三,金融管理部门和法律法规对金融机构会计制度有严格规定,一般情况下可以排除金融机构事后伪造会计凭证的可能性。[406]

---

〔397〕 参见最高人民法院民事审判第二庭编著:《最高人民法院关于民事案件诉讼时效司法解释理解与适用》,人民法院出版社 2015 年版,第 179 页。

〔398〕 《最高人民法院关于债权人在保证期间以特快专递向保证人发出逾期贷款催收通知书但缺乏保证人对邮件签收或拒收的证据能否认定债权人向保证人主张权利的请示的复函》(〔2003〕民二他字第 6 号)规定:“债权人通过邮局以特快专递方式向保证人发出逾期贷款通知书,在债权人能够提供特快专递邮件存根及内容的情况下,除非保证人有相反证据推翻债权人所提供的证据,应当认定债权人向保证人主张了权利。”

〔399〕 参见最高人民法院(2016)最高法民再 355 号民事判决书。

〔400〕 参见最高人民法院(2018)最高法民再 109 号民事判决书。

〔401〕 参见最高人民法院(2015)民申字第 134 号民事裁定书。在该案中最高人民法院认为,《最高人民法院关于债权人在保证期间以特快专递向保证人发出逾期贷款催收通知书但缺乏保证人对邮件签收或拒收的证据能否认定债权人向保证人主张权利的请示的复函》规定的邮寄方式是特定的,即通过邮局的特快专递。顺丰公司并非邮局,仅是一般快递公司,因此其寄件存根不具有证明邮件到达的推定效力。

〔402〕 参见最高人民法院(2013)民提字第 57 号民事判决书。

〔403〕 参见最高人民法院(2018)最高法民终 32 号民事判决书。

〔404〕 参见浙江省高级人民法院(2018)浙民终 482 号民事判决书。

〔405〕 参见上海市高级人民法院(2018)沪民再 26 号民事判决书。

〔406〕 参见吴庆宝:《诉讼时效中断的司法认定(上)》,载《人民法院报》2009 年 2 月 3 日,第 6 版。

3. 差旅凭证

权利人前往义务人所在地的差旅费凭证，是否足以证明主张权利的事实？对此主要考虑两个因素：一是义务人是否举出反证；二是有无其他证据相结合形成证据链。实务中认定构成中断事由的情形包括：(1)权利人提交数次前往义务人所在地的差旅费凭证，且此前多次向义务人发函、对账，形成有效证据链，且义务人亦未提出有力反证；[407] (2)权利人提供《领导干部外出报备审批单》和往返机票等证据，且有证人证言佐证；[408] (3)权利人提供的过路费发票、派出所接出警工作登记表、证人证言相互印证；[409] 等等。 198

附：案例索引

1. 安徽省马鞍山市中级人民法院(2020)皖05民终832号民事判决书：刘某林与夏某福生命权、健康权、身体权纠纷案【边码144】

2. 北京市高级人民法院(2013)高民终字第4387号民事判决书：南宁市中润置业发展有限公司与中钢贸易有限公司等买卖合同纠纷案【边码154、156】

3. 北京市高级人民法院(2016)京民再42号民事判决书：北京怀城建筑工程有限公司与常某芳等建设工程合同纠纷案【边码152】

4. 北京市高级人民法院(2017)京民再47号民事判决书：浙江文华控股有限公司与北京信利源担保服务有限公司等借款合同纠纷案【边码54】

5. 北京市高级人民法院(2017)京民再6号民事判决书：北京市怀柔区红螺镇水库管理处与北京红螺旅游开发有限责任公司租赁合同纠纷案【边码77】

6. 北京市海淀区人民法院(2014)海执异字第131号执行裁定书：乔某航等与王某川婚姻家庭、继承纠纷案【边码110】

7. 重庆市第五中级人民法院(2019)渝05民终176号民事判决书：重庆宇界实业有限公司与重庆江都建设(集团)有限公司民间借贷纠纷案【边码112】

8. 重庆市高级人民法院(2016)渝民终211号民事判决书：重庆力帆奥体物业管理有限公司与保利建设集团有限公司等建设工程施工合同纠纷案【边码77】

9. 重庆市高级人民法院(2017)渝民初170号民事判决书：邓某刚等与贵州加益煤业集团有限公司等合同纠纷案【边码66】

10. 重庆市高级人民法院(2017)渝民终48号民事判决书：祁某宏与曾某惠民间借贷纠纷案【边码57】

11. 重庆市高级人民法院(2019)渝民终198号民事判决书：重庆乌江电力公司等与花垣县供电公司供用电合同纠纷案【边码35】

---

[407] 参见最高人民法院(2004)民二终字第205号民事判决书。

[408] 参见山东省高级人民法院(2019)鲁民终159号民事判决书。

[409] 参见江苏省苏州市中级人民法院(2017)苏05民终2416号民事判决书。

12. 福建省高级人民法院(2009)闽民终字第 616 号民事判决书:东方海外货柜航运有限公司与福清朝辉水产食品贸易有限公司海上货物运输合同纠纷案【边码 57】

13. 福建省高级人民法院(2015)闽民终字第 2266 号民事判决书:古乔古希股份公司与石家庄常山恒荣进出口贸易有限公司侵害商标权纠纷案【边码 154】

14. 福建省高级人民法院(2016)闽民终 1484 号民事判决书:华盖创意(北京)图像技术有限公司与宝宝巴士(福建)网络科技有限公司侵害其他著作财产权纠纷案【边码 58】

15. 福建省南平市中级人民法院(2014)南民终字第 420 号民事判决书:黄某灿与庄某星等房屋租赁合同纠纷案【边码 170】

16. 福建省南平市中级人民法院(2015)南民终字第 917 号民事判决书:绍兴县川红纺织品有限公司与叶某群等买卖合同纠纷案【边码 92】

17. 福建省厦门市中级人民法院(2018)闽 02 民终 376 号民事判决书:厦门仁文建设有限公司与廖某球商品房预售合同纠纷案【边码 189】

18. 甘肃省高级人民法院(2018)甘民终 61 号民事判决书:金昌瑞鑫盛商贸有限公司与四川元宇商贸有限公司等债权人代位权纠纷案【边码 190】

19. 甘肃省平凉市中级人民法院(2019)甘 08 民终 503 号民事判决书:李某与兰州浦马润地房地产开发有限公司房屋买卖合同纠纷案【边码 189】

20. 广东省高级人民法院(2013)粤高法民申字第 695 号民事裁定书:中山市永益建筑有限公司与梁北源建设工程施工合同纠纷案【边码 152】

21. 广东省高级人民法院(2016)粤民申 6470 号民事裁定书:吴某梅与湛江市建筑基础公司等建设工程施工合同纠纷案【边码 57】

22. 广东省高级人民法院(2016)粤民终 944 号民事判决书:广州市景某某房地产开发有限公司与广州市危房改造建设管理所建设用地使用权转让合同纠纷案【边码 79】

23. 广东省高级人民法院(2017)粤民申 9158 号民事裁定书:中国人民财产保险股份有限公司江门市新会支公司与王某佳财产保险合同纠纷案【边码 154】

24. 广东省高级人民法院(2017)粤民再 499 号民事判决书:张家港富瑞特种装备股份有限公司与潮州市中凯华丰能源连锁配送有限公司买卖合同纠纷案【边码 79】

25. 广东省高级人民法院(2018)粤民申 150 号民事裁定书:朱某筠与广州玉德堂陵园有限公司等返还欠款纠纷案【边码 81】

26. 广东省高级人民法院(2018)粤民再 278 号民事判决书:赖某芳与惠州市泰安居物业管理有限公司物业服务合同纠纷案【边码 65】

27. 广东省高级人民法院(2018)粤民再 355 号民事判决书:蔡某与惠州市泰安居物业管理有限公司物业服务合同纠纷案【边码 155】

28. 广东省高级人民法院(2018)粤执监 66 号执行裁定书:珠海宝辉生物科技有限公司与湛江市粤西建筑工程公司珠海公司建设工程施工合同纠纷案【边码 149】

29. 广东省高级人民法院(2019)粤民终 266 号民事判决书:三亚潜水技术培训中心与江龙船艇科技股份有限公司船舶建造合同纠纷案【边码 51】

30. 广东省高级人民法院(2019)粤执监 4 号执行裁定书:广州新城市实业发展有限公司

与广东省电白县第三建筑工程公司建设工程合同纠纷案【边码 149】

31. 广东省深圳市福田区人民法院(2014)深福法民二初字第 3235 号民事判决书:韩某新与深圳市精盈人才服务有限公司委托合同纠纷案【边码 149】

32. 广西省玉林市中级人民法院(2016)桂 09 民终 1094 号民事判决书:陈某生等与谭某义民间借贷纠纷案【边码 138】

33. 贵州省高级人民法院(2018)黔民终 715 号民事判决书:黔西南州久丰矿业(集团)有限公司晴隆县大厂镇全力煤矿与贵州创力煤矿机械成套装备有限公司等买卖合同纠纷案【边码 78】

34. 贵州省黔东南苗族侗族自治州中级人民法院(2019)黔 26 民终 1825 号民事判决书:杨某华与刘某薇商品房预售合同纠纷案【边码 189】

35. 海南省高级人民法院(2016)琼民申 440 号民事裁定书:海南楚湘建设工程有限公司等与海口云顺利贸易有限公司买卖合同纠纷案【边码 57】

36. 海南省高级人民法院(2019)琼民申 918 号民事裁定书:王某与海南琪鑫七仙岭温泉开发有限公司等商品房销售合同纠纷案【边码 146】

37. 河北省高级人民法院(2013)冀民三终字第 93 号民事判决书:DAC China SOS (Barbados) SRL 与某甲公司等借款合同纠纷案【边码 57】

38. 河北省高级人民法院(2018)冀民终 1047 号民事判决书:河北云驾岭矿业有限公司与北京中锰工贸有限责任公司等技术服务合同纠纷案【边码 44】

39. 河北省泊头市人民法院(2019)冀 0981 民初 639 号民事判决书:泊头市农村信用联社股份有限公司与曹某等金融借款合同纠纷案【边码 115】

40. 河南省高级人民法院(2015)豫法民一终字第 278 号民事判决书:商丘市联圣房地产开发有限公司与范某芳房屋买卖合同纠纷案【边码 85】

41. 河南省高级人民法院(2015)豫法民再字第 00005 号民事判决书:深圳市金源实业股份有限公司与舞阳钢铁有限责任公司债权纠纷案【边码 149】

42. 河南省高级人民法院(2018)豫民再 1186 号民事判决书:花某祥与曹某琦等企业借贷纠纷案【边码 79】

43. 黑龙江省高级人民法院(2015)黑监民再字第 48 号民事判决书:张某富与中国工行黑龙江分行股份有限公司股票侵权纠纷案【边码 58】

44. 黑龙江省高级人民法院(2017)黑民终 402 号民事判决书:黑龙江省七建建筑工程有限责任公司与黑龙江省建设集团有限公司等债权转让合同纠纷案【边码 33】

45. 黑龙江省高级人民法院(2018)黑民终 547 号民事判决书:齐齐哈尔市汽车制动器厂与吴某军等金融借款合同纠纷案【边码 32】

46. 黑龙江省高级人民法院(2018)黑民终 636 号民事判决书:黑龙江林某机械设备有限公司与哈尔滨正德科技开发股份有限公司等侵害商业秘密纠纷案【边码 159】

47. 黑龙江省高级人民法院(2019)黑民终 392 号民事判决书:王某宁与秦某智合同纠纷案【边码 81】

48. 黑龙江省鹤岗市中级人民法院(2019)黑 04 民终 237 号民事判决书:中国建设银行

股份有限公司鹤岗分行与钟某新民间借贷纠纷案【边码 115】

49. 湖北省高级人民法院(2014)鄂民二终字第 00133 号民事判决书:深圳市五星企业有限公司等与武汉市人民政府国有资产监督管理委员会货款纠纷案【边码 146】

50. 湖北省高级人民法院(2017)鄂执复 34 号执行裁定书:大冶特殊钢股份有限公司与江铃汽车公司买卖合同纠纷案【边码 110】

51. 湖北省高级人民法院(2018)鄂民终 1399 号民事判决书:中船动力有限公司与临海市波澜船舶制造有限公司船舶物料与备品供应合同纠纷案【边码 44】

52. 湖北省高级人民法院(2019)鄂民申 4818 号民事裁定书:湖北万峰石材有限公司与郑某宝劳动争议纠纷案【边码 152、154】

53. 湖北省高级人民法院(2019)鄂民再 43 号民事判决书:李某杰与中国铁路武汉局集团有限公司生命权、健康权、身体权纠纷案【边码 85】

54. 湖南省高级人民法院(2017)湘民申 1330 号民事裁定书:刘某某与攸县人民医院医疗损害责任纠纷案【边码 152】

55. 湖南省高级人民法院(2018)湘民终 911 号民事判决书:凌某义与黄某炬侵害商标权纠纷案【边码 51】

56. 湖南省邵阳市中级人民法院(2015)邵中民一终字第 67 号民事判决书:中国平安财产保险股份有限公司湖南分公司与毛某祥等机动车交通事故责任纠纷案【边码 146】

57. 湖南省邵阳市中级人民法院(2017)湘 05 民终 601 号民事判决书:邵阳县金旺环保砖厂与蒋某清加工合同纠纷案【边码 174】

58. 湖南省岳阳市中级人民法院(2014)岳中民一初字第 16 号民事判决书:湖南国立投资(控股)有限公司与岳阳经济技术开发区锦华机械化施工有限公司等融资租赁合同纠纷案【边码 72】

59. 湖南省长沙市中级人民法院(2019)湘 01 民终 4826 号民事判决书:邓某精与张某等合同纠纷案【边码 57】

60. 吉林省高级人民法院(2017)吉民申 971 号民事裁定书:白城市洮北区西郊街道办事处东兴村民委员会与张某明等财产损害赔偿纠纷案【边码 154】

61. 吉林省高级人民法院(2018)吉民终 678 号民事判决书:吉林省天鼎旅游产业发展股份有限公司等与于某华等民间借贷纠纷案【边码 66】

62. 吉林省高级人民法院(2019)吉民终 45 号民事判决书:梨树县十家堡镇中心校与长春市佳路软件有限公司计算机软件著作权许可使用合同纠纷案【边码 92】

63. 江苏省高级人民法院(2014)苏审三民申字第 235 号民事裁定书:南京钢加工程机械实业有限公司与苏某斋等机动车交通事故责任纠纷案【边码 152】

64. 江苏省高级人民法院(2016)苏民申 5763 号民事裁定书:陈某发与南京润泰市场有限公司侵权责任纠纷案【边码 156、158】

65. 江苏省高级人民法院(2016)苏民申 6301 号民事裁定书:袁某与中国人寿财产保险股份有限公司连云港市中心支公司等机动车交通事故责任纠纷案【边码 154】

66. 江苏省高级人民法院(2017)苏民终 258 号民事判决书:深圳市天宝罗投资顾问有限公司等与江苏邳州农村商业银行股份有限公司等民间借贷纠纷案【边码 162】

67. 江苏省高级人民法院(2018)苏民终170号民事判决书:国电光伏有限公司与国电南瑞科技股份有限公司等买卖合同纠纷案【边码35】

68. 江苏省高级人民法院(2019)苏民再148号民事判决书:荣盛(徐州)房地产开发有限公司与周某等商品房销售合同纠纷案【边码71】

69. 江苏省盐城市阜宁县人民法院(2015)阜城民初字第01126号民事判决书:江苏九建建设工程有限公司与周某杰等追偿权纠纷案【边码149】

70. 江苏省扬州市中级人民法院(2018)苏10民终764号民事判决书:陶某清与高邮市万顺农村小额贷款有限公司等保证合同纠纷案【边码123】

71. 江西省高级人民法院(2016)赣民终110号民事判决书:婺源县万寿山陵园有限公司等与董某明等民间借贷纠纷案【边码81】

72. 江西省高级人民法院(2017)赣民再49号民事判决书:魏某州与黄某等借款合同纠纷案【边码82】

73. 江西省高级人民法院(2018)赣民申1420号民事裁定书:江西上高农村商业银行股份有限公司与吴某金融借款合同纠纷案【边码155】

74. 江西省高级人民法院(2018)赣民终657号民事判决书:吉安市新庐陵投资发展有限公司与刘某华等企业借贷纠纷案【边码187】

75. 江西省高级人民法院(2019)赣民终147号民事判决书:朱某文与谢某雄等民间借贷纠纷案【边码103】

76. 江西省高级人民法院(2019)赣民终255号民事判决书:滨州市绿洲置业有限公司与朱某生等民间借贷纠纷案【边码159】

77. 辽宁省大连市中级人民法院(2020)辽02民终1331号民事判决书:大连津戎物业管理有限公司与张某物业服务合同纠纷案【边码58】

78. 辽宁省抚顺市望花区人民法院(2019)辽0404民初2788号民事判决书:鞍山市百特自动化设备有限公司与抚顺特殊钢股份有限公司买卖合同纠纷案【边码118】

79. 辽宁省高级人民法院(2009)辽民二终字第234号民事判决书:营口庆丰实业(集团)有限公司与营口银行股份有限公司新华支行借款合同纠纷案【边码128】

80. 辽宁省高级人民法院(2009)辽民二终字第63号民事判决书:阜新市第四粮库与中国信达资产管理公司沈阳办事处等借款合同纠纷案【边码58】

81. 辽宁省高级人民法院(2018)辽民终400号民事判决书:中国人民财产保险股份有限公司大连市星海湾支公司等与大连旅顺滨海船舶修造有限公司海上保险合同纠纷案【边码59】

82. 辽宁省高级人民法院(2018)辽民终79号民事判决书:大连宏孚企业集团有限公司与大连银行股份有限公司等金融借款合同纠纷案【边码82】

83. 辽宁省高级人民法院(2019)辽民终240号民事判决书:平安养老保险股份有限公司辽宁分公司与陈某珍等海上、通海水域保险合同纠纷案【边码33】

84. 青海省高级人民法院(2019)青民终3号民事判决书:青海福海碳化硅有限公司与虞某刚等企业借贷纠纷案【边码182】

85. 山东省德州市中级人民法院(2017)鲁14民终1621号民事判决书:张某亮与刘某华

等委托合同纠纷案【边码123】

86. 山东省高级人民法院(2015)鲁民三终字第301号民事判决书:陈某俊与山东鲁泰控股集团有限公司技术合同纠纷案【边码57】

87. 山东省高级人民法院(2017)鲁民申361号民事裁定书:马某美与山东荣邦防腐工程有限公司劳动争议纠纷案【边码155】

88. 山东省高级人民法院(2018)鲁民终232号民事判决书:青岛丰日兴科电气工程有限公司等与青岛中元籴焜金融投资控股有限公司等借款合同纠纷案【边码51】

89. 山东省高级人民法院(2018)鲁民终763号民事判决书:烟台市牟平商业大厦有限公司与沈阳治图文化传媒有限公司著作权权属、侵权纠纷案【边码101】

90. 山东省高级人民法院(2019)鲁民终159号民事判决书:山东凯西新材料有限公司与临沂市兰山区半程镇人民政府民间借贷纠纷案【边码198】

91. 山东省日照市中级人民法院(2019)鲁11民终272号民事判决书:袁某与张某民间借贷纠纷案【边码143】

92. 山西省高级人民法院(2018)晋民申46号民事裁定书:侯某怀与管某信等生命权、健康权、人身权纠纷案【边码58】

93. 山西省高级人民法院(2018)晋民终547号民事判决书:中国信达资产管理股份有限公司山西省分公司与山西天欣意矿业发展有限公司等借款合同纠纷案【边码184】

94. 上海市高级人民法院(2013)沪高民五(商)终字第1号民事判决书:邱某奎与鲁证期货股份有限公司期货经纪合同纠纷案【边码154】

95. 上海市高级人民法院(2014)沪高民一(民)再提字第23号民事判决书:丁某某与绍兴市大越酒业有限公司追索劳动报酬纠纷案【边码149】

96. 上海市高级人民法院(2017)沪民终319号民事判决书:上海畜产麒麟进出口有限公司与深圳市鹏城海物流有限公司海上货物运输合同纠纷案【边码66】

97. 上海市高级人民法院(2018)沪民再26号民事判决书:上海新市北企业管理服务有限公司与上海舜举钢铁物资有限公司物业服务合同纠纷案【边码196】

98. 上海市高级人民法院(2018)沪民终528号民事判决书:中交一航局第一工程有限公司与江苏鸿基水源科技股份有限公司船务、码头建造合同纠纷案【边码66】

99. 上海市知识产权法院(2015)沪知民终字第6号民事判决书:鲁某敏与勃贝雷有限公司等侵害商标权纠纷案【边码158】

100. 四川省成都市中级人民法院(2018)川01民终11672号民事判决书:陈某与刘某全买卖合同纠纷案【边码174】

101. 四川省高级人民法院(2015)川民终字第1072号民事判决书:成都库克医药有限公司等与北京双鹭药业股份有限公司药品经销合同纠纷案【边码146】

102. 四川省高级人民法院(2016)川民终151号民事判决书:四川星星建设集团有限公司与蒋某华合同纠纷案【边码154】

103. 四川省高级人民法院(2017)川民申2226号民事裁定书:达州市大众恒信融资担保有限公司与张某保证合同纠纷案【边码144】

104. 四川省高级人民法院(2017)川民申 4782 号民事判决书:谢某鹏等与中江县农村信用合作联社借款合同纠纷案【边码 156】

105. 四川省高级人民法院(2017)川民再 66 号民事判决书:四川古蔺农村商业银行股份有限公司与××俊等借款纠纷案【边码 46】

106. 四川省高级人民法院(2017)川民终 531 号民事判决书:付某伟与余某旭股权转让纠纷案【边码 146】

107. 四川省高级人民法院(2018)川民再 108 号民事判决书:中铁八局集团有限公司与深圳市中地建设工程有限公司建设工程施工合同纠纷案【边码 182】

108. 四川省高级人民法院(2018)川民再 675 号民事判决书:江苏星瑞化工工程科技有限公司与四川瑞能硅材料有限公司买卖合同纠纷案【边码 78】

109. 四川省高级人民法院(2018)川民终 356 号民事判决书:程某与资阳鼎兴建材有限公司等买卖合同纠纷案【边码 96】

110. 四川省高级人民法院(2018)川民终 371 号民事判决书:丽江市博石矿业有限责任公司与菲德勒环境(攀枝花)有限公司破产债权确认纠纷案【边码 119】

111. 四川省高级人民法院(2019)川民申 7106 号民事裁定书:攀枝花市融合房地产开发有限公司与泸州宏鑫建安集团有限公司建设工程施工合同纠纷案【边码 144】

112. 四川省高级人民法院(2019)川民再 148 号民事判决书:广元市利州区赤化镇司马村 4 组与罗某祥等承包地征收补偿费用分配纠纷案【边码 151】

113. 四川省高级人民法院(2019)川执复 114 号执行裁定书:杨某与恒丰银行股份有限公司成都分行金融借款合同纠纷案【边码 118】

114. 苏州市中级人民法院(2017)苏 05 民终 2416 号民事判决书:苏州赫瑞特电子专用设备科技有限公司与张家港市中利机械有限公司承揽合同纠纷案【边码 198】

115. 天津市高级人民法院(2013)津高民三终字第 19 号民事判决书:保定市天鹏进出口集团有限公司与阿迪达斯有限公司(adidas AG)侵害商标权纠纷案【边码 154、156】

116. 天津市高级人民法院(2017)津民终 549 号民事判决书:宣某芝与谢某庚等海洋、通海可航水域工程建设纠纷案【边码 82】

117. 天津市高级人民法院(2019)津民终 363 号民事判决书:中国石油集团东方地球物理勘探有限责任公司与赵某海上、通海水域养殖损害责任纠纷案【边码 153】

118. 西藏自治区林芝市中级人民法院(2016)藏 26 民终 53 号民事判决书:陕西建工第六建设集团有限公司与林芝县八一镇福林钢材销售部买卖合同纠纷案【边码 115】

119. 新疆维吾尔自治区高级人民法院(2018)新民终 154 号民事判决书:魏某会与张某等民间借贷纠纷案【边码 79】

120. 新疆维吾尔自治区高级人民法院(2019)新民终 460 号民事判决书:江苏广宇建设集团有限公司与新疆国大房地产开发有限公司等建筑设备租赁合同纠纷案【边码 149】

121. 云南省高级人民法院(2017)云民申 126 号民事裁定书:刘某与刘某星等财产损害赔偿纠纷案【边码 143】

122. 云南省高级人民法院(2019)云民终 40 号民事判决书:云南今玉房地产有限公司与

严某旺等民间借贷纠纷案【边码 103】

123. 浙江省高级人民法院(2015)浙民申字第 746 号民事裁定书:杭州华欣包装制品有限公司与郑某华不当得利纠纷案【边码 143】

124. 浙江省高级人民法院(2018)浙民终 1095 号民事判决书:商丘市民权林场与中法合营王朝葡萄酿酒有限公司等商标权侵权纠纷案【边码 101】

125. 浙江省高级人民法院(2018)浙民终 482 号民事判决书:中交第一航务工程局有限公司与温州空港新区管理委员会航道、港口疏浚合同纠纷案【边码 196】

126. 浙江省金华市永康市人民法院(2013)金永商初字第 99 号民事判决书:浙江为尔工贸有限公司与鄢某昌民间借贷纠纷案【边码 118】

127. 浙江省宁波海事法院(2009)甬海法温商初字第 21 号民事裁定书:浙江东港船舶有限公司与福州金帆船务有限公司等船舶建造合同纠纷案【边码 10】

128. 最高人民法院(2000)经终字第 119 号民事判决书:中国建设银行山东省费县支行与山东华和国际租赁有限公司融资租赁合同担保纠纷案【边码 39】

129. 最高人民法院(2003)民二终字第 175 号民事判决书:中国银行海南省分行与海南华侨投资股份有限公司等借款担保纠纷案【边码 72】

130. 最高人民法院(2004)民二终字第 111 号民事判决书:中国人民解放军军事科学院等与兰州兆龙装饰设计工程有限公司侵权赔偿纠纷案【边码 101】

131. 最高人民法院(2004)民二终字第 205 号民事判决书:北京巴布科克·威尔科克斯有限公司与内蒙古电力集团有限责任公司、内蒙古蒙达发电有限责任公司等买卖合同纠纷案【边码 198】

132. 最高人民法院(2004)民二终字第 88 号民事判决书:中国信达资产管理公司郑州办事处与河南轮胎集团有限责任公司借款抵押担保合同纠纷案【边码 39】

133. 最高人民法院(2004)民二终字第 94 号民事判决书:辽宁省鞍山市发展计划委员会与中国光大银行沈阳分行等借款担保纠纷案【边码 78】

134. 最高人民法院(2005)民二终字第 100 号民事判决书:西藏西域食品开发有限公司等与中国农业银行拉萨市康昂东路支行借款合同纠纷案【边码 158】

135. 最高人民法院(2005)民二终字第 200 号民事判决书:信达公司石家庄办事处与中阿公司等借款担保合同纠纷案【边码 47】

136. 最高人民法院(2009)民申字第 569 号民事裁定书:海安县同庆电塑厂与陈某明侵犯外观设计专利权纠纷案【边码 152、154】

137. 最高人民法院(2010)民提字第 136 号民事判决书:中国农业银行股份有限公司溧阳市支行与江苏耀德资产管理有限公司等借款合同纠纷案【边码 39、54】

138. 最高人民法院(2010)民提字第 200 号民事判决书:中国人民保险公司武汉市分公司证券部武胜营业处与瓦房店市农村信用合作联合社等证券回购纠纷案【边码 32】

139. 最高人民法院(2011)民二终字第 27 号民事判决书:中色(宁夏)东方集团有限公司与中国信达资产管理股份有限公司陕西省分公司保证合同纠纷案【边码 33】

140. 最高人民法院(2011)民二终字第 28 号民事判决书:中国东方资产管理公司武汉办事处与平安信托投资有限责任公司等借款担保合同纠纷案【边码 33】

141. 最高人民法院(2011)民提字第7号民事判决书:中国银行股份有限公司汕头分行与广东发展银行股份有限公司韶关分行等公司代位权纠纷案【边码96】

142. 最高人民法院(2012)民二终字第130号民事判决书:宁夏富荣化工有限公司与中国长城资产管理公司兰州办事处保证合同纠纷案【边码44】

143. 最高人民法院(2012)民二终字第96号民事判决书:中国农业银行股份有限公司黑龙江省分行直属支行与黑龙江北方企业集团有限责任公司等金融借款合同纠纷案【边码59】

144. 最高人民法院(2012)民申字第861号民事裁定书:江西富华工业瓷有限公司与董某债务纠纷案【边码66】

145. 最高人民法院(2012)民四终字第8号民事判决书:锐信投资有限公司与山东省纺织品进出口公司等债权转让合同纠纷案【边码44】

146. 最高人民法院(2012)民提字第138号民事判决书:成功控股集团有限公司与湖南湘泉集团有限公司股权转让纠纷案【边码121】

147. 最高人民法院(2012)民提字第17号民事判决书:广发证券股份有限公司等与上海九龙山股份有限公司等财产损害赔偿纠纷案【边码96】

148. 最高人民法院(2013)民二终字第122号民事判决书:克拉玛依市银祥棉麻有限责任公司与新疆西部银力棉业(集团)有限责任公司买卖合同纠纷案【边码32】

149. 最高人民法院(2013)民申字第1957号民事裁定书:北京网尚文化传播有限公司与珠海市新理念网吧侵害作品信息网络传播权纠纷案【边码36】

150. 最高人民法院(2013)民申字第2092号民事裁定书:青岛农冠农药有限责任公司与青岛创丰实业有限公司借款合同纠纷案【边码116】

151. 最高人民法院(2013)民四终字第6号民事判决书:泰山贸易公司与明发集团(香港)有限公司合同纠纷案【边码194】

152. 最高人民法院(2013)民提字第123号民事判决书:经纬置地有限公司与上海虹房置业有限公司房屋买卖合同纠纷案【边码77】

153. 最高人民法院(2013)民提字第57号民事判决书:中国信达资产管理股份公司辽宁省分公司与沈阳(中国北方花城)有限公司不良债权追偿纠纷案【边码196】

154. 最高人民法院(2013)民提字第5号民事判决书:港捷国际货运有限公司与山西杏花村国际贸易公司海上货物运输合同纠纷案【边码68】

155. 最高人民法院(2014)民二终字第147号民事判决书:方大炭素新材料科技股份有限公司与中国农业银行股份有限公司陕县支行等金融借款合同纠纷案【边码59、86】

156. 最高人民法院(2014)民三终字第8号民事判决书:本田技研工业株式会社与石家庄双环汽车股份有限公司等侵害外观设计专利权纠纷案【边码101】

157. 最高人民法院(2014)民申字第1375号民事裁定书:南京中富捷物流有限公司与重庆海华国际货物运输代理有限公司等水路货物运输侵权纠纷案【边码146】

158. 最高人民法院(2014)民提字第106号民事判决书:桂林市正文房地产开发有限责任公司与张某华等商品房买卖合同纠纷案【边码32】

159. 最高人民法院(2014)民提字第220号民事判决书:河北辛集化工集团有限责任公

司与浙江亚商投资管理有限公司保证合同纠纷案【边码 176】

160. 最高人民法院(2014)民提字第 224 号民事判决书:北京市中孚律师事务所与海南(海口)特殊教育学校委托代理合同纠纷案【边码 33】

161. 最高人民法院(2014)民提字第 67 号民事判决书:四川鼎鑫置业有限责任公司与成都制药一厂等买卖合同纠纷案【边码 39】

162. 最高人民法院(2015)民二终字第 244 号民事判决书:中国华融资产管理股份有限公司深圳市分公司与青海水泥厂等金融借款合同纠纷案【边码 54】

163. 最高人民法院(2015)民二终字第 39 号民事判决书:国网辽宁省电力有限公司鞍山供电公司与中国农业银行股份有限公司鞍山立山支行等财产返还纠纷案【边码 52】

164. 最高人民法院(2015)民抗字第 24 号民事判决书:张某伟与张某发等民间借贷纠纷案【边码 165】

165. 最高人民法院(2015)民申字第 134 号民事裁定书:中国农业银行股份有限公司丹阳市支行与丹阳珍品八宝酒有限公司借款合同纠纷案【边码 196】

166. 最高人民法院(2015)民申字第 2793 号民事裁定书:河北广立房地产开发集团股份有限公司与张家口中惠房地产开发有限公司委托合同纠纷案【边码 59】

167. 最高人民法院(2015)民提字第 28 号民事判决书:通化市山城房屋开发有限公司与吉林银行股份有限公司通化分行等借款担保合同纠纷案【边码 78】

168. 最高人民法院(2015)民提字第 75 号民事判决书:府谷县万泰明煤炭有限公司与府谷县福利煤化厂等合伙协议纠纷案【边码 154】

169. 最高人民法院(2015)执复字第 17 号执行裁定书:青海碱业有限公司破产管理人与浙江新湖集团股份有限公司公司增资纠纷执行案【边码 128】

170. 最高人民法院(2016)最高法民申 1018 号民事裁定书:河南华安建设集团有限公司与陈某等租赁合同纠纷案【边码 39】

171. 最高人民法院(2016)最高法民申 3020 号民事裁定书:重庆港务物流集团实业有限公司与重庆冶金轧钢厂金融不良债权追偿纠纷案【边码 101】

172. 最高人民法院(2016)最高法民申 585 号民事裁定书:洛阳华厦房地产开发有限公司与中天建设集团浙江安装工程有限公司等装饰装修合同纠纷案【边码 153】

173. 最高人民法院(2016)最高法民申 741 号民事裁定书:胡某利等与平江县供销合作联社联合贸易公司债权转让合同纠纷案【边码 54】

174. 最高人民法院(2016)最高法民再 301 号民事判决书:绿能高科集团有限公司等与安徽投资控股股份有限公司等企业借贷纠纷案【边码 46】

175. 最高人民法院(2016)最高法民再 320 号民事判决书:重庆倍嘉实业有限公司与福建三元达通讯股份有限公司买卖合同纠纷案【边码 57、67】

176. 最高人民法院(2016)最高法民再 355 号民事判决书:南京华证投资管理有限公司与淮安市宏泰贸易有限公司等借款合同纠纷案【边码 66、195】

177. 最高人民法院(2016)最高法民再 37 号民事判决书:上海丰瑞投资咨询有限公司与上海汽车工业销售有限公司等借款合同纠纷案【边码 48】

178. 最高人民法院(2016)最高法民终149号民事判决书:吴某庆与哈尔滨现代房地产开发有限公司不当得利纠纷案【边码152】

179. 最高人民法院(2016)最高法民终265号民事判决书:九州证券股份有限公司与贺某损害公司利益责任纠纷案【边码159】

180. 最高人民法院(2016)最高法民终306号民事判决书:高某拼与山西柳林兴无煤矿有限责任公司合同纠纷案【边码35】

181. 最高人民法院(2016)最高法民终791号民事判决书:广东骏田投资管理有限公司与贵州金鑫铝矿有限公司劳务承包合同纠纷案【边码82】

182. 最高人民法院(2016)最高法民终815号民事判决书:梁某生与湖南佳惠置业有限责任公司合资、合作开发房地产纠纷案【边码101】

183. 最高人民法院(2016)最高法民终819号民事判决书:北京宏宇祥贸易有限责任公司等与大同市杏儿沟煤业有限责任公司等债务纠纷案【边码39】

184. 最高人民法院(2016)最高法民再31号民事判决书:蒲某等与余某平等建设工程分包合同纠纷案【边码77】

185. 最高人民法院(2017)最高法民申1529号民事裁定书:山西出云物业有限公司等与太原市迎泽区郝庄镇东太堡社区居民委员会等租赁合同纠纷案【边码185】

186. 最高人民法院(2017)最高法民申165号民事裁定书:山西省经济建设投资集团有限公司与首钢长治钢铁有限公司等借款合同纠纷案【边码35】

187. 最高人民法院(2017)最高法民申2623号民事裁定书:青海力腾新能源投资有限公司与都江堰市实强建设有限责任公司建设工程施工合同纠纷案【边码78】

188. 最高人民法院(2017)最高法民再63号民事判决书:成都熊猫万国商城有限公司与香港DCA戚某建筑师事务所建设工程设计合同纠纷案【边码39】

189. 最高人民法院(2017)最高法民终129号民事判决书:甘肃省交通物资供应公司与内蒙古路桥有限责任公司买卖合同纠纷案【边码23】

190. 最高人民法院(2017)最高法民终402号民事判决书:和记黄埔地产(成都)温江有限公司与中国建筑第五工程局有限公司建设工程施工合同纠纷案【边码36】

191. 最高人民法院(2017)最高法民终46号民事判决书:张某树等与陈某寿等股权转让纠纷案【边码174】

192. 最高人民法院(2017)最高法民终480号民事判决书:青岛赛瑞达电子科技有限公司与金保利(泉州)科技实业有限公司买卖合同纠纷案【边码48】

193. 最高人民法院(2017)最高法民终600号民事判决书:山东天承矿业有限公司与中国黄金集团公司偿还黄金基金纠纷案【边码48】

194. 最高人民法院(2017)最高法民终888号民事判决书:厦门福康经济发展有限公司与龙海市国土资源局建设用地使用权出让合同纠纷案【边码37】

195. 最高人民法院(2018)最高法民再109号民事判决书:中国农业银行股份有限公司阆中市支行与四川天诚贸易有限责任公司等借款担保合同纠纷案【边码195】

196. 最高人民法院(2018)最高法民再152号民事判决书:长春阔尔科技股份有限公司

与河南天丰钢结构建设有限公司建设工程施工合同纠纷案【边码 85】

197. 最高人民法院(2018)最高法民终 1115 号民事判决书:青海璞润投资有限公司与江苏邗建集团有限公司建设工程施工合同纠纷案【边码 101】

198. 最高人民法院(2018)最高法民终 1179 号民事判决书:大连富泰房地产开发有限公司与大连市国土资源和房屋局等建设用地使用权出让合同纠纷案【边码 36】

199. 最高人民法院(2018)最高法民终 157 号民事判决书:黎某与张某等不当得利纠纷案【边码 35、67】

200. 最高人民法院(2018)最高法民终 186 号民事判决书:北京康尔森投资有限公司与北京市北方律师事务所财产损害赔偿纠纷案【边码 36】

201. 最高人民法院(2018)最高法民终 199 号民事判决书:大同中建伟业房地产开发有限公司与李某等股权转让纠纷案【边码 77】

202. 最高人民法院(2018)最高法民终 232 号民事判决书:沈阳星光建材集团有限公司与中国中材集团有限公司等合同纠纷案【边码 151】

203. 最高人民法院(2018)最高法民终 32 号民事判决书:天津开发区翔达房地产开发有限公司与天津市河西区建设管理委员会房屋拆迁安置补偿合同纠纷案【边码 196】

204. 最高人民法院(2018)最高法民终 527 号民事判决书:刘某辉等与苏某钳等民间借贷纠纷案【边码 77】

205. 最高人民法院(2018)最高法民终 662 号民事判决书:青海省创业(集团)有限公司与深圳市通利来实业有限公司等财产损害赔偿纠纷案【边码 130】

206. 最高人民法院(2018)最高法民终 888 号民事判决书:中船重工(天津)物资贸易有限公司与陕西宇航科技工业有限公司合同纠纷案【边码 67】

207. 最高人民法院(2019)最高法民申 1354 号民事裁定书:甘肃省利康营养食品有限责任公司与甘肃月盛典当有限责任公司民间借贷纠纷案【边码 82】

208. 最高人民法院(2019)最高法民申 2247 号民事裁定书:陕西浦江置业发展有限公司与马某民间借贷纠纷案【边码 159】

209. 最高人民法院(2019)最高法民申 3010 号民事裁定书:河南国安建设集团有限公司与洛阳市宝来威房地产置业有限公司等侵权责任纠纷案【边码 184】

210. 最高人民法院(2019)最高法民再 257 号民事判决书:丽江市博石矿业有限责任公司与菲德勒环境(攀枝花)有限公司破产债权确认纠纷案【边码 153】

211. 最高人民法院(2019)最高法民终 697 号民事判决书:甘肃瑞鑫联邦投资有限公司等与光大兴陇信托有限责任公司等借款合同纠纷案【边码 77】

212. 最高人民法院(2019)最高法民终 809 号民事判决书:贵州省遵义金兰(集团)伟明铝业有限公司与贵州盘江电投发电有限公司供用电合同纠纷案【边码 44】

213. 最高人民法院(2021)最高法民申 2434 号民事裁定书:渭南市华州区鸿力房地产开发有限公司与潼关县鑫龙投资有限责任公司等民间借贷纠纷案【边码 43】

第462条

占有保护*

第462条　占有的不动产或者动产被侵占的，占有人有权请求返还原物；对妨害占有的行为，占有人有权请求排除妨害或者消除危险；因侵占或者妨害造成损害的，占有人有权依法请求损害赔偿。

占有人返还原物的请求权，自侵占发生之日起一年内未行使的，该请求权消灭。

简　目

---

* 本文系基于《〈物权法〉第245条评注》（载《法学家》2016年第4期，第156—174页）一文修订而成。

吴香香

一、规范意旨

1 占有作为一项独立的法律制度在我国实证法中得以体现,始于《物权法》的颁布。《民法典》沿袭《物权法》,对占有的直接规定集中于物权编第五分编第二十章,分为两类规范:一是“所有人与占有人关系”规范(第 459—461 条),二是占有保护规范(第 462 条)。《民法典》第 462 条源自《物权法》第 245 条,只是为占有人的损害赔偿请求权增设了“依法”的表述。

关于占有保护的正当性,众说纷纭,代表性观点则有和平秩序维护理论、本权保护理论、维续利益保护理论与人格保护理论四种。[1] 时至今日,占有应予保护已是共识,而无论有权占有或无权占有,善意占有或恶意占有,自主占有或他主占有。《民法典》第 462 条的规范意旨也正在于保护占有不受法律禁止的私力侵害。

2 以物权为本权的占有人,诉诸占有保护较之物权保护更为便宜,因为只需证明占有的成立,而不必证明本权的权源,对不动产物权中不以登记为生效要件者尤其便利。以债权为本权的占有人,则通过占有保护制度获得了类似物权人的地位,如已交付但未登记的不动产受让人、[2] 已交付但未登记的车辆受让人、[3] 房屋承租人、[4] 动产借用人[5],以及在我国尤其具有意义的福利公房使用权人[6]等。而保护无权占有人,更是占有保护不问本权的独立价值所在。[7]

甚至对违章建筑的占有也应予以保护,违章建筑之上得否成立所有权,成立动产所有权抑或不动产所有权,尚可探讨,但任何个人均无权判定某个建筑物是否构成违章建筑,不得以强力侵占、拆除或破坏,[8] 江苏省盐城市中级人民法院(2015)盐民终字第 00955 号民事判决书即认为“涉案房屋是否为违章建筑,并不影响权利人主张权利”。

3 但不同情形之下,占有人需要不同的救济手段:

占有侵害可分为占有侵夺与占有妨害:占有侵夺,对应占有返还请求权。占

---

〔1〕 关于占有保护的正当性探讨,可参见吴香香:《占有保护缘由辨》,载王洪亮等主编:《中德私法研究》(第 11 卷),北京大学出版社 2015 年版,第 3—43 页;柯伟才:《论占有保护之原因》,载陈小君主编:《私法研究》(第 11 卷),法律出版社 2011 年版,第 96—125 页;周梅:《间接占有中的返还请求权》,法律出版社 2007 年版,第 75—80 页。

〔2〕 参见最高人民法院(2014)民一终字第 116 号民事判决书。

〔3〕 参见陕西省安康市紫阳县人民法院(2010)紫民初字第 685 号民事判决书。

〔4〕 参见山东省东营市中级人民法院(2013)东民四终字第 161 号民事判决书。

〔5〕 参见河南省平顶山市中级人民法院(2015)平民二终字第 410 号民事判决书。

〔6〕 参见天津市高级人民法院(2014)津高民申字第 0542 号民事裁定书。

〔7〕 参见甘肃省陇南市中级人民法院(2014)陇民一终字第 74 号民事判决书。

〔8〕 参见王利明:《物权法研究(上卷)》(第 3 版),中国人民大学出版社 2013 年版,第 86 页。

有妨害,则对应妨害排除请求权。有受妨害之虞的,应以妨害防止(消除危险)请求权予以救济。妨害排除、妨害防止请求权并称占有妨害请求权。占有返还请求权与占有妨害请求权则统称占有保护请求权,属于物上请求权。

根据占有侵害行为是否具有现时性,又可分为已经结束的占有侵害行为与正在进行的占有侵害:对于前者,占有保护请求权足敷使用;而针对正在进行的现时占有侵害,除占有保护请求权外,也应允许占有人以自力防御权进行自力救济。

另外,占有保护未必以占有受到侵害为前提。例如,占有物失落于他人领域但尚未被他人占有,此时,并不存在占有侵害。如果占有人享有追寻(通行)权(Verfolgungsrecht des Besitzers),令相对人负有许可并容忍占有人寻回其物之义务,可有效保护占有人并阻止占有侵害行为之发生。

自本条文义观察,占有人对占有侵害行为可以主张占有返还、妨害排除与妨害防止,并可就因此所生之损害主张赔偿。其中,占有保护请求权作为物上请求权,以占有返还请求权与占有妨害请求权为其题中之意,第 1 款第 1—2 句为请求权基础规范;而损害赔偿请求权是否属于占有保护的固有效力则有待进一步厘清。至于该项规范未予体现的占有自力防御权与占有追寻权,则须诉诸其他规范的扩张解释或类推适用。 4

二、占有保护请求权

占有保护请求权,系模仿所有权请求权而设立。虽然《民法典》并没有单独的所有权请求权规范,但第 235—236 条的物权请求权,仍是以所有权请求权为原型。与所有权人的返还请求权、妨害排除、妨害防止请求权相对应,占有人享有占有返还请求权与妨害排除、妨害防止请求权。至于第 462 条所规定的损害赔偿请求权是否属于占有保护请求权则有待商榷。 5

(一)占有返还请求权:第 1 款第 1 分句

1. 适用前提

占有返还请求权,是针对占有侵夺而设的占有保护请求权,以回复占有为其内容。至于被侵害的占有是动产占有抑或不动产占有,则在所不问。占有保护不同于本权保护,一方面,无论占有人是否为本权人均享有占有保护;另一方面,享有本权而从未进行占有者,只能诉诸权利保护而不能主张占有保护。 6

占有侵夺,是以法律禁止的私力(verbotene Eigenmacht)排除占有人对物的事实管领,具体而言,即非经法律许可且非基于占有人意思的占有剥夺: 7

其一,非经法律许可,即具有客观不法性,至于侵夺人对侵夺行为的不法性是否知情则在所不问。法律许可的事由，即不法阻却事由，如正当防卫、紧急避险、强制执行等。

其二，非基于占有人意思，并不意味着违反占有人意思，前者范围更广，包括占有人不知占有侵害的情形，而违反占有人意思则意味着占有人明知占有侵害而不同意。应予注意的是，因占有人交付而取得占有者，即使是因错误或诈欺而得，也是基于占有人意思取得，不构成占有侵夺。至于胁迫占有人放弃占有是否成立占有侵夺，德国学理认为，若心里胁迫达到与物理强制相当的程度，则构成占有侵夺，〔9〕我国台湾地区学理则多持否定态度，〔10〕自保护占有人的角度而言，本文从前者。此外，已经取得之占有的持续，也不构成占有侵夺，因此，即使租赁期间届满承租人不返还标的物，也不构成占有侵夺，构成无权占有者，本权人得根据契约或侵权等请求权要求返还。

其三，排除占有人对物之事实管领，既包括排除对物之整体的事实管领，也包括排除对物之某一独立部分的事实管领。前者是整体侵夺，后者是部分侵夺，部分侵夺人取得对物的部分占有。

其四，占有剥夺行为与占有丧失之间应具备相当因果关系。

8 据此，占有侵夺的排除事由有三：其一，法律许可；其二，占有人同意；其三，不存在相当因果关系。其中，占有人同意也可默示为之，且仅直接占有人得为此同意，因为占有侵夺是剥夺物之事实管领，而此之管领人即直接占有人。为保护占有人计，在侵夺行为实施之前，对占有侵夺的事前同意可随时撤回。

9 还应注意，占有侵夺以法律禁止的私力为前提，但此私力不必构成侵权行为，因占有返还请求权属物上请求权，不以侵夺人具有责任能力与过失为必要。此外，占有返还请求权的成立以物尚未灭失为前提，否则即生侵权损害赔偿问题而非占有返还问题。

2. **请求内容**

10 占有返还请求权的内容，为请求回复物之占有，应在侵夺地点履行。占有返还仅指向物之回复，并非恢复物在占有侵夺之前的状态，因此占有返还不同于恢复原状。若存在物的其他损害，则应诉诸以过失为要件的侵权赔偿。同理，占有返还请求权也不及于孳息与替代物，后者也是损害赔偿问题，已超出物上请求权的效力范围。

11 占有返还请求权可转让或继承，也可能与其他请求权发生竞合。但占有返还义

---

〔9〕 Vgl. Münchener/Joost, Kommentar zum Bürgerlichen Gesetzbuch, 8. Aufl., München: C. H. Beck, 2020, §858, Rn. 7.

〔10〕 参见王泽鉴：《民法物权》（第 2 版），北京大学出版社 2010 年版，第 537 页；谢在全：《民法物权论（下册）》（第 5 版），中国政法大学出版社 2011 年版，第 1225 页。

务的履行障碍不适用债务不履行的一般规则,更明确地说,占有返还义务不单纯因不履行而转变为损害赔偿之债,因为单纯占有本身只具有排他效力而不具有财产归属内容,损害赔偿则以归属利益的丧失为前提,且以责任能力与过失为要件。

3. **权利主体**

(1)直接占有人

直接占有人享有占有返还请求权当无疑义。部分占有人也有此权利,如各合租人对自己所承租独立房间的占有。但各直接占有人为共同占有人时,针对第三人仅得请求回复共同占有,各共同占有人之间就占有物的使用范围,则不得互相请求占有保护,而应诉诸内部关系,如合租人对共用厨房的占有。至于间接占有人与占有辅助人得否行使占有返还请求权则仍须探讨,因为《民法典》中没有直接采纳"间接占有"和"占有辅助"概念,但也未明确予以否定。因而,问题的关键即在于,是否有必要保护间接占有人与占有辅助人。 12

(2)间接占有人

首先应指出,占有保护制度并不以占有的公示功能为前提,否则即无以解释,占有并非不动产权利的公示方式,但不动产占有人仍受此保护。因此,即使否定间接占有的公示功能,也不意味着间接占有人不应享有占有保护。至于间接占有是否无法负载占有的公示功能,则已超出本文论域。下文仅探讨间接占有是否应予保护。 13

支持者认为,间接占有人应予保护,尤其是间接占有人并非均享有本权,赋予间接占有人基于占有的保护性权利,恰可体现占有保护不问占有本权的制度精髓。[11] 反对者则认为,我国并未承认间接占有概念,间接占有并非对物的事实支配,而是一种虚设的占有。[12] 间接占有人为所有权人的,可以通过所有权保护途径寻求救济,即使直接占有人不行使占有保护请求权,所有权人也可以对第三人行使物权请求权。[13] 就占有保护而言,该概念的反对者似乎并不反对间接占有 14

---

〔11〕 参见张双根:《占有的基本问题》,载《中外法学》2006年第1期,第118页;张双根:《间接占有制度的功能》,载《华东政法学院学报》2006年第2期,第47—48页;申卫星:《物权法原理》,中国人民大学出版社2008年版,第194—197页。

〔12〕 参见李锡鹤:《物的概念和占有的概念》,载《华东政法大学学报》2008年第4期,第27页;石佳友:《〈物权法〉占有制度的理解与适用》,载《政治与法律》2008年第10期,第33页;薛启明:《〈物权法〉占有制度三题》,载《研究生法学》2007年第3期,第120—125页。

〔13〕 参见王利明:《论占有》,载王利明:《民商法研究》(第4辑),法律出版社2001年版,第445—447页。但在后续的作品中,王利明教授的观点似有所松动,虽然仍认为"《物权法》不规定间接占有概念,具有一定的合理性",但也指出"尽管《物权法》中没有规定间接占有的概念,但区分直接占有和间接占有,对于全面理解占有的概念,强化对占有的保护,仍然具有一定的意义"。参见王利明:《物权法研究(下卷)》(第3版),中国人民大学出版社2013年版,第1475—1476页。

应受法律保护，而只是认为可以通过其他途径解决。[14]

15　本文认为，虽然《民法典》中并未出现“间接占有”术语，却并不能因此简单地推断，《民法典》对间接占有制度持否定态度。实际上，在全国人大常委会法制工作委员会对《民法典》第 228 条的立法理由中即多次使用间接占有概念解释占有改定制度。[15] 我国学者也多有持此意见者。[16]《担保法解释》第 88 条也已经使用了“间接占有”。实务中，不仅有法院判决明确指出间接占有属于占有，应予保护，[17] 还有判决在实质上承认了多级间接占有，认为多重转租的转租人仍为占有人。[18]

16　此外，《德国民法典》之所以在第 868 条专门对“间接占有”作了定义，是因为它在第 854 条第 1 款规定直接占有“因取得对物的事实管领而取得”，所以如果要承认不同于直接占有的间接占有，必须对此予以明确。与德国法不同，我国《民法典》中并没有明确界定占有为“对物的事实管领”，那么也就不需要特别对“间接占有”予以界定。

17　具体到占有保护，并非如反对者所言，可以通过其他途径达到保护间接占有的目的。占有保护不同于权利保护，即使间接占有人同时是所有权人，所有权保护也不能取代间接占有保护。因为主张基于所有权的物上请求权，必须首先证明所有权的存在，但一般而言证明所有权比证明间接占有更为困难，如此反而加重了间接占有人寻求救济的成本。在间接占有人享有其他本权的情形亦然。更重要的是，间接占有人并非均是有权占有人，即使是无权间接占有人，同样应予保护。

18　既然间接占有应予保护，并且，间接占有保护制度不能被其他制度所取代，占有返还请求权的权利人即应包括间接占有人。只不过，对占有侵夺的救济，其目的在于回复被侵夺之前的占有状态，间接占有人之占有保护请求权的内容，也就只能是要求回复自己的间接占有。所以，间接占有人只能请求将物返还于直接占

---

〔14〕 对此问题的探讨还可参见刘家安：《含混不清的“占有”》，载《中外法学》2006 年第 2 期，第 240—248 页。

〔15〕 参见黄薇主编：《中华人民共和国民法典物权编释义》，法律出版社 2020 年版，第 40—41 页。

〔16〕 参见庄加园：《间接占有与占有改定下的所有权变动》，载《中外法学》2013 年第 2 期，第 347—364 页；常鹏翱：《占有行为的规范分析》，载《法律科学》2014 年第 2 期，第 114 页。

〔17〕 参见最高人民法院（2014）民一终字第 116 号民事判决书、江苏省宿迁市中级人民法院（2015）宿中民终字第 00480 号民事判决书。

〔18〕 参见浙江省湖州市中级人民法院（2010）浙湖民终字第 305 号民事判决书。该判决虽正确认识到转租人也是占有人，但未能明确租赁期间届满后承租人拒绝迁出并不构成占有侵夺，中间转租人的返还请求权应以契约规则为依据。该案一审法院以《合同法》相应规范作出裁判适用法律正确，而二审法院却认为“原审法院……在案由确定上，将本案定为房屋租赁合同纠纷有所不当，本院将本案案由调整为占有保护纠纷”。

有人，除非直接占有人不能或不愿收回占有。在直接占有人不愿或不能收回占有的场合，间接占有人主张物之返还，类似于债权人对次债务人的“代位权”。若为多级间接占有，还须所有下级占有人均不能或不愿收回占有。

同理，由间接占有本身的性质决定，间接占有是否被侵夺应以直接占有为断。 19
而在直接占有人与间接占有人的相互关系中，若间接占有人非经法律许可且非基于直接占有人的意思侵夺直接占有，则直接占有人可对间接占有人主张占有返还，但间接占有人并不享有针对直接占有人的占有返还请求权。以租赁关系为例，即使租赁期满，承租人（直接占有人）拒绝返还，也不构成对出租人（间接占有人）的占有侵夺，承租人仍是直接占有人，出租人可诉诸债务不履行、所有权保护或不当得利制度，但不得以间接占有人的身份针对直接占有人行使占有返还请求权。〔19〕

（3）占有辅助人

与间接占有的处境类似，我国《民法典》既未明确采用占有辅助概念，也未明 20
确予以否定。但人民大学民法典建议稿物权编第1130条有此建议条文：“（第1款）辅助占有是基于特定的从属关系，受他人的指示，而对物进行事实上的管领。（第2款）辅助占有的情形下，发出指示的人为占有人。”其理由谓：“社会生活中有些人虽然在事实上确实对物进行管领或控制，但是此种管领完全是为了他人的利益并遵照他人的指示而进行……从常识的角度看，任何人都不会认为这样的一种占有是具有法律意义的占有，其与法律上的占有具有较大的差别。”〔20〕社科院民法典建议稿物权编第647条同样规定了占有辅助制度：“基于雇用或者其他类似关系，受他人指示而对物实行控制与支配的，仅该他人为占有人。”〔21〕

在占有辅助人与占有主人的关系中，占有的体素与心素出现了分化，占有主 21
人具有心素，而体素则在占有辅助人处，对物之管领，占有辅助人必须服从占有主人的指示，占有辅助人对占有物并不享有自己的利益，因而，在占有侵夺情形，占有返还请求权人当是占有主人。不过，占有主人仍不妨授权占有辅助人代其行使返还请求权。

4. **义务主体**

占有返还请求权的义务主体即瑕疵占有人，具体而言，该义务主体须满足两 22

〔19〕 但上海市第二中级人民法院（2015）沪二中民二（民）终字第634号民事判决书、上海市第二中级人民法院（2012）沪二中民二（民）终字第1836号民事判决书均以《物权法》第245条第1款为依据，支持间接占有人要求直接占有人返还房屋。

〔20〕 参见王利明主编：《中国民法典学者建议稿及立法理由·物权编》，法律出版社2005年版，第569—570页（程啸执笔）。

〔21〕 参见梁慧星主编：《中国民法典草案建议稿附理由·物权编》，法律出版社2013年版，第687页（张广兴执笔）。

项要件:其一,权利人请求返还占有之时,义务主体为占有人。若侵夺人抛弃占有,则不再是占有返还请求权的相对人,但仍不妨根据侵权规则要求其承担损害赔偿责任。其二,相对于请求权人,义务主体的占有为瑕疵占有。以法律禁止的私力获得的占有为瑕疵占有。不过,占有瑕疵具有相对性,甲侵夺乙之占有,甲相对于乙而言是瑕疵占有人,但第三人丙不得主张甲之占有为瑕疵占有。

关于瑕疵占有的具体认定,还需要注意:

23 首先,权利人请求返还占有之时,若侵夺人占有侵夺物,则该侵夺人为瑕疵占有人,有义务返还占有。即使侵夺人将占有物出租或借出,成为间接占有人,仍应返还间接占有。侵夺人的占有是否具有瑕疵,仅以是否实施了法律禁止的私力侵害为断,而与是否享有本权无关。一方面,即使是本权人,若通过占有侵害行为取得占有,也是瑕疵占有人。如租赁期满,承租人拒绝迁出,所有权人强行侵占房屋,由此取得的占有为瑕疵占有。另一方面,无权占有并不等于瑕疵占有,如上海市第二中级人民法院(2015)沪二中民二(民)终字第634号民事判决书所涉案件中,劳动聘用期结束后,原雇员仍使用校舍,构成无权占有,但其占有取得并非基于法律禁止的私力侵害,并非瑕疵占有。

24 其次,若侵夺人丧失占有,他的占有继受人是否占有返还请求权的义务主体,需要区分情形:第一,侵夺人的概括继受人承继占有瑕疵,如继承人,无论他对前手的占有瑕疵是否知情。第二,占有的特定继受人,取得占有时知道其前手之占有瑕疵者,也为瑕疵占有人。只是此之占有继受,仅考量时间上的继受,如甲盗窃乙占有之物,甲也是乙的占有后手,只要甲知道乙的占有系侵夺而得,即须承继乙的占有瑕疵。此外,占有辅助人明知瑕疵占有仍为占有主人取得占有者,占有主人也为瑕疵占有人。

25 有疑问的是,交互侵夺得否排除占有瑕疵。典型者如,甲侵夺乙之占有,嗣后乙又夺回。甲侵夺乙之占有,甲相对于乙为瑕疵占有人,嗣后乙又夺回,乙相对于甲同样是瑕疵占有人。出于诉讼经济的考量,并结合占有保护请求权的除斥期间,我国台湾地区学者多认为,在乙之占有返还请求权的一年除斥期间内,甲作为相对于乙的瑕疵占有人,其占有返还请求权被排除。〔22〕本文以为,单纯诉讼经济的考量,恐怕尚不足以排除占有保护。而从法无禁止即自由的角度出发,既然《民法典》未排除此等情形下甲的占有返还请求权,似很难拒绝为其提供占有保护。

5. 本权抗辩

26 《民法典》并未明确得否以本权对抗占有保护请求权。以占有本权对抗占有

〔22〕 参见史尚宽:《物权法论》,中国政法大学出版社2000年版,第592页;王泽鉴:《民法物权》(第2版),北京大学出版社2010年版,第547页;谢在全:《民法物权论(下册)》(第5版),中国政法大学出版社2011年版,第1232页。我国台湾地区学者的解释路径以《德国民法典》第861条第2款为蓝本。

保护请求权有三种可能的途径：其一，以本权作为针对占有保护请求权的抗辩。其二，以本权作为具有既判力之判决的依据，对抗占有保护请求权。其三，以本权作为针对占有之诉的反诉依据。

（1）以本权作为抗辩

27 我国学者大多主张，占有之诉中应禁止提起本权抗辩。[23] 在全国人大常委会法制工作委员会附于《物权法》第245条的参考立法例中，也列举了《德国民法典》第863条与《日本民法典》第202条，[24] 这两项规范所规定者，即占有之诉中不得提起本权抗辩。由此观之，全国人大常委会法制工作委员会的态度似乎更倾向于占有之诉与本权保护的分离。司法实务中也有禁止本权抗辩的判决。[25]

28 关于占有之诉中禁止本权抗辩的理由，有不同的解释。黑克（Philipp Heck）认为，每个占有人对继续管领占有物都享有经济上的利益，占有状态的维续本身即构成一项独立的法益，此与占有是否存在本权无关。对本权抗辩的限制，是对占有保护的强化，而此种强化只能向占有人之维续利益寻求解释。维续利益不仅要求对占有的保护，而且要求迅速及时的保护。恢复维续性是一项自然意义上的急迫事由。因而本权抗辩的排除仅服务于占有之诉的急迫性。此项规范毋宁是一项程序上的优势，故而更适宜将其规定于民事诉讼法中，而非民法典中，它是"程序羊群中走失的羔羊"。[26] 也有学者主张，占有之诉中禁止本权抗辩，是因为占有之诉的暂时性。因为占有之诉中所作的判决并不能决定终局的归属状态，应当尽量简化占有之诉，排除本权抗辩。[27] 在以人格保护解释占有保护之正当性的学者看来，占有之诉中排除本权抗辩，也是防止法律禁止之私力的必然要求。[28]

本文认为，占有侵害行为是对占有人的侵犯，相应的救济即应是消除侵犯的影响，恢复侵害之前的占有状态。对占有享有权利本身，并不能成为侵犯他人的理由，不能作为针对占有保护请求权的有效抗辩。仅在权利行使构成正当防卫或自助时，才可成为排除不法性的抗辩事由，但因其可排除不法性，也就不构成占有侵夺，无从成立占有之诉。故此，在占有之诉中禁止本权抗辩是禁止占有侵害的

---

〔23〕 参见王洪亮：《论基于占有的物上请求权》，载《清华法学》2007年第3期，第87页；刘智慧：《占有制度原理》，中国人民大学出版社2007年版，第351页。

〔24〕 参见全国人大常委会法制工作委员会民法室编：《〈中华人民共和国物权法〉条文说明、立法理由及相关规定》，北京大学出版社2007年版，第434、436页。

〔25〕 参见山东省东营市中级人民法院（2013）东民四终字第163号民事判决书。

〔26〕 Vgl. Philipp Heck, Grundriss des Sachenrechts, Tübingen: J. C. B. Mohr, 1930, S. 13, 50 ff.

〔27〕 Vgl. Westermann/Gursky, Sachenrecht, 7. Aufl., Heidelbelg: C. F. Müller, 1998, S. 142.

〔28〕 Vgl. Hans Josef Wieling, Sachenrecht, Band I, 2. Aufl., Berlin Heidelberg: Springer, 2006, S. 207.

必然推衍。严格区分权利保护与占有之诉的意义即在于,排除权利人为任何法律禁止的私力行为。不过,本权抗辩禁止仍不妨由当事人约定排除。

(2)以本权作为具既判力之判决的依据

29 在占有侵害行为实施后,侵害人的占有本权被具既判力的判决所确认的,占有保护请求权即消灭,以防止不必要的来回返还。但也有观点认为,即使是一项在占有侵害行为实施之前所作出的对占有本权的确认判决,也足以排除占有保护请求权。〔29〕本文以为,该主张有过犹不及之嫌,因为这无异于为私人执法鸣锣开道。

(3)以本权作为反诉依据

30 虽然在占有之诉中不得提起本权抗辩,但可以占有本权为根据提起反诉,相对方可以反诉的方式实现抗辩目的。但前提是,反诉未"掏空"占有保护,即仅在法院就反诉作出具有形式既判力且可强制执行的判决时,才能以此为依据驳回占有之诉。〔30〕此外,如果占有之诉与反诉判决同时作出,占有保护请求权也视为消灭。

6. 除斥期间:第 2 款

31 本条第 2 款规定,占有返还请求权因一年期间的经过而消灭,实务中也有相关判决。〔31〕该期间限制,条文明定自"侵占发生之日"起计算,本文以为,"侵占发生"亦解释为"侵夺行为结束"。至于占有人对侵夺行为是否知情或应知,则在所不问。〔32〕

32 有争议的是,该期间的性质如何界定。既有视其为诉讼时效者,〔33〕也有视其为除斥期间者,〔34〕还有观点认为,该期间属于无中止、中断的诉讼时效〔35〕,或构成独立的期间类型〔36〕。该期间的性质界定,取决于期间效力,而期间效力之设定,又受制于规范目的。

本条第 2 款文义明确显示,此处所规定的期间,发生"请求权消灭"的效果。

---

〔29〕 参见 Vgl. Westermann/Gursky, Sachenrecht, 7. Aufl., Heidelbelg: C. F. Müller, 1998, S. 146.

〔30〕 Vgl. Baur/Stürner, Sachenrecht, 18. Aufl., München: C. H. Beck, 2009, S. 97.

〔31〕 参见陕西省紫阳县人民法院(2010)紫民初字第 507 号民事判决书。

〔32〕 但四川省遂宁市中级人民法院(2014)遂中民终字第 108 号民事判决书以占有人"知道……侵占诉争房屋的事实开始起算"该一年期间,并得到四川省高级人民法院(2014)川民申字第 920 号民事裁定书的支持。

〔33〕 参见天津市高级人民法院(2014)津高民申字第 0542 号民事裁定书。

〔34〕 参见河南省郑州市中级人民法院(2013)郑民二终字第 323 号民事判决书。

〔35〕 参见朱岩、高圣平、陈鑫:《中国物权法评注》,北京大学出版社 2007 年版,第 796—797 页(朱岩执笔)。

〔36〕 参见刘智慧:《占有制度原理》,中国人民大学出版社 2007 年版,第 345 页。

这属于除斥期间而非诉讼时效的效力特点。该请求权因时间经过而消灭的正当性则在于：占有状态并不属于终局的权利归属，因此，在特定期间经过后，丧失占有的前占有人即不值得享有独立于占有本权的保护。被侵害的暂时的占有状态，在一定时间经过后，保护必要性即让位于新的占有状态。换言之，该期间限制的正当性在于占有保护的暂时性。因此，应将此时间限制视为除斥期间，否则将导致法律关系长期的不稳定。不过，占有保护请求权罹于除斥期间，并不妨碍享有本权的占有人继续行使基于本权的请求权。

由此引申的问题是，占有返还请求权是否必须于一年期间内依诉行使（如《德国民法典》第 864 条第 1 款）？[37] 允许诉讼外行使可能导致的难题是，诉外请求但相对方拒绝返还的法效如何确定：若期间继续计算对请求权人似不公，若期间中断或中止则不符合除斥期间的性质，若转用诉讼时效也与占有保护的暂时性难以匹配。 32a

（二）占有妨害请求权：第 1 款第 2 分句

1. 适用前提

占有妨害请求权包括占有妨害排除请求权与占有妨害防止（消除危险）请求权。前者所救济者为仍在持续的占有妨害。仅有妨害危险者，则应诉诸后者。

（1）占有妨害排除请求权的适用前提

占有妨害，是以法律禁止的私力所为的占有侵夺之外的占有侵害，具体而言， 33
即占有侵夺行为之外的，非经法律许可且非基于占有人意思的占有侵害，既包括在他人占有的土地上挖地槽、断水断电等干扰占有人正常使用的有形妨害，也包括噪音、烟雾等无形妨害，多发生于不动产之上。

根据妨害的不同形态，可区分行为妨害与状态妨害。直接实施占有侵害行为 34
造成占有妨害者为行为妨害。虽未直接实施妨害行为，但因其意思容许妨害状态之存在者，则构成状态妨害。而若是纯粹由自然原因导致的妨害状态，尚不足以构成占有妨害，妨害必须至少可追溯至妨害人的间接意思。更明确地说，即使是状态妨害，也以法律禁止的私力侵害为前提，只不过此处的私力体现为（有作为义务而）不作为。鉴于行为妨害与状态妨害的法律效果一致，均指向妨害排除，二者区分意义有限，更有意义的毋宁是自然事件与可归因于人之意识的占有妨害的区分。

占有侵夺与占有妨害有界分模糊之时，如停车于他人车库入口处、更换他人 35

〔37〕 请求权适用除斥期间均会产生类似的问题，因为请求权不同于形成权，须对方履行才能实现。

房锁、[38]在他人房屋中安装门窗[39]等。本文认为，占有侵夺与占有妨害仅是侵害程度的差异而无本质不同，以占有剥夺为最严重，在有疑义时，宜解释为占有妨害。

36 在物被部分剥夺占有情形，就该物之部分而言，侵夺人成立部分占有，构成部分占有侵夺，而对物之整体而言，又同时构成占有妨害，如将车持续停放于他人土地之上，构成对停放处土地的部分侵夺，以及对整个地块的占有妨害。[40]

(2)占有妨害防止(消除危险)请求权的适用前提

37 与占有妨害排除请求权以仍在持续的占有妨害为适用条件不同，占有妨害防止请求权不是以现时的占有妨害，而是以存在妨害危险为前提，指向将来可能发生的占有妨害。妨害危险也可分为行为妨害危险与状态妨害危险。是否存在妨害危险，不以曾经发生妨害为必要，已经发生过妨害，固然为妨害危险的重要推定因素，但第一次发生的妨害同样应予救济。此外，妨害危险的认定也不以占有人意思为断，而是取决于一般社会观念的客观评价。

(3)排除事由

38 与占有侵夺同理，占有妨害与妨害危险的排除事由同样有三：其一，法律许可；其二，占有人同意；其三，不成立相当因果关系。但妨害人对于妨害的不法性是否知情在所不问。在妨害发生之前，对占有妨害的事前同意可随时撤回。基于占有保护请求权之物上请求权的属性，两类占有妨害请求权同样以物尚未灭失为前提，但不以妨害人的责任能力与过失为必要，以区别于基于侵权的损害赔偿请求权。

2. 请求内容

39 针对仍在持续的占有妨害，占有人可主张妨害排除请求权，请求侵害人除去妨害，费用由侵害人承担。占有人以自己的费用除去妨害时，得依不当得利或无因管理的规定，请求侵害人返还所支出的费用。

妨害排除的目的仅在于除去妨害，而非恢复妨害发生之前的状态，因此，因排除妨害而支出的费用既不同于恢复原状的费用，也不同于因占有妨害而导致的其他损害，后二者均属于损害赔偿问题，[41]如在他人占有的不动产上倾倒垃圾，妨

〔38〕 上海市第二中级人民法院(2009)沪二中民二(民)终字第 145 号民事判决书将此界定为妨害，山东省日照市中级人民法院(2014)日民一终字第 235 号民事判决书将用锁具锁死他人房门界定为妨害。

〔39〕 四川省遂宁市中级人民法院(2014)遂中民终字第 108 号民事判决书将此界定为侵占。

〔40〕 福建省福州市中级人民法院(2015)榕民再终字第 68 号民事判决书将部分占用他人厂区界定为占有妨害；江苏省宿迁市中级人民法院(2015)宿中民终字第 00480 号民事判决书对侵占房屋其中一间的案由定性为占有排除妨害纠纷，但文书中侵占、妨害均有出现。

〔41〕 Vgl. Fabian Klinck, in: Staudinger/Eckpfeiler des Zivilrechts, Berlin: Sellier - de Gruyter, 2011, V. Rn. 58.

害排除的内容仅限于清理垃圾，至于残留的土地污染，则并非妨害排除问题，而是侵权损害赔偿问题。若混淆妨害请求权与损害赔偿的适用条件，就可能出现架空过失侵权原则的危险，以不问过失的防御请求权代替以过失为要件的损害赔偿请求权。〔42〕

占有有受妨害之虞的，占有人可主张以不作为为内容的妨害防止请求权，以避免将来发生占有妨害。宁夏回族自治区中卫市中级人民法院（2014）卫民终字第254号民事判决书所涉案件中，被告曾阻止原告转移机械设备，并表示以后仍将继续进行阻止，构成占有妨害危险，原告本可主张妨害防止请求权，但因在诉讼中主张占有返还，最终败诉。由此引发的问题是，占有返还请求权、占有妨害排除请求权与占有妨害防止请求权三者之间得否转换。本文以为，占有侵夺与妨害、妨害危险的区别仅是程度差异而非实质不同，且常有界限模糊之时，故而，若请求权人主张占有返还，但占有侵夺不能成立时，法院可主动审查占有妨害是否成立，妨害不能成立之时，法院也可主动审查妨害危险是否成立。反之亦然。〔43〕 40

占有妨害排除请求权与占有妨害防止请求权均不得单独让与，而是随占有移转而移转。与占有返还请求权相同，两类占有妨害请求权的履行障碍也不适用债务不履行的一般规则，因此造成的损害应诉诸侵权等其他法律规则，因为占有保护仅保护对物事实管领，而不涉及收益归属问题。 41

3. **权利主体**

两类占有妨害请求权的权利主体与占有返还请求权相同。直接占有人、间接占有人均可作为请求权人，而不问占有物是动产抑或不动产。无论以物权为本权、以债权为本权，或无权占有，均不影响占有妨害请求权的成立。在直接占有人与间接占有人的相互关系中，仅直接占有人针对间接占有人享有占有保护请求权。占有辅助人则并非权利主体，但仍有可能因占有主人的授权而代其行使权利。 42

4. **义务主体**

占有妨害排除请求权以占有妨害人为其义务主体。占有妨害人即其意志决定了妨害的产生及持续之人，包括行为妨害人与状态妨害人。妨害行为或状态结束，妨害请求权也就消灭，但不影响侵权请求权等其他法律关系。与占有妨害排除请求权相应，占有妨害防止请求权的义务主体，于行为妨害危险为行为人，于状态妨害危险为危险源的支配者。 43

---

〔42〕 参见王洪亮：《妨害排除与损害赔偿》，载《法学研究》2009年第2期，第59页。

〔43〕 类似观点可参见 Vgl. Staudinger/Bund, Kommentar zum Bürgerlichen Gesetzbuch, Berlin: Sellier - de Gruyter, 2007, § 861, Rn. 19.

5. **本权抗辩**

44 基于与占有返还请求权相同的理由，占有本权也不足以抗辩占有妨害排除请求权与占有妨害防止请求权，但若基于本权的反诉可终局地予以强制执行，则可挫败占有妨害之诉。此外，占有妨害行为实施之后或占有妨害危险产生之后，法院作出的对占有本权的确认判决，也可排除占有妨害排除请求权与占有妨害防止请求权，此前作出的判决则无此效力。

6. **除斥期间**

45 根据本条第2款之规定，仅占有人"返还原物"的请求权因一年未行使而消灭。由此产生的问题是，两类占有妨害请求权是否也应适用该一年期间。占有妨害请求权不适用除斥期间的理由似乎在于，与占有返还请求权不同，只要占有妨害或妨害危险存在，占有人即应享有相应的救济权，没有必要为此权利设定时间限制。[44] 反之，有学者认为，占有妨害请求权同样具有占有保护的暂时性特征。基于体系考量，没有理由于此区别对待占有返还请求权与占有妨害请求权。[45]

46 本文认为，若只要占有妨害或妨害危险存在，占有人即应予以保护，循此逻辑，在占有侵夺情形，只要占有尚未回复，占有侵害即存在，占有人同样应予以保护，那么占有返还请求权更不应该受到一年除斥期间的限制。占有侵夺是最严重的占有侵害形式，如果占有侵夺的救济权尚且受到一年除斥期间的限制，而针对侵害程度较轻之占有妨害的请求权反而不受此期间限制，无疑将导致法律评价矛盾。因此，应将本条第2款规定的一年除斥期间适用于占有妨害排除、妨害防止请求权。

占有妨害请求权之一年除斥期间的起算应区分以下情形：

47 占有妨害排除请求权的期间限制，自妨害发生时起计算，无论占有人是否知情。有争议的是，对于反复发生的占有妨害，期间如何起算。有观点认为，应以最后一次妨害为起算始点，[46] 本文认为，反复发生的占有妨害是多次妨害，而非一次妨害，应分别成立占有妨害排除请求权，每次妨害都应独立起算。

48 占有有受妨害之虞的，占有妨害防止请求权的一年期间以客观危险产生的时点起算。对于反复发生的占有妨害危险，针对每次危险均独立起算。与占有妨害相同，占有妨害危险的存在，也与占有人是否知情无关。

---

〔44〕 参见黄薇主编：《中华人民共和国民法典物权编释义》，法律出版社2020年版，第636页。

〔45〕 参见孙宪忠主编：《中国物权法：原理释义和立法解读》，经济管理出版社2008年版，第589页（张双根执笔）。

〔46〕 参见梁慧星主编：《中国民法典草案建议稿附理由·物权编》，法律出版社2013年版，第723页。

(三)损害赔偿请求权:第 1 款第 3 分句

《物权法》第 245 条第 1 款第 3 分句明确赋予占有人损害赔偿请求权,规定:“因侵占或者妨害造成损害的,占有人有权请求损害赔偿。”有疑问的是,该项规范的性质如何,是确立了一项独立的请求权基础,抑或仅是一项指示侵权规则的参引性规范。对此,司法实务中也是做法各异:有直接以《物权法》第 245 条第 1 款为依据,支持占有人的损害赔偿请求者;[47] 有将案中的占有侵害定性为侵权,但未参引侵权规则,而以《物权法》第 245 条第 1 款为裁判依据者;[48] 还有以《物权法》第 245 条第 1 款与侵权规则共同作为侵害占有之损害赔偿依据者。[49] 49

但《民法典》第 462 条第 1 款第 3 分句将表述改为“因侵占或者妨害造成损害的,占有人有权依法请求损害赔偿”,从而明确了其参引规范的属性,但其作为参引规范的理由仍需要阐明。

1. 规范性质:参引性规范

本文认为,该项规范并非一项独立的请求权基础规范,而是一项参引性规范, 50 指示参照过失侵权的一般规则(《民法典》第 1165 条第 1 款)。[50] 原因在于,如果认为该项规范确立了一项独立的请求权,那么就必须回答该请求权的性质是物上请求权抑或特殊侵权请求权。而无论作上述何种解释,均难以自圆其说:物上请求权不涉及物之损害的价值赔偿,仅限于实现物权效力。而若将其解释为特殊侵权请求权,则意味着该请求权不以过失为要件,但这同样缺乏有力论据,因为无过失责任的理论基础是危险责任,其基本思想在于“不幸损害”的合理分配,而占有侵害行为显然并非特殊危险行为。

而且,自比较法的角度考量,将该项规范作为独立的请求权基础也欠缺说服 51 力。《瑞士民法典》第 927 条、第 928 条,以及《日本民法典》第 198 条、第 200 条均规定了针对占有侵夺与占有妨害的损害赔偿请求权,但两国学理与判例均将其解释为指示参引性规范,必须适用一般侵权规则,占有侵害人仅在具有过失时才承担损害赔偿责任,将其规定在占有保护部分只是为了方便起见。[51] 《德国民法典》则无此规范。

---

〔47〕 参见北京市第一中级人民法院(2013)一中民终字第 14311 号民事判决书。

〔48〕 参见浙江省金华市中级人民法院(2015)浙金民终字第 33 号民事判决书。

〔49〕 参见江苏省宿迁市中级人民法院(2015)宿中民终字第 00480 号民事判决书。

〔50〕 详细论证参见吴香香:《论侵害占有的损害赔偿》,载《中外法学》2013 年第 3 期,第 600—603 页。

〔51〕 Vgl. E. W. Stark, Berner Kommentar zum schweizerischen Privatrecht, Band IV, 3. Abteilung, Besitz und Grundbuch, 3. Aufl., Bern: Stämpfli Verlag AG, 2001, §927, Rn. 26 ff., §928, Rn. 45 ff.; [日]我妻荣:《我妻荣民法讲义 II · 新订物权法》,有泉亨补订,罗丽译,中国法制出版社 2008 年版,第 516 页。

2. **规范适用**

52 如上文所述，本条第 1 款第 3 句系参引性规范，指示参照《民法典》第 1165 条第 1 款："行为人因过错侵害他人民事权益造成损害的，应当承担侵权责任。"而根据《侵权责任法》第 2 条第 2 款，该法所保护的权利与权益，包括"生命权、健康权、姓名权、名誉权、荣誉权、肖像权、隐私权、婚姻自主权、监护权、所有权、用益物权、担保物权、著作权、专利权、商标专用权、发现权、股权、继承权等人身、财产权益"，因而问题即在于，占有是否属于该条款所谓的"等人身、财产权益"。该条文虽已删除，但对于认定侵权规则所保护的权益仍有解释意义。对于概括条款与列举法的结合，应以类推的方式进行解释，因而应探讨占有是否与上述规范中所列举的权利相类似。与占有最相近者为所有权，于此即应探讨，在侵权法上是否应将占有与所有权相同对待。所有权受侵权法保护的原因在于其最本质的特征，即绝对性与终局性，绝对性要求任何人均需尊重，且可针对任何人主张，终局性则要求该项权利具有终局性的归属内容。据此，问题即在于，占有是否具有绝对性与终局性。〔52〕

53 本条所规定的占有保护请求权可针对任何人主张，因而单纯占有有被视为绝对性法律地位的可能，但仍无法满足终局性要求，因为占有保护具有时限性，因一年除斥期间的经过而消灭。更重要的是，与所有权相比，单纯占有不具有任何财产归属内容，单纯占有人虽有事实上获益的可能，但法律上却无权对物进行收益，甚至有义务向权利人返还收益。鉴于占有在财产归属上的"中立"，损害赔偿的保护方式对其并不适宜。〔53〕

而且，占有物所遭受的损害，必然同时构成对权利人的侵害。如果认为单纯占有人得主张损害赔偿，不仅剥夺了权利人选择赔付义务人的权利，还可能导致两种后果：其一，侵害人须就同一损害分别向单纯占有人与权利人为两次赔偿；其二，侵害人向单纯占有人赔偿之后，由权利人向单纯占有人追偿，侵害人不必再为给付。第一种路径明显有违公正，不足取。而第二种路径本身即表示，占有物所遭受之损害是对权利的侵害，而非对占有的侵害，否则单纯占有人就可以保留损害赔偿，而不必向权利人返还。而且，第二种路径适用的前提是，侵害人善意信赖单纯占有人即为权利人，于此保护的是侵害人的善意信赖，而非单纯占有。若侵害人明知单纯占有人并非权利人，则不能因向单纯占有人给付而免责。

54 至于善意占有与有权占有是否应享有侵权法上的保护，同样取决于是否具有

---

〔52〕 Vgl. Dieter Medicus, Besitzschutz durch Ansprüche auf Schadensersatz, Archiv für die civilistische Praxis (1965), S. 116 f.

〔53〕 主张单纯占有不应受侵权法保护的观点，也可参见苏永钦：《侵害占有的侵权责任》，载苏永钦：《私法自治中的经济理性》，中国人民大学出版社 2004 年版，第 71 页。

与所有权相类似的绝对性与终局性。就善意占有人而言,《民法典》第459—461条并未确认其收益权,还使其负担孳息返还义务,也无任何归属内容,无法满足终局性要求,无从享有侵权法保护。而即使善意占有人享有用益收取权,受保护的也并非“占有”,而是“收益权”,占有只不过使其收益权具有了外观上的可识别性,占有本身的法律效果中没有收益内容。有权占有与此类似,占有本权若具有收益权限,则受侵权法保护,只不过所保护者仍是本权,而非占有本身,占有于此的意义同样仅是使本权具有可识别性。

综上,本条第1款第3分句仅是一项参引性规范,指示参照过失侵权的一般规则。对单纯占有的侵害无法构成侵权行为,因为单纯占有只具有排他效力,而不具有任何财产归属内容,不能以损害赔偿的方式予以保护。可以主张赔偿的“损害”,只能是对占有人之收益权限的损害,而有收益权限的占有人在我国法上仅限于有权占有人。对有权占有的侵权法保护,实质是对占有本权的保护,而非占有保护。因而,损害赔偿请求权并非占有保护的固有内容。在法律适用中,应以本条第1款第3分句参引侵权规范,或者直接以侵权规范为依据作出裁判。 55

此外,既然损害赔偿实质是本权保护,即不适用本条第2款的一年除斥期间,且应允许本权抗辩。对此,山东滨州中院(2014)滨中民一终字第367号判决有其典型意义,该案中涉案房屋已灭失,占有返还不再可能,由此所生的损害赔偿问题并非占有保护问题,而是本权保护问题,作为原告的无权占有人并不享有本权保护,其损害赔偿请求权不应得到支持,且应允许相对方提出本权抗辩。但该判决虽然既认识到单纯的占有保护不问本权,不允许本权抗辩,也能分析得出无权占有人“就涉案房屋获得的赔偿,并不一定是绝对的、终局的权利……仍可能负有向……权利人返还取得的赔偿金的义务”,但却未能认识到《物权法》第245条第1款第3句为参引性规范,所保护者实为本权而非单纯占有,最终仍然支持了无权占有人的损害赔偿请求,并拒绝相对方就损害赔偿提出本权抗辩。 56

(四)竞合问题

占有保护请求权与本权保护有可能发生竞合,前提是,占有人同时为本权人,占有侵害同时构成本权侵害。占有保护与本权保护同时成立时,当事人可择一行使,本权保护规范不受一年除斥期间与本权抗辩禁止的限制。但占有保护本身不问本权,有其独立价值,《物权法》实施后大量涌现的占有判决中不乏精彩之作,也说明占有保护制度正日渐发挥其作用。 57

不过,司法判决中也常有将占有保护请求权与本权保护相混淆者,由此导致了一系列法律适用瑕疵: 58

其一,不以占有本身,而以占有人享有本权论证其占有应予保护。山东省东营市中级人民法院(2013)东民四终字第 161 号民事判决书以“房屋租赁合同期限未届满、未被依法解除或确认无效前,占用涉案房屋的行为,侵犯了上诉人的占有权”为由,为上诉人提供占有保护,而实际上,即使租赁契约届满,上诉人只要占有房屋即享有占有保护,占有保护并不依赖于本权。

其二,更有甚者,为从未取得占有的本权人提供占有保护。河南省信阳市中级人民法院(2012)信中法民终字第 816 号民事判决书所涉案件中,被告承租并占有房屋在先,原告取得房屋所有权在后,被告租赁期满后拒绝搬出,原告一直未曾取得占有,但法院判决却以《物权法》第 245 条第 1 款而非所有权保护规范为依据,支持原告的返还请求。辽宁省锦州市中级人民法院(2014)锦民二终字第 00232 号民事判决书则为尚未取得占有的承包经营权人提供了占有保护。

其三,混淆本权侵害与占有侵害,将无权占有等同于占有侵害。如江苏省盐城市中级人民法院 (2015)盐民终字第 00955 号民事判决书所涉案件中,房屋承建公司误将 7 某车库当作 8 某车库交付于被告,被告虽为无权占有人,但并非占有侵害人;在辽宁省锦州市中级人民法院(2014)锦民二终字第 00232 号民事判决书所涉案件中,无权占有人并非以法律禁止的私力取得占有,本权人只能诉诸契约、侵权、不当得利等权利保护规范,而非占有保护规范。

其四,在以《物权法》第 245 条为裁判依据的占有诉讼中,不将占有问题而将本权归属问题作为焦点,如辽宁省本溪市中级人民法院(2014)本民三终字第 00212 号民事判决书、四川省遂宁市中级人民法院(2014)遂中民终字第 108 号民事判决书、江苏省盐城市中级人民法院(2015)盐民终字第 00955 号民事判决书。由此进一步导致的问题是,即使是为了通过占有保护达到保护本权的目的,其举证上的便宜也并未得到体现,因为请求权人仍必须证明其本权。此外,还会导致在占有之诉中引入本权抗辩。

其五,无视占有保护的除斥期间。如河南省郑州市中级人民法院(2009)郑民二终字第 1299 号民事判决书所涉案件中,有权占有人的房屋被侵占,既可以诉诸权利保护规范,也可以诉诸占有保护规范,但若适用后者,即应适用法院须主动查明的占有返还请求权除斥期间。该判决以《物权法》第 245 条为裁判依据,但不仅未主动查明除斥期间,在上诉人提出权利期间抗辩时仍未予以查明,究其原因,是混淆了本权保护与占有保护,为了保护本权而拒绝适用占有保护的除斥期间,但更严谨的处理方式本应是直接适用本权保护规范。

综上,基于占有保护请求权在举证上的便宜,同时享有本权的占有人当然可以诉诸占有保护,以在技术上达到保护本权的目的,但前提是,本权人确实为占有人,且受到占有侵害;而绝不意味着,即使本权人从未取得占有,或虽取得占有但未曾受到占有侵害,也可被赋予占有保护;也不意味着,为了保护本权,即可将未曾实施法律禁止之私力的无权占有人等同于占有侵害人；更不意味着可在占有之诉中引入本权抗辩，无视占有保护的除斥期间。如果占有保护规范无法实现本权保护的效果，更可取的进路应当是直接诉诸本权规范，而非强行扭曲以不问本权为根本的占有规范，双向危害占有规范与本权规范的准确适用。

三、规范的体系关联

（一）占有自力防御权

1. 防御必要

如果对于已经完成的占有侵害，占有人得享有占有保护请求权，顺此逻辑，也就没有理由反对，对正在进行的占有侵害同样提供救济。《民法典》没有明确规定占有自力防御权，而多有观点认为，我国应当确立占有人自力救济权。[54] 人民大学民法典建议稿物权编和社科院民法典建议稿物权编也都规定了占有人自力救济权。[55] 59

占有自力防御权有两种形式：针对正在进行的占有侵害，占有人可以强力抵御，此为占有防卫权（Besitzwehr）；针对占有侵夺，占有人可立刻以强力取回，此为占有取回权（Besitzkehr）。于此应讨论的是，能否通过解释我国既有的实证规范，承认占有自力防御权。本文认为，正当防卫规则可堪使用。 60

2. 规范依据

如上文所述，占有防卫权与占有取回权共同构成占有自力防御权。一般认为，占有防卫权是正当防卫的特别情形，占有取回权则为自助行为的特别形式。[56] 不过，梅迪库斯（Dieter Medicus）却认为，占有取回权毋宁仍是正当防卫的扩展适用。[57] 我国法仅承认了正当防卫，而无明确的自助行为规则，若希望将占有自力防御权纳入现行规范体系，最可取的解释模式是，将两类占有自力防御权均作为正当防卫的特殊适用情形。鉴于占有防卫权属于正当防卫并无疑义，争议仅存在于对占有取回权的归列，下文的讨论即围绕占有取回权与自助行为及正当防卫的关系展开。 61

---

〔54〕 参见宁红丽：《物权法占有编》，中国人民大学出版社2007年版，第181页；彭诚信：《占有的重新定性及其实践应用》，载《法律科学》2009年第2期，第99页。

〔55〕 参见王利明主编：《中国民法典学者建议稿及立法理由·物权编》，法律出版社2005年版，第587页；梁慧星主编：《中国民法典草案建议稿附理由·物权编》，法律出版社2013年版，第715页。

〔56〕 参见Vgl. Hans Josef Wieling, Sachenrecht, Band I, 2. Aufl., Berlin Heidelberg: Springer, 2006, S. 192 ff.

〔57〕 Vgl. Dieter Medicus, Allgemeiner Teil des BGB, 9. Aufl., Heidelberg: C. F. Müller, 2006, S. 72.

(1)占有取回权与自助行为

62 自助行为是对请求权的自力保全,适用前提是:第一,自助行为人具有可强制执行的债权;第二,请求权的实现受到阻碍;第三,不能及时得到公权力救济。另外,自助行为也仅是一项暂时措施,在实施自助之后,必须不迟延地寻求公力救济。判断占有取回权是否自助行为,就应当探讨它是否符合自助行为的构成要件,以及自助行为的限制是否也适用于占有取回权。

63 自助行为是对债权(请求权)的救济手段,被侵害的占有则具有支配性质。退而言之,即使认为占有取回权不以占有而以占有返还请求权为救济对象,其前提仍然是,行使占有取回权时已经产生占有返还请求权。而占有人是否已经取得返还请求权,又取决于此时占有是否已经被侵夺。占有是否被侵夺,所涉问题的实质在于占有是否已经丧失。失去对物之事实管领,即丧失对物之占有,但暂时的管领障碍并不导致占有丧失。

占有取回权适用于两种情形:其一,在动产,占有人可以强力向当场被捉住或被追赶的行为人夺回该动产。于此,侵害人当场被捉住或被追赶,侵害行为尚未终局结束,占有物的管领状况也未确定,占有人并未丧失占有。其二,在不动产,占有人在侵夺行为实施后可立即驱赶侵夺人。基于不动产的性质,对占有丧失的认定应更为严格,“立即”驱赶不动产占有侵害人与“当场捉住或追赶”动产占有侵害人的及时性相当,于此,不动产占有并未终局丧失。如果在上述两种占有取回权的适用情形,占有人均未丧失占有,也就无从成立需以自助行为保全的占有返回请求权,其所涉者,毋宁仍是正当防卫。

64 而且,如果将占有取回权理解为自助,那么自助行为的限制能否于此适用,即存争议。自助行为仅保全请求权,但并不直接实现请求权,在实施自助行为之后,必须不迟延地寻求公权力救济。而在占有物取回场合,占有人的诉求直接得以满足,无须再寻求公权力救济。在此意义上,与自助行为相比,占有取回权也更接近于正当防卫。占有取回权并不以保全特定请求权为目的,行使后,也不必不迟延地诉诸公力救济。此外,占有取回权在行使上的时间要求(立刻行使)比自助行为更严格。

(2)占有取回权与正当防卫

65 正当防卫是针对自己或他人遭受的现时不法侵害,进行的必要防卫行为。构成正当防卫的前提为:第一,侵害的存在;第二,侵害具有不法性;第三,须为现时侵害;第四,有进行防卫的必要。占有取回权所针对之占有侵害行为具有不法性,而且,占有取回权与正当防卫一样,行使后不必寻求公力救济。因而,占有取回权所针对之侵害情形是否具有现时性,即成为探讨占有取回权是否可视为正当防卫的关键。

侵害是否具有现时性，是正当防卫是否被允许的决定性因素。现时性要求侵害已经开始且尚未结束。占有取回权的行使同样具有严格的时限性，要求侵害人"当场"被捉住，或者"被追赶"，或者在被强占后"立即"收回。根据上文分析，此处所涉之情形，尚未构成占有丧失，因为此时之占有状态尚未终局确定。这里所涉之占有侵害应当被视为"现时"侵害。如此，占有取回权被理解为正当防卫也就不存在窒碍。 66

退一步讲，即使不认为此际的侵害具有"现时性"，占有尚未丧失，占有取回权依然更接近于正当防卫而非自助行为。加之占有防卫权本就被定性为正当防卫，占有自力防御权之两种类型均可解释为正当防卫的扩展适用。因而，可以通过扩张解释正当防卫规范的适用范围，承认占有自力防御权。 67

3. **防御权人**

直接占有人享有自力防御权。占有辅助人针对占有侵害也可以行使自力防御权，这是保护占有主人的需要。只不过辅助人仍是行使占有主人而非自己的权利，因而，不得针对占有主人进行防御，且不得违反占有主人的指示。此点对于法人占有尤有意义，因为法人本身无从自力防御，必须通过占有辅助人为之。 68

在本文将占有自力防御权界定为正当防卫的立场下，更可以为占有辅助人行使自力防御权提供正当性解释。因为占有辅助人针对占有侵害不享有独立的占有保护请求权，视占有取回权为保全请求权的自助行为，就不能承认占有辅助人有此权利。而若将占有取回权理解为正当防卫，则占有辅助人仍不妨为此行为，因为正当防卫也可以出于防卫对他人之权利或利益的现时侵害而实施。 69

间接占有人不享有基于间接占有的自力防御权，这是间接占有的性质决定的，间接占有人无自力防御的可能与必要，但这并不意味着间接占有概念不成立，更不意味着间接占有人比直接占有人更不值得保护。间接占有人不享有为自己的占有防御权，根本原因在于，占有保护的效果，是回复原本的占有状态，而在被侵害之前原本的占有状态是，间接占有人通过占有媒介人实施对物支配，对物直接管领则在直接占有人处，因而，需要被回复的状态，也就只能是直接占有人对物的直接管领。通过直接占有的回复，间接占有也得以回复。若径行允许间接占有人为自己进行占有防御，则违反了"回复"的本意。而另一方面的原因则是，占有人之自力防御权，以他人当下实施占有侵害行为为前提，而仅直接占有才有受此侵害的可能。不过，间接占有人仍不妨为了保护直接占有人而进行正当防卫。 70

(二)占有追寻(通行)权

1. 法律漏洞

71 上文所述的占有自力防御权与占有保护请求权均是针对占有侵害的救济方式。而若不存在占有侵害,占有物进入他人私人领域却未被他人占有时,占有人同样有救济必要。但因不存在现时的占有侵害,无自力防御权的适用空间。占有保护请求权也并非适宜的救济方式,于此并不存在其适用前提,即法律禁止的私力占有侵害:失落物并未被他人占有,不存在占有侵夺;也不存在占有妨害或妨害危险,因为即使是状态妨害或妨害危险也要求可以间接归于妨害人或妨害危险人的意思。而且,占有保护请求权的法律效果,即相对人须以自己的费用回复占有或排除妨害、防止妨害,对于并未实施占有侵害行为者而言也明显过苛。

为弥补此种情形下占有保护的缺失,最堪其任者为占有追寻权,占有人得请求相对方许可并容忍占有人以自己的费用在相对方的私人领域寻回失落物,并应补偿因此对相对方造成的损害。但我国《民法典》未明定此制度,存在法律漏洞。填补法律漏洞最常用的技术方法为类推。

2. 类推基础:《民法典》第 291 条

72 本文以为,《民法典》第 291 条可作为占有追寻权的类推基础。占有追寻权有其特殊之处:其一,相对人未实施占有侵害;其二,占有人应自行承担寻回费用;其三,占有人须补偿相对方因追寻而遭受的损害(牺牲补偿)。而仅就表面观察,《民法典》第 291 条(《物权法》第 87 条)规定的通行权即与此类似:其一,相对人未实施侵害行为;其二,通行权人须自行承担费用;其三,通行权人须补偿相对方因此遭受的损害(《物权法》第 92 条)。基于二者的相似性,我国台湾地区"民法"即将追寻权(第 791 条)与相邻关系中的通行权(第 787 条以下条)并列规定,也有一并介绍二者的物权法教科书。[58]

73 如上文所述,占有保护的各项制度均系仿照所有权保护而设。在所有权保护层面,若某物偶然失落于他人私人领域,而他人既未实施所有权侵害行为,也未占有该物时,物之所有权人并非全无保护,可诉诸的规范为《民法典》第 291 条。但就文义而言,该项规范可为所有权人提供救济的情形仅限于不动产相邻关系之中:"不动产权利人对相邻权利人因通行等必须利用其土地的,应当提供必要的便利。"

该项规范的立法理由则在于:"不动产权利人原则上有权禁止他人进入其土

---

〔58〕 参见姚瑞光:《民法物权论》,中国政法大学出版社 2011 年版,第 58—59 页。

地,但他人因通行等必须利用或进入其土地的,不动产权利人不得阻挠,而应当提供必要的便利。"[59]与此规范目的相应,若他人物品偶然失落于其土地时,不动产权利人应允许他人进入其土地取回,[60]即不动产权利人有义务允许他人进入其不动产寻回物品,他人的行为不因此具有不法性。因此,即使失落物品之人与不动产权利人并非相邻关系人,也并不违反该规范意旨。

此外,若某物并非失落于他人土地、房屋等不动产,而是失落于他人船舶、汽车等动产时,其间利益状况也并无本质区别,也应允许权利人进行寻回。借此,通过目的论扩张,以《民法典》第 291 条为依据,可确立一般意义上的权利人追寻权,既不限于相邻关系人之间,也不限于失落物于不动产,其中又以所有权人的追寻权为典型。

既然所有权人可依据《民法典》第 291 条的目的论扩张而享有所有权追寻权, 74
继而产生的问题即为,该追寻权得否类推适用于占有人。本文以为,追寻权人也应包括占有人。因为占有人对物的管领同样受法律保护,物品偶然失落于他人领域之人,无论是该物品的所有权人还是占有人,利益状况与此类似,即对物之管领无法实现。如果法律条文未明确规定相同情形下的占有保护,则应通过类推填补此法律漏洞。此外,若占有物偶然进入他人动产(船舶、汽车等)时,也应允许占有人寻回。

综上,为填补占有保护的上述法律漏洞,需借助复杂的法律作业,首先,诉诸《民法典》第 291 条的规范目的,确立一般意义上的追寻权,再以此为依据,认定占有追寻权同样符合其规范目的。

3. **法律效果**

(1)权利内容

根据《民法典》第 291 条,"因通行等必须利用其土地的",通行权相对人有义 75
务"提供必要的便利"。将此规范类推适用于占有追寻权时,仍须解释何为"提供必要的便利"。占有追寻权的内容为请求许可并容忍寻找与取回。因此,"提供必要的便利",即应解释为"许可并容忍寻回"的义务。唯应注意,占有追寻权是请求权,而非自力取回权,[61]若相对人拒绝许可或容忍,占有人则应诉诸法院,强力取回构成对相对方的侵害。当然,这并不妨碍占有人在满足相应条件时为紧急避险。与规范目的相应,相对人也可以自行寻找并将其交予占有人。寻找与取回的费用由占有追寻权人承担。

---

〔59〕 参见黄薇主编:《中华人民共和国民法典物权编释义》,法律出版社 2020 年版,第 218 页。

〔60〕 参见黄薇主编:《中华人民共和国民法典物权编释义》,法律出版社 2020 年版,第 219 页。

〔61〕 Vgl. Hans Josef Wieling, Sachenrecht, Band I, 2. Aufl., Berlin Heidelberg: Springer, 2006, S. 217.

（2）权利主体

76 直接占有人享有占有追寻权。与间接占有的性质相应，间接占有人仅在直接占有人不能或不愿行使该权利时，始得请求进行追寻。出于保护占有主人的需要，占有辅助人也可行使占有追寻权，但所行使的仍是占有主人的权利，应服从占有主人的指示。

（3）义务主体

77 以典型的某物偶然失落于他人土地为例，虽然《民法典》第 291 条将义务人规定为“不动产权利人”，但若权利人并非土地占有人，其许可即仅能排除追寻构成权利侵害，而不能排除追寻构成占有侵害。根据上文占有保护请求权部分的论述，得为占有侵害许可的限于占有人，且仅限于直接占有人。若不以直接占有人为追寻义务人，即意味着直接占有人可拒绝许可失落物追寻，那么，未经许可即擅入其占有的土地进行追寻者，即构成占有妨害，土地占有人可行使自力防御权，且可请求排除妨害，这显然与追寻权的意旨不符。可见，追寻义务所涉实为占有问题，义务人当解释为占有人。

（4）损害补偿

78 与《物权法》第 87 条（《民法典》第 291 条）承接的《物权法》第 92 条曾规定：“不动产权利人因用水、排水、通行、铺设管线等利用相邻不动产的，应当尽量避免对相邻的不动产权利人造成损害；造成损害的，应当给予赔偿。”这里的损害赔偿请求权并非侵权损害赔偿，而是一种法定的牺牲补偿请求权（与征收原理相近），与过失无关。若以《民法典》第 291 条的目的论扩张确立一般性的追寻权，并将其类推适用于占有追寻权，那么，因行使占有追寻权造成的损害，也应予以补偿，相对人的许可与容忍义务并不足以排除占有追寻人的损害补偿义务。遗憾的是，《物权法》第 92 条对应的《民法典》第 296 条已经删去了“造成损害的，应当给予赔偿”的表述，相邻关系义务人的牺牲补偿请求权也须诉诸规范漏洞填补。

79 有疑问的是，损害补偿请求权人如何认定。仍以典型的某物偶然失落于他人土地为例，问题即在于，无本权的土地占有人得否请求因追寻失落物而生的损害补偿。于此，必须区分追寻义务人与损害补偿请求权人。前者所涉问题是，谁有义务许可并容忍他人侵入自己的占有，从而可排除追寻构成占有侵害，就此而言，所涉为占有问题，义务人为土地占有人。而在损害补偿情形，问题在于谁的收益权受到损害，而非谁的占有受到损害。正如上文所论，单纯占有不具有任何归属内容，因此损害赔偿请求权人应为收益权人。但若追寻人善意信赖无本权的土地占有人为权利人，且向其给付损害补偿时，追寻人据此免责，权利人可向土地占有人要求不当得利返还。

(5)本权抗辩与除斥期间

占有追寻权填补了本条占有保护的不足,但性质上仍属于占有保护请求权,所保护者为占有自身,而非占有本权,因此,占有保护的本权抗辩禁止与除斥期间,于此同样适用,不得以占有本权对抗占有追寻权,同时占有追寻权因一年除斥期间的经过而消灭。 80

四、举证分配

按照上文的讨论顺序,各项占有保护权利的举证分配规则如下:

占有返还请求权,由请求权人证明自己原为不动产或者动产的占有人,存在占有侵夺行为,相当因果关系,以及相对人为瑕疵占有人。相对人应予证明的抗辩事由则包括:其一,请求权不成立的抗辩,如法律许可、占有人同意、因果关系不成立等。其二,请求权已消灭的抗辩,如一年除斥期间的经过;但不得通过证明本权进行抗辩。 81

占有妨害请求权的举证分配与占有返还请求权类似。于占有妨害排除请求权,由请求权人证明自己为占有人,存在占有妨害,相当因果关系,相对人为妨害人。于占有妨害防止请求权,由权利人证明自己为占有人,存在妨害危险,相对人为妨害危险人。相对人欲抗辩则应证明,法律许可、占有人同意妨害、因果关系不成立,或一年除斥期间已经届满等,但同样不得通过证明本权进行抗辩。 82

侵害占有的损害赔偿请求权,实质是对具收益权之占有人的侵权保护,适用过失侵权的一般规则,由请求权人证明侵权责任成立(占有+对占有物的用益权+侵害行为+责任成立因果关系+相对人过失)与侵权责任范围(损害+责任范围因果关系)。不法阻却事由与责任能力抗辩应由相对人举证,若相对人对此举证不能,则推定侵害行为具有不法性。因损害赔偿并非占有保护的固有内容,相对人可通过证明本权进行抗辩,也可提出针对侵权请求权的诉讼时效抗辩。 83

占有自力防御权为特殊的正当防卫,而正当防卫作为自力救济,防卫之前不必先予举证。正当防卫的法律意义在于阻却不法性,因而,仅在相对人主张防卫行为构成侵权行为,且举证证明其他侵权要件成立时,才应由防卫人证明正当防卫的各项要件具备,从而排除不法性,据以抗辩相对人的侵权请求权,若防卫超过必要限度,也应由相对方证明。占有自力防御权亦然。 84

占有追寻权,由追寻权人证明占有成立、占有物失落于他人私人领域,且他人尚未取得占有。相对方可通过证明除斥期间的经过抗辩该请求权,但不得以本权进行抗辩。占有人追寻之后,相对方主张因此所产生的损害补偿者,须证明自己为收益权人,损害的存在以及损害与占有追寻的因果关系。 85

附:案例索引

1. 北京市第一中级人民法院(2013)一中民终字第 14311 号民事判决书:周某敏与全某龙占有保护纠纷案【边码 49】

2. 福建省福州市中级人民法院(2015)榕民再终字第 68 号民事判决书:福清华笙针织有限公司与王某辉占有排除妨害案【边码 36】

3. 甘肃省陇南市中级人民法院(2014)陇民一终字第 74 号民事判决书:孙某平与张某虎等排除妨害纠纷案【边码 2】

4. 河南省平顶山市中级人民法院(2015)平民二终字第 410 号民事判决书:陈某晓与郭某晨占有物返还纠纷案【边码 2】

5. 河南省信阳市中级人民法院(2012)信中法民终字第 816 号民事判决书:程某与徐某占有物返还纠纷案【边码 58】

6. 河南省郑州市中级人民法院(2009)郑民二终字第 1299 号民事判决书:丁某某与程某某占有物返还纠纷案【边码 58】

7. 河南省郑州市中级人民法院(2013)郑民二终字第 323 号民事判决书:张某强与白某强占有保护纠纷案【边码 32】

8. 江苏省宿迁市中级人民法院(2015)宿中民终字第 00480 号民事判决书:樊某等与蔡某勤等占有排除妨害纠纷案【边码 15、36、49】

9. 江苏省盐城市中级人民法院 (2015)盐民终字第 00955 号民事判决书:江苏大洋建设工程有限公司等与刘某军等占有物返还纠纷案【边码 2、58】

10. 辽宁省本溪市中级人民法院(2014)本民三终字第 00212 号民事判决书:李某博与王某占有物返还纠纷案【边码 58】

11. 辽宁省锦州市中级人民法院(2014)锦民二终字第 00232 号民事判决书:李某林等与孙某平等占有物返还纠纷案【边码 58】

12. 山东省滨州市中级人民法院(2014)滨中民一终字第 367 号民事判决书:陈某海与孙某跃等占有物损害赔偿纠纷案【边码 58】

13. 山东省东营市中级人民法院(2013)东民四终字第 161 号民事判决书:陈某才与张某军占有物返还纠纷案【边码 2、58】

14. 山东省东营市中级人民法院(2013)东民四终字第 163 号民事判决书:董某昌与刘某堂等占有保护纠纷案【边码 27】

15. 山东省日照市中级人民法院(2014)日民一终字第 235 号民事判决书:张某甲与张某乙排除妨害纠纷案【边码 35】

16. 陕西省安康市紫阳县人民法院(2010)紫民初字第 507 号民事判决书:曾某鹏与谢某顺占有物返还纠纷案【边码 31】

17. 陕西省安康市紫阳县人民法院(2010)紫民初字第 685 号民事判决书:梁某堂与陈某勇返还原物纠纷案【边码 2】

18. 上海市第二中级人民法院(2009)沪二中民二(民)终字第 145 号民事判决书:冯某妹与张某麟等占有排除妨害纠纷案【边码 35】

19. 上海市第二中级人民法院(2012)沪二中民二(民)终字第1836号民事判决书:邓乙等与蒋某占有物返还纠纷案【边码19】

20. 上海市第二中级人民法院(2015)沪二中民二(民)终字第634号民事判决书:金某炎与上海市虹口区第三中心小学等占有物返还纠纷案【边码19、23】

21. 四川省高级人民法院(2014)川民申字第920号民事裁定书:敬某清与杨某玉等占有物返还纠纷案【边码31】

22. 四川省遂宁市中级人民法院(2014)遂中民终字第108号民事判决书:敬某清等与杨某玉等占有物返还纠纷案【边码31、35、58】

23. 天津市高级人民法院(2014)津高民申字第0542号民事裁定书:孟某荣与孟某兰等占有物返还纠纷案【边码2、32】

24. 浙江省湖州市中级人民法院(2010)浙湖民终字第305号民事判决书:史某平与陈某群等占有保护纠纷案【边码15】

25. 浙江省金华市中级人民法院(2015)浙金民终字第33号民事判决书:黄某新与方某云占有物返还纠纷案【边码49】

26. 最高人民法院(2014)民一终字第116号民事判决书:中信信托有限责任公司与昆山红枫房地产有限公司等商品房预售合同纠纷、金融借款合同纠纷案【边码2、15】

附录一

本册规范性文件简称[1]

《保险法》=《中华人民共和国保险法》(1995 年颁布;2015 年修正)

《保险法解释二》(2020 年修正)=《最高人民法院关于适用〈中华人民共和国保险法〉若干问题的解释(二)》(法释〔2013〕14 号,2013 年颁布;2020 年修正,2021 年施行)

《保险法解释四》(2020 年修正)=《最高人民法院关于适用〈中华人民共和国保险法〉若干问题的解释(四)》(法释〔2018〕13 号,2018 年颁布;2020 年修正,2021 年施行)

《裁判文书引用规定》=《最高人民法院关于裁判文书引用法律、法规等规范性法律文件的规定》(法释〔2009〕14 号,2009 年颁布)

《城市房地产管理法》=《中华人民共和国城市房地产管理法》(1994 年颁布,1995 年施行;2019 年修正,2020 年施行)

《城镇国有土地使用权出让和转让暂行条例》=《中华人民共和国城镇国有土地使用权出让和转让暂行条例》(1990 年颁布;2020 年修订)

《村民委员会组织法》=《中华人民共和国村民委员会组织法》(1998 年颁布;2018 年修正)

《担保法》=《中华人民共和国担保法》(1995 年颁布;2021 年废止)

《担保法解释》=《最高人民法院关于适用〈中华人民共和国担保法〉若干问题的解释》(法释〔2000〕44 号,2000 年颁布;2021 年废止)

《非法金融取缔办法》=《非法金融机构和非法金融业务活动取缔办法》(1998 年颁布;2011 年修订)

《公司法》=《中华人民共和国公司法》(1993 年颁布,1994 年施行;2018 年修正)

《国家赔偿法》=《中华人民共和国国家赔偿法》(1994 年颁布,1995 年施行;2012 年修正,2013 年施行)

《海商法》=《中华人民共和国海商法》(1992 年颁布,1993 年施行)

---

〔1〕 本册规范性文件的颁布与施行年份,修正或修订与施行年份不一致的,另列施行年份;多次修正或修订的,只列最后一次修正或修订的年份。

《合伙企业法》=《中华人民共和国合伙企业法》(1997 年颁布;2006 年修订,2007 年施行)

《合同法》=《中华人民共和国合同法》(1999 年颁布;2021 年废止)

《合同法解释二》=《最高人民法院关于适用〈中华人民共和国合同法〉若干问题的解释(二)》(法释〔2009〕5 号,2009 年颁布;2021 年废止)

《合同法解释一》=《最高人民法院关于适用〈中华人民共和国合同法〉若干问题的解释(一)》(法释〔1999〕19 号,1999 年颁布;2021 年废止)

《婚姻法解释二》=《最高人民法院关于适用〈中华人民共和国婚姻法〉若干问题的解释(二)》(法释〔2003〕19 号,2003 年颁布,2004 年施行;2017 年修正;2021 年废止)

《技术合同法》=《中华人民共和国技术合同法》(1987 年颁布;1999 年废止)

《技术合同法实施条例》=《中华人民共和国技术合同法实施条例》(1989 年颁布;2001 年废止)

《继承法意见》=《最高人民法院关于贯彻执行〈中华人民共和国继承法〉若干问题的意见》[法(民)发〔1985〕22 号,1985 年颁布;2021 年废止]

《建设工程施工合同解释一》=《最高人民法院关于审理建设工程施工合同纠纷案件适用法律问题的解释(一)》(法释〔2020〕25 号,2020 年颁布,2021 年施行)

《戒毒条例》=《戒毒条例》(2011 年颁布;2018 年修订)

《禁毒法》=《中华人民共和国禁毒法》(2007 年颁布,2008 年施行)

《经济犯罪规定》=《最高人民法院关于在审理经济纠纷案件中涉及经济犯罪嫌疑若干问题的规定》(法释〔1998〕7 号,1998 年颁布;2020 年修正,2021 年施行)

《经济合同法》=《中华人民共和国经济合同法》(1981 年颁布,1982 年施行;1993 年修正;1999 年废止)

《九民纪要》=《全国法院民商事审判工作会议纪要》(法〔2019〕254 号,2019 年颁布)

《劳动合同法(草案)》=《中华人民共和国劳动合同法(草案)》(2006 年颁布)

《劳动合同法》=《中华人民共和国劳动合同法》(2007 年颁布,2008 年施行;2012 年修正,2013 年施行)

《立法法》=《中华人民共和国立法法》(2000 年颁布;2015 年修正)

《旅游纠纷规定》(2020 年修正)=《最高人民法院关于审理旅游纠纷案件适用法律若干问题的规定》(法释〔2010〕13 号,2010 年颁布;2020 年修正,2021 年施行)

《买卖合同解释》(2020 年修正)=《最高人民法院关于审理买卖合同纠纷案

件适用法律问题的解释》(法释〔2012〕8号,2012年颁布;2020年修正,2021年施行)

《买卖合同解释》=《最高人民法院关于审理买卖合同纠纷案件适用法律问题的解释》(法释〔2012〕8号,2012年颁布)

《民法典》=《中华人民共和国民法典》(2020年颁布,2021年施行)

《民法典担保制度解释》=《最高人民法院关于适用〈中华人民共和国民法典〉有关担保制度的解释》(法释〔2020〕28号,2020年颁布,2021年施行)

《民法典婚姻家庭编解释一》=《最高人民法院关于适用〈中华人民共和国民法典〉婚姻家庭编的解释(一)》(法释〔2020〕22号,2020年颁布,2021年施行)

《民法典纪要》=《全国法院贯彻实施民法典工作会议纪要》(法〔2021〕94号,2021年颁布)

《民法典继承编解释一》=《最高人民法院关于适用〈中华人民共和国民法典〉继承编的解释(一)》(法释〔2020〕23号,2020年颁布,2021年施行)

《民法典时间效力规定》=《最高人民法院关于适用〈中华人民共和国民法典〉时间效力的若干规定》(法释〔2020〕15号,2020年颁布,2021年施行)

《民法典物权编解释一》=《最高人民法院关于适用〈中华人民共和国民法典〉物权编的解释(一)》(法释〔2020〕24号,2020年颁布,2021年施行)

《民法通则》=《中华人民共和国民法通则》(1986年颁布,1987年施行;2009年修正;2021年废止)

《民法总则》=《中华人民共和国民法总则》(2017年颁布;2021年废止)

《民法总则诉讼时效解释》=《最高人民法院关于适用〈中华人民共和国民法总则〉诉讼时效制度若干问题的解释》(法释〔2018〕12号,2018年颁布;2021年废止)

《民间借贷规定》(2020年第二次修正)=《最高人民法院关于审理民间借贷案件适用法律若干问题的规定》(法释〔2015〕18号,2015年颁布;2020年第二次修正,2021年施行)

《民间借贷规定》(2020年第一次修正)=《最高人民法院关于审理民间借贷案件适用法律若干问题的规定》(法释〔2015〕18号,2015年颁布;2020年第一次修正)

《民间借贷规定》=《最高人民法院关于审理民间借贷案件适用法律若干问题的规定》(法释〔2015〕18号,2015年颁布)

《民商事合同指导意见》=《最高人民法院关于当前形势下审理民商事合同纠纷案件若干问题的指导意见》(法发〔2009〕40号,2009年颁布)

《民事诉讼法》=《中华人民共和国民事诉讼法》(1991年颁布;2017年修正)

《民事诉讼法解释》(2020 年修正)=《最高人民法院关于适用〈中华人民共和国民事诉讼法〉的解释》(法释〔2015〕5 号,2015 年颁布;2020 年修正,2021 年施行)

《民事诉讼证据规定》(2019 年修正)=《最高人民法院关于民事诉讼证据的若干规定》(法释〔2019〕19 号,2001 年颁布,2002 年施行;2019 年修正,2020 年施行)

《民通意见》=《最高人民法院关于贯彻执行〈中华人民共和国民法通则〉若干问题的意见(试行)》[法(办)发〔1988〕6 号,1988 年颁布;2021 年废止]

《票据法》=《中华人民共和国票据法》(1995 年颁布,1996 年施行;2004 年修正)

《破产法》=《中华人民共和国企业破产法》(2006 年颁布,2007 年施行)

《破产法解释二》(2020 年修正)=《最高人民法院关于适用〈中华人民共和国企业破产法〉若干问题的规定(二)》(法释〔2013〕22 号,2013 年颁布;2020 年修正,2021 年施行)

《侵权责任法》=《中华人民共和国侵权责任法》(2009 年颁布,2010 年施行;2021 年废止)

《人身损害赔偿解释》(2020 年修正)=《最高人民法院关于审理人身损害赔偿案件适用法律若干问题的解释》(法释〔2003〕20 号,2003 年颁布,2004 年施行;2020 年修正,2021 年施行)

《商品房买卖合同解释》(2020 年修正)=《最高人民法院关于审理商品房买卖合同纠纷案件适用法律若干问题的解释》(法释〔2003〕7 号,2003 年颁布;2020 年修正,2021 年施行)

《商品房买卖合同解释》=《最高人民法院关于审理商品房买卖合同纠纷案件适用法律若干问题的解释》(法释〔2003〕7 号,2003 年颁布)

《涉外经济合同法》=《中华人民共和国涉外经济合同法》(1985 年颁布;1999 年废止)

《诉讼时效规定》(2020 年修正)=《最高人民法院关于审理民事案件适用诉讼时效制度若干问题的规定》(法释〔2008〕11 号,2008 年颁布;2020 年修正,2021 年施行)

《诉讼时效规定》=《最高人民法院关于审理民事案件适用诉讼时效制度若干问题的规定》(法释〔2008〕11 号,2008 年颁布)

《突发事件应对法》=《中华人民共和国突发事件应对法》(2007 年颁布)

《物权法》=《中华人民共和国物权法》(2007 年颁布;2021 年废止)

《物权法解释一》=《最高人民法院关于适用〈中华人民共和国物权法〉若干

问题的解释(一)》(法释〔2016〕5号,2016年颁布;2021年废止)

《消费者权益保护法》=《中华人民共和国消费者权益保护法》(1993年颁布,1994年施行;2013年修正,2014年施行)

《新冠肺炎疫情执行案件意见》=《最高人民法院关于依法妥善办理涉新冠肺炎疫情执行案件若干问题的指导意见》(法发〔2020〕16号,2020年颁布)

《刑法》=《中华人民共和国刑法》(1979年颁布,1980年施行;2020年修正,2021年施行)

《刑事涉财产执行规定》=《最高人民法院关于刑事裁判涉财产部分执行的若干规定》(法释〔2014〕13号,2014年颁布)

《刑事诉讼法》=《中华人民共和国刑事诉讼法》(1979年颁布,1980年施行;2018年修正)

《行政诉讼法》=《中华人民共和国行政诉讼法》(1989年颁布,1990年施行;2017年修正)

《行政诉讼法解释》=《最高人民法院关于适用〈中华人民共和国行政诉讼法〉的解释》(法释〔2018〕1号,2018年颁布)

《行政许可法》=《中华人民共和国行政许可法》(2003年颁布,2004年施行;2019年修正)

《招标投标法》=《中华人民共和国招标投标法》(1999年颁布,2000年施行;2017年修正)

《执行程序解释》(2020年修正)=《最高人民法院关于适用〈中华人民共和国民事诉讼法〉执行程序若干问题的解释》(法释〔2008〕13号,2008年颁布,2009年施行;2020年修正,2021年施行)

《执行异议复议规定》(2020年修正)=《最高人民法院关于人民法院办理执行异议和复议案件若干问题的规定》(法释〔2015〕10号,2015年颁布;2020年修正,2021年施行)

《种子法》=《中华人民共和国种子法》(2000年颁布;2015年修订,2016年施行)

《仲裁法》=《中华人民共和国仲裁法》(1994年颁布,1995年施行;2017年修正,2018年施行)

附录二

《中国民法典评注》写作指南

（第 2 版）

执笔：朱庆育

说明：从 2016 年第一篇评注开始，经过数年探索，评注写作已积累相当程度的经验教训。2019 年 7 月 20 日，南京大学法典评注研究中心“天同法典评注工作坊”开坊第一期，以“法典评注是什么？”为主题，讨论评注的缘起、功能、写法等基础问题，形成初步共识。2020 年《民法典》颁布，评注写作亦随之进入第二阶段。为此，评注编委会决定编写评注写作指南，以增进评注写作的规范性与稳定性。指南由朱庆育执笔，经编委会讨论于 2020 年 6 月 17 日修改定稿，并于 2020 年 8 月 25 日在微信公众号“天同诉讼圈”的“法典评注”专栏推送，是为第 1 版。本次纸质出版，在公众号推送版的基础上略作修订，是为第 2 版。

1.【功能定位】

评注以法律适用为中心，旨在追求理性而正当的司法裁判，在此目标下兼及学术讨论并为立法提供可能的参考。为此，评注应致力于：

1.1 解释。评注应对法条作出以适用为导向的正当解释。

1.2 整理。评注应秉持客观立场，整理所涉法条的立法、司法与学术文献，在此基础上揭示通说或推动通说之形成。

1.3 评论。评注应秉持理性态度，对所整理的立法、司法与学术文献作出分析评论。评论应围绕所涉法条的适用展开，并给出作者的明确立场。

1.4 详备。评注应尽可能覆盖所涉法条各种现实及可能适用情形，力求全面回应司法裁判之所需。

1.5 引领。评注应对未来司法适用、学术讨论与立法具有引领意义。

2.【评注对象】

《民法典》条文系直接评注对象，相应司法解释视为条文重要成分。必要时，条文所涉行政法规亦纳入评注内容。

3.【评注方式】

3.1 逐条解释。原则上,评注应逐条作出解释。例外情况下,如果相关法条联系过于紧密,甚至据其本质原本应属同一法条却因为立法技术被不当分割,非合并解释难以清晰展示法条适用状况,则可合并解释。

3.2 不真正法条。缺乏可适用性的不真正法条,若存在与之直接相关的真正法条,可纳入该真正法条合并解释;若无与之直接相关的真正法条,但不真正法条本身有助于理解规范体系,可作单纯论理解释;若不具备任何意义上的法律特质,可作出必要说明简略处理。

3.3 前置导言。原则上,法典各编条文评注展开之前,应前置导言,就本编基本概念、规范内容及体系作简要概述。必要时,章节之前亦可前置导言。

4.【内容结构】

完全法条的评注结构一般分成规范意旨、构成要件、法律效果与举证责任四个部分。不完全法条则视情况参照完全法条作相应取舍。

4.1 规范意旨。规范意旨部分可包括立法原意、法条功能、规范史略、适用范围及体系关联等内容。若属于请求权基础规范范畴,应一并指明属于主要规范、辅助规范抑或防御规范,以明了该规范在法律适用之网中所处坐标位置。

4.2 构成要件。构成要件应直接从法条中提取,不宜简单套用某种理论框架,亦不宜简单套用比较法对应规范或理论。构成要件之提取,应以对适用具有独立意义的最小元素为单元。

4.3 法律效果。法律效果之分析应具体至能够体现为裁判结论的程度,避免止步于"有效""无效""应负赔偿责任"等笼统宽泛的表述。

4.4 举证责任。举证责任分配可结合诉讼法举证责任分配条款一并作出分析。一般情况下,举证责任应置于评注最后一部分,但如果法条涉及较为复杂的适用情形,为行文的整体考虑,亦可在每种适用情形的讨论中分别分析举证责任分配问题。

5.【形式编排】

5.1 每条评注文前设置目录以及每一级目录内容所对应的段码。目录设至三级,依次以"一、""(一)""1."标示。

5.2 评注正文一般设至四级标题,依次为:"一、""(一)""1.""(1)"。特殊情况下需要设置第五级标题时,用"①"标示。尽量避免设置第六级标题。第一级标题全文连续计数,第二级以下各级标题则在上级标题之下重新计数。

5.3 根据意义单元编制段码。

5.3.1 作为段码编制依据的意义单元,其基本功能,一是提示作者行文须言之有物,尽量去除无实质意义的空泛之言,二是便于读者精准查询与援引。为此,单元划分以所讨论问题的相对独立性为标准。每一个意义单元对应一个独立问题，每一个意义单元均具有独立援引价值。

5.3.2 段码以阿拉伯数字从1开始全文连续计数，为与第三级标题相区分，用全角中括号括起。示例：[1]。

5.3.3 一般以一个意义单元为一个自然段。若意义单元内容少于3行，可以数个意义单元为一个自然段，但一个自然段一般不超过10行。若意义单元内容超过10行，可分成数个自然段。

5.3.4 无实质意义、仅作起承转合的自然段，不单独编制段码，视情况编入相邻上下单元。

5.3.5 修订时，若有新增意义单元，接上一意义单元段码序号从a开始加英文字母。例如，如果段码[3]之后新增3个意义单元，则依次标示为“[3a]”“[3b]”“[3c]”。若有删减意义单元，段码编序保留，内容则注明“删”，用小括号括起。例如，如果段码[7]所对应的内容删去，则标示为“[7]（删）”。如果新增意义单元正好接续删减意义单元，标示方式为“[7]（删）”“[7a]”。

5.3.6 评注作品结集出版时，将段码改为边码。边码直接以阿拉伯数字计序，不加中括号。

5.4 评注作品发表于期刊时，形式编排另须遵从期刊要求。

6.【解释方法】

法条解释，应综合运用文义、目的、历史、体系等解释方法，以达到清晰、正当、融贯之解释结果。常规解释路径是：始于文义，终于文义。

6.1 文义是解释的事实始点，而不是具有规范拘束力的应然始点。

6.1.1 探究文义从平义解释开始，以语词通常用法为出发点。

6.1.2 将平义解释的初步结论与规范语境相印证，初步探知语词规范含义。

6.1.3 如果存在数种可能的规范含义，结合规范目的、规范体系与规范历史作进一步解释，选择其中最能融贯各项因素的一种含义。

6.1.4 通常情况下，最终确定的语词含义须在其用法射程之内。但如果既有用法射程无法恰当体现规范目的，亦无法与规范体系相协调，可突破语词通常用法。

6.1.5 语词文义确定，即意味着解释结束。

6.2 规范目的指向规范实质功能，系确定概念与规范含义的实质标准，语词则是规范目的的语言载体。

6.2.1 探寻规范目的时，应关注立法原意与规范客观意旨，但无论立法原意（主观解释）抑或规范客观意旨（客观解释），皆非唯一或决定性标准。解释时，应结合二者作综合考量。

6.2.2 在数个可能的规范目的之间,应选择较具衡平效果的解释。

6.2.3 在数个可能的规范目的之间,应选择较合乎私法自治理念、较少管制的解释。

6.2.4 在数个可能的规范目的之间,应选择与规范体系较融贯协调的解释。

6.2.5 在数个可能的规范目的之间,应选择较顺应规范史变迁的解释。

6.2.6 法条文义所显示的规范目的过宽或过窄时,应作目的论限缩或扩张,俾使法条规范目的得到恰当界定。

6.2.7 法条文义无法指示所欲实现的规范目的时,应比照蕴含相似规范目的之法条作类推解释。

6.2.8 规范目的之确定,应体现于语词文义。

6.3 概念与规范意义应在历史变迁中寻求理解。

6.3.1 对于理解语词概念与规范具有意义的立法、司法与学术变迁均应纳入历史观察视域。

6.3.2 历史视角的解释,应避免泛化。以有助于直接理解现行规范的文义、目的与体系为限,对于规范理解不具有直接意义之历史过往,不必涉及。

6.4 概念与规范意义,应作"通过部分理解整体,通过整体理解部分"之体系解释。

6.4.1 文义、目的与历史相互调适的过程中,应随时检验体系融贯程度,适时作出必要的校准。

6.4.2 体系融贯之检验,不仅应关注技术性外在体系,亦应关注功能性内在体系。若外在体系无法兼顾,应选择对体系冲击最小的解释;若内在体系无法兼顾,应选择更有利于私法自治的解释。外在体系与内在体系无法兼容时,应优先考虑维护私法自治之规范功能。

6.4.3 作体系解释时,应依循波纹原则,以目标法条为中心,从功能最相近法条开始逐步往外验证,直至融贯为止。

6.4.4 经文义、目的、历史、体系综合考量之解释结论,应最终体现于文义。

6.5 原则上,合宪性、比较法解释以及经济学、社会学等社会科学解释不构成独立解释步骤,需要考量时,应视情况分别化入文义、目的、历史与体系解释过程。

6.6 理解法条时,应穷尽所有解释手段以维持法条之意义。非不得已不宜置实证规范于不顾而直接诉诸公平正义等抽象理念,亦不宜简单主张另立新法。

6.7 必要时,可在评注分析的基础上,就如何合理设置或表述相应规范给出作者见解,以便为将来可能的修法提供参考。

7.【行文风格】

7.1 评注须对法律适用作理性分析,不宜仅仅给出简单的结论,更须展示支撑结论的理由,但应避免过于理论化。一般情况下,论证应局限在教义法学范畴内,理论性、哲学性前提不予展开讨论。

7.2 实质性论证与信息应尽可能显示于正文。一般情况下，脚注仅用于显示援引资料信息，不展开实质论证。

7.3 行文应言简意赅，清晰明确，不宜迂回含糊，不作空泛之谈。

8.【文献使用】

文献使用顺序为：立法文献，司法文献，学术文献，比较法文献。

8.1 立法文献可提供规范变迁、立法原意、规范目的等信息，是确定规范含义的重要参考。立法文献包括历次法律草案、立法说明、全国人大常委会法工委编辑的立法资料与法律释义等文献。

8.2 司法文献可反映所涉法条的司法适用状况。

8.2.1 司法文献包括各类非属司法解释的司法政策文件、司法案例、最高人民法院编著的"理解与适用"系列释义书等。

8.2.2 最高人民法院发布的"指导意见""会议纪要"等司法政策文件非属司法解释，但鉴于其对司法裁判具有权威的指导意义，系司法解释的补充，得到各级法院事实上的遵行，可由此推知统一的司法立场，因此评注应予以关注。司法政策文件若以条文形式表现，解释时比照法条解释方法，但因其不能用作裁判依据，故应将解释结果体现于相应《民法典》条文或司法解释条文；若以叙述文字形式表述，可用以理解、佐证司法解释及《民法典》相关条文。

8.2.3 司法案例的使用顺序为：指导性案例，《最高人民法院公报》案例，最高人民法院裁判案例，高级人民法院裁判案例，《民事审判指导与参考》《人民司法·案例》《人民法院案例选》等最高人民法院机关刊物刊载案例，高级人民法院的公报类机关刊物刊载案例。中级人民法院及基层人民法院案例，纵未入选上述案例系统，但如果(1)所涉法条案例总量较少，或(2)所涉法条适用的法院层级较低，或(3)对于法条适用具有典型或特别意义，亦应纳入搜集与使用范围。

8.2.4 司法案例的整理，应尽可能反映司法适用概貌。为此，评注应在标题注释中说明案例搜集概况。概况应包括案例搜集方法、案例来源、案例构成、案例数量、案例选择依据等内容。

8.2.5《民法典》颁行之前的司法案例不因《民法典》颁行而失去意义。一般情况下，案例搜集回溯至1995年为止，尤其关注近10年案例。经典案例不受时间限制。

8.2.6 对于司法案例，可视需要作类型化整理。所涉法条构成要件缺乏或不明确时，尤应通过类型化案型总结法条适用情形。

8.2.7 使用案例时，同类案型不必全面列举案例，选取代表性案例即可。选取标准除依循8.2.3所示顺序外，裁判理由质量亦系重要考量因素。

8.2.8 下级法院与上级法院裁判冲突时,除非作者认同下级法院裁判并给出理由,否则应仅以上级法院裁判为分析对象。同级法院裁判冲突时,原则上均应列出并分析。

8.2.9 对于司法案例,应重视裁判理由甚于结论。若所涉法条之司法裁判普遍缺乏具有实质意义的裁判理由,应在评注中说明此司法现状,并在必要时根据裁判结论分析可能的裁判理由。

8.2.10 无论是否认同司法裁判,均应显示明确态度及理由。不认同时,应进一步给出作者主张。

8.2.11 最高人民法院编著的"理解与适用"等释义书可用作探知与理解司法立场。

8.3 学术文献反映学者对于所涉条文的理解状况,是司法适用的学理来源。

8.3.1 学术文献使用顺序为:本评注相关内容,其他可使用的评注或类评注作品,教科书,学术论文,专著。

8.3.2 学术观点不必全面列举。若可判断通说,一般援引通说;若存在对通说构成有力挑战的学说,亦应予反映;若难以判断通说,可列举具有代表性的学说。作者可在既有学说之外表达自己的主张,但应附充分且简洁的理由。

8.3.3 评注不承担体系化理论建构之责,且应考虑与其他作者研究进路的协调,因此,不宜在评注中阐述个性过于强烈的理论主张,亦不宜将论述重心置于理论建构而忽略法律适用的现实性。

8.4 作为法律规则与法律知识继受国,比较法文献有助于理解规范来源及其意义。

8.4.1 现阶段下,比较法文献不可避免,但应节制,以必要为原则。尤其是,外文比较法文献不宜单纯用于炫技,亦不宜借此回避我国司法与学术现状。

8.4.2 概念、原理等法律知识即使来自比较法,但若已为中国大陆学术吸收内化,亦应援引中国大陆学者文献,除非为了纠正中国大陆文献存在的错误。

8.4.3 援引内容为外国法或比较法时,文献使用顺序为:汉译外国文献、外文文献、中国大陆学者文献。若汉译外国文献翻译失真或版本较旧,可以外文文献相对照或直接使用外文文献,但须作说明。有关台湾地区法律状况,优先援引台湾地区文献。

8.4.4 解释法条时,如6.5所示,比较法不作为独立解释步骤,因此,原则上不单列"比较法"标题,亦不集中列举立法例等比较法资料。需要使用比较法文献时,应以论证理由的形式用作理解法条文义、目的、历史或体系的辅助因素。

8.4.5 若确有必要整理列举比较法案例、学说及立法资料供参考或对照,一般应置于脚注,以免占用正文篇幅及节外生枝。

8.4.6 使用比较法资源时,应避免主客易位,将比较法当成先在框架套用于我国实证法分析,或将我国实证法处理成印证比较法“定式”的材料。

9.【引注方式】

引注兼采脚注与文内夹注两种方式。

9.1 常规注释采脚注方式。

9.1.1 发表时,注释体例从期刊要求;出版时,并结合出版社特别要求。

9.1.2 如7.2所示,脚注一般不作实质性论证,仅显示文献信息以及8.4.5提及的比较法资料。

9.2 同一篇评注前后内容相互援引时,采文内夹注方式。

9.2.1 文内夹注直接在需要援引的正文用小括号标示所援引段码,不使用“参见”或类似提示语词。示例:(段码[3])。

9.2.2 原则上,评注前后文内容具有呼应或者参照关系时,应使用文内夹注,以提示评注的体系关联。

10.【知识基础】

评注系集体作品,观点无法强求一致,但若相去太远,又难以形成具有最低限度协调性的体系。为此,评注作者在若干基础问题上应秉持相似立场。例如,应以私法自治作为基石与出发点,解释理论既非固守纯粹的主观解释亦非坚持绝对的客观解释,应根据法律效果区分负担行为与处分行为,等等。

图书在版编目(CIP)数据

中国民法典评注·条文选注. 第1册 / 朱庆育主编.
— 北京 : 中国民主法制出版社, 2021.9
ISBN 978-7-5162-2696-4

Ⅰ. ①中… Ⅱ. ①朱… Ⅲ. ①民法-法典-法律解释-中国
Ⅳ. ①D923.05

中国版本图书馆 CIP 数据核字(2021)第199382号

图书出品人:刘海涛
出版统筹:乔先彪
图书策划:曾健 海伦
责任编辑:陈曦 谢瑾勋 孙振宇

书名/中国民法典评注·条文选注(第1册)
作者/朱庆育 主编
姚明斌 吴香香 辛正郁 副主编

出版·发行/中国民主法制出版社
地址/北京市丰台区右安门外玉林里7号(100069)
电话/(010)63055259(总编室) 63058068 63057714(营销中心)
传真/(010)63055259
http://www.npcpub.com
E-mail:mzfz@npcpub.com
经销/新华书店
开本/16开 730毫米×1030毫米
印张/26.25 **字数**/505千字
版本/2021年10月第1版 2025年1月第5次印刷
印刷/北京天宇万达印刷有限公司

书号/ISBN 978-7-5162-2696-4
定价/99.00元